WIZARD

TREND
トレンドフォロー
大全
FOLLOWING
5th Edition

上げ相場でも下げ相場でもブラックスワン相場でも
利益を出す方法

How to Make a Fortune in Bull, Bear and Black Swan Markets
by Michael W. Covel

マイケル・W・コベル[著]　長尾慎太郎[監修]　山下恵美子[訳]

Pan Rolling

Trend Following, 5th Edition :
How to Make a Fortune in Bull, Bear and Black Swan Markets
by Michael W. Covel

Copyright © 2017 by Michael W. Covel. All rights reserved.
Translation copyright © 2019 by Pan Rolling Inc.
All rights reserved.

This translation published under license with the original publisher John Wiley & Sons, Inc.
through Tuttle-Mori Agency, Inc., Tokyo

監修者まえがき

　本書はトレンドフォロー戦略の熱狂的なファンであるマイケル・コベルが著した"Trend Following : How to Make a Fortune in Bull, Bear, and Black Swan Markets"の邦訳である。コベルにはトレンドフォローに関する著書がすでに何冊かあり、本書はそれらの内容を大幅に改定・増補した集大成版に位置づけられる。著者はおそらく世界で最もよくトレンドフォロー戦略を理解している個人投資家の１人であり、その特徴や歴史を本書で実に的確に解説している。

　さて、現在のCTA（商品投資顧問業者）業界においては多くの運用会社がこの手法をとっている。そのパフォーマンスプロファイルは伝統的資産と直交しており、既存のポートフォリオに加えると優れた分散効果をもたらすことが知られている。特に、金融危機のような不測のインシデントの際には各種の投資戦略のなかで唯一ポジティブなリターンをもたらすことが実証されている。だが、それもかかわらず、資産運用業界にあってトレンドフォロー戦略は今もって特異な存在である。その理由は、先物市場が株式や債券といった有価証券の市場とは性質を異にすることに一因があるが、逆に、その性質自身が先物市場におけるトレンドフォロー戦略を有効ならしめているのである。

　ここで、有価証券のように本質的価値（たとえそれが神様にしか分からないとしても）が存在する場合は、市場価格はその近傍を動くことになり、平均回帰のメカニズムが働く。したがって、そこでのリターンの分布は正規分布に近いものになる。一方で、原油や金などに代表される商品のように、本質的価値が存在せず単に需給によって価格が決まる市場においては、平均回帰のメカニズムは作用せず、リターンの分布はテールが太く長い形状を成す。もし後者の市場で機械的に「値動きが順行している間はポジションを放置し、値動きがある程度逆

1

行したら解消する」という操作を繰り返せば、結果として平均値がプラスでポジティブスキューの分布が自然に得られることになる。つまり、トレンドフォロー戦略のパフォーマンスの再現性や妥当性は、本質的価値を持たない市場が存在するかぎり、永遠に消えることはない。そして、その機械的な操作を互いに値動きの相関性のない投資ユニバースで実行すれば、より安定的にプラスのリターンが生成されることになる。

　さらにトレンドフォロー戦略の驚嘆すべきところは、そういったオペレーションが文字どおりだれにでも簡単にできるところにある。注意すべきところはリスク管理と銘柄の分散だけであり、これを行うにあたっては特に経済や金融に関する知識や学歴などを必要としない。むしろそういった知識のある人々は、先入観が邪魔をして、この科学的で素晴らしい手法を実践することはできないだろう（実際にこの戦略の競合者は驚くほど少ない）。伝統的な資産運用者の立場からすると、トレンドフォロー戦略は、金融市場におけるフリーランチとまではいかないかもしれないが、ほとんど道端に落ちている札束に等しい。

　翻訳にあたっては以下の方々に心から感謝の意を表したい。まず山下恵美子氏には正確で読みやすい翻訳を、そして阿部達郎氏は丁寧な編集・校正を行っていただいた。また本書が発行される機会を得たのはパンローリング社社長の後藤康徳氏のおかげである。

2019年1月

長尾慎太郎

「さあバイクに乗って、リラックスしよう」。ありがとう。

「彼は善意と無知という名の衣をまとっていた」
──グレアム・グリーン著『静かなアメリカ人』より

「昨日は過ぎ去った昔。だから気にするな」
──ローリング・ストーンズの「ルビー・チューズデイ」より

目　次 ●

監修者まえがき　　　　　　　　　　　　　　　　　　　　1

序文　　　　　　　　　　　　　　　　　　　　　　　　13
まえがき　　　　　　　　　　　　　　　　　　　　　　19

第1部　トレンドフォローの原理　　　　　39

第1章　トレンドフォロー　………………………………　41

投機　　　　　　　　　　　　　　　　　　　　　　　41
勝つか負けるか　　　　　　　　　　　　　　　　　　50
投資家かトレーダーか　　　　　　　　　　　　　　　52
ファンダメンタルズかテクニカルか　　　　　　　　　54
裁量かシステマティックか　　　　　　　　　　　　　61
ありきたりだけど重要なこと　　　　　　　　　　　　64
変化は人生そのもの　　　　　　　　　　　　　　　　68
トレンドが方向転換して終わるまでトレンドについていけ　　73
波に乗る　　　　　　　　　　　　　　　　　　　　　83

第2章　偉大なトレンドフォロワーたち　………………　89

デビッド・ハーディング　　　　　　　　　　　　　　92
ビル・ダン　　　　　　　　　　　　　　　　　　　　97
ジョン・W・ヘンリー　　　　　　　　　　　　　　116
エド・スィコータ　　　　　　　　　　　　　　　　135
キース・キャンベル　　　　　　　　　　　　　　　148
ジェリー・パーカー　　　　　　　　　　　　　　　154

セーラム・エイブラハム	157
リチャード・デニス	160
リチャード・ドンチャン	170
ジェシー・リバモアとディックソン・ワッツ	178

第3章　パフォーマンスは語る …………………… 185

絶対リターン	186
ボラティリティとリスク	188
ドローダウン	197
相関	205
ゼロサムゲーム	209
ジョージ・ソロス	212
バークシャー・ハサウェイ	218

第4章　ビッグイベント、大暴落、パニック ………… 225

ビッグイベント1――大規模な景気後退	229
ビッグイベント2――ドットコムバブル	245
ビッグイベント3――LTCM	262
ビッグイベント4――アジア通貨危機	279
ビッグイベント5――ベアリングス銀行の破綻	285
ビッグイベント6――メタルゲゼルシャフト社	290
ビッグイベント7――ブラックマンデー	296

第5章　既成概念を打ち破れ ………………………… 311

野球	312
ビリー・ビーン	317
ビル・ジェームズ	319
統計の時代	323

第6章　人間の行動 …………………………………… 331

プロスペクト理論	334

心の知能指数（EQ）	342
NLP	345
トレーディングトライブ	346
必要なのは博士号ではなく好奇心	350
全力で取り組む	353

第7章　意思決定 ……………………………………… 359

オッカムの剃刀	361
素早くてシンプルな意思決定	362
イノベーターのジレンマ	368
過程と結果と直感	371

第8章　科学的な手法 …………………………………… 375

批判的な思考	377
線形か非線形か	379
複利運用	387

第9章　聖杯 ……………………………………………… 391

バイ・アンド・ホープ	396
ウォーレン・バフェット	399
敗者はナンピンする	402
愚かなことは避けよ	411

第10章　トレードシステム ……………………………… 427

リスク、リワード、不確実性	428
システムについての5つの質問	436
あなたのトレードシステム	455
よくある質問	455

第11章　ゲーム …………………………………………… 471

受け入れる	472

私を責めないで	476
レバレッジを下げれば、リターンも下がる	479
運は勇敢な人に味方する	481

第2部 トレンドフォロワーとのインタビュー   485

第12章 エド・スィコータ	489
第13章 マーティン・ルエック	509
第14章 ジャン・フィリップ・ブショー	537
第15章 ユーアン・カーク	553
第16章 アレックス・グレイザーマン	581
第17章 キャンベル・ハーベイ	613
第18章 ラッセ・ヘジ・ペダーセン	637

第3部 トレンドフォローに関する研究論文   661

第19章 数百年にわたるトレンドフォローの考察	665
トレンドフォローの物語──その歴史の研究	668
数世紀にわたるリターンの特徴	670
数世紀にわたるリスクの特徴	682
数世紀にわたるポートフォリオのメリット	685
まとめ	687
付録──含まれる市場と関連する前提	689

第20章　200年にわたるトレンドフォロー ……………………… 691

序論　692
先物のトレンドフォロー──1960年以降　695
時系列の拡張──各商品の時系列データ　700
200年にわたるトレンド　705
結論　714

第21章　トレンドフォローは量ではなくて質が重要 …………… 717

要旨　717
さまざまなトレンドフォローモデル　718
異なるトレンドフォローモデル間での分散化　720
アスペクトのトレンドフォローアプローチ　722
アスペクトのモデルとほかのトレンドフォローモデルの比較　724
結論　727
付録　728

第22章　トレード戦略の評価 ………………………………………… 731

科学のほかの分野における検証　731
候補となる戦略の再評価　734
多重検定の2つの考え方　737
第一種過誤と第二種過誤　741
シャープレシオの低減　743
S&PのキャピタルIQ　745
インサンプルとアウトオブサンプル　746
トレード戦略と金融商品　748
限界と結論　749

第23章　ブラックボックス化されたトレンドフォロー ──ベールをはがす …………………………………… 751

概説　751
私たちが提案する戦略　753

パフォーマンス結果とグラフ	758
セクターパフォーマンス	762
買いと売りのパフォーマンス	762
パラメーターの安定度	767
CTAはS&P500に対する分散効果やヘッジ能力を持つのか	768
まとめ	770

第24章 リスクマネジメント 773

リスク	773
リスクマネジメント	773
最適な賭け	775
直感とシステム	775
シミュレーション	777
ピラミッディングとマルチンゲール	777
最適化──シミュレーションを使用	778
最適化──計算を使用	780
最適化──ケリーの公式を使用	782
運、ペイオフ、最適固定比率の関係	783
バランスの悪い分布と高いペイオフ	783
「ほぼ確実な死」戦略	785
分散	786
アンクルポイント	787
ポートフォリオボラティリティの測定──シャープレシオ、VaR、レ イクレシオ、ストレステスト	788
ストレステスト	790
ポートフォリオの選択	791
ポジションサイジング	791
心理面の考察	792
リスクマネジメント──まとめ	793

第25章　先物トレードで掘り出し物をつかむ方法 ················ 795

序論　795

先物トレードで掘り出し物をつかむ方法　796

トレンドを追いかけるのは大変な仕事　796

プロはどのようにトレードしているのか　798

プロのコンピューターモデル　798

血も凍るような事実　800

謎を解く──なぜGRABシステムは負けるシステムなのか　801

市場との呼吸が合わない　801

さらに悪いことに、最高の動きを見逃す　801

利益が出ることは心地が悪い？　803

GRABトレードシステムの詳細　804

支持線のブレイクで買い、抵抗線のブレイクで売る　804

検証を行うことで予期しなかった振る舞いが明らかになる　805

GRABシステムの性質はパラメーター値の違いによって決まる　806

GRABトレードシステムのコード　808

第26章　戦略的マクロ投資はなぜ今も有効なのか ················ 813

序論　813

マネージド・フューチャーズ　814

マネージド・フューチャーズとCTAの定義　817

機関投資家はマネージド・フューチャーズやCTAをどう見ているのか　818

歪度と尖度　818

データ　820

基本的な統計量　822

株式・債券ポートフォリオにヘッジファンドを加えるべきか、それと
　もマネージド・フューチャーズを加えるべきか　823

ヘッジファンドとマネージド・フューチャーズのポートフォリオ　826

株式、債券、ヘッジファンド、マネージド・フューチャーズをすべて
　ポートフォリオに組み込む　826

結論　832

付録A	834
付録B	840
付録C ——歪度と尖度の再考	847

第27章　あらゆるところに存在するキャリーとトレンド …… 851

キャリーとトレンド——定義、データ、実証研究	855
金利先物のキャリーとトレンド	858
さまざまな資産クラスのキャリーとトレンド	861
さまざまな金利制度におけるキャリーとトレンド	866
結論	868

第28章　究極の偽善 ……………………………………… 869

エピローグ		899
あとがき	ラリー・ハイト	909
トレンドフォローのポッドキャストエピソード		915
謝辞		925
著者について		931
注釈		935
参考文献		971

本書は2010年に発売した『規律とトレンドフォロー売買法』（第1版）の改訂第5版です。前著の『規律とトレンドフォロー売買法』の「パート1、パート2、パート3、パート4」は本書での第1部にあたり、アップデートされています。今回の第5版では、新たに第2部と第3部が追加されました。

序文

2008年から2009年にかけての金融危機からまだ抜け出せないころ、上流階級が集まるロングアイランドのカントリークラブの退屈なパーティーに無理やり連れていかれた（こんな上品なゴルフクラブなんて私の趣味じゃない）。ドアから出ようとしたとき、ある人を紹介された。彼を「トレーダーガイ」と呼ぶことにしよう。彼はこのクラブ一のお金持ちなんだよ、と耳元でささやかれた。「ほら、2人の金融ガイだ。2人は知り合いになるべきだ」と思われていたようだった。

私たちは少しだけ話をした。しかし、彼が控えめにしているところを見ると、おしゃべりになど興味はないことは明らかだ。私たちは2人とも駐車係のほうに向かっている（こういった場所では自分で車を駐車することはなく、駐車係が駐車してくれる）。次の瞬間に起こったことは忘れられない。

トレーダーガイは私のことを知っていた。金融危機について書いた私の本は前の年に出版されたばかりで、しばらくの間私は金融番組などによく出ていたからかもしれない。彼は私の名前を知っていた。おそらくは私は彼にとって気になる存在だったに違いない。私たちを紹介した主催者に対する礼儀のつもりで、私は彼がどういったトレードをやっているのか尋ねた。トレーダーガイは深いため息をついて言った。「私はトレンドフォロワーで、あらゆるものをトレードしている。あなたにはとうていご理解できないかもしれませんがね」

えっ、本当かよと、心のなかでつぶやいた。

「何という偶然でしょう。私の友だちがトレンドフォローについての本を書いたんですよ」と私は言った。

私はどうも彼の堪忍袋の緒を切らしてしまったようだった。彼の目がグルグル回る音が私には本当に「聞こえた」ように思えた。

13

「あのな、あんたの友だちがトレンドフォローの本を書いたのはすごいことだと思うよ。でもトレンドフォローの本物の本はただ1冊しかない。ほかは全部くずだ。あんたの友だちは木を無駄にしただけさ。トレンドフォローの本物の本は『規律とトレンドフォロー売買法』（パンローリング）だけだ。ほかの本を読むのは時間の無駄だよ」

　私は本当ににやけ笑いをこらえるのに懸命だった。

　私はできるだけ真顔を装って何気なく言った。「ああ、それですよ。私の友だちのマイケル・コベルが書いた本っていうのは」

　その瞬間、トレーダーガイの態度は一変した。それはトレーダーガイが真実に気づいた瞬間で、彼は頭を殴られた女生徒のように変貌した。「オーマイゴッド、オーマイゴッド、オーマイゴッド！　あなたはマイケル・コベルを知っているんですか？　私は彼の本が大好きなんです。私は『規律とトレンドフォロー売買法』の大ファンなんですよ。私はトレードに失敗して、トレードから足を洗おうと思っていました。そんなときです、この本を読んだのは。この本を読んで私の人生は変わりました。私が今あるのはコベルのおかげなんです」

　形勢は逆転した。これからが私のジョイタイムだ。

　「私はコベルにもう少しパンチを効かせたものにしたほうがいいと言い続けているんですよ。もう少し色彩豊かなものにしたほうがいいってね。経済データの見通しについてや、企業の経営管理の評価についてや、地政学の分析についての項目を加えて、フレッシュで興味をそそるようなものに改訂すべきじゃないかってね」

　トレーダーガイは口をあんぐり開けて、長い沈黙が続いた。

　私の話がまったくの冗談であること、そんなことはトレンドフォロワーには無関係であること、私が少し前の彼の攻撃を懸命にかわそうとしていたことに、彼が気づくのには数秒かかった。

　私が価値のある人間であることに気づいた彼は微笑んだ。そして私たちは最高の友だちになった。私たちは危機（AIG危機、リーマンシ

ョック、ベア相場）のときや、株価が安値から上昇したとき、金相場が上昇したとき、ドルがトレンド相場になったときに空売りしたことについて話をした。彼の車が車寄せにつけられても、私たちの話は続いた。そうこうするうちに私の車も車寄せにつけられた。でも私たちの話は続いた。最初は控えめだったトレーダーガイは今ではすっかり打ち解けて話に夢中になっていた。

今あなたが手にしている第5版がなぜトレード本のなかで最も人気のある本の1冊になったのかを説明するうえで、これまでの話は無関係ではない。

本書を一種独特な本にしている特徴は何だろうか。私自身、偏見を持っているし、人間の心理的な欠点は投資家の最大の欠点だと思っている。私たちはリスク、データ、統計を理解することができないし、常に正しくあろうとするし、私たちの脳は客観的に真実ではないことを信じ込もうとする。

私がトレンドフォローを好む10の理由はこうした欠点のすべてを反映している。

1．客観的で価格に基づくアプローチである。
2．ニュースのヘッドライン、評論家、アナリスト、相場のさまざまな意見は無意味なものでしかない。
3．リスク管理が内包されている。
4．ファンダメンタルズは無関係。
5．秩序だったシステマティックなアプローチである。
6．まったく同じ戦略がどういったアセットクラスにも適用できる。
7．予測する必要がない。
8．基本的に長期視点にたったアプローチである。
9．経済データ（雇用統計、GDP［国内総生産］、FRB［連邦準備制度理事会］など）は無関係。

10. トレーダーには規律ある態度が求められる。

　読者にとってはトレンドフォローのほかの側面でもっと共感できる部分があるかもしれない。それはあなたの個性によって違ってくる。しかし、どのトレンドフォロワーにとっても変わらないものは、その根本にある哲学を理解することと、揺るぎない宗教的な献身さでそのアプローチに規律をもって従うことである。

　トレンドフォローにはいくつかの不満もある。それはカクテルパーティーやバーベキューパーティーで話すようなことではないし、FOMC（連邦公開市場委員会）が次の会議でいつどれくらい政策金利を上げ下げすべきか、すべきでないかを議論するほどの知的刺激を与えてくれるものでもない。それは退屈なものかもしれない。それはトレンドがなくて、あなたが何もしない時間が長く続くこともあるということである。

　コベルが本書で論じている方法はだれでも学ぶことができる。しかし、それを実践に移すには軍隊のような規律が必要になる。トレーダーのアキレス腱はまさにこうした性質が欠如していることである。これからおいおい分かってくると思うが、トレンドフォロワーは困難な状況に耐え抜く力が必要だ。古いジョークにもあるように、「それが簡単ならだれもが金持ちになれる」。これは本当のことだ。

　しかし、トレンドフォローは簡単なものではない。大きなドローダウンを経験したことがある人なら、あなたの体がどう反応するかを知っているはずだ。肉体的・感情的な犠牲は計り知れない。眠れなくなったり、軽度の頭痛が何日も何週間も続くこともある。人によっては吐き気を催すことさえある。最大の問題は自信をなくすことだ。資産を失うにつれ、彼らは自分の手法に疑問を抱くようになる。今回だけは違うのだろうかと彼らは思う。市場の構造は変化し、FRBはこれまでにやったことのないことをやっている。高頻度トレードの影響はど

うだろう。原因はETF（上場投信）だろうか？　彼らは今回は何かが違うと感じている。「もし今回だけこのアプローチを少しいじれば……」と最後の言葉が脳裏をよぎる。

　本書のテクニックをマスターすれば利益を上げることができる。しかし、だれもがそれに向くわけではない。損失を乗り切り、ドローダウンを受け入れ、市場が動かない飽き飽きする時期に耐え、自分の戦略に忠実に従うことができなければ、あるいはその意思がなければ、私はあえて忠告する。「この本のことは忘れたほうがよい。トレンドフォローはだれにでも向く戦略ではないのだから」と。

　トレードテクニックを学びたい人、規律を持っている人、ハードワークをいとわない人はこのまま読み進めてほしい。絶対に後悔することはないから。

バリー・L・リソルツ（リソルツ・ウエルス・マネジメントの会長兼
　　最高投資責任者兼ブルームバーグ・ビューとワシントン・ポストの
　　コラムニスト兼ブルームバーグ・マスターズ・イン・ビジネスのラ
　　ジオポッドキャストの司会者）

まえがき

「求む、危険な旅の同行者。低賃金。極寒。何カ月も続く真っ暗やみ。絶え間ない危険。安全な帰還は保証されない。ただし成功の場合、名誉と称賛を得る[1]」

あなたの残りの人生をがらりと変える投資哲学の旅に出てみないか。成功への道は保証しないが、真実を知ることができる赤い錠剤であなたを目覚めさせることは約束する。

「群れからはずれたとき、私は大金を稼いだ。新たな行動を見つけるには群れの行動からさまよい出ることだ」── ジム・ロジャーズ

2016年の終わり、ウォール・ストリート・ジャーナルはネバダ州職員退職年金基金の投資責任者であるスティーブ・エドマンドソンについて報じた。「同僚はおらず、企業調査を行うこともなく、ランチは前日の夕食の食べ残しをデスクで食べる」。彼のトレード戦略は、できるだけ何もしないこと。ネバダ州の350億ドルの年金基金が保有する株式や債券はすべてインデックスに連動した低コストファンドに組み込まれたものだった。同氏がそのポートフォリオに変更を加えるのは年に1回くらい[2]。

人生を変えてしまうほどの驚きではないにしても、何もしない投資戦略は今でも健在で、大きな年金基金よりも大きなリターンを上げている。一方、全米6位の投資信託であるディメンショナル・ファンド・

19

アドバイザーズLP（DFA）は、投資家がほかの運用会社から鞍替えしてくることで、1カ月におよそ20億ドルの純資産を集める。ディメンショナル・ファンド・アドバイザーズは伝統的な証券コンサルタントが行うアクティブ運用はバカげているとは言わないまでも、効果はないという確固とした信条を持つ会社だ。ディメンショナル・ファンド・アドバイザーズの創始者はインデックスファンドのパイオニアだ。[3]

無料の対話式トレンドフォロープレゼンテーションを視聴したい方は、本書の領収書を receipt@trendfollowing.com まで送ってほしい。

ほとんどの人はお金と言えば、インデックスファンドに投資するものだと思っている。しかし、2017年の今、インデックスファンドは先駆的でも何でもない。しかし、こんなことよりもはるかに大きな問題は、ほとんどの人には知られていないが、インデックスを信奉させる学術理論が存在することである。

効率的市場仮説（EMT）は、株価には利用可能なすべての情報が織り込まれていることを唱えた学説である。市場価格は新しい情報や公定歩合の変動にのみ反応するため、平均的な投資家——たとえスーパースターであっても——はリスク調整ベースで市場を打ち負かすことはできないということになる。効率的市場仮説は1900年に発表されたルイ・バシュリエの博士論文がその起源で、その後シカゴ大学の教授であるユージン・ファーマが発展させた。この理論によれば、株式は常に公正な価格で取引されているため、投資家は株式を安く買うことも高く売ることもできないということになる。[4]

問　最初に鉛筆で下書きをしますか？

答　いいえ、最初から絵の具で描きます。

問　でも、間違ったりしませんか？

答 間違いなんてしません。間違いというものは何か別のことをやるチャンスなのです。間違ったところはそのままにして、自然の流れに任せます。
——ラルフ・ステッドマン（イギリス人アーティストで、アメリカ人作家のハンター・S・トンプソンの著書のイラストで有名）とアンソニー・ボーディンの会話

この考え方に核爆弾を落としてみよう。

一見、クールに聞こえるこの理論には心をマヒさせるほどの大きなほころびがある。当然と言えば当然なのだが、2008年10月の株式市場メルトダウンは効率的市場仮説の枠を超えるものだった。ソーセージを作るように簡単に査読論文を書いたり、博士号を取ったりする技術を知っている人にとって、近代金融の基礎は効率的市場仮説という漆喰によって見事に統合されている。ファーマは、彼の理論が「市場の慣行を変えた」、つまり、インデックスファンドが世界的に受け入れられるようになったことで2013年のノーベル経済学賞を受賞した。

今では彼の理論は一般に受け入れられている。

しかし、だれもがクールエイドをガブ飲みするような効率的市場仮説の信者ではない。

効率的市場仮説に対して初めて大声で異議を唱えたのが有名な数学者のブノワ・マンデルブロである。彼は効率的市場仮説支持者は2008年のようなビッグイベントを、子供が初めて家の掃除をするように、不都合なものとしてうやむやにしていると攻撃し、まるで「神をもおそれぬ行為だ」と言ってのけた。フランスの物理学者のジャン・フィリップ・ブショーは効率的市場仮説はマーケティングの成果だと見ている。「効率的市場仮説は知的興味をそそるだけでなく、個人投資家にとって安心できる理論であり、そのおかげで彼らは情報通の投資家に出し抜かれるというリスクを冒すことなく株式を買うことができる」[5]

「良い本は友だちのようなものだ」——中国のことわざ

　ブショーはさらに次のように続けた。「古典経済学は、経済主体の合理性、見えざる手、市場の効率性といったすぐに公理になるような強力な前提の上に成り立つものである。ある経済学者がかつて私に『これらの概念は非常に強力で、経験的観測に優先するものである』と言ったことがあるが、私は正直当惑してしまった。ロバート・ネルソンがその著書『エコノミック・アズ・レリジョン（Economics as Religion）』のなかで述べているように、『市場は神格化されてしまった』のである。しかし実際には、市場は効率的ではなく、人間は長期的視点に立つよりも短期的利益を重視しすぎる傾向があり、間違いは社会的プレッシャーや群れ行動によって増幅し、最終的には集団的非合理性、パニック、大暴落へとつながる。自由な市場はワイルドな市場なのである[6]」

　読者はまだ知らないと思うが、デビッド・ハーディングは効率的市場仮説を黙示録的な言葉で表現することで、効率的市場仮説に対する批判を強めている。「われわれの知る経済が神話の上に成り立つとしたらどうだろう。そして、その神話が世界経済をコントロールする主流の金融システム——つまり何十億ドルという富が眠る株式市場、債券市場、悪魔のように複雑な金融商品、クレジット・デフォルト・スワップ、先物やオプションといった巨大市場——が成り立つ土台だとしたらどうだろう。その神話が2008年の世界的大暴落の主な原因だったとしたらどうだろう。そして、今それが永続化して将来的に壊滅的な大暴落を招くとしたら？　そんなものを想像する必要などない。その神話とは効率的市場仮説のことなのである[7]」

　ハーディングはノーベル賞受賞者ではないが、14億ドルの資産を持っている[8]。彼は金融界の異端児で、反体制的な態度を示すパンクロッカーと呼んでも、彼が気分を害することはないだろう。前世紀だったら、彼は金融界の高僧を叱責したかどで火あぶりの刑に処せられてい

たかもしれない。効率的市場仮説とは今では、学術研究者や銀行や年金基金や寄付基金が夢中になっている狂気なのである[9]。

「効率的市場仮説が問うことは2つある。市場は打ち負かすことができるのかと、市場価格は正しい価格なのかである。まず最初の質問だが、市場は打ち負かすことができることは証明されている。そして2つ目の質問だが、市場価格が正しい価格なのか間違っているのかを議論しても意味はない。市場価格は1つしかなく、その1つの価格こそが正真正銘の客観的な価格なのである。市場を道徳的な物語にしてはならない」——マイケル・コベル

　興味深いことにノーベル委員会は2013年のノーベル賞をまったく異なる理論を提唱する経済学者たちに授与した。行動を重視するロバート・シラーと、ユージン・ファーマである。ロバート・シラーはファーマの論文に矛盾を見て取った。「彼（ファーマ）はおそらくは認知的不協和を起こしているのではないかと思う。彼の研究は市場は効率的ではないことを示している。シカゴ大学の住人は一体どうするのだろうか。これはカトリック教会の司祭が神は存在しないと言っているのと同じである。あるいは、解決できない問題があり、それを何とか合理化しなければならなくなったのと同じである[10]」

　ハーディングは効率的市場仮説の狂気をごく普通のことのように説明する。「この合理的市場の理論は経済学をニュートン力学に代表される物理学のように扱っているが、実際にはこれは人間科学や社会科学の範疇に属するものだ。人間はバブルやパニックに遭遇すると予期しない行動を取りやすく、過剰反応したり、まったく何もしなくなったりする傾向がある。こうした行動を織り込んだ市場は超人間的な英知など想定していない。市場が反映するのは人間の行動の変わりやすさなのである[11]」

「ひとたびお金の問題になると、だれもかれも同じ宗派になる」——ボルテール

　分かりやすく言えば、人間は本質的に合理的ではない。人間はバブルを崩壊させ、そしてまたバブルを生む。こうした人間の性質は何百年も前から脈々と受け継がれている。

●オランダのチューリップバブル（1634～1637年）
●南海バブル（1716～1720年）
●ミシシッピバブル（1716～1720年）
●イギリスの鉄道バブル（1840年代）
●1857年のパニック
●1920年代のフロリダの不動産バブル
●1929年の株式市場の大暴落
●1973～1974年にかけての株式市場の大暴落
●ブラックマンデー（1987年の株式市場の大暴落）
●日本のバブル経済と崩壊（1989～現在）
●ドットコムバブル（1999～2002年）
●アメリカのベア相場（2007～2009年）
●フラッシュクラッシュ（2010年）
●中国の株式市場大暴落（2015～2016年）
●ブレグジット（イギリスの欧州連合からの脱退）

「効率的市場仮説提唱者たちは理論にとって不都合な証拠には興味がないように思える。理論を撤回することに消極的で、したがって聖域から神秘性を取り除くことに不本意なことは明らかだ。これは神学者に限ったことではない」——ウォーレン・バフェット著『バフェットのポートフォリオ——全米No.1投資家の哲学とテクニック』（ダイヤモンド社）より

24

まだまだほかにも例はある……。

しかし、これは人間が合理的ではないというだけで説明がつくものではない。ブームやブームの崩壊をあおる人間の行動を最もよく説明できるものは、プロスペクト理論、認知的不協和、バンドワゴン効果、損失回避、そして判断や意思決定における各種ヒューリスティクスなどである。いくつか例を挙げたが、これらは人間の最も原始的な脳に内在するバイアスである。

効率的か効率的ではないかを巡る議論は本書で解決できる問題ではないのは明らかだ。学術界の鉱床をあなたがいくら掘ってみても、おそらくは満足のいく解決はできないだろう。人間、エゴ、貪欲、恐怖、そしてお金が緊密に絡み合っているため脳の血流を制限してしまうことを考えると、これはそれほど驚くほどのことではない。マクロ経済学の風船ガムのような最新の素晴らしい予測は本書には含まれていないので、それは期待しないでいただきたい。そんなものはお金を稼ぐこととはまったく無関係のたわごとでしかないことはあなたもご存知のはずだ。たとえ認めたくなくても、実際にはそうなのである。

「教育では弟子や模倣者や型にはまった人は育つが、新しい考えを持つ先駆者や創造的な天才は育たない。学校は進歩や向上を生む場所ではなく、伝統と不変の考え方を継承する場所でしかない」——ルートヴィヒ・フォン・ミーゼス

こうしたカオスや複雑性や人間のもろさに直面したとき、私が知りたいことは極めてシンプルだ。「デビッド・ハーディングはなぜ自分が正しいと思うのか。そしてもっと重要なのは、彼はインデックスに投資することなく、また市場のファンダメンタルズな専門知識もなく、方向性を予測する能力もないのに、アップル、テスラ、金、米ドル、原油、ナスダック指数、天然ガス、赤身豚肉、パーム油、小麦、コーヒ

ーなどをトレードすることでそれほどの大金をどのようにして稼いだのか」

これは価値のある疑問だとは思わないだろうか。そして答えは、「ビッグマネーアドベンチャーに従え」である。

トレンドフォロー

本書の23万3092語はトレンドフォローの真実を求めておよそ20年間「危険な旅」を続けた結果を凝縮したものである。書店にはバリュー投資やインデックス投資やファンダメンタルズ分析についての本はあふれているが、デビッド・ハーディングがなぜ何十億という富をトレンドフォローで稼ぎ出したのかを説明する情報はない。本書はその空間部分を埋めるものだ。

まず最初にトレンドフォローという言葉を分解してみよう。前半は「トレンド」だ。トレーダーはだれでも利益を出すためにはトレンドを必要とする。どんなテクニックを使っても、買ったあとでトレンドがなければ、買値よりも高く売ることはできない。後半は「フォロー」だ。トレンドフォロワーはまずトレンドが変わるのを待ち、次にそれをフォローする（ついていく）。だからトレンドフォローというのである[12]。

「最悪のことを予測すべきだ。それはどんなモデルも教えてはくれない。経験から言えば、これまでに見た最悪のことを2倍にするとよい」――*クリフ・アスネス*

良いトレンドフォロー戦略とは利益を限定することなく、買いポジションでも売りポジションでも損失を自動的に限定するものでなければならない。トレンドが生まれて、すぐに反転すると、反転前に到達

した極値からそれほど離れていない地点に達し、そこでトレンドが反転したことが確認される。そうなると、その地点で最初のトレンド方向に取ったポジションをドテンするか、少ない損失で損切りしなければならない。利益が限定されないのは、トレンドが一度確立されて、反転の気配を見せずにトレンドが同じ方向に続けば、ポジションはトレンドが続くかぎり持ち続けることがトレンドフォローの原則だからである。[13]

「魚はエサだけ見て釣り針は見ない。人間は儲けだけ考えて危険に気づかない」——中国のことわざ

　この概念が機能する大きな理由はベイズ統計学のなかに見ることができる。トーマス・ベイズにちなんでその名前が付けられたベイズ統計学は、世界の真の状態は確率を使って最もよく表すことができるという考えに基づくものである。例えば、常に更新され伸びていく価格トレンドのような新しい偏りのない情報を得るたびに確率を更新していくというものである。新たなデータは前のデータにつながっている。これは鎖でつながれた囚人を思い浮かべるとよいだろう。ランダムなサイコロ投げはこれとは異なる。

　トレンドフォローは上昇トレンドや下降トレンドのつながりのなかでトレンドの大部分をとらえて大きな利益を得ようとするものだ。それは株式、債券、通貨、コモディティなどの主要なアセットクラスのすべてで利益を上げることを目指している。残念ながら、トレンドフォローの基本的な考え方は簡単でありながら、一般投資家もプロの投資家も大きな誤解をしている。例えば、学術文献も投資家も一見独特と思える戦略を出してくるが、高いレベルで考えればすべてトレンドフォローと関係している。[14]

「簡単に説明できないのは、本当に理解していない証拠である」── 作者不明

　こうした標準的なトレンドに関する常識は、学術界ではこれまで長い間理解されることはなかった。最近になってようやく理解されるようになったばかりだ。学術界の著名人たちはここに来て「モメンタム（＝トレンドフォロー利益の源泉）」は存在すると言うようになった。しかし、ややこしいことに彼らが言うモメンタムには２種類ある。時系列モメンタム（つまり、トレンドフォロー）とクロスセクショナルモメンタム（つまり、レラティブストレングス）だ。しかし、これら２種類のモメンタムには関連性がまったくない。これはさまざまな理由で学界や実業界を細分化するのが狙いではないかと思っている。どちらの戦略が何十年にもわたる実績を上げてきたかは知らないが、実績を上げられるものはトレンドフォローしかない。

　こうした混乱を正したいという思いにかられて私は1994年から調査を続けてきた。できるだけ客観的にするために、データはいろいろなものを使った。

●トレンドフォローのこれまでの月次運用成績
●トップトレーダーからノーベル賞受賞者まで多くの人々に行ってきたインタビュー
●この50年間にわたる数十人のトレンドフォロワーの公開インタビュー（これはググっても出てこない）
●トレンドフォロワーが利益を出したときの市場チャート
●大暴落やパニックのときの市場チャート

「遊び心がどれほど良い結果を生むかを知るには、怒りを利用して何かを達成しようとする疎外された人々の宣伝文句に惑わされないことである」──

エリック・ホッファー

　トレンドフォロワーの極端な運用成績を示すデータや数字やチャートだけを使えるのなら、そうしたいところだ。それこそが議論の余地のない生データなのだから。

　しかし、大量のデータを分析し、そのなかからパターンやルールを発見しても、さらに複雑な問題が生じる。そういった問題を何の説明もなく理解できる読者はほとんどいないだろう。ロバート・シラーは次のように言った。「人間の思考プロセスには物語が必要だ。つまり、人間の脳は物語──始まりと終わりがあり、感情に共鳴することのできる物語──を介して事実を記憶していくのである。もちろん数字を記憶することはできるが、そのためには物語が必要なのである。例えば、金融市場は配当や価格などの大量の数字を生みだすが、こういった数字は私たちにとっては無意味でしかない。こういった数字が意味を持つためには、物語や理論が必要だが、一番重要なのは物語である」[15]

　基本的には私のリサーチや本書を書くうえでのアプローチはジム・コリンズの『ビジョナリー・カンパニー２──飛躍の法則』（日経BP社）に出てくるアプローチに似ている。同書では研究チームが疑問点を洗い出し、答えを探すために自由に研究してデータを蓄積し、最後に徹底的に議論して物語を見いだし、物語に対してしかるべき説明をなすことで理論を導き出していく。

　『ビジョナリー・カンパニー２』が有名な上場企業について書かれたものであるのに対し、トレンドフォローの戦略は彼らに関する誤った記事のいくつかを除けば、主要メディアには事実上無視され続けてきた比較的無名トレーダーのアングラネットワークを中心に構築されている。それはこの20年間変わっていない。本書の初版とこの最新版では、私はこの大成功した戦略のベールをはがして真相を究明することに主眼を置いた。トレンドフォロワーはどのようにトレードしている

のか、そして彼らから学んだことを自らのポートフォリオに適用して利益を出すためにはどうすればよいのか。

信用バブルは金融資産の価格をファンダメンタルズな価値から大きく乖離させた。中央銀行は市場ボラティリティに対する非対称アプローチを使って市場を不正操作した。アラン・グリーンスパンは株式市場の底は定めたものの、天井は定めなかった。その結果、信用バブルが一段落するのを待つコストは受容しがたいほどに高くなった[16]。

　この疑問を読み解くうえで、私はウォール街の銀行やブローカーや典型的なロングオンリーのヘッジファンドが定義した制度化された知識を鵜呑みにすることは避けた。私はJPモルガンチェースやゴールドマンサックスから始めることはしなかった。あらゆるタイプの情報に対して疑問を提起し、客観的に粘り強くゆっくりと、時には内部告発者の助けを借りながら、直観に従って答えを探っていった。

　私がこういったやり方をする気になった理由が1つあるとすれば、それは単純な好奇心からだった。子供がおもちゃを壊してモーターがどこにあるのかを探す。そんな感じだ。例えば、最初に興味を持ったのは、イギリスの有名銀行が破綻してタイムの表紙を飾ったとき、儲かったのはだれだったのかということだった。調べていくと、この銀行と今では何十億ドルという資産を持つあるトレンドフォロワーの関係が明らかになった。このトレーダーの実績が分かると、「そもそも彼はどうやってトレンドフォロー戦略を発見したのか」という新たな疑問が湧いてきた。

　また、運用資産20億ドルのヘッジファンドが崩壊し、世界経済を混沌の淵に追いやったとき、勝者はだれだったのかも知りたかった。なぜウォール街の大手銀行——あなたの年金を預かるいわゆるスマートガイ——は明らかに大きなリスクがあるにもかかわらず、1000億ドル

という大金をこんなファンドに投資したのだろうか。さらに2008年10月にウォール街が大きな損失を出し、同じ時期にゼロサムゲームでトレンドフォロワーたちが大きな利益を上げたことを考えると、投資家たちはなぜトレンドフォローの存在に気づかなかったのだろうかと不思議でしょうがなかった。疑問はまだまだ続いた。

●トレンドフォローではゼロサムゲームでどうやって勝利するのか
●トレンドフォローはなぜ最も儲かるトレード手法であり続けるのか
●トレンドフォローが成功する哲学的枠組みとは何なのか
●トレンドフォローの変わることのない原理とは何なのか
●トレンドフォローは人間の行動をどうとらえているのか
●トレンドフォローが永久に不滅なのはなぜなのか

質問　50日または200日移動平均で生成される買い・売りシグナルに基づくマーケットタイミング戦略はバイ・アンド・ホールドよりも良いリスク・リワード・レシオを提供してくれると言うリサーチャーもいるが、あなたの考えはどうか。
ユージン・ファーマ　それは昔話であり、経験的な事実ではない[17]。

　トレンドフォロワーの多くは人目を避け、非常に地味だ。40年以上にわたって勝ち続けてきたあるトレンドフォロワーはフロリダの海岸沿いの町にある静かなオフィスで仕事をしている。ウォール街にとってこうしたやり方はおきて破りだ。それは成功するにつれて慣れ親しんでくるあらゆる習わしや儀式や地位の象徴であるぜいたく品や神話に反する行為なのである。成功したトレーダーの一般的なイメージは、いつもイラついている極端な仕事依存症で、栄養ドリンクを飲みながらモニターに囲まれて1日24時間、週7日働き続けるというものだ。本書で紹介するデータに裏付けられたストーリーがそういった誤ったイ

メージを払拭することを私は願ってやまない。

「市場は効率的だとかつて私に言った人は、気がついたら、みんな貧乏になっていた」——ラリー・ハイト

この疑問を解く鍵を与えてくれたのがチャールズ・フォークナーだった。「エリートトレーダーは世界を雲の上から見ているような人々で、ほかのトレーダーとは考え方が違う」と彼は言う。これは核心に迫る発言だ。

● あなたが何を考えているのかなど問題ではない。重要なのは市場がどう動いているかである
● 重要なことであれば定量的に測ることができるだろう。常に精度向上を心がけよ
● 必ず起こることに対して、いつ起こるのかを知る必要はない
● 成功するトレードは確率に基づくビジネスだ。だからそれに応じて計画を立てよ
● トレードシステムのどの部分にも必ずエッジが存在する
● だれもが誤りを犯すものだ、もちろんあなたも。だからあなたのシステムにはこの事実を組み込んでおかなければならない
● トレードでは勝つときもあれば負けるときもある。成功するためにはこのことを忘れてはならない

この第5版の誕生秘話については時間をさかのぼる必要がある。私がトレンドフォロワーとして知られるようになったのは、4ページのウェブサイトを立ち上げた1996年10月のことである。ジョージ・メイソン大学で政治学を修めたものの、ウォール街ともいかなるファンドともコネはなく、博士号を取得しているわけでもなかった私は、トレ

ンドフォローのウェブサイトを立ち上げるのが最も良い方法だと考えた。トレンドフォローのサイトはこれが初の試みだった。

そして、私はそれを実行した。

「トレンドフォローは私の想像をはるかに超えて効率的だった。私にとって、トレンドフォローを離れることほどリスキーなことはない。だから私は心の底からそれを受け入れることにしたのだ」── デビッド・ハーディング

オリジナルの内容をふんだんに詰め込んだその原始的なサイト（www.tutletrader.com）は何百万人という人がアクセスし、何百万ドルというお金を生んだ。そして、そのときはまだ気づかなかったが、このサイトは数多くの初心者だけでなくプロトレーダーにも一目置かれる存在になっていた。

ウェブサイトを立ち上げてから6年。そろそろ本を書く時期かもしれないと私は思った。南カリフォルニア大学のファイナンスの教授であるラリー・ハリスが幾度となく私にメールをくれた。私は彼の書いた『ザ・ウイナーズ・アンド・ルーザーズ・オブ・ザ・ゼロサム・ゲーム（The Winners and Losers of the Zero-Sum Game）』にほかのだれよりも興味を抱いていたため、彼は私に彼の最新作をレビューしてほしいと言ってきたのである。

私はレビューを快諾した。その代わりにと言っては何だが、私も本を書いていたので、私の本の序文を書いてくれるようにお願いした。そのとき私の本はまだコンセプトが決まっただけの状態であるにもかかわらず、彼は喜んで承諾してくれた。

2年間の紆余曲折を経て、本書の初版はついに出版の運びとなった。2004年に初版が出たときは10部売れるのか1万部売れるのかは皆目見当もつかなかった。しかし、本はいきなりアマゾンのトップ100入りを果たした。実はこの初版は出版社からは絶対に失敗するから電子版に

したほうがよい、と言われていたのだ。書店で売るようなものではない、と。

　しかし、初版は10万部以上売れ、日本語、ドイツ語、韓国語、中国語、アラビア語、フランス語、ポルトガル語、ロシア語、タイ語、トルコ語に翻訳された。この成功を受けてこのあと4冊の本を執筆することになった。また2007年から2009年にかけてドキュメンタリー映画を監督する機会にも恵まれた。

「最大のイノベーションは人々が気づかないところに存在する」──ビル・ガーリー[18]

　13年前に書いた目立たないトレード本が、5人のノーベル経済学賞受賞者と話をしたり、ブーン・ピッケンズ、デビッド・ハーディング、エド・スィコータをはじめとする数々の伝説のトレーダーから直接教えを乞う機会を与えてくれるとは夢にも思わなかった。さらにこの本のおかげでダニエル・カーネマンやロバート・チャルディーニからスティーブン・ピンカーまで世界トップの行動経済学者や心理学者にも会うことができたし、ポッドキャストにも門戸が開かれた。ポッドキャストは2012年にスタートして以来、これまで500万人を超える人々に視聴され、ティム・フェリスから『ジュラシックパーク』で一躍名をはせた古生物学者のジャック・ホーナーまで多彩なゲストも招いてきた。彼らは哲学的な観点から見て全員がトレンドフォロー的思考とつながっていると、少なくとも私は思っている。

　この1冊の本から導かれた出会いは一対一の会話にとどまることなく、シカゴ、ニューヨーク、北京、香港、クアラルンプール、マカオ、上海、シンガポール、東京、パリ、ウィーン、サンパウロで大勢の聴衆を前に話す機会を与えてくれた。ウィーンでは1500人のドイツ人を前にホーフブルク宮殿（オーストリアのウィーンにある元皇帝宮殿）

で講演を行った。

　講演はさらに続いた。チャイナ・アセット・マネジメントでの講演、シンガポールの政府系ファンドGICでの講演、そして1000人以上の聴衆を集めた一般的な投資家向けの講演。新規投資家からプロに至るまでみんながトレンドフォローに興味を持ってくれた。

「大衆を追いかければ間違いなく間違った方向に進むことになる。彼らはあなたなど目じゃない。彼らが何に関心を持っているかを知るために彼らに注目するのは、バカバカしいとしか言いようがない」──セス・ゴーディン

　しかし、本書の初版について初めて行った講演は私にとっては忘れられない。それはバルティモアのレッグ・メイソン本社で2004年の秋に開催されたものだった。そのときレッグ・メイソンのチーフマーケットストラテジストが私をランチに誘ってくれた。ランチのあと、階段を上った先にある得体の知れない部屋に案内された。部屋に入るとそこは若い銀行家で埋め尽くされ、彼らは話し手の話に熱心に耳を傾けていた。当時、レッグ・メイソンのチーフインベストメントストラテジストだったマイケル・モーブッサンが私に席に着くように促した。話し手が当時レッグ・メイソン・バリュー・トラストのファンドマネジャーのビル・ミラーであることはすぐに分かった。14年続けてS&P500指数を打ち負かすという偉業を遂げていたミラーである。彼は間違いなくウォール街で最も成功し、最も有名なプレーヤーの１人だった。

　ミラーは話し終わると私をみんなに紹介した。そのときまで私が次の講演者になるなど思いもしなかった。そして次の１時間にわたって、部屋の一方の端にいたミラーともう一方の端にいたモーブッサンは、トレンドフォロー、リスクマネジメント、タートルトレーダーについて

35

私に代わる代わる質問を浴びせてきた。

　プレゼンテーションが終わると、私はミラーに意見を述べる機会を与えてくれたことに感謝したが、私はミラーがどうして同書のことを知っていたのか知りたかった。「アマゾンの本をくまなくネットサーフィンして、あなたの本に行きついたのです。私はさっそく本を買って、とても気に入ったので、レッグ・メイソンの全社員に読むように言いました」と彼は言った。

　同書は少しははやるだろう、少なくともレベルの高いサークルでは読まれるだろうとは思っていた。本の売れ行き——非常によく売れたのだが——は別として、同書のメッセージがトレンドフォロワーではないミラーの共感を呼んだとすれば、これは私の人生を変える一大事になるのではないだろうかと私は思った。

「重要なのは他人の犯した過ちから学ぶことである。あなたは彼らの犯した過ちをすべて犯せるほど長生きすることはできないのだから」——ハイマン・D・リッコーバー

　しかし、今、同書をまったく新しい聴衆と世代のために前進させる時期が来たようだ。なぜなら私にはグローバルな投資家の幅広い要求に応えられていないという思いがあるからだ。投資可能な資産のおよそ80兆ドルは効率的市場仮説のなすがままにバイ・アンド・ホールドやパッシブ・インデックス・ファンドに投資され、トレンドフォロー戦略で運用されるのはわずか0.25％の資産にすぎない。人々の貯金や退職金は文字どおり、人々を次なるお灸をすえる無防備の状態にさらす不安定な経済理論の奴隷と化している。

　同書に再び取り組みたいと思ったのは、奴隷状態になっている資本を救いたいと思ったからである。同書に対する今回の取り組みでは、タイプミスを正すための外来患者に対する手術ではなくて、多くの詳細

を加えるための心臓切開手術に相当するような改版をした。初版を「シュワルツェネッガーにステロイドを投与した」ようなまったく新しいバージョンに生まれ変わらせるために、大局観から細かい点に至るまであらゆるものを添加した。この最新版は3部からなる。

第1部は、初版の『規律とトレンドフォロー売買法』の章を更新・拡張した。
第2部は、トレンドフォロワーへのインタビューを新たに加えた。7人のプロに対するインタビューを通して、トレンドフォローの全体像とその必要条件となる詳細を明らかにする。
第3部は、平均的な投資家やプロや学者たちがトレンドフォローについて語る際に役立つトレンドフォローの最新の研究論文を新たに加えた。

「川が曲がりくねっているのは、考えることができないからだ」──リチャード・ケニー

　本書は初版に比べると内容がかなり変更され、追加された部分も多い。いわば1つの本のなかに3つの本が入っているという趣だ。追加された部分は、小さな追加点もあれば大きな追加点もある。トーンも異なる。抑えた口調のところもあれば、口調の高まっているところもある。本書は全身全霊をかけて取り組むことで、若かりしころの空虚さや不機嫌さはある程度は影をひそめ、成熟したバージョンへと生まれ変わった。情報が多すぎる、内容が多すぎる、何もここまでいろんなものを入れなくてもよいのでは、と言う人もいるかもしれないが、それはおっしゃるとおりだ。だから、そういった批判は甘んじて受け入れるつもりだ。
　もしあなたがグルの秘密や簡単にお金持ちになる方法を探している

のであれば、そんなものはここにはないので、ほかを当たってもらいたい。あるいは、とっぴな予測や、ガッツのあるトレーダーについての話、ウォール街の銀行で働くってどういう感じなのだろうかとか、人生って不公平だ、政府に救済措置で助けてもらいたい、なんて思っている人は、だれも助けてなんてくれないことを知るべきである。さらに悪いことに、効率的市場仮説の信者で対立する証拠をことごとく無視する人は、ブショーやハーディングの人形と一緒に私の人形も燃やしてしまうかもしれない。上に書いたような特徴に当てはまる人は、私の言葉や私の偏見のある考え方はあなたを動脈瘤にしてしまう可能性があるので、今すぐにこの本を売り払ってほしい。

「トレンド」の同意語 —— 傾向、動き、ドリフト、スイング、シフト、流れ、動向、方向、進行、勾配、傾斜、バイアス、湾曲。

　上記とは違って、枠組みにとらわれずに考えることができる人であれば、ファンダメンタルズな予測をすることなく大きなリターンが得られるチャンスを手に入れることができるだろう。またデータ駆動型の確かな証拠が欲しい人は、私の洞察が既知の箱のなかに安住する気持ちを打ち砕く自信を与え、上げ相場、下げ相場、ブラックスワン相場でも大金を手にするために思う存分行動する勇気を与えるだろう。

マイケル・W・コベル

第 1 部

トレンドフォローの原理

Trend Following Principles

トレンドフォロー
Trend Following

「すべての物体は外部から力を加えられないかぎり、静止している物体は静止状態を続け、運動している物体は等速直線運動を続ける」──ニュートンの運動の第1法則

「投機とは不確かな未来の不確かな状況に対処することを言う。人間の行為は、時の流れの一部になっているという意味ではすべて投機である」──ルートヴィヒ・フォン・ミーゼス

投機

　こんなことを言うと、知ったかぶりをしているように聞こえるかもしれないし、私がまるで取るに足りない点に注目しているように思うかもしれないが、そうではない。投機家が当てにできる価格を事実として受け入れることができる能力は、市場の基本である。別の言い方をすれば、価格がなければ、人間は棍棒で互いに殴り合う石器時代に逆戻りするということである。オーストリアの有名な経済学者であるルートヴィヒ・フォン・ミーゼスは価格発見の価値を次のように述べている。

　「価格とは、個人や集団が自らのために行動した結果として生じるものというのが価格の本質だ。交換比率や価格といった交換の理論では、中央権力や社会とか国家とか武力を持った組織の名の下に暴力や脅しを使う人々の行動に影響されたことはすべて無視する。価格を決めるのは政府ではないと宣言するからと言って、私

41

たちは論理的思考の境界を踏み越えたりはしない。ガチョウがめんどりの卵を産めないように、政府は価格を決めることはできないのである[2]」

「正しくあることが目的ではなく、お金儲けをすることが目的なのである」
—— ネッド・デービス

「私の知るトレードで最も成功した人々は情熱を持ってトレードをしている人々である。彼らはトレードの最も重要な条件を満たしている —— 最も大事に思うこと —— この場合、トレード —— について直感力を鍛えること」
—— チャールズ・フォークナー[3]

　長期的に見れば政府は価格を決めることはできないが、量的緩和政策（QE）、ゼロ金利政策（ZIRP）やマイナス金利政策（NIRP）などを通して市場を直接操作しようとするだろう。

　しかし、市場価格を決めるのは投機である。価格を使って投機を最もうまくやる方法を学ぶことは価値ある試みであるばかりでなく、それは適者生存の原理であり、大昔からウォール街にある慣習でもある。『ヤングアメリカ・イン・ウォールストリート（Young America in Wall Street)』（1857）から近代の百万長者についてのフランスの詩を紹介しよう。

　月曜日、土地の売買を始めた
　火曜日、計算してみると何百万ドルも儲かっていた
　水曜日、私のブラウンストーンの宮殿の建築が始まった
　木曜日、新しい馬車で出かけた
　金曜日、素晴らしい舞踏会を開いた
　土曜日、破産して、何もかもなくした[4]

「だれが事実を確認するのか。だれが警備員を見張るのか」 —— 作者不明

　こうした情勢の変化というものはあってしかるべきであり、ごく普通のことである。それは予想された浮き沈みなのである。浮き沈みには運が付き物だが、スキルも重要だ。アーサー・クランプの『ザ・セオリー・オブ・ストック・エクスチェンジ・スペキュレーション（The Theory of Stock Exchange Speculation）』（1874）には次のような下りがある。

　　行き当たりばったりの投機で儲ける人、ポケットをお金でいっぱいにするまで稼ぎ続け、たんまりと貯まったお金を持って引退できる人。そんな人なんて100人のうちに１人しかいない。投機についてなにがしかを知っている人は、次の言葉には同意してくれるはずだ——「普通の人にとってゲームは時間とお金をかける価値などない」。しかし、１万ポンドや５万ポンドが30分のうちに失われる市場において、投機でもシステマティックに行えば利益を得られる状況がある。そうした状況のなかで最も重要なのは、おそらくは投機家の気性であろう。市場において偉大な投機家が売っているとき、優柔不断な強気派はたちまち恐ろしさで気が動転してしまう。投機家がそういった目的を持って立ち振る舞うとき、名声の持つ力と資本の持つパワーで人々をおじけづかせることでゲームを自分のものにする。そういった投機家は明確な独立性を持たなければならない。そうした独立性があれば、心が影響を受けることはない。成功するためには、他人の感情やポケットの中身など気にすることなく、ベンガルのジャングルでほかのものなどおかまいなしにたたずむ飢えたトラのような気持ちを持つことが重要なのである。外科医が足を切断することを決意したときのよ

うに、彼には目的がある。投機家の唯一の目的は利益を手に入れることだけである。ナイフが皮膚に入り、骨の周りの動脈、筋肉、腱を切り取るように、どんな困難が待ち受けていようとも彼は道を切り開いていく。それが彼が達成すべき目的なのである。その道中では、他人の関心を無視するだけでなく、大衆という人間の弱さを緻密に計算する必要がある。自分の目的を遂げるために大衆を利用するのである。それは他人がまねできないような特殊な方法で行う必要がある。プロの投機家がはびこる市場に参入した初心者が、数カ月かけて情報を収集して、彼らのやり方をじっくり観察すれば、彼らの多くはそういう仕事には自分たちは向いていないことをすぐに悟り、幸運に感謝して市場から退散するだろう。プロの投機家とは正反対の場当たり的な彼らは、彼ら自身の結果と同じように、プロの投機家たちとはまったく異なる人々だ。調べる必要があると思える細かい点をすべて調べ上げ、投機というビジネスをそれに慣れるまで研究し尽くす人は頑固者で冒険をいとわない。しかし、場当たり的な人は無気力で、力を持っているという欺瞞的な意識で膨張した無邪気さのなかで、迷えるウサギのように、恐れおののいて自分が定めたラインから簡単に後退してしまう。こういったタイプの人は株式市場には五万といる。彼らは最初は小さな強気派として、次は小さな弱気派として市場に出たり入ったりを繰り返し、店員に荒っぽく追い払われるハエのように、大暴落のあとには姿を消す。ハエは何かを手に入れるが、投機家は必ずお金を失う。これがハエと投機家の最大の違いだ。[5]

「簡単にあきらめる人が多すぎる。前進するという希望を捨ててはならない。失敗の傷を受け入れる覚悟が必要だ。成功とはひとつの長いストリートファイトの末に達成できるものなのだ」——ミルトン・バール

『ハウ・ツー・ウィン・アンド・ハウ・ツー・ルーズ（How to Win and How to Lose）』（1883）には、トレンドベースのマーケットプレーヤーとしておそらくは最初の人物と思われる人物が登場する。「ロンドン証券取引所で最もやり手の相場師と知られた人物はデビッド・リカード（1772〜1823年）で、彼は巨万の富を手に入れた。友人に対するアドバイスは、彼の成功の秘訣を総括するもので、その一語一語が黄金の言葉だった。『損失を抑えよ。しかし、損失から逃げてはならない。そうすれば利益はおのずとついてくる[6]』」

彼の言葉は偉大で、時代を超えたものだ。リカードを134年後の近代のコンピューターサイエンスの言葉で置き換えれば、「最適停止問題、勝てばキープ、負ければスイッチ戦略、A/Bテスト」といったところだろうか。1883年には損切りについてもっと明確に述べられている。「投機はほかのどんな趣味よりもリスクがはるかに高いとみなされる。結果は壊滅的というわけではないが、いきなり発生して、驚くべきものであることが多い。統計によれば、100人のうち95人は商人として失敗する。割合は投機家も同じようなものだ。好ましいものであれ好ましくないものであれ、投機は商売よりも結果が現れるのが早い。負けるゲームをやっていることを認識するまでに5年あるいは10年もかからないだろう[7]」

「人間の行動を調査したところ、90％の人は4つのタイプに分類される。①楽観的な人、②悲観的な人、③信じやすい人、④嫉妬しやすい人。このうちの30％は嫉妬しやすい人に分類される」——マドリード・カルロス3世大学

態度が自然に現れるという人はいない。『ジ・アート・オブ・インベスティング（The Art of Investing）』（1888）には次のように書かれている。「原理的には投機で勝つのは非常に簡単だ。安値で買って高値で

45

第1部　トレンドフォローの原理

売るか、高値で売ってあとで安値で買い戻す。こんな簡単なことはない。まるでウォール街に行って、歩道でお金を拾うようなものだ[8]」

　投機の基本は、徹底的に調査して練習することである。『ゴールド・ブリックス・オブ・スペキュレーション（Gold Bricks of Speculation）』（1904）には次のように書かれている。

　　投機に対する欲望は人間に本来備わっているものであり、理性を持って賢明に自分のとるリスクで行うかぎり、人間には投機を行う法的・道徳的権利がある。理性のある投機とは、それにかかわった人の資源や地位に著しい影響、または永遠に続く影響を及ぼさないような投機を言う。また、賢明な投機とは、投機対象を徹底して研究して臨む投機のことを言う。プロの投機家は価格を上げたり下げたりする目的で市場に参入するわけではない。価格の上昇や下落でお金を儲けることが彼らの目的である。いずれの場合も、投機を行う前に市場の傾向を確認することを怠らない。どういった投機家も投機家集団も、上昇している市場で価格を下落させようとして投機する人などいない[9]。

「自由市場は無責任に罰を与えるが、政府は無責任に褒美を与える」──ハリー・ブラウン

　『インベストメンツ・アンド・スペキュレーション（Investments and Speculation）』（1911）には、自由市場資本主義と政府の介入が少ないほど良いと書かれている。

　　どう呼ぼうと勝手だが、投機は常に私たちとともにある。慎重な人は眉をひそめるかもしれないし、考えの浅い人は投機をギャンブルと混同するかもしれない。また、社会学者は嫉妬や野心や強

欲が過去のものになり、人間がこうした特徴を示すことなく平和裏に競争できる日が来ることを夢見るかもしれない。しかし、人間の創造力が潮の流れをコントロールする方法を作りだすことができないように、人間の興奮や叫びもまた投機を阻止することはできない。血液が人間の体にとって不可欠であるように、投機はビジネスにとって不可欠だ。投機なくしてはビジネスは成り立たない。もし違いがあるとするならば、それらが取る形態だけであり、血液と投機がそれぞれ人間の体とビジネスに不可欠であるという事実に変わりはない。人間の行動を駆り立てるものがなければ、ビジネスはどうなるだろうか。投機の根底にも人間の行動を駆り立てるものがある。人間は富を手に入れるためにリスクを進んでとる。判断に訴えかける機会があれば、資本を投じる。新しい家を見つけるために前人未踏の荒れた土地に足を踏み入れて大きな機会を得た開拓者から、一定のコモディティのトレードをコントロールするために巨大なトラストを計画する近代の資本主義者まで、投機は脈々と続いているのである。なぜなら彼らの野心の根底にあるのが投機だからである。一見、投機家には見えない発明家も実は大きな投機をしている。なぜなら彼らは自分のアイデアを実用的な便益になるような形にするために時間とエネルギーを使い、失敗すれば何もかも失ってしまうからである。投機が程度の差こそあれ個人の物質的幸福に入り込んでいる例は枚挙にいとまがない。投機がなければビジネスは進歩することはない。それは人々を活動や進歩に駆り立てるダイナミックなパワーなのである。それは利益に対する欲望であり、その欲望があってこそ人々は冒険しようという気持ちになるのである。投機がいかに必要なものであるかということは、これらの話からよく分かってもらえたことと思う。事実、最も高度な形の投機は歴史を形成し、世界地図を塗り替えてきた。賢明な投機は罪ではない。それはギャン

ブルでもない。それは人間の利口さを将来の不確実性と戦わせる
ものにほかならない。ついでに言えば、人生そのものも投機であ
る。牧師も慎重な人も扇動者もみんな病気にはなりたくないし、寿
命を全うしたいと思っている。投機とギャンブルの間には夜と昼
ほどの違いがある。投機は鋭い洞察力を必要とするが、ギャンブ
ルはすべてを運やカードの動きにゆだねる。投機を鉄の法則で縛
りつければ、国家の物質的進歩はただちに止まることは経験が雄
弁に物語っている[10]。

**「絶対数は問題ではない。それは長い期間にわたるトレンドにすぎないから
だ」── セス・ゴーディン**

　最後は『サイコロジー・オブ・ザ・ストック・マーケット（Psychology
of the Stock Market）』（1912）からの下りだ。同書はFRB（連邦準備
制度理事会）が設立される1年前に出版されたもので、投機を人間行
動学の視点でとらえたものである。

　　投機の心理的側面は2つの視点から考えることができる。いずれ
　　も同じくらい重要だ。1つは、「一般大衆の変化する精神的態度は
　　価格の形成にどのような影響を与えるか」である。つまり、「市場
　　の特徴は心理状態によってどのような影響を受けるか」というこ
　　とである。そしてもう1つは、「個人トレーダーの精神的態度はそ
　　の人の成功の可能性にどのように影響するか」である。つまり、
　　「個人トレーダーは進路に横たわる障害を、自分自身の希望、恐怖、
　　臆病さ、頑固さで、どの程度、そしてどのように克服することが
　　できるか」ということである[11]。

これは目覚めている人にとってはあまりにも明白だ。しかしこのご

ろ、投機はインテリ層の間で非難の的になっている。私はオリバー・ストーンのアウトサイダー的立場は気に入っているが、彼の映画『ウォール・ストリート』（『ウォール街』の続編）では投機はまったく違ったふうに描かれている。映画の主人公のゴードン・ゲッコーが、「すべての悪の根源は投機だ[12]」と投機を冒涜するような言葉を吐くのである。

「ガスライティングとは心理操作の一種であり、被害者が自身の記憶、知覚、正気を疑うよう仕向ける手法」——ウィキペディア

　投機を悪者扱いするのはオリバー・ストーンだけではない。ニューエイジのグルであるディーパック・チョプラは、「ウォール街が崩壊したのは強欲と腐敗、そして何の価値もない純粋な投機に屈したからだ」と大雑把な一般論を述べている。

　ウォール街という言葉は「あらゆるもの」を意味する。もしチョプラが大銀行の救済のことを言っているのならば、私も賛成だ。しかし、誠実に行われた純粋な投機は無価値どころではない。政治家も投機家を叩くのが大好きで、これは永遠に続く儀式のようなものだ。アメリカの社会主義者であるバーニー・サンダースも、「私は投機にのめりこんだりはしない」とありきたりなことを言った。アメリカのテレビ番組『ビリオンズ』の登場人物であるボビー・アクセルロッドはサンダースに反撃する。「私、何か間違ったことをした？　お金を儲けて成功した以外に。もしかしてこれらのルールや規制ってこと？　それは政治家たちが自分たちのためにやったことさ」

　アクセルロッドはもちろん架空の人物だが、劇中ではインサイダー情報で取引する気ままでだらしのないデイトレーダーを演じている。しかし、彼の言葉——数千年にわたって多くの正直者たちが発してきた言葉——は、嫉妬心を持つ者たちが投機に対して抱いている憎しみが

むきだしのまま表現されており、そうした言葉を発することが、少なくとも『マトリックス』の世界とは無縁の者にとって、価値ある試みであることが強調されている。

勝つか負けるか

「勝つ喜びや負ける苦しみもあれば、勝つ苦しみや負ける喜びもある。そして、もうひとつよく考えておかなければならないことは、参加しないことの喜びや苦しみもあるということである。その感情は、そのトレーダーがどれだけトレードに深く関与していたいと思うかにかかっている」──エド・スィコータ[13]

　市場で「勝つ」のは金融市場システムを悪用したからだと世間の人が考えるのももっともなことだ。その理由となる醜聞については私が言うまでもなくもうご存知のはずだ。しかしその一方で、毎年、目を見張るほどのリターンを上げ続けている誠実なプレーヤーもいる。彼らの信念と自己認識（自分をどのように認識しているか）を調べてみれば、彼らがなぜ誠実でいられるのかが理解できるはずだ。しかし、彼らの考え方を調べる前に、まずは自分のことを考えてみよう。

　例えば、1990年代の終わり、あるいは2007年の夏、あるいは2016年の秋でもよいが、投資家たちが盤石だと感じていたまさにそのとき、世間をにぎわした例の事件が発生し、それが終わるころには彼らは莫大な損失を出していた。アドバイスをもらったアナリストや専門家やブローカーや資産運用者に彼らは怒りをあらわにした。彼らのアドバイスに従っただけなのに、と。今では投資目標どころの話ではなく、引退の目論見も遠のいた。今持っている株がそのうちに上がることを信じて持ち続けているが、401k年金プランは怖くて投資先を決められないでいる。それでも彼らはインデックスファンドやバイ・アンド・ホ

ールドにすべきだと信じている。結局、これらは何十年にもわたって売られてきたものだから安心なのだ。そして絶望の果てについにあきらめモードになり、勝つのは単なる運にすぎないと思い始める。

さらに2008年10月にはもっと損をした者もいる。しかし、勝とうが負けようが、たった１つのトレードが大金持ちにしてくれることを夢見てトレードすることに、彼らはスリルを感じているのだ。トレードのグルの話や耳寄り情報はすべて彼らにとって娯楽だ。また彼らは自分の投資を自慢したがる。注目されることで自尊心を満足させるためだ。もちろん損をすれば落ち込んで腹が立つが、儲かればものすごく良い気分になる。それは天にも昇る心地だ。彼らの目的は手っ取り早く稼ぐことなので、これからも今までどおりにやるつもりだ。数年前に「耳寄り情報」でかなり儲かったこともあったので、彼らは２匹目、３匹目のドジョウを狙っているのだ。

「教育が高くつくと思うのなら、試しに無知のままでいるとよい」——デレック・ボック

ここで考え方を少し変えてみよう。あなたのアプローチは客観的で合理的だ。自分の意思決定には自信を持っているので、他人に推奨銘柄を求めたりはしない。機会が訪れるまで辛抱強く待つこともできる。自尊心が強すぎるわけではないので、高値を更新している株でも、新高値を付けている株でも買える。あなたにとっての投資機会は市場のブレイクアウトだ。逆に、間違いに気づいたときにはすぐに損切りする。損をしたときは、そこから学んで気持ちを切り替え、別の機会のためにお金を取っておく機会と考える。過去にこだわるのは無意味だ。あなたはトレードをビジネスととらえ、小切手帳の収支を記録するときと同じように、売買するものとその理由を記録する。トレードの意思決定に私情をはさまないことで、感情に流されないで意思決定する

第1部　トレンドフォローの原理

ことができる。

　これら2つの考え方は対照的だ。前者は負け組の考え方であり、後者は勝ち組の考え方だ。これら2つの考え方に必然的に伴うものを知る前に、あなたのアプローチを急いで決める必要はない。あなたはお金が欲しいと思っている。お金持ちになりたいと思っている。そんな気持ちを恥じる必要などない。そんなことを言う批評家や、プレーヤー同士の憎しみ、ランク付けに対する妬みこそ非難されるべきものだ。投機は立派な行為であるばかりか、人生そのものである。利潤追求のための投機は市場を動かす原動力であり、投機がなければ市場は分裂するだけである[14]。

「われわれが資金運用してきたこの21年間（今では40年間）、変わったことは何もない。政府による規制や介入はこれまでもあったし、今もある。社会が従うべき規則を必要とするかぎり、これからも規制や介入はなくなることはないだろう。今の政府の介入や命令は将来の機会になるのだ。例えば、政府はカルテルと同じような動きをする。最も支配的で効果的なカルテルはOPEC（石油輸出国機構）だった。しかし、そのOPECでさえ自分たちの生産物に値段を付けるという点では理想的な世界を作ることはできなかった。自由市場は価格を発見する自らの方法を常に見つけることができるだろう」──キース・キャンベル[15]

投資家かトレーダーか

　ほとんどの人は自分のことを掘り出し物を探し求める投資家だと思っている。しかし、市場で最も稼いでいる人々が自分たちのことをトレーダーと呼んでいることを知ったら、その理由を知りたくはないだろうか。簡単に言えば、彼らは投資はしない。彼らはトレードをするのだ。

第1章　トレンドフォロー

　投資家が株式や不動産のような市場にお金、つまり資本を投じるとき、価値は時間がたつにつれて常に上がっていくことを彼らは想定している。買っていれば間違いはないわけである。価値が上がれば、彼らの投資価値も上がり、買ったことに間違いはなかったことを確信する。ところが、彼らは価値が下がったときのプランを持っていない。価値がまた上昇することを期待して持ち続けるのが普通だ。投資家は上げ相場では勝ち、下げ相場では負けるのだ。

　これは損が増え始めてもなすすべを持たないからである。彼らは負けトレードにしがみつき、損が増えるばかりだ。メディアが投資は「良い」とか「安全」なもので、トレードは「悪い」とか「危険」なものだと言い続けるかぎり、平均的な投資家はトレードに手を出したがらない。投資信託や国債に投資して、ぐっすり眠ったほうがマシというわけである。

　一方、トレーダーは利益を得るために資本を働かせる明確なプランや戦略を持っている。トレーダーは手仕舞うときにお金が増えているかぎり、何を売買するかには興味はない。彼らは投資しているわけではなく、トレードをしているからだ。これは投資とトレードの決定的な違いである。

「水晶玉に頼る人は粉々になったガラスを食べるはめになる」──レイ・ダリオ

　トレーダーのトム・バッソに言わせれば、実際にトレードしていようとしていまいと、人はトレーダーである。トレーダーと呼ばれるためには毎日市場に出入りしていなければならないと間違った考えを持つ人もいる。トレーダーと呼ばれるためには、トレードをするというよりも、人生に対する考え方のほうが重要だ。例えば、偉大なトレーダーは忍耐力が重要だと考える。アフリカのライオンが何日も待って

53

ここだという瞬間に無防備な獲物を襲うように、偉大なトレード戦略は何週間も何カ月もこれなら勝てるというトレードを待ち続け、その機会が訪れたときに引き金を引くのだ。

さらに理想的には、トレーダーは買いと同じくらい売りも行い、上げ相場でも下げ相場でも勝てるようにすることだ。しかし、売らない、あるいは売ることができないトレーダーが多い。彼らには下げ相場で稼ぐという直観に反した考え方ができないのである。下げ相場でお金を稼ぐことに戸惑いを感じないようにしてもらいたいが、それがなくなることはないだろう。人間は本質的に上げ相場しか信じることができないものなのである。

ファンダメンタルズかテクニカルか

「パフォーマンスが悪化すると、ほとんどの投資家は何かを変えなければならないと思う。市場が変わってしまったのだろうか。しかし、トレンドフォローでは、そもそも変化を前提としているのだ」──ジョン・W・ヘンリー[16]

トレードには2つの基本的な理論がある。1つはファンダメンタルズ分析だ。これは需要と供給に影響を及ぼす外的要因を調べるものだ。FRBの会議、日々流れるニュース、天候、規制に関する情報、PER（株価収益率）、貸借対照表といった要素を使って売買の意思決定をするのがファンダメンタルズ分析だ。すべての「ファンダメンタルズ」を観察すれば、市場の方向性の変化をその変化が市場価格に織り込まれる前に予測することができ、それを知ることでお金を儲けることができる、というのがファンダメンタルズ分析の基本的な考え方だ。つまり、ただ座って、ウーバーの自動運転車が開発される実現性を考え、どこかの市場に賭ければ、お金が簡単に転がり込むというわけである。

第1章　トレンドフォロー

　ウォール街の大部分はファンダメンタルズ分析しか使わない。彼らは相場に対して意見を持ったり、予測を行う銀行家や学者やブローカーやアナリストたちである。こうしたウォール街のプレーヤーの多くは何十年にもわたってファンダメンタルズなストーリーで何百万人もの人々を酔わせてきた。世間知らずのだまされやすい投資家はバラ色のファンダメンタルズ予測を信じ、バブルがはじけたときにどうやって抜け出すかの手掛かりもなくバブルに乗った。2008年の株式市場大暴落の前に行われたブッシュ大統領とある質問者のやりとりを見てみよう。

　　質問者　私はバージニア州の金融アドバイザーです。大統領にお尋ねしたい。2008年の市場動向についてどうお考えですか？　また大統領の政策は市場に何らかの影響を及ぼすでしょうか。
　　大統領　いや（笑）、私はあなたの質問に答えるつもりはありません。私が投資家なら経済のファンダメンタルズを見るでしょう。大統領になったばかりのころ、だれかが株式市場について私に尋ねてきました。私は自分のことを金融の天才だと思っていましたが、それは間違いでした（笑）。この国のファンダメンタルズは強い。例えば、GDP（国内総生産）の全体的な伸び率に対する輸出の役割です。商品やサービスの市場が開放されて公正な扱いを受ければ、私たちはどこでもだれとでも競争できます。そして輸出は少なくとも第3四半期の成長にとって欠かせないものです。しかし、申し訳ないのですが、私はあなたの質問にお答えする立場にはありません。でも、ダウ平均が上がるか下がるかについて（笑）、大統領の見解などお望みではないでしょう。

「おそらくは野球の成績データや競馬の結果や株式市場の集計データといったものを除いては、『客観的なジャーナリズム』なんてものはない。そもそ

55

第1部　トレンドフォローの原理

もこの言葉自体、思い上がった矛盾だ」――ハンター・S・トンプソン

　大統領の見解は市場参加者の大部分と同じく、典型的なファンダメンタルズからの立場だ。以下に示すのは典型的な市場の1日を追ったヤフーファイナンスの概況からの抜粋だ。「株価は寄り付き直後には小幅の上昇を見せたが、結局、4日連続の下落で引けた。指数は朝方は月曜午後からの上昇を引き継ぎプラス圏で推移したが、その後上昇の気配が見えずに安値を更新した。ドルが朝方下げていたときには株は上昇していたが、今回の下げはドル安によるものだ。さらに、OPECが産油量を削減するとのベネズエラ政府関係者の希望的観測に基づいた発言で、原油価格が上昇した。これらの要因が売りの単なる言い訳だったのか、本当にファンダメンタルズな要因と見られたのかは問題ではない」

　何百万人もの人々が毎日この種のニュース――あるいはたわ言と言うべきか――を読んだり聞いたりしている。またCNBCの「マッドマネー」でジム・クレーマーが毎日、2005年から同様の無意味な信条を宣うのを多くの視聴者が見てきた。しかし、ファンダメンタルズ分析に基づく予測は運任せの推測ゲームにすぎない。なぜなら膨張し続ける事実とフィクションの入り混じった社会では、すべてのファンダメンタルズを知ることは不可能だからだ。

「私たちの基本的哲学のひとつは、変化は絶えることなく、ランダムであり、市場にトレンドがない時期があってもトレンドは再び現れるというものだ。トレンドのない時期は将来的にトレンドが現れる兆候にすぎず、トレンドがない相場が長く続けば、それは将来的には非常にダイナミックなトレンドが発生する素地となる」――ジョン・W・ヘンリー社のリサーチ担当[17]

　ニュースは、お金儲けをするための意思決定には何らの意味も持た

ないことを人々に理解させることなく、世界中の政治家はフェイクニュースに対する罰をもみ消すのにやっきになっている。例えば、カリフォルニア州下院議会の議員であるジミー・ゴメスは2017年に「AB155」法案を可決させ、次世代のオンライン読者はフェイクニュースを発見するのに必要な分析能力を持つことが必要であると述べた。この法案によって教育品質委員会は、国語（英語）、数学、歴史、社会科学、自然科学に対する一般市民のオンライン能力を組み込んだ教育課程の基準とフレームワークを開発・導入しなければならなくなった。

（あなたのジョージ・オーウェル的な言葉をここに挿入しよう）

トレーダーのエド・スィコータは簡単な話を引き合いに出して認知的不協和が働いていることに言及している。「ある夜、ファンダメンタリストと食事をしているとき、うっかりナイフをテーブルから落としてしまった。彼はナイフが宙に舞い、彼の靴に突き刺さるのを見ていた。『なんで足をのけなかったんだ！』と私が叫ぶと、彼は『ナイフがテーブルに戻るを待っていたんだ』と答えた」[18]

投資家というものは自分の銘柄が再び上昇するのを待っているものだが、そんなことは絶対に起こらない。投資ウェブサイトのモトリー・フールには誕生秘話が載っているが、それはファンダメンタルズ分析の愚かさを強調するものだ。「すべての始まりはチョコレートプリンだった。デビッド・ガードナーとトム・ガードナー兄弟は子供のころ、スーパーマーケットで父親から株とビジネスの世界について教えられた。弁護士でエコノミストの父親は彼らに言う。『あそこにプリンがあるだろう。私たちはあれを作る会社を持っているんだ。だれかがあのプリンを買うたびに、会社にはお金が入ってくる。だからもっと買おう』。その教えは心に残った」[19]

ガードナー兄弟のプリン物語は心温まるものだが、間違っている。彼らの計画には入り口はあるが出口がない。つまり、どれくらいのプリン会社の株を買わなければならないかが分からないのだ。情報不足の

第1部　トレンドフォローの原理

人はいとも簡単にこの話を信じてしまうだろう。「ヒューストン、問題発生だ！」と私は頭のなかで叫びたくなる。

「私たちには万一のときの備えがある。政府はよくへまをし、金融と政策を協調させられないときがある。私たちがうまくいっていたことに見切をつけて、世界は変わったんだと宣言しようとすると、政府は浅はかな政策を打ってくる。これによって転位とトレンドが生まれるので、結局、政府は私たちを救うことになる」 ── ジェリー・パーカー[20]

「結局、株価の上げ下げを決めるのは、すべての市場参加者の金額過重の総意なのである。このコンセンサスは価格を分析することではっきりする」 ── マーク・エイブラハム

　もう1つの市場理論はテクニカル分析で、これはファンダメンタルズ分析とは対照的だ。この手法は、市場価格は需要と供給に影響を与えるすべての要素を瞬時に織り込むという信念に基づくものだ。テクニカル分析はファンダメンタルズな要素を見るのではなくて、市場の価格そのものを見る。さてここがテクニカル分析の分かりにくいところだが、テクニカル分析には2種類ある。1つはチャートを読んで、あるいはインディケーターを使って市場の方向性を予測するというものだ。そしてこの予測に基づくテクニカル分析はいきなり批判の矢面に立たされる。

　「テクニカル分析で間違いなくお金を儲けられるという話をよく聞く。本当だろうか。これはもちろん本当だ。人々はお茶の葉や太陽の黒点活動など、あらゆる戦略を使ってお金を儲けている。しかし問題は、市場に連動するインデックスファンドに投資するよりも儲けられるのか、である。大学のファイナンス専門家の多く

58

は何らかの形のランダムウォーク理論を信じており、テクニカル分析はエセ科学とほとんど変わらないと思っている。テクニカル分析の予測はまったく役に立たないか、せいぜい偶然よりもかろうじて良い程度で、取引コストを考えるとまったく使いものにならないというのである[21]」

「顧客と話をしてもトレンドフォローがなぜ機能するのかという話にはならない。これで勝負はついたも同然だ」——アンソニー・トッド

これがテクニカル分析を知っていると思っているほとんどの人の見方だ。つまり、テクニカル分析とはチャート解釈、占星術、月の周期分析、チャートパターンのような曲がりくねった感情、エリオットの第1波、第2波、第3波、第4波、第5波、そしてバリー・リソルツお気に入りの「デスクロス」といった神秘的なものを分析するという考え方である。さらに大手銀行の株式リサーチ部門による間違った疑問によって混乱は増すばかりだ。「テクニカル分析が有効かどうかは30年前から論じられてきた。過去の価格から将来のパフォーマンスを予測できるのだろうか[22]」

事態はさらに悪化する。世界最大級のメガバンクであるHSBCの最近の警告の例を見てみよう。「ネックラインが抵抗線となるヘッド・アンド・ショルダーズ・トップは、エリオットの下降波の不規則なフラットパターンの筆頭となるものだ。そして今、指数は2015年の高値から下落しつつある。1万7992ドル以下で引けるということはかなりの弱気だ。買い圧力があれば、1万8449ドル以上にはなるだろう[23]」

やれやれである。

そして、もう1つのテクニカル分析は予測も予想もしない。このテクニカル分析はプライスアクションに対する反応に基づくものだ。ト

レンドトレーダーのマーティン・エストランダーは次のように述べている。「われわれは市場のトレンドを予測するのではない。見つけるのだ。われわれのモデルは市場に対して常に敏速に反応する[24]」

メバネ・ファーバーは「反応」という言葉を次のように説明している。「モデルは簡単に理解できるだけでなく、感情と主観的な意思決定を除去できるだけのメカニカルなものでなければならない。そのための条件は3つある」

1. 簡単で純粋にメカニカルなロジックを持つ
2. どのアセットクラスに対しても同じモデルとパラメーターが使える
3. 価格のみに基づく[25]

このタイプのテクニカル分析（トレンドフォロー）は市場の方向性を予測（これは不可能）するのではなくて、動きがあるたびに反応する。これによって実際の価格リスクに集中でき、市場が動く方向や期間、そしてファンダメンタルズな予想に気をもむ必要はない。

トレンドフォローではトレンドの底で仕掛けることはできないし、トレンドの天井で手仕舞うこともできない。また必ずしも毎日、あるいは毎週トレードするわけではない。状況が整うまで辛抱強く待つのだ。存在しない機会を無理やり作りだすこともない。パフォーマンスの目標もない。トレーダーのなかには「1日400ドル稼がなければならない」戦略を持っている人もいるかもしれない。しかし、トレンドフォローは、「でも、その日に市場が動かなかったらどうするんだ」と反論してくるだろう。トレンドフォローがうまくいくのは市場を出し抜こうとしないからである。あなたはトレンドを予測するのではなく、トレンドについていくだけである。[26]

「生き残ることができるのは、最も強い種ではなく最も知的な種でもなく、変化に最も素早く反応する種である」——チャールズ・ダーウィン

裁量かシステマティックか

　市場には投資家とトレーダーがいて、トレードはファンダメンタルズ分析に基づくものとテクニカル分析に基づくものがあり、さらにテクニカル分析は予測に頼るものと反応に頼るものがあることについてはこれまでに述べたとおりである。しかし、さらに区分がある。トレーダーには裁量トレーダーとメカニカルトレーダーがいるのだ。

　トレーダーのジョン・W・ヘンリーはこれら2つの戦略を明確に区別する。「投資戦略がうまくいくためには、市場環境が厳しいときにマネジャーがルールに従う規律を持たなければならない。投資の意思決定をするとき行動バイアスの影響を受ける裁量トレーダーとは違って、私は規律を持って投資を行う」[27]

　ヘンリーの言う行動バイアスに影響される意思決定とは、ファンダメンタルズや現在の市場環境といったさまざまな要素に基づいて売買の判断を行うことを言う。彼らにはふるいにかけるべきデータが山のようにあり、データが途切れることはない。つまり、彼らは自分の裁量で投資判断を行うということである。よって、彼らのアプローチは裁量的アプローチと呼ばれる。

　裁量による意思決定は変わることもあれば、後づけのごまかしもある。つまり、こうした裁量的で直観に頼った意思決定は個人のバイアスによって歪められるということである。私は直観によるトレードの過去の実績を見たことはないが、それは百パーセントが幻想だ。それは戦闘機のパイロットが直観とか天賦の才能で武装してコックピットに座るようなものだと言う人も多いが、それは違う。

「投資は、ペンキが乾いたり、草が成長するのをずっと見ているようなものだ。興奮が欲しければ、800ドル持ってラスベガスに行け」—— ポール・サミュエルソン

　もちろんトレードシステムを立ち上げるとき、トレーダーは最初は裁量を選ぶ。当然ながら、システムを選んだり、ポートフォリオを決めたり、リスクの割合を決めたりするときは裁量的な判断が必要になる（こういったことでもシステマティックに決められるのではないかと言う人もいるかもしれないが、ここはひとまず裁量ということにしておこう）。しかし、いったん基本的なことを決めたら、こうした裁量による判断をシステム化してメカニカルにすることもできる。

　一方、メカニカルトレード、つまりシステマティックなトレードは客観的なルールに基づくものだ。トレーダーはルールをコンピュータープログラムに組み込んで市場に出たり入ったり（売買）する。メカニカルなトレードシステムには感情の入る余地はない。これにはプロセスに厳密に従う規律が必要だ。メカニカルなシステムのルールを破って裁量を持ち込めば、トレーダーは必ず破産する。

　ヘンリーは裁量トレードの欠点を視野に入れて次のように述べている。「トレードの意思決定が行動バイアスの影響を受ける裁量トレーダーとは違って、私たちは規律を持って投資を行う。重要な投資判断を行うときの状況を数値化する私たちの手法は、判断の偏りに左右されない一貫したアプローチを投資家に提供することができる[28]」

　まったく裁量がないのは少し厳しすぎるのではないかと思われるかもしれない。「公認会計士のような仕事がどんなに退屈なものか、あなたは知ってるかい？」とあなたは言うかもしれない。メカニカルなモデルに厳密に従うだけで、何の楽しいことがあるのか、と。しかし、富を手に入れるということはハラハラドキドキとは関係ない。それは勝つかどうかの問題なのだ。歴史のある最も成功したトレンドフォロー

会社であるキャンベル・アンド・カンパニーのリサーチャーは裁量に頼らないことにこだわる。「われわれの強みの1つは、裁量に頼らずモデルだけに従うことである。このルールは当社では不変だ」[29]

「トレンドはあなたの友だちだ。それが方向転換して終わるまでは」 —— エド・スィコータ[30]

トレンドトレーダーのユーアン・カークは次のように述べている。

> 「システマティックトレードとは市場の統計学的モデルを使うことを意味する。そのモデルが過去にうまくいっており、あなたが自分の研究開発したモデルを正しく検定したとすると、それは将来的にもうまくいく可能性が高い。したがって、モデルが言うことに従ってトレードを執行すればよいだけである。それはメカニカルなものに聞こえるかもしれないが、良い投資家はそうやってやってきたのだ。ウォーレン・バフェットに倣う必要があるのはなぜかって？　それは過去30年にわたってウォーレン・バフェットはお金を稼ぎ続けてきたからであり、それは未来永劫続いていくだろう。これは私たちがやっていることと何ら変わりはない」[31]

トレーダーのトッド・ハールバットとテッド・パークヒルは裁量の危険性について次のように述べている。「私たちはシステマティックトレーダーだ。私たちはこれまでマネジャーがシステムを疑い、下手な修正を加える、いわゆるスタイルシフトというものを何回も目にしてきた。さらに悪いことに、それまでのアプローチを完全に逆にしたマネジャーもいた」[32]

63

ありきたりだけど重要なこと

トレンドフォローや価格をベースにしたほかのトレード方法は目新しいものではない。古くはデビッド・リカード、ジェシー・リバモア、リチャード・ワイコフ、アーサー・カッテン、チャールズ・ダウ、ヘンリー・クルーズ、ウィリアム・ダニガン、リチャード・ドンチャン、ニコラス・ダーバス、エイモス・ホステッター、リチャード・ラッセルらが使った手法だ。信じられないかもしれないが、トレンドフォローは何世紀も前から存在し、それを証明するデータもある（第3部の第19章と第20章の「トレンドフォローの研究論文」を参照のこと）。

AQRのクリフ・アスネスは次のように述べている。「歴史的にはトレンドフォローは主に先物トレーダーが使っていた戦略で、この10〜20年はヘッジファンドが使ってきた。マネージド・フューチャーズ・ファンドの大部分が使っているトレード戦略は突き詰めればすべてトレンドフォロー戦略だ。またの名をモメンタム投資とも言う」[33]

最初はトレンドフォローとは無関係に思えるトレーダーも最終的にはトレンドフォローに転向することが多い。**『続マーケットの魔術師』**（パンローリング）のなかで、ジャック・シュワッガーは、数学教授兼作家兼ヘッジファンドマネジャーであり、「ウェアラブルコンピューターの父」として知られるブラックジャックプレーヤーでもあるエド・ソープに次のように質問している。「市場にはトレンドが存在すると思いますか？」。するとソープは次のように答えている。「はい。でも10年前だったら信じなかったでしょう。しかし数年前、かなりの時間を使ってこの戦略を見直したんです。その結果、この戦略は機能するという結論に至りました。でも、リスクが高いので、それを使い続けることはできませんでした」[34]。

ソープ自身もトレンドフォローを使ったと言っている。つまり、価格ベースのトレンド戦略は時を経て、新しい世代にも発見されたとい

うことである。今ではトレンドフォローの大御所として知られるセーラム・エイブラハムは20代のころから市場について調べ始めた。彼が知りたいことはただ１つだった──「だれが儲けているのか」。答えは「トレンドフォロワー」だった。そこから彼の旅は始まった。[35]

トレンドの定義は愛の定義に似ている。見ればそれと分かるが、それが何なのか確信を持っては言えない。ファンとシェイの論文では、詩人たちが太古の昔から愛について書いてきたことを、トレンドについて定義づけようとするときに役立つことを明らかにした。彼らはトレンドの価値を定量的に定義する実用モデルを提供してくれたのである。トレンドフォロー型の投資顧問業者は市場の動きが極端なときに、特に株式にとって最悪な月に一番成績が良いことを知っても、トレーダーは驚かないだろう。[36]

しかし、彼のように旅をした者はそれほど多くはいない。1990年代のネットバブルや、2009年３月以降のFRBが介入したS&Pの上昇期、そして2017年の今でも、何の戦略も持たない多くの人々が大金を稼いだ。トレンドフォローはレーダースクリーンからは消え、忘れ去られてしまった。

トレンドフォローは高頻度トレードや短期トレード、最新テクノロジーやウォール街のでたらめなナンセンスとは無関係なので、大衆の狂気のなかで放たれる極端な妄想の時代──つまり、バブルの時代──には魅力を失う。大衆がぬかるみに足を取られて出血するまでは、トレンドフォローはほとんど魅力がないのである。

しかし、トレンドフォローがバブルの前に、最中に、そしてその後に大金を生んでいるのを見ると、機敏なマーケットプレーヤーは結局はトレンドフォローをしていることが分かってくるはずだ。

「変化はただ単に人生にとって必要なものではなく、変化は人生そのものである」──アルビン・トフラー

　しかし、疑い深い投資家はトレンドフォローの成功を目の当たりにしても、なかなか信じようとしない。市場は変わったんだ、だからトレンドフォローはもう使えない、と彼らは言うかもしれない。しかし、市場はいつも協力的とは言えないかもしれないが、トレンドフォローの哲学は変わってはいないし、これからも変わらないだろう。

　ここで変化というものを考えてみよう。市場の振る舞いは何百年も前から変わっていない。つまり、市場は常に変化していて、それは今も昔も変わらないということである。結局、市場は人間がかかわるものであるため、常に変化するのである。人間の行動に関するこの考え方が、トレンドフォローの根底にある哲学である。例えばかつて、ドイツマルクはかなりの取引量があった。しかし、今ではユーロに取って代わられた。これは大きな変化ではあるが、市場の典型的な変化のひとつにすぎない。人が柔軟で、状況に対処しようという考え──堅実な戦略──を持っているかぎり、市場の変化は人生における変化と同じで、あなたを殺したりはしない。トレンドフォロワーは昔はマルクをトレードしたが、今ではユーロをトレードする。こうした柔軟な考え方が重要なのである。

　避けがたい変化を受け入れることがトレンドフォローを理解する第一歩である。あるトレンドフォロワーはこれについて次のように述べている。

　　変わらないものは何なのか。それは物事は変化するということである。しかし、パフォーマンスが落ち込むと、ほとんどの投資家は何かしなければという気持ちになる。これまでにこうしたドローダウンを経験したことのある私たちは、それは確かに不愉快な

ことではあるが、必ずしも将来的にまずいことになるというシグ
ナルではないことを知っている。こんなとき、ほとんどの人は同
じ質問を繰り返す。「市場は変わったのか？」。私はいつも本当の
ことを言う。「はい」と。市場は変わっただけではなく、これまで
もそうだったように、未来永劫変わり続ける。トレンドフォロー
はこうした変化を織り込んでいる。トレンドフォローは変化をベ
ースとしたものなのである[37]。

　市場は上がったり、下がったり、横ばい状態になったりするものだ。
市場はトレンドを作ったり、不規則に変わったりする。よどみなく流
れたり、流れが止まったりする。常にこうした動きをして私たちを驚
かせる。トレンドの始まりや終わりを正確に予測できる人はいない。ト
レンドの始まりや終わりが分かるのは、それが終わったあとからであ
る。しかし、あなたの戦略がそういった変化に順応できるものなら、あ
なたは変化を利用して儲けることができる。

　　有効で基本的な哲学を持っていれば、物事が変化するという事実
　　はあなたにとって利益となる。少なくとも生き延びることはでき
　　る。最悪でも長期的に見れば生き残ることはできる。しかし、そ
　　ういった哲学がなければ、あなたは変化に殺されて成功すること
　　はできないだろう。私は何も予測することはできない。だから、ト
　　レンドに従うことを選んだ。私たちが成功したのはそのおかげだ。
　　私たちはただトレンドに従うだけである。トレンドが最初はバカ
　　げたものに思えたとしても、またどれだけ続いても、終わりが不
　　合理に思えたとしても、私たちはただトレンドに従うだけだ[38]。

　有効で基本的な哲学とは、定義することができ、定量化でき、紙に
書くことができ、数値で測ることができるトレード戦略を意味する。ト

67

第1部　トレンドフォローの原理

レンドフォローは買いか売りかを予測したりはしない。トレンドフォローは何をすべきかを知っている。なぜなら基本哲学がすべての不確実性を考慮に入れた計画にコード化されているからである。

「どの分野においても優れた人は、つかむべき瞬間がそこにあることを、そしてあらゆるところに機会があることを分かっている人々である。彼らはその瞬間を人よりも鋭敏にとらえることができるのだ」──チャールズ・フォークナー[39]

　最大のトレンドフォロー・トレーダー・グループの1つであるマン・グループは彼らの利益の背景にあるものを次のように述べている。

　　……トレンド、それは絶えず続く価格現象で、リスクプレミアムの変化によって発生するものだ。リスクプレミアムとは、とるリスクを補うために要求されるリターンのことを言う。リスクプレミアムは時間の経過に伴って、市場の新情報、経済環境の変化、そして投資家のセンチメントの変化といった無形の要素によっても大きく変化する。リスクプレミアムが変化すると、原資産は新たな価格付けが必要になる。投資家はそれぞれで期待することが違うのが普通だ。したがって、市場の大きな変化は、彼らの期待が徐々に変わっていくなかで、数カ月か数年の期間で発生する。未来が不確実であるかぎり、トレンドフォロワーがとらえられるトレンドはなくなることはないだろう。

変化は人生そのもの

　パトリック・ウェルトンはトレンドフォローが変わったと思ったことはない。それを証明するために彼は120のトレンドフォローモデルを

68

構築した。反転に基づく戦略、プライスアクションを基礎としたブレイクアウトスタイルの戦略、ボラティリティやバンドに基づくブレイクアウト戦略などいろいろなモデルを構築した。平均保有期間は２週間から１年で、結果はほとんどの戦略でほぼ同じだった。

「最も高くつく言葉は、『今度は違う』である」 —— サー・ジョン・テンプルトン

ウェルトンはトレンドフォローのリターンの源泉が変わったという誤解について説明した。基本原理の説明から始めて、トレンドフォローのリターンの源泉は持続的な値動きであることを指摘した。こうしたイベントに対する人間の反応（ダニエル・カーネマンを読んでもらいたい）とそれらを説明する情報の流れは時間がかかるし、予想もしない経過をたどることもある。その結果、価格変動の大きさと速度を確実に予測することはできない。これこそがトレンドフォローがうまくいく理由だ。[40]

「彼らは波の動きを読もうとするサーファーに似ている。サーファーは、なぜそういった波になるのかを理解するために波の動きを読もうとするわけではない。大波が来たらその頂点をつかみ、できるだけ遠くまでその波に乗り、そして方向が変わる前に波から降りるためである」 —— モートン・S・バラッツ[41]

トレンドフォローが2008年10月に大きなリターンを上げる数十年前、あるファンドコンサルタントはトレンドフォローを疑いの目で見る人々と対峙することになった。

1980年代にドイツ金融先物取引所の後援で行われたドイツツアー

で、何人かの商品投資顧問業者とプールオペレーターはドイツ人機関投資家グループ相手に講演を行った。講演者のなかにはキャンベル社とジョン・W・ヘンリー社の2人のトレンドトレーダーが含まれていた。質疑応答の時間になると1人の男が立ち上がって声高に言った。「ですが、トレンドフォローが死んだというのは本当でしょう？」。ここで司会者はキャンベル社とヘンリー社のパフォーマンス履歴のスライドをもう一度映し出すよう求めた。司会者は下降線をたどりながら言った。「トレンドトレードの最初の死亡記事がここで、次がここで……次がここですが、今この2社の成績は史上最高のレベルにあります。彼らは、彼らが負けるたびに疑い深い人々が作り続けた墓石の受け取りをずっと拒否し続けています」。キャンベル社とヘンリー社はこのときから、投資家のために何億ドルというお金を稼ぎ続けている。したがって、これからまた一連の死亡記事を書くのは間違いかもしれない。[42]

トレンドフォロワーたちは信じられないほどの大金を稼いでいるにもかかわらず、日の出や日の入りと同じように、トレンドフォローの新たな死亡記事が表層的なことにとらわれるメディアや効率的市場仮説（EMT）支持者や成功者を妬む者たちによって数年おきに書かれている。たいがいは本当のことを知らなかったり、意図的に無視したりが原因だ。

「市場は1つの状態から別の状態に直線的に動くことはない。突然逆行したり乱高下する時期がある。私たちは、こうした不安定だが避けることのできないイベントに対処する方法を模索して、ほとんどの時間を過ごす。とはいえ、現実的な保有期間の間に正のリターンを生みだすシンプルなトレンドフォローシステムを構築するのはそれほど難しいことではない。事実、ボラティリティが高いとはいえ、大きなリターンを生みだしてきた市販の

システムはたくさんある。つまり、サンタクロースを信じるだけの根拠は
あるということである」──ポール・マルベニー

　ウォール街がトレンドフォローを受け入れてくれないことに戸惑い
ながらも、あるトレンドフォロワーは正しくあろうとすることが危険
であるとも思っている。「市場にトレンドを形成するという根本的な性
質がなければ、20年もの間、高く買って安く売ることで儲けることが
できる人がいるだろうか。その一方で、安く買って高く売ることでし
ばらくは稼いでいた頭の良い人が、市場は彼らの論理に従うはずだと
思い込んでいたためについには破綻してしまった例は毎年後を絶たな
い」。

　トレンドフォロワーのポール・マルベニーは次のように述べている。
「念頭に置いておくべきことが１つある。それは2005年以来、私たちの
トレンドフォロー戦略は何ひとつ変わっていないということである。し
たがって、ある意味、長期トレンドフォローについて言われるべきす
べてのことはすでに言われてきたわけである」。彼はさらに続ける。「近
年、私たちの研究は実行アルゴリズムに焦点が当てられてきた。しか
し、これらはトレンドフォローの戦略哲学に比べると大して重要では
ない」

　表1.1はマルベニーの哲学をパフォーマンスデータ形式で示したも
のだ。

　リターン分布のテールを重視するトレーダーでナシム・タレブと親
しいマーク・スピッツナゲルはマルベニーのリターンを見たら、「ペイ
オフが極端に非対称」で「起伏が激しい」と言うだろう。これは彼が
トレードの世界について語るときに言う言葉そのものである。スピッ
ツナゲルの戦略を使おうと、マルベニーのハイオク戦略を使おうと、日
和見主義の攻撃プランは、あなたが局地的な戦いには負けても、戦争

表1.1　月々の純利益 (%)

	1月	2月	3月	4月	5月	6月	7月	8月	9月	10月	11月	12月	年間
2016	5.94	10.75	-13.52	-2.84	-8.35	27.33	-1.01	-13.30	18.22	-11.05	13.52	-2.10	16.72
2015	6.93	-0.50	3.84	-7.98	4.13	-6.07	4.77	-9.23	6.15	-4.15	2.40	0.68	-0.77
2014	-1.46	1.36	4.65	2.67	-4.47	2.37	2.25	9.33	17.69	-1.67	13.05	9.05	67.36
2013	10.46	7.39	9.29	9.73	0.13	-3.15	-4.03	-10.90	2.61	7.29	11.58	-1.24	43.12
2012	-3.75	0.78	5.21	-1.08	-0.90	-18.12	11.38	-6.26	-8.58	-15.07	-0.97	0.76	-33.72
2011	2.07	9.78	-4.62	6.07	-11.82	-7.41	11.15	1.59	-4.20	-14.14	12.05	-1.64	-5.26
2010	-3.84	-7.15	-5.15	2.02	-8.77	0.53	-12.03	14.59	16.46	22.29	-5.36	25.30	34.90
2009	1.60	-0.03	-3.36	-5.51	-1.30	-6.81	-0.53	10.85	1.32	-7.86	10.70	-3.19	-5.90
2008	21.65	28.86	-7.96	-8.58	5.35	8.51	-18.78	-6.73	11.58	45.49	6.97	5.30	108.87
2007	0.56	-5.18	-8.82	2.59	4.70	4.85	-16.89	-19.40	3.92	13.72	-8.59	8.47	-23.14
2006	11.09	-2.70	13.05	11.46	-4.27	-6.10	-5.20	1.95	1.00	-0.13	0.56	1.60	21.94
2005	-4.28	0.54	2.30	-9.28	-4.08	5.32	6.62	2.78	13.57	-5.64	15.27	8.35	32.34
2004	4.19	8.45	2.37	-11.50	-6.99	-0.73	-0.41	-6.21	7.76	0.76	9.63	-4.94	-0.10
2003	13.20	7.22	-12.83	1.45	7.64	-7.61	-6.33	0.07	6.66	15.32	-0.27	5.35	29.28
2002	—	—	-7.52	1.55	6.75	7.38	5.95	5.44	5.13	-7.73	-5.08	7.80	19.37
2001	-9.62	18.76	13.46	-15.25	-0.66	5.39	-1.26	—	—	—	—	—	6.69
2000	-5.02	2.52	-8.40	-0.27	6.97	1.55	-1.25	12.68	-4.36	1.96	9.05	8.90	24.51
1999	—	—	—	—	-0.29	-0.14	-2.22	2.13	-4.81	-4.80	7.01	4.84	1.09

そのものには勝利したいと思っていることを知っている。

　誤解のないように言わせてもらえば、マルベニーのパフォーマンス表は、勤勉な人がリバースエンジニアリングを行うにあたり、ボラティリティは高いが、全体として利益が上がる戦略がどのようにして生まれたのかをステップバイステップで学ぶうえでの一例にすぎない。トレンドフォローはベンチマークを持たず、したがってその投資戦略は月々独立した試行となるトレンドフォローの世界を紹介する始まりなのである。しかし、それはあるひとつの履歴だけで語れるほど単純なものではない。この戦略は1世紀以上にわたって数々のトレーダーたちによって使われてきた戦略である。市場がなぜ往々にしてトレンドを形成するのかを説明するには、投資家の行動バイアスやマーケットフリクション、ヘッジの需要、中央銀行や政府による終わりのない市場への介入といったことを総合的に考える必要がある。[44]

「正直なところ、あなたが本当のことを言っているとは思わない。しかし、あなたは全体的な状況をはっきりさせてくれる。知的な人間が判断を下すにあたって必要な情報をあなたはすべて明らかにしてくれる」——リチャード・ファインマン

トレンドが方向転換して終わるまでトレンドについていけ

　ますます不確実性が増し、紛れもなくギスギスしている世界では、価格という唯一シンプルで信頼のおける真実に基づいて意思決定をすることができれば、これほど効率的で効果的なことはない。PER、作柄報告、経済報告など、1日24時間、1週間7日繰り出される終わりのないファンダメンタルズデータはトレードを必要以上に複雑にする傾向がある。こんなことは不可能だが、仮にすべてのファンダメンタル

ズデータを取り込んでも、いつどのくらい買えばよいのかは分からないし、いつどのくらい売ればよいのかも分からないだろう。理性に従って議論するかぎり、常に勝利するのは価格という真実なのである。価格こそが、唯一の真実なのである。

とはいえ、価格を重要なトレード変数として理解できたとしても、トレーダーたちが注目するのはたった1つの市場——自国の株——であって、そのほかのグローバルな機会には目もくれない。最大限の安らぎを得るために、多くの人々は自分のよく知っている唯一の市場の動きを毎日忠実に追い続ける。通貨や先物やコーヒーや金に手を広げようなどとは夢にも思っていない。テスラと大豆をよく勉強して、同じようにトレードしようとはまったく思いも及ばない。しかし、考えてみてほしい。綿花、原油、シスコ、GE（ゼネラル・エレクトリック）、米ドル、豪ドル、小麦、アップル、グーグル、バークシャー・ハサウェイに共通するものは何だろう。それはプライスアクションである。

「ウォーレン・バフェットは、株式市場は長期的に見れば重さを測る台はかりで、短期的に見れば投票システムのようなものだと言う。バフェットは台はかりとして利用し、われわれは投票システムとして利用する」——デビッド・ハーディング

市場価格、つまり取引価格は、あらゆる考えを反映した明確な客観的データである。この事実を受け入れれば、値動きを測定して価格を比較研究できるようになる。ファンダメンタルズなんて知らなくても大丈夫だ。あなたがやるべきことは、どれがどの市場かなど分からなくても、個々の価格履歴やチャートを見て、それらをトレードするだけである。こんなことはハーバードやウォートンでは教えてくれない。でも、これこそがトレンドフォロワーとして大金を稼ぐ基礎なのである。

第1章　トレンドフォロー

　トレンドがどこまで続くかなど予測しようなんて考えてはならない。そんなことはできないのだから。市場の高値や安値も知ることはできない。ポール・チューダー・ジョーンズ社の元ナンバー２だったピーター・ボリシュはトレーダーが考えるべきことはただ１つしかないと言う。「価格がニュースを作るのであって、ニュースが価格を作るのではない。市場は自分が行きたいところに行くだけだ」[45]

　価格を最高のトレードシグナルと見るという考えは単純すぎてウォール街には受け入れがたいものだろう。こうした誤解は間違った数字を常に強調する主要メディアによく見られる。CNBCのビル・グリフェスは次のように言った。「ある意味、投資は信じる行為にほかならない。数字や年次リポートなどを信じられなければ、どの数字を信じればいいというのだろう」

　彼は何も分かっていないと言うしかない。決算報告書を信じようが信じまいが、そんなことは問題ではない。どうせそんな数字はすべて改竄され、不正操作され、調理されたまがい物なのだから。しかし、取引価格は不正をすることはできない。あなたが信じてもよいのは市場価格だけである。市場価格は毎日見ることができる。しかし、これで混乱が収まったわけではない。金融リポーターのアラン・スローンはどうも理解できかねているようだ。「ウォール街で最も賢明な人が数字を信じることができなければ、だれが数字を信じられるというのだろうか」

　スローンは貸借対照表やPERのことを言っていると思うのだが、そんな数字を信じてはならない、絶対に。下手な役者が数字を変えてしまうこともあるからだ。たとえ貸借対照表の正確な数字を知り得たとしても、売買やその時期を決めるのには必ずしも役に立つわけではない。

　古いプロのトレンドトレーダーは次のような教訓を残している。

75

第1部　トレンドフォローの原理

「裁量で投資の意思決定ができない理由の1つは政治にかかわる不安である。例えば、中央銀行や財務大臣の発言の影響力をどう測ればよいのか。たとえファンダメンタルズと価格との関係を知っていたとしても、不透明な政治的な発言によってリターンを生みだすわれわれの能力は限定されてしまう……ハンフリー・ホーキンズ法に基づく議会証言をお茶の葉で占ったり、日本の政治家の気持ちを理解しようとしても、規律あるシステマティックな投資には何の役にも立たない。どの政治家の発言が有効なのかを予測する敗者のゲームをプレーするのではなく、私たちのモデルを使って市場価格に語らせるのである。価格はきまぐれかもしれないが、市場の反応をぼかしたりはしない。われわれの仕事は、最新のニュース速報に惑わされるのではなくて、価格データをシステマティックに調査してトレンドを見つけ、それに基づいて行動するだけである[46]」

　トレンドフォロワーでリチャード・デニスの元パートナー（私の拙著『ザ・タートル——投資家たちの士官学校』［日経BP社］を参照）のウィリアム・エックハートは、価格がトレーダーの生死にかかわることを次のように説明している。「われわれのアプローチの重要な特徴は、われわれが重視するのは過去と現在の価格だけということである……価格はまさにトレーダーの生死にかかわる変数なのである。だから価格は調査の第一候補になる……純粋な価格システムは北極点に近いところにある。だから、そこから離れて南に行けば行くほど失敗する[47]」

「エド・スィコータは天才で、驚異的な成功を収めた偉大なるトレーダーだ。初めて彼に会ったとき、彼はMIT（マサチューセッツ工科大）を卒業したばかりで、テクニカルシステムを検証・トレードする初期のコンピュータ

ープログラムを開発していた……彼は素晴らしいお手本になった。あるとき彼は銀を空売りした。市場は毎日0.5ペニーずつ下落していた。ほかのだれもが強気で、銀は安すぎるからきっと上がるに違いないという話をしていたにもかかわらず、エドは空売りポジションを持ち続けた。『トレンドは下降トレンドにある。トレンドが変わるまで空売りのままでいるつもりだ』と彼は言った。彼のトレンドに従い続ける姿から、私は忍耐力というものを学んだ」——マイケル・マーカス[48]

　トレンドフォロワーがこの哲学をどう実行するのかは、エド・スィコータの砂糖の話が良い例を示してくれる。彼は砂糖を買い続けていた。彼はもう何千枚という砂糖先物を買っていた。市場は毎日ストップ高で引けていた。彼は毎日ストップ高でさらに砂糖を買い続けた。ブローカーはこの一部始終をずっと見ていた。ある日、市場が引けたあとブローカーが彼に電話をしてきた。清算できずに残っている砂糖があったからだ。「君ならこの砂糖5000枚をきっと買いたいと思ってね」とブローカーは彼に言った。スィコータは「買った」と答えた。
　市場が何日も続けてストップ高で引けているというのに、スィコータは、「もちろん、天井でももっと砂糖を買うつもりだ」と言う。本能的に考えれば、だれでも押し目で買いたいと思うはずだ。下がるまで待て、安く手に入れろと。たとえ安くならなくても。しかし、トレンドフォローは反対——高値更新で買って、安値更新で売る——のことをして初めて成功するのだ。

「人に興味を持つよりも、アイデアに興味を持て」——マリー・キュリー

「私の知っている最も賢明なトレンドフォロワーは次のように言った。5年ごとに有名なトレーダーが破産している。だから、だれもがトレンドフォローは死んだと言う。そして5年後、有名なトレーダーが破産し、だれも

第1部　トレンドフォローの原理

がトレンドフォローは死んだと言う。そして、５年後……問題があるのは
トレンドフォローなのだろうか、それともトレーダーなのだろうか」──
作者不明

優れたトレーダーでさえ価格を勘違いする

　２人の有名なヘッジファンドの大物であるジュリアン・ロバートソンとルイス・ベーコンのトレード履歴を見ると、トレードの意思決定には価格が非常に重要だということが分かる。

　ドットコムバブルが崩壊したあと、ジュリアン・ロバートソンは長年運営してきたヘッジファンドをたたんだ。彼はトレードの意思決定にファンダメンタルズを用いるグローバルマクロのトレーダーで、もう１人のグローバルマクロのトレーダーであるルイス・ベーコンと親しかった。ベーコンは極端な秘密主義で、顧客でなければ彼のパフォーマンスの数字を見るのは不可能に近かった。ベーコンは自分自身をトレンドフォロワーとは言わないが、プライスアクションに注目していたのは確かだった。

　「株が100ドルから90ドルになれば、ファンダメンタルズを見ている投資家は良い買い場かもしれないと思うだろう。しかしベーコンの場合は、何か間違っていたに違いないから手仕舞おうと考える」。例えば、これをロバートソンと比較してみよう。彼は会社を閉鎖したあとでも、かたくなにUSエアウエーグループやユナイテッド・アセット・マネジメントといった株を大量に持ち続けていた……ベーコンは投資家向けレターで次のようにコメントしている。「先物トレーダーは市場の動きに敏感だが、バリュートレーダーは市場に反応するよりも、会社の成長性や経済状況の評価に集中するように訓練を受けている」

> 成功するトレーダーはすべてトレンドフォロワーだ。たとえトレンドフォローテクニックを使わなくても、トレンドフォローを認めていなくても、あるいはトレンドフォローを知らなくても、だ。

　トレンドフォロワーは、トレンドの始まりを見つけようとしても、それは無駄なことだと分かっている。トレンドは、ちゃぶついたり、上下動が激しかったり、まったくトレンドがなかったり、足踏み状態だったりする相場から、いきなり上や下に始まることが多い。そんなときは早い時期に試し玉をして、そのトレンドが乗るに値するほど大きな動きになるかどうかを確かめるのがよい。

　トレンドフォローのパイオニアであるグラハム・キャピタル・マネジメントのある幹部は次のように述べている。「トレンドフォロー戦略が成功するかどうかは、市場に関する明白で重要な２つの仮定にかかっている。１つは、トレンドは定期的に発生するものと仮定する。もう１つは、トレードシステムはこれらのトレンドから利益が得られるように作ることができるものと仮定する。すべてのトレンドフォロワーがシステム化しようとする基本的なトレード戦略は、『損切りは早く』と『利は伸ばせ』である[50]」

　「トレンドフォローはオプションの買いに似ている。損切りをすれば損失は限定され、トレンドが続けば大きな利益が得られるからだ。『損切りは早く、利は伸ばせ』がこのアプローチにとって重要なのはそのためだ。もちろん、トレンドが現れなければ、限定された損失とは言え、かさばって大きな損失になることもある。これはオプションの買い戦略についても言えることだ。トレンドフォロワーは損切りに引っかかってトレードに対してオプションのプレミアムを支払う。また、相場が大きく動いて利益が出たあとで、相場が反転してトレーリングストップに引っかかれば、利益の一部は市場

に戻さなければならない。これもオプションのプレミアムに該当する」——グラハム・キャピタル・マネジメント社長[51]

　私はチャールズ・フォークナーにもう少し詳しく説明してくれるようにお願いした。

　「トレードの第一のルールは、『損切りは早く、利は伸ばせ』だが、これが難しいのだ。だれもその理由を考えないが、これがまさに効率的市場仮説が破綻する理由であり、市場心理が透けて見える場所なのだ。私たちは何かをなくしたり置き忘れても、あとで必ずそれが見つかると思うものだ。いなくなった猫は戻ってくるし、車の鍵も見つかる。しかし、道に落ちている１ドル札は、次に人が通るとなくなることを私たちは知っている。損をすることはないが、儲けるのが難しいのは経験上、分かっている。『明日の百より今日の五〇』ということわざもある。そこで私は言いたいのだ。困難なことをやらなければ、つまり人間の本質に逆らうようなことをやらなければ、利益を得ることはできないのだ、と。そこで重要になるのが規律だ。心理面での準備を怠らず、何カ月にもわたってシステムを検証する。そうすることでトレーダーは人間の本質に逆らってトレードする自信がつくのだ」

　「『パットン大戦車軍団』で私の好きなシーンは、アメリカのパットン将軍が敵国ドイツのロンメル陸軍元帥の書物を数週間で読破し、チュニジアでの壮大な戦車戦でロンメルを粉砕するところだ。パットンは指令所から戦場を眺めながら勝利を感じとり、大声で怒鳴る ——『大バカ者のロンメルめ。お前の本は読んだぞ！』」——ポール・チューダー・ジョーンズ（『ソロスの錬金術』より）

第1章　トレンドフォロー

「損切りは早く、利は伸ばせ」がトレンドフォローのマントラである理由は、お金を使い果たせばゲームは終了するという厳しい現実があるからだ。お金がなければ、ハチミツは手に入らないのだ。トレンドトレーダーのクリストファー・クルーデンも皮肉たっぷりに次のように述べている。「締めくくりに、通貨予測の話をしよう。私は市場のファンダメンタルズに基づいてある通貨の予測をした。これは私の投資哲学でもある……唯一の問題は、それがいつ起こるのか、どれが最初に起こるのか分からないという点である。これだけ考えても、システマティックなアプローチに従うのが一番良いことが分かる[52]」

利を伸ばさない好例は、トレンドが終わる前に利益を確定する戦略に見ることができる。例えば、あるブローカーが彼の戦略の1つを私に教えてくれた。それは株価が30％上昇したら利益を確定して、すぐに手仕舞うというものだった。30％上昇したら手仕舞え。それが彼の戦略だった。悪くはなさそうだ。しかし、利益目標を設定する戦略には問題がある。最大の問題は、これは利を伸ばすという金持ちになるための法則に反することだ。トレンドの終わりやトレンドの天井を予測できないのなら、損切りを早くして、利益をテーブルに残しておくことはない。小さな損失を補うためには大きな利益が必要なのだ。

「上げ相場専門の赤ん坊は生き残れない。市場は必ず平均に回帰するのだから」 ――マイケル・コベル

例えば、あなたは5万ドルでトレードを始めたとしよう。市場が上昇して、あなたの口座は8万ドルに膨れ上がる。この時点で3万ドルの利益を急いでテーブルから取ることもできる。あなたの間違いは、今この利益をものにしなければ、消えてしまうと思うことである。

しかし、トレンドフォロワーの考えは違う。彼らは5万ドルの口座が8万ドルになったあと5万5000ドルに減り、そのあとまた9万ドル

81

になり、そこからもしかすると一気に20万ドルになる可能性だってあることを知っている。口座が8万ドルになった時点で利益を確定した人は、20万ドルになるころにはそこにはいない。利を伸ばせという考えは心理的には難しいものだ。しかし、小さな利益をすべて守ろうとすると大きな利益は得られないことを理解すべきである。これは大物にとっても厳しい選択だ。

トレード口座は増えたり減ったりを繰り返すだろう。しかし、それを乗り越えなければならない。どういった戦略であれ、損失はゲームの一部なのだ。損を出すのが嫌なら、毎月利益が欲しいのなら、バーナード・マドフのポンジスキーム（ネズミ講）にお金を預けることもできただろうが、その結末はご存知のはずだ。損をする覚悟がないのなら、お金を儲けることはできない。それは息を吸うが、吐くのは嫌だというようなものだ[53]。

「大金は必ず大きな動きのなかにあるということを私はようやく理解し始めた」──ジェシー・リバモア

これは次のように考えるとよい。損失を出さないということは、リスクをとっていないということだ。リスクをとらなければ、大きな利益は望めない。損失が問題なのではない。損失を限定することが重要なのだ。無計画に損失を無視していると、それはかさばり、最終的にはあなたの口座は破産する。

理論的にはトレンドフォロワーが大きな損失を被ることはほとんどない。なぜなら、市場が逆行すれば、損切りをするか、ドテンをするからだ。逆行してもドテンして市場にとどまるのは、どんな値動きもトレンドの始まりである可能性があるし、時に大きなブレイクアウトが起これば、小さな損失など帳消しにできるからである[54]。

波に乗る

　私は、エド・スィコータから学べたことは本当に幸運だったと思っている。彼には2001年にバージン諸島で初めて会った。その後、2012年のラリー・ハイトとのパネルディスカッションまで幾度となく会った。最後に会ったのは2016年で、彼が私のポッドキャストに出演してくれたときだ。出会って間もなく、新人トレーダーとバミューダに滞在していたときの話をしてくれた。新人トレーダーは彼の秘密を知りたがった。「あなたの魔法のトレードの秘密を手っ取り早く教えてください」とその新人トレーダーは言った。

　スィコータは彼を浜辺に連れ出した。２人は浜辺に立ち、海岸線に打ち寄せては砕ける波を見ていた。「あなたは何が言いたいのですか？」と新人トレーダーは尋ねた。

　スィコータは言った。「波打ち際に行って、波のリズムを計るんだ。波が引いたら追いかけて、波が押し寄せたら逃げる。波と波長を合わせる方法が分かったかい？　波について沖に行き、波についてこちらに戻ってくる。ただ波に従うだけだ」

　トレンドフォローの哲学的土台はトレードに関係しているだけでなく、仕事から人間関係まで人生全般に関係しているのである。プロの年配トレンドフォロワーたちの言葉や行動にそれは現れていた。トレンドフォローは、正しい心を持って、惜しみない情熱でそれを追求しているときに一番うまくいくのである。

「多くの人は考えるより死んだほうがましだと考える。実際、彼らはそうする」──バートランド・ラッセル

　まず、正しい心の持ち方を考えてみよう。スタンフォード大学の心理学教授のキャロル・ドゥエックは次のように述べている。「固定観念

第1部　トレンドフォローの原理

の強い心の持ち主は、知性や才能といった基本的な資質は自分たちに元々備わっていて不変の資質だと考えてしまう。彼らは知性や才能を伸ばすことではなくて、実証することに時間をかける。また彼らは、才能があれば努力なしに成功できるとも考えてしまう。しかし、それは間違いだ。一方、柔軟な心の持ち主は、自分の基本的な能力は努力によって伸ばすことができると考える。頭脳や才能は出発点にすぎないのだと。こう考えることで、学習することに精を出し、大きなことを成し遂げるのに不可欠な立ち直る力を身に付けることができるようになる。偉大な人物と呼ばれる人々は例外なくこの資質を持っている」[55]

　次は情熱についてだが、トレードコーチで心理学者のブレット・スティーンバーガーは情熱について次のように述べている。「情熱をかき立てるものを見つけよ。あなたを刺激して、とりこにして、いつまでも意欲を駆り立てる仕事を。あなたにとって意味があり、やりがいのあるものを見つけ、それに打ち込むのだ。あなたが情熱を傾けられるものが市場なら、プロになるためには学習を続け、専門知識を磨く不屈の精神が必要だと分かるだろう。あなたの情熱の対象が市場でないのならば、客観的な実績があって投資目的があなたの投資目的と同じ人にあなたの資金を預けるとよい。そのあとは、毎日ベッドから起きて取り組みたくなることに打ち込むのだ」[56]

　これは経験から分かったことだが、トレンドフォローという言葉を心とか情熱という文脈のなかで使うと、人生のほかの面に置き換えることができる。これがはっきり分かったのは、ブレンダ・ウエランドが1938年に創作について書いた本の次の下りを読んだときだった。「本書のなかで『書くこと』と私が言うときは、好きなこと、やりたいこと、作りたいものという意味でもある。それは無韻詩で書かれた6幕の悲劇かもしれないし、服作り、アクロバットかもしれないし、複式簿記の新しいシステムを発明することかもしれない……しかし、それは人々を感動させようという不気味な決意からではなく、想像力と愛

に支えられているという確信がなければならない」[57]

**「単に生牛への投機と見るのではなく、この仕事の本質は何なのかと考えよ
うとする人なら、それはすぐに理解できる」**──キャンベル・アンド・カ
ンパニー[58]

　成功するトレンドフォロワーは、不気味な決意や人を感動させよう
とする意図を持ってトレードをしてはいない。彼は勝つためにゲーム
をし、その瞬間瞬間を楽しんでいるのだ。プロのスポーツ選手や世界
的な音楽家といったトップパフォーマーと同様、成功するためには勝
利を招く姿勢がいかに重要かを理解している。ラリー・ハイトが言う
ように、良いトレンドフォロワーは常に疑問を持ち続けるのだ。

　「まず最初に自分に問うべき質問は、『あなたはだれ？』である。冗
　談を言っているわけではない。運転免許証なんて見ないように。つ
　まり、『あなたは何をやっているときに一番気分が良いか』である。
　アービトラージャーなのか、それとも短期トレーダーなのか。自
　分が何者で、何をしたいのかを理解することは非常に重要だ。次
　に自分に問うべき質問は、『あなたは何をするつもりか？』である。
　あなたは具体的に何をするつもりなのか、何をすべきなのか、そ
　れはあなたにとって難しいことなのか、容易なことなのか、それ
　を達成するための資質はあるのか？　市場が偉大なのは、人のこ
　とをまったく気にしないところだ。あなたの皮膚の色なんてどう
　でもよい。背が高いか低いかなんて気にしない。あなたが市場か
　ら立ち去ろうが残ろうが気にしない。そんなことは市場にとって
　はどうでもいいことなのだ。そして最後に問うべき質問は、『その
　あとはどうするのか？』である。これをやってうまくいったら、私
　はどうなるのか。何が得られるのか。これまで言ってきたことは、

第1部　トレンドフォローの原理

非常にシンプルで常識的に聞こえるかもしれないが、破綻したヘッジファンドLTCM（ロング・ターム・キャピタル・マネジメント）を思い出してもらいたい。彼らは頭脳明晰なノーベル賞受賞者からなる集団だったが、かなり愚かなことをやらかした。それは彼らがここで述べたような基本的な質問を自らに投げかけなかったからである」

　ハイトの前進命令を聞いたら、トレンドフォローで頭角を現すには何が必要なのかをじっくりと考えてみよう。

「そうなるだろう、そうなるかもしれない、そうなるはずだ」といった感情を取り除き、ありのままを見つめれば、多くの人よりも有利になれる」——ジョン・W・ヘンリー[59]

「トレンドはトレンドであってトレンド以外の何物でもない。ガートルード・スタインがトレーダーだったらこう言っただろう。『いったんゲームプランを作ったら、その違いは個性の差になる』」——リチャード・デニス[60]

まとめ——思考の参考に

- 「どんな真実も一度発見されれば理解するのは簡単だ。肝心なのは真実を発見することである」——ガリレオ・ガリレイ
- 「値動きは完全にランダムではなく、一定の長期トレンドに従って動く」——ヘンドリック・サミュエル・ハウタッカー（1961年。ブノワ・マンデルブロの影響を受けたハウタッカーは初期の効率的市場仮説批判論者だった）
- 「利益を出すシステムはすべてトレンドフォローだ。つまり、利益を出すのに必要な価格の差がトレンドということである」——エド・ス

第1章　トレンドフォロー

ィコータ

●未来を予測するのはトレーダーではなく、価格である。

●損をしないということは、リスクをとっていないことになる。リスク
　をとる覚悟がなければ、何も手に入れることはできない。

●価格は上がるか、下がるか、横ばいになるかのいずれかだ。技術がど
　れだけ進歩しても、科学がどんなに進歩しても、また物の見方が大き
　く変わっても、この事実が変わることはない。

●壁にぶつからずに地点Bに行く最善の方法は、壁にぶつかっても気に
　しないことだと言われたらどうするか。そんなときは地点Bに行くこ
　となど気にしないで、壁にぶつかることを楽しめばよい[61]。

●トレンドフォロー戦略はトレードだけのものではない。マイク・アポ
　ンテ（ポッドキャストエピソード#22）率いるMITのブラックジャッ
　クチームはトレンドフォローによく似た戦略を開発したし、マーク・
　アンドリーセンなどのベンチャーキャピタリストもよく似た戦略を開
　発した。映画プロデューサーのジェイソン・ブラムも映画作りに最先
　端の戦略を使っている。

●私の対話式のトレンドフォローのプレゼンテーションを無料で視聴し
　たい人は、本書の領収書のコピーを、receipt@trendfollowing.com ま
　で送っていただきたい。

87

偉大なトレンドフォロワーたち
Great Trend Followers

「多くの人は5年、10年、20年にわたって1つの目標に集中し、それを成し遂げるためにすべてをあきらめるという規律は持っていない。しかし、それがオリンピックの金メダリストや、世界的な外科医や、キーロフのバレエダンサーになるためには必要なのだ。そういう努力をしても、すべて無駄に終わることもある。また、たった一度の失敗で、それまでの努力が吹っ飛ぶかもしれない。そうなれば、17歳のころのやさしく愛らしいあなたは変わってしまうかもしれない。『あなたは人生でやろうとすることは何でもできる。でも、すべてはできない』という古いことわざは真実を突いている。フランシス・ベーコンは『妻子を持つ者はその運命の人質になったようなものだ』と言ったが、彼が意味したのはそういうことなのである。妻子を第一に考えれば、1マイルを3分30秒で走ったり、1000万ドルもの大金を稼いだり、素晴らしい小説を書いたり、オートバイで世界一周をしたりはできない。このような目標を達成するためには百パーセント、そのことだけに打ち込まなければならない」――ジム・ロジャーズ

　トレンドフォローを学ぶ最も賢明で効率的な方法は、戦略を構成するルールを学んだり、行動学を学ぶだけでなく、それを実際に実行しているトレーダーの細かい点の1つひとつに至るまで研究することである――アンソニー・ロビンズの成功法則。しかし、多くの人は指導や助言をもらったり、本を読んだとしても、うまくはやれないことを認めざるを得ないだろう。彼らは料理や語学の講習の申し込みをしたり、ソーシャルメディアのアバターにお金を掛けても、富を築いた人から洞察を得ようとはしない。彼らは実績が証明されたトップパフォーマーの行動を手本にするよりも、わざわざ一からやり直すほうを選ぶのだ。しかし、トレンドフォローで成功するにはまねることが重要

であることは実証済みだ。

　トレンドフォローをおよそ20年間、研究して分かったことは、トレンドフォローの運用成績を真剣に受け止めたとき、選択が必要になるということである。1つは、そのデータを事実と認め、自分自身と自分のアプローチを真摯に見直し、自ら変わる決意をすること。もう1つは、そういったデータは存在しないと思い込み、避けられない修正を待ちながら、パッシブファンドに投資し続けること。

「人はみな数学恐怖症だ」── デビッド・ハーディング

　作家のトーマス・フリードマンは幅広い視野を持つことは莫大な利益をもたらすと考えている。コントラリアンの哲学の第1ステップはゼネラリストになることであると彼は言う。

　　「過去の偉大な戦略家は木だけでなく森も見続けた。彼らはゼネラリストであり、生態学的視点に基づいて行動した。彼らは世界は複雑に絡み合い、ここで調整を行うと向こうに影響を及ぼすこと、すべてがつながっていることを理解していた。しかし、今日の世界ではゼネラリストはどこにいるのだろう……大学やシンクタンクの流れはますます専門性を高める方向に向かっている。いくつかの分野を学際的に研究することよりも、1つの分野を掘り下げて研究することに重点が置かれている。全体の意識──どのように手段を集中させて目的を達したり、妨げたりするのかという意識──のないところに戦略はない。戦略がなければ当てもなくさまようだけである[2]」

「テクニカルトレードに魅力はない。安値で買って、高値で売ったことなどめったに教えてはくれないからだ。しかし、トレードはビジネスであるべ

きであり、システマティックなプログラムは1回のトレードではなくて長い時間をかけて利益を得る計画のことである。成功するためには大きな期待は欠かせないが、非現実的な期待は時間の無駄でしかない。コンピューターは市場で利益を出す方法を教えてはくれない。コンピューターはわれわれのアイデアを検証してくれるだけである」——コグニトレンド

　本書で紹介するトレーダーたちはゼネラリストとして市場を見る。彼らは重要なものだけを見て、関係のないものは切り捨てる。チャールズ・フォークナーは、自分を知ることも重要だと言う。

　　「心理をトレードするのではなくて、システムをトレードできるということは、あなた自身とトレードを区別していることを意味する。これはまずあなたの言葉遣いに現れる。『私はトレード業界にいる』や『私はトレーダーとして働いている』は、『私はトレーダーだ』や『株と債券を少しばかり持っている』（イーストコーストの大物投機家の言葉）とはまったく異なる。私がこれまでに会ったマーケットの魔術師はウィリアム・ブレイクの『自分のやり方を構築しなければ、他人の奴隷になる』という言葉を指針としているように思える。そしてその指針のとおり、彼らはトレードでも、人生でも、言葉遣いでも自分のやり方を持っている。彼らは他人に自分たちのことや自分たちの言葉遣いを決めさせることはしない。そのため、時として、ぶっきらぼうだとか、気難しいとか、進取気取りとか、自己中心的に見られることがある。しかし、彼らはもっと大きな事実を知っている。彼らは彼ら以外の何物でもなく、何が自分の役に立つのかということを」

　デビッド・ハーディングは初版では取り上げなかったトレンドフォロワーだ。彼は新世代のトレンドフォロワーのリーダーとしての地位

を確立した人物である。新世代のトレンドフォロワーには、レダ・ブラガ、クリフ・アスネス、マーティン・ルエック、アンソニー・トッド、スバンテ・ベルグストロム、ジェラルド・バン・ブリエット、ユーアン・カーク、マーティン・エストランダー、ズビグニェフ・ヘルマシェフスキー、ナターシャ・リーブ・グレイ、ジャン・フィリップ・ブショーらがいる。

　ハーディングに続いて、伝説のトレンドフォロワーたちを紹介するが、彼らが与えてくれる洞察や教訓は、経験のない新人トレーダーから間違った経験を積んできたプロに至るまで、学ぶ意欲の旺盛なトレンドフォロワーにとっては時代を超えた貴重な体験となるだろう。こうしたスーパースターからの教訓は素晴らしいものだ。しかし、今から100年後には違ったスーパースターが現れているだろう。しかし、スーパースターの名前が変わっても、トレンドフォロー戦略自体は変わることはない。

「初めて商品先物の世界に入ったとき、分散化アプローチに興味を示す者はだれ一人いなかった。ココア専門、綿花専門、穀物専門のトレーダーがいて、彼らの世界は完全に分かれていた。全商品をまとめて見ようと思ったのは、おそらくは私が最初だったのではないだろうか。私より前の人で、全体像を見てポジションを分散化し、損切りを早くしたり、トレンドに従おうなどと考える人はいなかった」──リチャード・ドンチャン

デビッド・ハーディング

　デビッド・ハーディングはトレンドフォロワーとして素晴らしい成功を収めた人物である。今日の彼のトレンドフォローファンドの運用資産は、10〜20億ドルは前後するかもしれないが、およそ300億ドルを上回っている。リターンは長期にわたって年20％を維持してきたが、こ

こに来て運用資産が急増したため若干下がったようだ。

　ロンドンで生まれ、オックスフォードシャーで育ったハーディング
はずっと投資に興味を持っていた。これは園芸家で投資を楽しんでや
っていた父親の影響が強い。これに対して、母親はフランス語の教師
だった。若いころは科学が大好きで、彼はその才能を使う方法をいち
早く見つけた。初めて社会に出たとき、彼はセイバー・ファンド・マ
ネジメントに就職し、トレードシステムの設計に携わった。その後、間
もなくして、彼はマイケル・アダムとマーティン・ルエックに出会う。
3人は意気投合してアダム・ハーディング・ルエック（AHL）という
トレンドフォロー会社を立ち上げ、顧客のお金を運用し始めた。数年
後、マン・グループはAHLを買収し、AHLとそのシステムを使って
巨額の運用資産を扱う巨大企業に発展した。AHLの売却で巨額の富を
手にしたハーディングだったが、マン・グループの成功は彼の作った
トレードシステムによるものであることを知っていた。しかし、彼は
AHLの売却による富のうえにふんぞり返る気などさらさらなく、やが
てウィントン・キャピタルという新会社を設立して、それをトレンド
フォローの巨大企業に育て上げた。この成功はすべてある哲学に基づ
くものだった。彼の哲学の話に入る前に、彼の運用成績を見てみよう
（**表2.1**）。

　これまでハーディングと話す機会が幾度となくあった。彼は常に地
に足の着いた努力家で、負けず嫌いという印象を受けた。彼は勝つこ
とに執着心を燃やしていた。彼は最初から大金持ちだったわけではな
い。彼は死に物狂いで働いた。それは修行の賜物だった。それをアン
ダース・エリクソンは次のように述べている。

　　「私は若いころある会社で働いていたが、その経営陣のトレーディ
　　ングアプローチは非常に古臭いものだった。毎日、午前中は私と
　　ほかに10人ぐらいでおよそ400のチャートを手書きした。とても退

表2.1　ウィントン・フューチャーズ・ファンドの月次パフォーマンス (%)

	1月	2月	3月	4月	5月	6月	7月	8月	9月	10月	11月	12月	年間
2016	3.51%	1.76%	−2.92%	−1.49%	−1.64%	5.21%	0.73%	−1.72%	−0.30%	−2.64%	−1.23%		−1.06%
2015	2.89%	−0.01%	2.04%	−3.24%	0.11%	−3.15%	3.90%	−4.27%	3.47%	−1.42%	3.44%	−1.58%	1.72%
2014	−2.04%	2.29%	−0.57%	1.81%	1.92%	0.18%	−2.09%	3.98%	−0.39%	3.55%	5.28%	0.64%	15.23%
2013	2.27%	−0.35%	2.06%	3.05%	−1.85%	−2.18%	−1.18%	−2.92%	3.09%	2.77%	2.70%	0.52%	7.98%
2012	0.66%	−0.80%	−0.66%	0.02%	0.06%	−3.39%	4.32%	−1.15%	−2.25%	−2.55%	1.18%	1.51%	−3.24%
2011	0.11%	1.62%	0.20%	3.06%	−2.22%	−2.55%	4.64%	1.55%	0.20%	−2.35%	0.94%	1.54%	6.68%
2010	−2.51%	2.29%	4.64%	1.58%	−0.85%	1.46%	−2.83%	4.92%	0.84%	2.62%	−2.23%	3.89%	14.27%
2009	0.92%	−0.32%	−1.78%	−3.08%	−2.08%	−1.31%	−1.55%	0.31%	2.73%	−1.54%	5.01%	−2.53%	−5.38%
2008	3.92%	8.21%	−0.92%	−0.97%	1.95%	5.22%	−4.66%	−3.09%	−0.38%	3.65%	4.48%	1.93%	20.25%
2007	4.03%	−6.39%	−4.13%	6.13%	5.04%	1.83%	−1.38%	−0.96%	6.83%	2.38%	2.45%	0.12%	16.13%
2006	3.93%	−2.74%	3.88%	5.68%	−3.21%	−1.34%	−0.62%	4.58%	−1.43%	1.43%	3.10%	2.03%	15.83%
2005	−5.16%	5.72%	4.70%	−4.03%	6.49%	2.85%	−2.15%	7.66%	−6.50%	−3.02%	7.05%	−4.59%	7.65%
2004	2.65%	11.93%	−0.50%	−8.27%	−0.16%	−3.12%	0.88%	2.64%	4.78%	3.37%	6.38%	−0.58%	20.31%
2003	5.30%	11.95%	−11.14%	2.07%	10.18%	−5.85%	−1.15%	0.69%	0.71%	5.46%	−2.68%	10.00%	25.52%
2002	−10.81%	−6.14%	11.44%	−4.66%	−3.80%	7.32%	4.79%	5.48%	7.42%	−7.76%	−1.09%	13.46%	12.86%
2001	4.58%	0.57%	7.48%	−5.23%	−3.32%	−2.95%	0.72%	0.02%	4.48%	12.45%	−7.56%	−4.02%	5.56%
2000	−3.66%	1.75%	−3.13%	1.53%	−0.50%	−1.28%	−4.33%	2.82%	−7.54%	2.50%	7.10%	16.04%	9.72%
1999	−1.51%	3.55%	−4.24%	10.09%	−8.58%	5.31%	−1.93%	−3.64%	−0.16%	−6.13%	13.12%	9.20%	13.24%
1998	1.50%	3.27%	8.02%	−1.48%	8.53%	3.23%	1.35%	11.06%	4.52%	−5.65%	1.18%	9.19%	53.26%
1997										−12.97%	9.96%	8.34%	3.68%

屈な作業だった。これは2年ほど続いた。しかし、これらのチャートを苦労して更新するためには、普段よりも細かいデータに注目しなければならない。やがて私は、市場は当時言われていた理論とは違って効率的なんかではないと確信するようになった。[4]市場は効率的ではなく、絶対にトレンドが存在することを確信した……私たちはあらゆるものをトレンドフォローシステムを使ってトレードするが、それはうまくいっている。シミュレーションして、アイデアや仮説を思いついたら、それらを検証する。長年にわたって私たちがやってきたことは基本的に実験である。ただし、実験道具は顕微鏡や望遠鏡ではなく、コンピューターだ。そして私たちが観察するのは星ではなくて、データとシミュレーション言語だ……統計学や確率を使って考えることは直観に反しているため、そのためには規律と訓練が必要になる。機械を酷使するからだ。例えば、だれかが不正をしているかどうかを判断するのは人間のほうがはるかに得意だ。私たちは極めて社会的な生き物だからだ。私たちは直観に頼るのが好きだ。しかし、直観が間違っているときでも、訂正されるのをとても嫌がる。トレーダーがリスクを理解できない最大の理由は何だろうか。それは人間は確実性を求めたがるからである。答えがイエスかノーかで答えられないときでも、私たちはイエスかノーかで答えようとする。グレーゾーンで満足すべきときに、白黒をはっきりつけようとするのが人間なのである[5]」

「はっきり言えることが1つだけあるとすれば、それは市場にはトレンドが存在するということである。どの金融市場でも、どの時代にも、私はトレンドを観測してきたのだからだ」――マイケル・プラット（『続マーケットの魔術師』より）

第1部　トレンドフォローの原理

　グレーゾーンというのは飲み込みにくい薬であり、信じにくい哲学である。自分のお金のことを考えるときに、そういったどっちつかずの考え方はしたくない。不変の厳密さがあると思いたいはずだ。しかし、最もお金を稼ぐ人がハーディングのように考えるのなら、ほかのみんなもハーディングのように考える価値はあるのではないだろうか。その日、ハーディングから授かった最高の教訓は、『ザ・ウィントン・ペーパーズ』と題する彼の会社内部の発行物からのものだった。彼の意思決定に関する哲学は、市場に１ドルでも投資する前に、だれもが身に付けておくべきものである。

　　「一般的なメンタルバイアスや他人のまねをしたりする人々の影響が集まって、それが行動パターンとなって現れる。そういうパターンには『スタートレック』のスポックほどの合理的判断や情報の効率性があるわけではないが、明らかに一定の規則性はある。これらの行動パターンが市場ではトレンドになる。そのため、価格は情報に応じて一定の方向に動き続ける傾向がある。インデックス運用のような投資スタイルが広く採り入れられると、市場に新たな仕組みが出来上がり、それは群れの行動を拡大させる[6]」

　ハーディングがこれを書いたのは2008年の大暴落の前だったが、彼の言葉はその後に起こった大暴落を非常によく説明している。トレードの方法を学びたい人や、自分の成績の低下を人のせいにはしたくない人にとって、彼の言葉は解決法を与えてくれるものだ。しかし、彼の不可知論的アプローチを批判する人がいることを彼は知っている。「ほとんどの人はこんなアプローチなんてうまくいかないと思っているし、もしうまくいったとしても、すぐにうまくいかなくなるだろうと思っている。私たちは自分の意見に基づいて行動することはまずない。もし私たちがそうするとき、それはFRB（連邦準備制度理事会）の政

策についての意見ではなくて、数学的な現象や統計分布についての意見に基づくものだ」

まとめ──思考の参考に

● 「あらゆる金融市場にも適用できる壮大でシンプルな理論があるに越したことはないが、そんな理論を作ることなどほとんど不可能だ。経済学者、大学教授、モデラー、グル、専門家の人々は、このことをよく認識すべきである」──デビッド・ハーディングの効率的市場仮説（EMT）に対する意見

● 「……トレンドフォローは私が思っていた以上の効果を上げてくれた。私にとってトレンドフォローから離れることはリスクを高めるだけでしかない……」──ハーディング

● 「長い年月にわたって魔法とも思えるトレンド現象を目の当たりにするたびに、人々からは愛されないダークホースのこの投資アプローチに対する私の思いはますます強まるばかりだ。統計学者はこれをベイジアン哲学と呼ぶ」──ハーディング

● 「熱狂やパニックに対する人間の反応はまったく予測できない。過剰反応することもあれば、逆にまったく反応しなかったりすることもある」──ハーディング

ビル・ダン

ドットコムバブルの崩壊で大半の投資家が大きな損失を出していた2002年に、ビル・ダンの会社は50％の利益を上げた。また、ウォール街が大暴落に見舞われていた2008年10月の1カ月だけで、彼の会社は21％の利益を上げた。そして、2017年のパフォーマンスは40年以上の歴史でその記録を塗り替えた。ダン・キャピタルの運用成績はだれの

目にも明らかで一貫性があり、トレンドフォローの威力を劇的に物語るものである。

　ダンはダン・キャピタル・マネジメントの創始者兼会長だ。当初の計画どおり、会社は常に平均を上回るリターンを上げ続けた。ダンはリターンについては、プラスになること以外の目標を定めていない。年間リターンが100％に近づくことを許さないリスク管理は、ダン・キャピタルには存在しない。また、例えばポートフォリオが年の半ばまでに50％の利益を上げたら、その年の残りは休んでトレードを控えるといった方針もない。1984年以降、25％を超えるドローダウンを10回出している（ウォーレン・バフェットもドローダウンを出したことを読者の方は知っているだろうか）が、どういったレベルのボラティリティであれ、独立心旺盛で、規律を持つこの長期トレンドフォロワーが核となる戦略から逸脱することはない。

　　「私たちは時代に先駆けて1974年にすでにリスクの効率的配分計画を立てており、私たちの考えによれば、2017年の今でも最先端にいると考えている[7]」

「数えることができるときは、いつでも数えよ」——サー・フランシス・ゴルトン[8]

　健全なビジネス原理を理解していれば、ダン・キャピタルが40年も前に設定した原則に厳密に従っていると信じるのは難くない。「あなたが見つけるものが何であれ、それは基本的に今日、あるいは50年前にも真実であったのと同じように、今から10年後、20年後、30年後、そして50年後にも真実であり続けるだろう。そして、それらの真実に問題があることが分かれば、あなたはまた1つ真実を見つけたことになる[9]」

ダン・キャピタルは、お金を儲けるためには、ボラティリティを受け入れなければならないと常に信じてきた。ダン・キャピタルに投資する顧客は、会社の意思決定に問答無用の絶対的な信頼を寄せなければならない。このトレンドフォロワーは、自分たちが損をし、それを受け入れることができる能力に対する疑問は寄せ付けない。「パワー全開」のこのアプローチは40年間の実績を持ち、オーナーにも顧客にも、かかわったすべての人々に富をもたらしてきた。

ダンのリスクの効率的配分計画、つまりマネーマネジメントは客観的な意思決定に基づくものである。「用心には金がかかる」が彼のモットーと言ってもよいだろう。ある時点で仕掛けて、市場がある地点まで下がれば、すぐに手仕舞う。ダンにとって、前もって手仕舞いを設定していない戦略は自らが惨事を引き寄せているに等しい。

「新米トレーダーは初心者にありがちな直観を働かせて市場を予測するため、不利な立場にある。ベテランはそうした典型的な反応の先を読むことができる」——チャールズ・フォークナー[10]

「リバタリアン的な考えを共有する多くの人と同じように、ビル・ダンの自由な精神と自由市場への旅は、1963年にアイン・ランドの倫理学に関する短いエッセイ集を読んだときに始まった」——リーズン誌[11]

ダン・キャピタルはリスクマネジメントシステムのおかげで、ポートフォリオの全体的なボラティリティを調整することができる。平均的な投資家、そしてプロの投資家さえもこれを無視することが多い。ボラティリティが高ければ、トレード量を減らす。ボラティリティが低ければ、トレード量を増やす。ダンにとって、リスクをとることが利益を得るために必要な手段だとすれば、ポジションサイジングはリスクを目標範囲内に収めるために常に微調整しなければならないものだ。

第1部　トレンドフォローの原理

そしてリスクは受け入れられる最大の水準に設定すべきだと考える。

ダンのリスクマネジメントシステムは規律に従って運用されている。

> 「私たちのリスクの効率的配分では、例えば、円のトレードにはこれだけのリスクを割り当て、S&Pのトレードにはこれだけのリスクを割り当て、22の銘柄からなるポートフォリオのリスクの最適配分はどうなるといったことを決める。リスクパラメーターは買いと売りのシグナルによって定義されるので、あとはもし逆行したらXパーセント以上の損失を出さないようにサイズを決めるというだけの問題になる[12]」

極端なパフォーマンスの数字

ダン・キャピタルの哲学同様、**図2.1**のチャートは挑戦的で力強いものだ。このパフォーマンスデータは、ダンとS&P500に1000ドル投資したときのリターンを比較したものだ。これを見てあなたは、お金をダンに投資するか、トレンドフォローを自分で学ぶか、それともトレンドフォローなど存在しないふりをするかを決めなければならない（2006年3月に、市場固有のパラメーターセットからポートフォリオ全体のパラメーターセットにモデルのデザインを変更。パラメーターセットの数を3から100以上に増やし、銘柄数も26［金融先物］から52［フル分散］に増やした。2013年1月から現在については、WMAはダイナミック・リスク・マネジメント手法［ARP＝適応リスクプロファイル］を使っている。これはイクスポージャーを現在の市場状態に適合させるというもの。ARPはWMAのポートフォリオポジションのサイズを、期待リターン、ボラティリティ、市場間の相関を組み込んだ独自メトリックに基づいて決めるのに使われる。WMAプログラムのリスク目標は日々変化し、圧倒的多数のシグナルが有意で、WMAポ

図2.1　ダン・キャピタル・マネジメントのコンポジットパフォーマンス（1974～2016年）

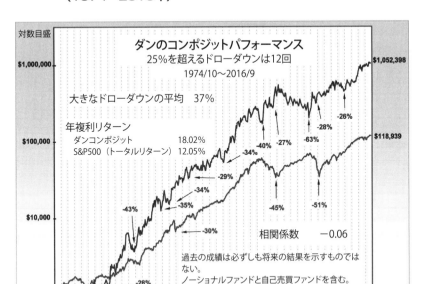

ジションの相関マトリックスが好ましい状態にあるときに高くなる。信頼水準が99％のときの月次VaRは8％から22％の範囲内になることが予想され、平均月次VaRは15％である。これは年次ボラティリティに換算すると23％になる。1984年11月～2012年12月はWMAは静的月次VaRとして99％の信頼水準で20％を目標としていた。その間の339カ月間、20％の月次損失水準を4回下回った［1.18％］）。

次の2つのチャートはダン・キャピタルの異なる時期のトレードのパフォーマンスを示したものだが、用いたアプローチは同じである。**図2.2**は1994年12月～1996年6月までの日本円のトレードを示したもので、ダンは大儲けしている。

第1部　トレンドフォローの原理

　特に1995年はダン・キャピタルにとって素晴らしい年だった。そして2003年、ビル・ダンは彼のトレンドフォローの手順を聴衆に説明した。聴衆にとってそれは貴重な教訓だった。

　「これは18カ月にわたる日本円のチャートだ。ご覧のように、上がったり下がったりして、大きなトレンドもいくつかあったので、いくらか利益を出す機会があったはずだが、実際に利益を出した。WMAはドテンシステムなので、常に買いか売りかのポジションを持ち、大きなトレンドを見つけてはそれについていくように設計されている。さて、これが最初のシグナルだが、チャートに買いと書かれている部分がそれだ。ここから大きく上昇する前の段階では売るべきだと考えていたのだが、その上昇はかなり大きくて、システムは売りはやめて買ったほうがよいと私たちに伝えてきた。そうしたほうが賢明なように思えた。そして実際にそのあと大きく上昇した[13]」

　ダン・キャピタルは1995年3月に最初の大きな山となっている上昇トレンドに乗っている。彼らはメカニカルなシステムに従って判断している。ビル・ダンは話を続ける。

　「そのあと大きく下落して、システムは売りシグナルを出してきた。私たちのモデルは常に直近のボラティリティを組み込むのだが、買いのときよりも売りのときのほうがそのボラティリティははるかに小さかった[14]」

　ビル・ダンはこのトレードを次のように総括する。

　「ここではボラティリティが非常に高かったので、この上昇は買いシグナルを出すには十分ではなく、そのため私たちはこの売りポジションを1年近く持ち続けた。そこで買いシグナルが出たが、それはダマシだったので私たちはドテン売りした。これは私たちのプログラムにとっては非常に良い相場だったが、それほど良くない相場のときもある[15]」

　ビル・ダンの自信に満ちた話しぶりを本書で再現できないのが残念

表2.2 ダン・キャピタル・マネジメントのWMAプログラムの月次パフォーマンス（％。1984〜2016年）

年	1月	2月	3月	4月	5月	6月	7月	8月	9月	10月	11月	12月	年間
2016	4.16	2.52	−4.04	−3.38	0.16	12.42	0.38	−3.54	1.46	−12.18	−3.72	2.17	**−5.39**
2015	8.52	−3.87	9.30	−10.78	4.65	−10.72	16.60	−2.41	4.97	−3.85	6.10	−4.24	**10.92**
2014	−4.35	−1.76	−1.91	2.23	−2.33	4.04	−1.12	9.83	7.04	0.22	13.43	7.22	**35.65**
2013	−0.23	16.79	3.22	10.59	−6.67	−1.66	−0.45	−4.81	−4.56	5.81	10.00	4.40	**34.16**
2012	−3.10	−4.96	−2.96	2.77	7.69	−13.23	4.53	−4.17	−4.37	−6.59	3.23	2.64	**−18.62**
2011	3.69	6.17	−12.06	11.78	−10.05	−12.59	19.93	10.40	−2.64	−9.00	5.26	1.25	**6.36**
2010	−6.61	3.97	9.83	4.22	−7.26	5.02	−4.39	16.96	−1.44	8.22	−8.73	10.95	**30.75**
2009	0.89	3.07	−3.05	−4.65	−1.08	−4.98	1.84	3.16	4.54	−4.14	11.00	−5.84	**−0.58**
2008	19.94	29.55	−10.13	−6.55	1.67	3.56	−10.18	−9.26	1.02	21.09	7.77	2.59	**51.45**
2007	6.21	−8.30	−3.36	8.22	11.77	7.39	−17.75	−22.63	16.90	3.00	7.78	6.55	**7.60**
2006	−3.63	−1.37	12.42	9.38	−7.78	−1.63	−5.69	−8.76	−5.22	5.93	4.33	7.86	**3.08**
2005	−4.09	−6.72	−4.04	−15.01	13.03	12.23	−1.89	−5.46	−3.51	−0.94	6.00	−3.88	**−16.41**
2004	−2.86	8.38	−2.90	−18.35	−6.84	−9.86	−5.16	9.29	1.58	7.93	5.32	−0.69	**−16.68**
2003	6.94	13.83	−22.44	1.57	9.45	−8.07	−4.75	16.70	−7.63	−4.23	−4.45	−4.47	**−13.41**
2002	3.03	−8.07	2.39	−5.71	5.41	24.24	14.82	10.50	9.10	−12.27	−12.70	21.34	**54.06**
2001	7.72	0.55	6.26	−8.96	−0.91	−8.31	0.09	6.47	1.13	20.74	−23.52	6.73	**1.10**
2000	6.85	−2.94	−17.34	−12.36	−7.59	−3.95	0.56	3.29	−9.70	9.12	28.04	29.39	**13.08**
1999	−13.18	3.91	4.22	4.09	7.63	9.61	0.52	5.77	3.60	−7.01	1.35	−5.44	**13.34**
1998	4.25	−5.30	3.99	−11.05	−4.76	−0.38	−1.37	27.51	16.18	3.79	−13.72	0.32	**13.72**
1997	17.83	−0.15	2.21	−6.47	−5.88	10.38	16.84	−10.21	6.45	−0.64	9.82	1.55	**44.60**
1996	15.78	−13.33	9.55	9.17	−1.18	0.60	−12.40	−5.20	12.55	20.28	26.94	−7.09	**58.21**
1995	0.49	13.71	24.41	3.80	−2.60	−3.59	0.63	18.46	−6.52	10.82	11.16	4.44	**98.69**
1994	−1.71	−5.34	14.90	6.97	5.21	3.29	−13.38	−17.67	−4.68	−1.02	0.74	−4.22	**−19.33**
1993	2.90	13.99	−3.28	12.37	3.76	0.58	7.41	8.42	−5.02	1.59	1.03	6.10	**60.28**
1992	−14.53	−0.90	4.04	−15.10	−0.36	13.04	11.43	9.18	−8.23	−5.42	−4.30	−8.15	**−21.78**
1991	−7.05	−4.51	10.30	−4.49	−4.99	−0.46	−2.54	9.93	9.23	−14.93	1.20	31.22	**16.91**
1990	23.45	5.35	6.11	6.80	−11.23	3.99	1.37	2.07	3.76	−0.40	5.44	−1.19	**51.55**
1989	21.10	−4.23	9.30	6.09	20.02	3.21	8.15	−13.02	−1.56	−16.65	7.34	−5.42	**30.51**
1988	0.73	4.34	−6.55	−2.47	3.88	−0.56	−1.83	−2.65	1.98	1.92	−0.72	−16.70	**−18.72**
1987	8.81	−1.75	7.18	31.63	−2.69	−4.61	5.97	−2.98	5.50	−5.59	17.76	1.96	**72.15**
1986	−1.50	24.55	11.93	−5.59	−5.98	−13.98	−4.20	12.45	0.64	−2.79	−6.18	−0.11	**3.56**
1985	6.23	10.03	−7.25	−13.09	21.66	−6.79	−8.36	−13.48	−30.68	6.69	13.61	10.02	**−21.68**
1984											−10.95	18.01	**5.09**

図2.2　ダン・キャピタルの日本円トレード（1994/12〜1996/06）

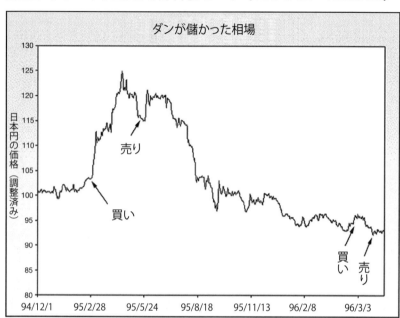

出所＝ダン・キャピタル・マネジメント

だ。私はオリジナルのテープを持っているため、そのニュアンスが分かるのでとても幸運だ。

「仕事で一番重要なのはその最初だ」――プラトン

機敏であれ

　ビル・ダンはかつてトレンドに乗って大儲けしたあと、真顔で次のように言った。「最近のエネルギー関連のボラティリティにはワクワクするものがある。おそらくは機敏な人であれば儲けられるだろう[16]」
　このときにダンが言った「機敏な人」とはどういう意味なのだろう

か。それは市場の動きに基づいて判断するという心構えのできている人という意味である。トレンドに乗る機会が訪れたときに、彼らはトレンドに乗る準備ができているので、トレンドに飛び乗ることができるのだ。彼らはシステムに従っているときは機敏だ。厳密なルールで日本円の動きに即座に反応する。なぜなら彼らは自分のトレードプランとリスクマネジメントを信用しているからだ。

　もう1つは英ポンドのチャート（**図2.3**）だ。これは日本円とは違って、ダン・キャピタルにとってあまり好ましくない相場だ。見ると分かるようにちゃぶついている。ちゃぶついている相場はトレンドフォロワーにとっては難しい相場だ。仕掛けては損切りに引っかかり、また仕掛けては損切りに引っかかるの連続だ。トレンドフォローは市場の方向や期間を予測するのではなく、市場に反応するだけだ。彼らにとって小さな損失はゲームの一部でしかない。ダンが小さな損失を出しても何とかやっていけたのは、英ポンドが彼らのポートフォリオの1銘柄にすぎなかったからである。日本円のトレードは英ポンドの損失を補って余りあるものだった。このアプローチが他人にとってはどれほど心地良くないものであったとしても、ダンにとっては、長い目で見た場合、小さな損失は大きな利益が埋め合わせてくれるのである。

　もしあなたがビル・ダンに彼のアプローチはあなたを不安にさせると言ったら、彼はきっぱりとこう言うだろう。

　「私たちは市場を予測しない。私たちは跳ね回るあばれ馬に乗るだけだ」[17]

　ダンの儲からなかった英ポンドのトレードを見ると、「私たちは跳ね回るあばれ馬に乗るだけ」という意味がよく分かるだろう。今にして思えば、負けると分かっているのにダン・キャピタルはなぜ英ポンドをトレードしたのだろう、と思うかもしれない。英ポンドが次なるホームランになるかもしれないことは、だれにも分からないからだ。それはだれにも予測できないし、彼らにも予測できない。だから、彼ら

図2.3　ダン・キャピタルの英ポンドトレード（1994/12～1996/06）

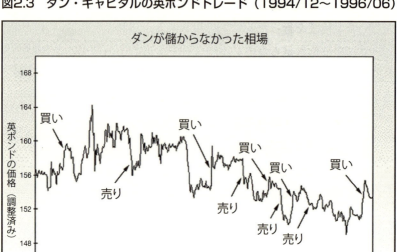

出所＝ダン・キャピタル・マネジメント

は英ポンドをトレードしたのである。本当に問うべきことは、「ゲームの展開が予測できないのなら、あなたはゲームに参加しないで、儲け損なってもいいのか」ということである。

若いころのビル・ダン

　ビル・ダンはカンザスシティーとカリフォルニアの南部で育った。高校を卒業すると、3年間アメリカ海兵隊に入隊した。その後、1960年にカンザス大学で工学物理学の学士号を取り、ノースウエスタン大学で理論物理学の博士号を修得した。次の2年間はカリフォルニア大学とポモナ・カレッジで研究職と教員職に就いた。その後、首都ワシン

トンの近くの組織で働き、米国防省の後方支援システムや作戦システムの開発・検証を行った。研究開発は彼にとって楽しいものだったが、理論だけでは飽き足らなかった。そして、市場が彼の現実世界となった。

ダンがそれに気づいたのは35歳ごろだった。当時、彼はバージニア州フェアファックス郊外の自宅で仕事をしていた。そのときに目にしたのが、「良すぎて本当とは思えないような」コモディティトレードシステムを売り込むニュースレターだった。このシステムを検証してみると、彼の勘は当たっていた。そこで彼は自分用の新システムを開発することにした。彼の最初のシステムは、日足データを使って直近の安値や高値からの値動きのパーセンテージで定義されるビッグトレンドを探すものだった。各市場を年に3～4回トレードし、トレンドが変わったら自動的にドテンした。それぞれのトレードでは運用資産の2％から6％のリスクをとるようにポジションサイズを決めた。[18]

長期トレンドフォロワーがポジションを1年以上保有するのは珍しいことではない。だから「長期」というのだ。1日に何回もデイトレードしたい人や、ラスベガスでウキウキした気分を味わいたい人は、ダン・キャピタルはあなたのトレードの手本にはならないだろう。コンピューター化したトレードシステムに従って、ダンはメジャートレンドで長期ポジションを取る。通常は、それぞれの市場で年に2回から5回しかトレードしない。彼らの最初のシステムは、常に買いポジションか売りポジションを持つドテンシステムだった。勝ちポジションを1年半も持ち続けたことがあると彼は自慢する。[19]

トレードを始めた当初は、攻撃プランを実行するのに多くのお金が必要だった。彼はそのお金をラルフ・クロペンシュタインという人物から調達した。彼は20万ドルの取引口座を開いてダンを助けてくれた。そのときダンはまだ国防省のシステムアナリストだったが、前途有望なシステムを正しく機能させるには、多くのお金が必要だと悟った。[20]

107

第1部　トレンドフォローの原理

ガソリンスタンドの経営者　勝ったら何をもらえるんです？

アントン・シガー　すべてだ。

ガソリンスタンドの経営者　というと？

アントン・シガー　勝てばすべてが得られる。表か裏か、どっちだ。

ガソリンスタンドの経営者　それでは……表。

（シガーが手をのけてコインを見せる）

アントン・シガー　よく当てたな。[21]

（映画『ノーカントリー』より）

　彼の話からは学びとれることが多い。他人を喜ばせるのをやめ、自分を喜ばせることに集中すれば、自分が人生で何に情熱を燃やしているのかが分かってくる。そのとき支持者が現れて、あなたが目標を達するのを手助けしてくれる。ビル・ダンは運をつかみとる才能のあることを実証する生き証人だ。

ダン・キャピタルの内部

　もう何年も前のことになるが、マーティ・バージン（ポッドキャストエピソード#525）の取り計らいでフロリダ州スチュアートを訪れ、ダン・キャピタルで1日過ごしたことがある。これは典型的なよくある話だが、私がワシントンから西方のバージニア北部に住んでいた16歳のころ、バージンは私の野球のコーチだった。彼は今やダン・キャピタルの社長兼経営者で、ビル・ダンは名誉会長だ。

　彼らのオフィスはウエストパームビーチから30マイルほどのところにある静かな退職者用住宅で、スチュアートの中心を流れる運河から外れた静かな通りに面している。ダン・キャピタルに受付はない。だから中に入ったら、うろつき回ってだれかを探すしかない。それは有能なトレード会社というよりは、会計事務所のような感じだ。ダンは、

108

トレードでの成功を長続きさせるのは立地や気取ったオフィスやハードワークとは無関係であることを示す生きた証人だ。

ダン・キャピタルには多くの従業員はいない。ファンドを運用するのに大勢は必要ではないからだ。また、すべての従業員がトレーダーというわけではない。ファンドを運用するうえで大変なのはトレードそのものではない。経理や法務も重要なのだ。ダン・キャピタルではスクリーンにしがみついてトレードしている人はいない。トレードは買いシグナルや売りシグナルを示すアラームが鳴ったら、システマティックに仕掛けるだけである。

「自信は成功からも生まれるのは確かだが、多くの失敗を注意深く検証することが成功への道につながることを認識することからも自信は生まれる」
── デニース・シェカージアン[22]

ダン・キャピタルに従業員が少ないもう1つの理由は、少数の厳選された顧客しかいないからである。「私に投資したいという人は、私が何を目指しているのかよく理解している」とビル・ダンはよく言う。投資家にとって良いことは、ファンドマネジャーと投資家の目的が一致していることだ。彼らが目指すものは利益である。

ダン・キャピタルは絶対リターンを複利運用していくという点がほかの多くのファンドと異なる点だ。つまり、テーブルにお金を残し、それをファンドに再投資していくわけである。したがって、ダンの資産は顧客のお金だけでなく、経営者や従業員が利益を長期にわたってシステマティックに再投資したお金も含まれる。

利益と成功報酬を重視することで、ファンド（つまり、顧客）が利益を手にしたときだけ、ダン・キャピタルも報酬を手にする。運用報酬は取らない。運用報酬を取らないので、常に資金を集めようとは思わない。インセンティブはお金を稼ぐことだけである。ダンがお金を

109

第1部　トレンドフォローの原理

稼ぐと、会社はその利益の一部を受け取る。お金を真剣に儲けようと思ったら、複利運用、つまり利益の再投資は理にかなっている。そう、ダンは真剣なのだ。

ビル・ダンやマーティ・バージンやその他のスタッフと過ごす間中、私は彼らの飾らない、正直な態度に感銘を受けた。ビル・ダンに初めて会ったとき、彼はカーキのズボンとアロハシャツといういでたちだった。フロリダの運河を見渡しながら、彼はそれが自分のスタイルだと説明した。

利益目標は立てない

ダン・キャピタルは、「年間15％は欲しい」とは言わない。市場に、トレーダーに毎年15％のリターンを与えよと命令することはできないが、仮にできたとしても、そもそも毎年15％のリターンを維持することは正しいことなのかどうか分からない。例えば、1000ドルでトレードを始めたとすると、3年間でどれだけのリターンを望むのだろうか。＋15％、＋15％、＋15％といった一貫性のあるリターンだろうか、それとも－5％、＋50％、＋20％といった予測不可能なリターンだろうか。最初のリターンだと1000ドルは1520ドルになるが、2番目のリターンだと1710ドルになる。ダンのトレードスタイルだとリターンは2番目のようになる。

ある年に決まったリターンを上げるように調整することなどできない。したがって、ビル・ダンが言うように利益目標など無用の長物なのだ。

「私たちには2つのシステムがある。1つは、1974年に開発を始めたもので、もう1つは1989年に開発したものだ。これら2つのモデルの主要な戦略要素――いつどのようにトレードするか、どれくらい売買するか――は30年間ほとんど変わっていない。私たちが市場で期待す

110

るものは変化だ。この30年間で新市場が発展してきたが、市場は驚く
ほど変わった。しかし、市場は市場にすぎない。システムを変えない
私のやり方が一般的でないことは重々承知だ。この５年の間で競合他
社の多くは彼らのモデルのリスクを意図的に下げて、レバレッジを解
消したり、ボラティリティを下げるためにほかのものと組み合わせた
りといったことをやってきた。もちろん、彼らのリターンも減った」[23]

「マネーマネジメントこそが生き残るための鍵である」──ビル・ダン[24]

　ビル・ダンは、神経質な顧客向けにボラティリティを下げるために
リスクを減らすことの大きな問題を指摘している。そんなことをすれ
ば、絶対リターンは必ず減少する。ボラティリティを利益の源泉と見
ないで敵と見ているかぎり、この問題の本質をつかむことはできない
だろう。

　ダン・キャピタルは本質的にリスクマネジメント──マネーマネジ
メントと呼ばれることのほうが多く、バン・タープはポジションサイ
ジングと呼ぶ──の扱い方に長けている。2002年６月、ダンは24.26％
のリターンを上げ、７月には14.84％のリターンを上げた。年初から７
月までのリターンは37％になっていた。その年、ナスダックのバイ・
アンド・ホールドは見るも無残な結果だった。ダン・キャピタルは結
局、2002年は50％を超えるリターンで終えた。そして2008年のパフォ
ーマンスも素晴らしいものだった。世界のほとんどの市場が崩壊して
いるときに、大きな利益を上げたのである。

　ダンはこれをどうやって成し遂げたのだろうか。

●損切りする。
●中核となる戦略を変えない。ダン・キャピタルのパフォーマンスは
　人間が判断した結果ではない。彼らのトレンドフォローは計量モデ

111

ルであり、システム化されていて、システムが生成したシグナルを
裁量でくつがえすことはない。これはCNBCを見て株の耳寄り情報
を探す人には馴染みのない考え方だ。ダンのトレードスタイルにブ
レはない。

●長期保有。ダン・キャピタルの平均保有期間は3.75年以上で、リタ
　ーンはすべてプラスだ。教訓だって？　長期にわたってシステムに
　ついていけば、結果はおのずと出る。

●複利運用。ダン・キャピタルはひたすら複利運用を続ける。トレー
　ドシステムに利益を再投資し、新たな利益を積み重ねていく。

●損失は取り戻せる。ダン・キャピタルは1976年に27.1％の損失を出
　し、1981年に32.0％の損失を出したあと、翌年以降は利益を上げ、そ
　の累積利益はそれぞれ500％と300％だった。ドローダウンを受け入
　れて、損失はすぐに取り戻せることを理解しなければならない。

●売りポジション。ダン・キャピタルは買いポジションと同じくらい
　売りポジションも持つ。バイ・アンド・ホールドは売りポジション
　は持たない。トレンドの方向に偏見を持たなければ、両方向で儲け
　ることができる。

　ダン・キャピタルも人並みにドローダウンを経験したことがあるが、
彼らは常に冷静沈着だ。「損失を出すと次は必ず儲かると、利益がすぐ
にやってくることを期待する者がいる……しかし、利益はすぐにやっ
てこないこともあるし、二度とやってこないこともある。そんなこと
を期待するトレーダーはすぐ消える[25]」

　でも、ダン・キャピタルのようにトレードすれば、あるいは彼らに
お金を預ければ、ドローダウンを被ることはないなどと考えてはなら
ない。ドローダウン――口座資金の減少――を経験すると、胃薬をも
う1錠飲みたくなる。

　ダン・キャピタルのパフォーマンスデータからも学ぶことはあるが、

彼らの言葉からも洞察を得ることができる[26]。

1. 世界的に金融・財政・政治状態がますます長期安定を望めない
   なか、ダン・キャピタルの揺るぎないトレンドフォロー戦略は
   おそらくは数少ない受益者の1つだろう。
2. 今の世界経済についてはっきり言えることは、世界的不均衡や
   構造的な問題のために持続不可能なことがたくさんあり、それ
   らを正さなければならないということである。株式市場はより
   安定した豊かな時代にすぐにでも戻れるようなことを予測して
   いるかもしれないし、予測していないかもしれない。いずれに
   しても、今後数カ月内に大きなトレンドがやってくるという確
   かな材料はある。
3. このニュースレターに書かれた意見は、ダン・キャピタルが利
   益を出し、リスクを管理するのに使うときの時の試練を経た手
   法とはまったく関係のないことを知れば、みんなはホッとする
   はずだ。

「**変化はただ単に人生にとって必要なものではなく、変化は人生そのもので
ある**——アルビン・トフラー

　私が気に入っていることは、たとえビル・ダンやマーティ・バージ
ンや会社が強い政治的信念を持っていても、そんなことは正しいトレ
ードには何らの関係もないことを彼らはよく分かっていることである。
彼らは政治的な見解や経済的な見解を基に売買する時期を決めること
はしない。顧客にダン・キャピタルの考え方を理解できなくしてしま
う要因は何だろうか。

●顧客はトレンドフォローの性質というものを理解していない。大き

113

第1部　トレンドフォローの原理

な動きが来れば大金を儲けられるというときに、彼らはパニックに陥り、お金を早々に引き上げてしまう。

●顧客はトレーダーにやり方を変えることを要求し始めるかもしれない。ファンドマネジャーにははっきりと言わなかったかもしれないが、本当は彼らはお金を投資する前に戦略を彼らの要望に合わせて変えてほしいと思っていたのだ。そこでマネジャーは苦しい選択を迫られる。顧客のお金を預かって運用報酬で稼ぐ（これはかなりの利益になる）か、システムの当初の設計どおりにトレードするか。長い目で見れば、トレンドフォローシステムを当初の設計どおりにトレードするのが一番良い。

ビル・ダンが指摘するように、トレーダーと顧客は考え方が一致していなければならない。

「この業界では楽観的になることが重要だ。しかし、いくつかの理由を考えれば、このようなことは周期的に起こることだと思っている。これまで18年間（今では40年以上）やってきて、長く辛い時期もあった。こういう時期に遭遇するたびに私たちは同じことを自問した。1981年後半、私たちの口座は過去12カ月でおよそ42％も減少した。私たちも顧客も、市場が今後良くなることはもうないのではないかと思い始めていた。私たちは徹底的に研究したシステムでトレードし続けたが、最大の顧客がおじけづいて全運用資産のおよそ70％を引き上げてしまった。想像はつくと思うが、翌月は18％のリターンを上げた。顧客がお金を引き出さずにいれば、次の36カ月で430％のリターンになっていたのだ[27]」

自己分析

ダン・キャピタルはかつて求人広告を出したことがある。それは私

114

第2章　偉大なトレンドフォロワーたち

の目を引いた。その一部はこうだ。「今現在、競合禁止契約の制約を受けていないこと。わが社と秘密保持契約および競争禁止契約を結ぶこと。長く働けるチームプレーヤーのみ求む（プリマドンナは不要）。給与は能力給で6万5000ドルから。実績と経験を重視。ボーナスと魅力的な福祉手当あり」[28]

「プリマドンナは不要」という点に注目しよう。この広告を読んだ人は、ダンの下で働くか、ダンのような会社を自分で作るかを選択できるが、その両方はできない。トレンドフォローでは自分の行動に責任を持つことが求められる。ダン・キャピタルは彼らが責任を負っていることを明確に表示している。

多くのトレンドフォロワーには興味深い特徴がある。それは誠実さだ。彼らの言葉に耳を澄ませ、彼らのパフォーマンスをじっくり見れば、彼らが何をしているのか、それはなぜなのかがはっきりと分かってくる。ダン・キャピタルはその好例だ。

「人間の期待はトレンドのなかに現れる」——ジョン・W・ヘンリー[29]

まとめ——思考の参考に

● ダン・キャピタルのパフォーマンスは、明確で一貫性があり、トレンドフォローの威力を劇的に示すものだ。

● ダン・キャピタルの最初のシステムでは、1カ月で20％以上の損失を出すリスクが1％あった。2013年1月、ダンは適応型リスクプロファイルを導入した。したがって、ダンのVaR目標は変動する。市場状態にもよるが、会社の今の月次VaR目標は8％～22％だ。ダンはポートフォリオを毎日見直し、トレンドフォロワーにとって市場が有利かどうかを測定したものに合わせてリスクを調整する。将来的な平均月次VaRはおよそ15％になることを目指している。これは年次ボラティリ

115

第1部　トレンドフォローの原理

ティに換算すれば23%だ。

ジョン・W・ヘンリー

　本書の初版が出版されたあと、ジョン・W・ヘンリーは引退してボストン・レッドソックスとイギリス・プレミアリーグのリバプールのオーナーになった。22億ドルという彼の現在の純資産はトレードに端を発する。なぜなら、これら2つのプロスポーツチームを持つのには莫大な資金が必要だったからだ。彼はそのお金をどうやって手に入れたのだろうか。トレンドフォローである。時代を超えた彼の英知を考えると、ジョン・W・ヘンリーのトレードキャリアを見ていくことで投資家たちの懐具合はきっと改善されるはずだ。

　興味深いことに、ビル・ダンとジョン・W・ヘンリーの初期のパフォーマンスを見ると、彼らは非常によく似たトレンドフォロワーであることが分かる。2人ともエネルギッシュで、驚くべきことに、ウォール街とは何のつながりもなく腕一本で成功してきた。彼らは1970年代にトレードシステムを開発し、それによって巨額の富をなした。彼らのパフォーマンスが似ているということは、両者とも絶対リターンを求めてトレードし、同じ時期に同じトレンドをトレードしたことも多かったことを意味する。

　ヘンリーはその世代の大きなトレンドのいくつかをとらえた。あらゆる入手可能な証拠によると、1995年にベアリングス銀行が破綻したとき、彼はその反対側にいた。ゼロサムゲームではどちらかが勝てば、どちらかが負ける。この場合、ベアリングスが失ったものを彼は勝ち取ったということになる。2002年にナスダックが下降スパイラルに陥ったとき、ヘンリーは40%の利益を上げた。ダン同様、彼はわずかでも「アクティブ」とか「デイトレード」と取られる戦略は持たないが、彼のトレードシステムが「今だ」と教えてくれると、文字どおり納屋

116

の戸を吹き飛ばせるくらいのリターンを短期間で出せる。マイナスの年なんてあったのだろうか。もちろんときどきはあった。しかし、だれもが損失を出していた2008年、彼はふたたび巨額の利益をたたき出した。

さらに、ボストン・レッドソックスのオーナーとして、彼はトレンドフォローの基本理念——意思決定のための簡単な発見的問題解決法、数学、統計学、システムの応用——をスポーツの世界にも応用している。

「聖杯などない。金の1オンス100ドルから800ドルへの動きをとらえる完璧な方法などない」——ジョン・W・ヘンリー[30]

予測は役に立たない

ヘンリーは、予測は幻想であることについては常にはっきりとした口調で話す。

「将来の価格を予測できないのは私だけではない。一貫して何かを予測できる人はいない。特に、投資家はそうだ。将来を予測するのは投資家ではなくて価格である。それなのに投資家たちは将来を予測できる、あるいはだれかは予測できると思ってしまうのだ。彼らの多くはマクロ経済の次なる周期がどうなるのかを、だれかが予測してくれることを期待しているのだ。ほかの投資家が将来を予測できると確信しているということを私たちは利用する。私たちの利益はそこから生まれるのだ。これほど単純なことはない」

トレンドフォローは基本的に1つのデータ——つまり価格——に基づくものであるため、それが本当に意味するものを伝えるのは難しい。彼はこれまで長年にわたって、真剣に耳を傾ける人に対して、彼がどのようにトレードしているのかを明確に伝えてきた。多くのトレーダ

ーは市場の将来を予測することができると思っているが、最終的には彼らが敗者で終わることが多いという事実を利用して、彼は利益を生んできた。トレードというゼロサムゲームでは、敗者が損をした分を手にするのである。それが彼のやり方だ。

ヘンリーの生い立ち

ジョン・W・ヘンリーはイリノイ州クインシーの裕福な農家の家に生まれた。1950年代の中西部の農家の少年にとって、野球ほど魅力的なものはなかった。9歳のときに初めてメジャーリーグの試合を見て、彼は野球のとりこになった。夏になると毎晩のように、セントルイス・カーディナルズの名アナウンサーであるハリー・ケリーの実況中継を熱心に聞き入った。ヘンリーは自分のことを、頭の出来は人並みだったが、数字に強かったと言う。多くの若い野球ファンと同じように、頭のなかで打率をすぐに計算できた。

「年がら年中トレンドに従うことでなぜお金が儲かるのだろうか。トレンドが現れるのは、将来の価格に対してコンセンサスが高まり、最終的には正しいと信じられる価格に収束していくからである。投資家は人間であり誤りも犯す。そのため自分たちの考えが正しいのかどうか百パーセント確信を持てない。価格は変動を繰り返し、市場状態の変化や新しい事実に応じて新たなコンセンサスが形成されるので、価格の調整には時間がかかる。簡単にコンセンサスに達する変化もあれば、市場に対する見方が決まるまでに時間のかかるイベントもある。そうした時間のかかるイベントが私たちの利益を生むのである」──ジョン・W・ヘンリー

彼はコミュニティーカレッジに通い、夜間コースを数えきれないくらい受講したが、大学の学位を取ったことはない。しかし、それは興

味がなかったからではない。UCLAのハービー・ブロディの講義を取っていたとき、ブラックジャックで勝つ戦略を共同研究して発表した。父親が亡くなるとヘンリーは農場を引き継ぎ、そのかたわらでヘッジテクニックを独学で学んだ。やがてトウモロコシ、小麦、大豆の投機を始めた。ヘンリーが顧客のために取引を始めるまでに時間はかからなかった。1981年、カリフォルニア州ニューポートビーチにジョン・W・ヘンリー・アンド・カンパニーを設立した。[31]

　ヘンリーは最初1万6000ドルで運用を始め、今ではボストン・レッドソックスのオーナーだ。あなたはまず最初に、「どのようにしたのか」と聞きたくなるだろう。彼の会社の元社長は彼らの成功を次のように語っている。

　「会社は驚くほど変わらなかった。20年前に開発したモデルは今でも健在だ。もちろん、トレードする市場は変わった。またこの20年で追加したプログラムもある。しかし同業者に比べると、私たちのモデルはそれほど変わっていない。市場は絶えず変化し調整し、投資家にとっての重要な情報も変化する。1980年代はだれもがマネーサプライの数字に関心があり……数字が発表されるまで電話のそばで待っていた。1990年代は最も重要な数字は失業率になった。しかし、市場に対する人々の反応は変わらない。不確実性はトレンドを生み、私たちはそれを利用する。情報が素早く普及するようになっても、人間の情報処理能力は進歩しない。私たちが利用するのは人々の反応で、それは価格に反映され、やがてはトレンドを生む。人々の反応に大きな変化はないので、モデルを大幅に変える必要もないかもしれない[32]」

　彼はトレンドフォローの重要な哲学を何度も繰り返す。「長期的に見ると、物事は常に変化している」。そして、物事は常に変化しているので、不確実性も常にある。そして、不確実性からトレンドは生まれる。トレンドフォローはこうしたトレンドを利用することで利益を得る。最新のテクノロジーもニュースを読む力も、トレンドでトレードするの

第1部　トレンドフォローの原理

には一切役に立たない。

　ヘンリー社の社長と話をしたとき、100年前からいる典型的なトレーダーのような印象を受けた。

●私たちは自分の仕事に専念する。
●ほとんどの人はやるべきことをやるという規律を持っていない。
●私たちは限りなくシンプルでありたい。
●最高のトレード日はトレードしない日だ。
●トレードを減らせば減らすほど儲かる。
●やる気がなく何もしないときに最高のトレードが生まれることもある。
●市場で最も賢明な人間にはなりたくない。賢明な人間になろうとすれば負けるだけだ。

　彼は不真面目に言っているわけではない。彼はありのままを述べただけである。彼の会社がなぜ成功したのかを、多くの人に分かってもらいたかったのである。数年前、彼は感情の起伏について見事なたとえ話をしてくれた。「1年を山登りだと考えてみよう……スイスの山岳地帯で電車に乗ったことがある人は、険しい地形を上り下りするたびに感じた不安と期待を思い出すはずだ。下っているときは不安だ。どれくらい下っていくのか見当もつかないからだ。谷を抜けて上りになると期待は膨らむ。山の頂上はどんなだろうかと思いをはせながら」[33]

「リスクを管理するのがわれわれの仕事だ。リスクには親近感を感じる。なぜなら、われわれはリスクから利益を得ているからだ」——ジョン・W・ヘンリー[34]

「人生とは確率を学ぶ場所だ」——ウォルター・バジョット[35]

120

世界観

　ヘンリーのようなトレンドフォロワーは、トレードシステムを開発するために、必ず自分の世界観というものを定義していたはずだ。彼はどうトレードするかを決める前に、経験や教育や研究を通して市場のメカニズムを理解した。彼が発見したことは、トレンドは人々の予想以上にたくさん発生し、トレンドは今も200年前も同じように、トレードすることができたはずだということだった。

　彼は自分の研究したことが正しいことを証明するために、18世紀や19世紀から現在までの価格データを長年にわたって研究してきた。投資哲学について説明するとき、彼は極めて明確だ。

●**長期トレンドの見極め**　トレードシステムは短期のボラティリティは無視する。これは市場がメジャートレンドにあるときに大きなリターンを得るためだ。トレンドは数カ月から数年続くこともある。

●**規律のある投資プロセス**　システムは裁量的な判断はできるだけ含まないように設計する。

●**リスクマネジメント**　トレーダーは、マーケットイクスポージャーのウエート、損切り条件、トレンドのない時期やボラティリティの高い時期に資本を保全するための資本出資額ガイドラインを含む厳密なリスクマネジメントシステムに従ってトレードする。

●**グローバルな分散化**　ただ１つの国や地域に集中することなく70を超える銘柄に投資することで、分散度が低い会社が見逃すような機会をとらえる。

「投機というゲームは世界で最も魅力のあるゲームだ。しかし、それは愚か者、怠惰な人、感情をコントロールできない人、手っ取り早く儲けようなどと思っている人が参加するようなゲームではない。彼らは文無しになっ

第1部 トレンドフォローの原理

て死ぬだけだ」──ジェシー・リバモア

　トレンドフォローのことをよく知らない人は、トレンドフォローは予測を基にしたテクニカル分析だと言って取り合おうとしないが、ヘンリーは予測指標の教祖ではない。「私たちのやっていることはテクニカル分析だと言う人もいるが、私たちはただトレンドを見つけてそれに付いて行っているだけである。ファッション業界にいる人はトレンドに乗らなければ過去の人になる。それと同じである。しかしこの点はテクニカル分析と同じなのだが、トレンドフォロワーは市場はどんな参加者よりも賢いと信じている。だから、トレンドフォロワーは市場は上がるのか下がるのかとか、どこで止まるのかなどをまったく気にしない[36]」

　ヘンリーのファッション業界のたとえは、洋服のトレンドと市場のトレンドとの比較を通り越して、非常に的を射たものだ。ファッショナブルであるためにはトレンドに乗るしかない。同様に、トレンドフォロワーはトレンドに反応してそれについていくしかない。そして流行に早く乗った人と同様、トレンドに早く乗ったトレンドフォロワーは、大衆がトレンドに気づく前から長くトレンドに乗って大成功を収めるのだ。

　「私たちは今ここにいる。これ以外の人類の知識なんてバカらしいよ」というH・L・メンケンの言葉にトレンドフォロワーはきっとうなずくに違いない。市場で起こっていることに注目するのはテクニックではなくて、そうする以外にはなく、それがすべてであることを、彼らは理解しているのである。本当に測れるのは、今というその瞬間だけなのである。

　ヘンリーはこのポイントをコーヒーのトレードで説明してくれた。「すべてのファンダメンタルズが弱気を示していた。国際コーヒー機関は価格維持協定に合意できず、コーヒーは過剰供給状態にあり、ブラ

122

ジルでは霜の降りるシーズンは終わっていた……しかし、彼のシステムはコーヒーの異常に強い買いシグナルを出してきた。彼はポートフォリオの2％のサイズの買い注文を出した。システムは正しかった。コーヒーはその年の第4四半期に1ポンド当たり1.32ドルから2.75ドルに上昇し、彼は70％のリターンを上げた。『一番やりたくないトレードが最高のトレードになる。市場は私よりもよく分かっているのだ[37]』」

分かっているつもりが一番危険

トレンドフォローの複雑で難しいところは、何かを習得しなければならないことではなくて、相場観を排除しなければならないことにあるとヘンリーは言う。

長期的アプローチが一番うまくいくことについてヘンリーは次のように述べている。

「自分たちにとって不利な相場の動きがあると、何かしたいという欲求に圧倒される。それは普通『ボラティリティを避ける』と言うが、それはボラティリティが悪いという前提に立っているからだ。しかし、ボラティリティを避けながら、長期トレンドに乗り続けることはできない。保有中のポジションの資金を守るために損切り幅を狭めれば、数十年の間には多大なコストを払わされることになる。長期システムはボラティリティを避けるのではなくて、ボラティリティに強く耐えるように設計されている。これで長期のメジャートレンドの途中でポジションを手仕舞いせずに済むのだ[38]」

「私たちは将来を予測することはできないが、次の5年が前の5年とは違うだろうことは分かる。次の5年が前の5年と同じになることなどあり得ないからだ。市場は変化する。そして、次の3年の結果は前の3年の結果を再現することはない。そんなことはあり得ないのだ」──ジョン・W・ヘ

ンリー[39]

また、株については次のように述べている。

「今はだれもが、この200年で最もパフォーマンスの高かったものは株だと思っている。これからの25年はそうはならないかもしれない。しかし、この200年間、パフォーマンスが高かったからといって、株がどこまでも上がり続けることはないので、そんな考えは捨てなさいと言っても、2000年の今、それに納得する人はいない。今の人々が信じるデータは新しい景色であるニューエコノミーの下で、株価は確実に上昇することを裏付けるものである。彼らが分かっていないことは、下げ相場は必ずやってくるということである」[40]

予測はするなと言いながら、ヘンリーはここでひとつ予測をしている。トレンドはやがては転換するので株価はずっと上がり続けることはあり得ない、と。また、トレンドフォロワーとして、トレンドが変わるときはいつでも利益を取りにいく準備があるとも言っている（2008年10月の株価大暴落のとき、彼はそうして大きな利益を手にした）。

それは調査から始まる

ヘンリーは多くのトレーダーに影響を及ぼしてきた。ヘンリーの会社の元社員の１人は、このことを彼の新しい会社のマーケティング資料のなかで次のように書いている。

- そのトレードシステムの時間枠は基本的には長期で、利益を出しているトレードの大部分の保有期間は６週間以上で、なかには数カ月以上のものもある。
- そのシステムはポジションを取るシグナルを出すまでマーケットに対しニュートラルである。

●市場が何カ月もニュートラルな状態で、価格が買いか売りのポジションを正当化する水準に達するまで待つことはよくあることだ。
●そのシステムは当初トレードリスクを事前に定義して組み込む。もし新たなトレードがすぐに含み損になったときは、事前に決めた損切り水準に達すると、全取引に適用されるリスクコントロール変数によって清算させられる。こういった状態では、トレードは1日しか続かないこともある。

「FRBは1年に限られた回数しか会議を開かない。しかし、そうした会議のおかげで金利の方向性を予測でき、リスクを1日単位で管理できるのだ。市場は24時間開いているのに、ファンダメンタルズ情報はほんのときどきしか出てこないで、どうしてリスク管理ができるだろうか。穀物市場では作柄報告はきわめて限定的で、需要に関する情報は、たとえあったとしてもかなり遅れて出てくる。こういった状況では、価格を追いかけるといった単純なアプローチのほうがよいかもしれない」──マーク・S・ゼプチンスキー[41]

　この元社員はヘンリーの会社で働いていたとき、あるセミナーに出席したことがある。セミナー参加者はまばらだった。聞き手が少ないときにはよくあることだが、話がくだけてきて、打ち明け話のようになっていった。
　「この20年の間に起こったトレンドのことはよく知っているが、とにかく知りたいのは、私たちはこの20世紀のなかでトレンドフォローがうまくいきそうな時期に私たちはいるのかどうかということなんだ。この10年か20年のトレンド期にたまたま運良くこの業界にいたのだろうか。1800年代の金利や通貨変動や穀物価格を調べて、人々がほとんど知識のない時代に、ボラティリティがこの10年と同じくらい高かったのかどうかを見てみたところ、ホッとすると同時に驚きでもあったの

125

だが、1800年代にもこの10年と同じくらい多くのトレンドがあったし、通貨や金利や穀物価格も同じくらい動いていたことが分かったんだ。繰り返すが、トレンドは比較的ランダムで予測不可能だった。そして、これは十分に分散化し、特定の時期にうまく合うようにシステムを変更してはならないという私たちの哲学を裏付けるものだった」

彼はさらに続けた。

「大学図書館の史料の山のなかで何時間も過ごしたよ。コピー機で手が焼けそうになりながら、アメリカだけでなく世界中の穀物価格と金利データをコピーしまくった。その当時の海外の金利を見てみた。おおざっぱなものが多かったけど、当時も今も上下するように動いていたという事実を確認するには十分だった[42]」

この話で私は『オズの魔法使い』の1シーンを思い出した。愛犬のトトがカーテンを開けて、魔法使いの正体を見破ったところだ。ヘンリーには秘密の公式も隠された戦略もないのは明らかだった。もちろん、近道も。これは、価格履歴を分析するために、コピー機だけを使って図書館の奥深くで繰り広げられた、時間がかかる骨の折れる持久戦だったのである。

「私たちは必ずしも特定の時期をうまく利用できるわけではない。しかし、その意味するものを注意深く調べれば、不確かな世界で最も理にかなった投資戦略はおそらくはトレンドフォローだろうことが分かってくる。トレンドフォローは高く買って、安く売る戦略だ。しかし、トレンドはこの世に不可欠な根本的事実だ。市場の根本的な性質がトレンドでなければ、高く買って安く売り続けながら、だれが20年間も成功を維持できるだろうか。一方で、賢明な人たちが安く買って高く売ることでしばらくはうまくいっていたが、やがて破産するのを毎年目にしてきた。それは投資対象が彼らの理屈どおりに動くはずだと思い込んだことが原因である」──ジョン・W・ヘンリー[43]

何年もあとになって、私は自分で価格の調査をしようという気になった。目的は価格データをトレードシステムで使うことではなく、市場がいかに変わらなかったかということを確認するためだった。100年以上前からの新聞・雑誌の市場データを調べるのに打ってつけの場所は、米国立農学図書館だ。『農学』という言葉に惑わされてはならない。この図書館は一般公開されていない本の保管場所で1800年代からの雑誌を何時間もかけて調べることができるのだ。何週間もかけて調べて分かったことは、ヘンリーの会社が調べた結果と同じで、市場は今も昔も変わらないということだった。

講演でのジョン・W・ヘンリー

何年も前になるが、ニューヨークで開かれたFIAの調査部門の夕食会でヘンリー本人が話すのを聞く機会があった。ベアリングス銀行が破綻したわずか数カ月後のことだった。質疑応答のとき、ヘンリーは成功するトレンドフォロワーのだれもに共通する特徴を垣間見せた。彼はファンダメンタルズについて議論することで時間を無駄にしたがらず、変化の本質について彼が思っていることを誠実に述べた。

司会者 テクニカルアナリストに対して常に投げかけられる質問は、「あなたは市場が変化したと思っていますか」ということですが。

ヘンリー 損失が出ているときにはいつも出る質問ですね。特に、損が長引いているときに。実はこの仕事を始めた14年前にも聞かれました。彼らは心配していました。トレンドフォローにお金が流れすぎているのではないかってね。あなたは笑いますが、証拠だってあるんですよ。私は市場は絶えず変化していると思っています。でも、あなたに健全な基本的な哲学があれば、程度の差こ

第1部　トレンドフォローの原理

そあれ、そういった変化を利用することができるんですよ。これは健全なビジネス原理と同じです。世界が変化しても、あなたの原則が変化に対応できるものなら、あなたを傷つけることはありません。市場は確かに変わりました。でも、それは予想どおりで、とても良いことです。

女性の声　ジョン、あなたは自分の決めた規律を守ることで有名ですが、どうやってそれを身に付けたのですか。どうやってそれを維持するのですか。

ヘンリー　そうですね、規律を身に付けるには本当に信じることのできる戦略を持つことです。本当に信じる戦略を持てば、規律はおのずと生まれます。戦略を信じられなければ、つまりやるべきことをしっかりやらなくて、どんなに困難な時期でも戦略に従うという考えがなければ、うまくいかないでしょう。自分のやっていることに大きな自信があれば、規律なんてそれほど必要ではありません。

男性の声　あなたのシステムは完全なるブラックボックスなのですか。

ヘンリー　私たちはブラックボックスは使いません。テクニカルなトレンドフォローのことを人はブラックボックスと呼んでいることは知っていますが、私たちのシステムは実際にはトレード哲学なのです。私たちの哲学は、トレンドフォローには元々リターンを生む性質があるということです。私たちよりも長くこの業界にいるCTA（商品投資顧問業者）を知っていますが、彼らはトレンドをトレードしてきました。ビル・ダンやミルバーンやそのほかにもいますが、彼らはこの20年、30年うまくやってきました。毎年毎年大きなリターンを上げているのだから、単なる運とは言えないでしょう。

128

今、最も成功している女性トレンドフォロワーのレダ・ブラガはヘンリーが以前述べた時代を超えたメッセージを座右の銘にしている。彼のメッセージは以下のとおりである。

「万物は流転する」——ヘラクレイトス

「私たちは実際にはホワイトボックスで、心も真っ白だ。どこをどう調べられてもホコリ一つ出てきません。もしあなたが長期負債を抱える年金ファンドだったら、会社が持続可能であるという安心感が欲しいでしょう。ヘッジファンド業界は才能ある人々であふれていますが、才能ある人々もいつかは引退します。私たちがやっていること、つまり投資プロセスをアルゴリズムを使って、公式を使って、コンピュータープログラムを使って明らかにしようとするこの努力は、知的財産が人間とは独立して存在することを意味します。だから私が明日死んでも、まったく問題はありません」[44]

ついでに言えば、ジョン・W・ヘンリーの話は文字にできるが、再現できないのは聴衆の反応だ。ヘンリーのファンがウォール街のホテルのスイートルームでひしめきあっているのを見て、「この部屋にいるだれもがまるでロックスターのような有名人を一目見ることに関心はあっても、ヘンリーが何をして稼いでいるのかには興味はない」と思ったのを覚えている。

過大評価される変化

ヘンリーは率直に物を言う。例えば、スイスのジュネーブで行われた彼のプレゼンテーションは、彼のメッセージから学ぼうとする人々にとって、トレンドフォローについての1学期分の授業にも相当するものになったはずだ。

129

第1部　トレンドフォローの原理

「私たちが最初のプログラムでトレードし始めたのは1981年のことです。私たちは研究に研究を重ねて、市場を動かすものについての基本的な哲学を実践に使えるプログラムにして、ようやくトレードにこぎつけました。私がトレンドフォローシステムと呼ばれるシステムを設計していた当時は今日とは世界がまるで違っていました。でも、この数学をベースにしたメカニカルなシステムは当時からまったく変わっていません。この18年間まったくいじっていないが、それでもこのシステムは今でもうまくいっています[45]」

「バスケットコート内で何が起こっているのかは常に分かっている。ある状況になったら、私はそれに反応するだけだ」──ラリー・バード

　ダンだけでなくヘンリーもほかの多くのトレンドフォロワーたちも、「私たちのシステムは変わっていない」と異口同音に言っているが、これは注目すべきポイントだ。ヘンリーに勝ちをもたらしたトレンド例を見てみよう（**図2.4**）。「1998年の３月か４月ごろ、南アフリカのランドの売りポジションを取った（それがこのチャートで、ドルはランドに対して上がっている）。こういうことには時間がかかることが分かるはずだ。辛抱強く待てば、そして利益目標を定めていなければ、大きな利益を手にすることができる[46]」

　さらに、**図2.5**を見ると分かるように、ヘンリーは日本円のトレードでも大きな利益を上げた。ヘンリーはこう締めくくった。「それはこの大きな動きで分かる。この月、ドル円が100円から80円になったとき、その四半期には日本円だけで11％のリターンを上げた[47]」

FRBに振り回されるな

　FRBの発表に過剰反応するのはウォール街では日常茶飯事だ。FRB

図2.4　ヘンリーの南ア・ランドのトレード（1998年、期近日足）

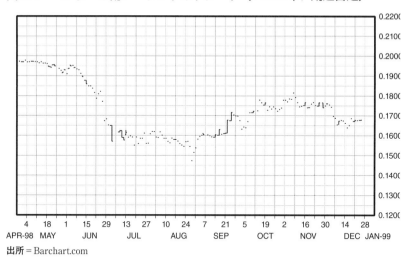

出所＝Barchart.com

の発言がどういう意味を持つのかを知らなくても、いわゆるプロのなかにはFRBの発言を鵜呑みにして、それに従って行動する者もいる。FRBがこれから何をするかを読み解く方法がないのに、彼らの今後の活動を気にしても仕方がないだろう。私の知るかぎり、FRBは「今グーグルを1万株買って、それをどこそこで売れ」といった信頼のおける発言をしたことは一度もない。

ヘンリーのトレンドフォローシステムはFRBの発言を基に予測をしたことはない。

「FRBが何カ月かけて金利を下げたあと初めて上げたら、彼らが翌日に再び金利を下げることはない。また彼らは金利を上げたら、その数日後、あるいは数週間後に下げることはしない。彼らは上げて、上げて、上げて……（ポーズ）……上げて、上げて、上げまくる。そしていったん下げたら、上げて下げて、上げて下げて、上げて下げたりはしない。下げて、下げて、下げて、下げ続ける。キャピタルフロー

図2.5　ヘンリーの日本円のトレード（1994〜1996年、期近週足）

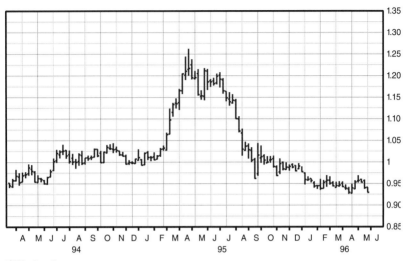

出所＝Barchart.com

だろうと金利だろうと、そこにはトレンドが存在する……十分な規律があれば、あるいは少数の銘柄をトレードするかぎり、この方法でトレードするのにコンピューターなど必要ない」[48]

　人の心というものは、先物市場の恐ろしいシナリオをイメージして不安を生みだすことをヘンリーは知っている。彼は今コントロールできるもの——彼のシステム——に集中し続けた。ゲームをプレーするのがだれであっても、FRBに対するこの態度は変えてはならない。

「最大の障害は、私たちがいとも簡単に自分自身に満足することである。もしだれかがあなたのことを良い人で、注意深くて規律のある人だと言おうものなら、それを素直に受け入れてしまう。私たちは安っぽい誉め言葉には満足はしないが、お世辞を言われれば、それがいかに見え透いたものだと分かっていても、受け入れてしまう。たとえウソをつかれていると分か

っていても、賢くていい人だと言われれば悪い気持ちはしない。私たちは
自分に酔いしれる傾向がある。だから、自分の行動が本当は褒められるべ
きものではないのに褒められたいと思うのだ。他人を傷つけているのに、情
けのある人だと言われたいのだ……つまり、私たちは自分が優れていると
思っているから変わりたくないのである」——セネカ

トレードからの引退

ジョン・W・ヘンリーが会社をたたんだのは2012年だが、顧客から
預かっていた運用資産のほとんどは2008年10月の金融危機の前に引き
上げられた。つまり、メリルリンチの何十億ドルというお金がヘンリ
ーの会社からほかのトレンドフォロー会社（例えば、ロンドンの会社）
に流れたということである。そして2008年には運用資産はすでに大幅
に減少していたため、2008年に素晴らしいパフォーマンスを上げたが
十分ではなかった。

ジョン・W・ヘンリーは近代的なスタイルにしてはボラティリティ
が高すぎたと言う人が多い。彼のプログラムのパフォーマンスを見て
みると、プラスの数字もマイナスの数字も大きい。例えば、金融・金
属プログラムの年間ボラティリティが36％で、複数年にわたって40％
を超える利益を上げたかと思ったら、17％を超える損失を出すといっ
た具合だ。ヘンリーのモデルはハイリスク・ハイリターン・モデルの
1つだったことが分かる[49]。

予想どおり、彼がトレンドフォローから身を引いたことは人々を驚
かせた。それは2016年に読者から来たメッセージを読むとよく分かる。
「私は最近あなたの『規律とトレンドフォロー売買法』（パンローリン
グ）を買って、この数日間懸命に読みました。ジョン・W・ヘンリー
の成功話のところを読んだあと、彼のことを調べてみたのですが、彼
は『持続不可能な損失』を出す前に会社をたたんだほうがよかったの

ではないかと思いました。あなたの本には、トレンドフォローは死んだと繰り返し言われてきたとありますが、彼らは間違っていたんですよね。トレンドフォローがそのように信頼のおける戦略なら、最も成功したトレンドフォロワーの1人が破綻したのはなぜなのでしょうか。あなたが本で述べていることには全般的に賛成ですが、トレンドフォロワーに精通した人が巨額の損失を出すのであれば、トレンドフォローテクニックを使ったことがまったくない私のような人間も失敗するのではないかと不安です」

　これは良い質問だ。ヘンリーの内部関係者の1人は当時、懐疑的な人や混乱している人に対して次のように述べた。

● 「ジョン・W・ヘンリーが破綻したというのは間違いだ」。顧客はほかのトレンドフォロー会社に移ったが、およそ1年半でヘンリーの会社の運用資産は20億ドルから21.5億ドルに増えている。
● 会社をたたんだのは「持続不可能」な損失によるものではなく、彼の才能や投資資金をほかに振り向けるためだった。
● 大きなファンドは「分配」がすべてだ。それは手数料に一喜一憂するブローカーをハッピーにすることを意味する。ヘンリーの同業者はこうした難局を切り抜けた。
● 証券業界の変化に反応できなかった古い会社は競争によってふるい落とされた。今、トレンドフォローの運用資産はロンドンを拠点にする会社（ウィントン、アスペクト、カンタブなど）に流れている。
● ヘンリーが機軸を移した先はベンチャーキャピタルである。レッドソックスは趣味ではなく、ビジネスだった。彼はフェンウエーパーク、放送局、ボストン・グローブ紙、サッカーチームのリバプールも買収した。人々はヘンリーをベンチャーキャピタリストとは思わないかもしれないが、彼は紛れもなくベンチャーキャピタリストだ。
● ヘンリーは今でも当初の2人の仲間とともにトレンドフォロワーと

して自分のお金を運用している。

「勝とうが負けようが、人はだれでも望むものを市場から手に入れる。なかには負けるのが好きな者もいるが、彼らは負けることで望むものを手に入れているのだ」——エド・スィコータ[50]

投資家なら過去のトップ記事をよく読み込んで、トレンドフォローを含め投資に関連するすべての記事を理解する必要がある。ジョン・W・ヘンリーやほかの人がトレンドフォローファンドを閉鎖したからトレンドフォローは死んだのだと思う人は、もう少し全体像に目を向けるべきである。死体を解剖して、なぜなのかを考えたほうがよい。仮にジョン・W・ヘンリーがこの惑星を歩いた唯一のトレンドフォロワーだったとしても、彼の30年の実績を客観的に検視してみる必要はある。

まとめ——思考の参考に

● ジョン・W・ヘンリーが初めて運用したファンドは1981年に１万6000ドルからスタートした。彼は今やボストン・レッドソックスのオーナーである。

● ヘンリーには４つの投資哲学があった——①長期トレンドを見極める、②規律のある投資、③リスクマネジメント、④グローバルな分散化。

エド・スィコータ

「占い師は未来に生きている。物事を先延ばしにする人も同じだ。そして、ファンダメンタリストもそうである」——エド・スィコータ[51]

135

マーケットの世界に入れば、やがてはジャック・シュワッガーの『マーケットの魔術師』（パンローリング）に出合うだろう。同書のインタビューで最も記憶に残るのはエド・スィコータとのものだ。彼のことをずけずけと物を言う人だと言う人もいるが、彼の考え方には独特なものがあるという点ではほとんどの人の意見は一致する。彼の最も有名な言葉の１つは、「人はだれでも望むものを市場から得る」である。これはトレードについて質問されたときに彼が答えた言葉だが、これは人生にも当てはまるとスィコータは言うに違いない。

トレーダーも一般の人も彼のことをほとんど知らないが、彼のパフォーマンスは、彼を現在屈指のトレンドフォロワーだけではなく、トレーダーの１人に位置づけるだろう。私が彼に初めて会ったのは小さなビーチサイドのカフェだった。インターネットの可能性について話し合いたいということで、彼に招かれたのだ。初めて会ったとき、リチャード・デニスはタートルズという見習いトレーダーを雇ったとき、どういったことを彼らに期待したと思うかと彼は私に聞いてきた（スィコータは私が https://www.turtletrader.com/ というウェブサイトを開いていることを知っていた）。彼は確率で物を考えられる弟子を探していたのだと思う、と私は答えた。すると彼は、君の答えは自分自身の考えなのか、それとも他人に言われたことなのかと聞いてきた。このとき私は彼の「ずけずけと物を言う性格」というものを目の当たりにした気がした。

ある同僚から聞いた次の話は「素のスィコータ」を物語るものだ。

「1995年２月にカナダのトロントで１日セミナーに私は出席した。そのときのゲストの１人がスィコータだった。話が終わるとスィコータは出席者から質問を浴びせられた。金は好きですか、カナダドルの先行きは、市場の天井はどうやって知るのですか、上昇トレンドであることをどうやって知るのですかなど、彼への質問は途切れることはなかった。彼は質問の１つひとつに答えた。金は好きです。輝いてきれ

いですからね。それに素敵な宝飾品も作れます。カナダドルがどこに向かっているのかは分かりません。価格が上昇していれば上昇トレンドです。彼の答えは簡潔で率直なものだった。あとでイベント主催者に聞いたところによれば、出席者（マーケットの魔術師から秘訣を聞くために大枚をはたいた人々）の多くは満足していなかった。彼らの多くは、彼の話なんて聞いても時間とお金の無駄だったと感じていた。彼の話を注意深く聞いていれば、スィコータのメッセージほど明瞭なものはなかっただろう。答えは彼らが質問したなかにあった。『上昇トレンドであることをどうやって知るのですか？』と聞くのではなくて、『上昇トレンドであることを私に教えてくれるものは何ですか？』と聞くべきだったのだ。『金は好きですか？』ではなくて、『私の金のトレード方法は正しいですか？』と聞くべきだったのだ。スィコータの答えは、彼らを大きな鏡の前に置き、彼らのトレードをそのまま映し出させるものだったのである。トレードについて質問すべきことがない人は、答えは得られない。そんな人はトレードからは足を洗って、自分の楽しめるもので人生を楽しんだほうがいい」[52]

　あなただったら彼のスピーチにどう反応しただろうか。

だれにも負けないパフォーマンス

　スィコータは彼の先物取引戦略を使った自己売買で1990年から2000年までの10年間で、手数料差し引き後の年平均リターンとしておよそ60％を上げた[53]。

　しかし、彼はハーディング、ヘンリー、ダンとは違う。彼はこの業界に入って以来、文字どおり一匹狼でやってきた。素敵なオフィスもなく、従業員もいない。彼は自分のことをファンドマネジャーとは言わないし、顧客も厳選する。人々がお金を持っているかどうか、彼らがお金を彼に運用してもらいたがっているかどうかなんて彼は気にし

第1部　トレンドフォローの原理

ない。彼は大きなリスクをとって、大きなリワードを手に入れるのだ。それには強靱な胃袋が必要だ。

「増し玉は金額で考える。上がれば金額を減らしながら、増し玉をしていく。天井までよく目を開けて見ておけ」——エド・スィコータ[54]

　スィコータは1946年に生まれた。1969年にMIT（マサチューセッツ工科大）で理学士号を修得し、1972年にはトレードの世界に入り、今日まで、彼自身の口座と少数の他人の口座を運用してきた。彼は独学でトレードを学んだが、エイモス・ホステッターとリチャード・ドンチャンの影響は受けている。

　最初は大手証券会社に勤めていた。彼は顧客のお金を先物市場で運用するために、初めての商用コンピューター化トレードシステムを考案して開発した。『マーケットの魔術師』によれば、彼はある顧客の口座を12年で5000ドルから1500万ドルに増やした。

　彼のトレードは、コンピュータープログラムを動かして、翌日のシグナルを生成させるだけの時間——ほんの数分——しかかからない。彼はまたウェブサイトやトレーディングトライブという同じ志を持ったトレーダーのコミュニティーでトレーダーたちに助言を与えている。これまでマイケル・マーカスやデビッド・ドルーズといった偉大なトレーダーも育ててきた。

トレードの秘密

　スィコータは市場に対する無学を簡単な禅問答で暴き、聞いている人が内省せざるを得ないように仕向ける。「成功の最大の秘密は、大きな秘密など何もないということである。もしあったとしても、私もそんなものは隠しておく。トレードで成功するために秘密を見つけよう

とするのは的外れでしかない[55]」

　この自虐的とも思える回答からは、結果よりもプロセスを重視していることが分かる。しかし、彼が謙虚だからといって誤解してはならない。彼は偽善や愚かさは容赦しない。彼は勇敢なトレーダーであり、バカげた行為を容認することはない。彼が初めてのトレードを振り返るとき、彼は情熱を込めて話す。「私が初めてトレードしたのは、オレゴン州ポートランドにいた5歳のころだったと思う。父が金色のメダルをくれた。販売促進用の安っぽいものだった。私はそれを近所の子供と虫眼鏡5個と交換した。これは通過儀礼のようなものだった。そして13歳のとき、父は私に株の買い方を教えてくれた。父は価格がボックス圏から飛び出したら買って、底を抜けたら売るのだと説明した。私のトレードはこうして始まった[56]」

「裁量でどうやってトレードするのだ？　水晶玉で？」──レダ・ブラガ

　のちに彼はもっと直接的なインスピレーションを受けた。「私はリチャード・ドンチャンが発行したリポートを読んだ。それは、純粋にメカニカルなトレンドフォローシステムは市場を打ち負かすことができることを示唆するものだった。そんなことはあり得ないと思った。そこで私はコンピュータープログラム（当時はパンチカードだった）を書いてその理論を検証してみることにした。驚いたことに、ドンチャンの理論は正しいことが分かった。なぜそうなるのか、今に至るまで分からないでいる。いずれにしても、市場を研究して、自分のアイデアの正しさを実際のお金を使って確認することは、ほかの仕事に比べると魅力的だった。それで生計のためにフルタイムでトレードを始めた[57]」

　彼のトレードの才は親譲りだった。そして23歳のとき、彼は1万ドルから2万5000ドルの口座を6個ほど持って独立した。彼は手数料だ

けに頼るウォール街のやり方とは別の方法を見つけた。彼は最初から成功報酬を得るシステムにしたのだ。つまり、客のために利益を上げたときには報酬が支払われ、利益を上げなければ報酬はもらえないということである。証券会社、インデックスファンドマネジャー、ヘッジファンドはこんな働き方はしない。

チーズなんて気にするな

　新人時代のスィコータはニュージャージー州プリンストンにあるトレーダーの訓練所とも言えるコモディティーズ・コーポレションで働いたことがある。そこで出会ったのがメンターの１人であるエイモス・ホステッターだった。ホステッターはトレードで驚異的な額のお金を稼いでいた。彼は市場の需給の見通しが良さそうなときにはまず、最大ポジションの３分の１のポジションを建てた。そして25％の損失を出したらポジションを損切る。いわゆる「チーズなんてどうでもいい。ワナから出してくれ」戦略だ。しかし、市場が彼の思惑どおりに順行すると、もう３分の１の資金でポジションを取り、上がると思っていた価格の半分までくると最後の３分の１の資金をポジションに充てた。ホステッターの戦略は非常にうまくいったのでコンピューター化して、ほかのトレーダーが彼の戦略を学んで、彼の成功を再現できるようにした。[59]

　彼の「ワナから出る」戦略は過去30年にわたって多くのトップトレーダーに影響を及ぼした。コモディティーズ・コーポレーションで働いたことのあるトレーダーはスィコータのほかにもいる。ポール・チューダー・ジョーンズ、ブルース・コフナー、ルイス・ベーコン、マイケル・マーカスらもそこで経験を積んだ。1990年代半ば、有名トレンドフォロワーたちの多くがその会社を去ったかなりあとに、私はコモディティーズ・コーポレーションを訪ねてみた。

見学の途中で、エネルギーをトレードしている疲れ切ったトレーダーに出くわした。少し会話をしたあと、彼のトレードスタイルについての話になった。それはファンダメンタルズに基づくものだった。会話の間中、彼はモニターにくぎ付けだった。私がトレンドフォローの話を持ち出すと、それはうまくいかないと彼は語気を強めて言った。トレンドフォロワーをトレーニングすることで有名な会社で働いているトレーダーが、トレンドフォローの可能性すら知らないことに私は驚いた。トレンドフォローの最も近くにいる人でも、その素晴らしさが分からない人もいることを知った。

「赤ん坊は無限の可能性を持って生まれてくるが、やがて社会に出ると探検心と探求心は消えてしまう」――ジェイ・フォレスター

システムダイナミクス

ホステッターと並んで、若いスィコータに強い影響を及ぼしたのはMITのジェイ・フォレスターだった。「私のメンターの1人であるジェイ・フォレスターは明確に書くことにこだわりを持っていた。なぜなら、明確に書くことは明確な思考力を持っていることを示すものであると彼は思っていたからだ[60]」

スィコータはフォレスターからシステムダイナミクスについて教わった。システムダイナミクスとは、私たちを取り囲む世界を研究する方法で、世界を細分化して研究する方法とは違って、物事を全体的に見る方法だ。システムダイナミクスの中心的な考え方は、システム内のすべての物がどう相互に作用しているかを理解することである。システムは蒸気機関から銀行口座やバスケットボールチームに至るまで何でもよい。システム内の物や人はフィードバックループを介して相互に作用し、1つの変数が変化するとやがてはほかの変数に影響を及

ぼし、巡り巡って最初の変数に影響を及ぼすといった具合に続いていく。この一例が銀行口座のお金である。銀行口座のお金には利息が付くため、口座は次第に大きくなる。口座が大きくなると付く利息も大きくなり、口座はさらに大きくなる。これが続いていく。システムダイナミクスが行おうとしていることは、システムの基本的な構造を理解し、その構造によって生みだされる可能性のある動きを理解することである。これらのシステムや問題は、分析されてコンピューター上でモデル化することができる。システムダイナミクスとは、人間の頭で考えるよりもコンピューターモデルを使ったほうがより複雑な事象を扱えるし、より多くの同時計算も行えるという事実を利用したものである[61]。

この種の思考プロセスやコンピューターによるモデル化は、スィコータの成功の基礎になっているだけでなく、トレンドフォローで成功した人に共通して見られる傾向である。

「もしギャンブラーが通信チャネルの入力シンボルで賭けをしたとして、特定のシンボルが受信されるたびに同じ率のお金を賭けるとすると、彼の資金は指数関数的に増える（あるいは減る）だろう。オッズがシンボルを受信する確率に等しければ（つまり、確率の逆数に等しければ）、この指数関数的成長率の最大値は情報伝達率に等しくなる。オッズが公平でない場合、つまり、オッズがシンボルを受信する確率に等しくなくて、ほかの確率に等しい場合、指数関数的成長率の最大値はチャネルがなかった場合よりも情報伝達率分だけ大きくなる」―― J・L・ケリー・ジュニア[62]

よくある質問

次に示す例には、スィコータの英知がよく現れている[63]。

142

「ちゃぶつきによる損失を防ぎたければ、トレードなんてやめてしまえ」

教訓——損失は避けられないので、受け入れよ。

「リスクマネジメントの基本——損をしてもよいだけのリスクしかとらないこと。しかし、利益に意味があるだけのリスクはとらなければならない。そんなリスクもとれないのなら、トレードなんてやるな」

教訓——ポジションサイジング、つまりマネーマネジメントは極めて重要。

「トレンドフォローは常に存在する今という瞬間を観察して、それに反応するエクササイズだ。未来を予測するトレーダーは存在すらしないことについてあれこれと考える。未来予測に基づいてしか行動できないかぎり、今、行動する機会を逃す可能性がある」

教訓——私たちにあるのは今だけである。まだ存在しない未来の市場の動きに反応するよりも、今の動きに反応したほうがはるかによい。

「市場は基本的にボラティリティが高い。ボラティリティを避けることはできない。あなたの問題は数学では解決できない。不確実性をなくすことができるような数学などない」

教訓——数字は好きにいじることができるが、市場の上げ下げにはガッツで対応するしかない。不確実性を受け入れて感じるしかないのだ。

「その昔、市場は変わってしまった、だからトレンドフォローはもううまくいかないと心配する人々がいたのを思い出す」

教訓——今も昔も疑い深い人はいるものだ。彼らはトレンドフォローの偽りを暴きたいと、壊れたレコードのようにまた言っている。

143

第1部　トレンドフォローの原理

「市場にあなたが正しいことを納得させるのは高くつく」
教訓——流れに逆らってはならない。あなたの個人的な意見やファンダメンタルズについての意見は入り口に捨てておけ。あなたは正しくありたいのか、それともお金を稼ぎたいのか。敗者はみんなに自分がいかに正しいかを説得したがる。

「雑誌の表紙が扇動的になったら、すぐにポジションを手仕舞え。雑誌ではほかに使えるものはないが、表紙はかなり役立つ。これは雑誌編集者たちを非難しているわけではない。ただ大きな動きの終わりには、集団の心理的反応があり、それが雑誌の表紙に現れるということなのである[64]」
教訓——群集心理は本当にあり、価格にはそのすべてが反映される。

「システムトレーダーにとって、トレードサイズを小さくするほうが、仕掛けや手仕舞いを細かく調整するよりも重要なことだ」——デビッド・ドルーズ[65]

スィコータの弟子たち

　スィコータの実績は実に印象的だ。しかし、彼の弟子の1人であるイーサン・カティールは警鐘を鳴らす。

　「ジャーナリストやインタビュアーのような人は言葉を濁して、『最良のトレーダーの1人』といったフレーズを使いたがる。エド・スィコータのモデル口座の記録を過去や現在のだれと比べても、彼は間違いなく歴史上で最高のトレーダーだ。ほかのだれが似たような実績を持っているというのだ。私はそんな人は知らない。リバモアは富を築いたが、破産を何回もした。数年素晴らしいリターンを上げたが、結局は破産したマネジャーの例は数限りない。バフェットやソロスとい

144

ったおなじみの面々も、毎年、エドのリターンの半分にすら達していない。シャープレシオや運用資産などを使って結果を操作する人もいるかもしれない。しかし、生の利益率という重要な数値で見ると、私の知るかぎり彼の右に出る者はいない。20年にわたって資産運用業をやってきた私が言うのだから、これは真実だ」

「成功した人と普通の人との違いは、運の強さや知識不足なんかではなく、どのくらい意志が強いかどうかだ」──ビンス・ロンバルディ

　ジェイソン・ラッセルはスィコータのやり方をちらっと見せてくれた。

　「過去数年、エドと一緒に働いてきて、多くのことを学んだ。そのなかでも最も重要なのは、トレンドフォローはトレードだけではなく、人生のなかでも使え、ということである。『なぜ』を知りたがることから解放されれば、仕掛けや手仕舞いをするときに大いに役に立つだけでなく、家族や友だちや敵と接するときにも役立つ。さらに、今よりももっと優れたトレーダーになれるというおまけもついてくる」

　ラッセルは単純さについても述べている。

　「洗練さを超えた単純さがある。エドはそこに多くの時間を費やす。彼は人の話を聞いたり、感じたり、話すとき、極めて明快だ。彼は自分の技に精通している。エドと働く前は、私は勉強や読書と、さまざまな資格を取ることに何年も費やしてきた。高い水準のテクニックを身に付けることができたという点ではこれらはけっして無駄ではなかった。しかし、これらを通じて、なぜか私は単純化というものを深く理解するようになった。マイルス・デイビスがかつて、自分の音楽を聴いたとき頭のなかに何がよぎるかを聞かれたとき、「私は心をからっぽにして初心者の気持ちでいつも聞くんだ」と答えた。エドも同じである。

第1部　トレンドフォローの原理

「エド・スィコータに弟子入りするのは消火栓から水を飲むようなものだ」
—— トーマス・ビシアン・ジュニア

『ザ・リトル・ブック・オブ・トレーディング（The Little Book of Trading)』という拙著のなかに出てくるデビッド・ドルーズは、スィコータの下で働いたときのことを次のように述べている。

「それは私の人生で最も素晴らしい経験だった。彼は、私がこれまでに出会ったなかで最も聡明なトレーダーだ。だれも彼の領域に近づくことなんてできないと思う。市場のメカニズムや人々のやり方についての彼の洞察力にはすごいものがあった。彼の近くにいると怖いくらいだ。彼の下で働くのはサバイバルゲームに参加しているようなものだった。頭を常に働かせていないといけなかったから。性格的に弱い面があれば、彼は目ざとくそれを見つける。でも、それは悪くはない。成功するトレーダーになるには自分自身を知り、心理的な弱さも知る必要があるからだ。彼と過ごした時間は何物にも代えがたい貴重な時間で、それは私に大きな自信を与えてくれた。だからと言って、私は自分を過信して、教わったことと違うやり方でトレードしようとは思わない。エド・スィコータはまさにマジシャンのような人物だ[66]」

スィコータは真っ先に自分はマジシャンではないと言うだろう。トレードで驚異的な成功を収めると、それを魔法の力にしたくなるのも致し方ないかもしれないが、トレンドフォローは一種の試行錯誤のようなものだ。錯誤とは大きなトレンドを見つけようとしているときに発生する小さな損失のことを言う。

ジム・ハマーは市場以外のスィコータの生活を伝えることが重要ではないかと感じていた。

「1997年初期、私はスィコータ一家と2カ月余り一緒に暮らした。エドについて私が最も驚いたことは、彼にはいろいろな才能があり、トレードはその1つにすぎないということだった。彼は何年も前に制作

したミュージックビデオを見せてくれた。それは素晴らしい出来だった。ビデオを制作する何年か前にはアルバムもレコーディングしていた。実は彼は才能あふれるミュージシャンだったのだ。私のお気に入りの曲は「ブル・マーケット」で、彼はそれをアコースティックギターで演奏してくれた。彼と一緒にいたとき、彼はベルヌーイの定理に従って気流を再定義する実験に夢中だった。彼は多くの時間を使って論文を書き、その分野の専門家の何人かにそれを送った。彼は有能な科学者でもあるのだ。ある日、現地調査と題して、ネバダ州議会議員のところに行って、チャータースクールの法律制定と、それがエドの子供とネバダ州の子供たちに与える影響を議論した。私が彼らの元を去って間もなく、エドは地方の教育委員会委員に立候補した。彼は教育に強い関心があり、知識もあった。エド・スィコータという人物はけっしてトレードだけで単純に語れる人物ではない。彼は向学心にあふれた、現代のルネサンス的教養人なのである」

「あなたは自分が使っているアプローチの信憑性について、もっと長期的視野に立って見通し、自信を高めなければならない」——キャンベル・アンド・カンパニー[67]

まとめ——思考の参考に

- 「勝とうが負けようが、人は自分の望むものを市場から得る。なかには失うことが好きなように見える人もいる。そういう人はお金を失うことによって何かを得ているのだ」——エド・スィコータ
- 「ちゃぶつきが嫌なら、トレードなんてやめてしまえ」——スィコータ
- 「基本的な知識を身に付け、成功したトレーダーと一定時間を過ごすまでは、スーパーマーケットでの買い物だけにしておいたほうがいい

第1部　トレンドフォローの原理

だろう」——スィコータ
● 「私はまだ存在しない未来など、予測しようとすら思わない」——スィコータ

キース・キャンベル

「**測れるものは測り、測れないものは測れるようにせよ** —— ガリレオ・ガリレイ[68]

　キース・キャンベルの会社であるキャンベル・アンド・カンパニーは、今では運用資産が最大の最も古いトレンドフォロー会社の1つだが、創業から30年はその名を知る人はほとんどいなかった。設立当時はインターネットで検索しても、彼の会社に関する情報はほとんど得られなかった。初期のトレンドフォロアーの多くと同じように、彼らのリターンと名声は公的記録（見るべき場所を知っているのなら）の域を出ない。しかし2017年になると、会社はその頭角を現してきた。
　ファンドやクオンツ戦略の世界が変化し、投資家のニーズが拡大するにつれ、キャンベル社のアプローチも少し変わった。トレンドフォローの中核となる知識のほかにも、キャンベル社はアルファを生成するほかの証券を組み込んだ数々の戦略も提供している。キャンベル社の社員の何人かは私のポッドキャストに登場してくれた。進化を語る彼らの口調にはワクワクさせられる。
　しかし、今しばらくはキース・キャンベルの過去を振り返ってみることにしよう。1960年代、スキーとサーフィンができるという理由からキャンベルはカリフォルニアで職を得た。何という健全なモチベーションだろう。ルームメイトが部屋を出て行ったので、彼は代わりの人を見つけるために広告を出した。入ってきたのが商品先物ブローカーのチェット・コンラッドだった。キャンベルは当時を回想する。「コ

148

図2.6　キャンベル・アンド・カンパニーに1000ドル投資したときの資産の伸び

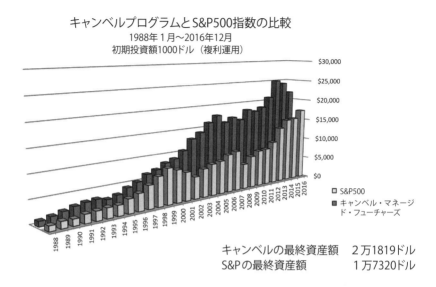

　ンラッドは顧客として私をトレードに誘い込んだ。彼はトレード資金不足をいつも嘆いていたよ」。そこでキャンベルは12人の投資家から6万ドルを集め、最初の先物ファンドを設立し、3人のアドバイザー——ファンダメンタリスト、テクニカルアナリスト、ポイント・アンド・フィギュア使い——を雇った。そのファンドが苦戦すると、彼はキャンベルファンドを立ち上げ、1972年1月1日に前のファンドを引き継いだ。数年後にはキャンベルとコンラッドは別々の道を歩み始めた。コンラッドはネバダ州タホ湖に移り、砂糖の取引で借り入れた1万ドルを300万ドルにした。一方、キャンベルはファンドの運用を続けた。彼の会社は今や次世代リーダーを育成する後続者育成計画を経て、この業界でリーダーシップを発揮し続けている（彼は今では日々の業務の監督役からは退いている）。
　しかし、コモディティ以外のものもトレードするキャンベル社を「コ

モディティトレーディングアドバイザー」という言葉だけで片づけてしまうのは公平とは言えない。現在、同社はコモディティ、債券、FX、現物株を含むいくつかのモデルを使って運用している。さらに、リスクマネジメントも進化させ、一定のリスク目標や変動するリスク目標を定めた戦略でも運用している。キャンベル社のCEO（最高経営責任者）であるウィル・アンドリュースは次のように言う。「私たちは分散化させた主力商品と経験に大きな自信を持っている。これからもこういった主力商品を中心に提供していくつもりだが、戦略の拡充と顧客を増やしていく必要もあると思っている」

しかし、私は今でも初期のころのキャンベル社が好きだ。数々の伝説的な珠玉の発言が忘れられない。例えば、昔、キャンベル社のある幹部は次のように言った。「ブラックボックストレーディングというものは今一つ好きになれない。理解できないアルゴリズムを扱わなければならないからね。私たちがやることはすべて、封筒の裏に鉛筆で計算できるものだけだ[70]」

この「封筒の裏」発言は、トレンドフォローを複雑すぎると思っている人には意外なことに違いない。複数の戦略を使って大金を扱うファンドを運営することは簡単なこととは言わないが（けっして簡単ではない）、トレンドフォローは常に封筒の裏で説明できるような戦略だ。仮にそれが大きな封筒であったとしても、だ。ほかの偉大なトレンドフォロワーと同様、キャンベル社から得た真の教訓は、困難なときにルールに従う規律を持つことである。

「数学は重要だが、それはパズルの1ピースにすぎない。最も重要なのは総合的な投資のプロセスであり、そのなかでも特に重要なのはシグナル発生器である。ポートフォリオの構成、リスクマネジメント、執行戦略、キャピタルマネジメント、レバレッジマネジメントは買いシグナルや売りシグナルを生成するアルゴリズムには直接的な関係はないかもしれないが、こ

第2章　偉大なトレンドフォロワーたち

れらもまた重要なパーツだ」──キャンベル社[71]

　しかし、キャンベル社の社長であるマイク・ハリスは、私に今のキャンベル社も見てほしいと言った。

　「投資家の関心は一周して元に戻ったようだ。長年にわたってトレンドフォロー以外のソリューションも提供するように強いられてきたが、最近になって投資家たちは純粋なトレンドフォローとそれが提供する『クライシスアルファ』に新たに注目し始めるようになった。私たちのダイナミックトレンド戦略は、そういった彼らの関心に応えることができる良い例だ。トレンドフォローの長年の知識と、株価が暴落したときにリターンを分散化させることを目的とする高度なダイナミックリスク目標フレームワークを組み合わせたものがダイナミックトレンド戦略だ。多くの投資家たちは、特に株価が暴落したときの保護としてトレンドに沿ったリスク配分を求めている。だから、そこに主眼を置いたプログラムを開発したのだ」

キャンベル社とベンチマークの比較

　私はベンチマーキングの支持者ではないが、**表2.3**は異なるアセットクラス間のドローダウンを比較したものだ。

　懐疑的な人の多くは、ドローダウンを出すのはトレンドフォローだけだと思いたがる。しかし、**表2.3**を見ると分かるように、あらゆる指数やファンドでもドローダウンは避けられない事実である。重要なのは、ドローダウンを受け入れ、それが発生したときにしっかりと対処することである。さもなければ、2000年から2002年にかけてナスダックが77％の最大ドローダウンを出したときのように、次に何をやるといったプランもなく黙って指をくわえて見ている羽目になる。

　しかし、ウォール街はキャンベル社の戦略を疑いの目で見ることが

151

第1部　トレンドフォローの原理

表2.3　最悪のケースにおける累積下落率（1988/01～2016/12）

S&P——51%	2007/10～2009/02
フィデリティ・マゼランファンド——73%	2000/03～2009/02
キャンベル・マネージド・フューチャーズ——29%	1993/07～1995/01
ブルームバーグ・バークレー米国総合指数—— 5 %	1994/01～1994/06

多かった。特に効率的市場仮説（EMH）を信じる保守派の人たちがそうだった。彼らはトレンドフォローがいかにリスクの高いものであるかということをわめきたてた。これに対してキャンベル社は次のように反論する。

「先物市場はボラティリティが非常に高い、だから先物投資は非常にリスクが高い、株式投資よりもはるかにリスクが高い、というのが一般的な認識である。しかし実際には——すべての人にとってそうではないかもしれないが——、一般に先物価格は株式価格よりもボラティリティは低いのである。先物のリスクが高いというのは、市場ボラティリティが高いからではなくて、使えるレバレッジの大きさによるものである。先物トレードの実際のリスクは、とりわけレバレッジをどれくらいにするかによるのである[72]」

「キャンベル社はテクニカルな市場データのみを分析し、市場の外部にある経済的ファクターは一切分析しない[73]」

どのような戦略を使っていようとも、リスクマネジメントで重要なのはレバレッジをいかに管理するかである。トレーダーが翌日にも翌年にも市場に戻って勝ち続けるためには、リスクマネジメントをしっかりと行うことが重要なのである。

152

相関と安定性

　トレンドフォロワーのほとんどはS&P株価指数のようなベンチマークとは異なる時期に利益を上げている。**表2.4**を見ると分かるように、キャンベル社と主要な株価指数との相関は非常に低い。

　S&Pとの相関の低さ以上に注目すべきことは、キャンベル社のパフォーマンス（**表2.5**）が全月、全年、５つのローリングウィンドウにわたって安定していることである。

　キャンベル社の実績をこれほど定性的に物語るものがあるだろうか。しかし、定量的に見ても、彼らのパフォーマンスの数字はアノマリーや運を超えたものであることが分かる。

「私たちのトレンドフォロー戦略は、トレード対象の割高・割安を判断するものではないし、その価値がどれくらいの数値になればよいのかを決めるものでもない。しかし、私たちのトレンドフォロー戦略は絶対リターンをかなり一貫して生みだしていることは確かだ」——キャンベル・アンド・カンパニー[74]

まとめ——思考の参考に

● 「45年の経験を通して知り得たことは、市場は進化し続けているということ、そして私たちもその進化について行かなければならないということである」——ウィル・アンドリュース
● 「新世界は未知のものにあふれているため、ほとんどの人は畏怖の念を抱くが、私たちはそれを潜在的な好機と見る。なぜなら多くのリプライシングが必要になることが予想されるからだ。さまざまなアセットクラスと市場との相関が劇的に低下すればチャンスは増える。市場の価格の変化に対する反応はゆっくりで、それこそがトレンドを生む。

第1部　トレンドフォローの原理

表2.4　キャンベル・コンポジットとS&P500指数との相関（1988/01〜2016/12）

両方ともプラス	348カ月のうち132カ月
逆相関	348カ月のうち160カ月
両方ともマイナス	348カ月のうち56カ月

出所＝キャンベル・アンド・カンパニー

表2.5　キャンベル・マネージド・フューチャーズの安定性（1988/01〜2016/12——推定）

1988/01〜2016/12（推定）	期間数	利益を出した期間数	利益を出さなかった期間数	利益率（％）
月の合計	348	199	149	57.18
年の合計	29	23	6	79.31
12カ月ローリングウィンドウ	337	271	66	80.42
24カ月ローリングウィンドウ	325	283	42	87.08
36カ月ローリングウィンドウ	313	292	21	93.29
48カ月ローリングウィンドウ	301	289	12	96.01
60カ月ローリングウィンドウ	289	286	3	98.96

出所＝キャンベル・アンド・カンパニー

トレンドが生まれれば、上昇の動きだろうと下落の動きだろうと、私たちは大きな動きをとらえることができるのだ」──マイク・ハリス

ジェリー・パーカー

「テクニカルトレーダーはトレードする各市場に関する特別な知識は必要とはしない。彼らは気象現象、地政学的な事件、世界規模のイベントが特定の市場に及ぼす経済的影響の権威である必要はない」──ジェリー・パーカー[75]

第2章　偉大なトレンドフォロワーたち

　バージニア州マナキンサボットにあるジェリー・パーカーの最初の
オフィスを初めて訪問したのは1994年のことだった。マナキンサボッ
トはリッチモンドの郊外にある町で、田舎にある。ものすごい片田舎
だ。ものすごい片田舎と言ったのにはわけがある。実は数カ月前、ロ
ーアーマンハッタンにあるソロモンブラザースのオフィスに行った。巨
大なトレーディングフロアを初めて目の当たりにした。それはまさに
ウォール街の中心と言えるものだった。そして、マナキンサボットの
パーカーの気取らないオフィスを見たとき、場所など関係ないとひら
めいたのだ。ここが、チェサピーク・キャピタル・マネジメントの思
慮深くのんびりとしたCEOが10億ドルものお金を運用している場所だ
と、だれが思うだろうか。

　パーカーはバージニア州リンチバーグで育ち、バージニア大学を卒
業した。彼はリッチモンドで会計士として働いていたときにリチャー
ド・デニスのトレーニングプログラムに応募した。彼はデニスが受け
入れた最初の弟子だった。パーカーはプログマティストで一貫性のあ
る男性で、1988年、自分の資産運用会社であるチェサピーク・キャピ
タルを立ち上げた。「リスクなくしてリワードはない」をモットーに掲
げた彼は、トレンドフォロー戦略であるタートルズアプローチを採用
したが、それに従う度合いは徐々に減らしていった。つまり、お金を
儲けるために当初はアグレッシブなシステムを採用したが、顧客の要
望に合わせてレバレッジを下げていったということである。

　低リスクを目指していたとは言え、1993年には61.82％という驚異的
なリターンを上げた。それで彼の会社は注目されるようになった。し
かし、彼の今の平均的なリターンは12～14％だ。常に大きな絶対リタ
ーンを目指したダンとは違って、パーカーのトレンドフォローに対す
るアプローチは保守的である。やり方こそ違え、リターンがダンに劣
るということはない。彼に会って帰るたびに、彼の率直さと謙虚さに
感動したものだ。

155

第1部　トレンドフォローの原理

懐疑主義

　パーカーはドットコムバブルのさなか、珍しくスピーチをした。彼のスピーチはトレンドフォローの哲学の全範囲に及んだ。聴衆がどんなに懐疑的でも、それを受け入れる気持ちのある人には、トレードに関してシンプルで直接的で確かなアドバイスを与えた。

●**バイ・アンド・ホールドの危険性について**　「バイ・アンド・ホールド戦略は良くない。何をホールドするというのだ？　成功するトレーダーになるための鍵はレバレッジを掛けられるかどうかである……トレーダーの多くはレバレッジを効かせることに消極的すぎる[76]」

●**市場の方向性を予測することの愚かさについて**　「市場の方向性なんて私は分からないし、関心もない。私たちがチェサピークで使っているシステムは、市場の方向性は市場だけが知っているという考えの下で設計されている[77]」

●**彼のトレンドフォローシステムについて**　「私たちのシステムは顧客の意向とは正反対のものだ。彼らの望みは派手なやり方、壮大なリサーチ、起こる前に何が起こるか分かるといった直観的なアプローチ、例えば、利下げ前に株のウエートを上げるといったことだ。しかし、起こる前に何が起こるか分かるはずもなく、利下げはメジャートレンドの始まりにすぎないかもしれないし、そのあとで仕掛けても問題はない。それが私たちのやり方だ。売りにも買いにも偏ることはない[78]」

●**逆張りやデイトレードについて**　「逆張りやデイトレードをするのは、多くのトレーダーや顧客がトレンドフォローを好まないからだ。トレンドフォローは直観的ではなく、自然にできることでもなく、あまりにも長期的な視点に立つので刺激に欠ける[79]」

●**市場暴落の被害者の希望的観測について**　「彼らは『市場は間違って

156

いる、きっと戻るはずだ』と言うが、市場が間違えることはない」[80]

　自分は正しくありたいのか、それとも勝ちたいのかを自問することだ。この２つはまったく異なるものだ。

「私はリチャード・デニスの『タートルプログラム』に参加した。そこで教えられた手法や経験したトレードはすべてコモディティ市場でのテクニカルなトレードアプローチだった。私がテクニカルなアプローチを使うようになるきっかけとなった最も貴重な経験は、デニスのシステムでトレードして大成功を収めたことだった」──ジェリー・パーカー[81]

知性

　トレンドフォローで成功するには、学業成績よりも規律を守れるほうがはるかに重要だ。パーカーは知性についてありのままを語ってくれた。

　「私たちには知性に頼らなくても済むシステムがある。私たちのやり方はなぜ市場でうまくいくのだろうか。その理由の１つは、何が起こるかはだれにも分からないからである」[82]

　偉大なトレンドフォロワーはIQなど当てにならないと言う。また、その日のニュースも、いつ買って、いつ売るか、またどれくらい売買すればよいのかは教えてくれないことを彼らは知っている。「私たちのプライドや意見を健全なトレードシステムに介入させるべきではない」とパーカーは言い添えた。[83]

セーラム・エイブラハム

　セーラム・エイブラハムのやり方はほかの人とは違う。会社の場所

がどこにあろうとそんなことは関係ないことを彼は証明して見せた。ア
メリカでウォール街から地理的にも文化的にも遠く離れた場所に金融
会社を見つけるのは難しいだろう。しかし、エイブラハム・トレーディ
ング・カンパニーはそんな場所にある。エイブラハム・トレーディ
ング・カンパニーは、祖父のマルーフ・エイブラハムがかつて地方の
政治家や牧場経営者と世間話をしていた同じ建物のなかにあり、アメ
リカ屈指の並外れた業績を誇る会社に発展した。[84]

　エイブラハムが自分にはトレードの天賦の才があり、関心もあるこ
とに気づいたのは、彼がノートルダム大学の学生のときのことだった。
スィコータの弟子の1人であるグレッグ・スミスと同様、彼はどのト
レーダーが最も成功しているかを調べ、それはトレンドフォロワーで
あることを突き止めた。大学を卒業すると彼はテキサス州カナディア
ンにある実家の牧場に戻った。そして、生計のためにトレードを始め
ることについて祖父と話し合った。祖父は、彼がトレーダーを始める
ことに慎重ではあったが、応援すると言ってくれた。エイブラハムに
よれば、「半年間試してみて」失敗したら、トレーダーになることはあ
きらめる（クオートマシンを窓から投げ捨てる）つもりだった。[85]

　しかし、彼は失敗しなかった。彼は最も反ウォール街的な方法で、ウ
ォール街のビジネスを素早く発展させていった。エイブラハムの会社
の文化はほかの会社の文化とは驚くほど違っている。「社員にアイビー
リーグを出た者はいない。社員は肥育場、天然ガスの掘削会社、パイ
プライン会社で働いていた者がほとんどだ。トレードの複雑さやアー
ビトラージは現場で教えられた。『これは朝6時にシャベルで牛や馬の
ふんを片づけるよりもはるかにいい』とジェフ・ドックレーは言った。
彼はカナディアン近くの肥育場で働いたあと、エイブラハムの事務員
として雇われた。金融市場は複雑だが、家畜の世話に明け暮れるほど
過酷ではない」[86]

　エイブラハムのトレードアプローチの基本は以下のとおりだ。

158

「エイブラハムのトレードアプローチの基本的な前提は、コモディティ相場には高値か安値かに価格が大きく動く時期が時折あるというものだ。こうした価格の変化はトレンドと呼ばれる。トレンドは市場の歴史が始まって以来ずっと観察され、記録されてきた。自由市場では価格はトレンドを形成し続ける、ということを信じる十分な根拠がある。エイブラハムのトレード手法はこうした価格の動きを利用するように設計されている[87]」

「この世で唯一で最大の悪は、自分が一番関心を持っていることを他人に任せてしまうことだ。私は自分が好む人には常に一定の質を求めてきた。それを持っているかどうかはすぐに見抜くことができる。人間を尊敬できるかどうかは、その質を持っているかどうかで決まる。私はそれを持っている人を友に選んできた。それは自立心だ。これ以外に重要なものなどない」
── アイン・ランド[88]

　ジェリー・パーカーとの関係を聞かれたエイブラハムは、六次の隔たり（世界中のどの人とでも6人を介在させるとつながりができるという仮説）を例に話し始めた。

　「私はチェサピーク・キャピタルのジェリー・パーカーとは確かに知り合いだ。最も手短に説明すると、彼は私の父親の姉の夫の兄の娘の夫だ。これを親戚と言えるかどうかは分からないが、そういったところだ。私が初めて先物業界について知ったのは、彼がテキサスの姻戚を訪ねていたときに彼と話をしたときだった」

　学ぶべき教訓──「チャンスはどこに転がっているか分からないので、可能性から目を離してはならないということである。しかし当時、パーカーはエイブラハムの若さと成功が問題になる可能性があると思っていた。人は大金を稼いでいる若いやつを妬む傾向がある。でも、エイブラハムにはそんな妬みも吹き飛ばすほどの根性があると思ってい

第 1 部　トレンドフォローの原理

る」[89]

　エイブラハムから学ぶべき重要な教訓は、トレンドフォロワーになりたいのなら、そこを出て、実際にやっている人に会うことだ。パーカーもエイブラハムもリアリストだ。彼らは似たような方法でゼロサムゲームを果敢にプレーし、成功している。しかし、彼らは生活とのバランスを取る方法も知っている。誠実さを損なうことなく、彼らはトレンドフォローの哲学を応用する方法を見つけだしたのである。

まとめ——思考の参考に

● 「成功するトレーダーになるための鍵は、レバレッジを掛けられるかどうかである。トレーダーの多くはレバレッジを効かせることに消極的すぎる」——ジェリー・パーカー
● 「多くのトレーダーや顧客がトレンドフォローを好まないのは、トレンドフォローは直観的ではなく、自然でもなく、あまりにも長期的な視点に立つので刺激に欠けるからだ」——パーカー
● 「市場が間違えることはない」——パーカー
● ジェリー・パーカーやセーラム・エイブラハムについてもっと知りたい人は、『ザ・タートル ——投資家たちの士官学校』（日経BP社）を参照のこと。

リチャード・デニス

　リチャード・デニスはすでにトレード業界からは引退した。彼の引退はトレンドフォローの終焉を告げるものであるとメディアは書き立てた。デニスのキャリアは大きなアップダウンの繰り返しだったことは確かだが、トレンドフォローが終わることはない。

　デニスはシカゴ商品取引所の近くで生まれ育った。彼は10代のとき

にピザの配達で貯めた400ドルのお金でトレードを始めた。彼は取引所の会員資格を得るには若すぎたので、父親に合図を送って代わりにトレードしてもらった。17歳になると取引所のピットで使い走りの仕事にありつき、本格的にトレードを始めた。[90]

「トレードは私の思っている以上に人に教えることができるものだった。ちょっと変だが、それで自尊心が傷つきそうになったこともある」——リチャード・デニス[91]

タートルズトレーダー

　やがてデニスは何億ドルもの利益を稼いで巨額の富を手に入れることになるが、彼を有名にしたのは、新人トレーダーにトレードを教えるという彼が行った実験だった。

　1983年、彼はパートナーのウィリアム・エックハートと賭けをした。デニスはトレードは教えることができると信じていたが、一方のエックハートは、「トレード能力は生まれ持っているものか、いないものか」のどちらかだと思っていた。そこで彼らは新人に成功するトレードを教えられるかどうかの実験をすることになった。20人余りの弟子が２つの異なるトレーニングプログラムに振り分けられた。デニスはシンガポールで亀の養殖場を訪れたあとに、彼らを「タートルズ」と名づけた。

　この実験はこうして始まった。デニスは「トレーダー求む」という求人広告を出した。すぐに自称トレーダーから1000件を超える問い合わせが殺到した。そのなかから約20人を選び、２週間トレーニングしたあと、彼らにお金を渡してトレードさせた。タートルズにはプロのギャンブラーから、ゲームデザイナー、会計士、手品師まで実にいろいろな人間たちがいた。元会計士で今は10億ドルを超える大金を運用

161

第1部　トレンドフォローの原理

しているジェリー・パーカーもそのうちの1人で、彼はやがてトップ
の資産運用者になった[92]。

**「私はファンダメンタルズを無視するテクニカル分析の哲学に賛成だ。ファ
ンダメンタルズ分析からは利益は得られない。利益は売買で得るものだ。価
格という現実は分かりやすいし、価格のほうがうまく分析できるのなら、見
える価格だけにこだわればいいではないか──リチャード・デニス[93]**

　デニスはトレンドフォロー教育の権威であるかのように言われてい
るが、スィコータ、ダン、ヘンリーをはじめ、ほかにも成功するトレ
ーダーを育て上げてきた多くのトレンドフォロワーがいる。また、タ
ートルズのすべてが勝者になったわけではないことにも留意すべきで
あろう。デニスの保護を離れたあと失敗したタートルズも何人かいた
（例えば、カーティス・フェイスはのちに服役した）。また独り立ちし
たあと、セーフティーネットなしではやっていけなかった者もいた。そ
んななか、ジェリー・パーカーは怪物級の例外で、彼は明らかにター
トルズのなかで最も成功した人物だ。

**「トレードほど良いものもなければ、悪いものもない。トレードはあなたに
毎日数字を与えてくれる。それが良い面でもあり、また悪い面でもあり、ト
レードを難しくするものでもある。だからこそ、やる価値があるのである」
──リチャード・デニス[94]**

　でもこれは、デニスが弟子たちに教えたシステムが悪かったという
わけではない。彼のトレードシステムに従えなかった者がいたという
ことである。1980年代にタートルズたちが脚光を浴びたとき、ビル・
ダンはほとんど無名だった。しかし、そのときからダンはタートルズ
たちに絶対パフォーマンスでゆっくりと追いつき、追い越していった。

162

ダンが先を行っていたタートルズをとらえて追い越したということは、ダンが最初は1人っきりで会社を始めたことと何らかの関係があるのではないかと思う。長年にわたってタートルズたちの多くは自分たちがトレンドフォロワーであることを認めなかった。しかし、ダンはそれを率直に認めた。『マーケットの魔術師』で宣伝されたタートルズたちの優秀性や神秘性は長い目で見れば役には立たなかったということになる。

しかし、2017年の今になってもなお、タートルズたちの話は威光を放っているので、デニスが彼の弟子を選ぶのに使った基準は一見の価値がある。

タートルズの選考基準

タートルズたちを管理していたのはデニスの会社の元役員のデール・デルトリだった。私たちは「頭が良くて、奇抜なアイデアを持っている人材」を求めていた、と彼は言った。最終的に彼らが選んだのは、数人のブラックジャックプレーヤー、女優、警備員、ダンジョンズ＆ドラゴンズというゲームの設計者だった。彼らが候補者をふるいにかけた方法の1つは、○×式の質問だった。

タートルズたちには次の○×式の質問が与えられ、だれを選ぶかを決めるのに使われた。

1. 買いか、売りか、どちらか心地良く感じるほうに特化したほうがよい。
2. 利益が出たらぴったりいくらで清算すべきか、最初に決めておいたほうがよい。
3. すべての市場で同じ枚数だけ売買したほうがよい。
4. 10万ドルのリスクがとれるのなら、4つのトレードで2万5000

163

ドルずつのリスクをとるほうがよい。

5. 損失が発生したらぴったりいくらで損切りすべきか、最初に決めておいたほうがよい。

6. 利食いをしていけば破産することはない。

7. 仕掛ける前にファンダメンタルズがあなたにとって有利であれば役に立つ。

8. 上昇トレンドがすでに始まっているのであれば、窓を上に空けて寄り付いたときが仕掛け時だ。

9. ストップ高が予想されるときは、そのストップ高が終わるまで待ち、その後もトレンドが続くことを確認して、少し高めで買うほうがよい。

10. 3種類の注文（成り行き、逆指値、指値）のうち、最も注文が通りやすいのは成り行き注文だ。

11. 上昇トレンドがかなり長く続いたあと、強気のニュースが出たり、買う人が増えると、上昇トレンドはそれ以上続かない可能性が強い。

12. トレーダーの大部分は常に間違っている。

13. ポジションを大きくすることは、総合的に見てパフォーマンスにマイナスに働く。

14. 大口トレーダーは「力づくで」市場を自分たちに有利な方向に動かすことができる。

15. 休暇はトレーダーが正しい見通しを維持するうえで重要だ。

16. ポジションサイズを抑えることは何の問題にもならない。

17. 理想的には、平均利益は平均損失の3倍から4倍あったほうがよい。

18. トレーダーは利益が損失に変わっても気にしてはならない。

19. トレードの大部分が勝ちトレードになったほうがよい。

20. トレーダーは損を出すことを嫌がってはならない。

第2章　偉大なトレンドフォロワーたち

21. 現在の価格が直近4週の高値や直近13週の高値よりも高いことが特に重要だ。

22. お金を必要としているか、欲しいと思うことは、良いトレードを行ううえでの良いモチベーションになる。

23. 人の自然な気持ちはトレードの意思決定における良い指針となる。

24. 長い目で見れば、運は成功するトレードにとっての一要素になる。

25. 買っているとき、ストップ高は良い利食いの目標値になる。

26. お金を稼ぐにはお金が必要だ。

27. トレードでは勘に頼るのは良いことだ。

28. どんなトレーダーでも、相場に逆らってはならない。

29. 投機家はみんな破産して死ぬ。

30. 市場をよく理解するには、経済学よりも社会心理学を学ぶべきだ。

31. 損切りをすることはトレーダーにとって難しい決断であるに違いない。

32. 大きな利益が出たあとの次の同じトレンド方向のトレードは損失になることが多い。

33. トレンドは長続きしないことが多い。

34. コモディティに関するほぼすべての情報は意思決定をするうえで少しは役に立つ。

35. 10以上の市場でトレードするよりも、1つか2つの市場に精通しているほうがよい。

36. 連勝しているとき、トータルリスクは劇的に上昇するはずだ。

37. 株式のトレードはコモディティのトレードと同じようなものだ。

38. 市場が開いている間に、どれくらい利益になっているか損失になっているかを知ることは良いことだ。

165

第1部　トレンドフォローの原理

39. 負けた月は何か間違ったことをしている証拠だ。

40. 負けた週は何か間違ったことをしている証拠だ。

41. 大きな下降トレンドのあとの安値で買えれば大金が儲かる。

42. ナンピン買いは良いことだ。

43. トレンドが長く続いたあと、次のトレンドが始まるまでには市場は保合期間を必要とする。

44. コモディティのトレードがうまくいかないとき、何をすべきか知ることは重要だ。

45. トレードしている市場のすべての気配値を見ても役には立たない。

46. ポジションは一度にすべて建てたり、手仕舞いするのがよい。

47. 常に1つか2つの市場に投資するよりも、多くのコモディティ市場に分散したほうがよい。

48. 1日の利益や損失が純資産に大きく影響するのはポジションが大きすぎる証拠だ。

49. トレーダーは利益よりも損失から多くのことを学ぶ。

50. 手数料を除けば、注文での執行コストは年間を通せば微々たるものだ。

51. トレードは下手にやるよりも上手にやるほうが簡単だ。

52. トレードで成功することはあなたののちの人生にどんな意味を持つのかを知ることは重要だ。

53. みんなが弱気になったとき、上昇トレンドは終わる。

54. 強気のニュースが多くなるほど、高値がブレイクされる可能性は低くなる。

55. ビッグトレーダーでないかぎり、長期トレードは3〜4週以下の保有にすべきである。

56. 市場に関しては他人の意見に従ったほうがよい。

57. 出来高と取組高は値動きと同じくらい重要。

166

58. 日々の上げ下げは大きな含み益を持つ長期ポジションを手仕舞ううえで良い指標になる。

59. ビッグトレーダーでない場合、異なる市場グループの異なる市場で分散化するのがよい。

60. トレンドの初期では多くの人が買えば買うほど、上昇トレンドが続く可能性は低くなる。

61. ビッグトレーダーでない場合、カレンダースプレッドはやるべきではない。

62. 押し目で買って、上がっているときに売るのは良い戦略だ。

63. ほとんどの場合、利食いすることは重要だ。

すべての質問が○×式とは限らなかった。デニスは論述形式の問題も出題した。

1. 大学入試の標準テストの結果はどうでしたか。

2. あなたの好きな本や映画を挙げ、その理由を書きなさい。

3. 好きな歴史的人物を挙げ、その理由を書きなさい。

4. なぜあなたはこの仕事で成功したいのですか。

5. これまでにした危険なことを挙げ、その理由を書きなさい。

6. あなたが追い詰められて行った決断と、なぜそういった決断をしたのかを書きなさい。

7. 希望、恐怖、貪欲は良いトレーダーの敵と言われています。このような感情を持ったときにどんな決断を下したであろうかを説明し、今その決断をどう思うかを書きなさい。

8. トレードに役立ちそうなあなたの長所は何ですか。

9. トレードにとって障害になりそうなあなたの短所は何ですか。

10. 良いトレードをしたいですか、それとも運の良いトレードをしたいですか。またその理由は？

第1部　トレンドフォローの原理

11．ほかに言いたいことはありますか。

「会社の決算発表や貸借対照表が教えてくれるものは過去と現在のことであり、将来のことは教えてはくれない」──ニコラス・ダーバス

「今のその瞬間を肯定せよ。未来を信じよ。人生のすべての出来事にイエスと言おう。そうすれば人生はあなたに逆らうことなく突然うまく回り始める」──エックハート・トール

「チャンスは自己修正プロセスであるとよく言われる。ある方向にそれれば、平衡を保つために、今度は逆方向にそれる。しかし実際にはチャンスが姿を現すとき、逸脱が修正されることはなく弱まるだけである」──エイモス・トベルスキー

これらは単純な質問に思えるかもしれないが、デニスはタートルズプログラムの是非を気にすることはなかった。「あいつは正気じゃないとか失敗するとか思われるのは嫌だったと思う。しかし、そんなことはどうでもいいことだ。私には何をどうやりたいのかという考えがあっただけだ[95]」

「トレーダーはボラティリティを完全にコントロールすることはできないが、勝率を上げることはできる」──リチャード・デニスの弟子

デニスは何かを成し遂げたいという情熱を一番重視した。朝、目覚めたとき、内なる活力にあふれ、何かを成し遂げたいという願望がなければならない。がんばってやってみようという気持ちがなければならない。さらにデニスは利益目標を持つことの問題点を指摘した。これはタートルズたちが教えられた重要な教訓だ。「ポジションを持つと

168

きは理由があるはずだから、その理由がなくなるまでポジションは維持しなければならない。ただ利益を確定するためだけに利益を確定してはならない[96]」。デニスは言う。トレンドがいつ終わるかは分からないが、かなり高くまで上がる可能性があると分かっているのに、なぜ降りるのか。

タートルズのなかには資産運用者として成功した者もいたが、デニス自身は顧客のためにトレードするときはうまくいかなかった。彼が他人のために運用した最も最近までの成績は年複利収益率で26.9％（手数料差し引き後）だった。このなかには100％を超えた２年間も含まれている。

「あなたが使うものは何であっても、定量的で厳密な方法で使わなければならない。科学はうまくいくものを見極めて、それを定量化するのに使うべきである。今でも驚くことは、あるトレード手法で利益が出るとどんなに思っていても、いざシミュレーションをやってみると、負けていると分かることだ」──ポール・レイバー[97]

しかし、2000年にドローダウンを出したのを最後に、デニスは顧客のためのトレードはやめた。彼の運用成績が再び上がる前に顧客は資金を引き上げたのだ。私を疑うのなら、2000年の秋に何が起こったか、ダン・キャピタルやほかのトレンドフォロワーたちを見てみればよい。この短気な顧客たちは資金を引き上げずにそのままデニスに預けておけば、大きな利益が出ただろう。

トレーダーにとって最も重要な教訓は、自分のためにトレードすることと、顧客のためにトレードすることは違うということである。ジョン・Ｗ・ヘンリーは、顧客のお金を失えば落ち着いてなどいられない、ときっぱり言い切った。一方、自分の資金を増やすことだけに集中できるトレーダーは気が楽だ。ファンドマネジャーは常に顧客から

のプレッシャーにさらされ、顧客の期待に応えなければならないという使命を背負っているのである。

「ほとんどのトレーダーは思っていると思うが、トレード戦略は人に知られるとうまくいかなくなるとは私は思わない。やっていることが正しければ、たとえ人がそれを知ろうと知るまいとうまくいく。いつも言っていることだが、トレードルールを新聞に公表しても、だれもそれに従わないだろう。鍵は一貫性と規律にあるのだ」── リチャード・デニス[98]

まとめ──思考の参考に

● 「トレードは私の思っている以上に人に教えることができるものだった。ちょっと変だが、それで自尊心が傷つきそうになったこともある」 ── リチャード・デニス

● 「ポジションを持つときは理由があるはずだから、その理由がなくなるまでポジションは維持しなければならない。ただ利益を確定するためだけに利益を確定してはならない」 ── リチャード・デニス

● 「ファンダメンタルズ分析からは利益は得られない。利益は売買で得るものだ」 ── リチャード・デニス

● リチャード・デニスと彼の弟子の詳しい話については、『ザ・タートル──投資家たちの士官学校』(日経BP社) を参照してほしい。

リチャード・ドンチャン

リチャード・ドンチャンはトレンドフォローの父として知られている。彼が独自に開発したテクニカルなトレードシステムは、のちにトレンドフォロワーたちが自分たちのシステムを構築するための基礎になった。1949年に業界初のマネージドファンドを立ち上げてから亡く

なるまで、彼は自分のリサーチを人にも教え、現在の多くのトレンド
フォロワーたちの師として、またメンターとしての役割を果たした。

ドンチャンは1905年、コネチカット州ハートフォードで生まれ、1928
年にエール大学を卒業し、経済学の学士号を修得した。彼のトレード
に対する情熱は並々ならぬものがあった。だから、1929年の株式市場
大暴落で投資資金をすべて失ったあとでさえウォール街に戻ってきた。

**「私はドンチャンのアイデアをコンピューターを使って試すようになった。
当時、シミュレーションと名の付くものをやっている人は少なかったが、彼
はそのうちの１人だった。彼は気前良く自分のアイデアを人に教え、自分
の知っていることを努めて他人と共有するようにした。他人にシステムを
試してもらえると喜んだ。彼は多くの人を奮い立たせ、新しい世代のトレ
ーダーを生み、勇気と成功への道を与えてくれた」**──エド・スィコータ[99]

1930年、彼はなんとかお金を借りてオーバーン・オートの株を買っ
た。ウィリアム・ボールドウィンがドンチャンに関する記事で「現在
のアップル」と言った株だ。そのトレードで大金を稼ぐと、彼はマー
ケットの「テクニカルアナリスト」になり、価格をチャートにしたり、
投資対象の基本的価値を考慮に入れない定量的な売買戦略を構築した。[100]

**「私たちは1968年にパンチカードを使ってデータベースの作成をはじめ、1959
年７月にさかのぼってコモディティ価格のデータを収集した。そして、ド
ンチャンの５日と20日の移動平均とウイークリールールを検証した。ウイ
ークリールールはこれまでで最高のものだったと思う。ドンチャンの貢献
のなかでも、ウイークリールールはトレンドを見極めて、それに基づいて
行動する手助けになった。ドンチャンは今日でもコンピューターに勝ちた
いと思っている１人だが、人手でそれを成し遂げたのはドンチャンだけで
ある」**──デニス・D・ダン[101]

第1部　トレンドフォローの原理

1933年から1935年まで、ドンチャンはフェンフィル・ノイズ社でテクニカルなマーケットレターを書く仕事に携わった。第二次世界大戦中は金融の仕事をやめて、空軍の統計管理将校になり、戦後はウォール街に戻ってシェアソン・ハミル社のマーケットレターのライターとなった。このころから彼は日々の価格を帳簿に書き込み、先物のテクニカル情報を詳細に記録し始めた。彼の弟子の1人であるバーバラ・ディクソンは、正確なデータベースやソフトウェアやコンピューターもないのに、彼がいかにして移動平均を計算し、手でチャートを書き、独自のトレンドフォローシグナルを開発したかをつぶさに観察していた。彼の上着のポケットは大量の鉛筆と鉛筆削りでいつも垂れ下がっていた[102]。

ディクソンは師であるドンチャンの仕事が近代金融理論を打ち立てた学者たちに先行し、その基礎になったことを明言している。ハーバード大学のジョン・リントナーが株と債券のポートフォリオにマネージド・フューチャーズを組み込むことの利点を述べた論文を発表するずっと以前に、ドンチャンは1990年にウィリアム・シャープとハリー・マーコウィッツにノーベル経済学賞をもたらした分散化やリスクコントロールという概念を使っていたのである[103]。

粘り強さの象徴のような人

リチャード・ドンチャンは一夜にしてスターになったわけではない。42年たってもドンチャンの運用資金はわずか20万ドルしかなかった。しかし、60年代半ばになってすべてがうまくいき始めた。それから10年後、シェアソン・アメリカン・エキスプレスでの彼の運用資金は2700万ドルに達し、年間100万ドルの手数料を稼ぎ、彼自身のお金の運用でも100万ドル稼ぐまでになった[104]。

第2章　偉大なトレンドフォロワーたち

1979年だったか1980年だったか定かではないが、初期のころのMARカンファレンスに出席したとき、公的年金基金を運用していたCTAは19人いたのだが、そのうちの16人はドンチャンに関係していることを知り、関心したものだ。彼らはドンチャンに運用を任されているか、彼にお金を投資していた。私にとってはそれだけでも初期のころの彼の影響の大きさを物語るに十分だった。ドンチャンは自分の関係者が繁栄していることをいつも誇りに思っていた。また、荒野でただ1人声を上げていた長い年月のあとに彼の考えが業界の支配的な考えになったことにも誇りを持っていた」——ブレット・エラム[105]

　もちろん、ドンチャンは値動きの予測などはしなかった。値動きに従っただけである。成功の秘訣を聞かれると、彼の説明はダウ理論と同じくらい簡潔で古いものだった。

　「トレンドは継続する。人々は、『金は下がらないとおかしい、上がるのが早すぎた』などと言うが、そんなことを言っているから85％のコモディティ投資家はお金を失うのだ。銅のファンダメンタルズは強気だが、私は売りで行く。なぜなら、トレンドが下降トレンドにあるからだ」[106]

　ドンチャンのトレードルールが最初に発表されたのは75年以上も前のことである。

一般的ガイドライン

1．一般大衆の間に広がっている認識に同調してすぐに反応し、行動してはならない。たとえ彼らが正しくても、すでに実際の動きには遅れているからだ。

2．動きが鈍くて停滞している時期から、出来高が増える方向の動きを見つけて、それについていく準備をしておくこと。

173

第1部　トレンドフォローの原理

3．損切りは早く、利は伸ばせ。これはどんなルールにも優先する。

4．市況がはっきりしないときにはトレードは控えめにするのがよい。はっきりとした動きは頻繁に現れるのだから。こうしたはっきりとした動きに集中することで、利益の出ないちゃぶつきを防げる。

5．直近3日の急激な動きの方向にポジションは取らないこと。1日反転するのを待て。

6．逆指値を賢く使えば、利益を出す貴重な助けになる。逆指値は利益を保護し、損失を限定するのに使うことができるが、トライアングルのようなパターンでポジションを取るのに使うこともできる。逆指値はチャートと適切に関連づけて使えば役立つし、裏切られないで済む。

7．上昇が下降と同じか、それを上回りそうな相場では、期待リターンの観点から買いポジションは売りポジションより多く取るべきである。50から25に下落すれば50％の純利益にしかならないが、25から50に上昇すれば100％の純利益になる。

8．ポジションを取るときは指値でもよいが、ポジションを手仕舞うときは成り行き注文を使え。

9．ほかのすべてのルールに従ったうえで、値動きが強く、動く理由も強いコモディティを買い、弱いものを売れ。

10．鉄道株が先行するかしっかりと動いている場合は、遅行している場合よりもついていく価値がある。

11．会社の資本構成、株の動きの活発度、株の動きが鈍いのか元気があるのかを調べることは、統計学的なリポートを調べるのと同じくらい重要だ。

「真実を見つけるよりも幻想をなくすほうが賢くなれる」——ルートヴィヒ・ベルネ

174

第2章　偉大なトレンドフォロワーたち

ドンチャンのテクニカル分析のガイドライン

1. ある動きのあとに横ばいの動きが続いた場合、最初の動きと同じ方向に同じ程度の動きが発生することが多い。一般に、横ばいのあとの動きが自然な経過をたどるとき、横ばいのレンジに入る動きが期待できる場合もある。

2. 反転や抵抗線に遭いやすいのは以下の場合である。

    a．過去に狭いレンジで長時間にわたって上下動していた水準に達したとき。

    b．高値または安値に近づいているとき。

3. トレンドラインに近づいていて、出来高が少ないか中程度の場合、売買の良い機会がないかに目を光らせよ。そういったラインには頻繁に到達することはない。

4. マイナートレンドやメジャートレンドに沿って進むような動きや、何回もそれを試すような動きには注意せよ。そんなときはトレンドラインのブレイクに備えよ。

5. メジャートレンドに逆行するマイナートレンドラインをブレイクすれば、それはポジションを取るためのシグナルになる。そうしたブレイクでは逆指値を置いてポジションを取ってもよく、ドテンしてもよい。

6. トライアングルが大きく傾いている場合、ほかの条件にもよるが、買い集めまたは売り抜けが行われていることを意味する。しかし、トライアングルは通常は水平線側がブレイクされることが多い。

7. 特に長い動きのあとでは、出来高が最多になる箇所に注目せよ。

8. ブレイクアウエーギャップ、ノーマルギャップ、エクゾースチョンギャップの区別ができなければ、窓が埋まることには頼らないこと。

175

9. ある動きの途中で1日だけ反転があった場合、反転がどんなに小さくても、特に反転したときに出来高が減っている場合は、元の方向にポジションを取るか増やせ。

「いつトレンドが現れるのかを知ることはできるだろうか。ノーだ。儲けるためにはトレンドがいつ現れるのかを知る必要があるだろうか。これもノーだ。事実、多くのビジネスは時系列データがトレンドを形成する可能性に基づいているのである。保険やギャンブルやほかの関連ビジネスを考えた場合、どんなに小さなプラスのエッジでも大きな利益につながることがあるという結論に達するはずだ」——あるフォーラムの投稿

ドンチャンの弟子

バーバラ・ディクソンはこの業界で女性トレンドフォロワーとして成功した1人だった。彼女は1969年にバッサー大学を卒業したが、女性で歴史学専攻だったために、株式ブローカーとして彼女を雇うところはなかった。それでもくじけずに、彼女はついにシェアソンでドンチャンの秘書としての仕事を得た。ディクソンは3年間ドンチャンの下で働き、トレンドフォローに関する貴重な教えを受けた。ドンチャンがコネチカットに移ったあとも彼女は残り、1973年に独立した。それから間もなく、彼女は2万ドルから100万ドルを超える40の口座を運用するまでになった。

ディクソンはドンチャンのトレードに天才的なものを感じた。「私は数学者ではない。単純な解決法が最もエレガントで優れていると私は思う。『今の市場は上昇トレンドにあるのか、下降トレンドにあるのか、横ばい状態にあるのか』という質問に、複雑な数学の公式が答えを出してくれることを示した者はただの1人もいない。チャートを見て、これら3つの状況を定義するシンプルなルールを持つよりも良い方法が

あるだろうか。これらは70年代に私が使っていたルールだ[107]」

　素早く単純な意思決定が重要だというドンチャンの教えは時代を先取りするものだった。良いシステムはトレンドがないときにあなたを生かしてくれて、あなたの資産を手つかずに残してくれるものである、というのが、ディクソンの好みのフレーズだった。システムの存在理由とはトレンドが現れたときに市場に入れるようにすることである、と彼女は説明した。彼女が言わんとしたことは、「連敗してもシステムの利用をあきらめてはならない……利益が出るのはそんなときなのだから」ということなのである[108]。

　また彼女は値動きを予測しようとすることはないし、常に正しくあろうともしない。値動きの天井や底を予測できないことを知っているからだ。しかし、長期的には利益を出したいので値動きが続いてくれることを願う。しかし、個々のトレードでは間違っていたときはそれを認め、前進するのみだ[109]。

　今日、新しくて新鮮な一獲千金のアイデアにこだわるマーケットプレーヤーが多いが、私はドンチャンが書いた1つひとつの言葉のほうがCNBCで放送される何時間にわたる番組よりも新しく、新鮮で、正直だと思う。私のお気に入りのドンチャンの言葉は、2017年の今、人々がいまだに格闘し続けている問題に光明を与えるものだ。「あなたがトレードしているものが株式であれ大豆であれ、トレードであることに変わりはない。重要なのは富を増やすことである。トレーダーの仕事を記述するとするならば、『損をするな』である。これほど簡単なことはない。これは新人トレーダーにとっては最も重要なことだ。彼らは調査しろとよく言われる。これは良いアドバイスだが、よく考えてみる必要がある。調査だけでは利益は保証されない。1日の終わりに達成すべきことは、貸借対照表の読み方で優を取ることではなく、お金を儲けることであるべきだ」

　アイビーリーグの金融カリキュラムがドンチャンを英雄視しない理

177

由は、彼の遠慮のない正直すぎる話が説明してくれているのかもしれない。

「どこにでも少なくとも若干の荒さがあることはだれも否定しないだろう」
—— ブノワ・マンデルブロ

まとめ——思考の参考に

●ドンチャンの口座は1929年の株式市場大暴落のあとマイナスになった。
●ドンチャンは第二次世界大戦中にロバート・マクナマラの直接の命令下で働いた国防総省の神童の1人だった。
●ドンチャンがトレンドフォローファンドを始めたのは65歳になってからだった。彼は1990年代までトレードを続け、トレンドフォローというアートを多くの人に教え、女性がウォール街でほとんど評価されない時代に女性を教育した。
●「『今の市場は上昇トレンドにあるのか、下降トレンドにあるのか、横ばい状態にあるのか』という質問に複雑な数学の公式が答えを出してくれることを示した者はただの1人もいない」 —— ドンチャン

ジェシー・リバモアとディックソン・ワッツ

リチャード・ドンチャンは大物だったが、ジェシー・リバモアもまた大物だった。リバモアは1877年にマサチューセッツ州サウスアクトンで生まれ、15歳のときボストンに出てペイン・ウェバーのボストンの事務所で働き始めた。彼は株価の動きを勉強し、その変動を利用して株取引を始めた。20代になるとニューヨークに出て投機を始めた。40年の経験を通して、彼は値動きに基づく投機のコツをつかんだ。彼が最優先したルールの1つは、「耳寄り情報には絶対に乗るな」である。

第2章　偉大なトレンドフォロワーたち

　ジャーナリストであるエドウィン・ルフェーブルによって書かれ初版が1923年に出版された『欲望と幻想の市場――伝説の投機王リバモア』（東洋経済新報社）はリバモアの非公式な伝記である。読者はルフェーブルはリバモアのペンネームだと思っていた。同書はやがてウォール街の古典になった。同書からの無数の引用や婉曲表現は今やトレードの格言になっているため、今日のトレーダーたちはそれが同書からのものであるとは予想すらしないだろう。[110]

1．自分の失敗のすべてから教訓を学ぶには長い時間がかかる。物事には二面性があるとよく言われるが、相場ではただ1つのことがあるだけだ。それは強気か弱気かではない。正しい側にいるかどうかということだ。

2．年配のパートリッジ氏が「いいかい、これが上げ相場なんだよ」とほかの客にたびたび言うのを聞くうちに、彼が本当に言いたかったのは、大金は個々の動きのなかにあるのではなくて大きな動きのなかにある、つまりティッカーテープを読むのではなくて、市場全体とそのトレンドを判断することが重要なのだ、ということがようやく分かってきた。それが分かると私のトレードの学習は大きく前進した。

3．人ははっきり見抜いていても、こうなるはずだと思ったとおりに市場が動くまでに時間がかかると、イライラしたり疑い深くなったりするのがその原因かもしれない。ウォール街には、頭が悪いわけでもなく、小学校3年生というわけでもないのに、お金を失う者が多いのはそのためなのである。彼らは市場に負けているのではなくて、自分自身に負けているのだ。頭は良いのに、じっとしていられないからだ。しかし、彼には自分の信念を実行する勇気だけでなく、じっとしている賢明な忍耐力もあった。

179

4．平均的な人は上げ相場か下げ相場かを教えてもらいたいとは思わない。彼らは、どの銘柄を買って、どの銘柄を売るべきかを教えてもらいたいだけなのだ。彼らはタダで何かを手に入れたいのである。彼らは苦労したくないし、考えることさえしたくない。拾ったお金を数えることすら面倒なのだ。

5．人は自家用車を選ぶときほども考えずに、自分の財産の半分を株式市場で危険にさらす。

「私たちはボラティリティや株式市場が急落する日が大好きだ。動いている市場の正しい側にいれば、お金儲けができるからだ。最近の穀物市場のように動かない市場にはお金儲けの機会はない」——ディネッシュ・デサイ[111]

　1990年代後半のドットコムバブルのときに起こった無謀な投機、2008年10月の株式市場の大暴落で終わった無謀な投機、現在のFRBによる市場の下支えを考えてみよう。そして、リバモアがおよそ100年前に市場環境に言及していたことを思い出そう。

　リバモアは1冊の本を書いている。1940年に出版された『**孤高の相場師リバモア流投機術——大恐慌を売り切った増し玉の極意**』（パンローリング）がそれである。今では探すのが困難な本だが、私は粘り強く探して見つけた。リバモアはけっして完璧なトレーダーではなかった（彼自身もそう言っている）。彼はトレーダーの模範になるような人物ではなく、そのトレードスタイルは大胆で極めて変化の激しいものだった。何百万ドルというお金を稼いでは失い、何度も破産した。そういった無謀なトレードにもかかわらず、彼の英知には引きつけられるものがある。

「無限の不思議は、果てしなく繰り返される単純な法則から生まれる」——ブノワ・マンデルブロ

第2章 偉大なトレンドフォロワーたち

リバモアに影響を及ぼしたトレンドフォロワーにディックソン・ワッツがいた。ワッツは1878年から1880年までニューヨーク綿花取引所の所長を勤めた人物だ。2017年の今でも彼の言葉はインスピレーションを与えてくれる。

どんなビジネスも多かれ少なかれ投機だ。しかし、投機という言葉は極端に不確実性の高いビジネスに限って使われるのが普通だ。初心者は、投機は偶然の要素が大きいため、従うべきルールや支配している法則はないと信じている。これは重大な誤りだ。投機家に欠かせない資質とは何だろうか。まずはこれを考えてみよう。

1. **自立心** 人は自分で考え、自分の信念に従わなければならない。自信は成功するための基礎である。
2. **判断力** 均衡、つまり一方から他方へ融通を利かせられることを良い判断というが、これは投機家には欠かせない。
3. **勇気** つまり、決めたことに従う自信。投機ではミラボーの格言「大胆であれ、より一層大胆であれ、常に大胆であれ」が価値を持つ。
4. **慎重さ** 油断なく見張るだけでなく、危険を察する力も必要だ。慎重さと勇気にはバランスが必要だ。思考するときには慎重に、行動は大胆に。慎重さと勇気に関係し、そこから派生する第3の資質が機敏さだ。心で確信したら、それに従って行動する。つまり、考えたら速やかに行動せよということである。
5. **柔軟性** 意見を変えることができること、修正する力。エマーソンの言葉——「観察して、また観察する人は手ごわい」。

これらの資質は投機家として成功するために不可欠なものだが、

181

バランス良く実行することが重要だ。どの１つの資質も、足りなくても過剰であっても、すべてが無効になる。こういった資質をバランスよく持っている人はそういるわけではない。投機でも人生でも、成功する人が少なく、失敗する人が多いのはそのためだ。[112]

ジェシー・リバモアの見方はワッツに比べると学識的ではなく感情的だが、今でも引用され続けているリバモアの有名な言葉がある。「ウォール街は変わらない。変わるのは財布の中身であり、カモにされる連中であり、株価を操ろうとする連中だ。でもウォール街は変わらない。なぜなら、人間の本性が変わらないからだ」

「どの国の政府も中央銀行も紙幣を発行する権力を悪用することには制限がかけられている」──デビッド・リカード

まとめ──思考の参考に

● デビッド・リカード（1772〜1823年）はワッツ、リバモア、ドンチャンに影響を与えた。彼は最初のトレンドフォロワーと言ってもよいだろう。

● 見えないものを見ること。さもなければ、それはリスクになる。

● 「トレンドフォローの哲学とは今の進行する状態に順応することを基本とする。つまり、今日正しい判断をするために過去から学ぶということである。それは、投資で損をしないようにするためではなく、損失に殺されないようにそれを管理するためである」──マイケル・メリッシノス

● 「過去にさかのぼって学んだことは、リターンに大きな偏りがあるときは、『どれくらい上がる可能性があるか、どれくらい上がるのが妥当なのか』と自問したほうがよい。五分五分なんてものはないのだから。

20%の確率でもやってみる価値はある。なぜなら勝ったときに得られるものは限りなく大きいからだ」——グーグルを追いかけない理由について（ビル・ガーリー[113]）

● 「吹き間違えたら、それを良くも悪くもするのは次の音符だ」——マイルス・デイビス

パフォーマンスは語る
Performance Proof

「たとえあなたが少数派であろうと、真実は真実だ」──ガンジー

「意思が伝わってないんだ。話の通じない連中もいる。だから先週と同じ目に遭うんだ。これがあいつの望みだろう」──映画『暴力脱獄』より

　自分には儲かる手法やシステムがあると言うことはだれにでも言える。しかし、唯一、重要な客観的尺度はパフォーマンスである。何か主張したいのなら、根拠となる証拠が必要だ。本書の数字は、第三者によるニュース配信やアメリカや国際規制当局による内部公開情報に基づくものなのでウソはない。疑い深い人は、「ちょっと待ってよ。数字は操作できるんだよ」と言うかもしれないが、複数の国の無関係なトレーダーたちの何十年分の運用データを操作することは不可能だ。これはバーナード・マドフのインチキなトラックレコードに関するものではないのだ。そこで、伝説のトレンドフォローのパフォーマンス履歴とさまざまな研究論文（関係者としての私が知り得た情報は、これとは別に１冊の本になるくらいの分量がある）を考察するにあたっては、データを分析するうえで重要になる６つの概念に焦点を当てる。

「データも集めないで理論を組み立てるのは大きな過ちだ」──サー・アーサー・コナン・ドイル[1]

1．絶対リターン
2．ボラティリティ

第1部　トレンドフォローの原理

3．ドローダウン
4．相関
5．ゼロサム
6．バークシャー・ハサウェイ

絶対リターン

　絶対リターンを目指すトレード戦略とは、可能なかぎり収益を上げようとする戦略のことを言う。アレクサンダー・イネイチェンは絶対リターンを簡潔に次のように定義している。「絶対リターンを目指す運用者とは基本的にベンチマークを持たない運用者のことだ。ベンチマーキングは、良いことでも悪いことでも予想外のことが起こる可能性を少なくするように、運用者を制約する方法とみなすことができる[2]」

　最も純粋な形のトレンドフォローは、特定の指数を追いかけたりまねたりすることはけっしてない。もしトレンドフォローに紋章があれば、そこには「絶対リターン」と刻まれるだろう。トレンドフォローは、ベンチマーキングが不自然に制限する「予想外のこと」を利用してそこから利益を得るのである。

「これは買い物のためにクーポンを集めることとは違うんだ。リスクをとらなきゃ見返りもない。チャンスはものにせよ」——作者不明

　しかし、すべてのトレンドフォローが絶対リターンを目指したり、可能なかぎり最大の利益を上げようとするわけではない。みんながみんな全力でリスクイクスポージャーをとるゲームをしているとは限らないのである。例えば、ジェリー・パーカーはある顧客層（リスクをとりたくないので、リターンが低くても構わない人）に対しては、意図的に低いリターンを目指している。

186

しかし、ジョン・W・ヘンリーは長い間次のように主張してきた。「われわれ全体の目標は絶対リターンを提供することだ。伝統的な株式ファンドや債券ファンドのマネジャーのように相対リターンを目指すマネジャーは、あらかじめ決められたベンチマークに対してどれくらいのパフォーマンスを上げるかで評価される。われわれにはそういったベンチマークはない。われわれの目標はどのような市場状態でもリターンを上げることなので、絶対リターンを目指す投資顧問会社と考えてよい」[3]

ベンチマーク程度のリターンを目指せば、大衆と一緒に走ることになる。S&Pのようなベンチマークがあれば安心かもしれない、たとえそれが虚構であっても。ベンチマークにむやみやたらに従うのではなくて、絶対リターンを目指すことが不確実性に対処する最良の方法だと考えるのがトレンドフォローだ。

指数連動とかベンチマーキングという考え方は、伝統的なロングオンリーのパッシブ運用をベースとする効率的市場仮説（EMT）の世界では非常に有用だ。しかし、絶対リターンを目指す投資では、それらは有用性はほとんどゼロに近い。絶対リターンを達成するためには何が必要かという話に戻るが、投資元本を保護してプラスのリターンを得るためには、トレード戦略を実行するうえで大きな自由度が必要になる。絶対リターンを目指す投資というのは、マネジャーがベンチマークと似たポートフォリオを構築したうえで、パフォーマンスを相対ベースで考えるベンチマーキングとは対極にある考え方である。[4]

トレード戦略がベンチマークとの比較に基づくものならば、トレーダーに才能があるかどうかは問題ではない。すべての意思決定は平均を目指すことに焦点が当てられるからだ。ここにトレードスキルが必要だろうか。ノーである。だから80％の投資信託は平均を上回ることができないのである。

第1部　トレンドフォローの原理

ボラティリティとリスク

「自分で考えられる人とそうでない人の間には埋めがたい溝がある」── ルートヴィヒ・フォン・ミーゼス[5]

　ファンドの月々のパフォーマンスをトラッキングして格付けする機関がある。モーニングスターといった機関は「星の数で格付け」をする。

　　この数値による格付けシステムではすべてのCTA（商品投資顧問業者）のパフォーマンスを格付けしている……格付けは4つの評価基準に基づいて行われる──①顧客の投資資産、②パフォーマンス、③リスク、④リスク調整後リターン。各評価基準で最も高い格付けは星5つ、最も低い格付けは星1つとなる。各評価基準で実際に使われる統計量は以下のとおりである。
　　1．パフォーマンス──収益率
　　2．リスク──リターンの標準偏差
　　3．リスク調整済みリターン──シャープレシオ
　　4．顧客の投資資産──運用資産[6]

　ダン・キャピタルはかつてリスク評価が星1つのときがあった。これは、ダンへの投資はリスクが高いことを意味する。しかし、こうした格付けはダンの真のリスクを正確にとらえているとは言えない。この格付け会社はリスクを測る尺度としてリターンの標準偏差を使っている。しかし、リターンの標準偏差はボラティリティを測る尺度であって、必ずしもリスクを測る尺度ではない。ボラティリティが高いからというだけで必ずしもリスクが高いとは言えないのである。

　40年の歴史を持つダン・キャピタルが不利な格付けをされたことを

188

気にしているとは思えないが、リスクを測る尺度としてリターンの標準偏差を使っていると、真の理解は得られない。

ボラティリティとは価格が思いがけなく変化する傾向のことを言う。[7]

この格付け会社は当時活発にトレードしていたビクター・ニーダーホッファーをランク付けしているが、この格付けは星による格付けシステムの弱点をよく表している。彼のファンドが破綻に追い込まれた1997年、彼のリスクの格付けは星4つだった。彼の過去のパフォーマンスに基づく格付けでは、彼のほうがダン・キャピタルよりもはるかに安全だったのだ。星による格付けがニーダーホッファーが低リスクだと信じていた人々を裏切ったのは明らかだ。リスクを測る尺度としてリターンの標準偏差を使うことは、トレンドフォローにとって公平とは言えない。私の目標の1つは、トレンドフォローがリスキーだという単純化された考え方や、すべてのトレンドフォロー戦略のリターンの標準偏差は高い、つまりトレンドフォローは悪いという考え方を一掃することである。

まずはさまざまなトレンドフォロー会社の10年にわたるパフォーマンスを見てみよう（**表3.1**）。

絶対リターンのパフォーマンスを見れば、ボラティリティの高いトレーダーは悪いトレーダーだと決めつけるのは無意味であることが分かるはずだ（**表3.1**）。生の絶対リターンは恐怖やキャリアリスクよりもはるかに価値がある。つまり、絶対リターンは大きな富を手に入れる唯一の方法なのである。

しかし、リターンの標準偏差で測定されるボラティリティはいまだにほとんどの市場参加者の間では悪いものという認識がまかり通っている。過去のデータを分析すれば、ボラティリティがあるのは当たり前だということが若い学生でもすぐに分かるというのに、ボラティリ

第1部　トレンドフォローの原理

表3.1A　絶対リターン――年次リターン（1993/01～2003/06）

運用会社	年次リターン	累積リターン
1．エックハート・トレーディング（高レバレッジ）	31.14%	1,622.80%
2．ダン・キャピタル・マネジメント（世界通貨資産）	27.55%	1,186.82%
3．ドルフィン・キャピタル・マネジメント（グローバル分散型I）	23.47%	815.33%
4．エックハート・トレーディング（標準型）	22.46%	739.10%
5．KMJキャピタル・マネジメント（通貨）	21.95%	703.59%
6．ピーチ・キャピタル・マネジメント（裁量型）	21.54%	675.29%
7．マーク・J・ウォルシュ・アンド・カンパニー（標準型）	20.67%	618.88%
8．サクソン・インベストメント（分散型）	19.25%	534.83%
9．マン・インベストメント・プロダクツ（AHLコンポジット・プロフォーマ）	7.66%	451.77%
10．ジョン・W・ヘンリー・アンド・カンパニー（グローバル分散型）	17.14%	426.40%
11．ジョン・W・ヘンリー・アンド・カンパニー（金融・貴金属）	17.07%	423.08%
12．ドレイス・リサーチ・コーポレーション（分散型）	16.47%	395.71%
13．エイブラハム・トレーディング（分散型）	15.91%	371.08%
14．ダン・キャピタル・マネジメント（機会目標システム）	14.43%	311.66%
15．レイバー・マーケットリサーチ（分散型）	14.09%	299.15%
16．ジョン・W・ヘンリー・アンド・カンパニー（国際FX）	13.89%	291.82%
17．ハイマン・ベック・アンド・カンパニー（グローバルポートフォリオ）	12.98%	260.18%
18．キャンベル・アンド・カンパニー（金融・貴金属・エネルギー、大型）	12.73%	251.92%
19．チェサピーク・キャピタル・コーポレーション（分散型）	12.70%	250.92%
20．ミルバーン・リッジフィールド・コーポレーション（分散型）	11.84%	223.88%
21．キャンベル・アンド・カンパニー（グローバル分散型、大型）	11.64%	217.75%
22．タミソ・アンド・カンパニー（オリジナル通貨口座）	11.42%	211.29%
23．JPDエンタープライジス（グローバル分散型）	11.14%	203.03%

表3.1B パフォーマンスとシャープレシオ (2016/12まで)

CTA	ボラティリティ	パフォーマンス					シャープレシオ					ODR*
	60カ月	12カ月	24カ月	36カ月	48カ月	60カ月	12カ月	24カ月	36カ月	48カ月	60カ月	
AQRキャピタル・マネジメント (マネージド・フューチャーズ――クラスI)	10%	−8%	−7%	2%	12%	15%	−0.80	−0.27	0.13	0.34	0.35	1.47
アスペクト (分散型)	13%	−9%	−2%	29%	24%	10%	−0.86	0.00	0.64	0.45	0.21	1.02
キャンベル・アンド・カンパニー (マネージド・フューチャーズ)	12%	−10%	−13%	5%	18%	23%	−0.87	−0.47	0.18	0.40	0.40	1.09
ダン世界の通貨と農産物 (WMA) プログラム	23%	−5%	5%	42%	91%	55%	−0.18	0.21	0.62	0.81	0.50	1.34
ダンWMAインスティチューショナル・プログラム	11%	−1%	4%	23%	41%	31%	−0.08	0.24	0.65	0.82	0.56	1.32
グラハム・ダイバーシファイド (分散型k4D-10V)	10%	−8%	−7%	10%	22%	16%	−1.01	−0.39	0.36	0.53	0.36	1.13
ISAM (システマティック・プログラム)	17%	−12%	1%	64%	47%	21%	−0.78	0.13	0.93	0.61	0.30	1.64
リンクス・アセット・マネジメント・バミューダ	15%	−3%	−12%	12%	25%	16%	−0.15	−0.34	0.32	0.45	0.28	0.87
マン・インベストメンツ (AHL分散型)	12%	−8%	−10%	18%	15%	14%	−0.66	−0.32	0.49	0.33	0.27	0.99
トランストレンドB.V. (リスク強化型, ミドル)	12%	8%	5%	23%	23%	22%	0.60	0.23	0.57	0.47	0.38	1.14
ウィントン・キャピタル (分散型)	9%	−3%	−2%	11%	22%	17%	−0.38	−0.09	0.42	0.55	0.39	1.15
バークレイズCTAインデックス	5%	−1%	−2%	5%	4%	2%	−0.20	−0.24	0.37	0.22	0.10	1.15

出所＝バークレイ・ヘッジ

* ODR (オフェンス・ディフェンス・レシオ。「平均勝ち月÷平均負け月」比率)。ODRの高い戦略は市場環境が良いときに増益の可能性が高く、逆境のときには損失を限定することができる

ティと聞くと人はおびえる。ほとんどの投資家はボラティリティをほのめかされただけで逃げようとする、たとえ逃げようがないときでも。市場やトレーダーによってボラティリティの大きさは異なるが、ある程度のボラティリティは避けようがない事実なのである。トレンドフォローにとってはボラティリティは利益の前兆だ。ボラティリティがなければ、利益を得る機会もない。

　ビジネス・ウィークにも見られるように、メディアはボラティリティというものを誤解している。「トレンドフォロワーは目も当てられないような彼らの最近のリターンに理屈をつけようとしている。『われわれのリターンがどうだったのかという表層的な疑問はさておき、現実を見ると、世界市場が大きく変化していることに気づくはずだ。ボラティリティは新しいトレンドが現れる予兆にすぎない』とジョン・W・ヘンリーの社長は言うが、先物トレーダーはボラティリティを利用して稼ぐとされている。通貨市場が異常を来したときにコモディティファンドで大きな損失を出した顧客にとっては、パフォーマンス成績は『表層的』では済まされない[8]」

「数年前、トレンドフォローは片隅に追いやられてしまったと指摘する者がいた。しかし、私たちは片隅に追いやられてなんかいない。トレンドフォローは今年、多くの人々の富を守るという重要な役割を果たした」――マーク・ゼプチンスキー[9]

　パフォーマンス履歴全体を無視してある期間だけに注目するのでは、全体像は見えてこない。翌年、トレンドフォロワーのダン・キャピタルは60.25％のリターンを上げ、パーカーは61.82％のリターンを上げた。この記事を書いた記者はトレンドフォローに対する見方を修正する追跡記事を書いたのだろうか。ビジネス・ウィークが修正記事を書かなくても私はまったく驚かない。

ボラティリティ

　ヘッジファンドのリサーチャーであるニコラ・ミーデンはリターンの月次標準偏差（平均から上下への乖離状態で測ったボラティリティ）とセミ標準偏差（下方への乖離のみで測ったボラティリティ）を比較した。その結果、トレンドフォローはボラティリティが高いのはほぼ間違いないが、それは下方（マイナスリターン）ではなくて、上方（プラスリターン）に集中することが多いことを発見した。

　このようにトレンドフォローのパフォーマンスは、シャープレシオのようなパフォーマンス測度によって不利な扱いを受けている。シャープレシオは標準偏差とセミ標準偏差は区別しないので、ボラティリティがプラス側にあるのかマイナス側にあるのかは無視される。2つの偏差を計算する式は、セミ標準偏差が平均から下への乖離のみを見るという点を除いてはまったく同じものである。セミ標準偏差が標準偏差よりも小さければ、平均からの乖離はプラス側にあるはずだ。逆に大きければ、マイナス側にある。月次標準偏差が12.51でセミ標準偏差が5.79なので、トレンドフォローのボラティリティはプラス側にあることをミーデンは指摘している[10]。

　上方ボラティリティを別の視点から見てみよう。上昇相場を考える。100ドルで仕掛けたあと価格が150ドルに上昇し、そのあと125ドルに下落する。これは悪いことなのだろうか。必ずしもそうとは言えない。なぜなら、100ドルから150ドルに上昇して125ドルに下落したあと、175ドルに上昇する可能性もあるからだ。これが上方ボラティリティだ。平均・分散ポートフォリオ理論でノーベル賞を受賞したハリー・マーコウィッツ（ポッドキャストエピソード#235を参照）も、セミ分散は優れたリスク測定になると言っている。彼は次のようにも言っている。「セミ分散を使って資本資産価格モデル（CAPM）を構築していればノーベル賞はもらえなかったかもしれない」

第1部　トレンドフォローの原理

　簡単に言えば、トレンドフォローは負けトレードはすぐに手仕舞うので、従来の株価指数よりも、上方ボラティリティは大きく、下方ボラティリティは小さい。トレンドフォロワーのグラハム・キャピタルはボラティリティに対する恐れを和らげてくれる発言をしている。「トレンドフォロワーは市場の方向性を正しく見極め、ポートフォリオのコストを最小化することで正のリターンを達成するのだ。トレンドフォローは『ボラティリティを買う』と言われることがあるが、トレンドフォロワーはボラティリティから利益を得ることがあっても、ボラティリティをトレードすることはない」[11]

　問題はボラティリティをいかに減らすか（結局、だれも市場をコントロールすることはできない）ではなくて、正しいポジションサイジングやマネーマネジメントを通じてボラティリティをいかに管理するかである。結局は、暴れ馬に乗り慣れるしかないのである。偉大なトレンドフォロワーといえども、資産曲線が一直線に上昇することはない。大金を儲けるうえでは資産の上下動は付き物という意味では、彼らもあなたの仲間なのだ。

「トレードは会計上の観点からはゼロサムゲームだ。ゼロサムゲームでは、勝者の総利益は敗者の総損失にぴったり等しくなる」──ラリー・ハリス[12]

　ジョン・W・ヘンリーはリスクとボラティリティを明確に区別する。「リスクはボラティリティとはまったく異なる。リスクとボラティリティは同じものだと思っている人が多いが、両者には大きな違いがある。このことについて話をすれば、優に1時間はしゃべれるほどだ。あえて言うならば、私たちはボラティリティもリスクも抱えている。私たちにとってリスクとは、特定のトレードで0.2％のリスクをとれば、0.2％の損失を出すことを意味する。これが私たちにとっての真のリスクだ。利益を市場に戻すのはあなたにとってはリスクに思えるかもしれ

194

ないが、私たちにとってはそれはボラティリティだ」

　ヘンリーの世界観には、高いボラティリティを避けるという発想はない。彼が絶対に味わいたくないことは、利益を出す前にボラティリティを理由にしてメジャートレンドから降りることである。1980年代からのトレンドフォロワーであるディネッシュ・デサイは、ボラティリティが大好きだ、とよく言ったものだ。彼が大金を稼いで引退できたのは、ボラティリティの高い市場の正しい側にいたからである。

　ボラティリティに関する議論に終わりはないが、トレンドフォローはヘッジファンド業界において最も長い実績を持つ戦略の1つであり、一貫して分散効果を示してきた。客観的に売りポジションを持つ能力は極めて重要だ。相対的に低いシャープレシオを持つ戦略としてのトレンドフォローを投資家はよく理解する必要がある。ポジションサイズはリスク許容度に一致するのである[13]。

　しかし、懐疑的な人やボラティリティを批判する人は、高いボラティリティは悪いものであるとしか見ない。例えば、15億ドルの資産を運用しているあるファンドマネジャーはトレンドフォローを信じられなくて、いまだにサイドラインから傍観しているだけだ。「私がトレンドフォローをためらう最大の理由は、それがテクニカル分析に依存している点にある。CTAは儲かっているようだが、彼らは経済データをほとんど組み込まないので、トレンドが反転するまでそれに乗っかっているだけである。こうした原始的な方法を取っているから、平均以下のリスク・リワード・レシオしか出せないのだ」。また別の資産運用者は次のように言う。「メジャーリーグの選手を雇えるときに、なぜマイナーリーグの選手に金を出さなければならないのか」[14]

　偉大なトレンドフォロワーの絶対パフォーマンスを見て、それをマイナーリーグの野球だと言うのは、客観的な視点に欠けているとしか言いようがない。この資産運用者は、救済されなければ2008年10月を乗り越えられなかったのではないかと私は思う。2008年10月に破綻し

第1部 トレンドフォローの原理

たファンドや銀行はすべてメジャーリーグだったのではないのか。しかし、「ボラティリティは悪」というプロパガンダを克服できれば、ボラティリティがいかに重要かは簡単に分かるはずだ。

「なかには負けるのが好きと思える人もいるが、彼らは負けることで望むものを手に入れているのだ」——エド・スィコータ[15]

トレンドフォロワーのジェイソン・ラッセルはこれを次のように述べている。

「ボラティリティはそれを認識したときに問題になる。自分のポートフォリオのボラティリティを見て、がっかりして吐き気を催し泣き出したときには、世界中のどんなチャートも比率も高度な数学も何の助けにはならない。私はこれを『吐き気の限界（vomitility）』と呼んでいる。自分の限界を理解しておくことは重要だ。なぜなら、そこで完全に自信をなくし、何もかも放棄してしまうからだ。トレーダーやポートフォリオマネジャーや数学者は、公式や比率を使ってボラティリティを測定し、リスクを記述する方法を持っているように見えるが、数学がどんなに得意でも、ボラティリティのイメージをはっきりと思い描くのはそれほど容易ではない。これをまとめると次のように言うことができる。ボラティリティは存在するという現実を認めよ、さもなくばボラティリティに降伏させられるという現実が待っているだけだ」

ラッセルの言葉をあげつらうかのように、デビッド・ハーディングは次のような質問を受けた。「あなたのファンドには創設以来、かなり多くのお金が集まっているようですが、特にこの2年は多いですね。それはなぜですか」

196

これに対してハーディングは次のように答えた。「マーケットはまことに複雑な話をもたらす。私たちのストーリーも単純ではない。最初の数年間はインターネット株が急上昇して私たちの会社の成長は妨げられた。しかしそのあと、人々はエクイティカーブがきれいに上昇するタイプのヘッジファンドに魅力を感じるようになった。私たちは一度もそういったことを主張したことはないのだがね。しかし、そうした話がうまく伝わるようになって、私たちはレースで賭けても勝てる馬だと思われるようになったのだと思う」

ドローダウン

しかし、トレンドフォローにはドローダウンが付き物だ。ドローダウンとは投資期間において損失を出した期間のことを言い、具体的には最大資産から落ち込んだときの下落率で表される。ドローダウンは実際には資産の落ち込みが始まってから、資産が新たにピークに達するまでの期間も含まれる。つまり、時間的には、資産のピークから谷までの期間（ドローダウンの長さ）と、谷から新たなピークまでの期間（回復するまでの時間）の両方が含まれる[16]。

例えば、10万ドルからスタートして、5万ドルに減少したら、50％のドローダウンになる。あるいは、50％の損失を出したと言い換えてもよい。つまり、ドローダウンとは口座の資産からどれくらい損失を出したかということである。もちろんドローダウンはバイ・アンド・ホールドでも発生するが、大きな違いは、トレンドフォローは手仕舞い戦略を持っている点である。これは驚くほどのことではないが、投資家や規制当局の多くはトレンドフォローのドローダウンを口汚くのしる一方で、投資信託には本当のドローダウンを隠蔽させている。

「トレンドフォローモデルをすべて並べてみると、ほとんどが同じ市場で利

197

第1部　トレンドフォローの原理

益を出し、同じ市場で損失を出していることに気づくだろう。これらのモデルはすべて同じチャート見て、同じ機会があると認識していたからだ」
――マーク・グッドマン（ケンマー・アセット・アロケーション[17]）

　ダン・キャピタルは次のように反論する。

　「投資家は、私たちのトレードプログラムにはボラティリティが含まれるということを理解しておく必要がある。すべてのプログラムには同じリスク特性が組み込まれているため、どのプログラムに投資しても、私たちのコンポジットレコードのパフォーマンスと同じくらいのボラティリティを被ることは予想しておいてもらいたい。この40余年のなかで、コンポジットレコードでパフォーマンスは月ベースで25％を超える損失を出したことが8回ある。8回目の損失は40％で、1999年9月から2000年9月まで続いた。しかし、この損失は2000年12月までの3カ月で取り戻した。当社始まって以来最大の損失は52％で、1976年2月まで4カ月間続いた（ダンは2007年に57％のドローダウンを出したが、2016年7月には回復して新たな高値を更新した）。顧客は将来的にこれと同じくらい、あるいはもっと悪いドローダウンを経験する可能性もあるので、それに耐える覚悟が必要だ。それができない人やその意思がない人は、次の回復まで待てないで大きな損失を被ることになるだろう[18]」

　「ダン・キャピタル・マネジメントの資料には過去の深刻な損失をまとめたものが含まれている。それによると、同社は25％以上の損失を出した時期がいくつかあるのが分かる。投資を検討している人には次の文書が配布された――『これに耐えられない人は、このポートフォリオ向きの人ではない[19]』」

198

第3章　パフォーマンスは語る

図3.1　ダン・キャピタルのドローダウンチャート

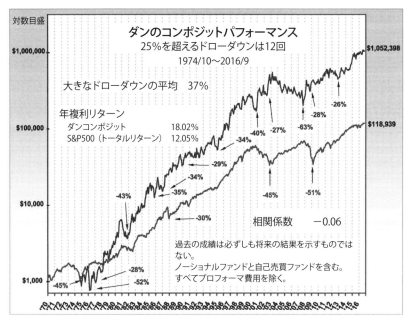

出所＝ダン・キャピタル・マネジメント

　ダンの哲学を理解していなければ、あとであれこれと批判する人でもうらやむ40年の実績があったとしても、ダンに投資しようとは思わないかもしれない。**図3.1**のダンのドローダウンの歴史を見てみよう。このチャートは第2章でもパフォーマンスを示すのに使ったが、今回は目的が違う。

　ピークの間の谷が水で満たされていると想像してみよう。チャートの上に紙を置いて、ゆっくり右側に移動させてみよう。このファンドに大金を投資したと想像しよう。紙を右側にゆっくり移動させると、どのように感じるだろうか。どれくらい長く水面下にいることができるだろうか。どれくらい深く潜れるだろうか。電卓を取り出して、銀行に預けていたらどれくらいの儲けになったかを計算するだろうか。こ

199

第1部　トレンドフォローの原理

の損をしたお金があれば、旅行にも行けたし、車や家も買えた、あるいは貧しい国の飢餓問題も解決できたかもしれないと思うだろうか。

「何かがうまくいかなかったからと言って、プログラムを1年で見直すのはやめたほうがよい。それを使い続けていれば翌年はうまくいったかもしれないからだ」——エクリプス・キャピタル

　目をしっかりと見開いているプレーヤーにとって、このドローダウンは耐えられるものだ。なぜなら、長期的に見れば、絶対リターンをもたらしているからだ。しかし、それは簡単には受け入れられるものではない。ドローダウンの話を正確にするとなると、回復の話をせざるを得ない。つまり、ドローダウンが始まった時点までお金を戻すという意味である。これまでの実績では、トレンドフォローはドローダウンから素早く回復している。

トップ25またはトップ50のトレンドフォロワーは基本的に同じ場所で利益を出す。彼らの違いはポートフォリオとリスクマネジメントである[20]。

　しかしお金を損して、それを取り戻すときの計算はしっかりやらなければならない。100ドル投資してそれが50ドルになったら、50％のドローダウンになる。ブレークイーブンに戻すにはいくら稼がなければならないだろうか（**表3.2**）。そのためには100％のリターンが必要だ。そう、50％損をしたら、ブレークイーブンにするには100％のリターンが必要なのだ。**表3.2**を見ると、ドローダウンが大きくなるにつれて、ブレークイーブンに戻すのに必要なリターンは急激に増えていく。トレンドフォローはこのチャートと毎日向き合っているのだ。トレンドフォローはこの計算に対応できるように設計されているのである。

200

第3章　パフォーマンスは語る

表3.2　ドローダウンからの回復に必要な割合

ドローダウンの大きさ%	回復に必要な割合%
5%	5.3%
10%	11.1%
15%	17.6%
20%	25.0%
25%	33.3%
30%	42.9%
40%	66.7%
50%	100%
60%	150%
70%	233%
80%	400%
90%	900%
100%	破　滅

「あなたの買った株が50％下落してもパニックに陥らないようでなければ、投資はやめたほうがいい」——ウォーレン・バフェット

　注＝1980年以降、バークシャー・ハサウェイは51％、49％、37％、37％のドローダウンを喫した。さらに、チャールズ・マンガー・パートナーシップは1973年に31.9％、1974年には31.5％のドローダウンを喫している。

　デビッド・ハーディングはドローダウンについて明確な説明をしてくれた。

　「マネージド・フューチャーズ業界で業績の質や戦略の『危険度』を測る重要な尺度はドローダウンだ。それは純資産価値が最高値からどれくらい下落したかを測ったものだ。商品先物取引委員会の開示義務規則によって、商品取引顧問業者は簡易的な業績記録

201

の一部として『トラックレコードの山から谷までの最大ドローダウン』を公開する義務がある。パフォーマンス履歴の一面を説明するのに、ドローダウンには良い点が1つある。それは現実を表しているという点だ。そのため、ボラティリティのような概念に比べるとそれほど抽象的ではない。ドローダウンは過去よりも後退した度合いを示すものだ。別の言い方をすれば、過去にそのマネジャーに投資していたら被ったであろう損失の大きさを測ったものである。マネジャーは最悪のドローダウンを緋文字のように刻印されて残りの人生を生きなければならない」[21]

「私たちはドローダウンのせいで何かを変えたことはない。トレードを開始した1974年以降、プログラムに小さな変更はあったものの、基本的な概念を変えていない。パラメーターや売買シグナルはほとんど同じままである」
―― ビル・ダン[22]

　絶対リターンを目指すトレード戦略を完全に理解できれば、ドローダウンに対する恐怖は和らぐはずだ。

　しかし、トレードから壊滅的リスクをとり除くことはできない。ましてやドローダウンを取り除くこともできない。ドローダウンの最中の一番悪いときにおじけづいた例を見てみよう。「私はかつて顧客のために口座を開いた。10%から12%落ち込んだとき、私はドローダウンや損失予想について顧客に説明した。しかし、彼の口座が突然20%落ち込むと、彼はとても不安になり、結局、口座を閉じた。ドローダウンに耐え切れずにトレードをやめるという決断をしたのだ。私はその後も彼の口座を仮想的にトラッキングしたので、彼があのままトレードを続けていればどうなったかを知ることができた」

「ドローダウンが発生する前のトレード方法を変えてはならない。また忍耐

強くなければならない。トレーダーの心理としては明日にでも損失を取り戻したいと思うのは当然だが、損をするときは早く、取り戻すのには時間がかかることを忘れてはならない。自分なら早く取り戻せると思うかもしれないが、そううまくはいかないものだ」——デビッド・ドルーズ[23]

　彼は話を続けた。「結局、彼が口座を閉じたのはドローダウンが最大になる２日前だった。あのまま投資を続けていれば、口座を閉じたときから121.1％上昇し、口座を開いたときから（2008年10月までには）71.6％上昇していただろう。私はフィデリティ・マゼラン・ファンドのマネジャーであるピーター・リンチのよく引き合いに出される言葉を思い出す。トレードの成功で脚光を浴びていたリンチは、彼のファンドの投資家の50％以上が損をしていることを明かした。彼の説明によれば、ほとんどの投資家は最悪のときに資金を引き上げるというのがその原因だという。彼らは感情的にトレードし、ドローダウンを潮の満ち引きのような自然な変化としてではなく、まるでガン細胞のように扱ったのである」

　興味深いことに、ドローダウンには人が考えないような別の見方がある。例えば、ダン・キャピタルのトラックレコードのようなトレンドフォローのパフォーマンスデータを見ると、投資に適している時期があることに気づかされる。

　顧客のなかにはパフォーマンスチャートを見て、ファンドがドローダウンを喫しているときに買う人がいる。ダン・キャピタルのファンドが30％落ち込んでいても、過去のパフォーマンスデータを分析してドローダウンからの回復が早いことが分かれば、特売中に買うのも選択肢の１つだ。これは資産曲線トレードと呼ばれている。トレンドフォロワーのトム・バッソは次のように述べている。

　「トレーダー、なかでも特にシステムトレーダーは、ドローダウン

第1部　トレンドフォローの原理

のときに買うんだと言わない人はいない。しかし、トレーダーから見れば買い増しするのが一番良いときに、投資家は買い増ししないようだ……投資家はなぜドローダウンのときに買わないのだろうか。これはおそらくはドローダウンのときに買うという投資家心理に関係があると思う。3カ月マイナスが続くと、人間の心というものは『この調子で行けば、50％損をする、あるいはすべてをなくすのにはそれほど時間はかからないだろう』といとも簡単に考えてしまう。安く買えるとか、リスクよりもリターンが大きくなることを考えるのではなくて、マイナス面ばかりを考え、将来を悲観的にしか考えない[24]」

相関係数 —— 2つ以上の確率変数の相互依存性を測定する統計学的尺度。1つの変数の変化はほかの変数の変化でどれくらい説明できるかを示す値[25]。

トレンドフォロワーのなかには顧客にドローダウンのときに彼らのファンドを買いなさいと勧めるだけでなく、彼ら自身もドローダウンのときに自分たちのファンドを買う者がいる。私の知るトップのトレンドフォローファンドの社員のなかには、ドローダウンになるとうれしがる人がいる。なぜなら、自社ファンドを安く買えるからだ。

運用資産数十億を誇るトレンドフォローのマネージド・フューチャーズ会社であるキャンベル・アンド・カンパニーは1972年の創設以来、平均17.65％のリターンを上げ、このパフォーマンスが長期的に持続可能であることを証明した[26]。

ほかのトレードスタイルにもドローダウンは付き物だ。例えば、ウォール街で名の知れた会社のいくつか（トレンドフォロワーではない）は2008年に困難な状況に陥った。しかし、彼らはトレンドフォローに

204

第3章　パフォーマンスは語る

よってドローダウンを被ったわけではない。

●ウォーレン・バフェット（バークシャー・ハサウェイ）　　−43％
●ケン・ヘエブナー（CMGフォーカス・ファンド）　　　　　−56％
●ハリー・ラング（フィデリティ・マゼラン）　　　　　　　−59％
●ビル・ミラー（レッグ・メイソン・バリュー・トラスト）　−50％
●ケン・グリフィン（シタデル）　　　　　　　　　　　　　−44％
●カール・アイカーン（アイカーン・エンタープライゼズ）　−81％
●T・ブーン・ピケンズ（2008年から20億ドルのマイナス）
●カーク・カーコリアン（フォード株だけで6億9300万ドル
　のマイナス）

「あなたのポートフォリオの10％を1977年2月から2003年8月までミルバーン・ダイバーシファイド・ポートフォリオに投資していれば、ポートフォリオのリターンは73ベーシスポイント（6.2％）上昇し、リスク（標準偏差で測定）は8.2％減少していただろう」 —— ミルバーン・コーポレーション

　どういったトレード戦略でも、ドローダウンからどれくらい素早く回復して、再び利益を出し始めることができるかを見極めるのは最も重要なことだ。

相関

　相関を比べれば、トレンドフォローがまっとうな手法で、トレンドフォロワーたちが使っている戦略が似通っていることを示すのに役立つだろう。相関はポートフォリオを構築するうえで重要なだけでなく、トレンドフォロワーたちのパフォーマンス履歴を分析・比較するための重要なツールでもある。

205

「ラーニング・トゥ・ラブ・ノンコーリレイション（Learning to Love Non-Correlation)」という研究論文のなかでは、「相関は統計用語で、2つの確率変数の間の線形関係の強さを示すもの」と定義されている。相関とは1つのものがほかのものと連動して動く傾向のことを言う。相関係数は－1から＋1までの間の値を取り、－1は2つの投資対象が完全逆相関（完全に正反対の動きをする。例えば、一方が5％上昇するたびに、もう一方は5％下落する）であることを意味し、＋1は投資結果がまったく同じになる（2つとも同じ期間に同じ量だけ上昇したり下落したりする）ことを意味する。数値が＋1から下がる（したがって、－1に近づく）ほど、一方の投資対象のもう一方の投資対象に対する分散効果は高くなる。しかし、もっと簡単に、1つの投資対象が「ジグ」すると、もう一方の投資対象は「ザグ」するのが相関だという説明もある。[27]

「若いときは人生で最も重要なものはお金だと思っていたが、年を取った今、人生で最も重要なものは何なのかがようやく分かってきた」——オスカー・ワイルド

　例を見てみよう。トレンドフォロワーの月次パフォーマンスの数字を集めて、相関係数を計算してみた。相関を比較してみると、トレンドフォロワーたちは一般に同じ時期に、同じ市場で、同じ方法でトレードしていることが分かる。

　表3.3Aの相関表を見てみよう。「大陸の両側にいて、同じオフィスで働いているわけでもない2人のトレンドフォロワーは、なぜ同じ時期に3カ月続けて同じ量の損失を出しているのだろうか」。また「なぜ彼らは同じ月に勝ち、その次の2カ月は負け、その次の3カ月は勝っているのだろうか」。それは、彼らは市場が提供するものにしか反応することができないからである。市場はだれもに等しくトレンドを提供

表3.3A　トレンドフォロワーの相関

	Abr	Cam	Che	DUN	Eck	Joh	Man	Mar	Rab
Abr	1.00	0.56	0.81	0.33	0.57	0.55	0.56	0.75	0.75
Cam	0.56	1.00	0.59	0.62	0.60	0.56	0.51	0.57	0.55
Che	0.81	0.59	1.00	0.41	0.53	0.55	0.60	0.72	0.75
DUN	0.33	0.62	0.41	1.00	0.57	0.62	0.61	0.51	0.45
Eck	0.57	0.60	0.53	0.57	1.00	0.57	0.58	0.74	0.71
Joh	0.55	0.56	0.55	0.62	0.57	1.00	0.53	0.55	0.50
Man	0.56	0.51	0.60	0.61	0.58	0.53	1.00	0.57	0.59
Mar	0.75	0.57	0.72	0.51	0.74	0.55	0.57	1.00	0.68
Rab	0.75	0.55	0.75	0.45	0.71	0.50	0.59	0.68	1.00

Abr ＝エイブラハム・トレーディング
Cam ＝キャンベル・アンド・カンパニー
Che ＝チェサピーク・キャピタル・コーポレーション
DUN ＝ダン・キャピタル・マネジメント
Eck ＝エックハート・トレーディング
Joh ＝ジョン・W・ヘンリー・アンド・カンパニー
Man ＝マン・インベストメント・プロダクツ
Mar ＝マーク・J・ウォルシュ・アンド・カンパニー
Rab ＝レイバー・マーケット・リサーチ

する。彼らはみんな同じ市場を見て、同じ機会を狙っているのである。**表3.3B**は、トレンドフォロワーが似たようなテクニックを使っていることを示している。

　興味深いことに、相関は厄介な問題になることがある。タートルズはだれもがリチャード・デニスの教えをありがたく思っていたが、時間がたつにつれて複雑な感情を抱くようになる者もいた。デニスに恩義は感じる一方で、独自性を持ちたいともがいていたのだ。「あるタートルズは言う。『私のシステムは95％がリチャード・デニスのシステムだが、残りの5％は自分自身のものだ……私はシステムにメカニカルに従っているわけではない……しかし、私がやっていることはデニスのシステムがベースになっていることは確かだ。私がトレードでやっ

第1部　トレンドフォローの原理

表3.3B　トレンドフォロワーのさらなる相関

	AQR	アスペクト	キャンベル	ダンWMA	グレアム	ISAM	リンクス	マン	トランストレンド	ウィントン
AQR		77%	80%	78%	70%	76%	79%	63%	73%	67%
アスペクト	77%		76%	75%	70%	85%	75%	71%	77%	80%
キャンベル	80%	76%		72%	72%	75%	77%	70%	74%	67%
ダンWMA	78%	75%	72%		69%	73%	75%	59%	72%	72%
グレアム	70%	70%	72%	69%		72%	79%	64%	66%	80%
ISAM	76%	85%	75%	73%	72%		73%	77%	75%	67%
リンクス	79%	75%	77%	75%	79%	73%		64%	83%	79%
マン	63%	71%	70%	59%	64%	77%	64%		66%	66%
トランストレンド	73%	77%	74%	72%	66%	75%	83%	66%		75%
ウィントン	67%	80%	67%	72%	80%	67%	79%	66%	75%	
平均	67%	69%	67%	68%	65%	68%	69%	60%	67%	66%
バークレイCTAインデックス	83%	78%	82%	70%	76%	82%	88%	67%	86%	73%
S&P500	−21%	−1%	2%	−8%	15%	−19%	14%	6%	−1%	16%

出所＝バークレイ・ヘッジ
* 平均はバークレイCTAインデックスとS&P500を含まない

ていることは哲学の観点から見るとデニスから学んだことがベースになっている[28]』」

　相関データを見るとタートルズたちの間には似たようなパターンが見られるが、彼らのリターン流列が明らかに似ていることを正直に言うよりも、違いを出したい気持ちのほうが強い。「私の心のなかにはタートルズのトレードスタイルというものはもうない。私たちは全員が進化して、教わったものとはまったく異なるシステムを発展させていった。各人がそれぞれに進化しているため、タートルズのトレードは違いのほうが大きくなっている[29]」

第3章　パフォーマンスは語る

表3.4　タートルズたちの相関関係

	チェサピーク	エックハート	ホークスビル	JPD	レイバー
チェサピーク	1	0.53	0.62	0.75	0.75
エックハート	0.53	1	0.7	0.7	0.71
ホークスビル	0.62	0.7	1	0.73	0.76
JPD	0.75	0.7	0.73	1	0.87
レイバー	0.75	0.71	0.76	0.87	1

相関係数はある会社の運用成績がほかの会社のものとどれだけ似ているかを表す。0.66を超える値は、運用成績に大きな正の相関関係があるとみなせる。逆に、−0.66を超える値は、運用成績に大きな負の相関関係があるとみなせる。

　しかし、タートルズの相関表は彼らが言うのとは若干異なる。彼らの間にははっきりと関係が見て取れる。データ（**表3.4**）がすべてを物語っている。

　タートルズの相関関係の話には続きがある。相関は彼らが似たような方法でトレードしていることを示しているが、彼らのリターンはレバレッジやポートフォリオの選択が異なるために違っている。高いレバレッジを使う者もあれば、低いレバレッジを使う者もいる。タートルズの1人であるジェリー・パーカーは次のように説明する。「トレードが大きくなるほど、リターンは大きくなるが、ドローダウンも大きくなる。諸刃の剣というわけだ」[30]

「あなたに間違った質問をさせることができれば、彼らは答えを心配する必要はない」 ── トマス・ピンチョン

ゼロサムゲーム

　市場のゼロサム的性質は、市場で最も重要な概念であることは確か

209

である。南カリフォルニア大学マーシャルビジネススクールでファイナンスを教えるラリー・ハリスによれば、「利益と損失が市場平均に対して測定される場合、トレードはゼロサムゲームになる。ゼロサムゲームでは、だれかが負けたときだけだれかが勝つことができる[31]」

私のウェブサイトから来た大勢の人が彼のゼロサムトレードに関するホワイトペーパーをダウンロードしていくのには驚いたと彼に言われた。ゼロサムトレードは戦略の議論からは外れたトピックで、要するに1人の勝者がいれば、1人の敗者がいるという話だ。

「**The Winners and Losers of the Zero-Sum Game : The Origins of the Trading Profits, Price Efficiency and Market Liquidity**」（**http://www. turtletrader.com/zerosum.pdf**）を参照。

ハリスは市場の取引で勝者と敗者を決める要素が何なのかを研究している。彼はトレーダーをタイプ別に分類したうえで、スタイルによって勝者と敗者が決まるのかどうかを調べるために、投機的なトレードスタイルを評価した。「勝つトレーダーはほかのトレーダーが進んで負ける程度にしか勝てない。トレーダーはトレードから外部便益を得られるときは進んで負ける。最も重要な外部便益は、繰延消費であるリスク証券を持つことによって利益が期待できることである。ヘッジングやギャンブルも外部便益を提供する。功利主義的なトレーダーがいなければ市場は成り立たない。彼らの損失が勝ちトレーダーに回ることで、価格は効率的になり、流動性が提供されるのである[32]」

自分たちが勝者になるには、敗者がいなければならないことを絶対に受け入れない人々がいる。彼らはだれもが勝者になれるわけではないという事実を受け入れられないのだ。彼らは勝ちたい。しかし、勝つことでだれかほかの人が負けるという罪悪感を感じるのは嫌なのだ。これは浅はかな考えだが、負けるトレーダーによく見られる考え方で

ある。

ハリスは勝者と敗者を分かつものを明確に指摘する。

「どの取引でも、勝ち負けの確率はほぼ同じかもしれないが、勝者が長期的にトレードから利益を得ることができるのは、彼らは敗者よりも勝てるチャンスをわずかながら多く持てる持続的な強みを持っているからだ……トレードで長期的に利益を得るには、自分のエッジと、それがいつ存在するのかを知る必要があり、そのエッジを利用できるときはそれを利用しなければならない。エッジがない人は、トレードで儲けようと考えるべきではない。自分にはエッジがないことが分かっていても、ほかの理由でトレードしなければならないときは、損失をできるだけ少なくするようなトレードを心がけて、エッジを持っている人に利益を与えないようにすることが重要だ。自分のエッジを知ることは、トレードで利益を出せるかどうかを予測するのに不可欠だ[33]」

ノーベル賞受賞者で、有名なトレンドフォローインキュベーター、コモディティーズ・コーポレーションの共同創設者でもあるポール・サミュエルソンは次のように述べている。「価格の上昇に賭けるトレーダーがいれば、価格の下落に賭けるトレーダーもいる。つまり、すべての売り手に買い手がつくということである。株式市場では、すべての投資家（買い手と売り手）は上昇相場では利益を得て、下降相場では損をするということが起こり得るが、先物市場では、あるトレーダーが利益を得れば、別のトレーダーが損をする」

デニス・ガートマンはこの状況をさらに詳しく説明する。「先物投機の世界では、すべての買いに対して売りが同じ枚数だけ存在する。つまり、買いと売りの株式が同じである必要は必ずしもない株式トレードの世界とは違って、先物取引の世界では買いと売りの枚数が等しく

なければならないということである。先物取引ではお金は作られることも失われることもない。お金は毎日の取引終了時に差額が発生すると、だれかのポケットから別のだれかのポケットに移るだけである。したがって、価格が将来的に上昇することを見込んで買う買い手がいれば、価格が将来的に下落することを見込んで売る売り手が必ず1人存在するということである」

　事実を受け入れる気があるのなら難を逃れることができるだろうが、本書を読んでいけば分かるように、ゼロサムという概念を知らないか、無視を決め込むか、それを信じることを拒否して非難する人が多いのが現実だ。

「私は自分に言い聞かせたんだ。『リラックスしろ。逆転はもう見えている。ラケットに任せるんだ』とね。ファイナルでは心の持ち方が重要なんだ。失うものは何もないといったメンタリティーがね。最後の6試合はこのメンタリティーで行けたからうまくいった。これからもこのメンタリティーを忘れないように続けていくつもりだ』」——ロジャー・フェデラーが18回目のグランドスラムで勝利したときの第5セットで自分自身を鼓舞したときの言葉

ジョージ・ソロス

　有名な投機家であるジョージ・ソロスの成功はよく知られている。1992年、ソロスは英ポンドに対して100億ドルの売りを仕掛け、少なくとも10億ドル稼いだ[34]。

　しかし、成功したプロでも時として重要な点を見過ごすことがある。何年も前になるが、ソロスは米ABCの保守系ニュース番組『ナイトライン』に出演した。ソロスと当時の司会者のテッド・コッペルとのやり取りは、ゼロサムゲームをよく理解しているともしていないとも取

れるものだった。

> **コッペル**　あなたがおっしゃるように、市場はもちろん実際の結果を伴うゲームです。もし賭けをしてあなたが勝てば、あなたは良いでしょうか、賭けの相手にとっては都合が悪い。この手のゲームでは必ず敗者がいるのではないですか？
>
> **ソロス**　そんなことはありません。これはゼロサムゲームではないのですから。これを認識することは非常に重要なことです。
>
> **コッペル**　そうですね。投資家の観点からすればゼロサムゲームではありませんね。でも例えば、あなたが英ポンドを大量に売ったとき、それはイギリス経済にとっては良くなかったのではありませんか？
>
> **ソロス**　実はあれはイギリス経済にとっては結果的に良いことだったのです。確かに英財務省にとっては良くはなかった。なぜなら彼らは私の逆サイドにいたから……しかしあなたが市場で利益を得れば、だれかが必ず経済的に損をするということではないんです。
>
> **コッペル**　つまり、分かりやすい言葉で言えば、もしマレーシア通貨を崩壊させることで利益を得られたとしたら、あなたは尻込みしたかということです。
>
> **ソロス**　必ずしもそうとは限らない。なぜならそれは私の意図する結果ではないからです。それに結果を計算するのは市場参加者の私の仕事ではありません。それが市場というものです。それが市場の本質なのです。私は一介の市場参加者にほかなりません。

　ソロスはゼロサムゲームを説明するときにパンドラの箱を開けてしまった。ソロスのインタビューを誤解したブログの投稿は次のように主張する。「表面的にはコッペルの勝利だ。コッペルはソロスをよく考

213

えもしないで生活や経済を破壊する人物として描くことに成功しているし、単純化すべきでないことを信じられないくらい単純化している」[35]

「客観性や哲学の研究で要求されることは『何事にもとらわれない精神』ではなく、活発で深く思考できる精神である。思想を分析することができ、それを進めて、しかも批判的に分析することのできる精神が必要なのである」
——アイン・ランド[36]

これはまったくのナンセンスだ。ソロスが市場プレーヤーであるからと言って、生活の破壊者ということにはならない。ソロスの政治的なイデオロギーには同意できないかもしれないが、彼が市場に参加することに対して彼のモラルを問うことはできない。あなたもソロス同様、市場から利益を得ることを目的とする401kプランに参加しているのではないだろうか。組合活動家のローレンス・パークスなどは、ソロスはゼロサムゲームに参加していることを正しく理解している。しかし、パークスはゼロサムゲームは労働者にとっては不公平で厳しいものだと批判して、嫉妬を感じているような口ぶりで述べた。

「通貨やデリバティブはゼロサムゲームなので、だれかが1ドル稼げば、だれかが1ドル損をする必要がある。これはだれも勝てない仕組みだということに、彼らは気づかなかったのだろうか。それよりも、なぜ彼らは勝てないゲームをプレーし続けるのだろうか。そこでは、敗者は私たち全員だ。私たちは金持ちでも愚か者でもないのに、負け続ける以外の選択肢は与えられていない。通貨防衛に失敗するたびに、この国の労働者も年寄りも事業主も——私たちのような大衆も——、損失を被る。実際、通貨の価値が下がるにつれ、その通貨建ての労働者の貯金や年金などの将来の支払いは購買力を失う。私たちの責任ではないにもかかわらず、労

働者は職を失い、貯金も失う。メディアが報じていたが、生涯を働き続け、ひたすら貯金し続けてきたインドネシアの人々は、樹皮や雑草スープを食べているという。これは特に秘密にされているわけではないが、私たちよりも恩恵を受けている人々がいかに楽観的かを知ると驚くばかりだ。例えば、有名な金融家のジョージ・ソロスは最近の著書『グローバル資本主義の危機』（日本経済新聞社）のなかで次のように暴露する。『イングランド銀行は私の逆サイドにいた。だから、私はイギリスの納税者のポケットからお金をせしめたことになる』。富の移転というこの結果からは逃れようがない[37]」

　パークスは彼の唯一の選択肢は負けることだと言う。彼は負け、彼の労働組合も負ける。まるで哀れなパーティーだ。ゼロサムゲームではだれもが負けるように見える（もちろんパークスのファンドは運用資産を彼が批判するファンドに投資することになるのだが）。しかし、そこには勝者と敗者がいる。それは彼も知っている。そう、ゼロサムゲームは富の移転なのである。勝者が敗者からお金を取るのだ。人生はけっして公平ではない。ゼロサムゲームで敗者になりたくなければ、勝者がゲームをどのように戦っているのかそろそろ知ってもよいのではないだろうか。

　ソロスがゼロサムを否定する理由を理解しようとしても、単なる私の憶測になるだけだろう。ソロスだって、ゼロサムゲームで常に勝者というわけではない。1998年にLTCM（ロング・ターム・キャピタル・マネジメント）が破綻したとき、彼はゼロサムゲームの負ける側にいた。この破綻で彼は20億ドルの損失を被った。また、2000年にインターネットバブルが崩壊したときも彼は大損した。「ハイテク株やヨーロッパの新しい通貨に投資していた彼の5つのファンドはその年、20％下落し、運用資産は144億ドルに目減りした。1998年8月のピーク時

の220億ドルからおよそ３分の１の下落である[38]」

これらの勝利と敗北はソロスに大きな打撃を与えた。「おそらくは私は市場というものを理解していないのだ。音楽が止まっても、人々は踊り続けている。マーケットのイクスポージャーをもっと減らして、もっと保守的になったほうがいいのかもしれない。リスクを減らすので、今よりもリターンは低くなるだろうが[39]」

ゼロサムの責任にするな

長い間、連邦判事を勤めてきたミルトン・ポラックが集団訴訟を却下した判決は、ゼロサムの混乱ぶりをよく示している。彼は不満を漏らす原告に、彼らがプレーしているゲームについてはっきりと警告する。

> 「原告は巨大なインターネットバブルの責任をメリルリンチという一主体だけに押しつけようとしている。連邦証券取引法は、オリンポスの富の幻想に取りつかれた多くの人を引きつける自由なカジノで軽率に投機することを支援し奨励するために意図されたものである。しかし、そのカジノがその富を一握りの幸運な勝者だけに届けたのだと当法廷は判断する。ここに出廷していないその一握りの幸運な勝者は不運な原告が失ったお金を今正当に保有している。彼らは何があってもそのお金を原告に返すことはないだろう。逆にたとえ原告がゲームに負けずに勝っていたとしても、全責任を取らされる人々（被告）に対して彼らは１セントの借りもないのだから[40]」

96歳の判事は原告に自分たちの行動には責任を持てとはっきりと言う。無能なゆえに救済を求める人々にとって、判事の言葉は耳に痛い

に違いない。ポラック判事は、ゼロサム市場という現実を裁判によって避けようとする人々を徹底的に打ちのめした。

「すべては考え方の問題だ。壊滅的な洪水ととらえる者もいれば、清めの沐浴ととらえる者もいる」── グレゴリー・J・ミルマン[41]

　あなたが自分のお金に対して行う意思決定の責任を負うのは自分自身である。これが投機という厳しい現実なのである。負けるのも勝つのもあなたの判断一つで決まる。どちらを選ぶかは自分の自由だ。長年トレンドフォロワーとしてやってきたデビッド・ドルーズは、ポラック判事の判決をさらに一歩進め、市場のゼロサム的性質の意味を詳しく説明する。

> 「市場に参入するだれもが自分は勝つと思っている。しかし、そこには明らかに敗者もいる。もしあなたが勝てば、ほかのだれかが負けなければならない。したがって、あなたはだれから利益を得るのかを知る必要がある。あなたが買うとき、売る人もまた自分は正しいのだと考えているからだ」

　市場は残酷な場所だ。市場に好かれようなんて思わないことだ。友だちが欲しい？　だったら犬を飼え。市場はあなたのことなど知らないし、知ろうともしない。もしあなたが勝てば、ほかのだれかが負けなければならない。こうした適者生存のルールが嫌なら、ゼロサムゲームには近寄らないことだ。

「数学の博士号さえ持っていれば市場に打ち勝つことができるのなら、金持ちの数学者がそこらじゅうにいるはずだ」── ビル・ドライズ[42]

217

バークシャー・ハサウェイ

　最近開催されたバークシャー・ハサウェイの設立50周年を祝う祝賀パーティーのさなか、トレンドフォロワーのバーナード・ドラリーは、すでに大成功しているバークシャー（BRKA）を含むポートフォリオにほかの資産を組み合わせればポートフォリオを向上できるかどうかをふと考えた。BRKAと組み合わせる理想的な投資対象としては、単独でも正のリターンを持ち、BRKAとの相関の低い資産が考えられる。

　1983年、ジョン・リントナー博士は「ザ・ポテンシャル・ロール・オブ・マネージド・コモディティ・ファイナンシャル・フューチャーズ・アカウント・イン・ポートフォリオ・オブ・ストック・アンド・ボ ン ド（The Potential Role of Managed Commoidty-Financial Futures Accounts（and/or Funds）in Portfolios of Stocks and Bonds）」という素晴らしい論文を発表した。この論文のなかで彼が指摘したのは、株式投資とマネージド・フューチャーズを組み合わせれば、リスク調整済みリターンで利益が得られる可能性があるということだった。

「健全な哲学と優れた戦略を持っていれば毎日落ち着いていられるが、そういったものを持っていなければ、あらゆるものに注意がそらされる」——マイケル・コベル

　株式とマネージド・フューチャーズ（トレンドフォロー）との組み合わせによるポートフォリオの構築を調べるに当たって彼が注目したのは、驚異的なパフォーマンスを持つバークシャーだった。一方、マネージド・フューチャーズとしては、実績の上からもバークシャーとの相関がほぼゼロである点からも、ドラリーのトレンドフォローファンドが条件を満たしていた。

表3.5　ドラリーとBRKA（1997/05〜2015/02）

	ドラリー	BRKA	ドラリーに50%、BRKAに50%投資
収益率（ROR）	11.3%	10.4%	10.9%
標準偏差（Vol）	20.0%	20.6%	14.4%
ドローダウン（DD）	32.5%	44.5%	23.9%
ROR/DD	0.35	0.23	0.50
ROR/Vol	0.57	0.50	0.83

出所＝ドラリー・キャピタル

　ドラリーはバークシャーほどは長くはないにしても、およそ19年間の実績がある。少なくともこの数年に関しては、バークシャーと組み合わせてポートフォリオ全体のリターンを向上させるのに、ドラリーを調べてみる価値はある。この間の2社のパフォーマンスを見てみるとほぼ同じである（**表3.5**）。

「バリアントはITTのように元気になったし、ハロルド・ジェニーンは復活した。やつだけは今回は最悪だ……バリアントは昔はひどく不道徳な会社だったんだがね」——チャーリー・マンガー（2015年、2016年）

　2社のリターンの相関は0.01である。リターンは非常に似通っているものの、それを生みだすまでの過程に共通点はない。その結果、近代ポートフォリオ理論によれば、バークシャーを含むポートフォリオにバークシャーと相関のないドラリーを加えることで、ポートフォリオのパフォーマンスは向上する可能性がある（もちろん、ドラリーだけを含むポートフォリオにバークシャーのように相関のない資産を加えれば、ポートフォリオのリターンは向上する可能性があると言ってもよい）。

第1部　トレンドフォローの原理

図3.2　効率的フロンティア

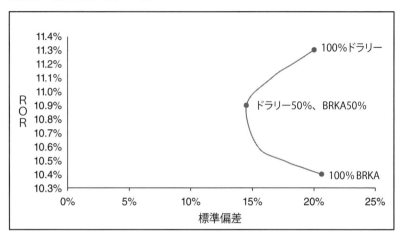

　これら２つの資産で構成されたポートフォリオの効率的フロンティアを見ると、両者を50％ずつ組み合わせればリターンの標準偏差に対するROR（収益率）は最大になることが分かる（**図3.2**）。

　バークシャーとドラリーを50％ずつ組み込んだポートフォリオのリスク調整済みRORは、バークシャーとドラリーの単独ポートフォリオのRORよりも高い。バークシャーの保有者にとって、この分散化によってポートフォリオのボラティリティはおよそ３分の１減少し、最大ドローダウンもほぼ半分に減少した。バークシャーおよびバークシャーと相関のないこの資産の組み合わせによって、バークシャーだけを保有していたときのドローダウンの長さは何と43カ月も減少した。つまり、バークシャーだけを保有していたときは61カ月（2007年12月～2013年１月）も水面下にいたのに、ドラリーを組み合わせることで水面下にいる期間はわずか18カ月に減少したということである（同様に、ドラリーだけを保有していたときに水面下にいた期間は、バークシャーと組み合わせることで55カ月から同じく18カ月に減少した）。

表3.6　ドローダウン（1997/05～2015/02）

	ドラリー	BRKA	ドラリー50%、BRKA50%投資
ドローダウン	32.5%	44.5%	23.9%
ピークから谷（月数）	32	14	10
谷からピーク（月数）	23	47	8
トータル（月数）	55	61	18

出所＝Yahoo! Finance およびドラリー・キャピタル

「**将来について言えることは事実ではなく意見だけである。自分の考えていることは将来必ず起こると確信を持って主張する人は、無知か傲慢さか不正直さからかは分からないが、自分の洞察力を買いかぶっているだけである**」──ハワード・マークス

コロンビア大学教授のベンジャミン・グレアムは、バリュー投資という先駆的な研究で大学とウォール街を率いてきた。ウォーレン・バフェットは1940年代に彼の学生の１人だったことは有名だ。それから何年もあと、ハリー・マーコウィッツは相関性のない資産を組み合わせてリスク調整済みリターンを向上させる効果について研究して、ノーベル経済学賞を受賞した。よく引き合いに出される「分散化は金融の世界における唯一のフリーランチだ」という言葉はマーコウィッツが言ったものである。したがって、バークシャーにドラリーのトレンドフォローを加えて分散化させることで、ボラティリティを低下させながらポートフォリオ全体のリターンが向上しても驚くべきことではない。

結局、分析に使える唯一の真実はパフォーマンスデータだけである。データがなければ、真実味のある物語を使って何かを説明することなどできないのである。そして、トレンドフォローのデータは人間の行

第1部　トレンドフォローの原理

動を数字で説明するうえで非常に賢明な方法であるばかりでなく、図らずも懐疑的な人がリスク資産を配分するという難しい作業に飛び込む前に欲しがる概念の実証にもなる。しかし、トレンドフォローのパフォーマンスデータは実際にはどこから来るのだろうか。

まとめ――思考の参考に

● 「仕事をやめても生きていくのに十分なお金」――「絶対リターンを目指してトレードを行えば、仕事をやめても生きていくのに十分なお金を手に入れられるチャンスがある。仕事をやめても、二度と働く必要はない」

● 「『将来、何が起こると思うか』と聞かれたら、『分からない。来年が良い年になるのか悪い年になるのかなんて、予想することはできない』と答えることにしている」――ユーアン・カーク

● 絶対リターンとは、できるだけ多くのお金を稼ごうとすることを意味する。

● ゼロサムゲームでは、勝者の全利益と敗者の全損失はぴったり一致する。

● 「それはゼロサムゲームかもしれないが、多くの人はそんなことは気にしない。だからと言って彼らが愚かなわけではないし、投機に熱狂しているわけでもない。彼らは市場をまったく違った目的（ヘッジング）のために使っているだけである」――ジョージ・グラップル

● 米陸軍士官学校は、冷戦後の一般的な状況を説明するのにVUCAという頭文字を使った――Volatile（ボラティリティが高い）、Uncertain（不確実）、Complex（複雑）、Ambiguous（不透明）。

● 「もしマネジャーが彼のやっていることと彼のエッジを45分で説明できなければ、彼には投資するな」――マーク・ゼプチンスキー[43]

222

第3章　パフォーマンスは語る

注　バーナード・ドラリーはこのコーナーを書くのに大いに協力してくれた。特に、対象期間における各月末の月々の株価変動（％）を提供してくれたことは大変役立った。BRKAの株価はYahoo!ファイナンスから取得した。

トレンドフォローのパフォーマンスは何十年も前にさかのぼって見ることができる。必要な人はメールを送ってもらいたい（https://www.trendfollowing.com/contact/）。

ビッグイベント、大暴落、パニック

Big Events, Crashes, and Panics

「数あるウォール街信仰のなかでも、価格モメンタムは効率的市場仮説論者を最もイライラさせている」――ジェームズ・オショーネシー（『ウォール街で勝つ法則』［パンローリング］の著者）

「めったにない事件はいつも唐突に起こる。でなければ、めったにない事件とは言えない」――ナシーム・タレブ

アンディ・グリフィスのコメディに出てくるゴーマー・パイルを覚えているだろうか。彼にはお決まりのセリフがある。

「驚いたね、驚いたよ、驚きだね」

トレンドフォローの本当の威力を知るには、ビッグイベントやバブルや大暴落のときのパフォーマンスを見る必要がある。過去50年のこういったイベントのさなか、トレンドフォローは「予期しない驚き」のゼロサムゲームで大きな利益を上げた。

「ダン・キャピタルへの投資は、予測できない市場危機に対するヘッジになる」――ダン・キャピタル・マネジメント

政府やウォール街は、国を破綻に追いやったり、中央銀行に誤った判断をさせたり、企業や銀行を倒産に追い込んだり、ファンドを破綻させたりすることで悪名高いが、そのたびにお金は敗者から勝者に移る。しかし、事後の分析からは、ほとんどいつも勝者は抜け落ちている。メディアはまるで判を押したかのように、予期しない事件が起こると敗者に異常なほど注目して追いかける。そしてそれに倣って、大

225

衆もまた敗者のドラマに熱中する。勝者はだれだったのか、なぜ彼ら
は勝ったのかには目もくれない。

　しかし、時には核心に触れることもある。デリバティブの惨事が起
こるたびに、私はいつも同じ疑問を抱く。「ベアリングスが敗者なら、
その勝者はだれだったのか。オレンジ郡が敗者なら、その勝者はだれ
だったのか。プロクター・アンド・ギャンブル（P&G）が敗者なら、
その勝者はだれだったのか[2]」と。

**「P&Gはその名のとおりギャンブルをしたのだと思う。彼らは今では愚痴ば
かりこぼしている」**――レオ・メラメド

　ファイナンスの著名な学者たちは勝者を探そうとするが、大概は失
敗に終わる。シカゴ大学のクリストファー・カルプは次のように嘆い
ている。「それはゼロサムゲームなのだ。敗者がいれば、必ず勝者がい
る。しかし、だれが勝者なのかは分からない[3]」

　市場で大きなイベントが起こると、賢明な人々は敗者の出した損失
はどこかにいくことは知っているが、時間がたつにつれ彼らはそのこ
とを考えなくなり、最初の目的――敗者の損失はだれの手に渡ったの
か――を忘れてしまう。内部崩壊のことを考えるのはけっして楽しい
こととは言えないからだ。「ニック・リーソンがベアリングス銀行を破
綻させたあと、年金基金の受託者のなかにはいまだに深い恐怖を抱い
ている者もいる。ベアリングス銀行の破綻はおそらくは最もよく引き
合いに出されるデリバティブの事件だろう。先物市場はリーソンがゼ
ロサムゲームをするのに利用した市場だが、リーソンが買っていた日
経先物を売って大儲けした者がいた[4]」

　リーソンが買ったものをだれかが売って大金を儲けただけの話だが、
実体経済やウォール街はそれを間違ったレンズを通して見る。標準的
な金融理論では、衝撃の大きな時代の勝者については説明しきれない

とマイケル・モーブッサンは言う。「投資で最も難しいことの1つは、ほとんど起こらないが強い衝撃を与えるイベントをいかにして避けるかである。残念ながら、標準的な金融理論ではこの問題はまず説明することはできない[5]」

「イベントがトレンドを生みだすのではなく、トレンドがイベントを生みだしているように思えることのほうが多い。ほとんどのイベントは、エド・スィコータが『あぁ、なるほど』と納得するような、だれもが理解することを反映したものだが、だれもが理解するまでには、トレンドフォロワーはすでにしっかりとポジションを取っている」——ジェイソン・ラッセル[6]

多くの人が嘆く予想外のイベントは、トレンドフォロワーにとっては大きな利益を手に入れるチャンスになる。本書に登場する多くの人たちは、ほとんど起こらないが衝撃の大きなイベント——いわゆるブラックスワン——によって大きな富を築いた。不確実な時代にトレンドフォローが成功する理由についてあるトレーダーは次のように説明している。

「市場が歩調を合わせて動くには、市場をそのように動かす経済状況について共通の認識——コンセンサス——がなければならない。そうしたコンセンサスのなかで、例えば1998年8月のロシアの債務不履行や2001年9月11日の同時多発テロ、あるいは2002年の企業会計スキャンダル（そして、2008年のリーマンショックによる株式市場の大暴落）といったビッグイベントが起こったとき、すでに存在するトレンドは勢いを増すことが多い……イベントは孤立して発生するわけではない……トレンドフォローがイベントの間違った側に捕まることがほとんどないのはこのためだ。たとえ捕まったとしても、損切りを置いているのでリスクは制限される

第1部　トレンドフォローの原理

だろう。こうしたコンセンサスのなかで、大国の債務不履行のようなイベントが起これば、すでにある危機感は増幅し、トレンドは最終局面へと進む。トレンドフォローは一般に『オプションの買い』の特徴を持っているので、こういったイベントが起こると大きな利益を得るのが普通だ[7]」

もっとはっきり言えば、「ほとんど起こらないようなイベントでも起こるのである。したがって、すべてを失う小さなリスクを受け入れる人は、遅かれ早かれすべてを失うことになる。複利リターンはファットテールに非常に敏感なのである」ということになる[8]。しかし、ビッグイベントは、『ジ・オックスフォード・ガイド・トゥ・ファイナンシャル・モデリング（The Oxford Guide to Financial Modeling）』の著者であるトーマス・ホーとサン・リーが持ち出したような答えようのない質問に焦点を当てるため、無意味な分析をたくさん生みだしてしまう[9]。

1．これらのビッグイベントは私たちの社会について何を語っているのか。
2．これらの損失は金融デリバティブの利点の負の側面なのか。
3．私たちはやり方を変えるべきなのか。
4．社会はこれらの損失を、ビジネスの世界における「適者生存」の一部として受け入れるべきなのか。
5．これらのビッグイベントを防ぐための法律を定めるべきなのか。

市場の勝ち負けは、政府が解決すべきモラルの問題ととらえられることは珍しいことではない。しかし、それではまずい戦略を立てた敗者（アマランス、ベアー・スターンズ、バーナード・マドフ、LTCM［ロング・ターム・キャピタル・マネジメント］、リーマンブラザーズ、

228

ドイツ銀行、バリアントなど）の罪を許すことになってしまう。しかし、市場は政治やソーシャルエンジニアリングを行う場所ではない。人間の本質は法律では変わらない。ドワイト・D・アイゼンハワーも言ったように、「何かを変えたければ、スケープゴートを見つけるのが一番なのである」

　2016年のブレグジット（EU［欧州連合］からのイギリス脱退）、2014年から2016年にかけての原油価格暴落によるOPEC（石油輸出国機構）の分裂、2008年の株式市場の大暴落、2000年から2002年にかけてのドットコムバブル、1998年のLTCMの破綻、1997年のアジア通貨危機、1995年のベアリングス銀行の破綻、1993年のメタルゲゼルシャフトの破綻といったビッグイベントが発生したときのトレンドフォローのパフォーマンス履歴を見てみれば、「だれが勝ったのか、それはなぜなのか」という重要な質問のすべての答えが分かる。

1995年2月25日の土曜日、マイク・キリアンはオレゴン州ポートランドの自宅で午前4時半に電話で起こされた。彼はこの7年でベアリングス社の極東の顧客仲介ビジネスをほぼ独力で作り上げてきた男だ。電話の相手はベアリングスの香港事務所のフレッド・ホッチェンバーガーだった。「起きてるかい？」とホッチェンバーガーは眠そうなキリアンに尋ねた。「いや、横になってるよ」。「噂は聞いたかい？」。キリアンはとまどいながら、「いいや」と答えた。「うちは破綻したらしい」。「これっていたずら電話か何かかい？」とキリアンは聞き返した。「ひどい話が出回っているんだ。どうもニック・リーソンが会社をつぶしてしまったらしい」[10]

ビッグイベント１──大規模な景気後退

　2008年10月、株式市場が大暴落するなか、世界は変わった。バイ・アンド・ホールドが破綻したとき、大勢の者が何兆ドルものお金を失

第1部　トレンドフォローの原理

った。ダウ、S&P、ナスダックは一直線に下落し、大虐殺は2009年まで続いた。だれもがその影響を感じていた。人々は失業し、会社は倒産し、恐怖は至るところに広がった。この時期、お金を稼いだ者はだれもいない。みんなお金を失った。それは人から人へと伝播していった。

　でもちょっと待ってほしい。これは本当なのだろうか。いや違う。2008年10月にも勝者はいたのである。2008年10月の1カ月だけで、彼らは＋5％から＋40％の儲けを出した。その勝者がトレンドフォロー戦略だった。

1．トレンドフォローは2008年10月に株式市場が暴落することを知らなかった。
2．トレンドフォローは2008年10月に株の空売りだけで稼いだわけではない。

「この戦略に関する理解が不足している1つの理由は、トレンドフォローのフォローという言葉にある。フォローが示しているのは消極性だ。つまり、大胆で積極的な行動ではなく、単に反応するということである。人間というものは反応的な行動を好む傾向がある。また、トレンドフォローという考えは単純すぎて、真面目に受け取られないように思える。事実、単純な考えは受け入れられるまでに時間がかかることがある。負数やゼロの概念を考えてみるとよい。今の私たちにとっては単純だが、われわれの祖先にとっては大問題だった」──元タートルズのスティッグ・オストガード

　トレンドフォローは原油から債券、通貨、株式、コモディティに至るまで、上昇トレンドや下降トレンドにあった多くの市場で利益を上げた。トレンドフォローは高いボラティリティが長く続くときには常にうまくいく。なぜなら、トレンドフォローではコンピューターにプ

230

第4章　ビッグイベント、大暴落、パニック

ログラミングされたシステムが計算を行い、感情を抜きにした売買を
行うからである。

「私たちは一番先に市場に参入するわけではなく、一番先に退出する
わけでもないが、一般にトレンドの80%はとらえることができる」と
スーパーファンドの社員は言う。例えば、2008年1月から2008年10月
までのスーパーファンドのパフォーマンスを見てみよう。

●1月　　　−2.21%
●2月　　　14.17%
●3月　　　　1.59%
●4月　　　−1.23%
●5月　　　　6.52%
●6月　　　　9.88%
●7月　　　−10.26%
●8月　　　−8.36%
●9月　　　　2.59%
●10月　　　17.52%

　大きく稼いだトレンドフォロワーはスーパーファンドだけではない。
この間のほかのトレンドフォロワーのパフォーマンスも見てみよう。

●ジョン・W・ヘンリーのファンドは2008年10月までに72.4%上昇し
　た。
●オランダのトレンドフォロワーで、運用資産が10億ドルを超えるト
　ランストレンドは2008年1月から11月までに71.75%上昇した。
●運用資産7220万ドルのクラーク・キャピタル・マネジメントは2008
　年10月までに82.2%上昇した。例えば、勝ちトレードの一例を挙げ
　れば、原油がおよそ140ドルのときに売り、80ドルに下落してから買

231

い戻した。これはトレンドの大部分に乗ったことになる。

●トレンドフォロワーのバーナード・ドラリーは2007年11月にS&P500指数先物を売り始めた。その後、指数は36％下落し、ドラリーの最大ファンドは2008年10月までに56.9％上昇した[11]。

●ポール・マルベニーは人よりもはるかに長い時間枠（週足）を使うが、2008年10月の１カ月だけで、彼のファンドは45.49％上昇した。

「トレンドフォロー戦略のマネージド・フューチャーズ・ファンドのリターンを１ドル当たりで年次平均すれば、かろうじてプラスからマイナスのリターンにしかならない」──チャーリー・マンガー（2007年の株主総会にて）

注 バークシャー・ハサウェイは2007年から2009年までは51％下落した。

別のトレンドフォロワーは彼の2008年のパフォーマンスについて説明してくれた。「2008年10月は、ボラティリティの高い市場状態で、別の言い方をすれば逆行する市場状態で私たちがどう利益を上げるかを示す好例だ。この月とその前の月には私たちのトレードシステムはますます勢いを増してきたトレンドで利益を出しただけでなく、トレンドが衰えてきた市場ではポジションを減らしたり手仕舞いしたことで、つまりリスクイクスポージャーを減らすことで、ボラティリティに対応した」

「トレンドフォローのもう１つの水準はまったく異なるものだ。それは普通の水準よりも一段高い水準で、物質的・心理的な因果関係を超えたところにある。市場参加者はこの水準から市場の振る舞いを全体的に見渡すことができて、市場の動きに対して知的で計画的な反応をすることができる。これは、私たちがトレーダーとして常にトレンドフォロワーが動きだすべき水準である」──元タートルズのスティッグ・オストガード

図4.1　米ドルの売り──米ドル指数

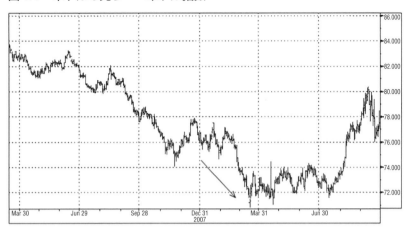

　では、具体的には何をやったのか。「2008年2月、ほかの通貨に対する米ドルの下降トレンドが加速した。それと同時に、金とエネルギーは急上昇した。トレンドフォローシステムの多くは……米ドルを売り（**図4.1**）、金とエネルギーを買って利益を上げた」

　彼らは次々に展開する市場の混乱についても言及した。「ちょうどそのころ、世界の株価指数のいくつかが下がる気配を見せ始めた。そして6月には、金が1オンス1000ドルを超える高値からおよそ200ドル下落した（**図4.2**）。私たちは、金価格が低迷するなか、その買いポジションを減らす一方、米ドル、エネルギー、株価指数で利益を上げ続けることができた」

　彼らは2008年10月にどう対処したかを明らかにしてくれた。

「7月と8月、米ドル、エネルギー、穀物で利益の出るトレンドがなくなった。この2カ月間は短期のドローダウンはあったものの、10月になるとシステムは再び利益の出るポジションに変わった。投

図4.2　金の買い

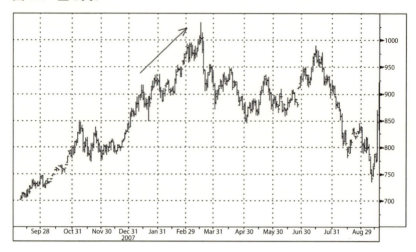

機トレーダーはエネルギーやほかのコモディティの急落を買い増しする機会と見たかもしれないが、私たちはこれらの市場でこれまで続いてきたトレンドはそろそろ終了すると見て、ポジション、特に米ドルのポジションを大幅に減らしてリスクを減らした。その間に畜産と工業用貴金属だけでなく、世界の国債市場（**図4.3**）でトレンドが発生し始め、システムはそれを察知した」

図4.3は極端なボラティリティに直面したトレンドフォローがどれだけ耐える必要があったかを示している。

私の同僚は2008年10月の舞台裏を話してくれた。「10月が近づくころには、水準以下のリターンしか上げられなかった7月と8月のうちに、ポジションを減らすと同時に新たなポジションを取っていたので、市況の変化を利用する準備ができていたと言ってもよい。例えば、金先物は18.3％下落し、原油は32％下落（**図4.4**）したが、10月に大暴落する前にこれらの市場の買いポジションを減らしていたため、大きな損

図4.3　5年物Tノートの買い

図4.4　原油の売り

失は避けることができた」

　トレンドフォローは日経225先物でもメジャートレンドをとらえた（**図4.5**）。

　しかし、これは予測したわけではないので、トレンドが変わると考え方はがらりと変わった。「2008年の前半のほとんどは米ドルを売って

235

図4.5　日経225先物の売り

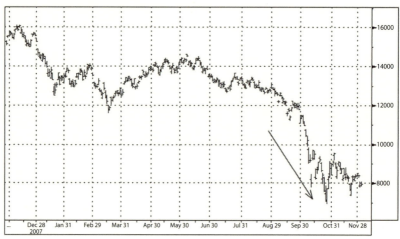

いたが、そのあと10月までには、7月と8月の米ドルのトレンド転換から利益を得るようにポジションを変えていた。そのころ、英ポンドといった通貨がドルに対して下がり始めた」（図4.6）

「私のトレード手法を知ると、多くの人は驚くかもしれない。私の記録から上昇トレンドが進行中であることが分かると、株が普通の押しを見せたあとに高値を更新したらすぐに買う。売りの場合も同じだ。なぜって？　そのときのトレンドに従っているからだ」──ジェシー・リバモア（1940年）

　トレンドフォローの10月の利益の大部分は、異なる市場状況をとらえることができたことによるものだが、分散化、柔軟性、リスクマネジメント、規律を組み合わせることで損失を限定したことも奏功した。10月の利益の大部分は株価指数と世界の通貨の売りからもたらされたものだが、債券の買いポジションからも利益を得た。そして、金とエネルギーのポジションを減らすことで大きな損失を避けた。

図4.6 英ポンドの売り

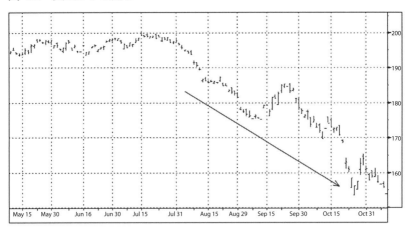

図4.7 2008年12月限ユーリボーの買い (2008/09〜2008/11)

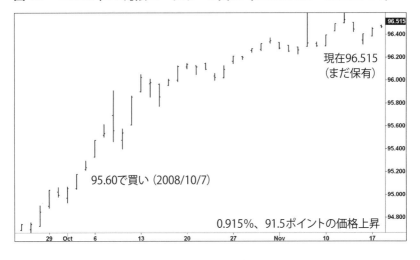

　ほかのトレンドフォロワーに比べると運用資産はそれほど大きくはないが、別のトレーダーも2008年の彼のパフォーマンスについて語ってくれた。彼はほかのプレーヤーが息切れしていたときに巨大なリターンを得たトレードを1つひとつ説明してくれた。

237

図4.8　2008年12月限ユーロスイスの買い（2008/08〜2008/11）

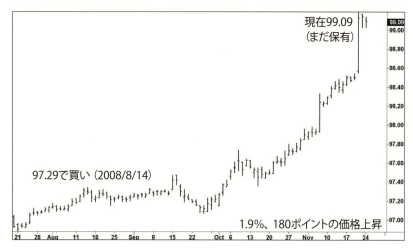

図4.9　2008年12月限豚赤身肉の売り（2008/08〜2008/11）

　彼はまず欧州の金利トレードをおおまかに説明してくれた（**図4.7**）。「世界的な金融危機のさなか、多くの短期の金利先物でシグナルを得た。ユーリボーはEUREXで取引されている短期金利先物だ。10月7日に

図4.10　2009年1月限木材の売り（2008/08～2008/11）

買って、まだ買い持ちしている（2008年12月現在）。世界の中央銀行は株式市場の下落を防ぐため金利を下げ始めた。金利が下がると、ユーリボーの先物価格は上昇する。私たちはファンダメンタルズで判断したわけではない」

　さらに彼は短期金利（ユーロスイス）からどのようにして利益を得たかを説明してくれた（**図4.8**）。「ユーロスイスも短期金利先物だ。世界の株式市場が暴落する前にポジションを取った」

　豚赤身肉のトレードの説明は以下のとおりである（**図4.9**）。「豚赤身肉はこの数年のなかで最もきれいなトレンドが形成された市場の1つだった。米ドルが上昇すると、米ドルに連動してほぼすべてのコモディティが激しく動いた。私たちのポートフォリオの利益が上昇したのは10月だが、このポジションからも2008年秋を通じて利益が出た」

　私たちはみな株に注目するが、木材も大きな利益を提供してくれた（**図4.10**）。「木材も2008年秋は素晴らしかった。木材が下げているのはアメリカで住宅ローン危機が発生したためだ。需要が減少するとい

図4.11　2009年1月限ロブスタコーヒーの売り（2008/08～2008/11）

うことは、木材価格が下がることを意味する。夏の終わりに売って、11月中旬まで売り持ちした。しかし、重要なのは私たちはファンダメンタルズではなくて値動きに従って売ったということだ」

　あなたがたのようにスターバックスが大好きな人にとっては、2008年のコーヒー価格の下落はもう1つの大きな動きだったに違いない（**図4.11**）。「ロブスタコーヒーはロンドンで取引されているが、米ドル建てだ。ロブスタコーヒーの動きは大部分が強い米ドルによるものだ。ドルが上がれば、ほかの通貨の購買力は下がり、ロブスタコーヒーは下落する。ここでもファンダメンタルズはほぼ無関係で、トレンドに従ったまでである」

　おそらくトレンドフォローにとって米ドルの動きほど重要なものはなかっただろう。もっともドルの買いもしくは売りのどちらで利益が出るかどうかは彼らにとっては重要ではなかった。方向は関係なかった（**図4.12**）。「米ドルの上昇トレンドは2つの部分に分けられた。米

図4.12 2008年12月限米ドル指数の買い（2008/09～2008/11）

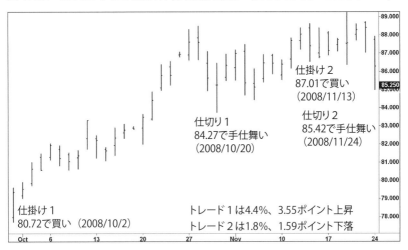

ドルはボラティリティがほかのものよりも高いが、それは米株式市場によるものだった。仕掛けや手仕舞いは米ドル先物の高値と安値を見て行うわけだが、米株式市場も米ドル先物価格に影響を及ぼした。米ドルが上昇することで、私たちがトレードしているほかの市場にも機会が発生する。なぜなら、ほかの市場は米ドル価格に連動しているからだ」

「一般的な金融雑誌でよく宣伝されているいわゆるダウ理論の支持者も含めて、プロの投機家の多くは、流れに乗ったほうが有利という原理に基づくシステムを採用している」――アルフレッド・カウルズ（1937年）

トレンドフォローでできることは、市場が与えてくれるものを受け取るだけである。トレンドフォローの目的は、トレンドが形成されてさえいれば、どんな市場でも利益を上げることである。1つの市場に

241

第1部　トレンドフォローの原理

こだわってほかの市場を無視しないほうが、市場機会は増えるかもしれない。

日次分析

2008年の株式市場の大暴落は、トレンドフォローがパッシブ運用の考え方とはまったく異なることを示す素晴らしい証拠を提供してくれた。図4.13は、トレンドフォロー会社であるセーラム・エイブラハムから提供された日次データだ。これらのデータを見れば、彼のトレンドフォローファンドとS&Pの日次のパフォーマンスの違いは一目瞭然である。トレンドフォローは2008年10月に見事なパフォーマンスを示したことを聞いて、「運が良かっただけだ」と叫んだ人は、エイブラハムのデータをよく見てもらいたい。ほかのトレンドフォロワーたちのパフォーマンスもこれと似たようなものだ。

「予測するということはこういうことだと思う。つまり、今日のトレンドの方向を見て、そのトレンドが将来無限に続く可能性が高いことを確信するために、慣性の法則に頼る。これがトレンドフォローである。トレンドフォローでは謎のベールを身に付けることも、水晶玉で将来を予測する必要もない」──ウィリアム・ダニンガン（1954年）

エイブラハムやマルベニーのようなトレンドフォロワーたちが利益を上げたのは当然だと思うかもしれないが、効率的市場仮説（EMT）に洗脳された人たちにとっては受け入れがたい事実だったのである。次に示すのは、トレンドフォローには利点があるとして勤めている会社を去ろうとしている読者からの書き込みだ。

「夏から私がCOO（最高執行責任者）を勤める会社のためにトレ

図4.13 エイブラハム・トレーディングとS&Pの比較

ATCとS&P500 (2008/9/1～2008/10/24)

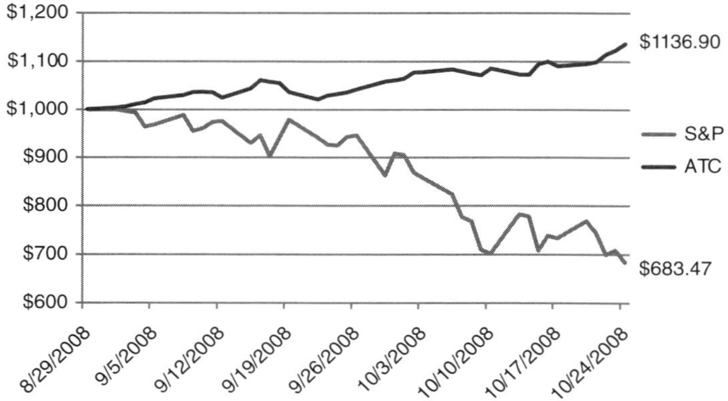

2008/9/1～2008/10/24	S&P 500	ATC
平均	-0.87%	0.33%
標準偏差	4.08%	0.87%
相関関係	-0.39	

収益率の日次比較

日時	S&P	ATC
9/1/2008	0.00%	0.32%
9/2/2008	-0.41%	0.26%
9/3/2008	-0.20%	0.50%
9/4/2008	-2.99%	0.33%
9/5/2008	0.44%	0.86%
9/8/2008	2.05%	0.67%
9/9/2008	-3.41%	0.62%
9/10/2008	0.61%	0.05%
9/11/2008	1.38%	-0.12%
9/12/2008	0.21%	-1.09%

日時	S&P	ATC
9/15/2008	-4.71%	1.95%
9/16/2008	1.75%	1.62%
9/17/2008	-4.71%	-0.33%
9/18/2008	4.33%	-0.25%
9/19/2008	4.03%	-1.78%
9/22/2008	-3.82%	-1.46%
9/23/2008	-1.56%	0.83%
9/24/2008	-0.20%	0.26%
9/25/2008	1.97%	0.35%
9/26/2008	0.34%	0.61%

日時	S&P	ATC
9/29/2008	-8.81%	1.56%
9/30/2008	5.27%	0.24%
10/1/2008	-0.32%	0.33%
10/2/2008	-4.03%	1.23%
10/3/2008	-1.35%	0.06%
10/6/2008	-3.85%	0.52%
10/7/2008	-5.74%	-0.41%
10/8/2008	-1.13%	-0.39%
10/9/2008	-7.62%	-0.33%
10/10/2008	-1.18%	1.34%

日時	S&P	ATC
10/13/2008	1158%	-1.16%
10/14/2008	-0.53%	-0.03%
10/15/2008	-9.03%	2.06%
10/16/2008	4.25%	0.48%
10/17/2008	-0.62%	-0.88%
10/20/2008	4.77%	0.44%
10/21/2008	-3.08%	0.37%
10/22/2008	-6.10%	1.42%
10/23/2008	1.26%	0.78%
10/24/2008	-3.45%	1.17%

第1部　トレンドフォローの原理

ンドフォロワーであるマルベニー・キャピタル・マネジメントと
話をしてきた。取締役会は私の考えは危険すぎるし、マルベニー
を雇って多くのホームランを狙っているのだと思っていた。私が
働いているこの会社は2008年の9月と10月で3000万ドルの損失を
出した。私は彼らにマルベニーのパフォーマンスを示した——1999
年に1500万ドル投資していれば、今では7100万ドルになっていた
し、同じ時期に3000万ドル投資していれば、1億4200万ドルにな
っていた。取締役会で説明したあと、オフィスに戻ると告げられ
た。来週……リスクをとりすぎるために解任されるだろうと。私
の短いCOO在任中に行ったこのほかの投資はエイブラハム・トレ
ーディングだけだった。リターンはおよそ12％だった。この期間
にこの会社が行った唯一利益の出た投資はこれだけだった。私が
リスクをとった成果がこれだ」

　論理的にはトレンドフォローはリスクが高いとはけっして言えない。
2008年に失敗した、ほかの高いレバレッジを掛けたロングオンリーの
バイ・アンド・ホールドのファンドを考えれば、特にそうだ。しかし、
ウォール街に論理は通用しない。

**「これまでの資本市場理論は世界が線形であるという考えに基づいたものだ。
つまり、投資家は合理的な期待を持ち、市場情報に合わせてすぐに調整し、
経済構造がどのように機能するかをあたかも知っているかのように振る舞
う。資本市場理論はこういった世界を仮定しているということである。市
場は非常に効率的だが、完全に効率的というわけではない。非効率性は経
済のなかにも、あるいは市場構造そのもののなかにも存在する……市場の
非効率性はトレンドを見極めて、リスク管理を行うことでうまく利用でき
るのではないかと思っている」**——ジョン・W・ヘンリー[12]

244

第4章　ビッグイベント、大暴落、パニック

表4.1　トレンドフォロワーの2002年のパフォーマンス

ビル・ダン	+54.23%
セイラム・エイブラハム	+21.37%
ジョン・W・ヘンリー	+45.06%
ジェリー・パーカー	+11.10%
デビッド・ドルーズ（エド・スィコータの弟子）	+33.17%
ビル・エックハート（R・デニスのパートナー）	+14.05%
マルベニー・キャピタル	+19.37%
S&P	−23.27
ナスダック	−31.53%
ダウ	−16.76

ビッグイベント2──ドットコムバブル

　2000年から2002年にかけての期間は、ボラティリティが高く動きの激しい市場がそこかしこに見られた。この3年間で一番のニュースはやはりナスダックの暴落だが、このほかにも、2001年9月11日のアメリカ同時多発テロから、エンロンの破綻、トレンドフォローの大きなドローダウンとそのドローダウンからの回復といった出来事があった。トレンドフォローが、例えば、2002年のS&Pやナスダックに比べてどんなパフォーマンスを示したかは注目に値する（**表4.1**）。

　図4.14から**図4.21**まではトレンドフォロワーが**表4.1**に示したパフォーマンスを生みだすのにどういったトレンドに乗っていたかを示したものだ。

ドローダウンとそのドローダウンからの回復

　2000年の大半、トレンドフォローが戦略としてドローダウン期にあ

245

図4.14　S&P500指数先物の期近の日足（2002/01〜2002/12）

出所＝Barchart.com

図4.15　米ドル指数先物の期近の日足（2002/01〜2002/12）

出所＝Barchart.com

第4章 ビッグイベント、大暴落、パニック

図4.16　日本円先物の期近の日足（2002/01～2002/12）

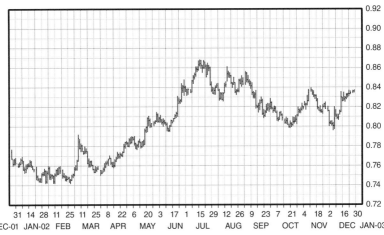

出所 = Barchart.com

図4.17　ユーロ先物の期近の日足（2002/01～2002/12）

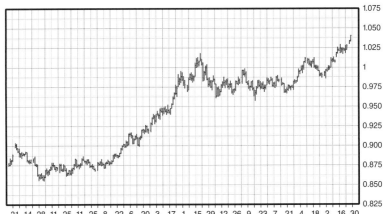

出所 = Barchart.com

図4.18　Tボンド先物の期近の日足（2002/01〜2002/12）

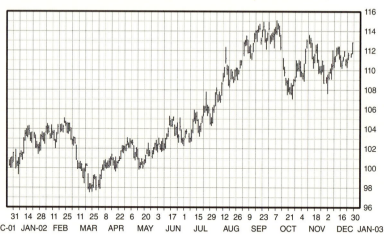

出所＝Barchart.com

図4.19　FTSE100指数先物の期近の日足（2002/01〜2002/12）

出所＝Barchart.com

第4章　ビッグイベント、大暴落、パニック

図4.20　ユーロ債先物の期近の日足（2002/01〜2002/12）

出所 = Barchart.com

図4.21　DAX指数先物の期近の日足（2002/01〜2002/12）

出所 = Barchart.com

249

ったことは隠すようなことではない。その年の最後の数カ月にかけて、トレンドフォローは収益を大きく下げた（**図4.14〜図4.21**）。メディアや懐疑的な人のなかには、トレンドフォローは終わった、と声高に叫ぶ者もいた。

収束するスタイル	拡散するスタイル
●先が分かる世界	●不確実な世界
●安定した世界	●不安定な世界
●平均回帰	●平均から離れていく
●短期的なボラティリティ	●長びくボラティリティ
●アービトラージが基本	●トレンドフォロー

マーク・S・ゼプチンスキー[13]

バロンズの記者が私の意見を求めてコンタクトしてきたとき、私は特に驚かなかった。というのは、私のトレンドフォローのサイトは当時人気があったからだ。彼女はヘンリーやダンを目の敵にしているように思えた。彼女はトレンドフォローがダメになった証拠を探していたのだ。ドローダウンは過去にも発生したが、長期的に見ればトレンドフォローは大きな利益を上げてきた、と私は言った。しかし、彼女はこの事実に耳を傾ける気はなく、次のような記事を書いた。

「厳しい時期を経験しているのはジョン・W・ヘンリーだけではないが、この会社の損失は驚くほど莫大だ……ファイナンシャル・アンド・メタルズと呼ばれるこの会社で最も打撃を受けたトレンドフォロープログラムは1999年には18.7％も下落した……ライバルの1人が『この業界のデーブ・キングマン』と呼ぶヘンリーは、明らかに勇み足で大胆な行動に出ている（キングマンは大リーグにいたときの16シーズンで442本のホームランを打ったが、三振も1800回を超えた）。ジョン・W・ヘンリーが、何十年も前にノルウェーでの休暇中に作成したトレ

ードプログラムに変更を加えるかどうかは定かではない[14]」

　このバロンズの記者は、12月の記事を書く前に時間を取って、ヘンリーの2000年11月の講演記録を読んだりはしなかったのだろうか。新たな成功はもうそこまで来ていることをヘンリーはほのめかしていた。「残念ながら、市場は私たちの太鼓に合わせて進んではくれない。これまでの期間は投資家にとっても、証券会社にとっても、トレンドフォロワーのゼネラルパートナー、投資顧問業者にとってもひどくつらい時期だった。ドローダウンが長引くとだれもが感情的にも、心理的にも、肉体的にも影響を受ける。状況は二度と再び良くなることはないというシナリオが頭に浮かぶ。しかし、経験によれば、物事というものは潮目が変わる前が最も暗く見えるものなのだ[15]」

「静けさにだまされるな。こんなときこそ進路を変えるべきだ。進路を変えるのは台風に見舞われそうなときではない。嵐に遭わないためには、いろいろな要素が重なることを見極め、今は空が青くても、風が穏やかでも、海が静かに見えても、進路を変えることだ……外が静かで天気が良いときには注意せよ」 ── トーマス・フリードマン（『フラット化する世界』[日本経済新聞出版社]）

　潮目は確かに変わろうとしていた。2001年1月10日、この記者は、12月の記事の続報を書いているのでコメントが欲しい、とメールで言ってきた。記者が記事を正そうとしていることに私は感心した。だって、ダンは2000年11月には28％、2000年12月には29％の利益を上げ、ヘンリーも2000年11月には13％、2000年12月には23％もの利益を上げていたのだから、これは真実を書いてもらうしかない。彼女が書いた記事の続報は以下のとおりである。

　「ウォール街最大のCTA（商品投資顧問業者）は第4四半期に劇

的な好転を見せ、昨年の巨額の損失は今年になってプラスに転じた。トレンドフォロワーを追跡しているTurtleTrader.comのマイケル・コベル氏は、『この回復は驚くには当たらない』と言う……バロンズの先月号で紹介したフロリダ州ボカラトンにあるCTAではひときわ目立つヘンリー社は、同社最大のトレードプログラムは昨年の最初の9カ月は－13.7％とさえなかったが、第4四半期で39.2％と力強い回復を見せ、結局、昨年1年間のトータルリターンは20.3％を記録した[16]」

　2000年の最初の9カ月では13.7％の損失を出していたのに、第4四半期でヘンリーはどのようにして39.2％と盛り返すことができたのだろうか。彼はどのトレンドに乗ったのだろうか。彼はどこを目指していたのだろうか。答えは、エンロン、カリフォルニア、天然ガスのなかにある。

2000年9月までで40.0％も資産を減らしたダン・キャピタル・マネジメントは、資産加重総合リターンを17.3％に上げて2000年を終えた。2000年の第4四半期のリターンは75.5％と驚異的で、これによって同社の投資家には5億9000万ドルの利益がもたらされた。26年以上前の創業時からの総合累積リターンを年次換算すると、今のところは24.3％になる[17]。

エンロン、カリフォルニア、天然ガス

　2000年の終わりの数カ月から2001年全般にわたっての天然ガス市場を見ると、トレンドフォロワーたちにとって明らかに良い機会があったのが分かる。トレンドフォローにとって、天然ガスの大きな上昇トレンドと大きな下降トレンドは巨額の利益の源泉となった。
　損失を出したのはエンロンとカリフォルニア州だった。エンロンの

破綻は壮大な規模の貪欲と恐怖と無能さゆえに引き起こされた典型的な例だった。エンロン幹部による会計・取引の不正操作から、その操作を意図的に無視した社員、カリフォルニア州のエネルギー市場での不適切な取引に至るまで、みんなに責任があった。ゼロサムゲームでは、認める認めないにかかわらず、みんなに責任があるのだ。

　損失を出した人の数を考えると、エンロンの株価の暴落にはぼうぜんとさせられる。簡単に金持ちになれると勘違いした投資家の数は数えきれないほどだった。年金基金のポートフォリオマネジャーに大学基金、個人投資家まで……上昇一辺倒に見えた会社の活気に胸が躍った。エンロンの株主たちは見果てぬ夢を追い求めた。彼らは見て見ぬふりをして、疑いを封じて、急上昇する株価を祝った。

質問　ウォール街はエンロンが不正を行っていることになぜ気づかなかったのか。
答え　ウォール街はすべてを証券アナリストに頼っているからだ。彼らは会社をリサーチして、どういった事実を発見しても、たとえ会社が焼け落ちたとしても、投資家にその会社を買うように熱心に進める人種なのだ。

デーブ・バリー

　しかし、彼らは大きな過ちを犯した。やがてトレンドが変わったときに売るという戦略がなかったのだ。エンロンの暴落チャート（**図4.22**）は今ではすっかり有名になった。エンロンを判断するデータはただ1つだった。それは株価だった。ピーク時には90ドルで取引されていた株価は50セントにまで下落した。90ドルから50セントに下落した株をなぜみんなは持ち続けようとするのか。たとえエンロンがかつてない粉飾を行っていたとしても、株価が50セントに下落するまで望みを持ち続けた投資家にも、エンロンCEO（最高経営責任者）のジェフ・スキリングと同様の責任がある。売らずに損をしても、その責任

図4.22　エンロンの株価（週足）

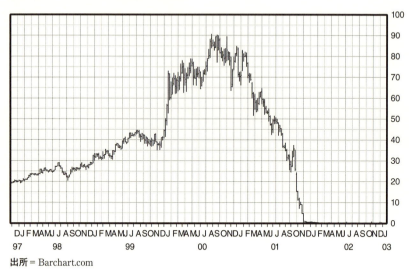

出所＝ Barchart.com

はすべて現実を受け入れなかった投資家の側にあるのだ。トレンドが変わっただけではなく、エンロンは急ピッチでゼロに近づきつつあることをチャートは如実に物語っていた。

　エンロン株では巨大な数の勝者と敗者が出たが、2000年から2001年にかけてのカリフォルニアの電力危機でも巨額の損失を出した者がいた。エンロンはカリフォルニア州に天然ガスを卸していた主要企業だった。カリフォルニア州は最終的には破綻することになる電力自由化に従って、発電用の天然ガスをエンロンから買っていた電力会社と長期契約を交わしてしまった。

「忍耐は美徳だと言われる。私にとって、忍耐とは規律を意味する。市場は変わり、悪い時期のあとには良い時期が来ることを理解して、規律を守らなければならない。これまで幾度も見てきたが、この業界で長く生き残れるかどうかは規律を持っているかどうかで決まるのだ」——ジョン・W・

ヘンリー[18]

　この分野での経験が浅いうえ、契約にも問題があったため驚くには
当たらないが、エンロンもカリフォルニア州も天然ガスもほかの市場
と変わらないことを忘れてしまっていた。どの市場もさまざまな理由
で価格は上下動する。天然ガスもまたものすごい勢いで上下動した。不
幸なことに、エンロンもカリフォルニア州も価格の変化に対応する計
画を持っていなかった。

　不正があったと感じたカリフォルニア州は声高に苦情を申し立てた。
カリフォルニア州のダイアン・ファインスタイン上院議員は、彼らに
は取引に対する責任感がないと主張した。「公聴会をもう一度開いて、
カリフォルニア州の電力危機でエンロンが市場操作や電力相場の高騰
においてどういう役割を果たしたのかを追求するよう要求する。エン
ロンは天然ガス市場で、規制のない複雑なデリバティブを取引する一
方で、ガスの卸売り市場で圧倒的なシェアを握っていたため、市場価
格を操作することができた。これが主な要因となって、ガスと電力の
価格を押し上げ、カリフォルニア州の電力危機につながった可能性が
高い」

　エンロン危機によって、カリフォルニア州の電力コストは上昇し経
済成長は停滞し、同州に2年で450憶ドルの損失を与えたと言われてい
る。しかし、天然ガスのチャート（**図4.23**）とエンロンの株価チャー
ト（**図4.22**）を見ると、ファインスタインが市場の基本を理解してい
るのかどうか疑わざるを得ない。

　カリフォルニア州はなぜエンロンのような会社と厳しい不利な契約
を結んで自らを束縛したのだろうか。なぜカリフォルニア州は通常の
市場構造の外で取引をしたのだろうか。彼らが天然ガスの価格変動に
対応できなかったのはなぜなのか。責めを負うべきなのは、不適切な
判断をしたカリフォルニア州ではないのだろうか。

255

図4.23　天然ガス先物の期近（週足）

出所＝Barchart.com

　だれでも、いつでも天然ガスの取引はできる。だれでも天然ガスのポジションをヘッジすることはできる。投機やヘッジの機会はだれにでもある。これは何も目新しい考え方ではない。トレンドフォロワーも天然ガスを取引していた。彼らは利益を求めて価格の上下動に乗っていた。**表4.2**はそれを示すものだ。

「今年（2002年）、最も人気のあるファンドはダン・キャピタル・マネジメントで、50％を超える利益を上げている。フロリダ州スチュアートを拠点とするこの会社は、日本の日経先物、ドイツのDAX、イギリスのFTSEだけでなく、債券やユーロドル金利先物でも利益を出した[19]。

「心配しなければならないことは、あなたが何も考えなかったことである」
　——ハワード・マークス

表4.2 トレンドフォロワーのパフォーマンス

ダン・キャピタル・マネジメント（WMA）	
2000年10月	+9.12%
2000年11月	+28.04%
2000年12月	+29.39%
2001年1月	+7.72%

ジョン・W・ヘンリー（金融・貴金属）	
2000年10月	+9.39%
2000年11月	+13.33%
2000年12月	+23.02%
2001年1月	+3.34%

グラハム・キャピタル・マネジメント（K4）	
2000年10月	+1.44%
2000年11月	+7.41%
2000年12月	+9.37%
2001年1月	+2.37%

マン・インベストメンツ	
2000年10月	+4.54%
2000年11月	+10.30%
2000年12月	+10.76%
2001年1月	+1.49%

キャンベル・アンド・カンパニー（金融・貴金属）	
2000年10月	+3.19%
2000年11月	+5.98%
2000年12月	+2.38%
2001年1月	−1.09%

チェサピーク・キャピタル	
2000年10月	−0.62%
2000年11月	+7.42%
2000年12月	+8.80%
2001年1月	−0.43%

エイブラハム・トレーディング	
2000年10月	+9.51%
2000年11月	+8.58%
2000年12月	−0.18%
2001年1月	+2.28%

　エンロンのある社員はこの事件を痛烈に批判する。「自分たちの年金口座に巨大な損失をもたらした元同僚たちは自分たちを責める以外にない。責任放棄はけっして許されない。これは悲しい結末ではあるが、これが現実なのである[20]」

　ジャナスのような民間ファンドや州政府が運用する年金ファンドは、

第1部　トレンドフォローの原理

エンロン株から手を引く計画を持っていなかった。彼らはエンロン株が上昇することだけを想定して株を買ったが、手仕舞うことは彼らの計画には入っていなかった。「永遠に持ち続けよ」がマントラだったのだ。しかし、エンロンのストーリーは一企業の悲惨な結末よりも奥の深い話だ。これは何十億という退職後の資金をうまく管理できない個人によく見られる話なのである。エンロン株で出した損失は信じられない額に上った。

● 日本の銀行は８億540万ドルの損失
● アビー・ナショナル・バンクは950万ポンドの損失
● ジョン・ハンコック・ファイナンシャル・サービスは１億200万ドルの損失
● ブリティッシュ・ペトロリアムの年金ファンドはエンロンの債務で5500万ドルの損失

　スタイン・ロー・フォーカス・ファンドのマネジャー、デビッド・ブラディは次のように述べている。「私はどこで間違ったのだろうか。もし何かを学んだとすれば、昔ながらの教訓だ……数字のつじつまが合っていなかった。もし数字を見ていれば、貸借対照表に問題があることが分かったはずなのに」
　彼は自分の判断を責めずに、貸借対照表を責めていることに注目してほしい。DMV労働者の公的年金ファンドもまた、エンロン株が永遠に上がり続けることに無謀な賭けをしていた。

● カンザス公務員年金制度はおよそ８万2000株のエンロン株におよそ120万ドル投資していた。「エンロンの目を見張る収益率の伸びに基づくもので、多くのアナリストも人気株として推奨していた」とカンザス証券委員のデビッド・ブラントは言った。

258

第4章　ビッグイベント、大暴落、パニック

●フォートワース市の年金基金はエンロンでおよそ100万ドルの損失を
　出した。

●テキサス教員年金制度は1994年6月に初めてエンロンに投資した。
　エンロン株の保有でおよそ2330万ドルの純損失があり、エンロンの
　社債の保有で1240万ドルの含み損があることも彼らは認識していた。
　アマリロ市委員会の理事で、委員を6年務めているジム・シムズ氏
　は次のように言った。「私たちも人間だ。投資をすれば、勝つときも
　あれば負けるときもある……間違った情報を与えられれば身の守り
　ようはない……警戒を怠ることはなかった」

**「最もうまい説明は、ボラティリティが高くて絶対リターンが低いと見られ
ていたせいで、私たちの収益がほかのヘッジファンド戦略に比べるとどこ
か劣っている、と多くの投資家が信じていたということだ。相関が低いこ
とや、透明性や流動性が高く、規制に従っていることは、どういうわけだ
か注目されなかった」**――キャンベル・アンド・カンパニー[21]

　警戒とは何だったのだろうか。安全装置などどこにもないのだ。エ
ンロンの転落はほかの企業の内部崩壊と何ら変わるものではない。も
ちろん敗者たち（**表4.3**）は損失を合理化するために、「新しい何かが
起こったのだ」と言う必要はあるだろう。しかし、会社の名前が変わ
っても、ゲームが変わることはない。

　エンロンの崩壊で興味深いのは、エンロンの株価と天然ガスが密接
に関係していたことである。エンロン株で損をすれば、天然ガスでも
損をした。両者は一心同体だったと言ってもよい。エンロンは天然ガ
スのデリバティブの働きをしていた。投資信託や年金基金は、会社綱
領では株式以外の投資を禁じられていたにもかかわらず、エンロンを
通して天然ガスに投機する機会を与えられたということだ。エンロン
の株を代替手段として、投資信託や年金基金は、天然ガスのポジショ

259

第1部　トレンドフォローの原理

表4.3　エンロンの大株主（エンロン株の保有率）

アライアンス・プレミア・グロース	4.1%
フィデリティー・マゼラン	0.2%
AIMバリュー	1.0%
パトナム・インベスターズ	1.7%
モルガン・スタンレー・デビデンド・グロース	0.9%
ジャナス・ファンド	2.9%
ジャナス・トウェンティー	2.8%
ジャナス・マーキュリー	3.6%
ジャナス・グロース・アンド・インカム	2.7%
ライデックス・ユーティリティ	8.0%
フィデリティー・セレクト・ナチュラル・ガス	5.7%
デサウアー・グローバル・エクイティー	5.6%
メリル・リンチ・フォーカス・トウェンティー	5.8%
AIMグローバル・テクノロジー	5.3%
ジャナス2	4.7%
ジャナス・スペシャル・シチュエーションズ	4.6%
スタイン・ロー・フォーカス	4.2%
メリル・リンチ・グロース	4.1%

ンを取ることなく、天然ガス相場に天井まで乗ることができた。だれもがエンロン株をバイ・アンド・ホールドしただけでなく、明確な意図を持って天然ガスのバイ・アンド・ホールドもしていたのである。それらはデータを見れば一目瞭然である。

「これらの会社は徹底した調査をしたにもかかわらず、自分たち自身も投資家も、大きな損失から守ることはできなかった。ジャナスの広告は優れた調査能力がうたい文句だったのに、1600万株を超えるエンロン株を保有していたことは注目に値する。2001年4月30日の個々のファンドのエンロン株の保有状況の最終報告では、ジャナスの11のファンドはすべて合わせて5％を超えるエンロン株を保有していた。9月30日現在でもジャナスのエンロン株の保有率は5％を超えていた。このほかに、優れた銘柄選択能力

260

をうたい文句にしていたのはフィディリティファンドだ。2001年9月30日現在、彼らのファンドをすべて合わせたエンロン株の保有数は1億5400万株だった。ジャナスやフィディリティの価値や調査とはこんなものである」

——ラリー・スウェードロー[22]

2001年9月11日

　2001年9月11月の同時多発テロ事件は予測不可能なことを大規模な形で示した例である。一体、この地球上に安全な場所などあるのか。それを前もって知るにはどうすればよいのだろう。9月11日の話に入る前に、エド・スィコータの言葉を見てみよう。「サプライズとは、人に不意打ちをくらわすイベントのことを言う。あなたがすでにトレンドに乗っているのなら、サプライズは他人に降りかかるイベントだと思えるようなことだ」[23]

「私たちは物事をあるがままには見ない。物事を自分たちの都合のいいように見るだけだ」——アナイス・ニン

　テロ攻撃でウォール街が4日も閉鎖されるなどだれが想像しただろうか。日々の厳しさに集中し続けるのは難しかったが、トレンドフォローはそんな困難にもかかわらず集中し続け、いつもどおりに市場に対峙した。予期しないイベントが起こるずっと前からの計画にトレンドフォローは従った。

　トレンドフォローはテロ攻撃の前に株を売って、債券を買っていた。というのも、これらの市場はすでにその方向に動きだしていたからだ。例えば、サンライズ・キャピタル・パートナーズは、テロ攻撃の前にポジションを取っていて幸運だったと言った。また、キャンベル・アンド・カンパニーは、通貨市場ではトレンドがずっと続いていたと言

第1部　トレンドフォローの原理

った。「米ドルはテロ攻撃の前にすでに下がり始めていた。だから当社は売った」。キャンベルは、トレンドがすでに確立されていたため、テロ攻撃の前に債券を買って、世界の多くの株価指数先物を売っていたのである。[24]

　エンロン、カリフォルニアの電力危機、9月11日の同時多発テロは、ゼロサムゲームでトレンドフォローが勝利した鮮やかな例だが、1998年夏のLTCMの話のほうが良い事例かもしれない。

ビッグイベント3──LTCM

　LTCM（ロング・ターム・キャピタル・マネジメント）は1998年に破綻したヘッジファンドだ。敗者にまつわる話は長年にわたって繰り返されてきた。しかし、トレードはゼロサムゲームである。敗者がいれば、勝者もいる。したがって、勝者を探すことも重要なのではないだろうか。LTCMは壮大に繰り広げられたゼロサムゲームの典型例で、このときも勝ったのはトレンドフォローだった。

　公共放送のPBSの特別番組『トリリオン・ダラー・ベット』はLTCMの創設秘話を描いたものだ。1973年、3人の経済学者──フィッシャー・ブラック、マイロン・ショールズ、ロバート・C・マートン──はファイナンスを根本から変えてしまうようなエレガントな公式を発見した。数学の聖杯とも言えるこのブラック・ショールズ・オプション価格付けモデルは単純で、一見簡単そうに見えた。この公式はショールズとマートンにノーベル経済学賞をもたらし、ソロモン・ブラザーズの伝説の債券トレーダーであるジョン・メリウェザーの注目を引いた。

　LTCMは複雑な数学モデルを使って、投資家を夢にも想像しないような大金持ちにすることを約束した。当然ながら、LTCMはウォール街のエリートたちを引き寄せ、彼らのお金を運用することで最初は素

262

晴らしい利益を上げた。ところが、理論が現実に合わないことが発覚し、会社は制御不能な状態に陥った。[25]

こんなことが起こることは想定外だった。「この企業はすぐさまほかに類を見ない企業だとみなされた。最高の人材もそろっていた。FRB（連邦準備制度理事会）の元副議長もその1人で、ジョン・メリウェザーもいた……個人投資家からは、特に銀行や機関投資家からは、彼らについていけば、成功への切符を手に入れたも同然だと思われていた」[26]

LTCMの破綻で大打撃を受けたのはFRBの政策立案者たちで、彼らはこの件で嫌なことをやる信念がないとみなされることになった。自分たちが大手の金融機関をつぶすことができないのに、ロシアや日本に大手の金融機関をつぶせと、どの口で言えるのだろうか。[27]

LTCMの破綻を理解するには、ファイナンスの基礎に立ち返る必要がある。マートン・ミラーと彼の同僚のユージン・F・ファーマは、のちに効率的市場仮説として知られるようになる理論を打ち出した。「この理論が前提とするものは、株価は常に正しいということである。したがって、だれも市場の将来の方向性を予測することはできない。ということは、市場はランダムに動かなければならない。また、価格が正しくあるためには、価格を付ける人々が合理的で十分な情報を持っていなければならない」[28]

言い換えれば、ミラーとファーマは、人々が完全に合理的であれば、どういった金融商品であっても彼らは実際の価値より多くも少なくも支払うことはない、と考えたわけである。効率的市場仮説の熱狂的支持者だったマイロン・ショールズは、市場が過ちを犯すことは絶対にないと信じていた。彼の同僚であるロバート・マートンはその仮説を一歩進めた「連続時間ファイナンス理論」を打ち出し、金融世界をきれいな丸い1つのボールととらえた。[29]

263

第1部　トレンドフォローの原理

マートンの考える市場はおいしく入れたコーヒーのようになめらかで、価格はそのなかでクリームのように流れる。彼の仮説によれば、IBMの株価は80ドルから60ドルにいきなり飛ばずに、79 3/4、79 1/2、79 1/4のように小刻みに動く[30]。

LTCMの世界がきれいな丸いボールのように思えたのは、マートンとショールズが理論を打ち出した学術の世界がそのようなものだったからだろう。LTCMの創設者たちは、市場は完全なる正規分布に従い、外れ値はなく、ファットテールもなく、予期しないイベントも発生しないものだと信じていた。問題は、彼らがこれらの仮説を認めた瞬間から始まった。

マートン、ショールズ、メリウェザーらが、市場はきれいな連続正規分布を描き、リスクはない、とウォール街を説得すると、LTCMはとてつもなく大きなレバレッジを使って無リスクリターンを狙い始めた。

UBSは先週、同行のLTCMへの株式投資による損失は9億5000万スイスフラン（6億8600万ドル）になることを発表した。この投資は元スイスユニオン銀行がスイス銀行と合併してUSBになる前に、LCTMで行ったオプション取引に関連するものだった[31]。

およそ55の大手銀行がLTCMに融資した。そのなかには、バンカーズ・トラスト、ベアー・スターンズ、チェース・マンハッタン、ゴールドマン・サックス、JPモルガン、リーマン・ブラザーズ、メリル・リンチ、モルガン・スタンレー、ディーン・ウィッターが含まれていた。結局、LTCMは1000億ドルの資金を借り入れ、あらゆる市場に1兆ドルを超えるイクスポージャーを持つことになる。この種のレバレッジは最初は問題とはならなかった。あるいはそう思えた。マートンはミラーに次のように言ったと言われている。「LTCMの戦略は、世

264

第4章　ビッグイベント、大暴落、パニック

界中の小銭を吸い込む巨大な電気掃除機のようなものだ」

　しかし、LTCMの戦略は複雑すぎるうえ、レバレッジも大きすぎ、トレンドフォローのリスクマネジメントのかけらさえなかった。OECD（経済協力開発機構）はLTCMのトレード戦略の全貌を示す１つのトレード例を挙げた。それは、フランス国債（OAT）とドイツ国債（ブンズ）の利回り格差の収束に賭けるというものだった。フランス国債とブンズの利回り格差が先渡し市場で60ベーシスポイントになると、LTCMはポジションを２倍にした。これは、スペインペセタとイタリアリラの国債のヘッジポジションを含む、もっと複雑なコンバージェンスベットの１レッグにすぎなかった。[32]

　こうした複雑なコンバージェンスベットがリスクの点で何を狙っているのか、LTCM自身も含めて理解できる人はだれもいなかった。LTCMの教授たちが行う取引は秘密主義だったため、規制当局も投資家たちも、彼らが何をいつどれくらい取引しているのか、皆目見当もつかなかった。日々の価格付けが明らかでなく、自由に取引できないということは、ウォール街の言う透明性が無視されていることになる。ジェリー・パーカーはLTCMの取引と彼の取引の違いを次のように述べている。

　　「私たちは常に100％の透明性がある取引を行っている……CTAの良い点は、戦略が分かりやすく、一握りの人しか理解できないといったものではない点である。私たちはトレンドフォロワーでシステムベースのトレーダーなので、顧客にも簡単に説明できる……ポジションを顧客に見せたがらないと問題が起こる……例えば、LTCMのようなファンドにお金を投資しすぎるのもこういった問題の１つだ。私たちは10％のリスク資産しか求めない。そして、顧客もある月には10％の儲けが出て、翌月は10％の損失が出るかもしれないことを分かっている。最大の過ちは、絶対に損をしない

265

という天才に大金を任せることだ。地獄の門が開けば、彼らはすべてを失う[33]」

「先月（1998年8月）は、本当にイライラするほど市況が悪いときだったが、当社最大のポートフォリオ「金融・貴金属」は（推定で）17.7%上昇した。24億ドルの運用資産のうち、半分を少し超える資産はこのポートフォリオに投資している。これはアメリカ市場が下落したのが直接の原因ではない。前にも言ったように、私たちはS&P500には投資していない。これはむしろ、トラブルに陥ったときの投資家の予想どおりの振る舞いの結果だ。投資家が原則に戻る —— この場合、質への逃避 —— と、世界的に債券は上昇して株価は下落し、外国為替相場に変化が起きた。しかし、私たちが驚いたのはその動きの大きさだった。8月の終わりに見られたトレンドは、何週間も何カ月も前からすでに存在していたのだ」 —— ジョン・W・ヘンリー[34]

　LTCMの透明性の欠如以上に問題だったのは、「落雷」に関係する。ある批評家は次のように言う。「これが偶然の出来事だったのか、LTCMや彼らの債権者の怠慢だったのかはいまだに分からない。もし野原の真ん中に立っていて、たまたま雷に打たれたら、それは偶然の出来事だと言えるが、雷が鳴っている嵐の最中に野原に立つことがあなたの仕事なら、あなたはとろうとしているリスクをもう少し確実に予測できるはずだ[35]」

　ブラック・ショールズ・オプション価格付けモデルは人間の行動のランダムさを考えに入れていなかった。これはLTCMが1998年の8月と9月に雷に打たれる原因となる怠慢さの一例にすぎない。LTCMが雷に打たれたとき、トレンドフォローは同じ市場を評価して、彼らの反対側でゼロサムゲームをプレーしていた。今にして思えば、ノーベル賞を受賞したマートン・ミラー教授が言うように、シカゴ大学の教授陣はこの問題に明らかに気づいていた。「彼らが使っていたモデルは、

ブラック・ショールズ・モデルだけでなくほかのモデルも、市場の正常な振る舞いを基にしたものであり、動きが乱れれば、どんなモデルもそれに耐えられなくなった[36]」

LTCMの首脳陣が、「エレガントという言葉はテーラー（仕立て屋）のためにある」――どんなに優雅なものでも現実の人間に着せると優雅でなくなる、どんなに美しい公式も現実の世界では問題を起こさせる可能性がある――というアインシュタインの言葉を思い出してくれていたらと思うばかりだ。LTCMには美しい公式があった。しかし、その公式は現実世界では通用しなかった。ショールズの博士論文を指導したユージン・ファーマはショールズのオプション価格付けモデルに強い疑念を抱いた。「値動きの母集団が厳密に正規分布に従うのなら、平均的にどの株でも……平均から5標準偏差を上回る事象は7000年に1回の割合でしか観測されないはずだ。しかし実際には、そういう事象は3～4年に1回の割合で発生しているように思える[37]」

ほとんどの投資家にとって1998年8月は最悪の月だった。しかし、ウィリアム・ダンにとっては違った。彼が運営する運用資産9億ドルのダン・キャピタル・マネジメントは、この月、数年来の最高益を上げた。その年はそれまでに25.4％上昇し、8月だけで23.7％上昇した。[38]

LTCMは1998年の8月だけで資産の44％を失った。これは金額にすると19億ドルに上る。1998年9月にLTCMの100人の投資家に宛てた手紙のなかで、ジョン・W・メリウェザーは次のように書いている。「みなさまもご存知のように、ロシアの財政危機を取り巻くさまざまなイベントによって、8月に世界市場のボラティリティが急激に上昇しました。そのため当社の運用成績は8月には44％のマイナスになり、年間では現在までに52％のマイナスになっています。この規模の損失は、みなさまがたにとってもそうでしょうが、私たちにとっても非常にシ

ョックなものです。ファンドの過去の変動率に照らせばなおさらです[39]」

　メリウェザーがこの手紙を書いたとき、LTCMは創立してわずか4年しかたっていなかった。「この規模の損失」はLTCMにとっても、その顧客や1000億ドルを超える融資をした銀行にとってもショックなものだったが、彼らの損失はトレンドフォローの利益源になった。驚いたことに、何年もあとになってもショールズはゼロサムゲームでの彼の行動の責任を認めることを拒んでいるようだった。「1998年8月のロシアの債務不履行のあと、最近まで続いていたすべての関係は消滅してしまったようだ[40]」

　結局、LTCMに多額の投資をしていた世界の大手銀行に加え、FRBも、この会社を救済した。もしこの救済が行われていなければ、2008年10月の救済の前例はなかったわけだが、2008年10月の救済はLTCMの救済の比ではなかった。LTCMの救済によって正常な市場原理は止まった。LTCMの救済は次の10年の行く末を決めたと言ってもよい。そして、最終的には2008年の株式市場大暴落へとつながっていく。1998年のLTCMの救済に続いて、2008年にも救済が行われた。世界は次の救済を待っている。

敗者はだれか

CNNが示したLTCMの敗者は以下のとおりである。

● エベレスト・キャピタル。バミューダを拠点とするヘッジファンド。13億ドルの損失。エール大やブラウン大の大学基金もエベレストに投資していた。
● ジョージ・ソロスのクオンタム・ファンド。20億ドルの損失。
● ハイ・リスク・オポチュニティ・ファンド。IIIオフショア・アドバイザーズが運営する資産4億5000万ドルのファンド。倒産。

第4章　ビッグイベント、大暴落、パニック

●ジュリアン・ロバートソンが運営するタイガー・ファンド。1998年
　8月と9月に33億ドルの損失。
●リヒテンシュタイン・グローバル・トラスト。3000万ドルの損失。
●イタリア銀行。1億ドルの損失。
●クレディ・スイス。5500万ドルの損失。
●USB。6億9000万ドルの損失。
●サンディ・ワイル。1000万ドルの損失。
●ドレスナー。1億4500万ドルの損失。

勝者はだれか

　LTCMの破綻は劇的だが、本当の教訓を学べるのは勝者からである。
キャンベル・アンド・カンパニーはその一例だ。

　「1998年の前半を振り返ると、私たちのリターンは業界全体のリタ
　ーンと大差はなかった。また7月までは最悪だった。そうこうし
　ているうちに、8月にはロシアが崩壊あるいはそれに近い状態に
　なり、そしてLTCMが危機に陥った。そして突然、私たちの収益
　は8月には10％上昇し、9月と10月は4～5％上昇した。多くの
　CTAはいつの間にやら年間で18％から20％の利益を手にした。パ
　フォーマンスが上向く3カ月前はお先真っ暗の状態だったのが、突
　然の大飛躍だ。ヘッジファンド業界は総崩れ、株は紙くず同然に
　なったというのに、マネージド・フューチャーズは王者になり、ウ
　ォール・ストリート・ジャーナルの表紙を飾った。まぁ、これが
　今の心境というところだ[41]」

**お金を失う人には2種類ある。何も知らない人と、すべてを知っている人
だ」。2人のノーベル賞受賞者を抱えるLTCMは明らかに後者に属する[42]。**

269

FRBの介入は見当違いで不必要なものだった。介入しなくても、LTCMは破綻しなかったかもしれないからだ。またLTCMが破綻した場合の金融市場における影響もFRBは心配しすぎた。短期的には、この介入はLTCMの株主や経営陣たちにとっては都合が良かったと言えるだろう[43]。

　1998年8月と9月のトレンドフォローのパフォーマンスデータを見てみると、クレジットカードをLTCMからトレンドフォローに向けてすべらせているように見える。つまり、お金がLTCMからトレンドフォローに移転したということである。LTCMが資産の19億ドルを失ったまさにその時期、ビル・ダン、ジョン・W・ヘンリー、ジェリー・パーカー、キース・キャンベル、そしてマンを合わせた利益は10億ドルを超えた（**表4.4**）。

「LTCMの元幹部が講演を行ったが、そのなかで彼はファンドが行ったギャンブルを弁護した。彼いわく、『秋に毎晩車で帰宅すると木の根元の周りに木の葉が散らばっている……木の葉の落ち方にはそれを支配する統計学的分布があり、私は木の葉の分布がどうなるのか正確に計算することができる。ところがある日帰宅すると、木の葉が小さく山積みになっていた。これは木の葉の落ち方にはそれを支配する統計学的法則があるという私の理論の誤りを証明するものなのだろうか。それは違う。木の葉は人の手によって山積みにされただけである』。つまり彼は、ロシア人は債務不履行という行うべきではないことを行った、生涯に一度のおきて破りを犯したと言いたかったのである……ここが肝要なところなのだが、物理的世界とは違って、市場ではゲームのルールを変えることができる。中央銀行は、政府が保証する債券の支払いをしないと決められるのだ」──マルコム・グラッドウェル[44]

　一例としてダン・キャピタル・マネジメントのワールド・マネタリ

第4章 ビッグイベント、大暴落、パニック

表4.4 トレンドフォロー型ファンドのリターン（1998年8～9月）

ダン・キャピタル・マネジメント（WMA）		
1998年 7 月	−1.37%	575,000,000
1998年 8 月	+27.51%	732,000,000
1998年 9 月	+16.8%	862,000,000
ダン・キャピタル・マネジメント (TOPS)		
1998年 7 月	−1.08%	133,000,000
1998年 8 月	+9.48%	150,000,000
1998年 9 月	+12.90%	172,000,000
ジョン・W・ヘンリー（金融・貴金属）		
1998年 7 月	−0.92%	959,000,000
1998年 8 月	+17.50	1,095,000,000
1998年 9 月	+15.26	1,240,000,000
キャンベル・アンド・カンパニー（金融および金属）		
1998年 7 月	−3.68	917,000,000
1998年 8 月	+9.23	1,007,000,000
1998年 9 月	+2.97	1,043,000,000
チェサピーク・キャピタル		
1998年 7 月	+3.03	1,111,000,000
1998年 8 月	+7.27	1,197,000,000
1998年 9 月	−0.59	1,179,000,000
マン・インベストメンツ		
1998年 7 月	+1.06	1,636,000,000
1998年 8 月	+14.51	1,960,000,000
1998年 9 月	+3.57	2,081,000,000

注＝毎月のリターン（％）とそのファンドの総運用資産額（ドル）を示す

第1部　トレンドフォローの原理

ー・アセット（WMA）の数字を見てみると、このファンドは1998年の8月と9月だけでおよそ3億ドルの利益を上げた。トレンドフォロワーが利益を上げた市場は**図4.24～図4.31**に示したとおりである。

　LTCMの失敗からの教訓は今ではすべての有名ビジネススクールで教えられているが、ジェリー・パーカーが教える勝者からの教訓は教えられていない。

● **透明性**　一般にトレンドフォロワーは公的な取引所でトレードを行っている。彼らは地下で新しいデリバティブをでっち上げたりはしない。トレンドフォロワーは、だれもが見ることができる価格を基に売買できる自由市場でトレードを行っている。トレンドフォロワーは、オレンジ郡やP&Gが大きな損害を被ったデリバティブの失態とは無縁だ。

● **分かりやすさ**　トレンドフォロー戦略はだれもが理解できる戦略だ。博士号を持つ者にしか分からないような高度な数学は使わない。

● **ロックスターはいない**　儲けたいだけでなく、ポートフォリオマネジャーにロックスターがいればよいのにと思っている人がいる。彼らは、自分たちを儲けさせてくれる戦略はエキサイティングで、最高のものだと思いたいのだ。トレンドフォロワーは勝つためにトレードするのであって、有名人になるためにトレードするのではない。

「彼らは答えが分からないのではなくて、何が問題なのかが分からないのだ」——G・K・チェスタトン[45]

　もしLTCMが政府の介入なしに破綻していれば、どうなったか、トレンドフォローモデルはもっとお金を稼げたのではないかといつも思う。私はダン・キャピタルにLTCMの救済は適切なものだったのかどうか聞いてみた。彼らは声をそろえてこう言った。「それはノーだ」。ビ

272

第4章 ビッグイベント、大暴落、パニック

図4.24　10年物Tノート先物の期近の日足（1998/05～1998/12）

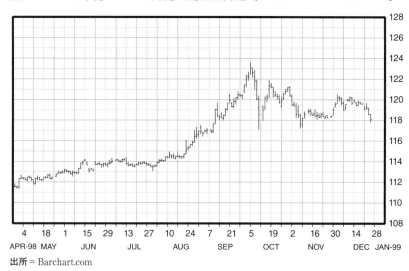

出所＝Barchart.com

図4.25　Tボンド先物の期近の日足（1998/05～1998/12）

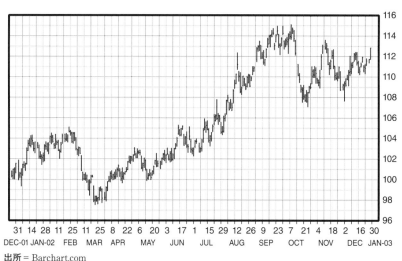

出所＝Barchart.com

第1部　トレンドフォローの原理

図4.26　ユーロ建てドイツ国債先物の期近の日足（1998/05～1998/12）

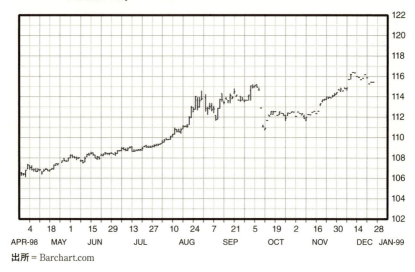

出所＝Barchart.com

図4.27　S&P500先物の期近の日足（1998/05～1998/12）

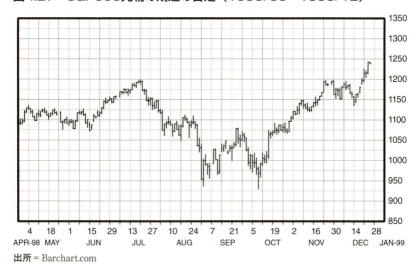

出所＝Barchart.com

274

第4章 ビッグイベント、大暴落、パニック

図4.28 スイスフラン先物の期近の日足（1998/05～1998/12）

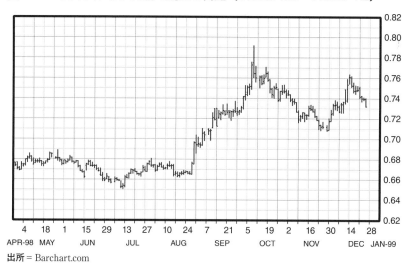

出所 = Barchart.com

図4.29 ユーロドル先物の期近の日足（1998/05～1998/12）

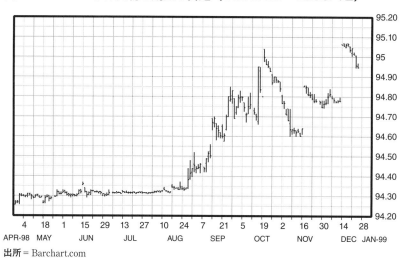

出所 = Barchart.com

275

図4.30 日本円先物の期近の日足（1998/05～1998/12）

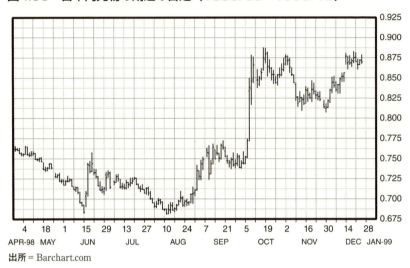

出所＝Barchart.com

図4.31 ドル指数先物の期近の日足（1998/05～1998/12）

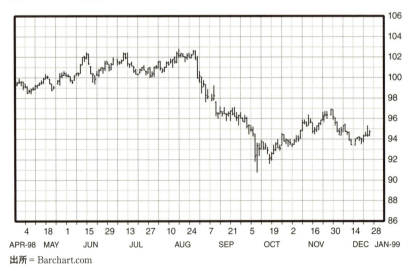

出所＝Barchart.com

第4章　ビッグイベント、大暴落、パニック

ル・ダンはさらに次のように言った。

　LTCMの破綻の原因は次のとおりだと思っている。
1. 彼らのトレードアプローチは、価格と価格の関係は変化する
傾向があるが、長期的にはそれらは平均に回帰する傾向があ
るという理論に基づくものである。彼らはおそらくは、市場
（または市場間の格差）を見て、平均値がどれくらいになるの
か、そして現在価格は彼らが「真の平均」とする推定値に対
してどのあたりにあるのかを判断したのだろう。現在価格が
平均を下回っていれば「買い」で、平均を上回っていれば「売
り」になる（私は彼らの手仕舞い戦略がどんなものかは知ら
ない）。
2. この理論の問題点は、価格が保有ポジションに逆行すれば含
み損が出るのに、彼らのアプローチではナンピンするほうが
最初の予想よりもずっと儲かることになっている点である。こ
の場合、市場がすぐに反転して予想した平均に戻り始めなけ
れば、含み損はかさむ。さらに、損を出して利益からは遠の
いているにもかかわらず、理論上は利益の出る可能性が大き
くなるように思えることにある。
3. この問題を解決するには、厳密な仕掛け・手仕舞い戦略を用
いて生き残る確率を上げるか、時に平均から大きく外れるこ
とがあってもそれに耐えられるだけの無限に近い資産を持つ
かのいずれかだが、理想的には両方を用いることである。
4. しかし、LTCMが非常に流動性が低い投資ビークルにまで手
を広げ、その薄商いの市場でメジャープレーヤーになったと
き、状況はさらに不安定になった。
5. 最終的には、彼らは手を広げすぎた、予想していた平均への
回帰によって救済される前に資金が尽きた。

277

第1部　トレンドフォローの原理

　過去から学べない人、あるいは学ぶ意思がない人は、1998年8月から9月の落雷を再び経験することになる。世界は正規分布に従っていることを説くブラック・ショールズ式の推論は2017年の今、いまだに投資の有効なアプローチと考えられている。したがって、LTCMの失敗は近い将来再び起きることは間違いない。ノーベル物理学賞を共同受賞したフィリップ・アンダーソンは正規分布的考え方の危険性を次のように指摘する。「現実世界の多くは分布の『平均』に支配されているだけではない。同じだけ分布の『テール』によっても支配されている。つまり、平均ではなくて例外的なものによって、規則的に滴り落ちる水滴ではなくて大災害によって、中級階級ではなくて大金持ちによって支配されているということである。私たちは『平均的な考え方』から解放されなければならない」[46]

　そして、平均的な考え方を打ち破るのは、確実と思われていたシングルヒット（LTCM）を打つことではなく、ホームラン（トレンドフォロー）を打つことから始まるのである。

LTCM の補足説明

- マイロン・ショールズはLTCMの破綻後、プラチナム・グローブという新たなファンドを立ち上げた。ショールズを会長とするそのファンドは、2007年から2008年にかけて6億ドルの損失を出した。
- LTCMは危機に陥ったとき、ゴールドマン・サックスに資金調達を依頼した。「LTCMはデューディリジェンスの一環として同社のデリバティブポジションをゴールドマン・サックスに開示した。ゴールドマン・サックスのトレーダーたちはLTCMのデータに基づき、夜を徹して世界中の市場でフロントランニングを行った。ジョン・コーザイン率いるゴールドマンはLTCMと似たようなスプレッド取引を行っており、彼ら自身何十億ドルもの損失を出していた。ゴー

ルドマンは見境なくポジションを落としていったのではなく、正確な誘導ミサイルのようにトレードを行った。結局、ゴールドマンはLTCMの資金調達に失敗したが、インサイダー情報を得るという観点から言えば、彼らのミッションは達成されたと言ってもよい。ゴールドマンは金融システムは守りきれなかったにしても、少なくとも自分自身を守ることはできた[47]」

ビッグイベント4──アジア通貨危機

1997年にアジア各国で通貨下落が次々と伝播していったアジア通貨危機は、トレンドフォローが勝利したもう1つの例である。2017年にタイのバンコクやマレーシアのクアラルンプールをドライブすれば、未完成の高層ビルをたくさん目にするはずだ。これらはすべて財政崩壊の遺物である。この危機で最大の損失を出したトレーダーの1人が、あの悪名高きビクター・ニーダーホッファーだった。頑固で、大げさで、トレードキャリアを通じて並外れた成功を収めてきたニーダーホッファーだったが、トレーダーとしての死もあっという間だった。

「私たちはトレードの進展に従い、ポジションを積み増していく。その代償はボラティリティが高くなることだが、それで自滅しなければ、長期的には報われることになる」──ダン・キャピタル[48]

ニーダーホッファーは、投機でも、チェスでも、スカッシュでも大きく勝負に出た。チェスではグランドマスターに挑戦し、全米スカッシュチャンピオンのタイトルを何回も勝ち取った。彼は定期的に何億ドルも賭けて、常に勝ち続けた──1997年10月27の月曜日までは。その日、彼は推定で5000万ドルから1億ドルの損失を出し、彼の3つのヘッジファンド──リミテッド・パートナーズ・オブ・ニーダーホッ

ファー・インターマーケット・ファンドLP、リミテッド・パートナーズ・オブ・ニーダーホッファー・フレンド・パートナーシップLP、ニーダーホッファー・グローバル・システムズSA——はすべて倒産した。[49]

1997年10月29日の水曜日に、ニーダーホッファーから次の手紙がファクスで送られてきたと想像してもらいたい。

ニーダーホッファー・インターマーケット・ファンドLPの
リミテッドパートナーのみなさま
ニーダーホッファー・フレンド・パートナーシップLPの
リミテッドパートナーのみなさま
ニーダーホッファー・グローバル・システムズSA株主各位

　顧客のみなさまへ

　ご存知のように、ニューヨーク株式市場は1997年10月27日に急落しました。これは前の2日間の大幅下落に続くものです。この急落によって、各ファンドはかなりの含み損を抱え、特にS&P500指数のプットオプションによる損失が極めて大きくなりました。以前にもお伝えしましたように、各ファンドは東アジア市場の崩壊、特にタイの経済破綻によって、すでに今年莫大な損失を被っています。

　こうした不運が重なり、各ファンドは月曜日の取引終了時点で、信用取引口座の最低資本維持額を満たすことができませんでした。ファンドの資産がどれくらいマイナス（もしあれば）になっているのかは、まだ明らかになっていません。規則に従ってファンドの債務を支払うために、月曜日の夜から証券会社と作業を進めてきました。しかし今の時点では、ファンドの全預かり資産は消滅

した模様です。

　ファンド口座の清算をもう１日遅らせることが可能だったならば、清算は避けられたでしょう。しかし、「だっただろう」と言っても仕方ありません。私たちはリスクをとって、これまで長い間成功してきました。しかし、今回は成功しませんでした。残念ながら、私たちは全員大きな損失を被ることになりました。[50]

水曜日、ニーダーホッファーは彼が運営する３つのヘッジファンドの投資家に、株価が３日間続けて下落したことによる損失に加え、今年７月にタイで大きな損失を出したことが重なり、月曜日に彼らの投資資金はすべて「消滅した」と伝えた。[51]

「負ける方法は山ほどあるが、勝つ方法は数少ない。おそらく勝利を手に入れる最良の方法は、大惨事のルールをすべてマスターし、それらを避けることに集中することだろう」──ビクター・ニーダーホッファー

　ニーダーホッファーはゼロサムゲームで損失を出したことは、彼１人の責任だということに気づいていないようだ。それは彼の戦略であって、彼がそれをやったのであって、ほかのだれがやったのでもない。予期できなかったという弁解は通用しないのだ。興味深いのは、彼の戦略は長い間低リスクとうたわれてきたことである。彼は毎月利益を上げていた。トレンドフォローのドローダウンをよそに、彼はカジノのように常にお金を稼ぐゴールデンボーイだった。トレンドフォローよりもはるかに低いリスクでドローダウンもほとんどなく同等のパフォーマンスを上げているニーダーホッファーにお金を託せるというときに、おそらくは厳しいドローダウンに耐えなければならないトレンドフォローにお金を預けたいと思う人がいるだろうか。これがニーダ

第1部　トレンドフォローの原理

ーホッファーが破綻する前の話だ。

　しかし、ニーダーホッファーにリスクがないという考えは、1997年
に彼の会社とともに消えた。その年の彼のパフォーマンスは**表4.5**に
示したとおりである。

**「知識やイベントが何を意味するのかを知る能力によって確立されるのが景
気動向だが、私はそうした景気動向は明らかに存在すると感じていた。こ
うした動向は予測不可能にもかかわらず、私はこうしたメジャートレンド
に乗る方法を探していた」**——ビル・ダン[53]

　ニーダーホッファーのパフォーマンス（**表4.5**）は1997年に地に落
ちたにもかかわらず、スターク・リポートの最終号では彼のパフォー
マンスはまだリストに載っていた。ランキングは以下のとおりである。

リターン	星4つ
リスク	星4つ
リスク調整済みリターン	星4つ
運用資産	星5つ[54]

　星によるランキングを見ると、ニーダーホッファーは無リスクであ
るかのような印象を受ける。しかし、彼のトレードはLTCM同様、正
規分布を前提としたものだった。リスクを標準偏差で測定すると、ニ
ーダーホッファーの本当のリスクは見えてこない。彼が破綻するずっ
と前から彼の逆張り手法には問題があることに気づいている人もいた。
ニーダーホッファーが破綻する6カ月前、フランク・J・フラニアッ
クは次のように言ってのけた。「問題が生じるのは時間の問題だ」[55]

　しかし、ニーダーホッファーの戦略に深刻な欠陥や危険性があって
も、彼の支持者は、継続的に利益が出るかどうかにしか関心がなかっ
た。彼の顧客は洗脳されていたとしか言いようがない。「彼がどんな魔

282

第4章　ビッグイベント、大暴落、パニック

表4.5　ニーダーホッファーのパフォーマンス[52]

日付	VAMI	月次収益率	四半期収益率	年間収益率	運用金額
97年1月	11755	4.42%			
97年2月	11633	–1.04%			
97年3月	10905	–6.26%	–3.13%		1億3000万ドル
97年4月	11639	6.73%			
97年5月	11140	–4.28%			
97年6月	10296	–7.58%	–5.58%		1億1500万ドル
97年7月	11163	8.42%			
97年8月	5561	–50.18%			
97年9月	7100	27.67%	–31.04%		8800万ドル
97年10月	1	–99.99%			
97年11月	1	0.00%			
97年12月	1	0.00%	–99.99%	–99.99%	0ドル

VAMI＝月次付加収益指数（初期投資1000ドルと仮定した収益）

術を使おうとも、それはうまくいく」と、ワッツ・インダストリーズのティモシー・P・ホーン会長（ニーダーホッファーの1982年以来の顧客）は言った。[56]

　ニーダーホッファーの顧客のほとんどは、彼らの口座が吹き飛んで初めて、彼の魔術がインチキなことに気がついた。

「ビクター・ニーダーホッファーは市場をカジノとみなした。カジノでは、人々はギャンブラーのように行動する。だから、ギャンブラーを研究すれば、彼らの行動が理解できると彼は考えたのだ。彼はこの理論によってトレードで定期的に少額を稼ぎ出した。しかし、彼のやり方には欠陥があった。大波が来ると、深刻な打撃を受ける可能性があったのである。なぜなら、彼は適切な安全装置を持っていなかったからである」──ジョージ・ソロス[57]

283

第1部　トレンドフォローの原理

トレンドフォローに対するニーダーホッファーの見方

　ニーダーホッファーは破綻から5年後にトレンドフォローを攻撃し始めた。「トレンドフォローを使って成功した人がいることは認めよう。彼らの知性や洞察力は私たちよりも優れていたことは確かだ。しかし、トレンドフォローの理論や評判がすべてバラ色に見える今こそ、1歩下がって根本的な問題を考えてみるときではないだろうか。トレンドは友だちという彼らの中心的法則は有効なのだろうか。良いにしろ悪いにしろ、報告される彼らのパフォーマンスは偶然によるものだ、というのが最も良い説明なのではないだろうか」。彼はさらに次のように言った。「まず警告しておくが、私たちはトレンドフォローを信じていない。私たちはマーケット・テクニシャンズ協会の会員ではないし、テクニカルアナリスト国際連盟の会員でもないし、タートルズトレーダーたちのトレンドフォロワーの殿堂にも入っていない。実際には私たちはこういった組織の敵対者リストに載っている[58]」

　ニーダーホッファーはさらに続けた。「トレンドは友だちという法則を検証するのは不可能だ。なぜなら、この法則は検証可能な仮説という形で提示されていないからだ。この法則の解釈や実行については、どこかつかみどころがなく、主観的で秘密めいてさえいる[59]」。市場は究極の裁定者（つまり、常に正しい）であるにもかかわらず、今なおニーダーホッファーはそれさえも認めることができないでいる。

　　私は夢のなかで、IBM、プライスライン、あるいは最悪なことに、タイ国営銀行のクルンタイ銀行を買っている。クルンタイ銀行は私が保有していた1997年に200ドルから数ペニーに下がった株だ。夢の続きはいつも同じだ。私が持っている株は急落する。そして、巨額の追証が要求される。関連株も同調するかのように崖から真っ逆さまだ。デルタヘッジによるポジションのリバランスのため

284

第4章　ビッグイベント、大暴落、パニック

にさらに多くの株が売られる。私が売っているネイキッドオプションは天井を突き抜ける。多くの投資家はやみくもに新聞の見出しに従っている。彼らはまるでゾンビのように無気力で、とにかくどんな価格でも株を手仕舞って、税引き後の利回りが－1％のMMF（マネー・マーケット・ファンド）にお金を積み込んでいる。「そんなバカなことはやめろ！」と私は叫ぶ。「危険なんてない。どうして分からないんだと新聞の見出しはあなたを間違った方向に誘いこもうとする。落ち着きを取り戻さないと、何もかも失ってしまうぞ！　あなたの財産も、家も、何もかも[60]」

「統計的に言えば、私は先物をおよそ200万枚トレードして、平均利益は1枚当たり70ドルだったと思う。この平均利益は、ランダムな数字からおよそ700標準偏差離れている。これが偶然起こる確率は、自動車解体工場の部品が勝手に集まってマクドナルドのレストランが出来上がるくらい低い」
――ビクター・ニーダーホッファー[61]

スマートプレーヤーたちはニーダーホッファーを聡明な人物と見ている。私も彼の仕事のなかに英知を感じることがある。いつの日か、私のポッドキャストに出演してもらいたいと思っている。でも、マーケットは彼を許さないだろう。リスクを間違ってとらえれば、それは死を意味する。

ビッグイベント5――ベアリングス銀行の破綻

ニーダーホッファーは根っからの逆張り投資家だ。価格が本質的価値から乖離して持続不可能なほどの水準にまで上昇すると、彼はパニックを逆手にとって短期の賭けに打って出る。彼は友人のジョージ・ソロスを大金持ちにしたトレンドフォロー戦略を、「妄想」にすぎないと言って非難する。[62]

第1部　トレンドフォローの原理

1995年の最初の数カ月は、投機トレードの歴史のなかで最もイベントが多かった時期である。この時期に市場で起こったイベントは、ハーバード・ビジネス・スクールのファイナンスの博士課程のテーマになり得るものばかりだ。しかし、これらのイベントは重要であるにもかかわらず、20年後には忘れ去られ、ハーバード大学でも話題になることはない。

具体的に何が起こったのかというと、ならず者トレーダーのニック・リーソンが、アメリカのダウに相当する日本の日経225の上昇を見込んで大きな取引を行った。しかし、日経は下落し、女王の銀行と呼ばれ、イギリスで最も由緒ある銀行は22億ドルの損失を出して破綻した。

ベアリングス銀行の損失で利益を出したのはだれだったのか。こんな質問を提起する者はいなかった。ウォール・ストリート・ジャーナルもインベスターズ・ビジネス・デイリーさえも。世界は破綻の話に興味をもっただけで、あの22億ドルがどこに行ったのかについては、わずかな関心さえ持っていないのだろうか。実は、リーソンの損失をテーブルから食い入るように見ていたのがトレンドフォローだった。

「ナシーム・タレブはニーダーホッファーをうらやましく思っていたし、称賛もしていたが、そのときも今も、一瞬たりとも彼のようになりたいと思ったことはなかった。というのは、彼の周りの本やテニスコートや壁にかかった民芸品を見回して、彼がそれまでに稼いだ何百万ドルというお金のことを考えたとき、それは単なる運によるものかもしれないという思いから逃れられなかったからだ」──マルコム・グラッドウェル[63]

多くのトレーダーは、市場の予期しない変化に備えて、3カ月、6カ月、12カ月前に計画を立てるという規律は持っていない。しかし、予想外のことに備えて計画を立てることはトレンドフォロー戦略の主要な要素だ。市場を予測しようとしないで、ただ反応さえしていれば、利

286

第4章　ビッグイベント、大暴落、パニック

益が得られる大きな動きはいつもその兆しを見せてくる。

　悲しいことに、ほとんどのマーケットプレーヤーは、市場は将来ど
の方向に動くのかといった自分たちの予測に基づいて意思決定するこ
としか知らない。動く方向を決めれば、ほかの選択肢は目に入らなく
なる。ニック・リーソンのように大金を失っている場合でも、自分の
分析結果を裏付ける証拠を探し続ける。1995年1月初めに起きた阪神
淡路大地震の前、日経は1万9000から1万9500で推移していた。リー
ソンは大阪証券取引所でおよそ3000枚の日経先物を買った。1月17日
の地震のあと、リーソンは日経ポジションをナンピンし、日経が下が
ってもナンピンし続けた。[64]

勝者はだれだったのか

　1994年9月から1995年7月までの日経225先物の動きを見てみよう
（**図4.32**）。ベアリングスが出した損失は、規律を守るトレンドフォロ
ワーたちのポケットを膨らませていっただけだった。

　ベアリングスが破綻した数カ月後のジョン・W・ヘンリーのパフォ
ーマンス（**表4.6**）を見るとこれがよく分かる。

　ディーン・ウィッター（現モルガン・スタンレー）は当時、ヘンリ
ーのブローカーだった。「私はヘンリーに2億5000万ドル以上預けてい
る……ヘンリーのオリジナルプログラムは1995年はこれまでのところ
上々で、非常に喜ばしいことだ。1995年4月18日までで50％を超える
上昇だ」[65]

　ほかにも1995年2月と3月に大きな利益を上げたトレンドフォロワ
ーがいた（**表4.7**）。しかし、彼らの利益は間違いなく日本円の上昇ト
レンドと下降トレンドから得たものである。

287

図4.32　日経225先物の期近の日足（1994/09～1995/06）

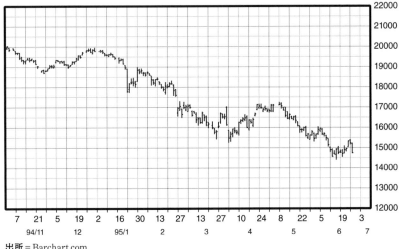

出所＝Barchart.com

表4.6　ジョン・W・ヘンリーのトレードプログラムの運用総資産（上、単位＝100万ドル）と月次リターン（下、単位＝％）

ファンド名	95年1月	95年2月	95年3月
金融・貴金属	$648	$733	$827
	−3.8	15.7	15.3
国際分散型	$107	$120	$128
	−6.9	13.5	8.5
オリジナル	$54	$64	$73
	2.1	17.9	16.6
国際金融	$7	$9	$14
	−4.1	25.6	44.4

「運は人生を左右する最も重要な要素だと私は思う。確率の低いさまざまなイベント――どこで生まれるか、どの親の下に生まれるか、だれと結婚するか、どこで最初の仕事に就くか、どの学校に行くか――は私たちの人生に大きな影響を及ぼす。しかし、人々は運が人生を左右する重要な要素だ

第4章　ビッグイベント、大暴落、パニック

表4.7　1995年のトレンドフォロワーの運用総資産（上、単位＝100万ドル）と月次リターン（下、単位＝％）

運用会社名	95年1月	95年2月	95年3月
チェサピーク	$549	$515	$836
	−3.2	−4.4	8.6
レイバー	$148	$189	$223
	−9.4	14.0	15.2
キャンベル（金融・貴金属）	$255	$253	$277
	−4.53	5.85	9.58
マーク・J・ウォルシュ	$20	$22	$29
	−16.4	17.0	32.3
エイブラハム	$78	$93	$97
	−7.9	1.2	6.6
ダン（WMA）	$178	$202	$250
	0.5	13.7	24.4
ダン（TOPS）	$63	$69	$81
	−7.6	9.9	22.7
ミルバーン・リッジフィールド	$183	$192	$233
	−6.5	8.7	19.4

　ということを否定することが多い。例えば、バスケットボールの試合では数えきれないほど偶然な出来事が起こる。プレーヤーが3回立て続けにゴールを決めれば、彼は好調だが、ほとんどの場合、それは偶然でしかない。もちろん、アナウンサーは、「すごい！　また偶然なことが起こりました」とは言わないだろう。それではだれも興奮しないので、理由をつける。しかし、それは単なる運にすぎないのだ。すべての運が幸運というわけではないが、私たちのパフォーマンスの裏には私が認めたがる以上の幸運がある」——ジム・シモンズ[66]

第1部　トレンドフォローの原理

レバレッジの程度やシグナルを出すタイミングは少し違うかもしれないが、大きなトレンドがトレンドフォロワーたちにとって巨額の利益の源泉になったことは**表4.6**や**表4.7**を一見しただけで明らかである。1998年、ヘンリーはあいまいながらも、ベアリングスを取り巻くゼロサムゲームで巨額の利益を上げたことを認めた。

インフレの話はもちろん最も劇的な例ではない。もっと最近では、アジアの例がある。これは一度かぎりの大きなイベントがトレンドを生み、われわれに利益をもたらし、世界を形成するという例である。アジアにおいて銀行の融資が行きすぎたのが原因だといううわべだけの話を信じるかどうかは別にして、アジア経済が調整されたのは明らかだし、この調整はこれからも続くだろう。こうした状況の下でトレンドが形成されるのは当然であり、こうしたトレンドを認識することでわれわれはほかの市場参加者が犯した過ちを利用して大金を稼ぐことができるのだ。結局、私たちが参加しているのはゼロサムゲームなのだから[67]。

ヘンリーもリーソンも昔からあるゼロサムゲームに参加していた。彼らは2人ともテーブルに歩み寄ったが、決定的な違いが1つだけあった。ヘンリーは戦略を持っていたのだ。リーソンが何を持っていたのかはだれも知らないが、彼がお金を稼いでいるかぎり、イギリスのボスはそんなことは気にもとめなかった。彼らが気にし始めたのは彼が銀行を潰してからであり、それでは遅すぎたのである。

ビッグイベント6──メタルゲゼルシャフト社

メタルゲゼルシャフトは今では社名も変わり、特殊化学プラントとプロセスエンジニアリングの会社として新たなスタートを切った。し

かし、ドイツの金属・貿易・建設コングロマリットとして119年にわたって成功してきた会社が世に知られるようになったのは、トレードで巨額の損失（15億ドル。当時の金額では23億ドイツマルク）を出したからだった。[68]

ほかのトレーダーたちが、メタルゲゼルシャフト（MG）が納会の近づいた買いポジションを清算しなければならないことを利用した戦略を立てていたことが、次の12カ月の間で徐々に明らかになった。各限月の納会に、メタルゲゼルシャフトが買いポジションを売り手仕舞いしようとすると、ほかのトレーダーたちはメタルゲゼルシャフトの売り注文に合わせて売りポジションを上乗せした。すると、売りが買いを上回って供給過剰になり、価格は市場が均衡に達するまで下落する。納会が近づいたメタルゲゼルシャフトの買いポジションの手仕舞いと、ほかのトレーダーの売りポジションが増えたことによって、メタルゲゼルシャフトのポジションの納会が近づくにつれて、原油価格には下げ圧力が働いた。[69]

　これから話すことはもうお分かりのはずだ。そう、もう１つのゼロサムゲームからの教訓である。そんなに昔の事件なんて、もう価値はないのではないかと思う人もいるはずだ。その考えはいったん脇において、貪欲と恐怖について考えてみよう。

　話は、メタルゲゼルシャフトが1993年の大半を通じてニューヨーク・マーカンタイル取引所（NYMEX）で原油先物を買ったことから始まる。この間、メタルゲゼルシャフトは13億ドルから21億ドルの損失を出した。勝者はトレンドフォロワーだった。1993年、原油先物（**図4.33**）は５月から12月にかけて徐々に下がっていった。

　もう何度も言ってきたので分かるはずだが、トレードの反対サイドには必ずだれかがいる。難しいのは、一方のサイドにいる人しか分からないときに、反対サイドにだれがいるかを特定することである。メ

291

図4.33　原油先物の期近の日足（1993/02～1994/02）

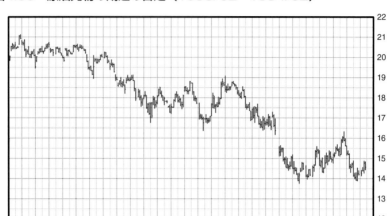

出所＝Barchart.com

　タルゲゼルシャフトが損失を出したことは分かっていたが、勝者はだれだったのか。1990年代の中ごろから終盤にかけて、私はこれを考え続けた。メタルゲゼルシャフトが損失を出したあと、さまざまな説明がなされた。金融界では、メタルゲゼルシャフトが損失を出した理由を分析したMBA（経営学修士）学生によるちんぷんかんぷんな説明や、エネルギー先物を批判する論文まで、さまざまな説が流れた。しかし、メタルゲゼルシャフト破綻の理由は実に簡単なものだった。メタルゲゼルシャフトはトレード戦略を持たなかった、だから損失を出したのだ。

　メタルゲゼルシャフトの崩壊で大きな役目を果たしたのはトレンドフォロワーたちだった。これは一般に入手可能なトレンドフォローのパフォーマンスを見ればよく分かる（**表4.8**）。

　表4.8で注目してもらいたいのは1993年7月、1993年12月、1994年1月である。これらの各月の相関を見れば、トレンドフォロワーたち

第4章　ビッグイベント、大暴落、パニック

表4.8　トレンドフォロワーのパフォーマンス（1993/06〜1994/01）

	6-93	7-93	8-93	9-93	10-93	11-93	12-93	1-94
エイブラハム	−1.2	6.6	−5.3	1.2	−6.6	3.5	12.5	−1.45
チェサピーク	1.0	9.5	5.8	−2.7	−0.1	1.1	5.8	−3.33
JPD	−6.9	10.2	−2.1	−4.1	−2.0	2.7	8.6	−3.9
レイバー	−1.3	14.8	−3.9	−4.1	−6.0	5.6	10.1	−10.5
サクソン	−2.7	20.5	−14.3	−2.1	−1.1	6.6	17.1	−10.8

が似たような戦略を使っていることは一目瞭然だろう。トレンドフォロワーは1993年7月と12月に利益を上げ、1994年1月に損失を出している。

　プロトレーダーたちによるエネルギー市場の売りによって、メタルゲゼルシャフトに大きな圧力がかかっていたと、学者やメディアだけでなくだれもが思ったようだ。学者たちが分からなかったのは、あるいは興味がないように思われたのは、そのプロトレーダーがだれなのかということだった。パフォーマンスデータは公開されていてだれもが見ることができた。それは隠されているわけではなかった。私はこのデータを米商品先物取引委員会（CFTC）のファイルで見つけた。

事後分析で触れられなかったことがいくつかあったように思えるが、その1つは、メタルゲゼルシャフトが先物市場の支配的プレーヤーになったために自らワナにはまったということである。1993年秋には、メタルゲゼルシャフトのロールオーバーを予測するトレーダーが出てきていた。大きなポジションが市場にあるかぎり、メタルゲゼルシャフトは天井に吊るされた大きな福人形のようなもので、毎月叩き落とされるのを待つようなものだ。自分自身のポジションでワナにはまるというこの性質は、メタルゲゼルシャフトをかばうエドワーズとキャンターの分析にも、カルプとミラーの分析にも見当たらないものだ。[70]

293

第1部　トレンドフォローの原理

　トレンドフォローモデルは、そのときの総資金に基づいて、先物や
株をどれくらいトレードすればよいかを毎日指示してくる。例えば、ト
レンドフォロワーがポジションを建てたあと、7月に大きな利益が出
れば、その利益を進んで再投資した。8月に大きな利益を手にすれば、
彼らはその利益を再投資するが、最初の損切りに基づいて一定額の損
失を見込む。つまり、彼らはテーブルの上の利益が損失に変わっても
気にしないということである。トレンドがいつ終わる（1994年1月）
のかは市場しか教えてくれないのである。

　1993年の秋、トレンドフォロワーは原油先物の売りポジションを持
ち続けていた。一方、メタルゲゼルシャフトは原油先物を買い、にっ
ちもさっちもいかない状態になっていた。トレンドフォロワーたちは
捕食者のようにメタルゲゼルシャフトが投げるのを待っていた。しか
し、トレンドフォロワーはただ売っていただけではない。彼らはアグ
レッシブに売り、市場が下がるたびに利益を再投資し、売りポジショ
ンを増し玉していたのだ。

　このゼロサムゲームで負けた側のメタルゲゼルシャフトは早期に損
切りしようとしなかった。もし彼らが7月の下落のあとで手仕舞って
いれば、トレードの歴史に残るビッグイベントにはならなかっただろ
う。しかし、メタルゲゼルシャフトはポジションにしがみつき、上昇
トレンドになって損失を取り返せることを願っていたのだ。要するに、
ブレークイーブンになることを期待したわけである。これまで新人ト
レーダーやプロトレーダーもこの心理状態にはまって失敗してきた。し
かし、メタルゲゼルシャフトにはトレンドフォロワーたちが持つ厳格
な規律のかけらもなかった。トレンドフォロワーはだれ一人としてす
ぐに手仕舞うつもりはなかった。トレンドは下降していることを価格
は伝えてきていたからだ。損切りしていれば、トレンドフォローの最
も基本的なルール、そして成功するトレードにおいても最も基本的な
ルール——利は伸ばせ——を破ることになっただろう。

294

第4章　ビッグイベント、大暴落、パニック

表4.9　1993年のトレンドフォロワーたちのリターン

運用会社名	リターン
エイブラハム・トレーディング	+34.29%
チェサピーク・キャピタル	+61.82%
マン・インベストメンツ	+24.49%
レイバー・マーケット・リサーチ	+49.55%
ダン（WMA）	+60.25%
ジョン・W・ヘンリー	+46.85%
マーク・J・ウォルシュ	+74.93%
エックハート・トレーディング	+57.95%

NYMEXによれば、メタルゲゼルシャフトは5500万ドルに相当するガソリンと灯油の先物ポジションも保有していた。[71]

　この話もいよいよ最終段階に入る。原油は11月の終わりから12月にかけて最後の下落を始めた。このときになって初めてメタルゲゼルシャフトの経営陣は全ポジションを手仕舞い、11月と12月の原油価格の下落に拍車をかけた。結局、良いトレンドもいつかは終わる。そして、トレンドフォロワーも原油先物のポジションを1994年1月に手仕舞いし始めることになる。1994年1月のトレンドフォロワーのパフォーマンス（**表4.8**）を見れば、彼らがこの月にどれくらいの損失を出し、1993年の歴史的な利益（**表4.9**）からは一息ついたことが分かるだろう。

　過去50年でトレンドフォロワーの武勇伝を示すビッグイベントには枚挙にいとまがない。しかし、トレンドフォロー戦略の弱点を見つけたと言ってトレンドフォローに疑いを抱く人はまだいる。その弱点とは、1987年の株式市場の大暴落である。

295

第1部　トレンドフォローの原理

「1足す1足す1足す1足す1足す1足す1足す1足す1足す1はいくつ？」
「分かりません。数えきれなくなりました」とアリスは答えた。
　　　　　　　　　　　　ルイス・キャロルの『鏡の国のアリス』[72]

ビッグイベント7――ブラックマンデー

「1987年の大暴落でS&Pは29.6％下落し、回復するのに1989年5月までかかった。EAFE指数や、ジャガーファンド、クオンタムファンドのパフォーマンスは市場全体と高い相関関係にあった。この間、当社の金融・金属ポートフォリオは総合ベースで260％のリターンを上げた」――ジョン・W・ヘンリー[73]

　今になってもよく耳にする質問で、私のお気に入りの1つは、「トレンドフォローは1987年のブラックマンデーではどうだったのか？」「20標準偏差のイベントのなかで、彼らはどう対処したのか？」である。彼らの望む答えが、「トレンドフォローはその日、死んだ」であることは、彼らの口調からありありとうかがえる。疑い深い人には悪いニュースだが、1987年の秋（**表4.10**と**表4.11**）はトレンドフォローに歴史的な利益をもたらした。

「**成功するには目的を1つに絞る必要がある**」――ビンス・ロンバルディ

「**投機熱はわれわれのプログラムにとっては素晴らしいものだ。われわれはできるだけ投機をする。こんな言い方をするとちょっと一般の人に反しているように聞こえるかもしれないが、大衆にとって悪いことは、われわれのプログラムにとっては良いことなのだ**」――トビー・クレイベル

　1987年3月のエコノミスト誌も取り出してみたのだが、幸運にも、引

296

第4章 ビッグイベント、大暴落、パニック

表4.10　1987年10月～11月にかけての株式市場大暴落時のパフォーマンス

名称	リターン
S&P500	−28%
ジョン・W・ヘンリー（オリジナル投資プログラム）	+58.2%
ジョン・W・ヘンリー（金融・貴金属ポートフォリオ）	+69.7%

表4.11　トレンドフォロワーたちのパフォーマンス（1987年）

運用会社名	リターン
チェサピーク・キャピタル	+38.78%
JPD	+96.80%
レイバー	+78.20%
ジョン・W・ヘンリー（金融・貴金属）	+251.00%
キャンベル・アンド・カンパニー（金融・貴金属）	+64.38%
ミルバーン・リッジフイールド	+32.68%
ダン・キャピタル・マネジメント（WMA）	+72.15%
マーク・J・ウォルシュ	+143%
マン・インベストメンツ	+42.54%

用句や当時26歳のデビッド・ハーディングと当時31歳のラリー・ハイトに関する記事が見つかった。

●金融市場のテクニカル分析は、市場は、ほとんどランダムに動くことのない価格の以前のパターンによって決まるトレンドに従うと仮定することから始まる。
●テクニカルアナリストは、証券やコモディティ価格のそれまでのレンジからの上または下へのブレイクアウトを見つけて、トレンドを見極めようとする。

第1部　トレンドフォローの原理

●ラリー・ハイトはコンピューターを金床に例えた。アイデアはそれからたたき出すことができるが、一定の水準に達しなければ捨てられる。
●デビッド・ハーディングのコンピューターシステムは売買シグナルを出すだけでなく、どれくらい持ち続けるべきかも教えてくれる。彼の勝率はわずか50％だが、平均利益は平均損失の３倍だ。
●1987年の批評家はハーディングとハイトのトレンドフォローを一時的な流行と言った。[74]

「不可能なことを取り除けば、ありそうもない何が残っても、それが真実のはずだ」──サー・アーサー・コナン・ドイル[75]

2016年の終わりにラリー・ハイトと夕食を共にしたとき、私は彼が1987年の流行だと呼ばれていた話を持ち出した。しかし、彼の信念が変わることはなかった。2017年にも彼は1987年に言ったことと同じことを言った。重要なのは証拠なのだと。私たちにできることは、証拠が変わるまでそれを信じることだけである。

トレンドフォローがこれほど長く成功してきた主な理由は、四半期ごとに成果を出さなければならないという制約がないからである。ウォール街も世間一般の人々もカレンダーという人工的な制約の下で成功を測る。しかし、トレンドフォローは違う。例えば、2008年の終わりを振り返ると、2008年10月のホームランがなければ、トレンドフォローのパフォーマンスは違っていただろう。歴史は変わっていたかもしれない。

四半期ごとのパフォーマンス測定という概念には、市場を予測することができたり、利益目標を達成できるという考え方が含まれている。四半期は測定単位としては現実的ではないかもしれないが、常に利益を要求することができるという間違った考え方をする投資家に対して

298

は快適な仕組みを提供するものだ。一貫性を求められると常に聖杯探しに没頭しなければならなくなる。勝ち続けなければならないという重い負担がのしかかる。

　四つのクオーターからなるフットボールをプレーしていると想像しよう。勝つためには各クオーターで得点しなければならない。これはゲームに勝つことよりも、各クオーターで得点することに重点が置かれている。偉大なトレンドトレーダーは次のように言う。「４クオーターのうちのどこかのクオーターで28点得点するかもしれない。どこで得点するかは分からないが、私の目標はゲームが終わったときに勝っていることだ」。もしトレンドフォロワーが第１四半期に28点得点して、次の３四半期には得点しなくても勝ったとしたら、どこで得点したかを気にする人はいないはずだ。

「損失をデリバティブのせいにするのは、飲酒運転による死亡を車のせいにするようなものだ」——クリストファー・L・カルプ[76]

　トレンドフォロワーは、市場が与えてくれるものをいつでも取ることでホームランを打つ。絶対リターンを目指すトレーダーには利益目標などない。彼らは物事を１年単位で考える。ウォール街でよく用いられる四半期ごとにパフォーマンスを測るという考えを顧客にどう説明するのかビル・ダンに聞いたことがある。私が知りたかったのは、猛獣狩りを評価してもらうように顧客をどう教育しているのかだった。「顧客は私たちを評価する以前に、短期パフォーマンスに依存することの欠点をすでによく理解している」と彼は答えた。

　真剣なゲームに対して、何とそっけない返事だろうか。

　ジュリアン・ロバートソンは引退後、彼に課されていた制約を、必要だが無能な野球の審判に例えて公然と非難した。「ある偉大な投資家はそれを審判のいないバッターに例えた。審判がいなければ、打ちご

第1部　トレンドフォローの原理

表4.12　歴史的イベントとパフォーマンス

期間	イベント	S&P500指数の パフォーマンス	バークレイCTA指数の パフォーマンス
1987年第4四半期	ブラックマンデー	–22.53%	+13.77%
2002年第3四半期	ワールドコム・スキャンダル	–17.28%	+6.77%
2001年第3四半期	9.11	–14.68%	+2.62%
2011年第3四半期	欧州債務問題	–13.87%	+1.65%
1990年第3四半期	イラクのクウェート侵攻	–13.75%	+5.82%
2000年第4四半期	ドットコム・バブル	–13.40%	+8.20%
2001年第1四半期	ハイテク株の下落	–11.86%	+3.75%
1998年第3四半期	ロシア財政危機/LTCM	–9.95%	+8.95%
2008年第1四半期	信用危機	–9.45%	+6.91%
2008年第3四半期	信用危機/救済	–8.37%	–3.02%
2002年第2四半期	ドットコム・バブル崩壊	–7.83%	+9.86%
2015年第3四半期	FRB政策の不透明性	–6.40%	–0.27%
1999年第3四半期	Y2K問題	–6.25%	–0.79%
1994年第1四半期	FRB政策金利の引き上げ	–3.79%	–2.76%
2007年第4四半期	信用危機	–3.33%	+4.07%
2003年第1四半期	第二次湾岸戦争	–3.15%	+0.72%
1990年第1四半期	景気後退・原油価格高騰	–2.99%	+5.43%

出所＝サンライズ・キャピタル

ろの球が来るまで待つことができる。特にヘッジファンドで他人のために投資するうえでの問題点は、四半期ごとのパフォーマンスという審判がいることである」

　トレンドフォロワーのサンライズ・キャピタルのジェイソン・ガーラックは、カレンダーに強制されるベンチマークの問題点を示す事象データを示してくれた。**表4.12**を見れば、トレンドフォロー指数と対照的なS&Pは、歴史的な出来事が起こるとパフォーマンスが大きく変わってくることが分かる。

第4章　ビッグイベント、大暴落、パニック

「株式市場で大金を稼ぐには、大きな動きの正しい側にいることが重要だ。つまり、市場と歩調を合わせよということである。トレンドに逆らうのは自殺行為だ。トレンドは継続しない確率よりも継続する確率がはるかに確率が高い」──マーティン・ツバイク

　キエロン・ナットブラウンはトレンドフォローを調べたわけではないが、中世から現在に至るまでの金融危機と市場パニックを年代別に挙げてくれた。

● 1255年　イタリアでは信用の過剰拡大によって、1255年から1262年にかけて多くの銀行が倒産した
● 1294年　英仏戦争のさなか、エドワード1世のルッカのリッチャルディ銀行に対する債務不履行
● 1298年　フランスのフィリップ4世がシエナのグラン・タボーラを占領
● 1307年　フィリップ4世によるテンプル騎士団の解散命令
● 1311年　エドワード2世のフィレンツェのフレスコバルディ銀行に対する債務不履行
● 1326年　フローレンスのスカリ家とシエナのアスティ家の破産
● 1342年　100年戦争のさなか、エドワード3世のフィレンツェの銀行に対する債務不履行
● 1345年　バルディ家とペルッツィ家の破産。1340年代の大恐慌
● 1380年　チョンピの乱（フィレンツェ）。1380年代初期の恐慌
● 1401年　イタリアの銀行が1401年にアラゴンから、1403年にイギリスから、1410年にフランスから追放された
● 1433年　ミランおよびルッカとの戦争後、フィレンツェで財政危機が勃発
● 1464年　コジモ・デ・メディチの死亡。融資回収。フィレンツェで

301

第1部 トレンドフォローの原理

倒産の嵐

● 1470年 バラ戦争のさなか、エドワード4世がメディチ家に対して債務不履行

● 1478年 メディチ銀行のブルッヘ支店が不良債権により破産

● 1494年 フランスのチャールズ8世がフィレンツェを占拠したあと、メディチ家が崩壊

● 1525年 スペイン軍と神聖ローマ帝国によるジェノバの包囲攻撃。1527年のクーデター

● 1557年 チャールズ5世から受け継がれた債務をスペインのフィリップ2世が再編成

● 1566年 スペインに対するオランダの反乱が始まる。スペイン貿易の崩壊

● 1575年 フィリップ2世の債務不履行。1575年から1579年にかけての金融危機によってジェノバの債権者が大打撃

● 1596年 フィリップ2世の債務不履行。1596年の金融危機によってジェノバの商人が大打撃

● 1607年 スペイン州の破綻。ジェノバの銀行の倒産

● 1619年 30年戦争の戦費調達のためにヨーロッパ全体で行われた貨幣の変造。30年戦争の勃発による金融恐慌

● 1627年 スペインが破綻。ジェノバの銀行とフッガー家の崩壊

● 1637年 オランダのチューリップバブルが崩壊。オランダ東インド会社の株と運河株の暴落

● 1648年 フランス州の破綻。イタリアの銀行追放

● 1652年 第一次英蘭戦争が勃発（イギリスがオランダ船団を襲撃）

● 1666年 第二次英蘭戦争（オランダ香辛料貿易の崩壊）

● 1672年 オランダの災いの年（フランスとイギリスによる侵略）

● 1696年 フランスとの9年戦争でイギリス政府が債務危機に陥る

第4章　ビッグイベント、大暴落、パニック

「知らないことは怖いことだが、もっと怖いのは、何が起こっているのかを
はっきりと知っていると信じる人々によって世界が支配されることである」
——エイモス・トベルスキー

- ●1705年　スペイン継承戦争中のイギリス危機
- ●1720年　イギリスで南海バブルが崩壊し、フランスでミシシッピバ
　　　　　　ブルが崩壊
- ●1761年　フランスとの7年戦争でイギリス政府が債務危機に陥る
- ●1769年　東インド会社株のベンガルバブル崩壊
- ●1772年　ロンドンとアメリカ植民地での信用危機
- ●1783年　アメリカ革命戦争後にイギリスとアメリカで経済不況
- ●1792年　第一合衆国銀行のブームとハミルトンの債権借り換えによ
　　　　　　る同行の破綻
- ●1797年　土地投機バブルの崩壊。フランスの侵攻を恐れてイギリス
　　　　　　で銀行取り付け騒動が発生
- ●1802年　ブームと英仏間で交わされたアミアンの和約後のブームの
　　　　　　崩壊
- ●1807年　ジェファーソンの通商禁止法（イギリスとの貿易の制約）

「知性には3種類ある。物事をありのまま理解する知性、他人が言っている
ことを理解する知性、物事をありのまま理解することもなく、他人が言っ
ていることを理解する力もない知性。最初の知性は優れており、2番目の
知性は良く、3番目の知性は無価値である」——ニッコロ・マキャヴェッ
リ

- ●1812年　アメリカとイギリスの間で米英戦争が勃発
- ●1819年　土地バブル崩壊（銀行が倒産）。第二合衆国銀行による金融
　　　　　　引き締め

303

第1部　トレンドフォローの原理

- 1825年　ロンドンで新興市場（南米）バブルが崩壊
- 1837年　運河、綿花、土地バブルの崩壊（銀行で取り付け騒動）
- 1847年　ロンドンの鉄道ブームが終焉（ピール銀行条例が制定されたあと）
- 1857年　世界市場でパニック（鉄道バブル、オハイオ生命保険会社の倒産）
- 1866年　ロンドンのオーバーレンド・ガーニー商会が破綻し、銀行危機が発生
- 1869年　ニューヨークのブラックフライデー（グールドとフィスクの金投機が破綻）
- 1873年　鉄道バブル、ジェイ・クックの破綻、銀硬貨鋳造の停止
- 1877年　鉄道大ストライキ（1873年のパニックのあと、デフレに陥り、賃金がカットされた）
- 1884年　ニューヨークの国立銀行による金融引き締め（ニューヨークで銀行が倒産）
- 1893年　鉄道バブルの崩壊。銀行の倒産。人々が金の備蓄に走る（シャーマン法）
- 1896年　人々が銀の備蓄に走る（コモディティ価格の下落、イリノイ国立銀行の倒産）
- 1901年　ノーザン・パシフィック鉄道株の買い占め
- 1907年　銀行のパニック（ユナイテッド・カッパー社の株買占め投機失敗、ニッカーボッカー・トラスト・カンパニーの破綻）
- 1910年　シャーマン反トラスト法の制定（スタンダード・オイルの分割）
- 1913年　金の備蓄が欧州に流れ、これが第一次世界大戦につながる
- 1921年　1920年から1921年にかけての恐慌（金融の引き締めによって深刻なデフレに陥る）
- 1929年　ウォール街大暴落と暗黒の火曜日（1920年代のブームの終

304

焉）

- ●1932年　大恐慌の底（銀行の倒産の拡大）
- ●1938年　ニューディール政策に伴う金融・財政の引き締め（ルーズ
  ベルト不況）
- ●1942年　第二次世界大戦において枢軸国（ドイツ、日本）が優勢に
  なる
- ●1948年　FRBによる金融引き締め（1949年の景気後退）
- ●1953年　1952年の朝鮮戦争後のインフレ対策として金融引き締めが
  行われる
- ●1957年　アイゼンハワー不況（インフレ対策のために金融引き締め
  が行われた）
- ●1962年　ケネディスライド（フラッシュクラッシュ）。キューバのミ
  サイル危機
- ●1969年　ニクソン不況（インフレと赤字対策として金融・財政の引
  き締めが行われた）
- ●1974年　オイルショック（OPECの原油禁輸措置）。これによってイ
  ンフレと失業率は上昇し、スタグフレーションが発生

「正確な意味においては利食いというものは存在しない。私たちは損切りで
手仕舞うだけである。利食いは理論的に言えば、無限の利益を得られる機
会を棒に振るようなものである。私たちの損切りは、現在の市場価格に対
してさまざまな位置に置いた損切りに達する確率と結果を分析する数理モ
デルなのである。これによって想定される手仕舞いポイントにおける予想
損失を推定することができるため、最適な手仕舞い戦略を構築することが
できる」──ポール・マルベニー

- ●1979年　エネルギー危機（イラン革命）。ポール・ボルカーによる金
  融の引き締め

305

第1部　トレンドフォローの原理

- 1982年　エネルギー危機に伴うFRBの金融引き締めが続き、メキシコ、ブラジル、アルゼンチンが債務不履行に陥る
- 1984年　コンチネンタル・イリノイ銀行が倒産し、FDIC（連邦預金保険公社）による差し押さえが行われた
- 1987年　ブラックマンデー（世界市場の大暴落、投機ブームの崩壊）
- 1990年　湾岸戦争（原油価格の高騰、1990年から1992年にかけての不況）
- 1994年　テキーラ危機（メキシコ通貨危機）。メキシコペソが暴落し、FRB金利が高騰
- 1998年　アジア危機（1997年に始まる）。ロシアの債務不履行とLTCMの破綻
- 2001年　ドットコムバブル崩壊。9.11アメリカ同時多発テロ。企業の会計スキャンダル
- 2008年　住宅バブルの崩壊。世界的な金融危機。リーマン、AIGなどが破綻
- 2011年　アメリカの債務上限額が引き上げられ、信用が格下げされた。欧州債務危機
- 2015年　FRBのゼロ金利政策が終わる（量的緩和は2014年に終了）
- 2016年　ブレグジット（欧州連合からのイギリス脱退）

あらゆる事柄に対して準備せよ。

　この予期しない出来事リストはこれからも続いていくだろう。歴史は同じように繰り返すことはなく、韻を踏む、と言われている。2005年秋に出版された本書の第二版には次の一節が付け加えられたが、それはこの「韻を踏む」に関連する。これは2004年2月ごろのエコノミスト誌から抜粋したものだ。

306

世界中で銀行の投資規模が急激に拡大している。これは、市場が上昇するにつれて収益の見込みが下がったからである。銀行は大きな利益を維持するには投資規模を増やすしかなかった。現在の状況はLTCMの破綻前と「違いはない」……銀行は崖に向かって進んでいる。これは、過去の金融危機が示すように、みんなが自分のポジションに身もだえしているというのに、銀行のリスクマネジメントモデルは大きなショックが及ぼす残酷な影響を嘆かわしいほどに過小評価しているからである……銀行はポジションの値洗いが悪化すれば、資金を増やすかイクスポージャーを減らすかしかないことが、規制当局によって規定されているが、市場がパニックに陥ると、彼らは決まって後者を選ぶ。だれもが同時に手仕舞いに走るので、銀行がポジションを減らすと手仕舞いは増え、価格は彼らの思惑と逆方向に動くため、さらにポジションを解消せざるを得なくなる。これは過去に何度も発生し、多かれ少なかれ不幸な結果に終わる……火種はいくらでもある。ドルの暴落、原油価格の高騰、大きな新興市場の大混乱など、枚挙にいとまはない。こういったことが起これば、今回は連鎖反応は特に破壊的なほど大きくなることが予想される[77]。

「オプション評価に成功したという話は、単純でほぼ正しい話だが、必要以上に真剣に受け止められ、傲慢にも人間の思考を支えるものとして度を超えて使われた」──エマニュエル・ダーマン[78]

2008年、ここに示したような状況が映画の台本さながらに展開した。次の津波を正確に予想できる人はいないが、こうしたことはいつか必ず再び発生する。

「LTCMはノーベル賞受賞者が1人だったら生き残れたかもしれないが、2人いたから運が尽きたのだ」──フレデリック・タウンゼント[79]

LTCMの元弁護士は、私たちは借りてきた時間の上にいる（終わりは時間の問題）と言う。「今、LTCMの話を再び持ち出したのは、2008年のパニックが1998年の出来事によって予言できたことを示すためだ。1998年と2008年とでは状況は違ったが、ダイナミクスは同じだった。今、次のパニックは1998年と2008年とから不気味なほど正確に予告されている。つまり、教訓は生かされなかったということだ。何かあるたびにエリートたちは救済を拡大させた。次回を除けば、パニックは手が付けられないほど巨大化し、どんなに救済してもパニックを止めることはできないだろう」[80]。2016年11月、ナシーム・タレブは普通の言葉でさらに明確に言った。「市場は2009年以降、感覚を失う薬漬けになっている」

ゾンビ映画の魅力にはまってマヒした普通の人々は依然としてそこに座っているだろう。ハンター・S・トンプソンは次のように言う。「豚に支配された国では、すべての豚は将来有望だ。そして残りの私たちは、協力して行動しないかぎり絶望的な状況にある。それは、必ずしも勝つためではなく、完敗しないようにするためだ。それは、あわてふためく羊の国よりはマシと考えるゆがんだ自己像によるものだ」

その旅を楽しめ。あなたはその旅をやめることはできないのだから。

「正しいドアを通るのは2番目でもいいが、間違ったドアを通るのは一番乗りでありたい。反応は予測に勝る」──ラリー・テンタレリ

まとめ──思考の参考に

●トレンドフォローはサプライズが起きたとき、大概は正しい側にいる。

第4章　ビッグイベント、大暴落、パニック

- 「その成長には驚かされた」
- バリュー・アット・リスク（VaR）モデルはリスクではなくてボラティリティを測るものだ。
- 「悪い出来事を記述するときの最悪の言葉は、100年に一度の大洪水である。私たちはこの部屋で100年に一度の大洪水をこれまで何度乗り切ってきたことだろう。統計学的に言えば１回のはずだが、これまで７回乗り切ってきた」──ハント・テイラー
- 「コロンブスがアライグマのステーキをごちそうになったことで北アメリカの未開人に恩義を感じた時代から、1857年の金融恐慌はずっとほかの危機を覆い隠してきたことをアメリカの人々は早く認めたほうがよい」──『ヤング・アメリカ・イン・ウォールストリート（Young America in Wall Street）』より
- 「株式投資成功の原理は、人々は過去に犯した過ちを将来的にも繰り返すことを想定して、それをベースにしておくことだ」──トーマス・F・ウッドロック（1866〜1945年）
- 「私が懸念することは、何かがお尻に噛みついてきたとき、それはいつも見てきたものとは違うということである。そして、市場が順応するには時間がかかるのである[81]」──ピーター・チャー

企業は毎日、良い判断と悪い判断を行う、とあるディーラーが言う。P&Gはトレードで悪い判断を行った。しかし、彼らがパンパースのおむつで失敗していたなら、議会の公聴会で事情を聞かれることはなかったのではないだろうか[82]。

- 「普通の人はポートフォリオに100倍のレバレッジを掛けることはできない。市場がくしゃみをするとすべてを失い、それは25シグマのイベントだと言うしかないからだ。これを自分に納得させるには物理学の博士号が必要だ」──モーガン・ハウスル

309

第1部　トレンドフォローの原理

●「時間の経過というものはいかさまの数学のようなものだ。数字に強い人にウソのニュースを提示するとしよう。これは自分の政治的偏見を広めるために統計学や経済モデルを乱用するのと同じである。数学のごまかしは誇張された推論のなかにある。経済モデルは、世論調査と同じで、その用途がある。経済モデルは政策立案者や市場に情報を提供するのが仕事だ。しかし、もやのかかった未来を見通せる人はいない」──ウルフギャング・ムンチャウ

「心が不安定なときには、ほんのちょっとしたことでどちらにも動くものだ」── プブリウス・テレンティウス・アフェル（共和制ローマの劇作家）

既成概念を打ち破れ
Thinking Outside the Box

「ホームランを打つ方法。おれはできるだけ強くバットを振る、ボールのど真ん中をめがけてな……バットは強く握るほど、ボールのど真ん中を打てる確率は高くなり、ボールは遠くに飛ぶ。おれは思いっきり振る、渾身の力を込めてな。大当たりか、三振かのどっちかだ。俺はできるかぎりでっかく生きたいんだ」──ベーブ・ルース

「驚くべきことに、競馬やカジノのギャンブルや投資も含め、さまざまな分野の一流の思想家はみんな同じことを強調する。これをベーブ・ルース効果という。ルースは三振が多かったが、野球界で最も偉大な打者の１人だった」──マイケル・モーブッサン[1]

　本書の第一版が出版されて以降、スポーツの分野における分析が広がってきた。この10年でプロスポーツは再構成され、統計分析で導き出された新しいトレンドを取り入れるために戦略変更を急ピッチで行ってきた。それは大きなルール変更ではなく、会場や設備の大きな変更でもなく、セイバーメトリクス[2]（記録データのコンピューター分析）という従来になかった新しい手法の導入である。

レニー・ダイクストラはけっして心を乱すことはなかった……よっぽどの変わり者でないかぎり、頭ぎりぎりを狙ってくる時速160キロの速球を自信を持って打とうという者はいないだろう。「レニーは野球をするために生まれてきたような人間だった……失敗してもすぐに忘れ、成功から強さを引き出すことができた人物。彼の頭のなかに失敗という文字はなかった」
　　──『マネーボール』（早川書房[3]）

第1部　トレンドフォローの原理

今日ではメジャーなプロスポーツチームには分析部門や分析専門の
スタッフがいる。スポーツにおけるデータ駆動の意思決定はファンの
なかにもじわじわと広がり、彼らはかつてないほど分析データを夢中
になって追いかけるようになった。FiveThirtyEight.com といったス
ポーツ統計のリサーチや分析に特化したウェブサイトも登場している
（ネイト・シルバーについては詳しくは第9章を参照）。分析を使うこ
とで組織やプレーヤーはこれまでよりも効率的な策略を構築できるよ
うになった。今後、分析は高校や大学やプロスポーツのあらゆる側面
に影響を及ぼすようになるだろう[4]。

　私の考えによれば、スポーツの分析改革は図らずもトレードの世界
にも影響を及ぼし、トレーダーたちはトレンドフォローをもっと有利
に理解できるようになった。セイバーメトリクスは人々にファンダメ
ンタルズではなくて「数字」を研究させるうえで最高の新しい手法に
なるかもしれない。

野球

　私は野球に情熱を傾けてきた。選手としてのキャリアはリトルリー
グに始まり、大学（1年だけ）まで続き、また人に言えないほど野球
を見てきた。幼なじみのケビン・ガラハーは1990年代に数年間、ヒュ
ーストン・アストロズの40人の登録メンバーに入ったことがある。子
供のころから高校時代、そして大学までの10年間、私たちは共にプレ
ーし、野球チームのことを夢中になって話した。例えば、デビッド・
オルティーズは2016年の引退シーズンに打点王のタイトルを獲得し、40
歳という年齢で38本塁打、48二塁打、127打点、3割1分5厘の打率を
記録したが、これは今でも敬服する。

第5章　既成概念を打ち破れ

「失敗は致命的ではない。でも、変われなければ致命的かもしれない」——
ジョン・ウッデン

　私は野球が大好きで、野球に出てくる数字も大好きだ。野球とトレンドフォローに共通点が多いことは本能的に感じていたが、本当の類似性を見いだしたのは、だれもが「数字」を認めるようになる革命が起こってからである。これはくしくもトレンドフォロワーのジョン・W・ヘンリーがボストン・レッドソックスを買収したころと軌を一にする。

　ヘンリーはマイケル・ルイスの『マネーボール』のなかで野球とトレンドフォローの類似点を次のように述べている。「株式市場でも野球でも人々は信念と偏見を持ってプレーする。信念と偏見を捨てて、それらをデータで置き換えれば、人よりも優位に立てる。株式市場にいる人々の多くは、自分は他人よりも賢いと思っているし、市場はまるでのろまであるかのように知性など持ち合わせていないと思っている。野球でも多くの人は、自分は他人より賢いと思っているし、ゲームはただ単に自分のイメージや信念を通して考えるものにすぎないと思っている。市場からの実際のデータは、個人の認識や信念以上の意味を持つ。野球も同じである[5]」

　そして、トレンドフォローのパフォーマンスデータを見ても明らかなように、デビッド・ハーディング、ビル・ダン、ジョン・W・ヘンリーなどのトレンドフォロワーたちはホームランを狙う。彼らが狙うのはパフォーマンスでのホームランだ。もし彼らが野球チームのコーチをしたら、ボルチモア・オリオールズの元マネジャーのアール・ウィーバーになれるだろう。彼は3ランホームランのチャンスを最大化するように攻撃を組み立てた。送りバントは好まず、出塁する選手とホームランを打つ選手を特に好んだ[6]。

313

第1部　トレンドフォローの原理

野球関係者 —— 非常に聡明な人でさえも —— は、自分たちの認識は単なる主観にすぎないという事実を数学的に検証することに無頓着だが、これはそれほど驚くほどのことではない。下位球団の4人の上級役員たちが、自分たちはなぜ確率的手法を採り入れようとしないのかを話すのを、私は理解しているふりをして聞くしかなかった。彼らはだれも私の話を聞こうとしなかった —— アーンショー・クック[7]

「人生はじっとしているにはダイナミックすぎる」 —— ジョン・W・ヘンリー[8]

エド・スィコータは野球の例を使って絶対リターンとホームランについての彼の考えを次のように述べている。「打席に向かうとき、自分のスイングに保険をかけてもうまくはいかない。これは株にもバリー・ボンズにも当てはまる[9]」。つまり、プレーするときは、思いっきりプレーせよ、ということである。思いっきり振って失敗したら、それはそれで仕方がない。打席はまた回ってくるのだから。

ヤンキースのヒーローであり、球界のヒーローでもあり、スポーツ界で史上最大の伝説的人物であるベーブ・ルースはホームランをよく打つことで有名だった。しかし、彼にはあまり語られることのないもう1つの特徴があった。三振である。生涯打率は.342だったが、ベンチに戻ることも多かった。数字だけで見れば、打席で成功するよりもむしろ失敗することのほうが多かった。しかし、ベーブ・ルースは、三振にめげるよりも、大きなホームランに勇気づけられることのほうが多いことを理解していた。彼は自分の哲学を次のように語った。「三振するたびに次のホームランに近づくのさ」

トレンドを使って何百万ドルもの大金を稼いだリチャード・ドライハウスはベーブ・ルースを支持して次のように述べている。「金融メディアで勧められている第三のパラダイムは、ホームランを打とうとす

314

第5章 既成概念を打ち破れ

表5.1 ベーブ・ルースとデーブ・キングマンの成績

	ベーブ・ルース	デーブ・キングマン
打数	8,399	6,677
安打数	2,873	1,575
得点	2,174	901
ホームラン	714	442
打率	0.342	0.236
長打率	0.690	0.478

るな、安打をたくさん打てば稼げるというものだ。でも私は反対だ。私はホームランを打つのが一番儲かる方法だと信じている。しかし、三振しないための規律も必要だ。損切りをして、利は伸ばす。これが私の規律だ[10]」

しかし、ホームランを狙うのは、余計な知識を吹き込まれた人や何も知らない人からは無謀だと言われることが多い。ある競合他社は、ジョン・W・ヘンリーは業界のデーブ・キングマン（大リーグの元選手）だと言った。デーブ・キングマンはホームランを打つか三振かで有名だった。ヘンリーは、そういう言い方は不公平だと不満を漏らした。「私はトレードを20年やってきたが、市場が変わるたびにやり方を変えるべきだと言われてきた。しかし、うまくいかない期間があるたびに、そのあとには素晴らしくうまくいく期間がやってくるのだ[11]」。ヘンリーの数十年のパフォーマンスはキングマンの成績よりもベーブ・ルースの成績にはるかに近かった。ルースとキングマンの実際の成績を見てみよう（**表5.1**）。

「ジム・ディマリアはリチャード・デニスの下でトレーニングを受ける前に、野球統計というあまり儲からない分野でトレードの重要な原理を学んでいた――最も得点をする選手は安定した打率の選手はなく、ホームランを打

315

つ選手である。『それはトレードでも同じだ。安定して利益を出すことは重要だが、それが最適とは限らない。トレードはひたすら待つゲームだ。座って待って、一気に稼ぐ。利益というものはまとまって転がり込むことが多い。秘訣は、ホームランとホームランの間はあまり損失を出さずに、横で待機することだ』」

長打率を比較してみよう。キングマンはどこから見ても偉大な得点王とは言えない。これに対して、ジョン・W・ヘンリーの運用成績の数字は一貫して並外れていた。彼の長打率はずば抜けていた。もちろん、ほとんどの人は、ホームランが多くて、三振がゼロという幻想を夢見る。

「『最近はどんな人がお金持ちになっているのだろうか』と問えば、『ジョン・W・ヘンリーのような人』という答えが返ってくる。つまり、不確実な環境で統計的分析に基づいて意思決定することに快適さを感じる、オタクに属する人々だ」──マイケル・ルイス

「ジョン・W・ヘンリーはボストン・レッドソックスを買収するとき、良い経営と自然科学を組み合わせるのが大リーグのチームを運営する最も効率的な方法であることを理解していた。ヘンリーはトレンドフォロワーとしては長年にわたって市場の非効率を利用してきた」──マイケル・ルイス

現代的な例として、ブルーカラーのジョーと企業家を考えてみよう。ブルーカラーのジョーは規則正しく2週間ごとに同じ賃金が支払われる。勝率で言えば、ブルーカラーのジョーはキングだ。なぜなら、働いた時間と支払いを受けた時間の比率が1対1だからだ。つまり、働いた時間に対して100％の支払いを受けるということである。安定した仕事があり、生活も安定している。しかし、彼の感じる安心感は幻想

でしかない。彼の給料は、地方経済や彼の働いている業界、工場の主任に左右されるからだ。給料だってそれほど高いというわけではない。生きていけるだけの額ではあるが、それ以上は望めない。

　これに対して、トレーダーやトレンドフォロワーといった企業家はどうだろう。報酬を受ける日には波がある。額に汗して苦労して働いても、何カ月も、あるいは何年も報酬のない時期もある。一言で言えば、勝率は悲惨だ。10のビッグアイデアやトレードのうち7つはゴミ箱行きになる。残りの3つのうち2つは1年のうちには立ち消えになり、費やした時間やお金や努力は水の泡と消える。しかし、多くの時間を使って失敗する哀れな起業家やトレンドトレーダーをそれほど気の毒に感じる必要はない。彼は情熱を持って生き、自分の運命を自分でコントロールし、最後の1つのアイデアやトレードが7桁の報酬をもたらすからだ。

ビリー・ビーン

　有名なスポーツエージェントのリー・スタインバーグは、数字で分析する近代スポーツの土台を作った人物だ。「チームスポーツの勝利はこれまでは優れたオーナー、フロントオフィス、コーチによって決まってきた。どのプレーヤーをドラフトし、どのプレーヤーをトレードし、どのプレーヤーを育てコーチするかや、プレーにはどのシステムを使うかといった意思決定は、これまでは直感や過去の伝統にのっとって決められてきた。そんなときに登場したのがオークランド・アスレチックスのジェネラルマネジャーで元選手のビリー・ビーンだった[15]」

　『マネーボール』は、しゃれたスタジアムもなく、金持ちのオーナーもいないチームを強いチームにしたビリー・ビーンの物語である。ニューヨーク・ヤンキースに比べると、この貧乏球団の年俸は安い。しかし、彼が指揮したこのチームは最高のチームで、プレーオフにも何

317

第1部　トレンドフォローの原理

度も出場した。

「私がスポーツライターを始めたとき、あることを愚かなことだと証明できたら、人々はそのことをやらなくなるだろうと思っていたが、その考えは間違っていた」——ビル・ジェームズ

　ビリーの哲学は、野球界で昔から言われてきたことのほとんど——才能、性格、ケミストリー——はウソであることを証明した。セイバーメトリクスを考え出した天才は、アーンショー・クックというメカニカルエンジニアである。クックは1960年代初期、これまでの野球の一般通念を覆す大量のデータを収集した。しかし、下位でもがいているチームの幹部にデータを示しても相手にされなかった。そこで彼は反論の余地のない統計リサーチに基づいて『パーセンテージ・ベースボール（Percentage Baseball）』という本を書いた。[16]

「主にヨーロッパにあって、何十億ドルという資産を運用している運用会社には信念というものがあって、彼らは私が失敗するのを20年以上も待っているんだ。彼らには偏見があって、データやメカニカルな公式を使えばやがて市場で成功するという考えに反対している。だから私の成功を20年以上も見続けることになるわけだ。しかし、彼らはそれでも相変わらず、私が分析ではなくてデータを使って将来的に成功するとは思っていない。私はウォール街の内外で伝説的な人物ではない。伝説的人物はビル・ジェームズだ。彼はデータ派なので、野球界では彼に対する偏見は強まるだろう」——ジョン・W・ヘンリー[17]

ジョン・W・ヘンリーは感情に流されない統計調査によって野球チームを作れることに気づいていた。「両方とも非常に似通っている。私はただ非常に儲かる分野にたまたま『クオンツ』を使ったまでだ」[18]

318

ビーンの手法を詳しく見てみると、彼は数理分析を使って高校生の
ピッチャーが大リーガーになる確率を計算していることが分かる。そ
して、才能ある選手をドラフトしたり獲得するときには、彼はセイバ
ーメトリクスを使う。例えば、できるかぎりフォアボールで出塁させ、
ホームランをたくさん打てば、チームの勝率は上がる。当然のことな
がら、ビーンはフォアボールを選ぶ強打者と、ホームランをあまり打
たせないピッチャーをたくさんそろえた。[19]

ビル・ジェームズ

アーンショー・クックが始めたものを神の水準にまで引き上げたの
がビル・ジェームズである。ジェームズはセイバーメトリクスを、「野
球の客観的な知識を探求すること」と定義している。つまり、「レッド
ソックスでチームの攻撃に最も貢献した選手はだれだ」とか「ケン・
グリフィーは来年何本のホームランを打つか」といった客観的な疑問
に答えてくれるのがセイバーメトリクスである。「あなたの好みの選手
は？」や「あれは素晴らしい試合だった」といった主観的な判断も試
合には重要だが、セイバーメトリクスはこういった質問には答えてく
れない。[20]セイバーメトリクスは、感情的な偏見によって誤った方向に
導かれることの多い私たちの認識に疑問を投げかけるものである。[21]

彼が1981年に書いた『ベースボール・アブストラクト（Baseball
Abstract)』では、スポーツ評論とセイバーメトリクスを比較すること
で彼独特の解釈を解説している。

1. スポーツ評論は、入手可能な証拠を、それが望む方向に向くよ
   うに選んで配列することで結論を強制的に導き出す。一方、セ
   イバーメトリクスは一次資料から未知のデータを引き出して、新
   たな証拠を導き出す。[22]

319

第1部　トレンドフォローの原理

2．スポーツ評論は分析結果を今議論されている状況にフィットさせようとするが、セイバーメトリクスは、今のケースだけでなく、それと同等のどんな状況にも適用できる手法を打ち出す。スポーツライターは、この選手はあの選手よりも20本多くホームランを打ち、10本多く二塁打を打ち、40個多くフォアボールで歩いたからあの選手よりも優れていると言うが、彼らにとってこういったことが60本多く安打を打ち、31個多く盗塁するよりも重要なのである。このほかに防衛面も考慮され、それでもだめなら、チームのリーダーシップも考慮される。選手Cがこの議論に加えられれば、まったく新たな分析が必要になる。一方、セイバーメトリクスは公式や基本構成や関係理論を取り入れ、この選手とあの選手を比較するだけではなく、どの選手とも比較が可能だ。[23]

3．スポーツライターはその性質上、問題に対する意見から分析を始める。一方、セイバーメトリクスは問題そのものから分析を始める。ジャーナリズムでは辛辣な批判が常識だ。マイク・ノリスがサイ・ヤング賞を受賞したとか、リッキー・ヘンダーソンがMVP（最優秀選手）を取ったとか、ギル・ホッジスが殿堂入りしたとか、安月給はだれだとか、指名代打に反対だといったような、その日のテーマをせつせつと論理的とは思えないような口調で延々とわめきたてる。スポーツ評論の「分析」は一方の立場のみに基づいた分析であり、幅広い意見に耳を傾けることはない。したがって、最も成功しているスポーツライターは自分の意見を最も効果的に擁護できる人である……一方、セイバーメトリクスはその性質上、感情は含まれず、明言を避ける。スポーツライターは良い弁護士であろうとするのに対して、セイバメトリクスは公平な裁判官であろうとする。[24]

320

第5章　既成概念を打ち破れ

　野球とトレンドフォローとの関連づけに弾みがついたのは、ジョン・W・ヘンリーがビル・ジェームズを雇ってからである。野球経験のないジェームズを雇ったのは、彼のデータ分析でヘンリーのレッドソックスを強くしてもらうためだった。しかし、ジェームズの考えは野球界の伝統を重んじるベテランたちの反発を生んだ。例えば、彼はヤンキースの元コーチのドン・ジマーなどを否定的に評価するときも単刀直入だった。「ドン・ジマーのような間抜けで愚か者の原始人は、思いついたことを偉そうに話しても許されるだけでなく、実際そういうことが求められているし、そのために雇われたようなものだ」[25]

「市場にはトレンドを形成する性質があり、人生にも一定の方向性を持つ性質がある」──ジョン・W・ヘンリー[26]

「私が長年にわたって優位に立ってきたのは、いくつかのことについて明確な意見を持っているからだと思う ── トレンドに従うのは人生の性質の一部であるということ、そして私は何事をも完全に理解することはないということ。したがって、投資判断は予測や感覚ではなく、測定できるものを基に行うべきである」──ジョン・W・ヘンリー[27]

　野球界の重鎮たちはジェームズに対して反感を持っていたが、ジェームズも同じ気持ちだった。「殿堂入りした監督のスパーキー・アンダーソンは、チビでもデブでもないジェームズを、『まったく無知なあごひげチビデブやろう』と言った」[28]

　性格はさておき、ジョン・W・ヘンリーは野球の戦略は変わる必要があると認識していた。野球はツール（運動能力を表す野球用語）を重視しすぎ、成績をあまり見ていないとヘンリーは思っていた。オークランド・アスレチックスは実際の試合で結果を出し、セイバーメト

321

リクスを使っている唯一のチームということで、ヘンリーの考えは固まった。アスレチックスが野球選手をドラフトするのに対して、ヘンリーの最初のチームであるフロリダ・マーリンズはアスリートをドラフトしていた。[29]

「球界では25年にわたって大きな議論が続いている。それは、選手をどう評価するかという基本的な問題だ。一方の側にはゼネラルマネジャー、スカウト、監督らがいた。彼らの評価法の大部分は、目で見たり、ストップウォッチやスピード測定器で測ったり、19世紀に人気になった統計を見たりといった旧式のものだった。彼らの考えは常に、『どのくらい速く走るか？ 速い球を投げるか？ 打率はどれくらいか？ 大リーガーらしい体つきをしているか？』だった。もう一方の側にはビル・ジェームズやピーター・パーマーといった統計の大御所に率いられ、無数の野球ファン（時には私も含まれる）に支持されたオタクやアウトサイダーや単なるファンがいた。彼らは自分たちのほうがよく分かっていると思っていた」──トーマス・ボズウェル（ワシントン・ポスト[30]）

　ヘンリーとジェームズの2人から見ても問題は明らかであり、それは球界の保守派たちが打率やパワーや投手の投球内容や打者の選球眼といった純粋なる成果よりも、見た目の良さで選手を選ぶことだった。筋肉隆々のティム・ティーボウが欲しいのか、殿堂入りするほどの数値を持つデビッド・オリティーズが欲しいのか。ヘンリーにとっては、野球もトレンドフォローも「成果を出すこと」が目的でなければならないと確信していた。「野球でも金融市場でも人々は信念と偏見を持ってプレーする。信念と偏見を捨ててそれらをデータで置き換えれば、人よりも優位に立てる。株式市場にいる人々の多くは、自分は他人よりも賢いと思っているし、市場はまるでのろまのように知性など持ち合わせていないと思っている。野球でも多くの人は、自分は他人よりも

賢いと思っているし、ゲームはただ単に自分のイメージや信念という
フィルターを通して考えるものにすぎないと思っている。しかし、市
場からの実際のデータは、個人の認識や信念以上の意味を持つ。野球
も同じである[31]」

「どの分野も同じようなものだ。そこには新しいことを学ばなくてもいいよ
うに、現状を維持しようとする利権構造があるのだ」──ロブ・ネイヤー
（ESPN[32]）

統計の時代

　ボストン・レッドソックスのファンたちは、ヤンキースと対戦した
2003年のアメリカンリーグ・チャンピオンシップシリーズの第7戦の
8回に、ペドロ・マルティネス投手を交代させるべきだったかどうか
をいまだに議論している。結局、マルティネスは続投し、ヤンキース
が3点差を逆転して優勝した。レッドソックスの監督であるグレイデ
ィ・リトルは負けた責任を問われ、その後すぐに解雇された。多くの
人々は、ほかの監督でも同じ決断をしたと思われるのに、彼だけに責
任を負わせるのは不公平ではないかと思った。結局、マルティネスは
エースだった。だから、監督は直感で彼の続投を命じたのである。
　おそらくこの状況下では、マルティネスは8回を十中八九の確率で
乗り切るはずだ。つまり、ピッチャーが1回で3失点以上する確率は
低く、マルティネスは殿堂入りするような並外れたピッチャーだった。
しかし、彼を続投させたのは間違った判断であったことを数字は語っ
ていた。彼が先発し、投球数が105球を超えると対戦相手の打率は3割
7分に上がる。結局、彼は第7戦では123球投げた。
　突き詰めていくとグレイディ・リトル監督の解雇は「数字」による
ものだった。

「リトル監督は統計を気にするような男ではない、という単純な話だ。彼は伝統的なスタイルを守る監督で、直観と不完全な知識に基づく判断力によって意思決定を行う。これに対して、球団本部はセイバーメトリクスという数値演算処理能力の高いマシンと化している。両者の対立は火を見るよりも明らかだ。アメリカンリーグ・チャンピオンシップシリーズの第7戦の8回まで早送りしよう。ちょうど100球投げたところで、リトル監督はマルティネスをマウンドから降ろすと多くの人が思っていたなか、驚いたことにリトル監督はマルティネスを続投させた。今年、敵はマルティネスの投球が105球を超えたところから被打率が3割6分4厘になっていた。終盤のマルティネス相手ならトニー・クラークでもヒットを打てただろう[33]」

「『マネーボール』の出版から私はあることを学んだ。理にかなわない議論を十分長く見ていれば、理屈が分かってくるものだ」──マイケル・ルイス[34]

　数字が大好きで、熱狂的な野球ファンだった偉大なる故スティーヴン・ジェイ・グールド（ガン治療について書いた『ザ・メディアン・イズント・ザ・メッセージ（The Median Isn't the Message)』を参照）は、ペドロ・マルティネスをマウンドに残した意思決定プロセスについて次のように述べている。

　「好調を意味するホットハンドについてはだれでも知っていると思う。問題は、そんな現象は存在しないということだ。スタンフォード大学の心理学者であるエイモス・トベルスキーはバスケットボールチームのフィラデルフィア・セブンティーシクサーズが決めたシュートを1シーズン以上にわたって研究した。まず、シュ

ートが成功したあと、続けてシュートが成功する確率が上がることはないことが分かった。さらに、連続得点は標準的な無作為抽出モデルやコイン投げモデルで予測される数字と変わらなかった。もちろん、ボストン・セルティックスの優れたフォワードのラリー・バードは、ジョー・エアボールよりも多く5回連続でゴールを決められるだろう。しかし、それは彼の意志が強いからでも、魔法のリズムに乗るからでもない。バードのほうが連続してシュートを決められるのは、彼のフィールドゴール成功率がはるかに高いからであり、無作為抽出モデルによる予測でも同じ結果が出る。バードのフィールドゴール成功率が60％だとすると、彼は13回に1回ほどは5回連続してゴールを決めるだろう（65％）。一方のジョーのフィールドゴール成功率が30％だとすると、彼が5回連続してゴールを決める確率は412回に1回しかない。つまり、連続得点の明らかなパターンについては特別な説明は不要ということである。言葉で言い表せない『状況の因果関係』（あえてこう呼ぶならば）はないのである。敵につかまったときの勇気や逆境での強さなど、英雄的な神話を生むようなことに特別な理由などはいらないのである。ある選手の連続得点を予測したければ、普段のプレーをよく知ってさえいればよい[35]」

グールドの友人でノーベル物理学賞受賞者のエドワード・パーセルは野球の連勝や連敗について徹底的に調査した。その結果、コイン投げモデルで予測される頻度以上のことも以下のことも起こらないことが分かった。最も長い連勝や連敗はあるべき数字に落ち着くのである[36]。

ボストンでの2シーズン目にプレーオフに進出したにもかかわらずグレイディ・リトル監督が解任されたのは、ヤンキースと対戦したアメリカンリーグ・チャンピオンシップシリーズ第7戦でリトル監督がマルティネスを

第1部　トレンドフォローの原理

8回に続投させたためであることを、レッドソックスははっきりと示していた。試合のあとリトル監督は自分の采配（ヤンキースに同点に持ち込まれ、結局逆転勝ちを許してしまった）を説明した。「あんなふうに試合終盤まで投げられるように訓練してきた。彼がまだやれると言えば、よし頼むぞと私は言う。そうやって、この2年間私たちはやってきたのだ」。しかし、統計はまったく逆のことを物語っていた。マルティネスはレギュラーシーズンで29回先発したが、8回まで投げたのはわずか5回で、球数が100球を超えると打線をうまく抑えられなかった。事実、2003年にはマルティネスの投球数が105球を超えると、相手チームの打率は1割3分9厘も上がった。これは続投させれば球威が衰えることを明確に物語っていた。続投させれば打たれる確率は上がる。これはだれも分かっていたし、レッドソックスのコンピューターもそうはじき出していたのだ。[37]

　グレイディ・リトルが「数字」を基に試合展開していれば、レッドソックスは2004年を待たずにワールドシリーズで優勝を果たしたかもしれない（その後も2007年と2013年に優勝）。2016年のワールドシリーズではシカゴ・カブスとクリーブランド・インディアンズが対戦した。これら2チームはセオ・エプスタインとテリー・フランコーナ率いるセイバーメトリック球団で、ジョン・W・ヘンリーのレッドソックスが2004年と2007年にワールドシリーズを制することができたのはまさにこの2人のおかげだった。10年前は分析なんてものを使えば野球は退屈になってしまうと言われたが、2016年のプレーオフは非常にエキサイティングなものだった。試合がエキサイティングだった最大の理由は、この2チームはまったく異なる攻防戦略を打ち出してきたからである。さらに、シカゴ・カブスが108年の歴史で初優勝を果たした。これぞまさに数字の力である。[38]

　しかし、ここではっきりさせておきたいのだが、これは球界だけのことではないということである。ビリー・ビーンが初めて統計分析を

326

導入してから、大リーグのどのチームも同じようなシステムを導入し、NFL（米ナショナル・フットボール・リーグ）は分析を専門とする幹部を雇い、NBA（全米バスケットボール協会）は成績データを分析する最も高度な技術を導入した。[39]

NBAのゴールデンステート・ウォリアーズのステフィン・カリーだけ見てもそれは分かる。「本当に面白いことはベンチャーキャピタルのなかにあることもあり、世界中で新興企業を立ち上げるっていうのはどうなのだろうか」と、シリコンバレーのベンチャーキャピタルであるクライナー・パーキンス・コーフィールド・アンド・バイヤーズで長年パートナーを務め、現チームのオーナーであるジョー・レイコブは言う。「3ポイントシューターを中心としたゲームプラン——チーム構築のアーキテクチャー——を立てた者なんてだれもいない」[40]

彼はウォリアーズのオーナーになった当初から「数字」に強くこだわってきた。最初のデータ調査からはいろいろなことが分かったが、ウォリアーズは結局は3ポイントを重視した。NBAの選手たちは23フィートからも24フィートからもシュート確率はほぼ同じだったが、3ポイントラインはその間にあるため、2つのショットの価値は根本的に違った。23フィートからのアテンプトの平均価値は0.76ポイントで、24フィートからの平均価値は1.09ポイントだった。ウォリアーズが出した結論は、これはチャンスだ、ということだった。シュートする前に数インチ下がれば、シュート確率を43％も向上できるのである。[41]

こうした考えと新しいデータソースの多くに共通することは、「プロセス」を重視することである。ストライク、フォアボールで歩くこと、ホームラン、3ポイントショットなどの結果はすでによくトラッキングされている。しかし、この新世代のデータは、どうしてこういう結果になるのかをアナリストが理解するのに役立つ。おそらくは、選手の脳の活動レベルまで把握することができるはずだ。[42]

2016年初期、ニューヨーク・メッツのテリー・コリンズ監督が気難

第1部　トレンドフォローの原理

しくうなったように、これからあらゆる段階において対立が予測される。

　「古い考えの人々がどれくらい今日のゲームに関与できるかは分からない。今やスポーツは若者のゲームになってきたし、特に技術スタッフが充実してきた。私はこういうことは得意じゃない。ほかの人のように楽しむことはできない。ただそこに座って、無意味な数字を見て、この選手は素晴らしい選手になるだろうといった予測をすることもない。OPSはこうだ。OPSはああだ。GPSは？　LCSは？　DSDは……とやっているだけだ。良い数字を持ってるのはだれだか知ってるかね？　良い選手だよ。数字を見るのが私の仕事だ。これに従っているかぎり、私はだれにも謝る義務はない[43]」

　うぬぼれは命取りになる。

「ジャック・ランバートはラインバッカーの控えだったので、試合に出ることはできなかった……リーダーは彼の前にいる男で、彼はケントステートのディフェンスの中心的人物だった……しかし、諸事情によって彼は大学を中退してミック・ジャガーの下で働くことになった。ストーンズがツアーに出るときの用心棒として。そして、ランバートはミドルラインバッカーのスターティングメンバーに抜擢された。おそらくこういうことがなければ、ランバートが試合に出ることはなかっただろう。そして、殿堂入りするような選手もいる。物事というものは時として風向きが変わることがある。すると、その機会をしっかりととらえる選手がいる。トム・ブレイディのような選手がそうだ。彼らはいったんその機会をとらえたら、何があってもそこにとどまる、ルー・ゲーリッグのように[44]ね」──ビル・ベリチック（ニューイングランド・ペイトリオッツの2016年10月の記者会見で）

第5章　既成概念を打ち破れ

セイバーメトリクスとは、数学者と頭は弱いがスポーツだけは得意なアスリートとがあり得ない結婚をしたようなものだ。[45]

まとめ──思考の参考に

●確率で考えるのが、野球とトレンドフォローの共通点だ。

●「一般通念、つまりシステムの内部にいる人々に立ち向かう勇気を持った人にはいつも敬服する。システムの外にいるわれわれのような人間にとって、自分の意見を言うことは簡単だ。深刻な結果をもたらすことはないからね。しかし、システムの内部にいる人々は失敗の可能性があるため、『一般通念は間違いでいっぱいだ。だから、私はそれを信じる気はない』とはなかなか言えない。こういうことを言える人々が世界をよりよくしていくのだと私は思う。一般通念はデタラメばかりだと勇気をもって言った人をけなすような人々は、どこにでもいる凡庸で臆病な陰謀家だと私は思う」──ビル・ジェームズ

●「統計学は野球の活力源だ。多くの参加者とファンの両方がこれほど熱心に研究するスポーツが野球以外にあるだろうか。野球の試合の魅力は、ファンが意見や議論を人を納得させられる数字で証明し、それを話のタネにすることができるところにある。アメリカの少年たちにとって打率の計算はほかのどの方法よりも割り算の筆算を習得できる良い方法ではないだろうか」──レオナルド・コペット（『ア・シンキング・マンズ・ガイド・トゥ・ベースボール［A Thinking Man's Guide to Baseball］』）

●「統計学に対する情熱があるかどうかで教養のある人かどうかは分かる」──ポール・フィッシャー

●「認知心理学によれば、人の心はそのままの状態では多くの間違った考えや錯覚にさらされている。なぜなら、人の心はシステマティック

329

第1部　トレンドフォローの原理

な統計学よりも、鮮明によみがえる話の記憶に頼る部分が大きいからである」──スティーブン・ピンカー

● 「私たちは毎週１－０のスコアで勝つことを目指している。将来について考えるのは簡単だが、だからといって何の助けにもならない」──ジェイミス・ウィンストン、NFLに残ることについて

「理論の正しさは目ではなく頭で見極めるものだ」── アルベルト・アインシュタイン[46]

人間の行動
Human Behavior

「人間の本質が変わることはない。だから、株式市場も変わらない。変わるのは人々の顔ぶれであり、財布の中身であり、カモにされる連中であり、株価を操ろうとする輩であり、戦争であり、天災であり、技術である。市場そのものは変わらない。人間の本質が変わらないのに、どうして市場が変わることがあろうか。市場の動きに理屈はないし、経済学で動くわけでもなく、理論に従って動くわけでもない。市場を動かすのは人間の感情にほかならない。なぜなら、人々はほとんどすべてのことを市場に持ち込むからだ」──ジェシー・リバモア(1940)

「トレードはテクニカルなものなので、私たちはフランスの株式市場やドイツの債券市場の専門家には興味はない……トレードには巨大なインフラも必要ではないし、ハーバードのMBA(経営学修士)やゴールドマン・サックスの社員も必要ではない……チェサピークが成功したのは私が偉大な天才だったからとも思いたくない。勝つのはシステムなのだ。経済学の基礎を学ぶのは良いことだが、トレードでは役には立たない。真の原理というものは結局は分からないのである。私たちのシステムに知力の入るすきはない」──ジェリー・パーカー[1]

トレンドフォローは移動平均やブレイクアウトやポジションサイジングのことだと思われがちだが、実は人間の行動を観察して理解することも同じくらい重要なのである。人間の行動を理解し、それが市場とどういう関係にあるのかを理解する学問を行動経済学とか行動ファイナンスという。行動経済学が発展し始めたのは、古典的な経済理論の効率的市場仮説(EMT)と現実が矛盾することが分かってからである。人間は合理的に行動し、同じ価値を持ち、同じ情報を入手でき、合理的な意思決定をするという前提ほどバカげたことはない。

「単純で堅牢な解法を探すほうが、単純で堅牢な解法を使おうとする確固たる意思を持つ人や企業を探すよりも簡単だ」──ジェイソン・ラッセル[2]

　しかし、トレンドフォロー戦略がうまくいくのは、価格トレンドが継続しているときだけである。でも、なぜトレンドは継続するのだろうか。もし価格が最初良いニュースにも悪いニュースにも過小反応すれば、価格はゆっくりと動いて最終的にはファンダメンタルズな価値の変化を完全に反映するので、トレンドは継続する。こうしたトレンドは、投資家が群れとなって動けば（つまり、トレンドを追いかける）、さらに継続する可能性がある。最初は過小反応しても、群れとしての行動が起これば価格はファンダメンタルズな価値を上回って過剰反応する可能性がある。しかし、公正な価値からの乖離が永遠に続かないかぎり、どんなトレンドでも最終的には終焉を迎える[3]。

「ヒンドゥー教には古いことわざがある ──『世界とはあるがままの姿を映しだしたものだ』。自分を取り巻く世界情勢を見るのに飽き飽きしている？ だったら、まずは自分を変えてみよう。あなたが望む世界にあなたが変えればいい。あなたの人生でもっとなりたいものに、あなたがなればよい。あなた自身を愛することが、もっと楽しくて生産的な人生を送る最も手っ取り早い方法だ」──チャールズ・ポリキン

　別の言い方をすれば、人とはものすごく不合理な生き物で、自分たちは合理的な判断をしていると思っていても、合理的な判断をすることはほとんどない。これは何も私一人の意見ではない。私は幸運にも、行動経済学や行動ファイナンスの分野の一流の人々から学び、またインタビューする機会を得た。ノーベル賞受賞者のダニエル・カーネマンとバーノン・スミス、ダン・アリエリー、コリン・キャメラー、クリストファー・チャブリス、ロバート・チャルディーニ、K・アンダ

ース・エリクソン、ゲルト・ギーゲレンツァー、ドナルド・マッケンジー、スピロス・マクリダキス、テランス・オディーン、スティーブン・ピンカー、ローリー・サントス、ハーシュ・シェフリン、ダニエル・シモンズ、ポール・スロービック、ディディエ・ソネット、メイア・スタットマン、ブレット・スティーンバーガー、フィリップ・テトロックなど、数え上げたらきりがない（これらのインタビューは私のポッドキャストで視聴が可能だ。https://www.trendfollowing.com/behavior/）。

　彼らはいろいろな用語を生みだした——確証バイアス、サンクコスト（埋没費用）効果（コンコルド効果）、利用可能性ヒューリスティクス、注意バイアス、頻度錯誤、アンカリング、コントラスト効果、クラスター錯覚、標本の大きさの無視、確率の無視、事例証拠の誤用、ハロー効果、内集団バイアス、知識の呪縛、透明性の錯覚、後知恵バイアスなど、ほかにもいろいろある。

　彼らの書いた著書を読んでみるのもよいだろう。これらのバイアスはシステマティックなトレンドフォロー戦略のなかで概念化されている。行動経済学を重視し、効率的市場仮説の欠陥に真っ向から立ち向かい、何十年も前からの月次のトラックレコードを反論できない証拠として集めたルールベースのアプローチは、今のところトレンドフォロー以外にはない。

歴史自体が繰り返しているわけではない。人々が歴史を忘れ続けているだけである。株式市場のバブルはこれまで何回も繰り返されたし、これからも繰り返されるだろう。しかし、投資家や投資顧問たちは現在のバブルは永遠に続くと思ったり、時には新時代と呼んだりする。一方、私を含めほかの人々は、人々が歴史の教訓をいつまでも覚えているだろうという望みは一切捨てた。[4]

プロスペクト理論

投資バブルは市場の歴史には付き物である。例えば、17世紀のオランダでは投機家たちはチューリップの球根の価格をバカげた水準にまで押し上げた。なかには住宅価格よりも高い値がついたものもあった。その当然の結果として、球根の価格はやがては暴落した。そのときから大恐慌、そしてドットコムバルの崩壊、2008年10月の株式市場大暴落に至るまで、投資家たちは熱狂を避けられないでいる。彼らは同じ過ちを何度も犯している。

ノーベル経済学賞を受賞した初めての心理学者であるダニエル・カーネマン（私のポッドキャストエピソード#212）は、市場の熱狂は投資家が「コントロールしているという錯覚」によって発生するものであるとし、その錯覚を「プロスペクト理論」と呼んだ。彼は、投資における知的基盤——投資家はどのように確率を予測し、リスクを計算するのか——を研究し、人々が実際よりもよく分かっていると思っている間違った信念に基づいて行動することがいかに多いかを証明した。

良いトレーダーになるには、目を大きく見開いて真のトレンドと転換をとらえ、後悔や希望的観測で時間やエネルギーをムダにしないことである——アレクサンダー・エルダー

カーネマンと彼の同僚であるエイモス・トベルスキーは、普通の人々は彼らが小数の法則と命名した法則に基づいて行動することを発見した。小数の法則とは、少ないサンプルによって得られた結果を無意識のうちに正しいと思い込んでしまうことを言う。例えば、3年連続で市場を上回ったファンドを買えば、次の年も市場を上回るだろうと思う。人々は裏付け事実がいくつかでもあれば、その重要性を一般化しすぎてしまうのだ。たとえ現実をとらえきれない場合でも、限られた

統計学的証拠で満足してしまうのだ。[5]

　また、人々は損失が大嫌いなので、それを避けるために不合理な判断を下してしまうことも彼らは見いだした。儲かっている株はすぐに売るくせに、損をしている株にはしがみつくのは、これで説明がつく。利益は長く続くはずがないと思って、勝ちトレードをすぐに利食いし、必ず戻るはずだとムダな望みを抱いて負けトレードにしがみつくのは人間の本質と言ってよいだろう。[6]

　トレンドフォロワーは、損切りをしなければ、損失が小さいうちに手仕舞いをしなければ、損失はガンのように増幅することをよく知っている。小さな損失を受け入れることができなくてじたばたするほど、損失は大きくなり、手の施しようがなくなる。損失を認めることは、自分たちが間違っていることを認めることになるという考えが問題なのである。人は間違えるのを嫌がる。つまり、うぬぼれが意思決定を支配するということである。

人を知る者は智、自ら知る者は明なり。人に勝つ者は力有り、自ら勝つ者は強し――老子[7]

　したがって、投資家の最大の敵はなぜ自分なのかという議論はサンクコストから始まる。サンクコストとは回収が不可能なコストのことを言う。損失をサンクコストと考えると、損失というものは回収できないものだと分かってくる。サンクコストによって今の意思決定を狂わせてはならないが、人間というものは過去を忘れられないものだ。たとえ株が暴落していても、最初に買うと決めた（「私は正しいのだ」）以上、買い増しする投資家もいるかもしれない。こうした典型的な投資家は、「安値で買ったんだ！」と誇らしげに言うだろう。しかし、よくあることだが、株価が二度と再び上がらなければ、彼の歴史は終わる。大きな損失という苦い教訓を残して。

第1部　トレンドフォローの原理

　「素早く損切りして家に帰ろう」というのはトレンドフォローの重要な家訓だ。しかし、サンクコストに対処するとき、踏ん切りがつかないマーケットプレーヤーが多すぎる。すでに使ってしまったお金は取り戻すことができないので、前進するしかないと頭のなかでは分かっているが、くよくよと考え、文字どおり人生のことまで心配になる。

　10ドルの劇場チケットを使った実験は、サンクコストの不合理をよく説明している。カーネマンは学生のあるグループに、劇場に着いたときにチケットをなくしたことに気づいたと想像するように言った。「あなたはさらに10ドル払ってチケットを買うだろうか」。別のグループは、劇場に行ったが前売り券を買っていなかったと想像するように言われた。劇場に着くと、10ドルを落としたことに気づく。あなたはそれでもチケットを買うだろうか。いずれのグループも、問われた質問は同じ単純なもので、「あなたは演劇を見るのにもう10ドル払う気があるか」というものだ。10ドルを落とした2番目のグループの88％はチケットを買うと言った。しかし、チケットをなくした最初のグループはサンクコストのことを頭に浮かべて、違うことを考える。「10ドルの演劇を見るために20ドル払わなければならないのか」と。イエスと答えた者は46％しかいなかった。[8]

「多くの人を動機づけるのは外的要因だ。例えば、高給が欲しいとか、印象的な肩書や一流企業の社員になることで得られるステータスが欲しいといったことが動機づけになる。一方、リーダーになる素質のある人々を動機づけるのは、どうしても達成したいという心からの強い願望だ」──ダニエル・ゴールマン[9]

　市場には確実に損失を招く行動やバイアスが山のようにある。トレンドフォローの対極にあるこれらの行動には以下のようなものがある。

336

●**規律がない**　トレードで成功するには知識の積み重ねと集中力が必要だ。多くの人は自分で学ぶよりも、他人の助言を聞きたがる。トレードには教育が必要であるにもかかわらず、彼らは怠け者だ。『Xファイル』のフォックス・モルダーのオフィスにあるポスターには、「私は信じたいのだ」と書かれている。

●**我慢できない**　人間の心には飽くことを知らない行動への欲求がある。彼らが求めているのは、感情の高まりや「ギャンブラーズハイ」のような高揚感かもしれない。しかし、正しいトレードとは行動依存症になることではなく、忍耐力と客観的な意思決定を必要とするものなのである。

●**客観性がない**　市場から感情的に離れられなくなれば、命取りになる。文字どおり、殺されてしまうのだ。市場で負ける人は自分のポジションと「結婚」している人だ。彼らは市場と婚前契約を取り交わしていないのだ。

●**貪欲**　手っ取り早く稼ごうというタイプの人は、タイミング良く仕掛ければ大きな利益が得られることを期待して、市場の天井と底を狙う。手っ取り早く稼ぎたいという気持ちが、勝つためにはハードワークが必要だという気持ちを曇らせてしまうのだ。

●**現実を認めたがらない**　情報に振り回されるメディアタイプの人は、値動きこそが真実であることを信じることができない。その結果、すべてのファンダメンタルズを追いかけ（こんなことは不可能）て、損失を出す羽目になる。

●**衝動的に行動する**　ギャンブラーは朝の新聞のニュースを見て、市場に突進することが多い。しかし、市場というものはニュースが発表された時点で、すでにそれを織り込んでいる。素早く行動すれば、高頻度デイトレードレースでみんなを打ち負かすことができると考えることは、失敗への確実なレシピだ。

●**現状にとどまれない**　利益が出たら何に使おうかと考えているよう

第1部　トレンドフォローの原理

ではダメだ。お金が欲しいからトレードするという考えでは、いつまでたっても目標を見つけられない。

●**間違った関連づけ**　1995年や2015年に市場はこう動いたからといって、今日似たようなパターンが現れて以前の市場をまねても、明日にその当時と同じ結果が得られるわけではない。

市場予測によって現在と未来のギャップを埋めようとすれば、認める認めないにかかわらず、あなたは絶えず不安に陥る。科学者は人間の不安が広がったときの影響について調査した。その結果分かったことは、人間は脅威にさらされたとき、ほかの動物と同じように「戦うか逃げるか」という方法で不安に対処するということである。これでは認知能力がないも同然と言って、こうした宿命論的な結論に反対する者もいる。

しかし、いずれにせよ、脅威がすぐに過ぎ去る動物社会とは違って、人間社会は常にストレスにさらされている。こういった状況はけっして消えないか、やって来ることがないかのいずれかだ。神経科学者のロバート・サポルスキーによれば、人間はほかの動物と違って、ストレスに満ちた状況を想像するだけでストレスを感じることが多いと言う。「この地球上の99％の動物にとって、ストレス状態とは3分間の恐怖の叫びであり、それが終われば脅威が去るか、自分が消えているかのいずれかだ。一方、人間は30年のローンを考えるとき、これとまったく同じストレスを感じる。しかし、ローンのことを考えても命が危険にさらされるわけではないが、おそらくストレスは3分よりもはるかに長く続く。今から50年後の先進国における最大の健康問題は、うつ病だろう[10]」

「NLPはNeuro-Linguistic Programming（神経言語プログラミング）の頭文字を取ったものだ。名前を聞くとハイテクのように聞こえるが、これは

単に心理学と言語学から生まれた技法を表す名前にすぎない。「神経」は神経学 —— 神経系 —— を指し、視覚、聴覚、体感覚、味覚、臭覚という五感が通る神経回路を意味する。「言語」は言語能力を指し、言葉やフレーズを組み合わせて自分の考えをどう表現するのかや、動きやジェスチャーという無声言語によって心の状態や考えなどをどう表現するのかを意味する。「プログラミング」はコンピューターサイエンスから来た言葉で、思考、感情、行動がコンピューターのソフトウェアプログラムに似ていることを表している。ソフトウエアを変更したりアップグレードしたりするように、これらのプログラムを変更すれば、思考パターンや行動パターンはすぐに変えることができる」—— チャールズ・フォークナー[11]

避けられない損失に対して準備をしていないトレーダーは、お金を失うとうつ状態になる。彼らは心の内を見るのではなくて、他人を責め、イベント自体を責めることで、自分の取った行動に責任を取ろうとしない。自分のどういった感情のせいでそうなったのか考えようとせずに、手っ取り早い利益や聖杯を追い求める。これでは猫が自分の尻尾を追って、ぐるぐると回り続けるのと同じだ。

もっとお金が欲しいと思っていても、それを認めることに後ろめたさを感じる人もいる。もっとお金が欲しいと思うことに、少数だが大金持ちでも罪悪感を感じる人がいる。では少し時間を取って、あなたがトレードを行う動機を考えてみよう。お金を儲ける以外の理由がある人は、犬を飼うとか何かほかのことを見つけてストレスを避けたほうがよい。お金には良いも悪いもない。お金はツールにすぎない。それ以上でもそれ以下の何物でもない。

アイン・ランドはお金に対する中立的で合理的な態度について次のように述べている。

「お金は諸悪の根源だろうか。お金というものはそもそも何なのか

339

第1部　トレンドフォローの原理

を考えたことがあるだろうか。お金は交換の道具であり、生産物とそれを生産する人がいなければ、お金の存在意義はない。取引したい人は交換で取引しなければならず、受け取った代金に対してその対価物を与えなければならないという原理を形にしたものがお金である。お金は、お涙で商品をねだる乞食の道具ではないし、力づくで商品を奪う略奪者の道具でもない。お金は生産者のために生まれたのである。これでもお金は悪と言えるだろうか[12]」

「君、太って飲んだくれで、おまけにアホなら、生きてはいけないよ」——
ディーン・ウォーマー（『アニマル・ハウス[13]』）

　人間の行動にはお金に対する合理的な考えが反映されていなければならない。人はブランドという社会的な名声のためだけに時計に多くのお金を支払いたくないと思っているはずだが、それでも彼らは高いお金を支払う。人は富と経済的安全を最大化するために、知的な客観性を持って選択をするはずだが、実際にはそうはしない。

自分を知るための鍵

1. 自分の欲しいものを知れ。あるべき姿ではなくて、ありのままの自分を知れ。本当の自分に気づくことで、あなたの魂を満たすものを追求する力が生まれ、あなたにふさわしい信念も見つかる。
2. 欲しいものを手に入れる代償を知れ。どういった選択にも代償があることを認識せよ。賢ければ、どんな不利益も被らずに選択できると人は考えがちだ。1つ道を選ぶということは、ほかの道を捨てるということだ。
3. 喜んで代償を支払うこと。何の代償も支払わずに自分の選んだものを勝ち取ろうと交渉する人が多い。すべての選択には代価がある。どれくらいの代価を支払いたいかを決めなければならない[14]。

340

金利が25％なら、クレジットカードの負債はかさむ一方だが、貯金に手を付けてまで負債を支払おうとは思わない人は、どうしてそう考えるのだろうか。新車やデザイナーズキッチンは時間をかけて調べるのに、投資となると自分で学習しようとせずに、大学を出たての若い銀行家に生涯の貯金を託してしまう人を、どう説明すればよいのだろう。こういったことを説明してくれるのが認知的不協和である。問題のなかには、自分を縛る無意識な信念に起因する根深いものもある。例えば、金持ちが神の国に入るよりも、ラクダが針の穴を通るほうがまだやさしいという、聖書の話を子供のころに学んだトレーダーは、自分の信念を尊重するために無意識にトレードの手を緩めるかもしれない。それらの信念が心に深く刻まれているからだ……しかし、倫理的な人たちすべてがお金は悪いものだと考えるならば、だれがそのお金を懐に入れるだろうか[15]」

デビッド・ハーディングは、リスクについての正しい考え方が人生のすべてにおいて重要であることを確信している。彼はケンブリッジ大学でリスクの数学に対する人々の理解を向上させるために講座を開いた。世の中では何かが起こる——あるいは起こらない——確率を求める科学的な能力を必要とする問題が常に発生している。いくつか例を挙げよう。

● ロシアの元スパイであるアレクサンドル・リトビネンコが毒殺されたあと、彼が訪れたロンドンのさまざまな場所でポロニウム210の痕跡が検出された。のちに同じ場所を訪れた人が放射能に汚染される確率は統計学的にどれくらいあるか。
● 健康そうに見える女性が乳ガンにかかっている可能性があると診断され、乳腺切除手術を受けることを勧められた。彼女は手術を受けるべきか。

第1部　トレンドフォローの原理

●何軒かの店に行くためには大通りを横断しなければならない。その
　道を直接横切ったほうがよいのだろうか、それとも歩道橋を渡った
　ほうがよいのだろうか。
●今日、株式市場に投資することはどれくらい賢明なのだろうか。日
　にちをもっと遅らせば、見通しは大幅に良くなる可能性はあるのだ
　ろうか。
●29歳の男が3年間付き合った恋人との結婚を決める。あとでもっと
　理想的な相手にめぐり会う可能性はどれくらいあるのだろうか。

　これらの例が示すように、普通の状態でも、プレッシャーのかかっ
た環境下でも、リスクは同じように考慮する必要がある。しかし、統
計学を曲解して確証バイアスに陥らないように注意することが重要だ
（注　もっと詳しく知りたい人は、ゲルト・ギーゲレンツァーが登場す
る私のポッドキャストエピソード#193と#295を視聴してもらいたい）。

**「物理的な欲望を満足させることに夢中になっている人は、すぐにがっかり
することは容易に想像がつく。最終的な目的が楽しむことである以上、そ
の目的を達成する手段は素早く簡単でなければならない。でなければ、満
足そのものよりも満足を手に入れることのほうに手間がかかることになる。
すると、彼らの気持ちは情熱的であると同時に穏やかになり、激しくなる
と同時に無気力になる。彼らは1つの目的に向かって絶えず努力しながら
我慢するくらいなら、死んだほうがマシだと思うことがよくある」**──ア
レクシ・ド・トクヴィル[16]

心の知能指数（EQ）

　パターンを識別できたり、サイクルを数えられたりすれば勝てる、と
人々は思いたがる。その結果、彼らはいつもそこにない何かを関連づ

けようとする。彼らは証拠を見落としているのだ。皮肉にも、彼らが見落とす本当のパターンは、未知のものに直面したとき、正しいかどうかは別にして、絶対の自信をもって意思決定を行うための行動パターンである。自信がないときほど、イライラは募り、がっかりする結果に終わる。市場と自分自身のことを学べば、自信が持てるようになる。自信がつけば、トレーダーとしての能力も向上する。

心理学者であるダニエル・ゴールマンのベストセラー『EQ　こころの知能指数』（講談社）は、知能の意味を心にまで拡大した画期的な書である。脳と行動の研究から、ゴールマンは、高いIQを持った人が失敗し、そこそこのIQの人が大成功するのはなぜなのかを明らかにした。人生での成功を左右する要素には、自己認識力、自制心、直感力、共感能力、人生の流れに身を任せる能力が含まれる。ほとんどのトレーダーはこれらの能力のいずれも市場から利益を得るのに特に有効だとは思っていない[17]。

自己認識力には、自分が人生で何を望んでいるかを理解することも含まれる。つまり、自分の目標や価値観を知り、それらに忠実に従い続けることができるということである。例えば、給料の高い仕事をオファーされても、それが自分の価値観や長期的な目標に合わなければ、すぐに断って後悔もしない。また、従業員が会社の倫理に反するようなことをしたら、こんなことは二度と起こらないだろうと自分に言い聞かせてあいまいな態度を取るのではなくて、きちんと対処する[18]。

しかし、ゴールマンは、不安、恐怖、怒り、悲しみといった感情を抑え込めと言っているわけではない。感情はありのままに受け入れて理解することが重要だ。ほかの動物と同じように、感情は生物学的な衝動によって引き起こされる。感情から逃れることはできないが、感情を自分で調整する方法を学ぶことはでき、そうすることで感情はコントロールすることができる。自分で調整するとは、心の知能の高い人が感情の束縛から解放されるために、絶えず自分と対話することで

343

ある。そういった対話ができるようになれば、ほかの人と同じように不機嫌で感情的な衝動を感じていても、それをコントロールすることができ、良い方向に向かわせることさえできる。[19]

「スタッドラー博士、人は考えたがりません。そして、困ったことになると、もっと考えたがらなくなります。でも、本能的には考えるべきだと感じていて、そのために罪悪感を抱くのです。だから、考えないことを正当化してくれる人ならだれでも歓迎し、その人に従うのです」──アイン・ランド[20]

「考えでも方法でも目的でも、慣れすぎるとそれは落とし穴になる。創造力には斬新さや違う解釈が必要で、習慣とステレオタイプという2つの麻薬を断ち切ることも必要だ」──デニース・シェカージアン[21]

トレンドフォロワーはすぐに満足感を得ようとすることはなく、衝動を抑え、失敗してもイライラしてもそんなものは吹き飛ばす。だから、トレーダーとして成功するだけでなく指導者にすらなれるのだ。ゴールマンは、有能な指導者はだれでも適切なIQやスキルを持っているだけでなく、心の知能が高いことを知った。幹部として必要な能力は初歩レベルで十分だが、心の知能はリーダーシップには不可欠だった。心の知能がなくても、優れた訓練を受けて、鋭い分析能力を身に付け、無限の創造力を持つことは可能だが、偉大な指導者にはなれないだろう。[22]

ほかとかかわりを持たずに生きられる人はいないし、それはトレードでも同じだ。現代人は疎外感を感じている人が多い。だからといって、冷水器の周りに集まって井戸端会議をする仲間が必要というわけではないが、客観性はバランスのとれた生活から得られるものであり、1日24時間、週7日、自分のスクリーンの前にただ1人座っていては

ならない。こんなふうに座っていたい人がいるだろうか。

NLP

　リチャード・デニスやリチャード・ドンチャンはなぜトレンドフォローを教えることができたのだろうか。理由の1つはNLPにある。NLP指導の第一人者であるチャールズ・フォークナーは「メンタルエッジ」（精神的優位）を身に付ける方法について次のように述べている。「NLPのテクニックの1つに、否定的な信念を追い出して、肯定的な信念と置き換える、というものがある。例えば、不愉快なトレードをしたとき、息を吸って、アーと言いながら息を吐きだし、その気持ちのままトレードしてみたらどうなるだろうか。前よりも良いトレードができるはずだ。こういった感覚を得るのに、スコッチをボトル1本飲む人がいる。動揺したときには、フーと息を吐いて、その気持ちから抜け出す。すると前よりも落ち着いてくるのが分かるはずだ。もう一度やれば、すぐに心は空っぽになる。[23]

「世間一般の意見がほぼ一致しているときは、正反対の考え方が最も利益を生む可能性が高い。なぜなら、大衆が同じ意見を持てば、短期的な自己達成的予言が生まれるが、変化が起こると、だれもがすぐに意見を変えるように思えるからだ」──ギュスターヴ・ル・ボン[24]

「大学の教室に入ると、教授が学生たちに次のように教えているのを聞くだろう──『人間は何物にも確信を持てない。人間の意識には少しも正当性はない。人間は存在の事実や法則を学ぶことができない。人間は客観的な現実を知ることができない』」──アイン・ランド[25]

「私は人の優れたところを手本にする」──チャールズ・フォークナー[26]

第1部　トレンドフォローの原理

　私が初めてフォークナーに会ったのは2001年のトレードセミナーでだった。彼には人にものを説明する持って生まれた才能がある。彼はトレーダーたちに、自分の手で問題に対処せよと言う。そして、「自分は自信を持つに値する人物であるんだ。市場で何が起こっているのか分かっているんだ。分からなければ、即、退場する」と思えと教える[27]。

　フォークナーの「スイスのスキー」の例は特に洞察に富んだものだった。1950年代まではほとんどの人が、スキーがうまくなるのは持って生まれた才能のおかげだと信じていた。その後、ヨーロッパの偉大なスキーヤーたちの何人かを撮影して、彼らの特徴的な動きが確認された。その結果、彼らの全員が共通するテクニックを持っていることが分かった。偉大なスキーヤーの動きと彼らのスキルの最重要点が分れば、それを他人に教えることができ、教わった人はだれでもスキーがうまくなれる。スキルの最重要点はモデルと呼ばれ、そのモデル、つまり基本原理はどんな分野にでも応用された[28]。

トレーディングトライブ

　エド・スィコータは彼のトレーディングトライブでこれまで何百人というトレーダーたちに教え、指導してきた。トレーディングトライブというのはトレーダーグループの世界的なネットワークで、彼らはときどき会合を開いて難問に取り組む。「トレーディングトライブは、腕を磨き、人として成長し、互いが助け合うことを旨とするトレーダー集団だ[29]」

「生存競争のなかで人が最もよく使う手段は理性だ」——ルートヴィヒ・フォン・ミーゼス[30]

346

「**心地良く感じるものは間違ったことであることが多い**」——ウィリアム・エックハート[31]

　スィコータのトライブはトレードの成功に不可欠な心理的な問題や感情の問題に取り組んでいる。そういう意味では、人生の問題に取り組んでいると言ってもよいだろう。フォークナーはスィコータの研ぎ澄まされた直観について次のように話す。「私はスィコータがあるグループに話した経験のことを思い出す。彼は、だれもが上昇トレンドは終わったと思っている相場を見て、仕掛けたくなることが多いと言った。私がどうやってそれを判断するのかと聞くと、チャートを部屋の反対側に置いて、上がっているように見えるときは買う、と彼は言った……もちろん、そのトレードは相場の動きに対する鋭い洞察力を持った人の目を通して見たものだ[32]」

　スィコータはすべての問題に答えられるふりはしないが、鏡の向きを弟子のほうに向けて自分自身に集中させるのが非常にうまい。彼は言葉を正確に使うので、聞いている人は彼の言葉に集中する。彼の弟子の1人は彼の教えを呼吸訓練のようだと言った。私がすぐに連想したのは、ヨガや瞑想だった。「心はフィルターのようなもので、一定の情報しか通さない……システムを設計したり、逆指値を置いたりするとき、フィルターはあなたがやっていることに常に付きまとう。私の目標はそうした潜在意識のプロセスに触れることだ。スィコータがやっていることの多くは、意識のフィルターを緩めて意識の状態を変化させるための呼吸法である。私たちは、『トレードをするとき、なぜいつもこれをやるのか』といった考えに集中しながら、統一された方法と不統一な方法の両方でそれをやった[33]」

「**私の人生は止まってしまったのに、年だけは取り続けるのよ**」とカレン・リーバインは無表情に言う。彼女はペンシルベニア大学のウォートン・ス

第1部　トレンドフォローの原理

クールでMBAを取った才女で、これまでゼネラル・ミルズ（GIS）、ユニリーバ、デロイト・コンサルティング、コンデナスト、ハーストで働いてきた。しかし実際のところ、今よりもハーバード大学を出たての1988年のときのほうが収入は良かった。失業中のこの２年間は、ポッタリー・バーンで時給８ドルで働いたり、ウォール街のトレード会社で時給18ドルの派遣社員として働いたりした。「犬さえ飼えないのよ」と彼女は言う。[34]

　私はヨガを初めてかれこれ５年になる。やったことのない人は、ぜひやってみるとよい。私の経験から言えば、ヨガは心を整理する私の唯一最良のツールだ。瞑想コーチのアンディー・プディコムのポッドキャストエピソード（#261）をぜひ視聴してもらいたい。

　スィコータとの会話から得た洞察のいくつかを紹介しよう（ポッドキャストエピソード#208と#355）。

●トレーディングトライブ・プロセス（TTP）の１つの使い方は、あなたとシステムに従うことの間に立ちはだかる感情を見つけて解消することである。

●すべては今起こっているのだということに気づき、自分の経験に責任を持てば、雑音さえあなたの思いから起こっていることに気づくはずだ。これに気づいたとき、あなたの思いがはっきりし、雑音を取り除くことができるのだ。連鎖的に起こるイベントは、今という絶えず進化する瞬間に存在するものである。今というあらゆる瞬間において、あなたの出した結論はあなたの思いに等しいことに気づくかもしれないし、あるいは、責任を回避し、特に雑音に対する責任を回避し、外部にその原因を探すことを選ぶかもしれない。

●分析は問題を解決し、元の正常な状態に戻すものだが、トレーディングトライブ・プロセスは問題を解決し、物事がすでにうまくいっていることに気づかせてくれるものだ。最終的な解決を望む人は、ト

レーディングトライブ・プロセスを分析ツールとして使うことが多いが、図らずも問題を解決したいという願望が湧きおこる。

●自分の経験に対して責任を持ち、思ったことが結果となって表れることに気づくことだ。責任を回避すれば、思ったことと結果が違ってくるかもしれない。

●本当のトレードシステムとは、絶対に経験したくないような感情を集めたものだ。

●感情を追うときも、市場を追うときも、現れたものが何であれ、それに従うことだ。ある感情を無理やり持とうとすることは、ある相場を無理やりトレードしようとするのと同じだ。感情や市場がやって来ては去っていくというプロセスのなかに喜びを見いだせるかもしれない。

「21世紀における無学者は読み書きができない人ではなく、学んだら、学んだことを意識的に忘れ、学び直すことができない人のことを指すことになるだろう」──アルビン・トフラー

　成功したトレーダーが感情の研究に多大な時間を割くというのは、一見、直観に反するように思えるかもしれないが、スィコータは明言する。「感情と理性は分けるべきだというのが西洋社会における支配的な考え方だが、科学の進歩が示すように、両者を分けることは不可能であるばかりか、望ましいことでもない[35]」

　伝説のトレンドフォロワーの多くは、こうした科学の進歩を50年間見てきた。プロスペクト理論の実例において唯一最良の市場例を示していることを考えると、彼らもノーベル賞を受賞すべきであった。

第1部　トレンドフォローの原理

必要なのは博士号ではなく好奇心

　ただ知ること以外に何も思惑もない、単純な子供のような好奇心がどんなだったか思い出してみよう。私の言う好奇心とは、自由で夢中になれる好奇心だ。初めてのおもちゃを壊してその内部がどうなっているのかが分かったとき、子供が目を大きく見開いて驚きに満ちた表情を示したのと同じ好奇心だ。

　感情の問題はさておき、多くのトレーダーはトップに上り詰める唯一の道として、学術的な知性にいまだに執着している。タートルズの生みの親の1人であるウィリアム・エックハートはエネルギーが無駄に使われていることに気づいている。「良いトレードと知性とはあまり関係がないと思う。卓越したトレーダーのなかには非常に知的な者もいるが、そうでないトレーダーも少数だがいる。優れた知性を持ったトレーダーは、トレーダーとしては最悪だ。平均的な知性があればそれで十分だ。その先に行こうとするなら、感情のほうがもっと重要になる[36]」

　「人はけっして自分では考えない。それはあまりにも落ち着かないことなのだ。たいていの場合、人はただ言われたことを繰り返す。そして自分と異なる考えに触れると混乱する。人の特徴は気づきではなく、従うことなのである……ほかの動物は縄張りや食べ物のために戦うが、この動物界のなかで唯一、人間だけは信念のために戦う……信念は行動を導くものであり、行動は人間の進化にとって重要だからだ。しかし、われわれの行動が自らを破滅に導く可能性があるときに、私たちが何かを自覚して行動しているかどうかは分からない。私たちは頑固で自らを破壊に導く順応主義者だ。人間のほかのどんな見方も、自己満足の妄想にすぎない」──マイケル・クライトン[37]

350

卓越したトレーダーということになると、IQと同じくらい重要なのがEQ（心の知能）である。いや、IQよりもEQのほうが重要と言ってもよいかもしれない。これからこの重要なEQについて考えてみよう。頭が良いと思われたいとき、人は好奇心を見せたがらないし、失敗を恐れる。何か質問すると、人から無知と思われるのではないかと考えてしまうからだ。しかし、実際には、世界を疑わないことのほうがもっと困ったことになる（つまり、お金を失うということ）。もっと微妙な問題を抱える人もいる。質問するのは怖くないが、答えが怖いという場合がそうである。しかし、その答えはあなたの生活に取り入れる必要のある情報かもしれないのだ。また逆に、あなたの間違いが証明されてしまう情報かもしれない。自由な好奇心は、一歩下がってすべてのものを今あるがままに見る機会を与えてくれるのである。

　しかし、多くの人は他人が与えてくれる情報や指示を聞くことに多くの時間を費やす。彼らは情報を与えてくれた人にその情報をどれだけ正確に返せるかで判断される。意思決定に責任を取らなければならないときにも、だれかが導いてくれるのを待っている人があまりに多い。そこには好奇心のかけらもない。父なる政府は安心と安全を提供してくれる。たとえそれが人工的なもので非現実的なものであろうと。

「教育を受けたということと教養があるということは、まったく別物だ」
──リー・クアン・ユー・シンガポール元首相[38]

　例えば、アラン・グリーンバーグは著書『メモズ・フロム・ザ・チェアマン（Memos from the Chairman）』のなかで当時の社員に次のように言っている。「まず幹部は社員から登用したい。もしMBAの学位を持つ者が応募してくれば、確かに彼らは排除しないが、私たちが本当に欲しい人材はPSD（貧乏で、賢くて、金持ちになりたいと心から思っている［poor, smart, and a deep deisre to be rich］）の学位を

持った者だ。そういう人たちがこの会社を作ってきた。競合他社は
MBAしか採用していないようだが、わが社にはPSDを持つ者がたく
さんいる[39]」。

**子供にチェスを教えるとき、良い教師は負けるつらさを経験させるように
工夫する。学び始めのころはよく負けるからだ。負けにどう対処するかを
学ぶことで、子供たちは勝ち方を学んでいくのである[40]。**

　2008年のウォール街の大暴落を思い出してみよう。アイビーリーグ
大学出身でゴールドマン・サックスで働いた経歴を持つ、いわゆる最
良で最も賢明なトレーダーは全滅して、結局は政府に救済された。彼
らはこれまでの人生を規則に従って生きてきた。「正しい」学校に行き、
「正しい」投資銀行で働き、履歴書は一流だった。彼らは役目を果たす
ことで報酬を与えられてきたが、そこで彼らを襲ったのが株式市場の
大暴落だった。彼らの多くは、もっと法則を学べばきっとうまくいく
という希望を抱いて、MBAや博士号を取るために学校に戻っていっ
た。

**「普通の知性を持った人であれば、だれでもトレードは学べる。ロケットサ
イエンスなんかではトレードはできないのだ」──ウィリアム・エックハ
ート**

　しかし、チャールズ・フォークナーが指摘するように、正しくある
ために他人の意見や貢献を無視することは、喜ばしい振る舞いではな
い。「学生でなくても、人を喜ばせたいと思ったり、正しくありたいと
思ったりするものだ。真面目な学生や教授は彼らの知らないことがた
くさんあることを知っているし、何が正しいのかについてはあまり興
味は示さない。一方、無知な人は正しくありたいと感じることが多い。

352

本当に他人を喜ばせられる人々は別の次元にいる。しかし、正しくありたいと感じる人は他人を無視しがちで、したがって彼らを喜ばせることはできない」

ジークムント・フロイトは好奇心の違いについて問題の核心に触れる言葉を残している。「子供の光り輝く知性と普通の大人の衰えた知性の間には痛ましいほどの違いがある」。単純に聞こえるかもしれないが、いつまでも子供のように驚いたり夢中になったりできれば、精神の扉は閉じられることはなく、新たな洞察が次々と訪れる。自尊心を捨て、自分はまだまだ発展途上にあると思うことは不可能ではないが、あなたにとってそれは非常に難しいだろう。

けっして直観に頼らないこと。待っていれば、直観のほうがあなたに呼び掛けてくるから。[41]

全力で取り組む

勝つことに全力投球せよ。本当に勝ちたいと思わなければ、また心の奥底にその気持ちがなければ、勝つ見込みはゼロに等しい。トレンドフォロートレードに全力で取り組むことは、人生で何か新しいことに挑戦するときに全力で取り組むのと同じである。何かに秀でたいと思って全力で取り組めば、道は見えてくる。全力で取り組まなければ、負けるだけだ。飲み屋でビール1杯のお金をいやいや払い、文句をいうだけである。

ある一流企業のCEOが最近ハーバード経営大学院でスピーチをした。スピーチが終わると学生から質問を受けた。その質問は、「私たちは何をすべきでしょうか」だった。CEOは次のように答えた。「授業料を支払った残りのお金で何か別のことをやりなさい」

353

第1部　トレンドフォローの原理

　例えば、プロの野球選手になりたければ、自らを駆り立て続け、け
っしてあきらめてはならない。大リーグに入るために苦しい練習に明
け暮れてきた。しかし、その結果を手にできたのは、何はともあれ勝
つために全力で取り組んできたからである。大リーグに入って大金を
稼ぎたいとだれもが思うが、ほとんどの人はそれを実現させるために
飽くことなく自分を駆り立てて、全力で取り組むことはない。

　チャールズ・フォークナーはいつも私の気持ちを和らげるために、違
った見方で説明してくれる。「それは、あなた自身に合った夢を選ぶか、
夢に合わせて自分を変えるかという選択の問題だと思う。多くの人は
ここが選択しなければならないところだと分かっていない。夢を持ち
続けたまま、うまくならなければならないことが上達するまでの間で
自分の行動を徐々に変え続けることは可能だと気づいている人はほと
んどいない。そしてたいがいは、夢を変えられる人も自分を変えられ
る人も少数しかいない」

**物事は合理的に進めているし、さまざまな選択肢の長所と短所をすべて考
慮していると私たちは思い込んでいる。しかし、そういうことはほぼない。
「Xが良いと思って決めました」は「私はXが好きだ」以外の何物でもない
……私たちは自分の好きな車を買い、魅力的と思える仕事や家を選び、い
ろいろな理由をつけてその選択を正当化しようとする。[42]**

　人生において何をするにしても、成功を求めるなら、基本原理、つ
まり基本的に必要な心理は同じだ。毎朝、目覚めるたびに成功したい
と強く望まなければならない。毎日、一貫した集中力が必要だ。朝、目
覚めて「今日はちょっとだけがんばってみよう。うまくいかなくても、
妻や恋人には、自分はがんばったんだと言えるからな」では絶対にダ
メなのだ。新聞やマーケットアナリストを気取ったジャーナリズム専
攻の学生が「今日の手っ取り早く儲ける方法はこれだ！」と言ったか

らと言って、浮かれ騒いでいるわけにはいかないのである。

「この先にいるともいないとも分からないモンスターではなくて、今のこの瞬間に集中せよ」――ライアン・ホリデー

それでは何かを成し遂げることは不可能だ。そんな振る舞いをすれば、確実に失敗する。有名なトレンドフォロー・インキュベーターで、コモディティーズ・コーポレーションのエイモス・ホステッターが挙げたトレードの「べからず集」を見てみることにしよう。

●少しの価格変動があったからといって、手仕舞うな。
●市場が輝かしい栄光に包まれて終わることを期待するな。警戒することがないか探せ。
●ティッカーテープが先生のように何でも教えてくれると期待するな。ティッカーテープから何かがおかしいと分かれば十分だ。
●天井で売ろうとするな。それは賢明なことではない。上昇しなければ、下げたあとで売れ。
●以前150で売った銘柄が130になったら安くなったなどと思うな。
●市場のトレンドに逆らうな。
●急落した銘柄を探すな。注意すべきことがないか気をつけよ。
●ナンピンはするな。
●損失を出しているものを持ち続けたり、利益を出しているものを売ったりするな。最小限の損失で手仕舞い、大きな利益になるのをじっと座って待て。

ホステッターは人間の性質に内在する危険性についても次のように述べている。

355

第1部　トレンドフォローの原理

●利益がなくなるのを恐れて、早く手仕舞いしすぎる。

●自分にとって不都合なトレンドが転換してくれることを当てにする。

●自分の判断に自信が持てない。

●自分の頭で考えることを絶対にやめてはならない。

●ベアにもブルにも永遠の忠誠を誓ってはならない。

●人は事実にずっと従い続けることはできない。

●人は自ら進んで楽しいことを信じる。

感情がはっきりと表現される生物学的調整メカニズムという推進力がなければ、人間理性の戦略は進化においても個人においてもおそらくは発展しなかっただろう。さらに、推論による戦略がその形成期に確立されるようになったあとでも、それらを効果的に使うには、感情を継続的に経験できる能力に大きく依存していたと考えられる。[43]

　2008年1月にこれらの単純な法則を、老後のたくわえをインデックスファンドや投資信託などに投じているすべての投資家に教えていたら、どうなっていただろうか。2008年10月をそれが起こるずっと前に避ける方法をホステッターは教えてくれていたのである。興味深いのは、コモディティーズ・コーポレーションの創設者の1人がノーベル賞を受賞したポール・サミュエルソンだったことである。1965年、サミュエルソンはその後、大きな影響を及ぼすことになる効率的市場仮説に関する論文を発表した。この論文は、「予測できるイベントはすべて正しく価格付けされ、サプライズだけが残る世界」を記述したものである。[44]

「サプライズだけが残る？」

　これはだれもが認識しているが、あえて避けている問題を教科書に載せるための記述である。ウィキリークスはパッシブインデックスの支持者に関する秘密の文書は持っていないのだろうか。あるいは、サ

356

第6章　人間の行動

ミュエルソンの1965年の「サプライズ」発言を葬ることを正当化する記録は持ってはいないのだろうか。しかし、サミュエルソンは間抜けではなかった。1970年代、1980年代、1990年代にコモディティーズ・コーポレーションのトレンドフォローシステム TCS（technical compute system）を使って儲けたお金を、巨額の富に変えたのである。サミュエルソンはトレンドフォローで称賛に価すべき人を称賛するのも忘れなかった。「エイモス・ホステッターは私の知る最も優れた投資家だった[45]」

まとめ──思考の参考に

● 改善。

● 始めるのは簡単。続けるのは芸術。

● やり抜く力──つらい単調な仕事でも愛せ。

● 「私たちの多くにとって、物事を調べるために立ち止まるのは楽しいことではない。でも、それではいけない。なぜなら、もし私たちの望む結果を得るためにその機械を改良するのであれば、その機械のことをよく知らなければならないからだ[46]」──サム・カーペンター

● 「ワシントンDCで政治の仕事に携わっている人たちと話をする魅力は、彼らが実際に何をしているか分からないことである。ワシントンDCは入力は測定しても、出力は測定しないような場所だ。中学1年生に始まる15ページの履歴書を15分のモノローグでしゃべり続けるのだから」──ピーター・ティール

● 勝者は責任を取る、敗者は人を責める。

● 「みんなに言わなきゃ。ねえ、聞いてよ、ハッチャー。みんなに言わなきゃいけないわ。『ソイレント・グリーン』は人口爆発を描いた映画よ。何とかして人口が増えるのを止めなきゃ！」

● 「ジョン・ゴールトってだれ？」

357

第1部　トレンドフォローの原理

「そもそも学習には限りない好奇心やくつろいだ遊びが必要だが、子供やチンパンジーに教えるときに厳しい規律を課そうとすれば、そういったものを抑え込むことになる……学習は制御できないものだ。制御できないのが本来の在り方なのだ。学習は自発的なもので、個人ごとに予測できない形で進み、各人のタイミングで目標を達成する。学習は一度始まると、条件付けによって強制的にやめさせないかぎり、それが止まることはない」──
ロジャー・ファウツ

意思決定
Decision Making

「あのう、わたくし、ここからどの道を行けばいいか、教えていただきたいんですけど」

「それは、君がどこへ行きたいかによるわな」とネコは答えた。
　　　　　　　　　　　──ルイス・キャロルの『不思議の国のアリス[1]』

「私たちはヒューリスティクスを、ある環境で合理的な意思決定をするために情報をうまく利用する方法だと考える」──ゲルト・ギーゲレンツァー[2]

　トレンドフォロー戦略は、ほとんどの人が受け入れられないような方法で日々の意思決定を行う──物事は単純で愚直なほうが良い。つまり、シンプルな方法で意思決定をするということである。例えば、世界中の何百万人というファンダメンタルズトレーダーは毎日、紛らわしく矛盾した圧倒的な量の市場情報（毎日の経済ニュースから流れてくるような情報）を評価して、利益の出る意思決定をしようとする。

「個人の意思決定というものは、お粗末な考えでもうまくいくこともあれば、失敗の可能性もあるかもしれないと考えていたことが実際に起こって、深く考え抜かれた考えにもかかわらずうまくいかないこともある。しかし、深く考えた意思決定のほうがやがては全体として良い結果につながるだろう」
　　──ロバート・ルービン[3]

　意思決定は知識や実際のデータに基づいて行われるべきであることは分かってはいるが、衝動的に判断して、それこそが健全な意思決定

359

だと思い込み、結局、何の手掛かりもないまま途方に暮れることがある。よって最終的には、身動きが取れなくなってしまい、自分では何の意思決定もせずに、他人に決定を任せてしまう。これぞまさに悪循環で、フラストレーションはたまるばかりだ。

カリフォルニア大学バークレー校のテレンス・オディーン教授はこれをルーレットを使って説明する。教授の主張はこうだ。たとえ過去1万回のルーレットの結果が分かっていても、ルーレットの回転盤がどんな材質でできているのか知っていても、その他もろもろの思いつくかぎりの役立つ情報を知っていても、本当に重要なこと、つまり次はボールがどこに入るのかは分からないということだ[4]。

エド・スィコータはオディーンの意思決定に対する考えを一歩進めて、次のように述べている。「ファンダメンタルズ分析は相場の動く仕組みを理解するのには役立つかもしれないが、いつどれくらい動くかまでは教えてくれない。さらに、ファンダメンタルズな要素が現れたときには、動きはすでに終わっているかもしれない。例えば、生牛が直近の高値を付けた時期のファンダメンタルズな要因としては、中国の買い、狂牛病、アトキンス・ダイエット（アメリカ人医師のロバート・アトキンスが考案したダイエット法）などがあった[5]」

生計のために意思決定をする人々は、戦場やトレーディングフロアや競争が激しい今日のビジネス世界のように複雑で無秩序な状況では、合理的な分析よりも直感のほうが優れていると気づき始めている。そして、科学的に詳しく分析すると、直感は生まれつきの才能ではなく、そのあとさまざまな経験を重ねて身についたスキルだということが分かり始めている[6]。

トレンドフォロワーが優れているのは、自分たちがコントロールできると知っていることをコントロールするからだ。彼らはリスク水準が決められていることを知っているし、ボラティリティを推定できる

ことも知っているし、取引コストも分かっている。しかし、彼らが何を知らないのかということもよく分かっている。しかし、こういった不確実性に直面したときも、打席に入ってバットを振る。怖がらずにバットを振るというトレンドフォロー哲学の中核となるものは、意思決定力である。意思決定スキルは議論をするに値するようなものではないかもしれないが、そういった意思決定の哲学的フレームワークは、トレードを実行するうえで不可欠なものである。

　トレンドフォローのスタイルを野球で例えた場合、次のように問うことができる。「あなたは試合を始めたいのか、始めたくないのか」。ボールが投げられる。それが狙い球ならバットを振る。バットを振る前にもっと詳しい情報を待っている時間はない。不確実な世界では、データが明らかになるまで待っていれば、ボールはホームベース上を通過し、あなたは球を見逃し、アウトになる。

オッカムの剃刀

「自然は可能なかぎり最短の道を行く」── アリストテレス

　複雑な市場の世界で賢明な意思決定をどう行うのかという問題に取り組むのは、別に目新しいことではない。中世の生活が大聖堂のように複雑だった14世紀、哲学者たちは時間に追われているときにどうすれば簡単に意思決定を行えるかを考えた。どの科学の世界でも、新しいデータが見つかって新しい理論を作り出す必要が出てくると、多くの仮説が提案され、検証されては却下された。そして、不適切な仮説がすべて捨てられても、いくつかの仮説は残ることがある。同じ結論にたどり着くのに、基本的な前提が異なるケースもある。似通った理論から正しい理論を選びだすのに、科学者たち（そして、トレンドフォロワーたちも）はオッカムの剃刀を使う。

361

オッカムの剃刀とは、論理学者でフランシスコ会修道士のオッカムのウィリアムが多用したことで有名になった原理で、仮説の数は必要以上に増やしてはならないことを言ったものである。この原理は元々はラテン語で書かれたものだ（Pluralitas non est ponenda sine neccesitate）。この短いラテン語の言葉が、今でも科学的モデリングや意思決定の基礎になっている。競合する2つ以上の理論があった場合、最もシンプルなものが良い、というのがこの原理の一般的な解釈だ[7]。オッカムの剃刀は最もシンプルな解が正しいことを保証するわけではないが、優先すべきものが重視される。

「ヒューリスティクス —— 発見的方法、試行錯誤的な推論によって問題を解く方法、学生の発見を促す教授法」—— オックスフォード辞典

素早くてシンプルな意思決定

「何か超自然的な存在によって出来事を完全に決めるある法則があって、その超自然的な存在は宇宙の現在の状態をかき乱すことなく観察できる、と私たちは想像しようと思えば想像できる。しかし、宇宙のそんなモデルは命に限りある私たちにとっては大して興味は引かない。むしろオッカムの剃刀を使って、観察できない特徴をすべて刈り取ったほうがよさそうだ」
—— スティーブン・ホーキング[8]

認知科学、経済学、トレードの分野では、最も優れた意思決定者は、莫大な量の情報を処理する時間と能力のある人だと考えられてきた。しかし、それは違う。ヒューリスティクスとは、プロセスを簡単にすることで建設的でポジティブな選択をする方法を探求するものだ。ゲルト・ギーゲレンツァーの『シンプル・ヒューリスティクス・ザット・メイク・アス・スマート（Simple Heuristics That Make Us Smart）』

は、最も簡単な意思決定ツールを使って複雑さに対処する方法について書かれたものだ。彼が前提とするものは、「素早くてシンプルなヒューリスティクスは、実際の環境のなかで適応的な選択をするのに、最小限の時間、知識、計算を使う[9]」。

　例えば、素早くてシンプルなヒューリスティクスの一例は、１つの理由に基づく意思決定だ。これはトレンドフォロワーが意思決定をするときに行っているものだ。「１つの理由に基づいて意思決定する人は、意思決定をするのに１つの情報しか使わない。これが彼らに共通する基本的要素だ。したがって、意思決定に使う１つの情報から理由が得られれば、ほかの理由を探すのをやめる[10]」

「事前に計画されたことやあらかじめ決めた目標に向かった取り組むではなく、今自分がやっていることに集中することから得られる革新や知識に、私はますます感心するようになった。これは私には非常に重要なことのように思える。これこそが実際のプロセスというものであり、機能するということであり、仕事を進めるということである」──Ｊ・カーク・Ｔ・バーネッドオー（ニューヨーク近代美術館のキュレーター）

　人生一般に関する決定であれ、トレードのように特殊な決定であれ、意思決定プロセスをわざわざ複雑にする必要はない。トレードでは売買の決定は１つの情報──価格──に基づいて行う。偉大なトレンドトレーダーは、反応が素早いとか、考え方を即座に変えられるとかいったように、ほかの分野で成功した人と共通の特徴を持っている[11]。

　何かを決定しなければならないとき、ほとんどの場合は最初の直感に従うのが正しい選択だ。いろいろな選択肢や代替案を考えたり、予測したりすれば、結局間違った決定をすることになるだろう。あるいは、正しい決定をしても、そこにたどり着くまでには貴重な時間を無駄にしていることだろう。

363

第1部　トレンドフォローの原理

ギーゲレンツァーは詳しく説明する。「株式市場での投資のように環境が急変しているようなときに、次々と意思決定しなければならないような困難な状況では、素早くてシンプルなヒューリスティクスは行動を導く助けになる。こうした特徴を持つ社会環境では、長期にわたって情報を収集し処理している間に、動きの素早い競争相手に追い越され優位に立たれてしまう。こういったときにヒューリスティクスを使えば素早く意思決定を行うことができる[12]」

「長期にわたって勝つうえで重要なことは、心、根性、態度、そして不確実性を受け入れる能力である」──マイケル・コベル

野球ではプレーヤーがどうやってボールをキャッチするか考えてみよう。複雑な微分方程式を頭のなかで解いて、ボールの軌道を予測しなければならないように思えるが、実際にはプレーヤーは簡単なヒューリスティクスを使っている。ボールが高く打ち上げられると、プレーヤーはボールを見定めて走り出す。ボールを見る角度、つまり目とボールの角度が一定になるように走るスピードを調整するのがヒューリスティクスだ。プレーヤーはボールの初速度、距離、角度といった軌道を計算するのに必要な情報はすべて無視し、ボールを見る角度という1つの情報にのみ集中するのだ。[13]

「不確実だと落ち着かないが、確実なことなどあり得ない」──ことわざ

元投手のティム・マッカーバーは訓練を受けた意思決定の科学者ではないが、同じ結論に達している。

「各投球の前に、捕手は投手にどういった球を投げるのがベストなのかを指すサインを素早く出す。走者が1塁と3塁、カウントが

364

第7章　意思決定

　３ボール２ストライクの状況を想像してみよう。投手にどんな球を投げさせるべきか。内角高めの速球か、外角低めのスライダーか、ど真ん中のチェンジアップか。ところで、次の打者はマーク・マグワイアだ。サインは素早く出さなければならない。最初に頭に浮かんだサインがほぼ正しい。このように野球では正しい判断を５秒以内に下せるように訓練することができるのだ[14]」

「人類は森を出たことが最初の誤りだったのかもしれない。私たちの頭は生存にかかわる問題を解くことには適しているが、最適な投資の意思決定をするのには適していない。投資の意思決定をする段になると、私たちはみんな過ちを犯してしまう」── ジェームス・モンティアー

　マッカーバーは不完全な情報の下で意思決定するときの要点を次のように話す。「『素早く』というのが自分の信条だ。野球選手（マッカーバー）の素早くてシンプルな意思決定から、野球チームのオーナーでありトレーダー（ジョン・W・ヘンリー）の素早くてシンプルな意思決定を想像するのはそれほど難しくない。ヘンリーはトレードでヒューリスティクスを使った最初の人物の１人だった」

　NYSE（ニューヨーク証券取引所）でジョン・W・ヘンリー社の社長は素早くてシンプルな意思決定について次のように話した。

　　「私たちトレンドフォロワーが意思決定をするのに用いるものは価格情報とボラティリティだけだ。その理由は、私たちは将来を予測できるなんて思っていないからだ……それに、私はすべての市場のエキスパートになることはできない。実際にはどの１つの市場のエキスパートになることもできない。私がやらなければならないのは、重要な情報を見たときに人よりも素早く動けるエキスパートになることである……人よりも速く動く私の方法は、みん

365

なの期待の集合体である価格情報を使うことである……私たちが行おうとしていることは、速く動けるように適切なシグナルをできるだけ早く引き出して、リスクを限定して機会を作り出すことである……私たちは価格情報だけ……非常にシンプルな認知ヒューリスティクス……を使うという意味で非常にシンプルだ……この例としては非線形モデルが挙げられる。しかし、これは人々がブレイクアウトシステムと考えているものとまったく同じである[15]」

「多くの人は、優れたチェスプレーヤーは、ずっと先のこと、つまり10手も15手も先を読んで戦略を練っていると思っているが、それは違う。彼らは必要なところまでしか先を読まない。つまり、数手先しか読まない。先を読みすぎるのは時間の無駄でしかない。情報は不確実で、状況は不明瞭なのだから。チェスとは少し先の状況を支配するゲームなのである[16]。

　ヘンリーがトレードの意思決定で使う簡単なヒューリスティクスは値動きである。彼はさらに次のように言う。

　「ノイズの多いランダムな値動きのなかで価格のトレンドを見つけることは、天文学やオーディオ、弾道学、画像処理、マクロ経済のようなほかの多くの応用分野でノイズのなかから情報をふるい分けるのと同じくらい難しい。例えば、弾道ミサイルをノイズの多いレーダーを基に追跡するエンジニアは、ミサイルの方向を決めるときノイズを取り除こうとする。マクロ経済学者や中央銀行家もまた、（エラーを含む）さまざまな情報源から集められた各国のGDP（国内総生産）予想や失業率といった不完全な経済データを基に、経済が不況に向かっているのか、過熱気味なのかを判断しようとする。トレンドトレーダーたちも、ノイズの多い価格データをフィルターにかけて価格の向かう方向を判断するときに同

じような困難に直面する。オーディオ界では、レイ・ドルビーが音楽録音のノイズを低減し、リスナーの耳に入るシグナルを向上させるドルビーシステムを開発した。これと同じように、トレンドフォロワーは定量的ツールを使って、価格トレンド周りのノイズを減少させて、トレンドシグナルを向上させようとする[17]」

　定量的なツールを使うといっても、これは複雑な分析をするという意味ではない。意思決定量が少ないほど、良い。これは直感に反するかもしれないが、しかし、情報が限られ時間の制約のあるなかで意思決定を下さなければならない複雑な世界では、可能なすべての代替案を調べる時間はない[18]。

　トレンドフォローは本質的にシンプルだが、それほどシンプルなものが一貫してお金を稼ぎ出すとはだれ——特に有名なマーケットプレーヤーたち——も信じたがらない。トレンドフォロワーたちが成功しているのは、集中して規律を持ってトレードしているからである。彼らはゲームプランのとおりに実行する。それが彼らの本当の強みなのである[19]。

　素早くシンプルなヒューリスティクスの科学にだれもが同意しているわけではない。「こんなものはあり得ない、まったくのでたらめだ。だから再現するはずがない」と言うグループがいた。彼らのなかにはヒューリスティクスの結果を好ましく思わない金融アドバイザーがいた。また、「これは驚くようなことではない。私は前から知っていた。株式市場は噂と認識と心理学からなっているんだ」と言うグループもいた[20]。

「**2016年に発表された研究論文『ジ・エンデュアリング・エフェクト・オブ・タイムシリーズ・モメンタム・オン・ストック・リターンズ・オバー・ニアリー・100イヤーズ（The Enduring Effect of Time-Series Momentum**

第1部　トレンドフォローの原理

on Stock Returns over Nearly 100 Years)』は、時系列モメンタム（また
の名をトレンドフォローと言う）は、ポートフォリオに含まれる5つの重
要な基準を満たす数少ない投資要素の1つであることを裏付ける証拠を示
している。5つの重要な基準とは、持続性、拡張性、堅牢性、投資可能性、
直感である。この論文で使われたデータは、1927年から2014年までの88年
分のデータである。[21]

　しかし、価格というシンプルなヒューリスティクスのみに依存する
のは簡単なことではない。トレーダーはもっとうまくやりたいと思っ
てしまう。彼らはシステムに我慢強く付き合い続けることができず、飽
きてしまうことさえある。多くの人はとにかく意思決定したがる。た
とえその意思決定が短期的で感情的なもので、しかも利益を生みだす
ものとは無縁なものであっても。
　例えば、グーグルの買いシグナルが出たとしよう。ルールに従うな
らグーグルを買わなければならない。ルールに従うためには、そのル
ールを信じ、自分の意思決定を信じなければならない。必要以上に複
雑に考えてはならない。シグナルが出たら買う。だからと言ってトレ
ンドフォローが単純という意味ではない。しかし、トレンドフォロー
の意思決定は、ナプキンの裏にメモすることができるようなシンプル
なプロセスでなければならない。

イノベーターのジレンマ

二兎を追う者一兎も得ず。

　『イノベーションのジレンマ』（翔泳社）の著者であるクレイトン・
クリステンセンは、トレンドフォローという名前ではないにしても、ト
レンドフォローのことを理解している。彼が理解しているのは、確率

368

と反応である。このことに気づいたのは、読者が彼の著書を読み解こうとしていたときである。

「彼らは私の本を理解しようとしていたのではなく、回答を得るための道具として見ていたにすぎない。つまり、何をすべきか判断できるように理解の手助けをしてほしいのではなくて、何をすべきか教えてほしいと思っていたわけである……ウォール街のアナリストは理論を持たない投資家だ。彼らは数字に反応することしかできない。しかし、彼らが反応する数字は過去の業績であって、将来の業績ではない。彼らが群れで動くのはそのためだ。ウォール街のプロや経営コンサルタントはファンダメンタルズデータドリブンという考えを美徳として守ってきた。企業がタイミングよくアクションを取れない根底にはこの考え方がある[22]」

「多くの人は市場とかかわる非常に複雑な方法を見つけようとする。ほとんどの場合、シンプルな方法しかうまくいかないのに[23]」――チャールズ・フォークナー

　クリステンセンが言わんとしていることは、事実が分かる前に意思決定できなければならないということである。なぜなら、相場の移り変わりは変化が起こるまで予知することはできず、変化が起こってからでは遅すぎるからである。例えば、ヤフー株のような株価の変動を考えてみよう。あなたはおそらくは、「ここで買って、ここで売ればよかった」と言うだろう。しかし、ヤフーの株価が将来どうなるかは予測のしようがない。トレンドの方向が明確になる前に早めに動くしかないのである。評論家が危険はないという前に、「位置について、用意、ドン」の態勢になっていなければならないのだ。こうした態勢になっていない人は、のんびりした羊飼いも同然だとクリステンセンは言う。

369

第1部　トレンドフォローの原理

**「物事はできるかぎりシンプルにすべきだ。しかし、シンプルすぎてもいけ
ない」**――アルベルト・アインシュタイン

　ティム・マッカーバーの野球の例に似た別の意思決定の話を考えて
みよう。昔は捕手と投手とで投球を判断した。これは今も変わらない
が、今では投球の指示を与えるのはコーチであることが多い。それは
なぜか。投手が指示どおりに投げられるようにするためだ。大リーグ
の投手がカーブを投げろというサインを受けたら、マウンド上であれ
これと考えたりはしない。「これがおれたちのシステムなんだ。おれに
はコンピューターを持ったコーチがベンチにいる。彼はすべてをグラ
フ化している。おれが今投げるべきなのはカーブであることを彼は知
っている。今おれの心配すべきことは、きちんと投げるべきところに
カーブを投げることだけだ」と彼は思う。そして、投手は今彼にでき
る最高の投球をすることだけに専念できる。

　トレンドフォロワーも同じように、朝起きたら、アクションを取ら
なければならないような動きがないかどうかを確認する。例えば、買
いシグナルが出ていないかどうか確認する。システムが20で買えと指
示している。だからあなたは買う。それについて考えたり、疑ったり
することはない。これは退屈で、自分の意志でやっているとは感じら
れないかもしれない。ラスベガスのストリップショーのように、もっ
とエキサイティングでアドレナリンを刺激する楽しいことがあるよう
に思えるかもしれない。しかし、勝つためには指示されたとおりにシ
グナルを実行することが重要だ。これは、20で買い、コーチにカーブ
を投げろと言われたらカーブを投げることを意味する。あなたが欲し
いものは楽しみや興奮や華やかさなのか。それとも、正しく実行して
勝つことなのか。もちろん、後者のはずだ。

「ギリシャの哲学者アルキロコスは言う。キツネは物知りだが、ハリネズミ

370

は偉大なことを1つだけ知っている。狡猾でずるくて頭の良いキツネは複雑な市場や高度なマーケティングについていろいろなことを知っている金融機関に相当する。一方、丸まると強固なよろいとなる鋭いトゲを持ったハリネズミは、投資で長期にわたって成功するための鍵は単純さである、という偉大なことを1つだけ知っている金融機関に相当する」——ジョン・C・ボーグル

過程と結果と直感

意思決定プロセスはその名のとおりプロセスである。自分の望む結果に基づいて意思決定することはできない。マイケル・モーブッサンはプロセスについて説得力のある説明をしてきた。

> 「プロセスのことをきちんと考えることなく、結果だけをあれこれと思い悩む投資家が多すぎる。もちろん結果を重視するのはある程度は理解できる。結果は一番大切なことだから。それに、プロセスよりも結果を評価することのほうが簡単だし、客観的だ。しかし、投資家は、結果が良いのはプロセスが良かったからであり、結果が悪いのはプロセスが悪かったからだと間違って思い込んでいることが多い。これとは対照的に、投資、スポーツチームのマネジメント、パリ・ミュチュエル方式の賭けといった確率が物を言う分野で長期にわたって最高の成績を残している人は、結果よりもプロセスを重視する[24]」

「心はイメージを使い尽くすと、自分自身のイメージを作り出す」——ゲーリー・スナイダー

これに基づいてペンシルベニア大学ウォートン校で意思決定を教え

るエドワード・ルッソ教授とポール・ショーメーカー教授は、プロセス対結果を示すマトリックス（**図7.1**）を作成した。

「常に前進し続けよ」――ジョージ・カーリン

図7.1のプロセス対結果のマトリックスはトレンドフォロワーたちが日々のトレードで使っているものだ。例えば、あなたが意思決定をするのに使っているプロセスが正しいものだと仮定しよう。結果がたまたま良ければ、それは当然の結果だと考える。一方、良いプロセスを経ても結果が悪ければ、失敗したのは不運だがプロセスは良かったと自分を慰める。

トレンドフォロワーのラリー・ハイトはこれを別の方法で説明する。「賭けには４種類ある。良い賭け、悪い賭け、勝つ賭け、負ける賭けの４つだ。最も危険なのは悪い賭けで勝つことである。こういった成功で味を占めると、将来的に勝ち目がないときでも悪い賭けをもっとしたくなる可能性があるからだ。また、基本的な前提がどんなに正しくても、良い賭けで負けるときがある。しかし、良い賭けを続けていけば、長い目で見れば平均の法則があなたに有利に働くだろう」

これは賢明なアドバイスだが、近代社会においては直感による意思決定というロマンスが依然として魅力を放っている。起業家や消防士への称賛から、マルコム・グラッドウェルやゲイリー・クレインの著書の人気、最近の２回のアメリカ大統領選の結果に至るまで、プロセスよりも直感のほうが支配的だった。多くの人は直感は男と少年を分けるＸの要素だと言う。危機に直面したときには、議論をする時間やすべての結果の確率を計算する暇はなく、直感による意思決定が必要だと彼らは言う。前例がない、つまり証拠がほとんどないとき、直感による意思決定が行われると彼らは言う。[26]

人生における選択では直感による意思決定がふさわしいときもある

図7.1　プロセス対結果[25]

		結果	
		良い	悪い
意思決定を行う過程	良い	望ましい成功	不運
	悪い	まぐれ	自業自得

が、それは市場には当てはまらない。市場でプロセスを重視せずに利益を得ることばかり考えていれば、それは確実に悪い結果を生む。

「今のことだけ考えよ」──マルクス・アウレリウス

まとめ──思考の参考に

● 「非常に良いヒューリスティクスが１つある。それは『トレンドでトレードせよ』である」──エド・スィコータ

● 「２つの等しい解決法がある場合は、簡単なほうを選べ」──オッカムの剃刀

● 勇敢な意思決定者は計画を持ち、それを実行する。彼らはけっして後ろを振り返らない。何かが変われば、それに合わせて自らを変える。

● 「かつて素晴らしい成果を上げていた起業家が突然ひどい失敗をすると、その過ちに応じた損失を被るだろう。かつてはひどかった起業家が良い予測をすれば、それに応じた利益を手にするだろう。過去の栄光がどんなに素晴らしくても、市場はそれを考慮してはくれない。資本が利益を生むのではない。賢明な起業家の意思決定のみが利益を生むのである」──マレー・N・ロスバード

● 「重要なのは収益ではなく、プロセスだ」──トム・アサッカー

373

科学的な手法
The Scientific Method

インタビュアーはカール・セーガンの妻(アン・ドラヤン)に尋ねた。「セーガン氏は信じたいとは思っていなかったのですか?」。彼女は答えた。「夫は信じたいとは思っていませんでした。夫は知りたいと思っていたのです」

「根本に目を向けろ、クラリス。マルクス・アウレリウスの哲学書を読め。それぞれについて、本質的なものは何か、本性は何かを問うのだ」──ハンニバル・レクター[1]

偉大なトレンドフォロワーはトレードを科学とみなし、科学的な手法を使う。彼らは世界を物理学者の目で見る。トレードでの成功にそのまま当てはまる次世代の物理学の定義とは、「自然または自然物体についての科学。物質の法則や特徴を扱い、それに作用する力を扱う科学の一分野。特に、物体の一般的特徴を変える原因を扱う科学の一分野。自然哲学」[2]。

「測れないものはおそらくは管理できない──測れるものは良くなっていくものだ」──エド・スィコータ[3]

物理学やトレンドフォローで秀でるには「数字」のしっかりとした基礎が必要だ。どちらの分野も関係を記述するモデルを使い、両者の共通言語である数学には限界がある。したがって、物理学もトレンドフォローもモデルを現実世界の応用に照らして常に検証することで最もうまく機能するようになる。

第1部　トレンドフォローの原理

「人は間違いのなかに真実を見いだしていく」——ジークムント・フロイト

　お金をトレードするとは、物理学の実験と同じで、まさしく数字と変化する量を扱うことを意味する。しかし、トレードと物理学の関係はこれだけではない。物理学は私たちを取り巻く世界を数学モデルを使って説明する学問だ。気体中の分子の動きや銀河系の星の力学といった異なる種類の複雑さをモデルを使って説明するわけである。実は同じようなモデルは、物理学の世界と同じく複雑な金融市場における振る舞いにも応用することができる[4]。

「だれも認めないかもしれないが、典型的なトレーダーはすべてのトレードで正しくありたいと思っている。彼らは必死になって確実性のないところに確実性を作り出そうとしているのである」——マーク・ダグラス（『ゾーン』[パンローリング]の著者）

　私が「トレードの科学」という言葉を使うとき、エレガントで複雑でもろい学術的モデルを作り出すエンジニアや科学者のことを言っているわけではない（トレンドフォローは堅牢な科学である）。シンプルにしておくことは難しい。なぜなら、明らかなことを実行するのは非常に難しいからだ。有名な物理学者でノーベル賞受賞者でもあり、マンハッタン計画にたずさわった科学者のリチャード・ファインマンは1960年代の講演で科学者に必要な心構えを次のように述べている。

　「一般に私たち科学者は次のプロセスに従って新しい法則を探す。まず、私たちはある想像をする（聴衆は笑う）。笑わないで、本当のことなんだから。次に、その想像、つまり推測した法則が正しいかどうか、その結果を計算してそれが示唆するものを調べる。そして最後に、計算結果と自然を比較し、つまり実験や経験を観測

376

したものと比較し、その推論が正しいかどうかを確認する。推論
したものが実験と一致しなければ、法則は間違っているというこ
とになる。こうした単純なことが科学にとっては鍵となるのであ
る。あなたの推論がどれほど素晴らしいものなのかや、その推論
を導き出したあなたがどれほど賢いのかや名前は問題ではない。実
験と一致しなければ、その推論は間違っているのである。これほ
ど簡単なことはない」

彼はさらに次のように言い添えた。

「空飛ぶ円盤を見たという報告は、この地球上の知的生命体のよく
知られた不合理な性質の結果であって、地球外知的生命体の未知
の合理的な行動の結果ではない可能性が高い。可能性が高いとい
うのは良い推測だ。私たちは常に最も納得のいく説明を推測しよ
うとする。しかしその推測が間違っていれば、ほかの可能性を議
論しなければならないと心のなかではいつも思っている[5]」

「賭け事の考察から始まった科学が、人間の知識のなかで最も重要なものに
なったとは驚くべきことだ……人生における最も重要な問題のほとんどは、
確率の問題にすぎない」── ピエール・シモン・ラプラス[6]

批判的な思考

トレンドフォロワーは物理学者のように偏見のない心で投資の世界
にアプローチする。彼らは確固たる証拠を見つけるために、調べて実
験を行い検証する。物理学者同様、トレンドフォロワーは批判的に考
え、正しい質問を行える能力を発展させていく。そういった質問の例
を見てみよう。

第1部　トレンドフォローの原理

●簡単で表面的な質問をするのではなく、真の問題に向き合えるように掘り下げた質問をする。
●答えを望む本当の理由について正直でなければならない。
●質問をする前に、情報を解釈する方法を見つける。つまり、途中で軌道修正する機会を与えてくれるような質問をする。
●人間の本質についての動かぬ証拠を問うような質問をする。
●新たな答えが導く現実に向き合えるような質問をする。
●世界に対して私たちが主観的にとらえていると思ったら、客観的なデータを取り入れる。
●人々が質問しないがために見逃すかもしれない重要な詳細を引き出すような質問をする。[7]

「何事も、聞いたことがあるというだけで信じるな。何事も、多くの者が話し、うわさしているというだけで信じるな。何事も、経典に書かれているのを見たというだけで信じるな。何事も、師や年長者が権威があるからというだけで信じるな。何世代も前から伝えられてきたというだけで、伝統を信じるな。観察と分析を行ったあと、理性にかない、すべての人に善をもたらし、すべての人の利益になるものがあれば、それを受け入れ、それに従って生きなさい」　——*ブッダ*

　チャールズ・フォークナーは質問に優先順位をつけた。「最も重要な質問は、何が事実で何が事実ではないのか、何が真実で何が真実ではないのか、何が可能で何が可能ではないのかについての私たちの前提を問う質問だ。その次に重要なのが、統計学的思考の役に立つ質問だ」
　何が事実なのかを知ろうとすることが重要だ。答えに疑いを抱いているのであれば、質問することを避けてはならない。自分の意見を補強するような利己的な質問をしてはならない。愚かな質問をしてはならないし、愚かな答えを受け入れてもならない。答えが得られないか

378

もしれないと分かっていても、質問することを良しとしなければならない。これは大衆にとっては簡単なことではない。

しかし、ほとんどの人はいつも道を間違える。内容をしっかりと理解していないために、人々の質問は表面的で的外れな質問になってしまう。「これはテストに出ますか？」といった発展性のない質問ばかりをしてしまう。こんな質問をするということは、考える気がまったくないということだ。これなら頭を休ませて、黙って座っていたほうがマシだ。批判的に考えるためには、質問が質問を呼ぶような問いを発して、頭を刺激することが重要だ。これまでの伝統的な「丸暗記による教育」によってあなたの好奇心が受けたダメージを取り戻さなければならない。そのためには心をよみがえらすことが必要だ。[8]

線形か非線形か

確率論は近代世界の基礎となるものだ。自然科学や社会科学の現在の研究は、確率論なくしては理解することはできない。今日の政治、明日の天気予報、来週の衛星の位置も確率論に依拠している。[9]

カオス理論とは非線形な宇宙を扱う理論である。私たちの住む世界は線形ではない。「完璧」を求めて時間を過ごすことはムダでしかない。ファンダメンタルズな予測がいかに知識に基づいていようと、未来を推し量ることはできない。『アン・イントロダクション・トゥ・カオス・セオリー・アンド・フラクタル・ジオメトリー（An Introduction to Chaos Theory and Fractal Geometry）』の著者であるマヌス・J・ドナヒューは私たちの非線形なカオスの世界を次のように説明する。

「数学の世界は何世紀もの間、線形の世界に限定されてきた。つまり、数学者や物理学者はランダムで予測不可能な力学系を見落と

してきたわけである。過去に理解され得たシステムは、線形だと信じられてきたシステムだけ、つまり予測可能なパターンや配置に従うシステムだけだった。線形方程式、線形関数、線形代数、線形計画法、線形加速器はすべて人間が理解し習得してきた分野である。しかし、私たち人間は線形とは似ても似つかない世界に住んでいる。事実、私たちの世界は分類としては非線形に属するため、均衡や線形性はめったに見られない。すべてが簡単で論理的な線形性に限定された世界で、非線形システムをどのように追求し理解すればよいのだろうか。19世紀の科学者や数学者はこの問題に悩み始めていた。そこから生まれたのがカオス理論という新しい科学であり数学である」[10]

「私たちがアービトラージを行うのは正規分布に従わない分布である。私たちはそこから利益を得るのである」 ── リチャード・デニス

　非線形なものを受け入れることは多くの人にとっては新しい考え方だが、トレンドフォロートレードの世界では特に新しい原理というわけではない。2008年の株式市場大暴落や2016年のブレグジット（EU[欧州連合]からのイギリス脱退）のようなビッグイベントは非線形な事件の例である。トレンドフォローがこうしたビッグイベントのときに勝つことができたのは、トレンドフォローが不測の事態を予測するように設計されているからである。線形性の欠如、つまり原因と結果に線形の関係がないことは予測できたことだ。トレンドフォローはだれもが予期できないイベントに対してどのように準備したのだろうか。トレンドフォローがほかと違うのは、統計学的な思考を用いるという点だ。

「だれでも自分の意見を持つ権利はあるが、自分だけの事実を持つ権利はない」──ダニエル・パトリック・モイニハン（元アメリカ上院議員[11]）

ゲルト・ギーゲレンツァーは統計学的思考の威力を次のように述べている。

> 「20世紀の初め、現代SFの父ハーバート・ジョージ・ウェルズは政治についての著作で次のように述べた。『近代のテクノロジー社会で市民を教養ある市民にしたければ、3つのことを教える必要がある──読むこと、書くこと、そして統計学的思考である』。21世紀の初め、このプログラムはどれくらい進んだだろう。われわれの社会では、ほとんどの市民は子供のころから読み書きは教わるが、統計学的思考については教わらない[12]」

私の好きな統計学的思考の例は、男児と女児の出生率についての事例研究だ。2つの病院があって、A病院では毎日120人の赤ん坊が生まれ、B病院では12人しか生まれない。各病院で毎日生まれる男児対女児の平均比率は50対50だ。ところがある日、2つの病院の1つで女児が男児の2倍も生まれた。これが起こった可能性が高いのはどちらの病院だったのだろうか。答えは、B病院で起こる可能性のほうがはるかに高い。サンプルサイズが大きくなるにつれ、特定のデータが母集団の平均から偶発的に乖離する確率は減少するからである。数字で考える人にとってこれは明らかだが、研究結果が示すように、素人にはこれがすぐ分かる人は少ない[13]。

「私には特別な才能があるわけではない。ただ好奇心が非常に旺盛なだけだ」──アルベルト・アインシュタイン

出生や性別についての統計学的な難問はトレンドフォローと直接的な関係がある。2人のトレーダーを考えてみよう。2人とも平均勝率は40％で、勝ちトレードの平均利益は負けトレードの平均損失の3倍である。一方は1000回のトレード経験があるが、もう一方は10回しか経験がない。次の10回のトレードで勝率が（通常の40％ではなくて）10％にしかならない確率が高いのはどちらのトレーダーだろうか。答えは、10回のトレード経験しかないほうのトレーダーである。トレード経験が多いほうが平均に近づく確率は高くなり、トレード経験が少なければ平均から乖離する確率が高まるからだ。

耳寄り情報をもらった友人が、すぐに大金を稼いだとしよう。彼は発見したトレードの能力をみんなに自慢する。あなたは、ほーっと感心する。しかし、あなたが統計学的に考える人なら、それほど感心しないだろう。なぜなら彼がもらった耳寄り情報の母集団は非常に小さいとすぐに気づくからだ。彼はおそらくは次の耳寄り情報を簡単に信じ込んで、大失敗するだろう。1つの耳寄り情報は、サンプルが小さすぎて無意味なのである。

「標準偏差とは確率変数（このケースでは、投資リターン）の不確かさを測る尺度で、リターンの平均リターンからのばらつき具合を測定したものだ。リターンの平均からのばらつきが大きいほど、標準偏差は大きくなる」──アメリカ国立標準技術研究所[14]

これら2つの考え方の違いを見れば、偉大なトレンドフォロワーが個人経営からウォール街の大手企業をいつも打ち負かす企業に成長したのが、なぜなのかが分かるはずだ。なぜウォール街は自分たちが支配できる、いや支配すべき領域にトレンドフォロワーが参入して支配するのを黙って許したのだろうか。それはウォール街もメーンストリートもベンチマークに魅せられているからだ。ウォール街はインデッ

第8章　科学的な手法

クスに近いパフォーマンス（ベンチマーク）を目指している。一方、ト
レンドフォローは絶対パフォーマンスを重視している。月々のカレン
ダーなど、彼らにとってはクソくらえなのである。

　効率的市場仮説（EMT）を信奉するウォール街の大手企業は、成功
を代表値で測る。ウォール街の大手銀行や証券会社は自分たちが勝っ
ているのか負けているのかを判断するのに、平均と平均からのばらつ
きを見る。彼らは投資家たちの不合理な欲望を利用するわけである。ト
レンドフォローの考え方は彼らのビジネスモデルとは正反対である。

　彼らはボラティリティを間違って理解しているのである。平均周り
のばらつき（標準偏差）がウォール街の事実上のリスクの定義である。
ウォール街で行われるロングオンリーの投資は、絶対リターンではな
くて一貫性を目指すものだ。その結果、リターンは平均的なものにな
る。彼らは正規分布を崇拝する。

　　「正規分布は、ランダムウォーク、資本資産評価、バリュー・アッ
　　ト・リスク（VaR）、ブラックショールズモデルといった金融理論
　　の根底にあるものだ。例えば、バリュー・アット・リスクはポー
　　トフォリオが一定の確率でどれくらいの損失を被るかを定量化し
　　ようとするものだ。VaRモデルにはいろいろなものがあるが、基
　　本形はリスクの尺度として標準偏差を使う。正規分布を想定すれ
　　ば、標準偏差――つまり、リスク――を測定するのは比較的簡単
　　だ。しかし、価格変動が正規分布に従わなければ、標準偏差はリ
　　スクの間違った尺度になりかねない[15]」

「数学と科学は異なる概念であり、学術分野も異なる。良い数学は本質的に
非常に直感的だ。しかし、実験科学は直感ではうまくいかない。もちろん
直感は重要だし、推測することも、正しい実験について考えることも重要
だ。しかし、それは広くて浅い考え方にほかならない。したがって、そこ

383

第1部　トレンドフォローの原理

では私たちが使っている数学は洗練されていく。しかし、本当に重要なのはこういうことではない。私たちが使っているのは極めて複雑なものではけっしてない。統計学的アプローチのなかには非常に高度なものもあるので、私たちのツールが単純というわけではないが、私が求めているのは十分な数学知識を持ち、そういったツールを効果的に使えると同時に、物事がどのように機能するのかについて好奇心を持ち、十分な想像力があり、粘り強く考え抜く人である」——ジム・シモンズ[16]

「私が天才だという評判は、だいたいは運によるものだ。朝オフィスに行って、『私は今日は賢いだろうか』とは言わない。『今日はついているだろうか』と思うだけだ」——ジム・シモンズ[17]

　標準偏差をリスクの尺度として使うと、2人のトレーダーの標準偏差はほぼ同じだが、リターン分布がまったく異なるときに問題が発生する。一方のトレーダーのリターン分布はよく見られる正規分布、つまりベルカーブにほぼ近いが、もう一方のトレーダーの分布には大きな尖度（とがり）や歪度（非対称）が見られる。要するに、リターンのヒストリカルパターンは正規分布には従わないということである。
　トレンドフォローのリターンが正規分布に従ったことは一度もないし、これからもないだろう。トレンドフォローはどの四半期でも常にベンチマークに相当する平均リターンを上げることは絶対にない。トレンドフォロワーがゼロサムゲームでホームランを打ち、ベアリングス銀行やLTCM（ロング・ターム・キャピタル・マネジメント）や2008年の市場大暴落から大きな利益を勝ち取るとき、彼らが狙っているのはエッジ、つまり非正規分布の世界のファットテールである。
　タートルズトレーダーのなかで最も成功したジェリー・パーカーは次のように言う。「私流に言えば、トレンドフォローを市場に重ねると非正規分布なトレードが生成されるということである。そうした外れ

384

値トレードのなかにわれわれのエッジはある。私たちだけがこうした
リターンを生みだせるのかどうかは分からないが、トレンドフォロー
を市場に重ねるとこうした分布が生まれる。この世は正規分布には従
わないのである[18]」

　パーカーと同じく、ジャン・ジャック・シェニエも、市場は通常考
えられているよりもはるかに非線形で非効率的だと信じている。市場
のだれもが勝つためにプレーしているわけではない。なかには市場を
保険代わりに使い、負けるためにプレーするヘッジャーもいるかもし
れない。「例えば、日本銀行が円安に誘導するために市場に介入してき
たり……日本の銀行が会計年度の終わりにバランスシートをウィンド
ウドレッシングするためだけに海外の円資産を日本に送還する。これ
らの行為は流動性を生むが、非効率な流動性なので弱点を突かれるこ
ともある[19]」

**「家のリフォームに関する本に『配管の新しい現実』という題名の本がある
とはだれも思わないだろう。しかし、投資の科学は、少なくとも金融ライ
ターたちによって広められていくうちに、ダウが2000ポイント上昇するた
びに見せかけの革命を経験している[20]。**

**「ポートフォリオの背後にあるリスクを減らす公式は、非常に厳しく根拠の
ない多くの前提の上に成り立つものだ。最初の前提は、価格変動はそれぞ
れが統計学的に独立しているというものだ……2つの目の前提は、価格変
動は標準的なベルカーブに従うパターンで分布しているというものだ。金
融データはこうした前提に一致するだろうか。もちろん、そういうことは
絶対にない」──ブノワ・B・マンデルブロ[21]**

　パーカーの言葉をもっとよく理解するためには、歪度と尖度という
概念を分析してみるとよい。歪度とは、リターンが分布の裾で正規分

第1部　トレンドフォローの原理

布よりも厚いか薄いかを測定したものである。例えば、-30％、5％、10％、15％のリターンが得られた場合、その平均は0％である。0％を下回るリターンは1つしかなく、ほかの3つはゼロを上回っているが、その1つのマイナスリターンはプラスリターンよりも平均から大きく乖離している。これを負の歪度という。平均よりも左側の値（平均を下回る）は少ないが、平均より右側の数値よりも平均から大きく乖離しているとき、負の歪度が生じる。逆に、平均よりも右側（平均を上回る）の値は少ないが、平均より左側の数値よりも平均から大きく乖離しているとき、正の歪度が生じる。[22]

　トレンドフォローは歪度が正のリターン特性を持つ。一方、尖度は平均よりもはるかに大きいか、小さい例外的な値が、正規分布（ベルカーブ）よりもどれくらい頻繁に発生するかを測定したものだ。頻度が高いとき尖度は大きく（分布の中央がとがっている）、頻度が低いとき尖度は小さい（分布の中央が低くなだらかな分布）。尖度が大きいということは極端な値が多く発生することを意味する。これをファットテールと言う。つまり、正規分布で予測されるよりも極端に低いリターンや極端に高いリターンの発生確率が高いということである。[23]

　歪度は正のときもあれば負のときもあり、分布の対称性に影響を及ぼす。正の歪度は、平均から同じ距離のところに負のリターンよりも大きな正のリターンが発生する可能性が高いことを意味する。歪度とはサプライズの方向を測定したものと言い換えることができる。正規分布に従わない外れ値、つまりパフォーマンスの極端な値は明らかに歪度に影響を及ぼす。1987年の株式市場の大暴落は一般に極端な外れ値だったと考えられている。例えば、正の外れ値があれば、分布の右側のテールが長く伸びるだろう。トレンドフォローは負けポジションは手仕舞い、利益の出ているポジションは持ち続けるので、昔から正の外れ値が多く、収益はプラスになることが多かった。逆に、負の歪度は平均から同じ距離のところに大きな負のイベントが発生する可能

386

性が高いことを意味する[24]。

「歪度とは分布の対称性を測定したものである。もっと厳密にいえば、対称性の欠如を測定したものである。分布やデータセットが中心から左側と右側が同じように見えれば、それは対称ということになる」──アメリカ国立標準技術研究所[25]

「尖度とはデータが正規分布よりもとがっているか平坦かを測定したものである。高い尖度を持つデータセットは平均近くに鋭いピークを持ち、急激に下降して厚いすそを持つ。逆に、低い尖度を持つデータセットは平均近くに丸みがかったピークを持つ。一様な分布は極端なケースである」──アメリカ国立標準技術研究所[26]

　これらの概念は、金融番組がささやく甘い儲け話──実は何の意味もないのだが──のように耳に心地良いものではない。当たっているモデルがあるときは、統計学的思考を使う人はほとんどいない。こうしたお金儲けのための基本を忘れれば、偉大なトレンドフォロワーたちに見えている現実──次のブラックスワンが現れたときに大金を儲けるという現実──を見ることは絶対にないだろう。

複利運用

　ウォール街関係の本で私が最初に読んだ1冊はジム・ロジャーズの『冒険投資家ジム・ロジャーズ──世界バイク紀行』（日本経済新聞社）だった。投資には大きな情熱と良識が必要であることを文字どおり身をもって示したのが同書である。それから14年後の2008年初期、私の最初のドキュメンタリー（『ブロウク（Broke）』）制作のために、私は彼をシンガポールの自宅でインタビューした（ロジャーズを訪問した

387

第1部　トレンドフォローの原理

のはこのときだけでなく、2014年と2016年にも再び彼を訪問した）。イ
ンタビューのときは48時間ぶっ通しで起きていた（飛行機で世界一周
するのには20時間かかる）が、その甲斐あって、古典的なお金儲けの
レッスンをさずかることができた。

ロジャーズはテクニカルトレンドフォロワーではないが、トレンド
によるトレードで莫大な富を築いた人物で、複利運用の重要性を筆頭
に上げた。「投資家が犯す最大の過ちの1つは、常に何かしなければい
けないと思うことだ……投資のコツはお金を失わないようにすること
である……損失は文字どおりあなたを殺す。損失を出せば複利運用な
ど吹っ飛んでしまう。複利運用こそが投資の秘訣なのだ[27]」

一晩で大金持ちになることなどできないが、適切に複利運用をすれ
ば、少なくとも一生の間には大金を儲けられるチャンスはある。例え
ば、トレードで年に50%稼げたとすると、7年で初期投資額の2万ド
ルは61万6000ドルになる。50%というのは現実的ではない？　おそら
くは。では25%ではどうだろう。トレンドフォロワーのあなたは年に
25%の儲けを出し、得た利益はすべて使ってしまうこともできる。あ
るいは、トレンドフォローを使って年25%の複利で20年以上投資を続
ければ、あなたは超大金持ちになれる。初期投資額2万ドルを複利運
用した場合の利益を見てみよう（**表8.1**）。

複利運用の別の例を見てみよう。1997年10月、デビッド・ハーディ
ングはウィントン・フューチャーズ・ファンドを立ち上げた。このフ
ァンドは投資家に10年にわたって21%の年次リターンをもたらした。こ
れをほかの例と比べてみよう。1947年にゴッホの絵画「アイリス」を
買えば、8万ドルしただろう。1987年にこの絵画の所有者が代わった
とき、5390万ドルの値が付いた。これは価値が大幅に上昇したかに見
えるが、数学的に言えば年平均成長率は17.7%で、ハーディングのフ
ァンドの年次リターンよりも低い。

予測のまやかし、すぐに満足感を得ること、大量のツイートが重視

388

第8章　科学的な手法

表8.1　複利運用例

	30%	40%	50%
1 年後	26,897ドル	29,642ドル	32,641ドル
2 年後	36,174ドル	43,933ドル	53,274ドル
3 年後	48,650ドル	65,115ドル	86,949ドル
4 年後	65,429ドル	96,509ドル	141,909ドル
5 年後	87,995ドル	143,039ドル	231,609ドル
6 年後	118,344ドル	212,002ドル	378,008ドル
7 年後	159,160ドル	314,214ドル	616,944ドル

される世界で、複利運用の概念を受け入れるのは直感に反する。しか
し、複利運用の非線形世界でトレンドフォローが成功し繁栄している
という証拠があれば——実際にあるのだが——、広く支持されている
事柄に反してうまくいっている特別な人々やその運用方法、哲学のこ
とを考えてみるだけの価値はあるのではないだろうか。

「私たちは長い間、ほとんどのデータは正規分布に従っているはず、だから
平均が重要なのだと考えてきた。しかし、私たちを取り巻く世界は正規分
布には従っていない……（だから）最も単純なものでもありのままの姿で
見ることは難しい。私たちは、自分が仮定したことに反する証拠はないと
いう仮定に慣れきってしまっている。だから仮定に疑問を抱くこともなく、
世界というタペストリーから引きちぎった糸の色といった細部を調べて時
間を過ごしている。だから科学は難しいのだ。[28]

安定した素晴らしい均衡という考え方に別れを告げよう。均衡は死を意味
する。物事は少しずつ変化しながらスムーズに進んでいくわけではない。変
化は突然、壊滅的に発生する。私たちは変化を予測できない。だから、そ

389

第1部　トレンドフォローの原理

れに順応するしかない。[29]

まとめ——思考の参考に

● 「何も問題はないという報告は、いつ聞いても興味深い。私たちが知ってのとおり、知っているということにはいろいろ意味がある。まず、知っていると分かっていることがある。また私たちが知らないことがあることもわれわれは分かっている。言ってみれば、われわれは知らない何かがあるということを知っている。しかし、私たちが知らないことを知らないこと、つまり、われわれが知らないと知れないこともある。われわれの国家やほかの自由国家の歴史を見てみると、知られていないと知られていない範疇に入るものが最も扱いが難しい」——ドナルド・ラムズフェルド[30]

● 数字で考えられないのなら、ゲームには参加するな。

● ベルカーブの縁には機会がある。

● ありそうな出来事でも必ず発生するわけではなく、ほぼあり得ないイベント（ブラックスワン）はまったく発生しないわけではない。

● 「1929年8月に投資家にウォール街で起こりそうなことは何かと尋ねたら、いろいろな答えが返ってきただろう。市場の大暴落を予測する変人も1人や2人はいたかもしれないが、ほとんどの人は実際に起こったこととはまったく無関係のことを答えただろう」——ビル・ボナー[31]

390

聖杯
Holy Grails

「ジェシー・リバモアはウォール街を巨大な売春宿だと言っていた。ブローカーは売春斡旋業者で、株が売春婦だ。そして、顧客は列に並んでお金を捨てていく」──エコノミスト誌

「真実を告げて、そこから逃げよ」──ことわざ

アル・カポネの有名な言葉がある。「それは詐欺だよ。株式市場のやつらはみんな心がねじ曲がっている」

まさにそのとおりである。

本当に心がねじ曲がっている。正直言って、私は彼らを無知だと思っている。あるいはよく言えば、彼らは間違っている。私の伯叔おじであるフランク・マスト（祖父のおじ）は戦う遺伝子を少しでも後世に残してくれたのだろうかと、いつも私は思っている（州検事補のマストが有名な犯罪組織のボスであるアル・カポネとシカゴの法廷で向き合っている写真がこのあと登場する）。

ウォール街で見られる詐欺は常に聖杯とともにある。聖杯とは、この世のものとは思えないほどの知識と金持ちになることを約束する予測や秘密の公式、神々しい解釈のことを言う。聖杯は「ブラックボックス」──入力と出力だけが分かり、内部の分析機能が秘密にされた高僧だけが使うような閉じた系──を通して投資の世界に運び込まれることが多い。

アル・カポネ（左）とフランク・マスト（右）

「アメリカ人にとって危険なことは株式市場に参加しないことだ。なぜなら私たちは株式が正しく価格付けされる時点にもうすぐ到達しようとしているからだ。それは3万6000ドルだと思う……これはバブルなんかじゃない。それとはまったく逆だ。株式市場は過小評価されているのだ」――ジェイムズ・グラスマンの『ダウ36000』[2]

「私がポートフォリオでタイミングテクニックを使いたくなるのには別の心理的理由がある。私は自分のことをよく理解している。例えば、1973年と1974年の2年間、バイ・アンド・ホールド戦略に従ってポートフォリオを運用し、いつかまた上がるだろうと期待しながら、48％も下がるのを何もしないで見ているなんて絶対にできない」――トム・バッソ

第9章　聖杯

「自分のルールが少しでも正しいという証拠を見ると、安心感はすごく増す。
ところが、自分のルールに反する証拠に直面すると、すぐに理屈をつけて
その証拠を排除しようとする。[3]

　ブラックボックスは市場の枠にとどまることはない。賢いやつが、何
台ものコンピューター、自己売買の公式、そして自分にしか分からな
いコードをそろえて、そのなかに成功する一連の予測を放り込めば、そ
の賢いやつはたちまちのうちにソーシャルメディアにおける作られた
おバカなスーパースターになって、労働者階級にとってクールな予測
を突然始める。これはあらゆるものが密接につながった現代では特に
驚くほどのことではない。

「題名を聞いただけでヒステリーを起こしそうなこの本（『ダウ36000』）を
コーヒーテーブルの上に置けば、客はドットコムバブル時代のホラースト
ーリーを話しだすだろう。何かでシスコシステムの株の話を読んで、二番
抵当の10万ドルを元手にして80ドルでシスコを買い、500ドルになる（同書
で予測されていた）ことを期待したが、結局、17ドルに下落したといった
たぐいの話だ。同書のことを考えただけで笑ってしまう」――『ダウ36000』
についてのアマゾンのカスタマーレビュー[4]

　その賢いやつとはネイト・シルバーのことだ。

●彼は2008年の大統領選挙で、50州のうち49州で見事に予測を的中さ
　せた。
●彼は2012年の大統領選挙で、全50州で見事に予測を的中させた。

　こうしてシルバーは一夜にして数字を操る頼りになる賢いやつと呼
ばれるようになった。最初は野球アナリストだった彼だが、のちに政

治アナリストに転身。選挙結果を予測するための数学モデルは政治ジャーナリストや評論家といったプロの予測よりも正確だった。ツイッターのフォロワーは瞬く間に100万人に達し、本を書けばベストセラーになり、政治ブログ『ファイブサーティエイト（FiveThirtyEight.com）』は大人気を博した。同ブログは、「株式市場のことが心配？　何をやってもいいけど、売るのだけはやめろ」といった投資アドバイスも提供していた。

しかし、2016年の彼の選挙予測は見事に外れた。2016年の１年間、彼は選挙の確率を毎日発表したが、その数字は二転三転した。

彼は「私はエキスパートとしてなぜドナルド・トランプの勝利を予測できなかったのか」と題する謝罪文のなかで、クリントン対トランプの勝敗については統計モデルを使わなかったことを認めた。彼が使ったのは経験に基づく推測だった。自分は統計モデルで有名になった、自分は偏見を持った典型的な「先生」ではないので信用できる、と言っていた彼が経験に基づく推測で予測したとは。これにはだれもが驚愕した。さらに悪いことに、彼の予測のやり方というものが、どういう結果になっても彼が正しいと取れるようなやり方だった。しかし、シルバーの支持者は、2016年の保険を掛けた予測――知的不誠実な行為と言えるかもしれない――など何とも思っていない。

「ネイトの成功記録を見てみればいい。トランプはまったくの外れ値だったんだ」
「過去のデータが十分にそろわなかったんだ」
「ほとんどの予測は当たっているよ」
「ネイトの成功率はものすごく高い」

「歴史は未来に対する良い手引書にはならない」――ジェリー・パーカー

あまり強い反論ではないところを見ると、シルバーのアプローチには基本的な過ちがあるということである。彼の分析は、普通ではないことや予想外のこと、つまりサプライズを除外しているのである。彼には予想外のことを予測したり、説明する手段を持っていないのだ。トランプが勝利したことについて、「私の人生においてこれほどショッキングな政治的出来事はなかった」と言った。しかし、外れ値を予測できる人なんかいない。シルバーのように外れ値を予測できるふりをする人には気をつけたほうがよい。スピロス・マクリダキスは1979年の有名な論文「アキュラシー・オブ・フォアキャスティング（Accuracy of Forecasting : An Empirical Investigation）」で、シンプルなものは複雑なものを打ち負かし、移動平均は計量経済学のねじ曲がった手順を打ち負かすことを示している。移動平均はシルバーを有名にした2008年と2012年の選挙も予測できただろうか。

「潮が引いたあとでなければ、だれが裸で泳いでいたのかは分からない」
—— ウォーレン・バフェット

しかし、シルバーの擁護者は、2008年に50州のうち49州で予測を言い当てたし、2012年には全50州で予測を言い当てたじゃないかと言う。彼らは明らかに2016年のことは見て見ぬふりをしている。2008年と2012年は50州のうち何％の州の予測が難しかったのだろうか。例えば、カリフォルニア州は何があっても民主党が有利だ。簡単な予測だけを含め、難しい予測は排除するような戦略に頼るのには大きなリスクが伴う。

これらは今に始まった矛盾ではない。効率的市場仮説（EMT）——世界中のお金を動かしている戦略——もまたサプライズ（つまり、ブラックスワン）に対する解は持っていない。シルバーの問題はこれとはまた違った分野の問題だが、緊急を要する問題であることに変わり

はない。2016年の夏、『ブラック・スワン』（ダイヤモンド社）を書いたナシーム・タレブはシルバーを公然と批判した。「ファイブサーティエイトは確率について何も知らなくても、それで商売する方法を示した典型例だ」

ナシーム・タレブ対ネイト・シルバーの知のデスマッチ。

あなたはどちらの側につくか。慎重に決めなければならない。現実を見ることが重要だ。

「間違い（損失）のなかに真実（トレンド）が見つかる」―― ジークムント・フロイト

バイ・アンド・ホープ

2000年春に株式市場バブルが崩壊したあと、そして2008年10月の株式市場大暴落のあと、パッシブ投資、つまりバイ・アンド・ホールドはジャンクサイエンスだとはっきり伝えられるべきだった。しかし、そんなことは起こらなかった。投資家たちはいまだに、「買って長期間保有せよ」「最後まであきらめるな」「押し目で買え」といったマントラに従い続けている。これでは集団自殺するも同然だ。このように市場にただひたすら祈り続けるだけの人は、ネイト・シルバーと同じ問題を抱えている。つまり、彼らは「サプライズ」を考えに入れていないのだ。

「私は短期で利益を上げることができないと思ったときもSNAPを買った。だって、SNAPの製品が大好きだから」―― クリス・ロー（2017年3月13日付ニューヨーク・ポスト）

「SNAPは千年王国説信奉者のプライドに付け込んでいるが、こんなことは株式市場ではほぼないことだ」──ダン・シャット（「買いだめ」2017年3月13日付ニューヨーク・ポスト）

ジェリー・パーカーはトレンドフォローを勧める理由を次のように述べている。

> 「トレンドフォローは民主主義に似ている。あまり良い方法とは思えないときもあるが、ほかの方法よりはマシだ。トレンドフォローは1970年代や1980年代に比べるとあまりよくないが、それがどうしたというのだ。ほかに選択肢があるだろうか。急落で買うのか。バイ・アンド・ホールドに頼るのか。私はこれはバイ・アンド・ホープと呼んでいるが……。損をしたら倍の金額をナンピンするのか。みんなに倣ってこれらをすべてやるのか。やがて人々はトレンドフォローがトレンドを生む市場ならどんな市場でもうまくいくことが分かってくるはずだ[5]」

1973年から1974年にかけてのナスダックの大暴落を考えてみよう。1972年12月にピークに達したナスダックはそのあとおよそ60％下落して、1974年9月に底を打った。ナスダックが1973〜1974年の下げ相場から抜け出すことができたのは1980年4月のことだった。一方、バイ・アンド・ホールドは1972年12月から1980年3月までの間は投資家には何の役にも立たなかった。この時期は3％の普通預金口座に預けておいたほうが儲かっただろう。そして歴史は繰り返す。2000年から2002年にかけてナスダックは再び77％下落した。

さらに悪いことに、市場の下落が長引けば、純粋なバイ・アンド・ホールド戦略はブレークイーブンに戻すのは不可能とは言わないまでも難しいだろう。バイ・アンド・ホールド投資家は利害が対立する業

界のなかで打ち負かされてきた。強い忍耐力さえあれば、長期的には大きな利益を得ることができると彼らは信じている。彼らは損失のすべてとは言わないまでもほとんどを取り戻すことを期待している。資産を長期的に投資する最も良い場所は株式市場のロングオンリーだと信じ、5年、10年、20年投資すれば確実に莫大な利益を稼げると信じている。しかし、5年、10年、20年投資しても1円も稼げないこともあり、逆に損をすることすらあることを投資家は理解する必要がある。[6]

　問題を複雑にするのは、バイ・アンド・ホールドの人たちは市場に報復しようと考えていることだ。彼らは損失を取り戻したがる。「XYZ株で損をした。だからその株で何が何でも損失を取り戻すんだ」と彼らは思う。これはもう個人的な感情でしかない。彼らはサンクコスト（埋没費用）という考え方が理解できていない。パッシブ運用は地表のなかにある見えない亀裂かもしれないことを認められないのだ。彼らは何回ひどい目に遭っても、買って持ち続ける。これはストックホルム症候群（誘拐事件や監禁事件などの被害者が犯人と長い時間を共にすることによって、犯人に過度の連帯感や好意的な感情を抱く現象）と同じだ。ただし、彼らが親近感を寄せるのは悪い投資戦略なのだが。

「グルの指示がなくなる前に、あなたはお金を使い果たすだろう」——ニール・T・ワイントローブ

　ジョナサン・ホーニグは多くの人が失敗する点を次のように指摘する。「私の関心は株を保有することではなく、お金を儲けることにある。だから、私はトレーダーだ。私の投資先は主に株式市場だが、私が引退するまでには株式は必ず上がっているだろうとやみくもに信じたりはしない。歴史が何かを実証したとすれば、ポートフォリオを自動操縦に任せておけば、最良の結果が出るなんてことはないということである。あなたは正しいときにはトレーダーにはなれなくて、間違って

いるときには投資家になる。そうやって損をしていくのである」

　システムを使っているのなら、あなたを保護するためのシートベルトが自動的にかけられるようにしておくべきである。こうすることで、次にCNNのドン・レモンが、もしかしたら消えたマレーシア航空のボーイング777はブラックホールに入ったのかもしれないなどと言ったからという理由で、ポートフォリオの売買判断をするようなことはなくなる。

エリオット波動理論を探求してもあまり意味はない。なぜならそれは理論なんかではなくて、価格チャートは一連の天井と谷からなっているという平凡な観察にすぎないからである。見ている時間枠次第で、望むだけの天井と谷が見つかる。[7]

ウォーレン・バフェット

　ウォーレン・バフェットはバリュー投資とバイ・アンド・ホールドの第一人者である。ガラハッド卿（聖杯を見つけた３人の騎士の１人）のように、彼は真の聖杯を見つけた人物だ。私は彼の成功に敬意を表したい。しかし、保険会社や難解な税の優遇措置によって彼と同じものを達成できるだろうか。それはノーだ。彼は典型的な例外だからである。バフェットは世界中に１人しかいない。バフェットは単なるバイ・アンド・ホールドの投資家だと誤解をしている人が多い。「バフェットはコカ・コーラを40年保有していただけで大金を儲けた」。彼の600億ドルを超える純資産はそんな単純なものではない。

「ウォーレン・バフェットが株式投資を勧めるとき、潜在的リスクについての警告はしない。私が心配しているのは、人々がリスクのことを考えずにむやみに彼のアドバイスに従い、リスクに気づいたときには時すでに遅し

第1部　トレンドフォローの原理

で、底で売ってしまうことである」──ジュリアン・ルビンスタイン（2017年3月5日付け『バリューウオーク』）

　例えば、バフェットはかつて金融デリバティブに真っ向から反対した。「株式市場はあまり儲からない。投資するお金はふんだんにある。今の環境では6％や7％のリターンが妥当だ。わが社には投資資金が現金で370億ドル以上もある。でもデリバティブには絶対に投資しようとは思わない。デリバティブほどインチキ臭いものはないからだ」。バフェットの会社の副社長で億万長者のチャーリー・マンガーは相づちを打つ。「デリバティブを下水道と呼べば、下水に対する侮辱になる[8]」

「サン・マイクロシステムズはおそらくは私の知るどの会社よりも短期的見通しが良い」──ジェームズ・クレイマー（2000年9月7日[9]）

　それから16日後、バフェットは態度をコロッと変えた。「バークシャー・ハサウェイは、『SQUARZ』という新しいタイプの私募債を適格機関投資家向けに4億ドル発行したことを本日発表した……前例はないが、マイナスクーポン債は今の金利環境では可能と考えたからだ。私がゴールドマン・サックスにそういった商品を作ってくれるように依頼すると、彼らは速やかに要望に応じてくれた。それで今日こうして画期的な社債を発表することができた[10]」
　デリバティブにあれほどあからさまに反対していたバフェットが、2週間で記者会見でも説明できないほど複雑で秘密めいた商品を作ったのはなぜなのだろうか。さらに混乱するのは、1年後には彼は自分の作り出した金融フランケンシュタインを激しく非難したことだ。「デリバティブは金融の大量破壊兵器だ。まだ表面化してはいないが大きな危険をはらみ、壊滅的な死を招く可能性がある……これは取引関係者にとっても経済システムにとっても時限爆弾のようなものだとわれわ

400

れは見ている[11]」

　しかし、2008年、バフェットは再びデリバティブ取引を始め、政府に救済を促した。2017年の今でも彼の会社は大量のデリバティブポジションを保持している。彼に何十億ドルもの富をもたらしたバリュー投資やバイ・アンド・ホールドは何十冊もの著書によって大衆の意識のなかに浸透している。彼が伝説に反する新たなデリバティブ戦略を打ち出しても、だれも口にすることはない。長い間、ファンドマネジャーをしてきたマイケル・スタインハルトだけは例外だった。「バフェットは近代の偉大なPRマンだ。彼は言葉巧みに人をだますのがうまく、メディアのだれもがまんまとだまされた……彼が今もこれを続けていることは注目に値する[12]」

　彼は投資の象徴的人物で多くの称賛に値するが、多くの勝者例があるトレンドフォローとは違って、バリュー投資やバイ・アンド・ホールドの成功例はウォーレン・バフェットただ1人である。彼はただ1人のサバイバーなのだろうか。

　数年前、私はあるトレンドフォロワーと座って話をしていた。彼は年平均で20％のリターンを出した30年にわたるトラックレコードがある。そこでウォーレン・バフェットの話が出た。彼はバフェットを非常に尊敬していたが、彼のトレンドフォロートレードを運だと呼ぶ同じ人々が、彼にはスキルがあると言うのはなぜなのかと不思議がっていた。このトレーダーはこれまで何千というトレードを行ってきた。彼のトレンドトレードの同僚も何十年にもわたって何千というトレードを行ってきた。レバレッジをかけたポジションがほとんどないにもかかわらず、ウォーレン・バフェットがコカ・コーラ、ジレット、アメリカン・エキスプレス、ゴールドマン・サックス、ウェルズ・ファーゴで天文学的な富を築き上げたことを考えると、彼の成功は運によるものが強いのではないかと彼は言った。

第1部　トレンドフォローの原理

「あなたは今、車のオークション会場にいて、美しい赤の66年型コルベット
を買いたいと思っている。コルベットの前にオークションにかけられた車
は、1955年型のガルウィングクーペのベンツで、75万ドルで売れた。次の
コルベットは中古車価格では3万5000ドルとある。あなたはいくらで入札
するだろうか。では、コルベットの前にオークションにかけられた車が、ガ
ルウイングベンツのレプリカで、7万5000ドルで売れたと想像しよう。今
度はいくらで入札しようとするだろうか。調査によれば、偶然目にした価
格データは入札価格に影響を及ぼす。前のオークションの価格がかなり高
いとき、人々は多く支払う傾向が高くなる」——ジョン・C・サンド

敗者はナンピンする

　『マーケットの魔術師』（パンローリング）に登場する偉大なマクロ
トレーダーのポール・チューダー・ジョーンズが1980年代後半にオフィ
スでくつろいでいる有名な写真がある。彼の後ろの壁に鋲で留めら
れたルーズリーフの紙には、黒のマジックペンでシンプルな言葉が書
かれている——「敗者はナンピンする」。

　ドットコムバブルのときにはチューダー・ジョーンズの金言はジェ
ームズ・K・グラスマンには通じなかったようだ。「ポートフォリオに
エンロンの株を持っていて、90ドル、いや10ドルでも売らなかったと
しても恥じることはない。エンロン株を大量に保有していたアライア
ンス・キャピタル・マネジメント・ホールディングのマネーマネジャ
ーであるアルフレッド・ハリソンも言うように、『エンロンは表面的に
はかなり良い成長株に見えた。だから、私たちは価格が下がるたびに
買い増しした[13]』」

「市場は過大評価されていてバブルだと人々が言うとき、彼らはほんの一握
りの株式について言っていることが多い。これらの株のほとんどは適切に

402

価格付けされているので、2000年にこうした株が大幅に修正してくること
はないだろう」——ラリー・ワクテル（プルーデンシャル証券。1999年12
月23日[14]）

　グラスマンもハリソンも大間違いをしていた。いわゆるドルコスト
平均法は敗者（エンロン）のナンピンを意味する。ナンピンするトレ
ーダーは恥ずかしがるのではなくて、気分が悪くならなければならな
いのだ。負けポジションを持っているということは、何かがおかしい
ことをあなたに知らせてくれているのだ。これは初心者には信じられ
ないかもしれないが、市場が長く下落するほど、下落し続ける可能性
が高い（グーグルで「時系列モメンタム」に関する2010年以降の白書
を検索してみよう）。生き残りたいのであれば、下落相場を安く買える
相場と思ってはならない。市場がゼロになれば、生き残ることなんて
不可能なのだから。

　ゼロサムの世界では下降トレンドは買いの機会ではなくて、売りの
機会だ。空売りせよという合図なのである。さらに悪いことに、グラ
スマンはナンピンを戦略としていたことを認めた。揚げ句の果てに彼
は次のように言った。「エンロンが破綻の縁にあることを、１年前に典
型的な個人投資家が予測できただろうか。そんなことはあり得ない。そ
れでもあなたが買うべき正しい銘柄を探していたのなら、そもそもエ
ンロンなんて買うべきではなかった[15]」

「ジャン、2000年末までには、ナスダックもダウも高値を更新するよ」——
マイロン・カンデル（CNN金融番組のアンカー。2000年４月４日[16]）

　エンロンの問題を見つける方法は実はあったのだ。株価が90ドルか
ら50セントに下落したのが、やがては発覚するエンロンの破綻が目の
前にまで来ていることを示す明確なサインだったのである。ジェシー・

第1部　トレンドフォローの原理

リバモアは80年前にナンピンを回避する方法を知っていた。

　「私はナンピンはするなと警告してきた。このナンピンは投資家が
　最もよくやることだ。多くの人は、例えば50ドルで100株買って、
　2～3日後に47ドルで買えると分かると、もう100株買って平均購
　買価格を48.5ドルに下げたいという衝動に駆られる。50ドルで買
　った株価が47ドルに下がって3ドルの損失を出したと心配しなが
　ら、47ドルでもう100株買って、株価が44ドルに下がったときにま
　た3ドル下がったと2倍の心配をする理由が私には分からない。44
　ドルに下がった時点で、最初の100株については600ドルの損失が
　出ていて、次に買った100株については300ドルの損失が出ている
　のである。この不健全な原理に従えば、44ドルで200株、41ドルに
　下がったら400株、38ドルに下がったら800株、35ドルに下がった
　ら1600株、32ドルに下がったら3200株、29ドルに下がったら6400
　株……と永遠に買い続けなければならないことになる。こんなプ
　レッシャーに耐えられる投機家が一体何人いるだろう。繰り返し
　になるし、説教じみてしまうかもしれないが、ナンピンは絶対に
　やってはならない」

「保証が欲しければ、トースターでも買うんだな」――クリント・イースト
ウッド

　ナンピンした人はほかにもいる。かつてヘッジファンド業界を席巻
し最大級の利益を上げるヘッジファンドを運営していたジュリアン・
ロバートソンだが、最終的には彼のファンドは破綻し解散した。2000
年3月30日のCNNは、ロバートソンがタイガーファンドの顧客に宛て
た手紙の一部を公開した。彼はファンドの問題を償還対応で現金確保
の必要に迫られたことが原因だったと説明している。

404

「折に触れて言ってきたように、タイガーファンドの長年にわたる成功の鍵は、最良の株を買って最悪の株を売るという戦略に忠実に従ってきたことにある。正常な環境ならこの戦略はうまくいく。しかし、市場が非合理で、利益や価格が脇に追いやられ、マウスクリックやモメンタムが重視されると、こうしたロジックはあまり意味をなさなくなる。バリュー投資が崩壊し、顧客が去ると資産は減少し、私たちは大きなストレスを抱えることになった。こうした状況がすぐに終わるという兆しはない[17]」

タイガーファンドが下り坂になったのは、1998年の秋にドル円の壊滅的な取引を行い、何十億ドルという損失を被ってからである。ファンドの元社員は次のように述べている。「非常に大きなポジションを取るときには、自分は正しいはずだというある種のおごりがあり、あまりにも大きいため間違っていてもすぐには解消できない。ロバートソンが若かったときにはそんなことは絶対にやらなかっただろう。それは良いリスク・リターン分析ではないからだ[18]」

問題はタイガーの基本的な戦略が弱かったことにあった。ロバートソンはしっかりと批判を受け止めた。「私たちに委任されていることは、世界の200の最良の会社を見つけてそれらを買い、世界の200の最悪の会社を見つけてそれらを売ることである。最良200企業が最悪200企業に負けるようでは、別の仕事を探すべきである」

ロバートソンの強みは大量の情報のなかから情報をふるい分けることのできる能力だった。ある同僚は次のように言う。「初めて見た財務諸表の大量の数字を見て、『これは間違っている』と彼が言うと、それは本当に間違っていた」。彼のこうした能力は素晴らしいものだが、貸借対照表を読んでそれを批評できても、必ずしも利益に結びつくとは限らない。ジュリアン・ロバートソンがやった「ナンピン」、ドットコムバブルの崩壊、そして2008年10月の株式市場大暴落に共通するもの

第1部　トレンドフォローの原理

は何だろう。

それは、バブルである。

2008年の大暴落は、オランダの有名なチューリップバブルと違いはなかった。1720年の南海バブルではかのアイザック・ニュートンさえ熱狂に巻き込まれ、2万ドルを失った。バブルは洗い流されては、再び繰り返されるのである。

「実際には人は理解できないものにお金を投じているわけではなく、ニュースや情報を使って賢い投資の意思決定をしていると私は信じている」──マリア・バーティロモ（CNBC。2001年3月[19]）

バブルは歴史のなかではささいなことだが、その余波は長期にわたる大惨事を生む。厳しい不況が訪れ、政府の介入（量的緩和、ゼロ金利政策、マイナス金利政策、政府による普通株の購入）によって不況はさらに悪化する。過去500年のバブル崩壊後の歴史をたどると、国家は10年以上続く不況にさいなまれた。大衆の妄想から得られる教訓とは何だろう。人間の本質は変わることはない。おそらく将来的にも変わることはないだろうということである[20]。

「『～したらどうする？』と問わなければならない。株が上昇したらどうする？　上昇しなかったらどうする？　そして捕手のように、ヘルメットを被らなければならない」──ジョナサン・ホーニグ

今日、良識ある投資家なら財政の健全性のみを信じてはダメだ。四半期に一度、年金の運用報告書──40年間売られ続けてきたEMTプロパガンダ──を見るだけでは今の世界でやっていくことはできない。年金は定年後の収入であって、そのお金が必ず増えることを期待することはもはやできない。日本の日経225株価指数を見てみよう（**図9.1**）。

406

図9.1　日経225先物の期近の月足（1985～2003年）

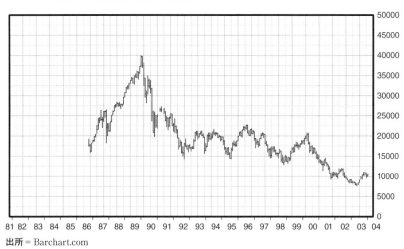

出所 = Barchart.com

　1989年には4万円近くまで上昇したのに、25年後には2万円前後をうろついている。日本人はもうバイ・アンド・ホールドなど信じていないのに、あなたは信じるというのか。米株式は今史上最高値を記録している。金利はゼロかマイナスだ。だからといって株価は永遠に上昇し続け、50%下落するなんてことが絶対ないと言えるだろうか。

　表9.1は1968年に人気だったハイテク株を示したものだ。

　バブルとその崩壊はいつの時代も変わらない。突き詰めれば人間の貪欲と恐怖に行き着く。ジャーナリストは恐怖を基にしたストーリーを書くのが早すぎて、投資家たちは彼らの既成事実として新たな基準をやみくもに受け入れざるを得ない状況に追い込まれる。

　「ポートフォリオはガラクタ同然になり、社会保障は心もとない。頭に浮かぶのは、マックの早朝割引のように早期割引の年金暮らしか、死んでから6年たたないと引退もできないという悪夢だけかもしれない。ブル相場が去り、第二次世界大戦後の世代の引退

第1部　トレンドフォローの原理

表9.1　1968年のハイテク株

会社名	1968年高値	1970年安値	下落率（%）	高値時のPER
フェアチャイルド・カメラ	102.00	18.00	−82	443
テラダイン	72.00	13.00	−82	42
コントロール・データ	163.00	28.00	−83	54
モホーク・データ	111.00	18.00	−84	285
エレクトロニック・データ	162.00	24.00	−85	352
オプティカル・スキャニング	146.00	16.00	−89	200
アイテック	172.00	17.00	−90	71
ユニバーシティ・コンピューティング	186.00	13.00	−93	118

　が差し迫った今、ベビーブーマー不況がやってくるのだろうか。懸命に働き、貯金をし、現実的な期待を持てば、死ぬまで働かないで引退することは可能だろう。株で9％稼ぐことは、すっかり慣れっこになってしまった20％ほどは良くはないが、それでもそれほど悪いとは言えない[21]」

「ヘッジファンドマネジャーで億万長者のビル・アックマンはバリアント・ファーマシューティカルズの2720万株を1株およそ11ドルで売却した。アックマンのパーシング・スクエア・キャピタル・マネジメントは2015年、バリアントを平均価格196ドルで購入していた」──CNBC（2017年3月13日）

　9％の複利リターンが20％に比べるとそれほど悪くないというのは、単純な計算を無視している。例えば、過去25年に投資額がそれぞれ1000ドルの2つの投資を行ったとしよう。最初の投資は25年間9％のリターンを生み続け、もう1つの投資は25年間20％のリターンを生み続けた。

408

第9章 聖杯

●1000ドルを9％複利で25年間運用する＝8600ドル
●1000ドルを20％複利で25年間運用する＝9万5000ドル

　複利運用ではなくてバイ・アンド・ホープ戦略で運用した2つの例を見てみよう。

●「定年になったとき、その先暮らしていくだけの十分なお金がないことに気づいたらどうするか。働き続けるしかない」──ジョン・ロザー（アメリカ退職者協会の政策部長）
●「私は若いときから懸命に働き続けてきたし、責任感ある市民だ。今になって脅されるなんて」──ゲイル・ハービー（ハワイの非営利団体職員）

「私たちにとってダウ1万ドルが特筆すべきなのは、あとわずか2万6000ドル上がれば、2人の冗談好きの予言が立証されるからだ。その2人はバブルのときにダウは3万6000ドルになるだろうと予測して15秒間の名声を得た。今になっては彼らが懐かしい。彼らは息抜きの笑いにうってつけだった。あと500ドル上がれば、彼らは再び戻ってきて同じ古いたわごとで私たちを喜ばせてくれるだろう」──アラン・アベルソン（2003年12月15日付バロンズ[22]）

　ゲイルがホームレスになるのを見たい人なんていない。また、あるグループの過ちが、過ちを犯さなかった別のグループの支払いによって政府援助が行われるような社会も嫌だ。2008年に行われた救済を覚えているだろうか。次に大暴落が起こっても確実に救済が行われるだろう。公正でない人生を公正であるかのようにゆがめてはならない。どんな政治団体も結果を合法化するようなことをしてはならない。トレードの利益を複利運用するのは良いことだが、政府が愚かさを増幅さ

第1部　トレンドフォローの原理

せるのはよくない。

　高い報酬をもらっている年金運用のプロでさえ、手仕舞いプランを持たないでバイ・アンド・ホールドしているだけである。彼らはカオスが起こったときに、裸で泳いでいる人たちだ。ニューヨーク会計監査役は次のように述べた。「全米中の大手投資家たちは全員がワールドコムに巨額の投資をしていた。ワールドコムはアメリカの最大級の企業の1つだったからね[23]」

　彼らのプランは、ドットコムバブルのときにワールドコムで大きな損失を出したミシガン、フロリダ、カリフォルニア州の退職金制度が使っていたのと同じ愚かなプランだった。彼らは手仕舞い戦略を持っていなかったのである。

●ミシガン州はワールドコムでおよそ1億1600万ドルの含み損を出したと発表した。
●フロリダ州はワールドコムでおよそ9000万ドルの含み損を出したと発表した。
●カリフォルニア州職員退職年金基金（カルパース）はワールドコムでおよそ5億6500万ドルの含み損を出したと発表した。

　買ったときに8400万ドルだったワールドコム株がおよそ49万2000ドルにまで下落したことに対して、ケンタッキー退職金制度のロバート・レゲットは、「実際に売るまで損失が確定したわけじゃない」と言った。
　おっと、でも、それは論理的とは言えない。

資本市場理論のなかでトレンドフォローの有効性ほど、研究者と実際に使っている人との間で対立を生むものはない。学術研究者の多くはトレンドフォローは理論的に破綻していて、実践的な価値は何もないとこきおろす……なぜ多くの研究者がトレンドフォローに反対するのかその理由は明ら

410

かだ。つまり、トレンドフォローの有効性を認めると、**市場は効率的であり、投資家は個人的にはともかくとして集団的には合理的だとする、何十年もかけて作り上げてきた理論モデルが疑問視されることになるからである[24]。**

　これらのプレーヤーを見て分かるように、今日という日だけが教訓を教えてくれるかのように、特定の市場や特定の年にとらわれてはならない。それはこうした意思決定者の間違った心理で、何の価値もない。結局は、敗者から学ぶのが賢明な戦略なのである。エド・スィコータは競争の激しい戦いの場を次のようにまとめた。「あなたの意図を測る尺度は、あなたが得た結果である[25]」

愚かなことは避けよ

　CNBCのアンカーであるジョー・カーネンがトレンドフォロワーのデビッド・ハーディングに行った初めてのインタビューは、たちまちのうちにメディアの時代精神を表す事例となった。このインタビューが行われたとき、ハーディングの会社であるウィントン・キャピタルがトレンドフォロー戦略で運用していた顧客の運用資産は210億ドルだった（今の金額で言えば300億ドル）。

　カーネンはインタビューに先駆けて、科学的なリサーチが長い目で見れば成功することを信じていたハーディングのシステマティックなトレンドフォロー戦略について書かれた論文を読んだ。カーネンはコンピューターが使われているのかどうかに疑問を持ち、ハーディングにトレード戦略について説明してくれるように要求した[26]。

　ロンドンからの中継で、ハーディングは彼の会社は「流れに従っている」と答えた。トレンドに従い、上昇相場では買って、下落相場では売って利益を上げている。この15年間ほぼ毎年、利益を上げるのに

第1部　トレンドフォローの原理

十分なトレンドが存在したと彼は言った。[27]

「ファンダメンタルズ分析は私がリアリティギャップと呼ぶもの、つまりあるべき姿と実際の姿とのギャップを生みだす。リアリティギャップがあると、長期予測以外のことを行うのは極めて困難になり、長期予測についてもたとえそれが正しくても、それを利用するのは非常に困難になる可能性がある」──マーク・ダグラス（『ゾーン』［パンローリング］の著者）

カーネンは、原油や金が上昇したことや、ファンダメンタルズベースで見たときよりも価格の振れ幅がはるかに大きいことについて、ハーディングやそのほかのトレンドフォロワーに責任はないのかどうかを尋ねた。[28]

ハーディングはカーネンの指摘もまったく的外れというわけではないと答えたが、詳細までは述べる時間はなかった。そのときカーネンは笑みを浮かべながら小声で、「ああ、そうですか」とハーディングの言葉をさえぎった。[29]

ハーディングはカーネンに、会社の投機ポジションは政府の規定によって制約されており、取引サイズも大手投資銀行に比べれば小さいと、くぎを刺すことも忘れなかった。さらに彼は「直感」でトレードすることもないと言った。「その場しのぎでトレードすることもない」とも言い添えた。また彼の「厳格」な科学的アプローチを弁解することもしなかった。[30]

矢継ぎ早に繰り出されるハーディングの発言を牽制するかのように、カーネンはLTCM（ロング・ターム・キャピタル・マネジメント）の話を持ち出した。LTCMが解体されたのと同じ年（1998年）にハーディングの会社が創業されたことにカーネンは皮肉を感じていたのだ。「あなたは科学科学とおっしゃり、損失を出した年はなかったと言いますが、それはLTCMとまったく同じですよね」。カーネンはLTCMに

412

ノーベル賞受賞者がいたこと、彼らの「アルゴリズム」、そして彼らは破綻するまで一度も損失を出した年がなかったことについて皮肉たっぷりに話した[31]。

　ハーディングはすぐさま、2009年には損失を出したが、それ以外は過去20年間──正確には23年間──ずっと利益を出し続けたことを明らかにした。そして彼の最初の会社AHL（売却した）は今では世界最大のマネージド・フューチャーズ・ファンドだと言い添えた。また彼は、LTCMの破綻を描いた『天才たちの誤算──ドキュメントLTCM破綻』（日本経済新聞社）は彼の会社では「必読書」であるとも言った[32]。

「敵が偽善、矛盾、認知的不協和、確証バイアス、あるいは国家を救世主や父として信じているという信念でケンカを仕掛けてくれば、ハンマーが打ち下ろされる（もうこっちのものだ）。私たちはそんなハンマーを持つべきである」──マイケル・コベル

　カーネンは見下した態度で、「それはそうでしょうね」と冗談まがいに言った。そして、最良の「銘柄」をいくつか教えてほしいとカーネンは言った。この質問は、ハーディングが未来を予測できると思っているファンダメンタルズトレーダーにとっては最も聞きたいことだが、トレンドフォロワーに聞くにはバカげた質問でしかない。ハーディングは未来は予測できないと答えた。そして「最良の銘柄なんて分からない」と言った。そして彼は、彼の成功は小さなエッジと正しい賭けによってもたらされたものであると言った[33]。

　トレンドフォローについて何一つポジティブなことを認めようとしないカーネンは、トレンドフォローはいつ終わると思うかと得意げに聞いてきた。ハーディングはこれには閉口した。そして、トレンドフォローには40年にわたる成功の歴史があると答えた。彼はまた最近のトレンド相場を別の時期（1970年代）の相場と比較した[34]。

413

第1部　トレンドフォローの原理

　カーネンは、前にもそんな話を聞いたことがある、と言い返した。彼の言葉にジャーナリストとしての客観性などみじんもなかった。「不動産ブームが再び到来することを祈るばかりだ。なぜなら私は稼いだお金を全部不動産に投資したのだから。コモディティ関連の人たちも同じことを言っていたのを聞いたことがある」。こう言うとカーネンはおなじみの社交辞令とあっと驚くような最後の言葉でインタビューを締めくくった。「同じ名前と同じ肩書で再び当番組でお目にかかれるのを楽しみにしています[35]」

「未来を予測したいと思っている人は過去を振り返るべきである。なぜなら人間事象というものは前時代に起こったものと似ているからだ。というのは、人間事象は同じ情熱によって駆り立てられ、将来的にも駆り立てられるであろう人間によって生みだされるものだからである。したがって、どの時代にも同じ問題が必ず存在する」──ニッコロ・マキャヴェッリ

　ここで批判的な思考の定義を見てみよう。

　　批判的な思考とは、信念や行動の指針として、観察、経験、省察、推論、またはコミュニケーションによって収集または生成された情報を、能動的かつ巧みに概念化、適用、分析、合成、および・または評価する知的に制御されたプロセスのことを言う。その典型的な形態は、主題の区分──明瞭さ、正確さ、精密さ、整合性、関連性、健全な証拠、正当な理由、深さ、幅、公正さ──を超越した普遍的な知的価値に基づく[36]。

　これを念頭において、次のことを考えてみよう。

1．CNBCの長寿番組のアンカーであるジョー・カーネンが、トレ

414

ンドフォロー、あるいはマネージド・フューチャーズやCTA
（商品投資顧問業者）といったトレンドフォローの別の表現につ
いて何も知らなかった、あるいは理解していなかったことは信
じられるか。もし彼が偽証罪の脅威のもとで宣誓させられたと
しても、彼はトレンドフォローやマネージド・フューチャーズ
についてあまりよく理解していなかったと言うと思うか。

2．カーネンはトレンドフォロワーはファンダメンタルズベースで
見たときの適切な価値よりも市場を意図的につり上げたのでは
ないかとハーディングに聞いたが、それは彼がすべての市場の
正しい価格水準をいつでも決められる方法を持っていたことを
意味するのだろうか。

3．カーネンはLTCMの話を持ち出してハーディングの会社が
LTCMに似ていることを指摘しようとしたが、彼はハーディン
グが効率的市場を信じていないことを知らなかったのだろうか。
彼はハーディングやほかのトレンドフォロワーの月次の業績を
見たことはあったのだろうか。

4．なぜカーネンはトレンドフォロワーに最良の銘柄を教えてくれ
といったのだろうか。

5．カーネンはハーディングに「同じ名前と同じ肩書で再び当番組
でお目にかかれるのを楽しみにしています」と言ったが、それ
はLTCMの経営者と同じように、ハーディングが破産し、CNBC
に違う会社名で再び登場することをカーネンは信じているとい
う意味なのだろうか。カーネンはウォーレン・バフェットにも
同じことを言ったことがあるのだろうか。

6．もしメディアに操作されていると感じたら、「人々は羊、テレビ
は羊飼い」という言葉を思い出そう。

このインタビューを違った視点から見る人もいる。

第1部　トレンドフォローの原理

● 「ハーディングは自分自身をデータを見てブラックボックスとなる
　コンピューターサイエンスショップとして表現することで自分を
　LTCMと結びつけようとしている」
● 「カーネンには蹴り飛ばされると思ったほうがいい。それが彼のや
　り方だから。グレン・ベックやスティーヴン・コルベアも同じさ」
● 「要するにハーディングは、『われわれはこの地球上で最も賢い人種
　だ。トレンドはうまくいく、われわれはたくさんのデータを見るか
　らね』と言いたいんじゃないの」

　ファンダメンタルズなアドバイスサービスを運営しているある読者
が私に次のように書いてきた。

　　カーネンの質問が愚かで、何の脈略もなかったなんてことはどう
　　でもよいことだ。カーネンはハーディングと口論をする気はなく、
　　むしろハーディングに彼の会社がどのようにトレンドフォローを
　　やっているかを説明する良い機会を与えてあげた（時間の許すか
　　ぎり）のではないだろうか。カーネンは大人だった。真面目なト
　　レンドフォロワーなら、皮肉を言ったり、どんな質問に対しても
　　明らかな答えだと言わんばかりに「われわれは予測はしない」と
　　言うよりも、自分たちをアピールする方法を学ぶべきであり、こ
　　れはその手本になると思う。

「ワシントンで政治の仕事に携わっている人たちと話をする魅力の1つは、
彼らが実際に何をしているか分からないことである。ワシントンは入力は
測定できても、出力は測定できないような場所だ。中学1年生に始まる15
ページの履歴書を15分のモノローグでしゃべり続けるのだから」──ピー
ター・ティール

第9章　聖杯

これらの批判を裏付ける証拠はない。ここには私の疑問を超えた深い駆け引きがあるように思える。ジョー・カーネンは高い学歴の持ち主だ。コロラド大学で分子生物学、細胞生物学、発生生物学の学士号を取り、MIT（マサチューセッツ工科大学）で修士号を取っている。メリルリンチなどいくつかの投資銀行で働いた経歴もある。私はハーディングの擁護者ではないが、彼と会ったことはある。調査に莫大な時間を費やし、長いキャリアと素晴らしいトラックレコードを持つ彼は過去20年にわたって最も教養のあるトレンドフォロワーの1人として活躍してきた。

「小さなことのなかにある真理を真摯に受け止められないような人間に大きなことは任せられない」──アルベルト・アインシュタイン

カーネンはあらかじめ決められた課題に沿ってインタビューをした。彼の質問はハーディングを過小評価し、その延長としてトレンドフォローを過小評価しようという意図があったことは明らかだ。インタビューが次のように始まったとしたらどうだっただろう。

私たちCNBCは効率的市場とファンダメンタルズ分析を信じています。また私たちのビジネスモデルは週7日、1日24時間市場を監視する必要があります。今日はゲストにトレンドフォロートレードで何十億ドルも稼いだ人物をお呼びしています。トレンドフォロートレードはファンダメンタルズ分析やCNBCを必要とせず、EMTもものともしません。私たちの番組を見ることなくお金を稼げる方法を知りたくはありませんか？　ようこそ、デビッド・ハーディングさん！

417

第1部　トレンドフォローの原理

「幸福は将来に先延ばしすべきものではなく、現在のために設計すべきものである」──ジム・ローン

CNBCのだれもこれまでデビッド・ハーディングがSECに提出する公的文書を取得した者はいない。私は取得した。それが以下の文書である。

ウィントンでは、経営トップが開発した完全にコンピューター化されたテクニカルなトレンドフォローシステムを使って、世界中の主要な商品取引所や先物市場の100を超える商品からなるポートフォリオをトレードしている。このシステムはこれらの市場の毎日の値動きをトラッキングし、一定の計算をして、一定の範囲のリスクで利益を最大化するためにポートフォリオをどれくらい長く保有すべきかを決める。価格の上昇が予想されるときは買いポジションを建て、価格の下落が予想されるときは売りポジションを建てる。

ウィントンが用いるトレード手法は、独自に開発したもので、複雑で、その内容は極秘だ。ウィントンはトレード手法の検証・修正を続けていくつもりであり、モデルで用いるテクニカルなファクター、トレードするコモディティ、適用するマネーマネジメント指針を含む手法や戦略を見直していく。

テクニカル分析とは、価格や出来高といった市場に内在するデータに基づく分析のことを言う。これと対比されるのがファンダメンタルズ分析である。ファンダメンタルズ分析とは、需要・供給といった市場外部のファクターに依存する分析のことを言う。われわれの分散化プログラムはファンダメンタルズなファクターは用いていない。

トレンドフォローシステムとは、市場がトレンドを形成する傾

418

向、およびトレンドが形成された結果として上方および下方に誇大な動きをする観察可能な傾向を利用しようとするシステムのことを言う。これらの誇大な動きは市場参加者の行動バイアスの結果生じるものと説明することができる。

　トレンドフォローシステムはトレンドを予測することはできない。事実、トレンドフォローシステムは特定市場または特定市場グループにおいて長期にわたって利益を出さないことも多く、大きなポートフォリオでも１年以上にわたって利益を出さないことも時折ある。しかし、経営トップの経験によれば、こういったシステムは数年のスパンで見ると、一貫して利益を出すことが証明されている。

　ウィントンのトレードシステムは、将来的な値動きの大きさと方向性の可能性を、各市場のトレンド度合を特徴づける過去の値動きから導出した一定のオシレーターに関連付けることで開発したものである。これはある程度はすべてのトレンドフォローシステムについて言えることだが、ウィントンのシステム独特の強みはこの関係を分析する質の高さにある。そのためこのシステムはどうしても避けられないちゃぶつきの時期に損失を減らし、大きなトレンドが発生したときには大きな資産を投じることで大きな利益を得ることができる。

　システムの開発に使ったのは1981年から1991年までのさまざまな先物の価格データ（「インサンプルデータ」）で、そのあとシステムの可能性を評価するために1991年から1997年までのデータを使って評価した。そのあと、より最近の市場データを織り込むために数回にわたって改訂した。この手順は、システムを過去のデータにぴったり合わせる過剰最適化を防ぐためである」

第1部　トレンドフォローの原理

「インドからイギリス、そしてアメリカとこれまで世界中で見てきたものは、身銭を切ることなく政策を立案する『牧師』やジャーナリストなどの内部関係者といった中枢に対する反逆である。中枢にいる彼らはアイビーリーグやオックスフォードやケンブリッジなどの学歴を持つ家父長主義の半知識人で、私たちに何をすべきか、何を食べるべきか、何を話すべきか、だれに投票すべきかを偉そうに指示する」――ナシーム・タレブ

　ハーディングは、ウィントンでは裁量ではないシステムに集中的に取り組んでいることを明確に述べている。

　　トレードの選択にウィントンの経営トップが介入することはなく、したがって、個人的な判断に影響されることはない。ウィントンモデルはメカニカルなトレードシステムとして市場データの分析とトレードに必要な専門知識を統合したものであり、トレードプログラムが1人の重要人物によって作成されるというリスクを防ぐことができる。これと同じく重要なのは、メカニカルなシステムは長期のデータを使ってシミュレーションで検証することができるという点と、モデルの実証的な特徴を測定できるという点である。
　　システムの出力はポートフォリオのトレードに厳密に従い、外部のファクターやファンダメンタルズなファクターを意図的に重視することはない。政治や経済に関連する明らかに価値のある情報を無視するのはあまり賢明とは言えないかもしれないし、このアプローチには欠点もあるかもしれない。しかし、システムに厳密に従うという規律を持つこのシステムの長所は、そういった欠点を補って余りあるものだ。ウィントンのシステムは一般常識で考えられるよりもはるかに長くポジションを保持し続けることで大きな利益を得ることが多い。自分でトレードの意思決定を行い、

420

日々の出来事に注意しなければならない個人は、規律を守るシステムに従わなければ、こうしたトレンドを十分に活用する機会は与えられないだろう[37]。

CNBCは私をオフィスに招いてくれたことがある。彼らはワシントンからニュージャージーまでの交通費を払ってくれた。悪の帝国の舞台裏を見るのはいとも簡単なように思えた。彼らの望みが何なのかは分からなかった。私が会ったのはジム・クレイマーの番組を制作したプロデューサーのスーザン・クラコワーだった。そこで初めて分かったのだが、彼らは新しいコンテンツを探していたのだ。クラコワーとの会議は窓のない小さなオフィスで行われ、2人の女性補佐役もいた。彼女の後ろにはジム・クレーマーのポスターが貼られていた。ジェリー・サインフェルドとジョージ・シャピロが『となりのサインフェルド』の制作のためにNBCに行ったときもきっとこんな感じだったのだろうか。

「今日の世界における最大の悩みの種は、愚かな人々が物事に強い確信を持ち、知的な人々が多くの疑問を持っているということだ」──バートランド・ラッセル

クラコワーは大きなデスクに座り、2人の補佐役が両側の少し後ろ側に立っていた。彼女らは私に些細な質問をいろいろとしてきたが、私の本、リサーチ、考え方については何にも知らないようだった。彼女らは私の本を読んだことさえなかった。彼女らが持っていたのは、私でさえ見たことがない私の顔写真だった（ハリウッドのオーディションにやってくる俳優が持参するようなもの）。

彼女は10時間の番組を作るというのはどうかと私に聞いてきた。トレンドフォローだけに焦点を当て、ほかの話は一切ない番組だ。これ

ほどはっきり物を言うとは、侮辱しているとしか思えなかった。あれこれと討議すること30分。驚いたことに、それ以上の会話はなかった。

　その日、CNBCのスタジオを見学して思い出したのは映画『トゥルーマン・ショー』だった。この映画は、主人公は大きなセットのなかで生まれ、1日24時間365日、人生のすべてが撮影されているという壮大なリアリティ番組だ。映画と違うのは、現実を知らない1人の男（ジム・キャリーが演じた）を撮影する代わりに、CNBCがでっちあげたストーリーが毎日、毎週、毎年……世界中の視聴者に向けて流される点である。

　アナリストは毎日不可解な意見をひっさげてCNBCにやってくる。そして多くの視聴者は思う。「彼は賢そうだ。JPモルガンで働いているし、私の知らない金融の専門用語もたくさん使っている。きっと彼は私の知らないことを知っているに違いない」と。

　しかし、彼は明日起こることを知っているわけではない。

　多くの解説者はバブルのさなかでたくさんの株を買えと言ったが、それは完全に間違っていた。これこそウォール街のオピニオンマシンは答えにはならず、彼らは答えさえ持っていないことを証明するものではないだろうか。

「繰り返し行っていることがわれわれ人間の本質である。ゆえに優秀さとは1つの行為ではなく、習慣によって決まる」──アリストテレス

　彼らの話を聞く論拠などないにもかかわらず、多くの人は彼らの話に耳を傾ける。そして、そのアドバイスが外れると彼らは憤る。あるとき、信用をなくした1人のアナリストは責任を取ろうとしない投資家の身代わりとして罪を着せられた。

● 「私の証券会社が彼の名前を口にするたびに吐き気がする」

- 「この数年、彼らに電話するたびに、『彼は……を推奨している』『彼は……が本当に気に入っている』と言われたものだ。その揚げ句の果て、今では何百というボロ株を持っている」
- 「だから投資リサーチとなると、年に2000万ドル稼ぐ人の一流のアドバイスやら銘柄推奨の信憑性についてはじっくりと考える必要がある」
- 「彼はこの新時代のバブルは必ずはじけると警告すべきだった。結局、彼は業界一の予言者だったのだから」
- 「彼だけを責めるのはフェアなことではないかもしれないが、1人の人間が大惨事に貢献したことを見逃すことができない状況というものもある」
- 「情報通信株は最強で、新会社は上場し、古い会社も急成長した。でも彼はこれがすべて幻想だと一度も警告してくれなかった」

「人間の探求は数学的に証明できなければ本物の科学とは呼べない」――レオナルド・ダ・ビンチ

　私はどんなアナリストも弁護する気はないが、投資家が老後の蓄えを市場予測をもとに投資すれば、必ず問題が発生する。ある株が価格トレンドの証拠を伴って暴落しても、あるセクター全体が崩壊しても、投資家は愚痴を言うことなどできない。彼らはだれかの話を聞けと強制されたわけではない。それは彼らが選んだことなのである。2008年の間、下がり続けたにもかかわらずファニーメイ、フレディマック、AIG、ベアー・スターンズ、リーマン・ブラザーズを保有し続けた人、あるいはもっと最近の話では、下がり続けるドイツ銀行やバリアント・ファーマシューティカルズを持ち続けた人が責めることのできるのは鏡に映る自分以外にはいない。例えば、バリアントは2015年8月の高値から95％も下落した。世界で最も有名な投資家（例えば、ビル・ア

第1部　トレンドフォローの原理

ックマンのパーシング・スクエア・キャピタル・マネジメント）の多くは、その下落を無視して「しがみついた」。

しかし、ほかのだれかを責めるこの社会では、自分たちが行った意思決定に責任を持ちたがらない。この30年でポートフォリオの半分を失ったかもしれないが、彼らは2008年に崩壊した証券会社からの甘い誘いを今でも熱心に受け入れる。[38]

　　私たちはあなたを投資セミナーに心を込めて招待します。テーマ
　　は次のとおりとなっております。
　　●～年の株式市場予測（～年のところにはどんな年でも記入すれ
　　　ばよいことになっている）
　　●今の不況はいつ終わるのか
　　●私たちがいまやるべきこと
　　●良い株式市場の要素とはなにか
　　●このベア相場はほかのベア相場と比べるとどうなのか

「予測は金融界の砂糖菓子だ。予測は不確実を嫌がる人々の感情を和らげてくれる」 ——エド・スィコータの弟子

この会社は無益な予測を何十年にもわたって繰り返し、今でも行っている。しかし、この会社は2008年に破綻し、政府の救済を受けた。あれから10年たった今、顧客は老後の蓄えを間違った人々の手に委ねなければならなかった人工的な延命手段のことはほとんど忘れている。

「三振を恐れずに立ち向かえ」 ——ベーブ・ルース

そしてもちろんその先にはいつも多くの楽しみがあり、ゲームがあり、カオスがある。次の痛みがいつになるのかはだれにも分からない

424

が、ブラックスワンが再びパールハーバーの奇襲攻撃のように準備していることは間違いない。トレンドの変化を予測できる特殊な能力があるという言葉に踊らされてテレビの語り手の言葉を信じれば、大きなトラブルに見舞われることになる。[39]

資産はいったん動き出したら向きを変えずに動き続ける傾向がある。そのとき、安く買って高く売れという古い格言は役に立たない。[40]

「エンロン株はこの会社が絶望的な状態であるのが分かるまで『見逃せない銘柄（Can't Miss)』として格付けされていた。状況が分かるとアナリストは格付けを『確実な銘柄（Sure Thing)』に下げた。そしてエンロンが完全に破綻すると、何人かの大胆なアナリストがようやくウォール街での最低評価である『人気銘柄（Hot Buy)』に格下げした」──デイブ・バリー[41]

　投機バブルが膨らむのにインターネットやソーシャルメディアさえ必要としないことは人間の営みが説明してくれる。投機家が同じ性急な結論に達するには、電話やメールなんか使わなくても資産価格のチャートを見れば十分だ。つまり、何かを見逃すという恐怖は間接的な社会的伝染なのである。[42]

　「みんなが良くなることはできないのだろうか」とあなたは思うはずだ。

　良くなる人もいるが、みんなが良くなることは絶対にない。

　トレンドフォロワーのジャン・フィリップ・ブショーは、とかげの脳みそを持つ大衆の意思決定が向上したという考えに同意しない。「人間の脳はおそらくはこの2000年間ほとんど変化していない。バブルのときに人が投資をしてしまうという傾向を生みだす神経メカニズムは、人に投資が許されているかぎり、人の投資行動に影響を与え続けるだろうということである」[43]

まとめ——思考の参考に

- 物事は必ず起こるものだ。
- 「それがやって来るのを予想できなかった。予想できた者はだれもいない」——ジェリー・パーカー
- じっとしていられなくて何かをしたいという衝動に駆られる人がいる。
- 「価値」を探すのはやめよ。たとえそれが見つかっても、それだけでは買ったり、売ったり、正しく賭けることはできない。
- 株式に関するアドバイスは買いに関するものばかりだ。売りに関するアドバイスはいつも抜け落ちている。
- 「これまで何百時間にも及ぶセミナーに参加し、講演者が市場の動きを探り当てる魔法の方法を持っているかのように話すのを聞いてきた。彼らはウソを信じ込まされているか、私たちをだますつもりだったのか、そのいずれかだ」——チャーリー・ライト
- 「真実を語るのなら、何も覚えておかなくていい」——マーク・トウェイン
- 「彼らは調査してきたんだ。60%は例外なくうまくいく」——ブライアン・ファンタナ（『俺たちニュースキャスター』より）

トレードシステム
Trading Systems

「何のリスクも冒さなければ、リスクは増えていく」――エリカ・ジョング

「どんな数学を使おうと、結局、ボラティリティは自分の感性で測るものだ」――エド・スィコータ[1]

トレンドフォローでは行動リスクを防止するプロセスを使って、人間の誤りやすさに対処する。心理学者のダニエル・クロスビーは『ローズ・オブ・ウエルス（Laws of Wealth）』のなかで成功の基本を次のように述べている。

●一貫性
●明確さ
●勇気
●強い信念

「時には葉巻はただの葉巻にすぎないこともある」――ジークムント・フロイト

トレンドフォローはこれら４つの基本を日々の意思決定の指針となるルールに帰着させている。

そのルールとはトレードシステムである。トレードシステムの種類は無限にあるが、トレンドフォローシステムは、流動性のある大きな市場でトレンドを見つけようとするものであるため、おおよそ似たよ

第1部　トレンドフォローの原理

うなものになる。

　あれやこれやと果てしなく続くファンダメンタルズな予測や多くの聖杯とは違って、トレードシステムでは物事が数値化される。例えば、ダン・キャピタルは彼らのトレードシステムは「1カ月に20％を超える損失を出すリスクは1％にプログラミングされている[2]」と言う。これが数値化するという意味であり、真剣に取り組む人たちが行っていることだ。

「その日の最後にやるべきあなたの仕事は、上がっているものを買い、下がっているものを売ることである」──ポール・チューダー・ジョーンズ

リスク、リワード、不確実性

「これを言うのはちょっと早すぎるかもしれないが、私たちが学ぶことはすでに知っていることばかりだと思う。残念ながら株式がコモディティのようになったことも知っている。株式はストップ高まで上がり、ストップ安まで下がる。そして長年かかって分かったことは、価格が下落するときの速度は上昇するときの速度よりも速いということである」──レオン・クーパーマン[3]

　トレンドフォローはリスクとリワードのバランスを取ることを重視している。大きなリワードが欲しければ、大きなリスクをとらなければならない。平均的なリワードと平均的な人生でよければ、平均的なリスクをとればよい。次のチャールズ・サンフォードの言葉はこの考え方を強調したものだ。

　　「私たちは子供のころから、家族、学校、そして社会を形成するあらゆる力によって、リスクを避けるように言われてきた。リスク

428

を冒すことは勧められないというわけである。安全第一と言われてきたし、自分も人にはそうアドバイスする。社会一般の通念によれば、リスクは非対称なものと考えられている。つまり、リスクは悪いものだと考えられているということである。今日お話しすることは私の観察を通して得た経験であり、とても時代の知恵とは言い難い。私の経験によれば、リスクの従来の考え方は短絡的で間違っていることが多い。成功した人々は、リスクは正しくとらえれば、避けるべきものというよりも非常に生産的であることが多いと理解している。彼らはリスクは避けるべき落とし穴ではなくて、使うべき利点であると考えているのである。彼らは計算されたうえでリスクをとることはむやみにリスクをとることとはまったく違うと考えている。リスクのこうした考え方は伝統から外れるだけでなく、逆説的でもある。今日、いくかの逆説について話すつもりだが、これが最初の逆説になる――安全第一は実は危険。これはなかなか気づかないものだが、人生における真のリスクは、リスクをとろうとしないことだということが分かってくる[4]」

大リーグ最高の投手の1人が2016年、24歳の若さでボート事故で亡くなった。何億ドルという年俸が約束されていたホセ・フェルナンデスはおそらくはリスクの選択を間違えたために突然この世を去ったのだろう。

「この曲線上で最良のスポットは、株式ドローダウンの感情面を扱うことのできるスポットで、ここで最大リターンが得られる。つまり、あなたはどれだけの熱さに耐えることができるかということである。マネーマネジメントは温度自動調節器のようなもので、あなたのトレードを安心ゾーン内にとどめるためのリスク調整システムである」――ギボンズ・バーク[5]

選択するという現実から逃れることはできない。失敗することもあるだろう。人生は大きな賭けと同じであることを認めることが重要だ。人生が賭けのゲームなら、最も重要なのはリスクに直面したとき、どう対処するかが重要である。

ベッドの下にお金を隠すのはまずい。あなたが買った家は全焼するかもしれないし、不動産価格が下落するかもしれない。自ら事業を立ち上げることでは分散化はできない。会社が倒産すれば、失業して貯金は底をつく。株価指数に投資する投資信託を買って、バイ・アンド・ホールドがうまくいきますようにと祈るのは危険すぎる。未来に何が起こるかを知る方法はないからだ。

リスクに直面したときに前進するには、まずは市場は長期的に考えると愚かさや無知に報いることはないという事実を受け入れることである。市場は、他人が見落とした機会を見つけ、他人が目標を達成できないときでも、がんばって目標を達成しようとする決意を持った人に報いるのである。

「持ち込まれる案件は年間およそ3000だが、重大なものに的を絞れば200〜300になる。一流のベンチャーキャピタルが資金提供したくなるような新興企業は年間およそ200だ。このうちのおよそ15%で経済利益の95%が賄われる」——マーク・アンドリーセン

あらゆるビジネス機会は、結局はリスクを評価することに始まると言っても過言ではない。資金を投じて、それが増えることを願うのは目標である。良い意思決定は成功につながり、悪い意思決定は破産を招く（ベアー・スターンズ、リーマン・ブラザーズ、AIG、インディマック銀行など）。健全なビジネスプランの鍵を握る課題は以下のとおりである。

第10章　トレードシステム

●市場のニッチにおける市場機会とは何か。

●市場のニーズに合ったソリューションとは何か。

●機会の大きさはどれくらいか。

●どのようにして利益を出すのか。

●どのように市場に参入して出るのか。

●競争相手はだれか。

●自分の優れている点は何か。

●会社をどう運営・管理していくのか。

●どんなリスクが想定されるか。

●なぜ成功すると思うのか。

　投機や分野にかかわらずだれもがこれらの質問に答えなければならない。投機的事業のリスクを評価するにはこれらの質問に答えることが最も重要だ。そして、トレードする人は正直に答えることが重要だ。

　賢明な人は、人生でとるべきリスク量は、どれくらい成功したいと思っているかに正比例することを知っている。大胆に生きたければ、大胆な行動を取る必要がある。ちっぽけな目標しかない人は、少しの失敗リスクで達成することはできるだろうが、満足感はあまりない。最も悲しい人というのは、大きなことをやりたいという願望は強いがリスクは避けようとし、結局、恐怖を抱いて失意のなかに生きる人だ。そういう人は、トライして失敗する人や、そもそも願望などない人に比べると惨めだ。

「分散化するためには何百、何千という証券など必要でないことは分かっている。効率的な分散化は20から30の厳選された証券によって達成できるのだ。多くの研究によれば、十分に分散化するには10から30の株式で事足りる」——マーク・S・ゼプチンスキー[6]

431

第1部　トレンドフォローの原理

　しかし、希望はある。リスクを研究すれば、2種類のリスクがあることが分かってくる。無謀なリスクと計算されたリスクである。無謀なリスクは要注意である。無謀なリスクは怠慢さの現れであり、バカげた望みであり、まったく役に立たず、運命に冷たくもてあそばれるだけだ。また無益なギャンブルであり、感情的な意思決定であり、愚か者のやることだ。無謀なリスクをとる人は、酔っ払いほどの常識と知能しかない人だ。

　一方、計算されたリスクは富や国家や帝国を築き上げる。計算されたリスクと大胆なビジョンの間には密接な関係がある。頭を使い、可能性を調べ、論理的に事を進め、強さと自信を持って前進するところが、人間が動物に勝る点である。太古の昔から偉業や偉人の背景には計算され尽くしたリスクがあった。

　ところがトレードになると、ほとんどの人はどのように市場に参入するかしか考えない。「市場を打ち負かす方法を見つけた。私の持っているこのトレードシステムは勝率80％で、負けるのは20％しかない」と彼らは言う。しかし、一歩下がって考えてみると、80％の勝率とはどういう意味なのだろうか。全体の80％で少しの利益を出して、全体の20％で大きな損失を出せば、たとえ勝率80％でも損失が利益を大幅に上回る可能性がある。負けの大きさや勝ちの大きさも考慮しなければならない。

「人は取引サイズを決めるとき、裁量や直感を使いがちだ」――デビッド・ドルーズ[7]

　例えば、宝くじでは何億ドルもの大当たりになる可能性が常にある。大当たりの金額が大きくなると、人々は熱狂のなかでさらに宝くじを買う。しかし、たくさん買っても当たる確率が上がるわけではない。確率で言えば、むしろ雷に打たれるほうが高いくらいだ。

432

例えば、カリフォルニア・スーパーロトで大当たりする確率は1800万分の1である。毎週50枚の宝くじを買えば、5000年ごとに1回大当たりするだろう。1ガロンで25マイル走る車があったとして、1ガロンのガソリンを宝くじを買うたびに買えば、大当たりする前に月を750往復もするガソリンが買える。勝算がないときにはプレーしてはならない。

「人間に紙と鉛筆と消しゴムを与え、厳格な規律を持たされれば、万能マシンになる」──アラン・チューリング

同様に、あなたのトレードシステムの勝率が雷があなたに落ちる確率と同じ3万分の1だとしたら、そのシステムで何も賭けてはならない。数学的期待値、つまりエッジがなければ、長期的には勝てない。

例えば、コイン投げを考えてみよう。用いるのは偏りのないコインだとする。また、コインを投げたときに表が出る（勝つ）と1ドルもらえ、裏が出る（負ける）と1ドルの損失になるとする（ペイオフが1：1）。このときの数学的期待値を計算すると次のようになる。

$$(0.5) \times (1) + (0.5) \times (-1) = 0$$

どういったゲームのどういった賭けでも数学的期待値は、支払われる金額または支払わなければならない金額に勝率や敗率を掛けて、2つの数字を足し合わせて算出される。この例では、ゲームをしても何かを得ることは期待できない。これは公平なゲームと呼ばれ、プレーヤーは有利でも不利でもない。さて、ペイオフが3対2に変更になり、勝てば1.50ドルもらえ、負ければ1ドルの損失になるとしよう。この場合の期待値は次のようになる。

第1部　トレンドフォローの原理

$$(0.5) \times (1.5) + (0.5) \times (-1) = +0.25$$

　このゲームを100回行っても期待値は＋0.25である[8]。

　これがトレンドフォロー戦略のなかで培い、磨きあげてきたエッジ
というものである。「でも、だれもが期待値を知っているのなら、競争
に直面したときにどうやってエッジを見つければいいのか」とあなた
は思うかもしれない。

**ボラティリティ、リスク、利益の間には密接な関係がある。トレーダーが
ボラティリティに細心の注意を払うのは、価格変動は利益と損失に影響を
与えるからだ。ボラティリティの高い時期はトレーダーにとってリスクは
高いが、こういう時期は大きな利益がもたらされる時期でもある[9]。**

　これは良い質問だ。そこで『ビューティフル・マインド』の1シー
ンを考えてみよう。これは数学者ジョン・ナッシュの伝記映画だ。ナ
ッシュは数学者仲間とバーにいる。そこにセクシーなブロンド女性1
人と4人の黒髪の女性が入ってくる。彼女らにみとれたナッシュらは、
だれがブロンド女性を口説けるか競争することになった。しかし、ナ
ッシュはこれに加わらないことにした。だれもが同じ女性を口説こう
とすれば、結局はみんなで邪魔をし合うことになる。しかも、ほかの
女性を怒らせてしまうことになる。だれもが成功する唯一の方法は、ブ
ロンド女性は無視して、黒髪の女性を口説くことだ。このシーンはナ
ッシュのゲーム理論における最大の貢献である「ナッシュ均衡」を見
事に表現したものだ。ナッシュは、どういった競争状況——戦争、チ
ェス、バーでデート相手を選ぶことさえ——においても、参加者が合
理的で、競争相手も合理的であることを知っていれば、最適な戦略は
1つしかないことを証明した。ナッシュはこの理論でノーベル経済学
賞を受賞し、ゲームや現実世界における私たちの競争に対する考え方

434

第10章　トレードシステム

を変えた。[10]

　ナッシュの理論に基づいてエド・スィコータはリスクを次のように定義した——「リスクとは損失を被る可能性のこと」。例えば、株を持っていて、株価が下がる可能性があれば、リスクにさらされていることになる。リスクは株を持つことでも、損失を被ることでもない。損をする可能性がリスクである。つまり、株を持っている以上、リスクはあるということである。リスクをコントロールする唯一の方法は手仕舞うことである。利益を得るために株取引をする以上、リスクは避けられない。私たちにできる最良のことはリスクを管理することである。リスク管理とは損失を出す可能性を監督・制御することである。リスクマネジャーの仕事は、リスクを測定し、買ったり売ったりすることでリスクを増減させることである。一般に、良いリスク管理にはいくつかの要素がある。

1. トレードとリスク管理システムをコンピューターコードに書き換えられるほどまでに明確にする。
2. バックテストに分散化と金融商品の選定を含める。
3. バックテストとストレステストを行い、トレーディングパラメーターの感度と最適値を決定する。
4. ボラティリティとリターンの期待値についてすべての当事者の明確な合意を得る。
5. 投資家とマネジャーが協力的な関係を保つ。
6. とにかくシステムに従う。
7. システムに従う——これが最も重要。

「リスクのない投資など存在しない。本当の問題は、リスクをとりたいかどうかではなくて、どんなリスクをどれだけとれる覚悟があるかである」——ジム・リトルとソル・ワクスマン[11]

435

第1部　トレンドフォローの原理

システムについての５つの質問

　次の５つの質問に答えることで、トレンドフォローシステムの中核となる要素が分かり、エッジを持つことができる。

　　１．システムは何を売買するのかをどうやって決めるのか
　　２．システムはどのくらい売買するのかをどうやって決めるのか
　　３．システムはどのように売買するのか
　　４．システムは負けトレードをどのように手仕舞うのか
　　５．システムは勝ちトレードをどのように手仕舞うのか

　これら５つの質問はトレンドフォローにとって極めて重要だが、これに劣らず重要なのがあなたの態度である。次のことを忘れないようにしてほしい――「あなたの望みは何か」「あなたはなぜトレードをするのか」「あなたの強みと弱みは何か」「あなたに感情面での問題はあるか」「どれくらい規律に従うことができるか」「信じやすいほうか」「どれくらい自信があるか」「あなたはシステムにどれくらい自信を持っているか」「どれくらいのリスクに対応できるか」。

　エド・スィコータやチャールズ・フォークナーとトレードについて話をしたとき、２人はトレードをする前の第１ステップは自分自身についてよく知ることだと口をそろえて言った。

●自分はどういった性格で、どれくらいトレードに向いているか。
●どれくらい稼ぎたいのか。
●目標を達成するためにどれくらい努力する気があるか。
●これまで投資やトレードをした経験はあるか。
●どんな力を発揮できるか。
●自分の強みと弱みは何か。

436

第10章　トレードシステム

　ゼロサムゲームの最中にアドレナリンと汗が噴き出てきたとき、これらの質問を思い出そう。カオスに襲われたとき、これらの質問は極めて重要になる。

「口座に10万ドルあり、5％のリスクをとるつもりなら、5000ドルの損失を被る可能性がある。チャートを調べてみると、あなたがとるリスクに相当する値動きは1枚当たり1000ドルになる。したがって、この場合は5枚取引することができる。とるリスクが10％なら、つまり1万ドルなら10枚取引できる」──クレイグ・ポーリー[12]

何を売買するのか

　あなたがトレードするのは株なのか、通貨なのか、先物なのか、コモディティなのか。あなたはどの市場でトレードするつもりなのか。通貨や債券といった特定の市場に限定したポートフォリオを組む人もいれば、もっと分散化したポートフォリオを組む人もいる。例えば、AHL分散型プログラム（マン・ファイナンシャルが運用する世界最大のトレンドフォローファンド）は36の取引所で100を超える銘柄に分散投資している。**表10.1**に示したように、彼らの投資先は株価指数、債券、通貨、短期金利、コモディティ（エネルギー、金属、農産物など）だ。

「べき乗分布を示すシステムでは、大きなイベントはあなたが予想するよりも頻繁に発生する」──カリフォルニア大学サンタバーバラ校物理学科

　AHLはこれらの市場すべてに関するファンダメンタルズな専門知識を持っているわけではない。ファンダメンタルズ分析の専門家を雇っているトレンドフォロワーなどいない。株価指数を構成する会社を深く理解しているわけでもない。彼らの専門は価格分析を使って、これ

437

第1部　トレンドフォローの原理

表10.1　AHLポートフォリオ

通貨	24.3%
債券	19.8%
エネルギー	19.2%
株式	15.1%
金利	8.5%
貴金属	8.2%
農産物	4.9%

らの異なる市場を「同じものとして見る」ことなのである。

「結果についてはそれほど気にする必要はない。重要なのはプロセスだ。できるだけ完璧にそのプロセスを成し遂げることが重要なんだ」──スティーブ・ウォズニアック

　トレンドフォローのパフォーマンスを見たときに気づいたのは、損失が利益で埋め合わされていることである。どの市場で大きなトレンドが発生して、その損失を穴埋めしてくれるのかはだれにも分からない。だから分散化が必要なのである。

　AHLは分散化の必要性について明確に述べている。

　「金融市場には価格トレンドという形で常にアノマリー、つまり非効率性が存在するというのはAHLの投資哲学の基本である。トレンドとは、金融市場における系列相関、つまり過去の値動きが将来の値動きについての情報を与えてくれるという現象である。系列相関は大衆の振る舞いのように明確なファクターによっても説明できるし、異なる市場参加者間で情報レベルが異なるというもっと微妙なファクターによっても説明できる。価格トレンドは、そ

438

の強さやその長さやその頻度はいろいろに異なるが、どのセクターでもどの市場でも繰り返し現れる。トレンドはさまざまなグローバル市場でアクティブにトレードするときに大きな魅力となる」

「話なんてしてないで、コードを見せろ」——リーナス・トーバルズ

　AHLの言葉が実践において役立つことは、別のトレンドフォロワーの分散化の説明のなかに現れている。

　　「ポートフォリオの分散化は、7～10の異なる市場をポートフォリオに組み込んであれば、それ以上に銘柄数を増やしても意味はないと言われることが多い。私たちはそうは思わない。2007年6月以前は私たちはプログラムに18の主要な市場を組み込んでいたが、常にトレードしていた市場はそのうちの7つか8つだった。つまり、シグナルは18の市場で出せたが、実際にトレードしていたのはある特定の時期に7つか8つの市場だったということである。プログラムを評価してみると、当時の損失の大部分は1つか2つのセクターによるもので、これらのセクターはほぼ同時期に最大損失を出していた。10年物Tノートのブレイクアウトのあとではたいがい5年物Tノートがブレイクアウトしていた。相関の高いいくつかの市場をトレードすると損失は拡大した。なぜなら、これらの市場で同時に損切りすると、大きなドローダウンが発生するからだ」

　彼はポートフォリオに組み込む市場を40以上に増やし、常にトレードする市場は15以上に設定した。トレードシステムの基本（仕掛けと手仕舞い）は変えなかった。結果は劇的に向上した。これはすべてポートフォリオの分散化を変えたことによるものだった。

第1部　トレンドフォローの原理

　例えば、ポール・マルベニーは2008年10月だけで40％を超えるリターンを上げた。このパフォーマンスは以下の市場から得られた。

通貨	8.91％
金利	2.78％
株式	14.59％
金属	9.83％
エネルギー	3.43％
穀物	7.84％
畜産	4.51％

「エッジを決めるどのような変数の集合を見ても、勝ち負けの分布はランダムだ。つまり、あなたのエッジの過去のパフォーマンスを見れば、次の20回のトレードのうち、12回は勝ちトレードになり8回は負けトレードになることは分かるかもしれないが、勝ち負けの出る順序や勝ちトレードでどれくらいの利益が出るかは分からないということである。トレードが確率のゲームや数のゲームと言われるのはこのためだ。トレードが単なる確率のゲームだと本当に信じているのなら、「正しいのか、間違っているのか」や「勝つのか、負けるのか」はもはや同じ重要性を持たなくなる。したがって、あなたの期待値は確率に一致することになる」――マーク・ダグラス（『ゾーン』『ゾーン最終章』［パンローリング］の著者）

　これは大きな外れ値月であることは明らかだ。すべての月ですべてのセクターがプラスになるとは限らない。しかし、マルベニーのパフォーマンスが最悪になると、それはトレンドフォローにとっての警鐘になる。作家で俳優のベン・スタインの「2008年10月に稼いだとすると、何か間違ったことをしたに違いない」と言う言葉は有名だ。

　さて、ここで8年後に早送りしよう。イギリスのEU（欧州連合）

440

離脱の是非を問う国民投票が2016年 6 月23日に行われ、51.9％の国民がEU離脱に投票した。予言者のほとんどは驚きを隠せなかった。 6 月24日のマルベニーのパフォーマンスは＋17％だった。ブレグジットの日のパフォーマンスは彼の会社始まって以来の 1 日だけの最高のリターンで、これは彼がサプライズの正しい側にいたことを証明するものである。長年のトレンドフォロワーであるロバート・ロテッラは次のように言う──「値動きを定性分析してみると、市場は数カ月前からブレグジットの方向にトレンドが形成されていた。これは同じ時期のシステマティックな分析によって裏付けられる」。

　次のトレンドをとらえられる完璧なポートフォリオの構成などない。多くの人は異なるポートフォリオをトレードし、理由もそれぞれに異なる。一般に、トレンドフォロワーは同じ市場をトレードする。しかし、大きなトレンドフォローファンドはポークベリーやオレンジジュースのような小さな市場は避けるかもしれないし、ほかのトレンドフォロワーは通貨や債券だけのポートフォリオをトレードするかもしれない。例えば、セーラム・エイブラハムは生牛で大儲けしたことがある。どんな市場でトレードしようとも、機会が来ればトレンドをとらえる準備が必要だ。

　ジャーナリストでコラムニストのトーマス・フリードマンは複雑な世界における健全な戦略の必要性を説く。「世界が見えず、世界を形成する相互関係が見えなければ、世界に対する戦略を練ることはできない。グローバル化のように複雑で残酷なシステムに対応し、そのなかで繁栄しようと思うのであれば、自分の国や会社にとってどういった繁栄がふさわしいのかを選ぶ戦略が必要だ」[13]。フリードマンは、今日の恐ろしいほどに密接につながった世界では影の実力者は政治家ではなく、トレーダーであることを嫌というほど分かっているのである。

第1部　トレンドフォローの原理

「過去30年で常に大きな絶対リターンを上げてきたファンダメンタルズな投資家がたった1人だけいる。それはウォーレン・バフェットだ。しかし、ブル相場でもベア相場でも高いパフォーマンスを上げてきたトレンドフォロワーは無数にいる。われわれが成功した理由の1つは、100を超える金融市場やコモディティ市場で分散投資しているからである。これほど多くの市場を成功裏にトレードする唯一の方法は、システマティックでメカニカルなアプローチしかない……仕掛けからポジションサイジング、損切りの設定まで……すべての意思決定は完全に自動化する必要があるということである」 ── クリスチャン・バハ

どのくらい売買するのか

　多くの投資家が避けて通りたがる問題は、マネーマネジメントの問題である。マネーマネジメントはリスクマネジメント、ポジションサイジング、ベットサイジングなどとも呼ばれるが、これはトレンドフォローで成功するのに不可欠な要素である。ギボンズ・バークは次のように述べている。

　　「マネーマネジメントはセックスに似ている。だれもがやっていることだが、多くの人はあまり語りたがらず、人よりうまくやれる人もいる。どんなトレーダーでも売買を決めるときには、売買する株数や枚数も同時に決める必要がある。どの証券会社の発注画面にも注文サイズを入れる空欄がある。リスク管理とは、この空欄を埋めるときに何株あるいは何枚売買するかを論理的に決めることである。この判断によってそのトレードのリスクは決まる。リスクをとりすぎれば破産する可能性が高まるが、リスクをとらなさすぎれば取引コストやあなたの努力という間接費を賄うだけの十分な利益は得られない。良いマネーマネジメントとは、こうし

442

た望ましくない両極端の間にあるスイートスポットを見つけることである」[14]

「私はお金をこれだけしか持っていない。どれだけトレードすべきだろうか」。例えば、10万ドル持っていて、マイクロソフトをトレードしたいとすると、10万ドルのうち、最初のトレードではマイクロソフトを何株くらいトレードするだろうか。10万ドルのすべてをトレードする？　でも、間違っていたらどうなるのか。完全に間違って1回のトレードで10万ドルすべてを失ってしまったらどうなるのか。

　トレンドフォローは最初は小さなサイズから始める。例えば、当初資金が10万ドルあったとすると、最初は2％のリスクをとるといった具合だ。これは金額にすると2000ドルだ。「10万ドルもあるのに、なぜたった2000ドルしか使えないのか。10万ドルのうちの2000ドルって本当に微々たるものだ」とあなたは思うかもしれない。重要なのはそこではない。トレンドがどこに向かうのか、上昇トレンドになるか下降トレンドになるのかは分からないという点が重要なのである。

　あるトレーダーは最初のリスクを決めるに当たって、次のように述べた。「1％を超えるリスクをとりたがらないトレーダーもいるが、1回のトレードで5％を超えるリスクをとるトレーダーがいると聞けば私は驚くだろう。いずれにしても、とるリスクがあまりにも小さすぎると、利益の出るトレードが現れる機会は得られないことを覚えておいてもらいたい」[15]

「重要なのはどのくらい正しくてどのくらい間違っているかではない。正しいときはどれくらい稼ぎ、間違っているときはどれくらい損をしないかが重要なのである」——ジョージ・ソロス

　マネーマネジメントを肉体トレーニングと考えてみよう。例えば、あ

443

なたは男性のスポーツ選手で、トップパフォーマンスを目指している
としよう。体重は84キロ、身長は185センチだ。1日に2時間のウエー
トトレーニングを6回、30日間続けて行えば、必ず体を壊すだろう。肉
体が衰えることなく少しずつでも強化できるような、1日にできる最
適なトレーニング量というものがあるのだ。あなたはトレードでもマ
ネーマネジメントでもその最適ポイントにいたいと思うはずだ。

**「パレートの法則は80：20の法則や重要な少数（バイタルフュー）の法則と
も呼ばれるが、これは多くの事象においては、およそ80％の結果が20％の
原因から生じていることを言ったものである」**——ウィキペディア

エド・スィコータは熱という概念を使ってその最適ポイントを次の
ように説明する。

「あらかじめ決められた位置に損切りを置いてトレードを行うこと
は、賭けに例えることができる。リスクにさらすお金が多いほど、
賭けは大きくなる。賭けが控えめなら儲けも控えめだが、大きな
賭けは大きな破滅をもたらす。大きな賭けをする大胆なトレーダ
ーはポートフォリオのボラティリティからプレッシャー――熱――
を感じる。熱いポートフォリオは冷たいポートフォリオよりも多
くのリスクにさらされている。ポートフォリオの熱は個人の好み
に関係しているように思える。大胆なトレーダーは高い熱を好み、
それに耐えられるが、控えめなトレーダーは熱が出る状況を避け
ようとする。ポートフォリオマネジメントでは、分散されたベッ
トサイズのことをポートフォリオの熱と呼ぶ。5つの商品のそれ
ぞれで2％のリスクをとる分散化ポートフォリオの総熱量は10％
で、2つの商品のそれぞれで5％のリスクをとるポートフォリオ
の総熱量も同じ10％である[16]」

エド・スィコータの弟子が説明を加えた──「多くのリスクを抱え込まないように管理する者が必要だ。ベットサイズは２％前後では小さすぎる」。スィコータはリスク調整済み資産を「中核資産」と呼び、リスク許容量を「熱」と呼ぶ。熱はトレーダーの痛み許容量に合わせて上げたり下げたりすることができる。熱が高くなれば利益も増えるが、熱の上昇はある程度に抑えるべきである。熱がそのポイントを過ぎると、利益は減少していく。トレーダーは心地良く感じる熱水準を選ぶことができなければならない[17]。

「リスクを限定すれば、利益機会も限定することになる。今や投資家は６つや８つの投資信託を持つのは普通になった。それぞれの投信は何百という株式に投資している可能性が高い。こうしておけば多少の変動や暴落があったとしてもポートフォリオが破綻することは絶対にないと彼らは思っているのだ。しかし、投資はいつから変動を避けるものになったのだろうか」
── ロジャー・ローウェンスタイン

10万ドルでも20万ドルでも同じようにトレードするだろうか。10万ドルが７万5000ドルになったらどうするか。トム・バッソによれば、トレーダーは最初は１枚という具合に小さくトレードを始め、自信がつくにつれて10枚といった具合に増やしていき、最終的には100枚や1000枚の安心水準に落ち着くことが多いと言う。しかし、バッソはこういうやり方は良くないと忠告している。目標はレバレッジを一定に保っておくことだ。バッソの枚数の計算方法では資産が増えても減っても同じようにトレードすることが可能だ[18]。

資産の増加に比例してトレード量を増やせない１つの理由は恐怖である。５万ドルのときは数式によって一定の株数や枚数でトレードせよと指示されれば快適に感じるかもしれないが、50万ドルになると数式が一定の株数や枚数をトレードせよと指示してきても、トレード量

を減らしてリスクを回避するかもしれない。手持ち資産額に対する最適なトレード量よりも少なくトレードする人がいるということである。これを避けるには、抽象的なお金の世界を作ることである。お金で何を買えるかと考えてはならない。モノポリーやリスクなどのボードゲームをプレーする感覚で数字だけを見るのだ。

ダン・キャピタルは「点数を記録する手段として資産額をとらえる」と言う。「ダンの手法の1つは、運用資産の額に応じてトレードポジションを調整するというものだ。例えば、ポートフォリオが大きなドローダウンを被ったら、新しい資産水準に合わせてポジションを調整する。この非常に簡単な戦略に従うトレーダーは残念ながら少ない[19]」

最良の市場の指標とは何か。順に、1に価格、2に価格、3に価格だ。

10万ドルから始めて、2万5000ドルの損失を出したら、残りは7万5000ドルだ。したがって、トレードの意思決定は10万ドルではなくて7万5000ドルに基づいて行わなければならない。もう10万ドルはないのだから。ところが、私はマネーマネジメントにおける重要な点を見逃しているとポール・マルベニーに指摘された。「トレンドフォローは暗にダイナミックリバランスを行っている。成功したトレーダーが怖いもの知らずに見えるのはこのためだ。ヘッジファンドの多くはリスク管理を投資プロセスとは別分野と考えているが、トレンドフォローではリスク管理は投資プロセスの内部ロジックの一部なのである」

どのように売買するのか

いつ買って、いつ売るのか。これを考え出すと投資家もトレーダーも寝られなくなる。とはいえ、売買プロセスがメロドラマでなければならない理由はない。いつ売買するかを気にすれば、コントロールで

きないものに貴重な時間を割くことになる。

　例えば、アップルは6カ月にわたって100ドルと120ドルの間で推移してきたが、突然130ドルにまで跳ね上がる。レンジ相場からのこうした急上昇はトレンドフォロワーにとって仕掛ける絶好のタイミングだ。「アップルが上昇し続けるかどうかは分からないが、しばらく横ばいを続けていたのに突然130ドルに上昇した。私の目的は割安株や安い買い場を見つけることではなく、トレンドに乗ることだ。そしてトレンドは上昇している」と彼らは考えるのだ。

「科学の良いところは、あなたが信じようと信じまいと、それが真実であるということである」──ニール・ドグラース・タイソン

　あるトレンドフォロワーがトレンドフォロー戦略の単純さについて説明してくれた。「私たちのシステムは明確なトレンドが形成されたときにのみ売買シグナルを出してくるように設計されている。当然ながら、トレンドの始まりで仕掛けることはなく、天井で手仕舞うこともない[20]」。50ドルから始まって100ドルまで行くトレンドに乗ることがあなたの目的なら、52ドルで仕掛けても60ドル、あるいは70ドルで仕掛けても大きな違いはない。たとえ70ドルで仕掛けても、トレンドが100ドルまで行けば大きな利益を得られる。もちろん52ドルで仕掛ければ（そこが底かどうかは分からないが）、70ドルで仕掛けたときよりも利益は大きい。「52ドルで仕掛けることができなかったので、70ドルで仕掛けるチャンスがあっても仕掛けない」と思うトレーダーはたくさんいる。

　リチャード・デニスはこういう考え方に異を唱える。「ポジションを建てたあと、強い日でかなり上昇したときはいつでも、おそらくは買い増す価値がある。私は押し目は待たない。強いものを押し目で買うのはみんなが大好きなテクニックだ。統計学的に見て、これを正当化

できるとは思わない。例えば、大豆が8ドルから9ドルに上昇したとき、9ドルで買うか、8.80ドルまで下がったら買うか選べと言われたら、私は9ドルで買うほうを選ぶ。8.80ドルまで下がる保証なんてないからだ。押し目を待たずに買ったほうが利益になることを統計も示しているだろう」[21]

人々はデニスのトレンドトレードのことはよく知っていても、自分が仕掛けるときになると、仕掛け値にこだわってしまう。彼らはエネルギーと集中力の向ける先を間違えている。スィコータはさりげなく言う。「仕掛けは仕掛ける前は大いに気になるが、仕掛けたあとは大して気にならないものだ」[22]

「小さなことをしているときには、大きなことを考えなければならない。その小さなことがみんな正しい方向へ進んでいくように」──アルビン・トフラー

つまり、スィコータが言わんとしていることは、トレードを仕掛けたら、仕掛け価格は重要ではない、ということである。市場がどこまで行くのか行かないのか、あなたには分からない。あなたが気にすべきことは、完璧な仕掛けにまつわるドラマを作ることではなく、市場が逆行したら下落リスクから自分を守ることである。結局、トレンドフォロートレードは長期的に続く可能性がある。「ポジションを2カ月から4カ月持つことは珍しいことではなく、人によれば1年以上持つこともあると広報担当者は言っているが、過去のデータによれば、利益の出るトレードは30〜40％しかない」[23]

「意志あるところに道はある」──ことわざ

偉大な野球選手テッド・ウィリアムズの言葉がすぐに思い浮かぶ。

「これまで数えきれないくらい言ってきたが、スポーツのなかでも最も難しいのは野球でヒットを打つことだ。ジョー・モンタナやダン・マリーノがパスを10回試みて3回しか成功しなければ、彼らはクオーターバックをクビになるだろうし、ラリー・バードやマジック・ジョンソンがシュートを10回打って3回しか入らなければ、コーチは彼らをチームから追い出すはずだ[24]」

わずか40％の勝率でどうやってお金を稼ぐのか。トレンドフォロワー会社のキャンベル・アンド・カンパニーはその秘訣を次のように話す。「例えば、60％のトレードではそれぞれ1％の損失を出すが、40％のトレードではそれぞれ2％の利益が出るとすると、1年かそれ以上の長期で見ると、広く分散化したプログラムではこれで20％の純益が出ることになる[25]」

トレンドフォローの仕掛けと手仕舞いのルールはテクニカル指標と呼ばれるもので決まる。トレンドフォローのテクニカル指標は値動き（つまり、ブレイクアウトや移動平均など）だ。しかし、多くのトレーダーは「予測」を約束してくれるほかの無数の指標のことで頭がいっぱいだ。彼らはどれが優れた指標なのかをいつも議論している。もっと良い指標があるはずだと思いながら。そして、彼らは「秘訣」を教えてくれなかったじゃないかと私をいつも怒鳴りつける。

「みんなが大好きなのは血とアクション。くだらない気の滅入るような哲学的なものは大嫌いだ」──マイケル・キートン（『バードマン』より）

テクニカル指標は、トレードシステム全体で見ればほんの小さな要素でしかない。テクニカル指標はツールボックスには必要なものだが、ツールボックスそのものではない。おそらくテクニカル指標がトレードの成功を説明できる割合は10％ほどだろう。「指標Xを試したけどうまくいかなかった」とか「指標Yを試してみたらうまくいった」とト

レーダーが言っても、それに大した意味はない。こういった発言は、指標が実際のトレードシステムだと言っているようなものだ。しかし、テクニカル指標単体では役には立たない。つまり、毎週CNBCにやって来るスーツ族は「テクニカルは無意味だ」と言うために来ているということだろうか？　まったくそのとおりである。

負けトレードをいつ手仕舞うのか

　いつ、なぜ手仕舞うのかをしっかりと考えなければならないのは、仕掛ける前である。トレードシステムで最も重要なことは資産を保全することである。手仕舞い戦略を事前に決めておくことで、資産の保全だけなく、もっと適切な市場に資産を配分し直す機会も与えてくれる。トレンドフォロワーは負けポジションをいつ手仕舞うのだろうか。「すぐに」がその答えである。これはトレンドフォローの基本である。

　次々と損切りするという考えはトレンドフォロワーのずっと以前から存在する。これについてバーナード・バルークは次のように述べている。「投機家が半分の時間帯で正しければ、打率としては高いほうだ。間違っていることが分かったら即座に損切りする分別を持った人は、10回のうち3～4回しか正しくなくても富を築ける」

「あなたはリスクを売買しているのだ。テクニカルトレーダーがリスクを見る方法はこれしかない」——マーク・フォン・ストーク[26]

　例えば、グーグルを仕掛けて2％の損切りを置くとしよう。これは2％の損失を出したら手仕舞うということを意味する。2％の損失を出したら、つべこべ言わずに損切りする。それだけだ。第2章で紹介したダンの英ポンドのトレードを再び見てみよう（**図2.3**。106ページ参照）。このチャートでは仕掛けと損切りが繰り返されている。仕掛け

のシグナルと手仕舞いのシグナルが何回も点灯している。トレンドも上昇したかと思えば下落する。彼は仕掛けと手仕舞いを繰り返す。英ポンドの方向を予測することはできないことをダンは知っている。彼に分かるのは仕掛けシグナルを受け取ったということだけだ。だから、彼は仕掛ける。そしてその直後に手仕舞いシグナルを受け取る。だから、彼は手仕舞う。そしてそのあと再び仕掛けシグナルが出て、手仕舞いシグナルが出て……と続く。ダンはこれを「暴れ馬に乗る」と表現した。

　トレーダーはこうした上下動を「ちゃぶつき」と呼ぶ。上がったと思えば下がる方向性のない動きをちゃぶつきと言う。急にトレンドが反転し、上がると思って買えば下がり、下がると思って売れば上がるというように、トレンドが続かないために小さな損失を繰り返す。スィコータはちゃぶつきを防ぐ唯一の方法はトレードをやめることだと言う（YouTubeにアップされている彼の「ちゃぶつき」の歌を参照してほしい。https://www.youtube.com/watch?v=LiE1VgWdcQM）。ちゃぶつきはゲームの一部だ。それを受け入れられないのなら、トレードはしないほうがいい。

「お金を稼ぐ一番の近道で、私の強みと最も相性の良い方法は、コンピューターモデルを使って仕掛けのポイントと手仕舞いのポイントを決めるポジショントレーダーになることだった」──マイケル・J・クラーク

　ある年配のプロのトレーダーが、トレンドフォローインキュベーターのコモディティーズ・コーポレーションに勤めていたころの素晴らしい話を送ってくれた。

　　「90年代初期、コモディティーズ・コーポレーションは社内研修のために数人の日本人を受け入れた。もちろん真の目的は巨額の日

本マネーをつかむことだった。彼らは私に好意を持っていたので、私はコモディティーズ・コーポレーションに彼ら数人と昼食を取るように言われた。彼らは私たちのプログラムのことをよく知らなかったので、私がどのようにトレードをしているかを教えようと思った。自分に合った手法やシステムを見つけることが重要だと、私は彼らに言った。良い指導者を見つけるのが良いという話をし、質問や問題があれば相談に乗るからと伝えた。それが今も私の仕事になっている。それからリスク管理の重要性についての話をし、私は顧客資産を扱うときには１％のリスクしかとらないと言った。今ではもう少しアグレッシブだが、当時はそんなものだった。また損失は勝者になる過程には付き物だと言った。これは一生涯忘れられないことになると思うが、彼らのなかで最も若いトレーダーが私の目をまっすぐに見据え、当惑した様子でこう聞いてきた。『あなたでも損をすることがあるのですか？』。私はこの若者たちを育てるにはまだまだ時間がかかると思ったものだ。あれから彼らはどうなっただろうかと今でもよく思う」

　おそらくその若いトレーダーは別の仕事に変わったことだろう。

「理性の生物学的機能は、生命を維持・活性化して、消滅をできるかぎり遅らせることである。思考や行動や自然に反したことではなく、むしろ人間の性質のなかで最も重要な特徴だ。人間を人間以外の存在と区別するのに最も適切な説明をするならば、人間とは生命をおびやかす力と目的意識を持って闘う存在であるということである」──ルートヴィヒ・フォン・ミーゼス[27]

勝ちトレードをいつ手仕舞うのか

「日本のローソク足を使って反転を見極めよう」「支持線と抵抗線を見つけよう」「正しい利食いの方法を学ぼう」といった誇大広告は見たことがあると思うが、こんなものはまやかしだ。反転はそれが起こるまで分かるはずがない。100人いれば100人流の定義があるのに、支持線や抵抗線の概念をどう定義づけるというのだ。これらはすべて予測という不可能なことをやろうとしているにすぎない。トム・バッソは利益目標という概念を激しく非難する。「若いトレーダーが年配のトレンドフォロワーに近づいて尋ねた。『このトレードの目標値はいくらですか?』。目標値はポジションが月まで上がることだ、と年配トレーダーは答えた」

勝ちトレードを手仕舞うのは難しい。可能なかぎりトレンドに乗り続け、天井を付けて下がり始めてからようやく手仕舞いを考え始めるのが普通だ。100%の含み益が出たとする。現金化すれば含み益は現実利益になる。しかし、利益を限定してしまえば、大きな過ちを犯したことになる。いくつかのロングポジションを持っていて、それは大きな利益を出している。でもトレンドが上がり続けているときは勝ちトレードを手仕舞ってはならない。

「私は株式市場で慢心になることはない。過ちを犯したらすぐに認めて、素早く退散する。ルーレットをプレーするときに、100ドル賭けて、負けたときには必ず98ドル持って降りることができるならば、そんな良いことはないだろう。私は株を底で買ったことはないし、天井で売ったことも一度もない。私はトレンドに乗り続けることに満足しているのだ」——ニコラス・ダーバス（1959年5月25日付タイム誌）

利益目標というものは利益の上限を決めてしまうことだ。例えば、

第1部 トレンドフォローの原理

図10.1　トレンドフォローの仕掛けと手仕舞いの例――真ん中のおいしい部分

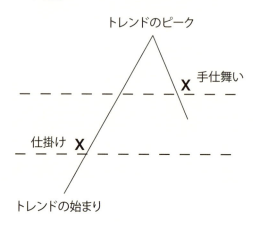

100ドルで仕掛けるとする。あなたは仕掛ける前に25％の利益が出たら、つまり125ドルになったら手仕舞うことを事前に決めておく。利益目標という考えは一見賢明なように聞こえる。しかし、トレンドに乗っているときは最後までトレンドに乗り続けることが重要だ。動きを最大限に利用するのだ。125ドルで手仕舞って、225ドルまでトレンドが上昇するのは見たくないはずだ。

　利益目標を設定すれば225ドルまでたどり着けないだけでなく、トレンドフォローポートフォリオ全体にとっても有害だ。トレンドフォローはちゃぶつきによる損失を補うのにホームランが必要だ。ただ安心感が欲しいためだけに人工的に利益目標を設定すれば、大きなトレンドを逃す可能性がある。そうなると被った小さな損失を取り戻すことはできなくなる。利益目標を設定すれば、第4章で述べたようなイベントから大きな利益は得られなかったはずだ。

　トレンドフォローの利益はトレンドの一番おいしいところ、つまりトレンドの中間からもたらされるものなのだ（**図10.1**）。

「新米トレーダーは5倍から10倍大きくトレードする。1～2％のリスクをとるべきときに、5～10％のリスクをとってしまうのだ」――ブルース・コフナー

あなたのトレードシステム

　自動化トレンドフォローシステムを構築するということは、裁量で行っている判断をすべてルールに組み込むということである。例えば、高いリスク水準が嫌なら、許容可能なリスク水準を設定するルールを設ける。通貨だけのポートフォリオにしたければ、初めからそういうつもりでルールを作る。つまり、発生すると思われるシナリオを事前にポートフォリオに組み込むのである。市場が短時間で100％上昇しても、取るべきアクションを指示してくれるルールがある。10％下落してもルールに従うだけである。

　事前に立てるプランは曖昧なものであってはならない。また逆行に対して常に警戒を怠らないようにすることも重要だ。ラリー・ハイトは伝説と呼ばれるにふさわしいストイックな見方をする。「私たちは市場に対して一般とは逆の方向からアプローチする。つまり、最初に問うことはどれくらい儲けられるかではなくて、どれくらいまでなら損をしてもよいかである。私たちは守りのゲームに徹するのだ[28]」

よくある質問

質問1――当初資金

　エド・スィコータは、トレードを始めるのにどれだけの資金が必要かと聞かれたことがある。彼は答えた。「良いマネーマネジメントとは資金総額に依存しないものである。トレードを始める前に一定の資金

が必要だと考えるトレーダーには、資金がいくらになればトレードを
やめる必要があるのかと聞きたい」。最初にこれだけあれば成功すると
いうような額はないのである。

　当初資金に関連する要素はたくさんあるが、なかでも個人の規律と
それに従うことができるかどうかは重要だ。最初にこれだけあれば勝
てると約束するような人はウソつきだ。しかし、無限の資金があった
らどうだろう。無尽蔵のお金があればそれは確かに利点にはなるが、打
撃にもなり得る。有名なホッケー選手のヤロミール・ヤーガーとトレ
ンドフォロワーのウィリアム・エックハートは当初資金についてまっ
たく正反対の意見を持つ。

「情報量は発生確率の負の逆数である」── クロード・シャノン

　ヤーガーはギャンブル船のギャンブラーのような男だ。彼は株式市
場でおとなしく売買するような男ではない。昨年の記事によれば、ド
ットコム市場で800万ドルから2000万ドルの損失を出したらしい。彼は
女性がきれいで頭が良いだけでは付き合わない。彼の彼女は元ミス・
スロバキアで法学部の２年生だ。ヤーガーはホッケー選手としては素
晴らしいかもしれないが、彼の投資アプローチは貧乏暮らしに直結す
るようなものでしかない。ホッケーで稼いだ何億ドルものお金でトレ
ードを始めたヤーガーは、まさにエックハートが避けるようなトレー
ダーだ。

　　「相続した財産でトレードを始めた何人かの大富豪を知っているが、
　　彼らのいずれもすべてを失った。なぜなら損をしても痛みを感じ
　　ないからだ。最初の数年間の成長過程においても、彼らは損をし
　　ても余裕を見せていた。損をする余裕などないと感じながらわず
　　かな資金でトレードを始めるほうがずっとよい。何億ドルも持っ

456

ている人よりも、数千ドルの資金で始める人のほうが私はいいと
思う」[30]

「どういったバブルでも、リアルタイムで主要メディアの表紙で正確に確認
されたのがいつだったのかを思い出すことができない。どちらかと言えば、
その逆ではなかったかと思う」──バリー・リソルツ

　個人でトレードを始めたトレンドフォロワーたちの資産を見てみよ
う。

●ブルース・コフナーの資産は53億ドルを超える。[31]
●ジョン・W・ヘンリーの資産は21億ドル。[32]彼はトレンドフォローで
　得た利益を使って7億ドルでボストン・レッドソックスを買収した。
●ビル・ダンは世界中が破綻した2008年に8000万ドル稼いだ。[33]
●マイケル・マーカスは初期投資3万ドルを8000万ドルにした。ブル
　ース・コフナーは彼の弟子で、マーカス自身はエド・スィコータの
　弟子だった。[34]
●デビッド・ハーディングの資産は13億8700万ドル。[35]
●ケネス・トロービンは、バイ・アンド・ホールドが崩壊した2008年
　に1億2000万ドル稼いだ。キャリアの初期にはジョン・W・ヘンリ
　ーの会社でトレードしていた。[36]

　これは非常に感動的だ。やる気のある人にとっては彼らの富のほん
の一部でも稼ぎたいと思う気持ちが原動力になるのである。

「懸命に努力して、できることを合法的にやる人は他人よりも幸運になれ
る」──ジュリアン・エデルマン（NFL［米ナショナル・フットボール・
リーグ］のニューイングランド・ペイトリオッツの選手）

第1部　トレンドフォローの原理

質問2──株にトレンドフォローは有効か

　トレンドフォローは株ではうまくいかない、というのはまったくの作り話で百パーセント間違っている。株式のトレンドは、通貨、コモディティ、先物のトレンドと何ら変わらない。例えば、ジェリー・パーカーのトレンドフォロー会社はシステムを株式トレード向けに変更したが、これは彼の会社だけではない（デビッド・ハーディングの会社もそうである）。彼のシステムは株式でうまくいっていると彼は言う。特に、同業種内で外れ値的な動きをする銘柄でうまくいっているという[37]。

　リチャード・ドンチャンの弟子であるブルース・テリーは、トレンドフォローが株式向けではないという話を一笑に付している。「そもそも1950年代に株式を研究することでテクニカルモデルが生まれた。そしてCTA（商品投資顧問業者）がこのモデルを先物に応用した。1970年代後半から1980年代初期は株式市場は静かだったが、その後、先物市場が動き始めた。こうしてCTA市場が始まったのだ。そして一巡して、これらのモデルは再び株式に適用され始めたというわけである[38]」

　徹底調査をしているときに見つけた1979年の『マネージド・アカウント・リポート』に掲載された論文の出だしを私は思い出す──「トレンドフォローテクニックを使って株式や商品先物をトレードするのは長い歴史を持つアートである[39]」。

「クジラは水面に出てきたときしかモリを打ち込まれない。カメは首を出したときにしか前進しない。しかし、投資家は何をしようとリスクから逃れることはできない」──チャールズ・A・ジャフィ

458

質問３──コンピューターとカーブフィット

コンピューターは朝からご機嫌斜めになることはない。だから、意思決定とトレードルールの実装をコンピューターに任せているのだとラリー・ハイトは言う。「恋人に振られたら、ある感情が湧き上がり、婚約すれば別の感情が湧く。これが人間というものだ[40]」

ハイトは高い給料でプログラマーのチームを雇って多くのスーパーコンピューターを動かすよりも、たった１人だけ頭の良い人を雇って１台のマッキントッシュで作業させたほうがよいと言う。しかし同時に、コンピューターを使って成功するための鍵を握るのは、コンピューターコードにどういった思考を組み込むかであると彼は主張する。人間の力がそれほど重要なら、なぜコンピューターなんか使うのかと聞かれた彼は、「なぜならコンピューターは役に立つからだ。コンピューターは計算もできるし、再現することもできる。私は科学的な手法の大ファンだ。ほかの方法は科学的ではない。あなたにアルゴリズムを与えれば、同じ結果が得られるはずだ。私にとってそれが重要なのだ[41]」。

「あなたを知的遊牧民と考えてみるとよい。遊牧民の世界では、厳密に決められた縄張りはない」──トーマス・フリードマン[42]

しかし、テクノロジーはトレードシステムを過剰最適化、つまりカーブフィットしてしまい、見かけ上は素晴らしく見えるものを作り出してしまうことがある。ドンチャンの弟子であるバーバラ・ディクソンは次のように言う。「システムを設計するときは、手袋よりもミトンのように緩くフィットするルールを作ることが重要だと私は思っている。市場はトレンドで動くが、過去の結果は必ずしも将来のパフォーマンスを示すものではない。検証データの曲線に完璧にフィットするルールを作れば、将来の異なる状態のときではうまくいかない危険性

第1部　トレンドフォローの原理

が高くなる[43]」

「考えてみると、パイロットの着陸のうまさは平均に近づく傾向があるため、何をするかは重要ではない。パイロットが素晴らしくうまい着陸をしても、次の着陸は平均的な着陸になる可能性が高く、ひどい着陸をしても次の着陸は平均的な着陸になる可能性が高い。一部のデータだけ取り上げて、良い着陸をした場合しか見ないとしたら、全体像を把握しているとは言えない。結論を出す前に、データをどうやって選んだのかを考慮すべきである」
── ジェームズ・シモンズ

　カーブフィットされていない堅牢なトレードシステムは、どういった状況でも、どんなときでもすべての市場を理想的にトレードできるはずだ。トレンドフォローのパラメーターやルールはいろいろな値でうまくいくはずだ。いろいろな値を当てはめてもうまくいくシステムパラメーターは堅牢であるとみなされる。パラメーターの値を少し変えただけでパフォーマンスが大きく違ってくるような場合は注意が必要だ。例えば、20ではうまくいくのに、19や21ではうまくいかない場合、そのシステムは堅牢とは言えない。一方、50でうまくいき、40や60でもうまくいくときは、そのシステムは堅牢で信頼できるものだ。

　トレンドフォロワーのデビッド・ドルーズはトレードシステムの堅牢性の重要性をずっと以前から唱えてきた。手っ取り早く手に入るアービトラージタイプの利益を追求する短期トレーダーのトレードは、彼にとっては単なるノイズでしかない。短期トレードに気を取られるトレーダーは長期トレンドを見逃すことが多い。このトレンドこそが長期トレンドフォロワーたちが大きな機会を手に入れることができるトレンドだ。自分のトレードシステムを完全に信じていなければ、こうした大きなトレンドを待つことはできない。最新のハードウェアとソフトウェアがあればトレードで成功すると思っているのなら、それは

460

第10章　トレードシステム

大きな問題だ。バーバラ・ディクソンは次のように警告する。「今のデータベース、ソフトウェア、ハードウェアを使えばシステム開発者は何千というアイデアをほぼ同時に検証することができる。しかしそれは、カーブフィットの危険性があることを忠告したい。忘れないでもらいたいのは、彼らの大きな目標の１つは規律を持つことであるということである。規律があってこそ利益が得られるのである。これほど多くのツールがあれば、システムは簡単に変更することができるし、ルールよりもインディケーターを作るほうが簡単だ。でも、それは賢明なことなのだろうか[44]」

　コンピュータープログラムの誇大広告には引っかかりやすい。すぐに金持ちになれますよという広告は後を絶たない。素晴らしいチャート作成用ソフトはあなたを宇宙の支配者のような感覚にしてしまう。しかし、これらはすべて間違った安心感を植え付けるものでしかない。ジョン・W・ヘンリーは初期の成功を振り返って、成功したのはテクノロジーではなく、哲学を持っていたからだとはっきり述べている。

　　「当時はアップル以上のパソコンはなく、柔軟なソフトウェアパッケージもほとんどなかった。コンピューターは今のように金融の世界だけでなく世界中どこにでもあるようなツールとは程遠く、コンピューターおたくの道具にすぎなかった……私はコモディティをトレードするためにシステムを設計し始めた。しかし、私がトレードを始めたあとで状況は急激に、根本的に変わってしまった。でも私のトレードプログラムは今もまったく変わっていない。前にも言ったように、今でも変わっていない[45]」

　ヘンリーの長年の同僚の１人が詳しく説明してくれた。「最初、すべての検証は鉛筆とグラフを使って手作業で行っていた。それをロータスの表計算ソフトに移行した。ロータスはそのあとも日々の仕事で幅

広く使い続けた。そのうちにシステムライターやデイトレーダーなどの新しいモデル構築システムが登場し、私たちのシステムのいくつかはこれらの製品を使ってモデル化することができたが、ほとんどの場合、トレンドフォローはうまくいく、と私たちがすでに知っていることをバックテストするためにモデル化したにすぎない」[46]

「まず問題を解決し、それからコードを書け」──ジョン・ジョンソン

トム・バッソは次のように述べている。「コンピューター化を進めるほど、より多くの市場を扱えるようになることが分かるはずだ。コンピューターの使い方を知っていれば、時間を有効活用できる」[47]。またリチャード・ドンチャンはトレンドフォロワーとしてトレードを成功させるのに必要な時間について次のように述べている。

> 「トレンドフォロー戦略を使い、しっかりと損失を限定してトレードすれば、平日に多くの時間を使わずにトレードできる。一定の証拠が出たときしか行動しないので、行動を起こすべき証拠があるかどうかを夜に1市場につき1〜2分かけてチェックし、証拠があれば、朝電話でプログラムの指示どおりに注文を入れるか変更すればよい。さらに負けトレードをすぐに手仕舞うためのルールを作っておくことで……不安をかきたてられて優柔不断になることもない」

ドンチャンが言うように「1〜2分」で済ますためには準備が必要だ。また、システムを検証して、トレードを始めるのに十分満足のいく結果が得られても、まだ仕事は終わったわけではない。システムで検証した結果を実際の結果と定期的に比較し、検証結果が現実をきちんと反映しているかどうかを確かめる必要がある。また、日記をつけ

てシステムにどれだけ忠実に従っているかを記録するのもよいだろう。

コモディティーズ・コーポレーションで訓練を受けたあるトレンドフォロワーは次のように話してくれた。

「トレードを始めてまだ間もないころ、私はお金を儲けたいという『欲求』よりも、正しくある『必要性』にこだわっていた。正しくあること、つまり勝率の高さとトレードの成功は無関係だということを私は早い時期に学んだ。正しくあること、つまり高い勝率を上げることにこだわる人は、慎重にトレードを選択しているつもりになっているだけで、最高のトレード機会を逃していることに気づくだろう。私のトレード仲間の1人は、年間の勝ちトレードがおよそ15％、敗けトレードが50％、ブレークイーブンのトレードが35％でもうまくやっている。2005年には彼は年初に7桁の運用資金を300％以上も増やした。これはリスク・リワードのゲームなのだ。こういうふうに考えない人は、トレードをやっていくなかで、そのうちにきっとこのことに『気づかされる』。つまり、私の言いたいことはこういうことなのだ。だれでもインターネット上で90％の勝率をうたうシステムの広告は見たことがあるはずだ。こうしたシステムの4分の3は間違いなく、将来のパフォーマンスとは無関係な過去の検証結果に基づいている。例えば、ある年に100回トレードしたとしよう。勝率が90％で勝ちトレードの平均利益が100ドルだとすると、勝ちトレードから得られる純利益は9000ドルだ。しかし、負けトレードが10回ある。負けトレードの平均損失が1000ドルだとすると総損失は1万ドルだ。勝率90％のシステムを使いながらその年は最終的には1000ドルの損失を出したことになる。これはちょっと大げさすぎるかもしれないが、いわゆる『成功を確約する』システムに資金をゆだねれば、こういったことが数学的に起こるのである」

第1部　トレンドフォローの原理

「最も明白なものが、いつでも一番理解されない」 ── クレメンス・フォン・メッテルニヒ

トレンドフォロワーのケン・トローピンの話はもっと具体的だ。

「システムがうまく機能するためには、堅牢でなければならない。堅牢とは、システムを、設計した以外の市場でも検証することができることを意味する。だから、Tボンドで使っているシステムをユーロで試してみてもうまくいく。パラメーターを変えてもうまくいく。Tボンドとはまったく異なるトウモロコシで使ってもうまくいく。アウトオブサンプルデータでもうまくいく。これでようやく面白いと思えるものが手に入り、将来的にもやっていける希望が生まれる。データというものは常に少しずつ変化していくものだ。システムトレードで成功するためには、緩くフィットしたスーツを持つことが重要だ。2ポンド太ったら入らなくなるような、体にぴったりフィットしたスーツでは役に立たないのだ」

MIT（マサチューセッツ工科大学）のアンドリュー・ロー教授は話を単純さに戻す。

「私の経験から得た最初の原則は、戦略がどれほど複雑でとらえにくいものであっても、またどれほど高度なものであっても、その戦略を教養のある投資家にシンプルで直感的な言葉で説明できるということである。私は、戦略がどんなにとらえにくくても、そして印象的で高度なものであっても、その戦略の付加価値が何なのかを簡単な言葉で説明できないようなものには、これまで遭遇したことはないということだ」

464

質問4──デイトレードの限界

「群れからはぐれたときはほぼいつも、多くのお金を稼いだ。新たな行動を見つけるには、大衆とは違った行動をすることが重要だ」──ジム・ロジャーズ

　トレード回数を増やせば、取引コストが変わらない一方で、1回のトレードで得られる利益は減る。これでは勝つための戦略とは言えない。しかし、多くのトレーダーは短期トレードのほうがリスクが少ないと信じている。ビクター・ニーダーホッファーやLTCM（ロング・ターム・キャピタル・マネジメント）の壊滅的な破綻でも証明されたように、短期トレードは本質的に低リスクではない。短期トレーダーで優れた人がいるだろうか。もちろん、いる。しかし、短期トレードをする場合、競争相手になるかもしれない人を考えてみよう。例えば、ジェームズ・シモンズやトビー・クレイベルなどがそうだ。プロの短期トレーダー、いわゆる高頻度トレードを行う人々には週7日、1日24時間働く何百人というスタッフがいる。彼らはゼロサムの世界であなたのお金を取ろうと真剣に勝負してくる。デイトレードを夢見るあなたに勝ち目はない。

　しかし、デイトレードの欠点は多くの人には見えない。バイアコムのCEO（最高経営責任者）であるサムナー・レッドストーンはバイアコムの株価を毎日絶えず見ていると話している。レッドストーンは敏腕企業家で巨大メディアグループを築いたが、自社の株価を執念深く追いかけるのは無意味でしかない。レッドストーンは自社が過小評価されていると思っているかもしれないが、スクリーンを見つめていても株価は上がらない。

第1部　トレンドフォローの原理

質問5 ── トレードの間違った見方

「デジタルコンピューターの背景にある考えは次のように説明できるかもしれない。つまり、これらのマシンはヒューマンコンピューターによってなし得るどんな演算も実行することができるように設計されたものである」
── アラン・チューリング

　レオ・メラメドはシカゴ・マーカンタイル取引所（CME）グループの名誉会長（ポッドキャストエピソード#265）だ。先物取引の父として知られ、20世紀のビジネス界におけるシカゴ人トップ10の1人に挙げられた。これほどの名声と成功を手にした彼だが、トレンドフォロワーではないことは明らかだ。

　　「ハント兄弟の銀の買い占めは、私の最悪のトレードをお膳立てすることになった。銀が1オンス5ドルだった1978年6月から、私の会社のパートナーであるジョージ・フォーセットと私は銀を買い始めた。私たちは上昇する銀相場に乗った。1979年9月に銀は1オンス15ドルの高値を付け、私たちの含み益は相当な額に上った。フォーセットも私も今までこれほどの利益を上げたことはなかった。本当に大儲けだった。銀はどこまで上がるのだろうか。利食いする時期ではないのか。私が学んだことは、大きな利益は大きな損失よりも扱いが難しいということだった。私には良い友だちがいた……貴金属市場に詳しい友だちだ……彼は私が銀を買っているのを知っていたので、私は思い切って彼の意見を聞いてみることにした。『そうだな、君は銀のポジションで本当にうまくやったよ。銀がどこまで上がるか予想もつかないよ。でも、これだけは言っておきたいんだが、15ドルというのは高すぎる。過去の価格に照らすと、銀がこれ以上上がる保証はない』。彼は正直で最

高のアドバイスをしてくれたと思った。私はこのことをフォーセットに伝えた。そして、週末までに何も起こらなければポジションを解消して利益を確定することにした。そして私たちは実際にそうした。それは1979年10月下旬のことだった。これまでで最高の利益を手にしたのに、なぜこのトレードが最悪のトレードだったのだろうか。それは、私たちがポジションを解消して30日もしないうちに、ハント兄弟の銀の買い占めが効き始め、銀の上昇はとまらず、1980年1月には1オンス50ドルまで上昇したからである。フォーセットと私は銀を2年近く買い持ちしていた。あと30日、ポジションを持っていれば、もっと大きな利益を上げていただろう。私たちはつかみ損ねた何百万ドルという利益の計算はしないことを誓った[48]」

「数学モデルを使っていつ何を売買するかを決めているリンクス・アセット・マネジメントは金曜日、ブレグジットの発表を受けて、ファンドの1つが5.1％上昇したことを発表した。また、パリを拠点とする資産70億ドルのキャピタル・ファンド・マネジメントのディスカス・ファンドはその日、4.2％上昇し、レダ・ブラガ率いる資産102億ドルのシステマティカ・インベストメンツの主力商品であるブルートレンド・ファンドは1.35％上昇した」
── ブルームバーグ

　1979年の彼の銀トレードがなぜ最悪のトレードになったのかは分かる。そもそも彼は仕掛けの基準を事前に決めていなかった。1978年に彼と彼のパートナーがなぜ銀に対して強気だったのかも説明していないし、銀が安値（1オンス5ドル）だった以外、なぜ銀を買ったのかの説明もしない。銀価格が上がり始めたとき、彼は銀価格がどこまで上がるかを予測しようとしたが、そんなことは不可能だ。しかし、彼は手仕舞う根拠を明確に定義していなかったため、どこで手仕舞えば

第1部　トレンドフォローの原理

よいのか分からなかった。手仕舞い戦略を持たなかったメラメドは、最高値で買うのは間違いであるというトレードの常識に頼ってしまった。彼は銀は上昇し続けないだろうとファンダメンタルズから判断して、利益目標を設定して手仕舞ったのである。手仕舞いプランを持たずに利益目標を設定することで、メラメドは何百万ドルという利益をつかみ損ねた。素晴らしい経歴を持つ彼のトレード例はトレンドフォローとはまったく対照的だった。

「コンピューターモデルはいつ仕掛け、いつ手仕舞うかを私たちに教えてくれる。コンピューターは市場のトレンドについて価格が私たちに何を伝えているかを理解しているのだ。すべてのシステムは適度な資金をリスクにさらして、勝ちトレードをできるかぎり長く維持できるように設計されている」──ケン・トローピン

　ロブ・ロメインは準備の重要性を次のように語っている。「システムを使った規律あるアプローチの良さは、精神的なストレスのないときに戦略を設計できることである。そうすれば市況が厳しくなったときにはプランを実行するだけでよいので、過ちを犯しやすい重圧の下で難しい意思決定をする必要はない」

　大局的な視点から言えば、例えば、あなたは宇宙の支配者然として、テレビドラマ『ビリオンズ』のボビー・アクセルロッドのように、20個のモニターの前に座っているとする。そして、あなたはこれらのスクリーンを同時に見て何千というリアルタイムデータに機敏に反応できると思っている。バカも休み休みに言ってくれ。そんなことできるわけがない。モニターをスキャンする神業的なスキルがあると、どんなに叫んでも、そんなことは不可能だ。

468

第10章　トレードシステム

まとめ——思考の参考に

●資産残高は点数を記録する手段にすぎない。

●「私たちは起こったことに基づいて物事を変えたことがあるだろうか。そんなことはけっしてない。調査が基本であり、調査を基にして新しいアイデアが生まれるという信念が私たちにはある。モデルを使って損を出したとしても、それが統計的期待値の範囲内であれば、何も変える必要はない。パフォーマンスが最悪にある時期というものは必ずあるのだから[49]」——ユーアン・カーク

●「私はバージニア大学で教えているが、学生たちによく言うのは、『ビジネススクールに行かなくてもいいようにしてあげよう。今、君たちが受けているのは10万ドルにも匹敵する授業だ。ビジネススクールになど行く必要はない。２つのことを覚えておけばよい。１つは、どういったトレンドでも大きなトレンドに従えということだ。そして、逆張り投資家になってはダメだ』ということだ」——ポール・チューダー・ジョーンズ。[50]

●「これまでで最大の勝ちトレードは２つのシグナルによるものだ。現在価格が200期間単純移動平均を上に交差すること、52週の新高値を付けたということ。たったこれだけだ」——ラリー・テンタレッリ

●「トレードでお金を儲ける４つの方法は、価格が動いているときに儲けること、価格が動いていないときに儲けること、アービトラージ、そしてマーケットメーキング・スキャルピング・高頻度トレードである」——ジョッシュ・ホーズとポール・キング

●「方角を知りたい人に地球儀を与えても無意味だ。それは時間のムダでしかない。しかし、物事の成り立ちを理解したい人に、地図は与えるな。彼らが知りたいのは方角ではなくて全体像なのだから」——セス・ゴーディン

●「戦士のなかで最も強いのは時間と忍耐力である」——レフ・トルス

469

第1部　トレンドフォローの原理

トイ

「人生はその人の勇気次第でしぼんだり膨らんだりする」――アナイス・ニン

ゲーム

The Game

「人生はゲームと考えよ」──レイ・ダリオ

「トレンドは現れては消える。トレンドフォロワーも同じだ。なかには長く
生き残れる者もいる」──エド・スィコータ[1]

アレクサンダー・イネイチェンは著書『アブソリュート・リターン
（Absolute Returns)』のなかで、トレードはゲームにすぎないと強調
する。このゲームには３つのタイプのプレーヤーがいる。

●自分がゲームをやっていると分かっている人。
●自分がゲームをやっていると分かっていない人。
●自分がゲームをやっていると分かっていないために、えじきになっ
　ている人。[2]

どんなゲームでもプレーを始めて30分以内にだれがカモなのかが分
からない人は、カモ、つまりえじきはあなたである。

ラリー・ハイトにはメカニカルなトレードシステムにかたくなに従ってい
るが、それを理解できない友人がいる。彼は友人との会話について話して
くれた。友人が尋ねる。「ラリー、よくそんなトレードができるね。退屈じ
ゃないかい？」。ハイトは答える。「私は興奮を味わいたくてトレードして
いるわけじゃないんだ。勝つためにやっているんだよ」

第1部　トレンドフォローの原理

　第1部では、自分たちがゲームをやっていると分かっていないために、LTCM（ロング・ターム・キャピタル・マネジメント）、ベアリングス銀行の破綻、2008年10月の株式市場大暴落、ブレグジットといったビッグイベントのなかでえじきになってしまったトレーダーについての話をしてきた。私がこれまでに紹介してきたそうしたトレーダーや投資家は自分がゲームをやっていることを理解せずに、報われることのない聖杯を追い求めてきた人々だ。そして、ゲームをやっていることをしっかりと理解し、プレーするたびにエッジを発揮したトレンドフォロワーも紹介してきた。それがゲームだということが分かっているのなら、厳しい選択が待ち受けている。

受け入れる

　本書が新しい世代のトレンドフォロワーを生みだし、彼らがトレンドの頻度、方向、強さ（そして、お金を儲けるみんなの能力）に悪影響を及ぼすのではないかと心配な人は、トレンドフォロワーであるキース・キャンベルの時代を超えた言葉に耳を傾けてほしい。「私たちはトレンドを追いかけているのであって、トレンドを作りだしているわけではない。大きなトレンドの最初や最後には、小さな上下動やちょっとしたふいうちは与えるかもしれないが、それは極めて表層的なもので一時的な効果しかない[3]」

多くのタートルズたちが大きなドローダウンを被ったり、巨額のリターンを求めたりしないのは、顧客たちがもっと保守的なアプローチを望んでいるからだ。[4]

「平均を上回るパフォーマンスの時期と、平均を下回るパフォーマンスの時期は交互にやってくる。魅力のない市場環境というものは必ずあるもので、

それが始まると、間違った期待を持った投資家はすぐに不機嫌になる。彼らはもっともな理由を挙げて苦情を言い始める。彼らはなぜ損をするのか絶対に理解できないだろう」──トランストレンド

　まさに彼の言うとおりである。第3章のラリー・ハリスの言葉を思い出そう。「トレーダーはいろいろな理由でゼロサムゲームをプレーしている。だれもが勝つためにプレーしているわけではないが、トレンドフォロワーは勝つためにプレーしている。人々は彼らのこういう態度に恐れをなして、脅迫したり、防衛的になったり、妬んだりするのである。トレンドフォローがその有効性を失うためには、劇的な変化が必要だ。

● **パッシブなバイ・アンド・ホールドをやめる**　ファンダメンタルズ分析を信じている人（大部分の市場参加者）は投資方法を変えなければならないだろう。彼らはバイ・アンド・ホープやロングオンリーのインデックス投資をやめ、トレンドフォローを始めるだろうか。それは絶対にない。世界中に投資可能な資産は80兆ドルあるが、そのうちトレンドフォローに投資されているのは2000億ドルしかない。0.25％などなきに等しい。

● **ロング・ショート戦略を始める**　ほとんどの人は、怖い、よく知らない、あるいはとまどいを感じるため、空売りをしたがらない。彼らはロングオンリーのトレードしかしない。これが変わるのはいつのことになるのだろうか。

● **インデックスファンドや投資信託をやめる**　これは難しい。なぜなら、退職金制度は法律的に平均的な人は100％何らかの金融商品に投資することを要求するからだ。したがって、彼らは合法的にほかに投資する機会を奪われる。

● **マネーマネジメントを活用する**　ほとんどの人はどれくらい買い、ど

れくらい売ればよいのか分からない。彼らはいつ買うべきかだけを心配し、いつ売るべきかは考えない。無謀にも1つの機会に50%賭ける。これはコイン投げの確率と同じではないか。彼らはいつもこんなことばかりしている。もっと証拠が必要なら、ラスベガスやマカオを考えてみるとよい。というより、じかに行ってみるのが一番だ。

●**ダニエル・カーネマンとエイモス・トベルスキーの間違いを証明する**　市場でトレードする人間がいるかぎり、ロボットを使おうと使うまいと、この世界ではカオスが幅を利かす。ゲームを変える言い訳として、ロボットやコードにこだわりたいかな？　ちょっと待ってほしい。ここで質問だ。「あなたはだれがロボットをプログラミングすると思っているだろうか」。ロボットを動かすアルゴリズムを書くのは人間だ。トレンドには常に極端に大きな上下動があり、システマティックな人々はこれを利用する。

●**キャリアを終わらせるリスク**　作家のジェイソン・ツバイクは次のように言う。「ファンドマネジャーの仕事は市場を打ち負かすことだとあなたは思っているかもしれないが、実際には彼らの仕事は仕事を確保し続けようとすることである」。この心の葛藤がウォール街からトレンドフォローを締め出しているのだ。「何だって？　このトレンドフォローってやつは大きな手数料をもたらさない？　ジョーンズさんよ、そんなものは必要ないよ。このVRポルノを開発しているバイオテクノロジーのペニー株にまつわるニュースを知ってるかい……」。人々はファンタジーが大好きなのだ。

●**信用すれども、検証を忘れるな**　プロセスについて理解していない人が多すぎる。彼らは5000ドルのスーツを着ている人は信用する。彼らはスキルと運の間には相互作用があることを理解することなく、トレード結果を判断する。富だけでは英知とは言えないのだ。これを忘れてはならない。

第11章　ゲーム

●**中央銀行に介入させない**　あなたの将来の経済的な問題は自分でコン
トロールすることが重要だ。あなたの貯金を奪い取ろうと必死に
なっている狂った銀行家どもがうじゃうじゃいる世界では特にそう
である。次にバブルがはじけるときには、FRB（連邦準備制度理事
会）は砲弾はもう撃ち尽くしてしまっているから、金融システムは
資産価格を再び上昇させることはできないだろう。そのとき、人々
はみんな日本人になる——株式市場にはもはや資産効果はなく、投
資家に大金持ちになれると信じ込ませることはできない。万事休す。
しかし、本当の問題は中央銀行が弾切れになることではない。問題
は、彼らが南北戦争時代の外科手術のように麻酔をすることもなく
患者を手術台に縛りつけていることだ。弓のこで患部を切断すれば
生存確率は残酷なほど低いことを十分に知りながら。こうなると異
常な事態が起こる。これをみくびってはならない。中央銀行のお遊
びはいつ終わるのか。けっして終わることはないだろう。

●**「なぜ」と聞くのをやめる**　市場の動きのストーリーを欲しがる人
が多すぎる。彼らは「理由」を知りたがる。しかし、トレンドフォ
ローは理由など知る必要はない。

「変化を理解する唯一の方法は、そのなかに飛び込み、それと一緒に動き、
ダンスに参加することである」——アラン・ワッツ

「これらの原理を世界中の市場——中国製磁器、金、銀、かつては存在した
が現在は存在しない市場、他人は大金を稼いでいるが私たちはトレードし
ていない市場——に幅広く適用すると、トレンドフォローほど素晴らしい
トレード方法はないことがやがて理解され始める。リスクをしっかりと管
理できる方法がほかにあるだろうか」——ジェリー・パーカー[5]

正直になろう。ほとんどの人は今のままのほうが快適だと感じる。た

475

第1部　トレンドフォローの原理

とえ一生をかけて貯めてきたお金が、次のブラックスワンが現れたら消えると分かっていても。少なくともそのときに隣人がすべてを失えば、惨めさを共有できる。自分たちの知っている市場に関する知識はすべて間違っていることを認めることは、投資家にとってストレスホルモンを大量放出するきっかけになるだろう。多くの人は人生を変えるほどの利益を求めて正しいトレード方法を学ぶよりも、ネットフリックスを見たり、フェイスブック上でつまらない激論を戦わせたり、インスタグラムに投稿したり、ツイッターで挑発的なメッセージを投稿したり、デジタルな農作物を育てたり、次の大統領がすべてを解決してくれるふりをしたりすることを選ぶだろう。

「市場は最初はファンダメンタルズな理由でトレンドを形成するかもしれないが、価格は度を超えて上昇する。やがて価格は昨日上昇したという理由だけで今日も上昇する」――マイケル・プラット

私を責めないで

時としてトレンドフォローは市場を混乱させるとして非難されることがあるが、これは驚くべきことではない。株価が暴落したり、バブルがはじけたり、スキャンダルに襲われると、勝ちトレーダーは10回のうち9回は非難の的になる。オマハの小柄な老女がバイオテクノロジーのペニー株でギャンブルをして、老後の蓄えを失っても非難されることはない。一般大衆がダウが上がり続けることに賭けて、50%急落しても彼らが非難されることはない。だれも損失の責任を取りたがらず、大衆がパニックに陥ったとき、勝者が非難の的になるのだ。トレンドフォローを悪魔の化身にする私のお気に入りの誤解を見てみよう。

476

第11章　ゲーム

フューチャーショックとは、あまりにも短時間にあまりにも多くの変化に
さらされたために強烈なストレスを感じ、感覚をなくしてしまうことを言
う──アルビン・トフラー

●トレンドフォロワーは先物、通貨、コモディティ、ETF（上場投信）
などをトレードしている　トレンドフォロワーの大部分は統制され
た市場でトレードしている。だれでもそこでトレードできるのなら、
なぜトレンドフォロワーだけがやり玉に挙げられるのか。政治が絡
んでいるのか。

●トレンドフォロワーはレバレッジを使う　偉大なトレーダーは自由
にツールを使う。その1つがレバレッジだ。大切なのはウォール街
の多くがよく行うようにレバレッジをかけすぎないことである。

●トレンドフォロワーは世界規模のパニックを引き起こす　トレンド
フォロワーはパニックを引き起こしたりはしない。トレンドフォロ
ワーは予期しないイベントに反応するだけである。彼らは水晶玉な
んて持っていないのだから。

●トレンドフォロワーは投資ではなくてトレードするだけだ　市場は
投資の場ではなく、トレードの場だ。市場は敗者にではなく勝者に
報酬をもたらす。私たちはだれでも選択できる。選択を間違えたと
きには、鏡で自分の姿を見ることだ。

トレンドフォロワーは下落相場で儲けることで激しく非難されるが、
これは彼らのスキルを無視していることになる。「ボラティリティが高
まったことに対して一般大衆が非難する相手を探しているときはいつ
でも、トレーダーはメディアの恰好のターゲットになってきた。そん
なとき、メディアが決まってやり玉に挙げたのが『空売り』をしてい
る人たちである。下落相場で儲ければ不道徳と見られ、混乱を招くと
して非難される。この業界は『不良少年』が相場を操作し、ギャンブ

477

ルをするところではなく、経験を積んだトレーダーがトレードスキル を発揮し、パフォーマンスだけで報酬を得る場所である」

「ほとんどの戦いは戦う前にすでに勝っていた」——ジョージ・S・パット ン将軍

　下落相場で儲けることを不道徳とする考えは、その考えそのものが 不道徳である。市場にはルールがある。買うこともできれば、売るこ ともできる。お金を儲けようとする真剣なプレーヤーはルールに従い、 言い訳はしない。ルールを知らないのなら、それはあなたの責任だ。

　しかし、ジェリー・パーカーは、トレンドフォロワーは使っている スキルをもう少しうまく説明すべきだと言う。「私たちの犯したもう１ つの過ちは、自分たちをマネージド・フューチャーズ（トレンドフォ ローを表す業界用語）と定義し、自分たちの世界を限定したことであ る。私たちはマネージド・フューチャーズの専門家なのか、システマ ティックなトレンドフォローの専門家なのか、それともモデル開発の 専門家なのか。私たちは中国製磁器のトレンドを追いかけることもあ れば、金や銀や株価指数先物など顧客が必要なものなら何でもそのト レンドを追いかける。しかし、システマティックなトレンドフォロー が、リスクを限定し、利益を出すというまずまずの期待が持てるポー トフォリオを構築するうえで最良の方法であることを人々が認めてく れる日が必ずやってくるだろう」

「シャープレシオは一見、リターン（良いもの）には褒美を与え、リスク （悪いもの）は罰するかのような印象を受ける。しかし、細かく見ていくと 話はそれほど単純ではない。標準偏差はリターンがプラスかマイナスかに かかわらず、平均からどれだけ乖離しているかを見る。このため、プラス のリターンが大きいとリスクは大きくなり、リターンがまるでマイナスで

あるかのように思えてしまう。これはダイナミックな投資戦略ではあり得ない。シャープレシオでは大きなプラスのリターンは罰せられることになる。したがって、リターンの分布から最大リターンを外したほうがシャープレシオは良くなる。これはシャープレシオは、質を見る普遍的尺度としていかにバカバカしいかを証明するものである」——デビッド・ハーディング

　予測不可能な世界では、トレンドフォローはリスクと不確実性を管理し、大きなリターンを生みだす最良のツールだ。デビッド・ハーディング、マーティン・ルエック、ケン・トローピン、レダ・ブラガ、ユーアン・カーク、ビル・ダン、ジャン・フィリップ・ブショー、ジェリー・パーカー、キース・キャンベル、ジョージ・クラップル、ラリー・ハイトたちの過去40年にわたるパフォーマンスは議論の余地のない事実である。

レバレッジを下げれば、リターンも下がる

　リチャード・デニスのタートルズたち（『ザ・タートル』［日経BP社］を参照）は最初できるだけ多くのお金を稼げと指導された。彼らにはホームランを狙うことを除き、何の制約もなかった。彼らはデニスの指導の下にいるときは絶対リターンを狙うトレーダーだった。しかし、独立して顧客のためにトレードするようになると、彼らはスタイルを変えた。彼らは少ないレバレッジを希望する顧客を受け入れるようになり、結局、リターンも下がった。

「ファンドの基準価額が高値を更新し、年間50％の利益を上げたときはだれもが投資したがる。10％でも20％でも何でもいいが、ファンドのパフォーマンスがドローダウンのときに仕掛けたいとだれもが言うが、それをやる

第1部　トレンドフォローの原理

人はいない。今がまさにそのときであり、最大のドローダウンで投資する
チャンスなのだが、だれもそのようには考えない。だれもがファンドを安
値で買いたがるが、だれもそうするようには思えない」──リチャード・
デニス[8]

　ダン・キャピタルは大きな利益を狙ってそれを勝ち取るためには、ト
レーダーと顧客が同調し合わなければならないことを理解している。ダ
ンは同調することを強調する。「もちろん今は、レバレッジを下げて運
用資金を増やすという選択肢もある。あなたは運用資金に対して管理
手数料を要求し、利益に対して成功報酬を請求するので、これは顧客
が同調してくれればうまくいく。私たちはどの顧客に対しても管理手
数料は取らない……私たちが関心があるのは生みだされる数字だけで
ある[9]」

　低リスク低リターンという控えめなトレンドフォローに安心感を抱
く人もいるかもしれないが、あなたの人生を変えてしまうような大金
を手にする真の方法は高リスク高リターンでしか得ることはできない。
レバレッジを効かせる効かせないは別にして、トレンドフォロワーの
ジェイソン・ラッセルも言っているように、重要なのは顧客と歩調を
合わせることである。「マネジャーは長期的な目的に合わせて運用して
いると言うが、実際には、トレンドフォローが自分たちにとってどう
いう意味なのかを理解しようとしない顧客の短期的な目的に合わせて
行動している。マネジャーも業界も規制当局も顧客を教育しようとは
しているが、最終的な責任は顧客にある」

　結局、トレンドフォロー戦略のスタイルはボラティリティ目標（レ
バレッジの選択）、速度（短期トレンドを狙うか、長期トレンドを狙う
か）、セクターイクスポージャー（狭く分散化するか、広く分散化する
か）によって異なる。トレーダーのジョッシュ・ホーズはどういう選
択をするかについて別の視点からまとめている。「リスクには、ファン

480

ドレベルのリスク、口座レベルのリスク、トレードシステムレベルの
リスク、ポジションレベルのリスクがある」。飛び立つ前にこれを十分
に理解しておこう。

**今日は6月中旬で、天候、作柄、雨が降るか雪が降るか乾燥するかといっ
たようなことがいろいろと話題に上っている。私にはどうなるかは分から
ない。こういったことは私が関知するようなことではない。またこんな情
報をどう使えばよいかも分からない。ほかの人も同じだと思う。雨が降る
と思ったら、その日の服装を心配するだろう。天気予報は服装をどうする
か以外に使い道はない。**[10]

運は勇敢な人に味方する

しかし、それはモデルを超えるものだ。ある同僚の次の言葉には納
得させられた。「トレンドフォローも一般的なトレードもだれでもが向
くわけではない。トレーダーの日々の生活が、特にトレンドフォロー
がどういうものなのかをチェックする人はほとんどいない。人生を変
えるほどの誓いを立てる前に、ぜひともこういったことをよく知って
おいてもらいたい」。

**「楽観主義とは最善を期待することだが、自信とは最悪の事態に直面したと
きにどう対処するかを知っていることを意味する」**——マックス・ガンザ
[11]

**「逆説的に聞こえるかもしれないが、すべての精密科学は近似という考え方
に支配されている」**——バートランド・ラッセル[12]

人生を変えるほどの誓いとは、自分が正しくあろうとすることでは

第1部　トレンドフォローの原理

ない。ほとんどの人は何があっても自分は正しくなければならないと考えている。彼らは自分が正しいことを人に知ってもらうために生きているのだ。彼らは成功すら望まない。勝ちたいとさえ思わない。お金を欲しいとも思わない。ただ正しくありたいと思うだけである。一方、勝者はただ勝ちたいとだけ思っている。

　これだけではない。あなたは耐えなければならない。トレードプロセスは四半期ごとのパフォーマンス尺度に基づいて構築されているわけではない。また懸命に働いて経験を積むことが必要で、素晴らしい経験からは規律が生まれる。さらに長期的に取り組むことも重要だ。実際の戦略では10%の損失が1年続くかもしれないし、翌年は損失が15％に増えるかもしれない。そして、その翌年には115%の利益が出るかもしれない。2年目でトレードをやめれば、3年目に得るはずだった利益を得ることはできない。人生においても、トレードにおいても、これが現実だ。

　ラリー・ハイトはリスクの選択について次のように述べている。

　「人生は賭けの連続であり、賭けは疑問とその答えにすぎない。『ブラックジャックでこの手ならもう1枚カードを引くべきか』と『スピードを上げてこちらに向かって暴走してくるバスをよけるべきか』に実質的な違いはない。どちらにも2つの普遍的な真実がある——起こり得る可能性のある結果の確率の集合と実際に発生するただ1つの結果。私たちは毎日何千とは言わないまでも何百という賭けをする。大きな賭けもあるが小さな賭けもある。一見したところよく考え抜かれた賭けもあり、よく考えずに行った賭けもある。よく考えずに行った賭け、つまり何も考えずに行った人生の小さなギャンブルは確かに取るに足らないことかもしれない。『靴ひもを結ぶべきか』は大きなリスクがない代わりに、大きな報酬もないように思える。一方、前に述べたスピードを上げてこち

らに向かって暴走してくるバスは私たちの人生に大きな影響を与えるように思える。その朝、靴ひもを結ばないと決めて、そのために道路の真ん中でつまずいて転んでしまう。そして、動けないでいるところに無茶な運転のバスがやってくる。バスは私に気づいて大きく横滑りする。今にしてみれば、靴ひもを結ばないという小さな決断が、バスの横滑りという大きな事故を招いてしまった」

　機会をとらえて自分自身でトレードするか、それともトレンドフォローのプロに任せるか。これは大きな決断だ。どちらを選んでも長所と短所があるが、ゲームに参加し、「パッシブなバイ・アンド・ホープと、ロングオンリーだけですべてうまくいく。私はFRBを信用している。ブラックスワンはもう絶滅した」という愚かな考えをやめるまで、どちらが正しいかは分からない。

　効率的市場仮説（EMT）の原理とは違って、トレンドフォローの不朽の原理は複雑なアルゴリズムに根差しているわけではなく、穴の開いた定理のなかに閉じ込められているわけでもない。トレンドフォローの原理は、ウォール街や一般社会で見られる典型的な戦略は、良くてもぶざまなエラーの上に構築され、最悪の場合、狡猾なウソであることを証明するものである。

私が行ったトレンドフォローの対話式プレゼンテーションを所望の方は、本書を買ったときの領収書の写真をここ（receipt@trendfollowing.com）まで送ってください。

「私たちのエリート教育システムは、頭が良くて才能があり何に対しても熱心に取り組む若者を作り出すが、同時に、いつも不安で内気で混乱し、知的好奇心や目的意識がなく、特権と言う幻想にとらわれ、従順に同じ方向

第1部　トレンドフォローの原理

を向き、自分たちのやっていることはうまくやれるが、なぜそれをやっているのかが分からない若者も作り出す」──ウィリアム・デレシーウィックツ[13]

第2部

トレンドフォロワーとの
インタビュー

Trend Following Interviews

「理由に関係なく行動すること、やり方が分からないときにはそこにとどまること、どんなことでもその流れに乗ること——これ原初の美徳なり」——荘子(『ザ・セコンド・ブック・オブ・ザ・タオ(The Second Book of the Tao)』より)

第2部　トレンドフォロワーとのインタビュー

「トレンドフォローには
魔法の公式などない。あ
るのはトレンドフォロー
という魔法の思考法だけ
だ。それを探せ」──マ
イケル・コベル

トレンドフォローは私の楽しみだが、トレンド
フォローでトレードしているうちに私を熱中させ
る別のものに出くわした。それがインタビューだ。
2冊目の本『ザ・タートル』（日経BP社）を執筆
したり、映画を制作するなかで必然的に身につい
たのがインタビュー技術だった。そして2012年、4
冊目の本『ザ・リトル・ブック・オブ・トレーデ
ィング（The Little Book of Trading）』が出版さ
れたあと、私はポッドキャストを立ち上げた。こ
れはトレードの枠をはるかに超えるもので、チャ
ーリー・ローズのような多彩なゲストとの対話を
配信することができるようになったのはうれしい
かぎりだ。

　私のポッドキャストは今では視聴者は500万人を
超え、テーマは投資、経済、意思決定から、健康、
人間の行動、起業家精神に至るまで多岐にわたっ
ている。これまでに迎えたゲストには、ノーベル
賞受賞者のロバート・オーマン、アンガス・ディ
ートン、ダニエル・カーネマン、ハリー・マーコ
ウィッツ、バーノン・スミスがいる。さらにジェ
ームス・アルトゥーカー（企業家）、ダン・アリエ
リー（教授）、ロバート・チャルディーニ（教授）、
キャスリーン・アイゼンハート（教授）、マーク・
ファーバー（投資家）、ティム・フェリス（作家）、
ジェイソン・フリード（企業家）、ゲルト・ギーゲ
レンツァー（心理学者）、サリー・ホグスヘッド
（作家）、ライアン・ホリデー（作家）、ジャック・
ホーナー（古生物学者）、スティーブン・コトラー

486

（作家）、マイケル・モーブッサン（クレディ・スイス・ファースト・ボストンのマネージングディレクター兼米株チーフストラテジスト）、タッカー・マックス（作家）、スティーブン・ピンカー（心理学者）、バリー・リソルツ（作家）、ジム・ロジャーズ（投資家）、ジャック・シュワッガー（ファンドマネジャー）、フィリップ・テットロック（サイエンスライター）、ウォルター・ウィリアムズ（経済学者）も登場した。

　トレンドフォローの中心的推進者であるトレンドフォロワーや行動分析のプロとのインタビューの数にかけてはだれにも負けない。この第5版にインタビューの章を含めたのはそのためだ。『マーケットの魔術師』（パンローリング）のようなものだと思ってもらえばよいだろう。ただし、本書のインタビューに登場するのはトレンドフォロワーたちである。7人のマーケットのプロたちへのインタビューを通じてトレンドフォローの英知を学んでもらいたい。

●第12章　エド・スィコータ
●第13章　マーティン・ルエック
●第14章　ジャン・フィリップ・ブショー
●第15章　ユーアン・カーク
●第16章　アレックス・グレイザーマン
●第17章　キャンベル・ハーベイ
●第18章　ラッセ・ヘジ・ペダーセン

エド・スィコータ
Ed Sekota

エドワード・アーサー・スィコータ(第2章を参照)は、初期のパンチカードマシンを使ってアイデアを検証したシステムズトレーディングの先駆者だ。ベストセラーとなった『マーケットの魔術師』では、著者のジャック・シュワッガーは1章分をスィコータに充て、「彼がこの時代の最良のトレーダーの1人に挙げられるのは、間違いなく彼の成し遂げた偉業によるものだ」と書いている。[1]

コベル あなたはトレンドフォローをトレードの視点だけではなくて、人生の視点からも見ていますね。

スィコータ 本物のトレンドフォロワーになろうとするのであれば、トレンドフォローを1つの分野に限定すれば問題が生じます。例えば、トレンドフォローシステムを持つとします。「分散化ポートフォリオにするんだ。トレンドフォローポート

「株式市場はけっして分かりやすいものではない。それは常に人々をだますように設計されている」──ジェシー・リバモア

フォリオにするんだ。これで感情から解放される。ポートフォリオを構築するときは感情が必ず邪魔をする。だから、分散化トレンドフォローポートフォリオを構築するんだ。あるいはだれか別の人が作ったトレンドフォローポートフォリオに投資する。これで感情問題は解決できる」とあなたは思うでしょう。

　それで、何が起こるかというと、その投資やポートフォリオは価値が大きく上下動する。そうすると、それを見て、感情的になる。システムを持っても感情をなくすことはできないのです。あなたがやっていることは感情を別の階層に移動させているだけです。ポートフォリオのなかにはあなたを悩ませてきた要素が含まれています。それはポートフォリオの評価額は上下動するということです。そして今、あなたは評価額が上下動するポートフォリオを持っている。だから、問題を別の階層に移動させただけなのです。結局、あなたは『自分はなぜこんなふうに感じているのだろうか。こんなときは何をすべきなのだろうか。物事が激しく上下動するとき、それに反応するもっと良い方法、あるいはもっと生産的な方法はないのだろうか』と思う。結局、感情とはうまく付き合っていくしかないのです。

　最良のトレンドフォロワーとは、自分自身と和解する人のことです。これが物事が上昇したり下落したりしたときに、あるいは価値が上がったり下がったりしたときに、私がやっていることです。

私はこのように振る舞い、行動します。もちろん、物事が上昇したとき、あなたのできることはたくさんあります。何かが上昇したとき、売る人もいれば、買う人もいます。上がり続ければ、もっと売る人もいれば、もっと買う人もいます。いずれのケースでも極端になりすぎれば逆効果になり自滅します。それをどのようにやるかを知る必要があり、首尾一貫してやることが重要です。これはあなたの私生活でも同じです。

これを私生活でも行えば、それはトレンドフォローでも役立ちます。人間としてどう振る舞うべきかという哲学と歩調を合わせることなくトレンドフォローをやろうとすれば、対立が生まれます。だから私たちは、トレーディングトライブでは実際のトレードや市場がどう動くかといった話はしません。私たちがトレーディングトライブで取り組んでいるのは、ボラティリティに対する感情的な反応や、損失に対する感情的な反応や、構造や権力に対する感情的な反応といった別の問題です。

こうした問題が解決できれば、あなたの大切な人や子供たちともっと良い関係が築けるでしょう。人生のいろんな分野でもっと満足することができるでしょう。すると不思議なことに、トレードも良くなります。どうしてそうなるのかは分からないにしても、今や不確実性に対応できて、ボラティリティにも対応できる人になっているのです。こんなことは以前は考えられなかった。システムは自分の感情を癒すツールではありません。「私は自

「人間は高貴で尊敬に値し、そしてなかには本当に頭の良い人もいる。こういうことを信じているという意味では私は楽観主義者だ……でも、人間が集団になると、ちょっと悲観的だ」──スティーブ・ジョブズ

第2部　トレンドフォロワーとのインタビュー

分の感情を抑えることができる」と言う人がいますが、それは上唇をこわばらせ、歯を食いしばって、うまくいくようにと願っているにすぎません。

　私はこれとはまったく逆です。「これらの感情の肯定的な面はないのだろうか」と考えるのです。肯定的な面に祝杯をあげるのです。肯定的な面を見つけると、その感情はすぐに消え、また次の感情が現れます。私はむしろそういった感情の流れを作り出すようにします。その方法はいろいろあります。

　こういったことを20年、30年とやっていれば、これをどうやればよいのか、反応パターンをどの程度プログラムし直せばよいのかが分かってきて、うまくやれるようになるのです。私たちがやっていることについては、私のブログ（http://www.seykota.com/）にすべてアップしているので、ぜひ見てみてください。ブログは無料で見ることができます。私たちはこのテクニックを使っている人たちの成長過程を記録しています。これは彼らにとって非常に役立っているようです。

コベル　人が探しているのは安らぎと満足を得られる場所だと私は思います。つまり、常に悩むことなく安心して座っていることができる環境を人は望んでいるように思えるのです。そして、心配事があるときはそれを解決できる場所を。アラン・ワッツのような禅マスターの本を読むと、あなたの瞑想と似ているように思えます。あなたの仕事

492

と東洋の思考プロセスとの間には何らかの共通点があると思うのですが。そうは思いませんか。

スィコータ どんな感情にも肯定的な面があると私は思っています。例えば、家にいて、煙の臭いがして、パチパチという音が聞こえたとする。そして、部屋の温度が上がっていることに気づく。するとあなたは、家が火事になっているかもしれないと思うはずです。こんなときは不安を感じ、何らかの行動を起こして、それに反応しなければなりません。

あなたが自分に麻酔をかけて、無反応の瞑想状態になって自分の心を癒したいと思っているかどうかは分かりませんが、私が言いたいのはこんなことではない。つまり、あなたはそのときの自分の感情に気づき、それに応じて行動しなければならないということです。感情を癒すことと、積極的にそれに反応することの違いを知ることが重要なのです。

常に安らぎを求めよと言っているのではありません。時には多忙なほうがいいと思うこともあるでしょう。トレードを仕掛けたり、トレードを修正したりといったリスクコントロールで多忙を極めたいと思うこともあるでしょう。あるいは、何らかの行動をして機会をとらえたいと思っているかもしれない。それが何であれ、あなたは自分の感情と一体になることが重要なのです。安らぎを感じ、自分の感情と向き合い、あなたの心に問いかけ、休むことは時には良いことかもしれない。疲

「私が支持するあらゆるもの、私がこれまでの人生でやってきたあらゆるものは完全に時間のムダだったと、EMT（効率的市場仮説）は主張する」
――デビッド・ハーディング

第2部　トレンドフォロワーとのインタビュー

れたときに休むのはとても大事ですから。

　トレーディングトライブの技術、私はこれを TTP（トレーディング・トライブ・プロセス）と呼んでいますが、これはドラッグやアルコールや鎮痛剤のような効果を得るためのものではありません。この技術を鎮痛剤としてして使うのはちょっと意味が違います。このうえなく幸せな気分になって、永遠にその状態でいることを禅マスターは勧めてはいないと思います。彼らはその瞬間に現れるどんな感情に対しても、ちょっとだけ反応し、前向きな気持ちになりたいと思っているのだと思います。

コベル　私は学ぶのが大好きで、毎日が勉強です。自分を表現するにはどういった方法が良いでしょうか。方法は常に進歩していますか。

スィコータ　方法は常に進歩していると私も思います。だからいろいろ試しています。私たちは今この瞬間を生きています。私はあなたから何かを学び、そのことに反応をしてしまいます。そしてあとになってから、「もう少しうまく言えたのになぁ」と思うでしょう。でも、それが人生というものです。その瞬間にできるかぎりのベストを尽くすだけです。そして、それを見直せばおそらく次は違ったふうにやれるでしょう。私は自分がどう反応したかをチェックして、「もっと違った反応はなかっただろうか」と考えます。これがトレーディングトライブで私たちがやっていることです。ト

時系列モメンタムは、ランダムウォーク仮説と、多くの名高い行動理論と合理的な資産価格付け理論を最も直接的にテストするものの1つである。われわれの発見はこうした理論と将来的なリサーチに対する新たな証拠と挑戦を提示するものだ。

レーディングトライブでは、私たちは自分の感情に対する反応を見て、「私たちがやっていることは何なのか。どうしてそういう結果になるのか。反応するパターンを変えれば、次回は違った結果を得ることはできるのか」を明らかにする練習をしているのです。

コベル　私たちが物事を学べる唯一の方法は、自分よりも経験豊かな人の前で最大限の努力をすることです。最大限の努力をすれば、「なぜそんなふうに言わなかったのだろう。彼が言ったように言えたはずだ」と思えるような何かを学ぶ機会が得られるものです。しかし、間違った方法で努力をしていては、物事を学ぶもっと良い方法を知るところまで達することはできないでしょう。

スィコータ　人が互いに向上し合える環境を整えること──これがトレーディングトライブがやっていることであり、会社のなかにはこれを実にうまく取り入れているところがあり、ほかの組織でもうまくやっているところがあります。重要なのは個人の成長です。人があなたを正し、アドバイスをしてくれる。そしてアドバイスをもらったあなたは、「学ぶ手助けをしてくれてありがとう」と言う。こういった成長が大事なのです。

　しかし、だれかがあなたを正し、アドバイスをしてくれているのに、多くの場合、あなたは気分を害してしまう。あなたは自己保身に走るようなことを言い、相手の悪口を言い、ののしり、近寄

「突き詰めるときとそれをやめるときを知ることは、両方とも価値がある」──マイケル・コベル

らないでくれと言う。これでは成長は望めません。

　景気が良くて、会社が成長しているとき、だれ
もがその会社のカルチャーの枠を超えるようなこ
とをやろうと考えます。自分自身が成長し、自由
競争社会において自由に競争できるならば、あな
たは競争力のある会社を立ち上げることができる。
そして、だれかが別の人に、会社を立ち上げるも
っと良い方法があると言うと、それを聞いた人は
「話してくれてありがとう」と言う。そして、彼ら
は言われた方法で会社を創業する。生き残りを図
っている会社、つまり過度の制約を受け、政治的
な規制のある会社にいるときは自分のビジネスの
ことだけを考え、他人に何をすべきかを言うべき
ではありません。

　一方、個人で成長できるプロと学びのプロがい
ます。他方には、そうでない人がいます。この境
目は非常にはっきりしています。会社に一歩足を
踏み入れると、それはすぐに分かります。進んで
成長しようとする人は、成長します。ゴボポリー
モデルをようやく手に入れても、別の方法で始め
れば……。

コベル　『ゴボポリー（Govopoly）』の本のなかで
あなたはトレンドフォロー戦略について話をして
います。ゴボポリーシステムをあなたは必要不可
欠なものだと言っています。そして、このゴボポ
リーシステムを私たちが理解するのに必要なのが
トレンドフォローだと言っています。ところで、も

しよければ少し過去の話をうかがってもよろしい
でしょうか。あなたの経歴に非常に興味を持って
います。

　あなたには興味深い指導者や興味深い弟子がい
ましたが、初期のころに大きな影響を受けたトレ
ーダーが何人かいますね。特にエイモス・ホステ
ッターとリチャード・ドンチャンです。この２人
のことについてお聞きしたい。

　エイモス・ホステッターはコモディティーズ・
コーポレーションに勤めており、リチャード・ド
ンチャンはハイデン・ストーンに勤めていました。
この２人はトレンドフォローのパイオニア的存在
でした。

スィコータ　私の知っていることについてお話し
しましょう。私はホステッターよりもドンチャン
のほうをはるかによく知っています。ドンチャン
は銅の２週間ルールについてすでに気づいていま
した。２週間ルールというのは、過去２週間の高
値を更新すれば買い、過去２週間の安値を更新す
れば売るというルールです。「どうして２週間ルー
ルを思い付いたのですか」と一度、彼に聞いたこ
とがあります。「よく分からない。こんなことを聞
いてきたのは君が初めてだ」と彼は言いました。彼
は、とにかく思い付いただけだとしか言いません
でした。これが自動化トレンドフォローシステム
の始まりだったと思います。

　それ以前は、リバモアのピボットポイントなど
のシステムがありましたが、２週間ルールを始め

「窮鼠猫を噛む」——日
本のことわざ

たのはドンチャンです。今ではもううまくいきませんがね。当時の市場状態と今とではまったく違いますから。２週間ルールは銅で非常にうまく機能しました。そして、２週間をもっと延長させなければならないことが分かってきました。６週間、30、40、50週間、あるいはそれ以上延長させるわけです。

　ドンチャンのこのシステムを使っている人が彼のオフィスには数人いました。彼自身は常にルールに従うというわけではありませんでしたが、厳密に従う人がいて、彼らは非常にうまくいっていたようです。私は彼のルールを知り、調べ始めました。ちょうどそのころ、コンピューターが普及し始めたところでした。もちろんパソコンなんてまだありませんでした。また、大型コンピューターを持つ会社も現れ始めました。当時、私は週末になると大手証券会社に行って、彼らの大型コンピューターを使わせてもらいました。彼らが全社的に使っている大型コンピューターをね。

　もちろん警備員が付いていましたよ。その会社全体のコンピューターベースにアクセスするわけですから。私は検証するためだけにコンピューターを使わせてもらいました。

コベル　会社のものを使って、平気だったんですか。

スィコータ　当時ではごく当たり前のことだったと思います。「この調査をしたい」と私が言うと、

「常にどこででも間違ったことをするバカ者がいるが、ウォール街には常にトレードしていなければならないと考えるバカ者がいる」──ジェシー・リバモア

彼らは承諾してくれました。当時は、会社に入り込んで不正な行為をする人がいるなんて、だれも思いもしませんでしたから。私はただ調査をするためだけに会社のコンピューターを使わせてもらったんです。当時はこんなことをする人間がいるなんてだれも思わなかったでしょうね。もちろん今は証券会社の内部に近づくことなんてできませんがね。

　私は彼らのすべてのディスク、ヒストリカルデータなどあらゆるものを使いました。それはとても大きな部屋で、そのなかに大型コンピューター、テープドライブなどがひしめき合っていました。おそらく今の携帯電話のほうが性能は上でしょう。今ではものの1〜2秒もあればできるバックテストが、当時はかなりの時間がかかりました。1つの検証をするのに30分、いや45分ほどかかりました。当時はパンチカードを使っていたんです。今とは別世界ですね。

コベル　初期のころは、アイデアを出し合っては互いに検証できるような仲間はそれほど多くはいませんでしたよね。もちろんあなたにはドンチャンという立派な模範とすべき人がいましたが、今のように人々がインターネット（当時はインターネットなんてなかった）上でつながり合うといった広いネットワークはありませんでした。

スィコータ　私はドンチャンの仕事に魅力を感じていました。彼は毎週レターを発行し、そのレタ

「投資はペンキが乾くのをじっと待っていたり、草が伸びるのを待っているようなものだ。興奮が欲しければ……ラスベガスに行くことだ」――ポール・サミュエルソン

ーには彼のルールが掲載されていました。またモデルアカウントもあり、それに従ってトレードすることができました。そのモデルアカウントに従ってトレードし、彼に注文を出させるというのがその狙いでした。そうやればうまくいくと思ったのだと思います。私は彼のルールを検証して、彼に言いました。「これらのルールは一貫性がありません。これらのルールをすべて同時にプログラムすることはできません。互いに矛盾しています」

そこで私は矛盾しないルールを作ろうと思いました。ルールを少し手直しして、「こうやればいいのではないですか」と彼に言いました。そのルールでいろいろな実験を行い、ブローカーやオフィスのトレーダーに使ってもらいました。「ここを変更すれば、システムは市場にそれほど反応しなくなるので、市場はあなたが買い始める前にもっと上昇しなければならなくなる。観察期間を長くするんです」。すると彼らは、「買い参入が遅れるので、リスクが高くなるんじゃないか」と言いました。これを検証してみると、まったく逆の結果になったのです。

これはまったく直感に反するものでした。私は最初の検証をしてみました。そう、基準というものがなかったのでね。この検証は私のウェブサイトで見ることができます。検証を再現したければ、それは可能です。テンプレートがありますので、エクセルのスプレッドシートや別の表計算ソフトでも再現することができます。多くの人がこの検証

を再現しましたが、結果は1ペニーまで同じでした。私のやったことは正しかったんだと確信しています。

当時、頼れる人はドンチャン以外はだれもいませんでした。私は単なる好奇心から、「これはどのように機能するのでしょうか」とドンチャンに聞きました。するとドンチャンは、それをシステム化してくれました。「これをシミュレートして、ドンチャンと同じ結果になるかどうかチェックしてみよう。そしてこれで分散化ポートフォリオを構築してみよう」と私は思いました。私が働いていた会社はしばらくの間は私が作った分散化ポートフォリオを客に売り込みました。私たちの分散化ポートフォリオはサービス機関がコンピューター上で実行しました。毎日データを入力し、結果が分ったら注文をするのです。

でも、私が働いていた会社はシステムに従うことができなくて、顧客にシステムが指示してくるよりも、もっと頻繁にトレードさせたいという気持ちを抑えることもできませんでした。このシステムは、確かにうまくいって、顧客にお金をもたらしましたが、問題はブローカーに入ってくるお金が非常に少なかったことです。ブローカーはデイトレードすることが普通で、多くの人がブローカーにやってきては数カ月滞在し、お金を失ってはほかに行くということに慣れっこになっていました。これがブローカーのやり方でした。人々はブローカーにやって来てはトレードして、お金を

第2部　トレンドフォロワーとのインタビュー

失い、そして去っていくのです。

「手数料は以前の10分の1ほどに減少している。彼らはいったんポジションを建てたら、変更も解消もせずにポジションをただ持ち続ける。これではわれわれのビジネスモデルは崩壊だ」と彼らは言いました。そこで、顧客にもっと頻繁にトレードさせるようにというお達しが出されました……あなたが手紙で指摘したようにね。今ではこれはディスポジション効果（顧客の短期と移り気）という面白い名前で呼ばれています。当時の人たちは何かを長く保有するということができませんでしたからね。少し上がればすぐに利食いし、少し下がれば買い増しして上昇することを願う。

当時はシステムに従うことに対しては大きな抵抗がありました。だから、私は人が本当にやりたくないことを考案したことになります。それから私は会社を去り、自分の会社を立ち上げました。顧客を開拓していくうちに感じたのは、最も重要なのは顧客との信頼関係を築くことだということでした。顧客がどういったことを期待し、何が行われているのかを知ることができるような信頼関係です。顧客と私たちの足並みがそろわず、心も通じず、システムは数学以上のものなのだということを理解しなければ、問題が起こります。システムは数学とそれに従おうという意思によって成り立っています。システムに顧客を含め、彼らの感情的な反応も含めれば、何もかも含んだシステムになります。つまり、本当に機能するシステム

「300万ドルから500万ドルという数字はでたらめに選んだ数字ではない。この額は映画を全国公開さえしなければ取り戻せる額である。全国公開しなければ、最悪の場合でも収支はトントンで、若干の損失を出すこともあるかもしれないが、それほど大きな損失にはならないし、社員にも給料を支払うことができる……この予算から逆算すると、映画を全国公開しなければ、少なくともお金を取り戻すことができ、またチャンスを待つことができるということである」──ジェイソン・ブラム（映画プロデューサー）

を設計できるということです。

しかし、コンピューターのソフトウェアをいじって、「さあ、これで正しいパラメーターがすべてそろったぞ」と言えば、コンピューターに従う理論的なロボットでは理論的にうまくいくものが手に入るでしょうが、すべてのロボットがお金を稼げるわけではありません。いつかは稼げるようになるかもしれませんが、今大事なのは人間と人間の感情をシステムに組み込むことです。システムを設計するときにこういったものを含めなければ、車輪は角を曲がると馬車から外れるでしょう。

コベル　こういうことがあなたの考え方の基本ですね。もし間違っていたら言ってください。あなたは物事を解明しようというパズル的要素に突き動かされてきたように思うのですが……。

スィコータ　そのとおりです。私はパズルが大好きなんです。私は知恵の輪をたくさん集めています。簡単に外すことができない金属でできた輪を、つなげたり外したりして遊ぶというやつです。知恵の輪はたくさん持っていますが、毎朝やるのはチェスプロブレム（チェスのルールによって行われるパズル）です。とにかく私は物事を解明しようとすることが好きなんです。私が楽しむことができる難問は常に存在します。それがどこからやってくるのかは分かりません。これまでの人生では、難問を解くことに情熱を燃やしてきました。そして、それは非常に役に立っています。

市場を解明したいというパズルを解くような感覚や、『ゴボポリー』という本のなかでやってきたことが、私を突き動かしてきたのです。それがどのように機能するかを知りたいのです。それが機能してお金を儲けられれば、それは素晴らしいことです。お金を儲けることは良いことですが、それが第一の目的ではありません。ほかにもお金を儲ける方法は考え出せると思いますが、重要なのはパズル的要素です。「解けた」という気持ちが重要なのです。

このドンチャンはお金儲けをメカニカルなものにした人物です。どうすればお金を儲けられるのか。何の努力もしないでお金を儲けられるメカニカルなものを、どうすれば手に入れられるのか。そんなことはそもそも可能なのか。私が引き付けられたのは、まさにここなのです。

お金のためだけだったら、この世界には入っていなかったと思います。私が魅力を感じたのはパズル的要素なのです。「それはどういう仕組みになっているのか。これは実際にどう機能しているのか。モデルを構築することはできるのか。これを理解することはできるのか」。これを解明できたら、しばらくはそれを人に説明するのが楽しくなります。ウェブサイトに掲載してもよければ、本を書いてもよい。そしてまた新しいパズルを探します。

コベル 話を元に戻しますが、あなたは大型コンピューターがある部屋にいます。その部屋にはあ

なたしかいません。あなたはそれを解明しようと悪戦苦闘しています。それは純粋な興奮だったのでしょうか。その内なる興奮があなたを突き動かして、パズルが解けるまで前進させ続けたのでしょうか。

スィコータ それは良い質問ですね。これは私が聞いたなかで最も良い質問です。研究者を突き動かすものは何でしょうか。彼らを前進させるものは何でしょうか。喜び？　パズル的要素？　知らないことに対する不快感？　それはもっと深いものです。私がやっていることはまさにこれなのです。私はバンジョーを夢中で弾いています。それは私にとって薬のようなもので、やらないではいられません。音楽を奏でることができなければ、私のなかの何かが死んでしまうのです。

　パズルを解くのもこれと同じです。パズルを解くことは私そのものです。けっして強制的にやらされているわけではありません。それが私なのであって、やらないではいられないのです。

コベル 私も同じように感じることがあります。理由は何か分かりませんが、そんなふうに突き動かされているときがあります。何をやっているのかさえも分かっているわけではないのですが、ただやらずにいられないのです。

スィコータ それを聞いてとてもうれしく思います。トレーディングトライブで人々をそのように導くことができたとき、私たちの試みは成功した

「要するに、私たちは『コントロール幻想バイアス』を持っている。これはコントロールの一切効かない将来を実際よりもよく予測できて不確実ではないと思わせてしまうバイアスだ。最悪なのは、偶然発生する出来事を自分の行動によって左右することができると思い込むことである」――スピロス・マクリダキス[4]

> 「分かったことは、コミュニティー全体が突然1つの対象に神経を集中させ、それを夢中になって追いかけるということである。つまり、大勢の人々が1つの妄想に取りつかれ、最初の妄想よりも彼らを魅了する新たな愚行に心が奪われるまで、それを追い続けるのである」——チャールズ・マッケイ（『狂気とバブル——なぜ人は集団になると愚行に走るのか』[パンローリング]）

ことになります。自分が何者で、何をしているのかを知る。あなたはそれをやらずにはいられないのです。あなたは自分自身を表現する。自分が何者なのかを表現して、けっして他人のふりをしようとしないことで、価値を創造できるのです。これは非常に高次元の状態です。あなたがその次元に達したことを心から祝福します。この状態はまったく異なる世界です。ほかの人もあなたに倣ってその状態に達することができればと願っています。私はあなたが成してきたことを長年にわたって見てきました。あなたは成長を続け、本物の自分に近づいていると思います。あなたは今まさに人生の絶頂にあり、大きな貢献をしています。素晴らしいことです。

コベル　具体的な話をするつもりはありませんが、2001年にあなたに初めて会ったとき、私はあなたに大きな影響を受けました。そのときにあなたが言ったことのいくつかは今でもはっきりと覚えています。そんなことを言われたら怖さを感じる人もいるでしょう。でも、私は怖さを感じませんでした。「彼が今私に言ったことはどういう意味だったのだろう。なぜ彼はそんなことを言ったのだろうか。それにはどんな深い意味があるのだろうか」と私は思いました。

あなたはパズルが大好きだとおっしゃいましたが、あなたは私にパズルを与えてくれたのだと思います。「マイケル、君はこれを考えなきゃいけ

ないよ」ってね。もちろん、私はそれを考えました。あなたは具体的な指示を何も与えてはくれませんでしたが、あなたが与えてくれたのは大局観とか全体像というものに対する洞察だったと思っています。おそらくはそれがあなたの知りたいことだったのだと思います。パズルを解こうとする者がほかにもいるのかどうかが。

スィコータ まったくそのとおりです。あなたにはまったく偏見というものがない。あなたは何かをしたいと思っていた。成功したいと思っていた。あなたは成功への道を歩んでいた。あなたは私やほかの人たちから考え方を吸収したのです。あなたは素晴らしい能力、知識、英知、資質を持った素晴らしい人たちに囲まれていますね。

　あなたは最も進んだ指導者の１人に恵まれました。あなたには魅力があるのだと思います。それが人々を魅了し、多くの人から話を聞くことができたのだと思います。あなたのポッドキャストに出演してくれた人々、あなたの人生であなたが出会ってきた人々、彼らは強い信念を持った人たちです。そういった人たちがあなたを考えさせ、成長させてくれるのです。あなたはそういった人々に親密感を感じていますね。それがあなたを成功に導いてくれるのだと思います。

コベル 彼らが私に語り続けるかぎり、私も彼らに語り続けなければならないと思っています。これがルールだと思います。本当に賢い人たちが私

「本を読むときは一語たりとも注意を怠ってはならない。その一語が千金にも値することがあるのだ」──中国のことわざ

に話をしてくれることに同意してくれれば、私も彼らに話をしなければならない。私は彼らほど賢くはありませんから（笑）。

スィコータ （笑）それでうまくいくと思いますよ。

マーティン・ルエック
Martin Lueck

　マーティン・ルエックは1997年9月、アスペクト・キャピタルを共同設立した。ルエックは、アスペクトの全投資プログラムの開発にかかわるファンダメンタルズな仮説を生成・分析するリサーチチームの監督役を務めている。アスペクトを設立する前は、マイケル・アダムとデビッド・ハーディングと共同設立したアダム・ハーディング・アンド・ルエック・リミテッド（AHL）を共同経営していたが、AHLは1994年マン・グループに買収された。ルエックはオックスフォード大学で物理学の修士号を修得した。[1]

コベル　私はこれまでいろいろな会議に参加してきましたが、どこかでお会いしたのではないかと思っているのですが。
ルエック　一度あなたに会ったことを覚えています……確かあなたのウェブサイトに写真が載って

いましたよね。シカゴのステージ上であなたがラリー・ハイトとエド・スィコータと一緒にいる写真です。

エド・スィコータは……あれはウクレレではなくて……バンジョーを手にしていましたね。

コベック　そう、彼が演奏していたのは「ザ・ウイップソー・ソング」でした。あなたはあそこにいたのですか。

ルエック　はい、いました。

コベル　あれはとても興味深い人たちの集まりでした。トレンドフォローという狭い世界を語るためにステージにいるときには、あれがそんなに興味深い人々の集まり（彼らは全員が年に1回のイベントのために集まったトレンドフォロワーたち）だってことの自覚はないでしょうね。

ルエック　まったくおっしゃるとおりです。あなた方3人はバーにいるような感じでとても楽しんでいました。私たちはそれをのぞき見していたような感じでしたね。

コベル　あれだけ打ち解けていたのは、年の功でしょうか。それとも、ハイトとスィコータはいつもあんな調子なのでしょうか。

ルエック　そのどちらでもあると言えるでしょう。実際、私はエドのことはまったく知らなくて、ハイトは私より年上で、これは変わることはありま

「やけどを負った顧客は、バカ者のアドバイスを信じた自分がバカだったとは思いもしないで、お金を盗まれたと思いたがる」──フレッド・シュエッド・ジュニア[2]（『投資家のヨットはどこにある？──プロにだまされないための知恵』［パンローリング］）

せん。おそらくハイトは私より賢いと思います。彼とはしばらく会っていないので、彼が前よりももっと賢くなっているのか、その賢さが頭打ちになっているのかは分かりません。でも、あの賢さだったら今もそうでしょう。

コベル 同感です。ハイトには彼のオフィスでインタビューすることになっているのですが、これは公開できません……彼らは恐ろしいほどの英知の持ち主ですが、公にできない特徴がたくさんあります。

ルエック そうでしょうね。ところでマイケル、あなたとこんなふうに話せて本当にうれしく思っています。私の机の上にはあなたの本がありますが、この本はずっと前に買いました。あなたが業界のためにしてくれたことに本当に感謝します。

コベル いいえ、こちらこそ。そんなお褒めの言葉をいただいて光栄です。

ルエック これまで話をしなかったのが信じられませんね。

コベル 本当にそうですね。これはちょっとした話なのですが、私があなたの古い友人のウィントン・キャピタルの社長に初めて会ったのは彼のオフィスで、2005年のことです。彼に会ったのは本当にそれが初めてでした。いたのは私と彼と彼の飼っている愛犬だけでした。彼はモニターを出し

> 「どんなトレードアイデアも、市場の振る舞いについての仮説から始めなければならない」——アンソニー・トッド

第2部　トレンドフォロワーとのインタビュー

てきて、有名なアメリカのCTA（商品投資顧問業者）の資産曲線を示しました。それに彼の資産曲線を重ねて、皮肉たっぷりの笑いを浮かべて言いました。「君はどういうわけだか、私を見落としていたようだね」と。私はこのとき初めて、いわゆるロンドンのCTAの世界というものを見た気がしました。

ルエック　そうですか。

コベル　要するに、あなた方イギリス人はわれわれアメリカ人よりもはるかにすごかったわけです。あなた方はこの世の物とは思えないほどのパフォーマンスを上げていたわけです。

ルエック　なかなか面白い話ですね。

コベル　この定量的なスタイルを着想したのはいつのことなんですか。このシステマティックなトレンドフォロートレードをコード化して、分散した市場バスケットでトレードし始めたのはいつのことなんですか。そして、これがあなたの人生を変え、少なくともお金儲けができることを知ったのはいつですか。

ルエック　質問攻めですねぇ。マイケル・アダムスとデビッド・ハーディングと私は手本を探している余裕なんてありませんでした。投資の世界を見て、「ああいう人になりたい」とか「あんなことをやりたい」とか考える暇さえありませんでした。アダムスと私は、ハーディングよりも付き合いが

「『人まね』（『猿まね』のパロディ）って言葉は知ってるな」──シーザー（『猿の惑星』より）

長いんです。アダムスと私は13歳のころから同じボーディングスクールに通い、オックスフォード大学でも一緒でした。大学を卒業すると、アダムスはロンドンで現物商品のブローカーを営む父親の会社に入り、私は野村證券に入って日本の株式をヨーロッパの投資家に売る仕事をしました。仕事を始めたとき、私は株式が何なのかも知らなかった。物理学など何の役にも立ちませんでした。

アダムスが父親に勧められて始めた分析に私は興味を持つようになりました。アダムスの父親は、彼に「最新のコンピューターを1台買え」と言ったんです。1980年代、パソコンがイギリスに登場し始めると、アダムスはHP9816（パソコン）を買いました。彼の父親はテクニカルトレードの本を1冊、アダムスに与え、「このなかに学ぶべき何かがあるかを見つけなさい」と言われたそうです。

物事は少しずつ変わっていきました。そのうちに私は野村證券を辞め、アダムスのところに行きました。そして、この時系列分析がオタク物理学者のアプローチに役立ったのです。私たちは何かを発見したと感じました。私たちは彼の父親に与えられた本からコード化したモデルをすべて検証し、そこから基本的なルールを導き出しました。そして、そのルールをいろんな市場で試しました。当時、入手できる市場データはロンドンのコモディティ市場のデータでした……私たちはココア、コーヒー、砂糖、アルミニウム、銅、銀などの市場データでルールを試してみました。

金融先物はまだ生まれたばかりでした。それから数年後、ハーディングに出会い、これらのモデルをもっといろいろな市場に拡大適用し始めました。

コベル　人々が知りたいのは、初期のころの人の心の内側で何が起こっていたかということです。

ルエック　「偉大な模倣者を生みだした」と思った瞬間など一瞬たりともありませんでした。当時いた偉大な人物には、リチャード・デニス、ジョン・W・ヘンリー、ミントの紳士（ラリー・ハイト）がいましたが、私たちはそんなことすら知りませんでした。私たちが始めたころ、アメリカにCTA業界があることも知りませんでした。

コベル　1980年代の中盤から終わりにかけてですね。

ルエック　1980年代の初期です。私がアダムスと働き始めたのは1984年です。彼は1983年の初めから父親のところで働いていました。AHLの歴史はすでに1983年に始まっていたわけです。それからハーディングに出会いました。1985年だったか1986年だったかはよく覚えていませんが、私たちは大奮闘しました。当時、ハーディングはセイバー・アセット・マネジメントで働いていて、ファンドを運営するロビン・エドワーズという優れたテクニカルアナリストの下で働いていました。彼のファンドは非常にシステマティックなものでし

たが、コンピューターは使っていませんでした。ケンブリッジ出身の科学者であるハーディングはエドワードのチャートアプローチをコード化するのにコンピューターが使えることをすぐに察知したんです。

　セイバー・アセット・マネジメントは、私とアダムスをアダムスの父親の会社から引き抜こうとしましたが、それは実現しませんでした。最終的には、アダムスの父親の会社にハーディングを引き入れました。そして1987年の初めに家族内で小さな揉め事が起こり、私たち3人は1人の顧客を連れてアダムスの父親の会社を辞めて、AHLを設立しました。

コベル　AHLを設立したとき、「ちょっと一息つける時間ができた」と思えるほど十分な稼ぎがあったのですか。それとも、「まだまだこれから先、何が起こるか分からない」といった状態だったのですか。

ルエック　お金なんてまったくありませんでした、一銭もね。アダムスの父親は長年にわたってビジネスをやってきて、会社はコモディティのブローカーから、私たち3人が開発したモデルを使って資産運用する小さな資産運用会社に変わっていました。当時、アダムスの父親はお金の運用方法も顧客に対しても偏狭というか、非民主主義的なやり方をしていました。そして、そこで私たちの意見は食い違ったんです。私たちは、「顧客のお金を

「どんなものにも購入者が支払うお金に相当するだけの価値がある」──ププリリウス・シュルス

そんなふうに扱うのはどうなのか。父親のような考え方じゃいけないんじゃないか。もっと透明性が高くなきゃいけないんじゃないか」と考えるようになりました。だから独立したんです。

でも、私たちにはお金がなかった。血は水よりも濃し、と言いますが、アダムスの父親はアダムスに2万ドルを用立てて、私たちはそのお金でコンピューターを買い、オフィスの家賃を払いました。やがて十分な手数料が入るようになり、オフィスの家賃も自分たちで払えるようになり、父親に借金を返しました。自分たちのやっていることに自信がつくまで相当の時間がかかりました。

コベル 質問が2つあります。1つは、あなたたちがやっていたトレードスタイルをあなた方は何と呼んでいたのですか。もう1つは、初期のころのコーディングはどういうふうにしていたのですか。当時は、トレードステーションやメカニカのようなソフトはなかったはずです。コーディングは大変だったのではありませんか。

ルエック 私たちのトレードスタイルをどう呼んでいたかは分かりませんが、それはトレンドフォローでした。私たちにはアダムスの父親のコネでブローカー業界に友人がいたので、イギリスにCTA業界があることに気づくのにそれほど時間はかかりませんでした。それはルドルフ・ウルフという金属ブローカーでした。

私たちのマネージド・フューチャーズの仕組み

では、顧客がマネージド口座を開き、マネジャーに、私たちの場合はAHLですが、お金を運用する権限を与えるというスタイルでした。この業界がどういったことをやっているのかをルドルフ・ウルフや初期のころの現物商品のブローカーから学びました。私たちのやっていることがトレンドフォローだということにはすぐに気づき、投資対象をいろいろな市場へと拡大していきました。

モデリングやシステム開発に関しては、アダムスや私は技術屋でしたからね。今ではシステム開発をやろうなんて思いませんが、当時はとても好きでした。HP9816……あれのOSはパスカルで書かれていたので、私たちはパスカルを勉強して、モデルをパスカルで書きました。それからほどなく、トレードアイデアをもっと簡単にコード化する環境を整えました。

それからというもの、すべてをパスカルで書いてコンパイルするといった退屈な作業をやる必要はなくなりました。インライン・シミュレーション言語というものを開発したからです。その後、AHLはマン・グループに買収されましたが、それは私たちにとっては豊富な資金の下で訓練をさせてもらっているような環境でした。私たちが開発したインタープリタ型言語を書くコードライターがいて、開発者もいました。いわばトレードステーションの先駆けと言ってもよいでしょう。AHLを辞めてアスペクトを立ち上げるまでの間、アダムスはトレードステーションのようなもの、これ

> 「第一の原則は、自分をごまかしてはならないということと、あなたは最もだまされやすい人間だということである」──リチャード・ファインマン

517

は彼が開発したものではありませんが、トレードステーションに似たような製品を販売していました。ソフトウェア開発はモデル開発と複雑に絡み合っていました。

コベル 何かを達成するということについて考えてみたのですが、がんばればだれでも何かを達成できます。私たちはみんな努力しますが、そのことを忘れてしまうことがあります。「私たちはこれを始めてうまくいき始めたから、しばらくこれを続けよう。コツコツ働いて、良いときも悪いときもあるけど、30年、40年後には面白いものが出来上がる」。アウトサイダーは、成功したアスペクトだけを見ますが、どのように進化してきたのかは考えません。

ルエック それは人生についても言えますね。ドットコムが存在しないときにはドットコムに参加することはできません。ドットコムが登場したあとになってからでないと参加できません。私たちが口達者であれば、調子のいい大学時代の友人のように投資銀行でいい仕事に就けたかもしれません……でも当時、私たち3人はモデルやシミュレーションやバックデータに夢中で取り組んでいました。アダムスの父親のお金を使ったりしてね。「これはうまくいくぞ！」って瞬間が私たちにとってはかけがえのない瞬間でした。

　のめりこめばのめりこむほど、私たちは生き生きとして興奮しました……オタクが雪辱を晴らす

とでも言いましょうか。それは箱の内の投資銀行のようなもので、私たちは困難な状況にありました。初期のころのAHLはモデル開発や資産運用だけでなく、いろんなことをやっていました。アダムスはソフトウエアを売ることに一生懸命になっていましたし、私はそのソフトウエアを使って金融ビジネスのコンサルタントをやっていました……そこでふと頭に浮かんだのは、投資銀行の行動や収益性は簡単にモデル化できるのではないかということでした。

　私たちはロンドンのある債券のトレード会社と仕事をしました。私たちは、人数、彼らのリスク限度、投資期間などをモデル化しました……その会社にはマーケットメークするフロントブックトレーダーと、自社のバランスシートを使ってトレードするバックブックトレーダーがいて、私たちはそういったものをモデル化して、「あなたの会社の収益性はこれこれです」と伝えました。会社の幹部はあぜんとして、目を丸くしていました。なぜなら私たちがモデル化したのは彼らのビジネスそのものだったからです。

　私たちは、トレーダーは全員解雇しろ、彼らは高くつくし二日酔いもするし、彼らのやっていることはすべてコンピューターでできる、とゴールドマンやソロモンなどあらゆる人に言って回りました。もちろん、私たちは自分たちが正しいと自信を持っていましたが、みんなは私たちのことを正気でないと思ったようです。それは今も変わり

「私は毎日新しいことを学びながら年をとっていく」──ソロン（古代アテネの政治家）

ません。

コベル 今のアスペクトは100％システマティックですよね。この業界の初期の段階であなたがたは100％システマティックなモデルを作り上げたわけです。「人間の裁量をすべて取り除いて、完全に自動化すべきだ」とひらめいたのはいつですか？

ルエック 私は2つのことに注目しました。1つは入手した情報を合理的に処理できる能力、情報を合理的に素早く処理し、ノイズを取り除く能力があれば、もっと良いトレーダーになれることに気づいたことです。初期のころのAHLの話をしましょう。アダムスと私はあるゲームを思い付きました。それはコードのようなもので、データベースのなかから市場を1つランダムに抜き出し、それを裏返しにしてランダムファクターを加えます。裏返しにしているのでどの市場を抜き出したかは分かりませんが、価格系列の完全性は保たれ、大量の時系列が提示されます。次に買いか売りかを選び、買うか売るかをします。そして1日進め、また買うか売るかをして、また1日進め、買うか売るかをして……といったゲームです。

　このように矢継ぎ早に意思決定をすることで、私たちは良い裁量トレーダーになれます。しかし、1ティックごとに変化を追うのを24時間数え続け、そのうちにニュースが入り、恐怖と貪欲が顔を出し、カオスに陥れば、ひどいトレーダーになってしま

「50：50：90ルール——何かを正しく理解していると思える確率が50対50のときはいつでも間違った理解をしている確率が90％」——アンディー・ルーニー

います。感情を取り除き、それを生情報に還元することは良いことに違いないと最初に思ったのはこのときです。

　もう1つは、リスク管理の重要性です。モデル開発で多くの人が注目するのはモデルそのものです。買うのか、売るのか。この市場やあの市場をどう思うのか。もちろんモデルを開発することは必要で、市場を動かす根本的な要因は何なのかも明確にする必要がありますが、多くの人が見落とすのがリスク管理です。

　多くの人はモデルをシステム化しようとはしますが、ポートフォリオの構築とリスク管理の両方か、いずれか一方は裁量に任せてしまいます。アスペクト・キャピタルを創設するときに気づいたのが、これこそが重要なことなのだということでした。価格データを翻訳し、特定のトレンドに対するあなたの確信を決定するモデルだけをシステム化するのではなくて、ポートフォリオ構築プロセスとリスク管理プロセスもシステム化しなければならないのです。

　「95％システマティックで、残りの5％は裁量」だというマネジャーは、100％裁量と同じです。でも、これは必ずしも悪いことではありません。裁量で才能のある人がいないと言っているのではなくて、それでは科学的プロセスの入る隙はないということなのです。状況が困難になったときに介入してポートフォリオに含まれる市場を減らしたり、いくつかの市場がチャートからちょっと外れ

ただけでポートフォリオからふるい落とすといった兆候が見られれば、シミュレーションやリサーチプロセスは意味を持ちません。なぜなら、そういったことをシミュレーションに組み込むことは不可能で、将来的にもそういったことをやる可能性があるからです。

システム化が良いことだということは最初から分かっていましたが、投資プロセス全体においてシステム化がいかに重要であるかをより一層確信するようになりました。

コベル 95％はシステマティックで残りの5％が裁量という話が出ましたが、これはトレンドフォローをやっているCTAの開示文書のなかで昔からよくうたわれてきたことです。95％システマティックというのも不可解ですが、5％裁量というのもまた不可解です。でも、この5％の部分に人々はお金を払うのではないでしょうか。

私はそんなことは無意味ではないかといつも思ってきました。例えば、あなたがたが突然態度を変えて、「私たちは95％システマティックなのだから、安心して持ち続けよ」と言っても、今日のトレンドフォローの世界ではそれでは人は納得しないでしょう。投資をしようという人はおそらくは、「ではそれを説明しろ」と言うでしょう。

ルエック それはだれに話しているかによります。初期のころ、システムはブラックボックスだったので、私たちはみんな恐怖のなかにいました。5

「私が注目するこれらすべての行動システムの特殊な性質について再認識してもらいたい。それは、われわれの行動はほかの人たちの行動に影響を与え、またほかの人たちの行動はわれわれの行動に影響を及ぼすということである。つまり、われわれは互いに影響を及ぼし合う存在なのである」──トーマス・C・シェリング

％裁量というのは、そこには思考プロセスが含まれていて、それは完全に無知で間抜けなマシンではないと思わせるということです。しかし、人々がモデルを構築するというところに話を戻すと、ポートフォリオの全体的なリスク目標というのは、その週、その日、その月、あるいはその時代をどう感じるかによって裁量で設定するというようなものでした。

コベル　100％システマティックを受け入れるところまでは来ていないというのが何とも奇妙ですね。あなたもおっしゃるように、マーケティングには理由の良しあしは別にしてこのグレーゾーンが存在します。

ルエック　まさにそのとおりです。投資家として、精査を行うコンサルタントとして、システマティックであることや、リサーチドリブンであることについて、よく考える必要があります。賢明で若い大学院生に無限のデータと無限の処理能力を与えれば、彼らはシェークスピアの作品を書いてしまうかもしれないし、あっと驚くモデルを作り上げるかもしれない。でも、あなたや私は、そんなモデルにお金は投資しないでしょう。

　カーブフィッティング、バックフィッティング、クラウドパターン、データマイニングによる100％システマティックなモデルと、厳密な仮説抽出テストと完全な統計学的テストに裏付けられ、自分をごまかしていないことを確証できる100％システ

「おそらく私たちは子供たちに確率論や投資のリスク管理を教えるべきだろう」——アンドリュー・ロー

マティックなモデルとは雲泥の違いがあります。

コベル 近いうちに私はアジアのある国……非常に成功した都市……でプレゼンテーションを行うことになっていますが、彼らは私が何について話すのか知っていると見えて、私に手紙を書いてきました。そこにはこうありました。「プレゼンテーションではこれらのチャートを持ってきてくれますか。そしてこれらのチャートがトレンド相場なのかどうかを教えてくれませんか」

人々がいまだに……自分がトレードしている市場にこだわっていることには驚きました。彼らは自分がトレードしている市場については色めき立ちますが、分散化のことなんてまったく考えていないのです。分散化のことなんてこれっぽちも脳裏にないのです。彼らには自分が知りたい市場があるようで、その市場について私に何かワクワクするようなことを話してほしいと思っているのです。彼らの考え方は私たちとはまったく違います。「たまたま別の機会が現れたらどうしますか。そういった機会が現れれば、私たちはその機会に対して何かするでしょうが、力づくではやれません」と言いたいですね。これはまだ広く理解されている概念ではないのだなということを考えさせられます。

ルエック そのとおりだと思います。私もそういう状況になったことがあります。地方の会議主催者に、彼らの市場がいかに素晴らしいかを話して

くれと頼まれたり、パーティーでだれかに「金についてはどう思いますか」と聞かれたり……。どの国の市場なのかも知らないし、その国の株価指数がどうなっているのかも知りませんが、その市場が私のポートフォリオに含まれていることは知っています。それが私たちが24時間見ているしている150以上の資産の１つで、常にポジションを持っていて、トレンドの状態によっては大きなポジションを取る市場であることは知っています。トレンドの状態によって、買いポジションを建てたり、売りポジションを建てたり……そこが素晴らしいところなんです。

多くのマネジャーは私たちとはアプローチは違うでしょう。私は、すべての資産はトレンドを形成する均等の機会を持っているという非常に高いレベルの前提からスタートします。モデル構築プロセスとは、その均等の機会を維持し、その機会ができるだけ幅広く堅牢になるようにすることです。

どういう意味かと言うと、いろいろな市場の特徴をとらえるようにモデルを構築する場合、例えば、生豚とＴボンドではトレードの仕方が若干違います。生豚トレーダーの世界と債券トレーダーの世界は違うので、それぞれの銘柄の特徴を部分的に組み込むことになります。

しかし、これは私たちの見方なのですが、これらの市場の力学はその分析レベルでは持続性はありません。生豚と債券について言えることは、ト

レンドを形成する可能性があるということだけです。例えば、株式市場を見た場合、これはあくまでたとえですが、例えば2002年から2007年のアメリカの株式市場を見た場合、株式は下落しない、それほど長くは下落しないと結論づけることができるでしょう。

過去10年の債券はどうでしょうか。債券は下落しないと言えるでしょうか。けっして言えません。そうなると、モデルに一定のバイアス、あるいは一定のシナリオ予測が組み込まれてしまうことになりますが、これは避けなければなりません。こうしたバイアスを組み込むのは避けなければなりません。あなたの国の株式市場が強力な上昇トレンドにあるのか――これは会議主催者が望むことでしょうが――、ひどい下落トレンドにあるのかは、私にはどうでもいいことです。上昇するのか、下落するのかなんて私には分かりません。これまでいろいろな市場がどんな動きをしてきたのかを見て、「私のモデルは金融先物のトレードよりもコモディティのトレードがうまくいくので、金融先物のウエートを上げる」とは言いません。

市場の方向性や資産配分についてもまったくこだわらずに、現れた機会をとらえることができるようにしているのです。

コベル　これまで何十年にもわたってたくさんの人に話をしてきたと思いますが、金融教育を受けた聴衆の何％くらいがあなたがアスペクトでやっ

ていることを理解していると思いますか。

ルエック 今ではかなり増えてきていると思います。これは一般論にすぎないのでおそらくは正しくはないでしょうが、私の目から見て2008年に手ごたえのようなものを感じました。それ以前はマーケティングはうまくいかないこともあり、1980年代に課していたバカ高い手数料にもそっぽを向かれました。

そのときから、「私もヘッジファンドに投資したい」と思ってもらえるような尊敬に値する存在になる2008年まで、私たちは進化を続けてきました。2009年のパフォーマンスを見て、突然電話が鳴り始めました。そのときまで私たちの電話に出ることもなかった年金ファンドや年金ファンドコンサルタントたちが、「もう一度説明してくれ。これはどう機能するんだ」と聞いてくるようになりました。彼らはようやく私たちを受け入れるようになったのです。

しかし、皮肉なことに、世界的な金融危機のあおりを受けて、私たちのファンドは以前ほどのパフォーマンスが上がらない時期がありましたし、私たちもこのファンドはきっとうまくいくと信じられなくなる時期もありました。でも、今では多くの人たちが私たちのやっていることを理解してくれています。でもこれはつい最近になってからのことです。

コベル 私はこのことを著書の1冊に書きました。

「2＋2は4になることは知っているし、できれば証明できればうれしいのだが、何らかの処理を使えば、2＋2を5にすることも可能だ。そのほうが私ははるかにうれしいのだがね」──ジョージ・ゴードン

すると、俳優のベン・スタインに、「2008年10月に儲かったのなら、あなたは何か間違ったことをしていたに違いない」と言われました。

ルエック 本当ですか？（笑）

コベル まぁ、分からないでもありませんがね。いろいろなトレード戦略や投資戦略を理解している彼の立場からすれば、彼の言うことには一理あります。でも、とにかく私は彼の言葉がとても気に入ってるんです。

ルエック 確かに名言ですね。われわれ業界人は、私たち（トレンドフォロー）が終わったとは考えるべきではありません。立派な人は絶対にそうは思わない。あなたはまだ市場の秘密を解き明かしてはいないし、私のモデルは私のモデルであってほかの何物でもない。私はこれからビーチに行きますが、ビーチに行っても、市場はあなたのことをけっして放ってはおかないし、あなたの思いもよらなかった新しいことは常に存在します。

　今の最大の話題はポートフォリオ構築の進歩だと私は思います。ポートフォリオ構築の理論も実践も大きく進歩しました。

　スウェンセンの分散化モデルはアメリカの株式だけでなく、世界中の株式が対象です。スウェンセンモデルを使えばあっという間に分散化が可能です。あっという間というのは言いすぎですが、私の知るかぎりスウェンセンはクオンツ戦略には興味はありませんでした。当時、クオンツ戦略は分

散化に非常に役立つと思われていたにもかかわら
ず、です。それでベン・スタインはあなたに、「2008
年10月に儲かったのなら、あなたは何か間違った
ことをしていたに違いない」と言ったのでしょう。
当時、世界観は非常に硬直していましたからね。

　世界観は常に変わるので、とてもワクワクさせ
られます。これで私の若さも保てますし、私のリ
サーチチームも若くてエネルギッシュでいられま
す。

コベル　私のポッドキャストに最も賢明で成功し
た行動経済学者に何人か登場してもらったのです
が、彼らと話していてとても驚いたのは、彼らの
理論はあなたやこの業界のあなたの仲間といった
トレーダーを具現化したものだということです。シ
ステマティックなクオンツトレンド戦略は、多く
の点でダニエル・カーネマンやバーノン・スミス
がノーベル賞を受賞した理論をとらえています。

　でも、私は彼らと話をしているときズレがある
ように感じました。行動経済学者はクオンツトレ
ンド戦略に目覚め、「私たちにとって真剣に取り組
むべき興味深いデータや証拠がいっぱいだ」と言
うべきでしょう。しかし、そこには依然として大
きな壁があるように思えます。彼らはまだボンネ
ットのなかをのぞきこんで、トレンドフォローは
「面白い」とは言ってはいないのです。

ルエック　私もそう思います。「みんながそれぞれ
に違っていることに万歳」ですね。私としては、そ

> 「科学における最大かつ
> 最も革命的な進歩のいく
> つかは、最初は興味をそ
> そる近代的な言葉で地味
> に表現された」——ダニ
> エル・デネット

ういった行動経済学者やグーグルを検索している連中がまだこれに目覚めていないのは喜ぶべきことだと思っています。行動経済学は私が魅力を感じる分野の1つですが、これはエージェントモデルの基本です。もしあなたがあなたの複雑系のプレーヤーを定義できるとすれば、だれがヘッジャーで、だれが投機家で、だれがカウンタートレンドトレーダーでしょうか。実はプレーヤーはヘッジャーであり、投機家であり、カウンタートレンドトレーダーなのです。あなたは市場のボトムアップモデルを構築できると思っているかもしれませんが、もしかすると、よく分かりませんが、それが行動経済学者たちがやろうとしていることではないのでしょうか。

　私の限られた経験から言っていることですから、気にしないでください。それは非常にエレガントな数学モデルですが、あなたにお金を稼がせてくれるようなモデルとは思えません。おっと、これはちょっと乱暴な言い方だったかもしれませんね。モデルはもちろん非常に洗練されており、複雑な数学を使っていますが、あなたはいつも、すべての市場はいずれはトレンドを形成する、という前提から始めています。これらのモデルにおける私たちの仕事は、トレンドを効率的にとらえ、私たちがこうした市場に参加していてトレンドがないときでもお金を失わないようにすることです。

　私たちがやっていることは何なのかを定義しましたが、「トレンドがなぜ存在するのか、トレンド

はどのように発生して、どこに向かっているのか
を伝えるのが私の仕事です」とは言うつもりはあ
りません。それは行動経済学者の仕事であって、
私たちの仕事ではありませんから。

コベル　行動経済学者は効率的市場仮説を無視し、
人間はいつも合理的だとは限らない、バブルは存
在する、といったことを言っていますが、彼らは
実に優れた仕事をしていると思います。私はこれ
が基本的な前提だと思っています。彼らの仕事は
実際にはこれよりも複雑ですが、彼らの基本的な
前提、それは、あなたがなぜ成功するのかの基本
的な説明になっているという意味で、あなたの世
界と密接なつながりがあると思います。

ルエック　まったくおっしゃるとおりですね。彼
らの書いたものは素晴らしいし、「これだ！」と思
える瞬間がよくあります。あなたもおっしゃった
ように、これは私たち高度なサルがなぜこういっ
た振る舞いをするのかを説明するものであり、行
動経済学がこの先も発展していくことを願うばか
りです。

コベル　世界は複雑に絡み合っています。インタ
ーネットでだれもがつながっています。流動性の
高い先物市場がない国があれば、彼らはそれを作
ろうとするでしょう。あなたは新しいトレード機
会をアスペクトにどう導入していくつもりですか。
隣国からどんな市場が登場するのだろうかと、あ

なたはいつもワクワクしています。そういった市場が私たちに機会を与えてくれる可能性があります。

これがトレンドフォローの素晴らしいところで、まさにトレード界のインディ・ジョーンズですね。いったんモデルを開発すれば、これらの国のこれらの市場は流動性が高くてトレードできる市場であることが分かるので、あなたは参入することができる。

ルエック　そうです。このプロセスは今も続いています。これは多くの時間とお金を費やすべきものです。常に前を向いて歩いていくためにね。世界に今ある50の最も流動性の高い市場から始めるのは比較的簡単です。でも、あなたが言っている新しいものを無視すれば、大きな機会を見逃すことになります。

私たちはビジネスとしてニュースを定期的に検討しますし、ブローカーは私たちを常に新しいものに迅速に対応するように駆り立てます。でも、私たちはバックデータも見る必要があります。だから、取引所が開いた初日に市場に参加することはありません。私たちの執行アルゴリズムのパラメーターを決める前に市場の流動性パターンの特徴をつかむ必要があるからです。履歴データを蓄積して、執行が可能なのかどうかの閾値を決める必要がある。流動性の閾値です。プログラムが実行可能かどうかの境界線となる1ベーシスポイントを見極めることが重要だということです。

「過去はこれ以上あなたを傷つけることはない。あなたがそうさせないかぎりはね」──アラン・ムーア（『Ｖフォー・ヴェンデッタ』の原作者）

流動性には閾値というものがあります。この閾値に基づけば、例えば、世界の6000の先物市場の80％はプログラムから直ちに削除することができます。この閾値はサイクルで変化します。流動性が出てきたら、ポートフォリオの配分をそれに合わせて変えていきます。もう1つの特徴はもちろん制約です。例えば、今私たちは中国の先物市場はトレードできません。外部の投資家は締め出されているからです。

またブラジルの先物市場もしかりです。この市場は流動性は高いのですが、税金の問題があり、参入するのは非常に難しく、トレードは非常に高いものにつきます。こういった市場については、常にトラッキングし、データを収集し、モデルでシミュレーションを行い、法改正が行われれば合図一つで参入する準備はできています。参入したい気持ちはやまやまです。こういった市場に参入できればさらなる分散化が可能です。例えば、1980年代の開始当時と同じ50の流動性の高い市場でトレードしても、ほかの条件が同じであるかぎり、分散化は向上することはありません。市場の長期トレンドは時間がたっても性質は変わらないと私は思っています。こうした市場に参入できればいいのですが。そしたら新しい分散化の機会が得られるのですがね。

「普通の人が単純な過ちに陥るところには必ず、同じ問題をちょっと複雑にした専門家が陥る過ちがある」──エイモス・トベルスキー

コベル あなたはなぜそんなに情熱的になれるのですか？

ルエック 私は一芸しか持たない子馬なのですよ（笑）。これが私がこれまでやってきたことなのです。私は科学者ではないし物理学者でもありませんが、私はこれまでこういったことを勉強してきました。私は探求心旺盛なのです。

私は厳密なものが好きだし、答えを得たいと思っています。私は物事を工学的に解決するのが好きなんです。私は自分自身のことがよく分かっていますから……私はあまり優秀ではない裁量トレーダーなのでしょう。私は高度な数学テクニックや理論を応用して、ノイズのなかからシグナルを引き出すのが好きですし、頭が良くて才能のある人たちと働くのが好きなのです。こうしたことで情熱を維持することができ、学び続け、競争力を保つことができるのです。私は今やっていることを、もっともっとうまくやりたいのです。

コベル 今やっていることは生計を立てるうえでは十分ですよね。たとえ経済効果はあまりなくても、こういったことにあなたは情熱を傾けてきた。それがあなたの進むべき道なのでしょうね。

ルエック まったくそのとおりです。これは私にとって大きな喜びなのです。1日目にして偉大なトレーダーになろうと思ったわけではありません。前にも言ったように、私がこの世界に入ったのはアダムスの父親の仕事をするためでした。コンピューターを時系列データに適用することに魅力を感じていたからです。私はこれまでずっとこれを

> 「あなたは失敗から学んでいく。失敗は成功への足掛かりになる。過去の扉は閉めてしまおう。失敗したことは忘れられないだろうが、いつまでもそれにこだわっていてはならない。過去の失敗でエネルギーを奪われたり、くよくよ悩んだりする必要などない」──ジョニー・キャッシュ

やってきました。報酬が良いか悪いかなんて問題ではありません。フィードバックを繰り返すことで、結果が増幅されていくのです。これは素晴らしいフィードバックループです。事実、市場はこれまであなたがどれだけ厳密だったか、どれだけ正直だったかを一瞬のうちに判断します。だから……。

コベル それが記録を出し続ける方法というわけですね。

ルエック そう、そのとおりです。私はアモルファスな世界にいるわけではない。アモルファスな世界では、「すごい！ あなたは何て素晴らしい論文を書いたんだ！」と人々は言うでしょう。記録を出し続けることこそが重要なことなのです。

ジャン・フィリップ・ブショー
Jaen-Philippe Bouchaud

ジャン・フィリップ・ブショーはフランスの物理学者で、キャピタル・ファンド・マネジメント（CFM）の創始者兼会長でもある。現在、エコール・ポリテクニークで物理学教授を務めている。[1]

コベル　物理学の経歴をお話しいただけますか。ただし、古典派経済学の枠組みのなかでお話しいただきたいのですが。つまり、そこには古典派経済学、合理的経済人、合理性の仮定、見えざる手、市場の効率性……といろいろありますが、どういうわけだか、古典派経済学では経験的な現実が無視されています。しかし、これは成功したトレーダーに見られることがありますが、物理学のバックグラウンドを持っている人は、世界をもっと広いレンズで見ることができると思いますが。

ブショー　確かにそのとおりです。あなたは私が言いたいことをみんな言ってしまいましたね。し

「科学でも宗教でも疑問を持って厳密に調査することが重要なのであって、それによって深い思考と深いナンセンスとを識別することができるのである」——カール・セーガン

かも、ものの見事に少ない言葉ですべてを言って
しまわれた。私が物理学者になったのは訓練の賜
物です。物理学とは言うまでもなく、実験を通じ
て物事を学んでいく学問です。理論は観察したこ
とを再現できなければ役には立たないことをあな
たは分かっておられる。理論がどんなに美しくて
も、観察したことを再現できなければ、そんなも
のは捨てて最初からやり直さなければなりません。

　物理学者が経済学やファイナンスとかかわりを
持つようになったのは1990年代の初めのことです。
そのときに驚いたのは、経済学やファイナンスの
理論がいかに統計学的なものに基づいていないか
ということでした。経済学やファイナンスの理論
は、世界がどうあるべきかをまるで自明であるか
のように想像していただけであり、世界で何が起
こっているのかに注意を向けることなく、理論を
構築しているのです。

　データは簡単には手に入らないから、と私はし
ばらくはそれを正当化していました。そして経済
学やファイナンスはある意味、データのないまま
発展していったのです。学界の人々はデータの欠
如を行動や思考によって補わざるを得ませんでし
た……それは物理学の世界でも起こり得ることで
す。私はデータが簡単に入手できるようになった
ときに、この分野に入れたことを本当に幸運だと
思っています。そしてデータを見て、効率的市場
仮説（EMH）、ガウス統計学、ブラックショール
ズの失敗や欠陥に光を当てることでデータを解明

しようとしたとき、世界を理解するにはこういっ
たものだけでは不十分であることは私にとっては
あまりにも明白でした。

コベル ブラックショールズモデルの話が出てき
ましたが、これはいまだに使われています。リス
クがシステマティックに過小評価されていること
をあなたを含め多くの人々はよく分かっているに
もかかわらず、彼らはいまだにブラックショール
ズモデルを使っているのです。

ブショー はい、それは私も分かっています。私
は長年にわたってそのことを訴えてきました。1
つの問題が学生たちです。学生たちに物事を教え
るとき、ブラックショールズは教えやすく、また
数学的にも美しい。だから、多くの人はブラック
ショールズを無視して、もっと面倒くさいものか
ら再び始めなければならないことに抵抗を感じる
のです。もちろん、世界は混沌としていますが、混
沌としているものを教えるのは難しい……正しい
ことを教えるのは難しいのです。これは当然のこ
となのですが、数学以外のもので直感を鍛えるし
かないと思っています。

　物理学はそれに打ってつけです。物理学は、泥
のなかに手を突っ込んで、何かのボタンを押して、
それでどうなるかを見ることができるため、たく
さんの例題を与えてくれます。でも、今では経済
学やファイナンスについても同じことが言えます。
1つは、データが入手しやすくなったことと、デ

> 「これはどんな演習に対
> しても言える基本的な真
> 実だが、心地良く感じら
> れる範囲を超えて自分を
> 駆り立てなければ、けっ
> して上達することはな
> い」——アンダース・エ
> リクソン

ータで実験、つまりシミュレーションをやれるように
なったことです。また、データがない場合で
もシミュレーションは可能です。あなたは、何ら
かのルールに従ってトレードする人々の世界を作
り上げることができるし、何らかのルールに従っ
てお金を稼ぎ出すファンドを作り上げることがで
きます。あなたが存在すべきだと思う世界の経験
則や特徴を実装して、あとはシミュレーションを
行って何が起こるかを見るだけです。

　これをやってみると驚くはずです。同時に楽し
くもある。なぜならあなたは神様のように振る舞
えるからです。そしてもう1つは、ルールのいく
つかは機能しないことがすぐに分かってくるとい
うことです。これらのルールは、そこで起こって
いることをしっかりととらえていません。現実に
近い何かをとらえているルールもあります。こう
した実験をやらせて人々をもっと鍛えたほうがよ
いと私は思っています。シミュレーションを使っ
ての実験は、人々にとってはちょっと馴染みがな
いかもしれません。物理学でもそうです。こうい
ったシミュレーションが科学にとって最適な方法
であることを人々が納得するまでには、もう少し
時間がかかるでしょう。

　マーク・ブキャナンという方をご存知じゃあり
ませんか。彼はサイエンスライターで、数年前、ち
ょうど2008年10月の株式市場大暴落の直後、彼の
書いたことが私の心をとらえました。彼は次のよ
うに書きました。「コンピューターシミュレーショ

ンは正しく行えば、『心の望遠鏡』のような役割を果たす。つまり、望遠鏡が私たちの視力を増幅してくれるように、コンピューターシミュレーションは、私たちの分析能力や洞察力を増幅してくれるということである。シミュレーションを行えば、何の助けもない人間の心が、あるいは最高の数学的分析に助けられた人間の心でもとらえることができない関係を発見することができるのである」

これは物事を物理学的な方法によって行うということがどういうことを意味するのかを示した文章です。

コベル　それはあなたの運用会社の物理学的背景についての面白い宣伝になるような話だと考えなくてよいのでしょうね。あなたの会社ではトレーダーは雇っていないのですか？

ブショー　はい、私たちが雇っているのは物理学者だけです。だから、彼らは前述のように考えることができるのです。でも、まったく同じことを私たちは1990年代のなかごろからずっと言ってきました。CFMは完全にデータドリブンです。まずデータ分析から出発し、私たちが見たことの意味を考え、私たちが見たことによってひらめいたモデルを構築します。

これが純粋なマーケティングではないもう1つの理由は、私たちの会社はトレード会社としてはちょっと変わっていて、過去20年の間に学術雑誌で科学論文を100件ほど発表しました。これは、わ

「私たちは投票するとき合理的になることはほとんどない。なぜなら、私たちは合理的になることはほぼないからだ」——ロバート・M・サポルスキー

れわれのDNAには科学が物事を正しく行う方法だと考える思考法が組み込まれていることを示しています。

コベル 私があなたにコンタクトを取ろうと思った第一の理由は、あなたの論文（「ツー・センチュリーズ・オブ・トレンドフォロー（Two Centuries of Trend Following）」。第20章を参照）を読んだからです。論文はそれほど派手なものではなかったと思いますが、突然インターネットに登場しました……あなたがその論文を世間に広めて議論させようとしたのだろうかと私は思いました。

ブショー この論文は長い間温めてきたものでした。それが今こうして世に出たのには2つの理由があります。1つは、私たちが今始めようとしているマーケティングに関係します……「インスティチューショナル・システマティック・ダイバーシファイド」というファンドとそのファンドの一部は長期トレンドフォローをベースにしたものです。私たちがなぜこうしたファンドを売り出しているのかを人々に理解してもらう必要があったわけです。

　もう1つは、この数年、以前よりもはるかに長期的なデータを入手しやすくなったことが挙げられます。コモディティやインデックスのデータは19世紀の初めからのものが入手できるようになりました。これによって多くのアイデア、特にトレンドフォローについてのアイデアをバックテスト

「お金の話ということになると、最高の投資はおそらくは私がやらなかった投資だろう」──マーク・ファーバー

できるようになりました。トレンドフォロー戦略が過去からずっと変わっていないことを知ったときには驚きました。

ファーマ、シラー、ハンセンがノーベル賞を受賞したのと同じ年に、この論文が世に出たのはなんとも奇遇でした。効率的市場仮説についてはこの10年にわたって私は大声を上げて異議を唱えてきましたが、バブルはない、大暴落はない、2008年に市場が下落したのは危機を見越してのことであり、すべてはパーフェクトだなんて言っているファーマにノーベル賞が与えられたのは皮肉としか思えません。

トレンドフォロー、一般的にはモメンタムと呼ばれていますが、これは効率的市場仮説では説明がつかないものです。なぜなら、トレンドフォローは効率的市場仮説のフレームワークから完全に外れているからです。効率的市場仮説ではトレンドフォローに含まれるリスクプレミアムのようなものを連想するのは難しい。だから、市場はそれほど効率的ではないということになります。

ほかにも理論と現実の間に大きなギャップがあるケースはたくさんありますが、効率的市場仮説にはだれの目にも明らかに現実と乖離しています。長期的なトレンドを見るだけで、市場が将来どんな動きをするのかは分かります。つまり、現時点の価格にはすべての公開情報が含まれているわけではないということです。これは私にとって、知的観点からもコマーシャルの観点からも非常に興

味深い発見です。

コベル　これはあなたの論文に書かれていたのですが、私が注目したのは、「トレンドの存在は金融市場における統計学的に最も有意なアノマリーである」という箇所です。これは非常に強力な言葉ですね。

ブショー　私たちはこれまで20年にわたって金融市場を見てきましたが、極端に有意な統計学的効果を見つけるのは非常に難しいです。高頻度トレードでは見つけることができますが、高頻度トレードにはデメリットがたくさんあります。まず第一に、高い頻度でトレードしようと思ったら莫大なコストがかかります。強力な統計学的な特徴を持つ高頻度アノマリーは、経済学者が言うように、経済学的観点から見て意味があるのかどうかは定かではありません。

　一方、こうした非常にスローなトレンドは多くのお金をもたらしてきましたし、これからももたらす可能性があります。そして、もちろんこれはにわかに受け入れがたい話です。しかし、こうしたトレンドは学者だけでなく実務家の視点からも無視できないものなのです。

コベル　論文のなかでもう１つ興味深かった箇所があります。おそらくこれはデータが1800年代初期にまでさかのぼれることができるとするなら明らかなことなのでしょうが、トレンドはトレンド

フォロー以前から存在するという点です。これは
私にとっては興味深かった。トレンドフォローモ
デルを使っているトレーダーで、多くの出来高を
占めているのはほんの一握りの人たちです。

ブショー　そうですね。これには２つの見方がで
きると思います。おそらくは、そもそもトレンド
を使っているトレーダーが存在するからトレンド
が存在すると思うのです。トレンドを使ってトレ
ードするトレーダーは200年も前から存在しました。
トレンドフォロワーの役割を果たし、トレンドを
作る人々がたくさんいるのです。だからトレンド
が存在する。これが私の解釈です。

コベル　ノーベル賞を共同受賞したファーマの話
が出ましたが、私は最近ハリー・マーコウィッツ
と話をする機会がありました。彼は89歳という高
齢の割には頭がしっかりしていました。私は彼に
次のような質問をしました。「1950年代に、金融市
場はこうなっているはずだとあなたは書きました
が、それから数十年以内にはほかの学者たちが、あ
なたが金融市場はこうなっているはずだと言った
ことを取り上げて、金融市場はこうなっていると
言っています。これについてはどう思いますか」。
彼は次のように答えました。「それについては行動
経済学者と話をしたほうがよいと思います」。彼は
明らかにそのことには触れたくないと思っている
ようでしたが、彼が言いたかったのは、金融市場
はこうなっているはずだなどとは言わなかった、と

「楽観的でいるのは素晴
らしいことだ。楽観的で
いられれば、健康でいら
れるし、立ち直りも早
い」――ダニエル・カー
ネマン

いうことだと思います。ほかの人たちは、ルールになった原理——つまり、効率的市場仮説——は彼が創案したものだと思っています。

ブショー　人々がやっていることと人々が観察することの間には明らかに相互関係があるという意味で、トレンドフォローはちょっと変わった分野ですね。間違ったモデルを使うと物事が間違った方向に進むということは、1987年にブラックショールズモデルが明確に示しています。物理学者はこの点に興味を示しました。というのは、一歩踏み込んで、モデルそのものがゲームをどう変えるのかを理解する必要があるからです。

実際、私たちはトレンドがどのようにしてトレンドを導き、平均回帰がどのようにして平均回帰を導くのかを示すシンプルなモデルを作成しました。トレンドよりも平均回帰に従う世界を想像するのは難しいかもしれません。なぜなら、人々は本質的にトレンドに従う性向がありますから。心理学的実験には非常に興味深いものがたくさんあって、例えば、小さな子供に直線上に並んだ3つの点を見せると、それだけで彼らは喜びます……私たちは過去のトレンドを将来に当てはめるようにプログラミングされています。おそらくは襲い掛かってくるトラの動きを予測するときも同じように考えるでしょう。だから私たちは今こうして生きている。

トレンドに従うよりも逆らうことのほうがはるかに難しいと私は思っています。繰り返しになり

「人間は集団で思考するとよく言われる。彼らは集団で狂気に走るが、良識を取り戻すときはゆっくりと、ひとつずつ取り戻す」——チャールズ・マッケイ（『狂気とバブル——なぜ人は集団になると愚行に走るのか』[パンローリング]）

ますが、心理学的実験や生物学的実験には非常に面白いものがたくさんあります。例えば、ホルモンが私たちの体に出入りするのは2つの状態のときです。1つは、大衆に従っているとき、もう1つは大衆に逆らっているときです。今の状態に従わない、それは痛み、という関連付けがあるのです。

コベル 古典派経済学にはワイルドな市場を理解するフレームワークがありません。「ワイルド」というのはあなたが言った言葉です。ワイルドな市場を見るフレームワークを持たない古典派経済学についてのあなたの意見をお聞かせいただけますか。「ワイルド」という言葉はあなたにとってどんな意味があるのですか？

ブショー 『イン・ネイチャー（In Nature）』に書いた論文のことを言ってるのですね。私がこれを書いたのは金融危機の直後でした。金融危機のことは予測できたので、私は素早く反応しました。もちろんほかの人も金融危機は予期していましたが、経済学者たちは経済システムや金融市場がもう少し荒れることをきちんと伝えるべきだったと思っています。

　実はワイルドという言葉はブノワ・マンデルブロのことを言ったものなのです。マンデルブロはフラクタルという概念を体系化したことで有名ですが、二次モーメントのない分布、つまり分散や無限分散のない分布や、平均が無限大の分布も発

見しました。彼はランダムさをこのように分類したのですね。彼は経済学者が好むようなランダムさをマイルドなランダムさと呼びます。ガウス分布のようなものですね……つまり、不均一なシステムを平均と置き換えることができるものです。例えばこれは、トマ・ピケティの本（『21世紀の資本』［みすず書房］）に関係していることを私たちは知っています。また、経済学に関連するものは広く分布しているので、人々の集団を平均的な人々——古典的な言葉で言えば、代表的個人——と置き換えるのは無意味であることも私たちは知っています。

マンデルブロに話を戻しますが、マイルドなランダムさについては今話しましたが、「ワイルド」なランダムさは手なずけるのが難しい。なぜなら、平均や分散が簡単には説明できないからです。私の言う「ワイルド」とはこういったことを言っているのです。

ところで、一般的な経済学は、どうしてこういった大きなスイングをとらえることができないのでしょうか。これはとても奇妙です。そもそもモデルというものは本質的に安定するように構築されています。合理的な世界は安定している、だからモデルも安定していなければならないというわけです。こうして経済モデルは本質的に安定している均衡点というものを考えだしました。モデルを少しだけかき乱しても、やがては均衡点に戻るということです。これはモデルに深く植え付けら

「自然は数学の言語で書かれている」——ガリレオ・ガリレイ（1564〜1642年。イタリアの物理学者）

れているので、危機など存在し得ないことになります。

　面白いのは、市場から合理的という前提を取り除き、市場は不完全であるという前提を導入すれば、経済学の合理的均衡が依然として存在はするものの、実際には不安定になる状態を簡単に見いだすことができます。そして、合理的均衡が小さな外部ショックによって阻止され、システムがしばらくの間正常に機能しない状態のことを私たちは危機と呼びます。

　数学的分析を使えば、経済世界における危機を記述できるだけでなく、ある程度は予測できるようになります。少なくとも危機が発生する余地は生まれます。これは私にとっては非常に魅力的なテーマで、私たちが過去数年にわたって取り組んできたものです。

コベル　このテーマに大変興味がおありなんですね。毎朝目覚めて楽しみがあるのはよいことです。
ブショー　まったくそのとおりです。これは本当のことであり、あなたにそう言っていただけて本当にうれしいです。

コベル　今日あなたにお話ししましたし、あなたの仲間の多くにもお話ししましたが、私が長年にわたって興味を持ってきたことは、人は不確実性を受け入れると正直になるということです。人々がこれから起こることに対して確信を持っている

とき、私は不快感を感じます。

ブショー 物理学者と経済学者とは大きな違いがあると思います。これについてはいくら書いても書ききれないほどです。私たち物理学者は特権を持っていると言ってもよいかもしれない。私たちは政治家と話す必要もなければ、世界がこれからどうなるのかについて語る必要もありませんし、政治的判断を私たちに頼ったりする人はいないでしょう。これに対して、経済学者は脚光を浴びているわけですから大きなプレッシャーがあると思います。彼らはストーリーを用意しなければならないし、判断を求められます。だから、一歩下がって、「ここで何が起こっているのか理解しようと思っています。そのためには10年か20年かかるでしょう。しかし、最終的には世界にもっと良い理論を提供できるでしょう」とは言えません。

それはそれでいいとして、もし財務大臣に「税金を上げるべきでしょうか？ これこれをやる必要があるでしょうか？」と聞かれても、私は何と答えればよいのか分かりません。人々は長期的視点に立って物を考えることができないので、苦境に立たされるでしょう。あなたもおっしゃったように、訓練によって物理学者になったわれわれの望むことは、自分たちは何かを理解していると思えることです。

しかし、たとえそれができなくても大丈夫です。失敗しても何の問題もありません。物理学はこれまでいろいろなことを解明してきました。また正

「数学はそれ自身によって明らかになる科学である」——カール・グスタフ・ヤコブ・ヤコビ（1804〜1851年。ドイツの数学者）

しいと確信できても、最終的には間違いだったこともたくさんありました。これはあなたが前に言ったこと、つまり確実さの対極にあるもので、これは良いことです。しかし、これは一種の傲慢さでもあります。

コベル　あなた方は失敗することもあることを、ある程度予期しています。しかし、経済学者は失敗することもあるのだということを認めたがりません。

ブショー　そのとおりです。彼らの理論の構築方法は、社会学的理由によっても私たちのものとは完全に異なります。

コベル　貴重なお時間をいただき、本当にありがとうございました。

ブショー　いつかまた会えるのを楽しみにしています。私たちはあなたの本（『ザ・タートル』［日経BP社]）が大好きです。あなたもご存知のように、この本は私たちの論文のなかで参考図書として掲載させていただきました。あなたとお話しできたことを心からうれしく思っています。

「数学には民族の違いも国境もない。なぜなら、数学にとって文化的世界は1つの国だからだ」
——ダフィット・ヒルベルト（1862〜1943年。ドイツの数学者）

ユーアン・カーク
Ewan Kirk

　ユーアン・カークは、イギリスのケンブリッジを拠点とするヘッジファンドであるキャンタブ・キャピタル・パートナーズのCEO（最高経営責任者）兼共同設立者だ。以前はゴールドマン・サックスの欧州クオンツ戦略グループ担当パートナーを務めていた。彼のグループは、ゴールドマン・サックス全社のコモディティ、通貨、金利、クレジット、株式のクオンツ戦略の開発を行っていた。[1]

コベル　あなたは数理物理学の博士号を持ってゴールドマン・サックスにやってきたわけですが、当初はトレードにはそれほど熱心ではなかったのではありませんか。

カーク　はい、最初はまったく興味はありませんでした。1992年にゴールドマン・サックスに初めて面接に行ったとき、ゴールドマン・サックスがどんな会社なのかさえ知りませんでした。銀行だ

と思っていたのですが、まったく違っていました。とにかく何も知りませんでした。だから、トレードどころか、定量ファイナンスにも興味はありませんでした。

コベル 彼らは特定の思考ができる人を探していたのではないでしょうか。

カーク そうなんです。彼らが探していたのは、数学の知識がある人でした。また、コンピュータープログラミングも必須でした。コンピュータープログラミングができなければ、数学者だろうと、統計学者だろうと無意味だと、私たちは面接に来る人みんなに言います……こんな人は文章を書くことができない小説家と同じです。自分の意見や考えをコンピュータープログラミングで表現できなければならないわけです。私はコンピュータープログラミングも得意でしたし、クオンツの知識もありました。だから、ゴールドマン・サックスは私に一種の賭けをしたのだと思います。

コベル あなたの会社の共同設立者はプログラミングを「現代版の読み書き能力」と呼んでいますが、プログラミングは御社にとって必要不可欠ということですね。

カーク プログラミングはまさに現在版の読み書き能力ですね。そして、その考えは私のキャリア全体に染み渡っていますし、キャンタブのトレードプログラムのなかにも流れています。私はこの

> 「FRB（連邦準備制度理事会）は目下のところ、不況になるとは思っていない」──ベン・バーナンキ（2008年1月10日）

２〜３週間、わが社のインフラをプログラミングしていました。貧乏暇なしってやつですね。

コベル　でも、完璧な物理学と数学の経歴を持ちながら、キルトを着て黒いちょうネクタイ着用のディナーにも現れる。

カーク　そうですね（笑）。

コベル　でも、あなたは傲慢ではない。あなたはしっかりと地に足の着いた方です。つまり、物事をリスクの観点で考える。そのようなあなたを人よりも抜きん出た人物にする思考プロセスとはどういったものなのですか。

カーク　もちろん、私のようにスコットランド出身者にとって、伝統的な衣装はキルトとそれに付随する細々としたものです。だから、キルトを着て現れることで人々の注目を引く。道化師の格好で現れることはありませんがね。

コベル　私はそういうつもりで言ったわけではないんですが……。

カーク　もちろんこれは冗談です。ゴールドマン・サックスが得意だったことは、そしておそらくは今でも得意だと思いますが、風変わりなものに対してある程度の寛容性があることだと思います。初期のころのゴールドマンには、それぞれがビジネスを行う150人のパートナーがいました。ゴールドマンが能力主義になったのにはこういった背景

> 「本当の意思決定は、あなたが新たな行動を起こしたという事実で測定される。何の行動も起こさなければ、本当の意思決定をしたとは言えない」
> ——トニー・ロビンズ

があります。つまり、「私のために今日おまえは何をやったか」ということです。私がキルト姿で現れても特に変な目で見られるということはありませんが、ゴールドマンは特に1990年代はほかのどの銀行よりも、どれくらい仕事ができるかを重視していました。もちろん、顧客との会議に道化師の格好で現れたら、すぐに解雇されるでしょうけど。

コベル あなたの言葉をそのまま解釈すると、「標準的な音楽に合わせて行進はするが、既成概念にとらわれずに物事を考える。タイムカードを押すだけの人間ではない」ということになりますか。

カーク まったくそのとおりというわけではありませんが、まぁ、イエスと言っておきましょう。私のなかにはそういった要素は確かにあります。タイムカードを押すだけの人間ではないという要素がね。もっと詳しく言うと、ゴールドマン・サックスは非常にまじめな会社で、アメリカの企業のなかでも大成功した企業です。銀行のなかで既成概念にとらわれずに物事を考えると言っても、それには限度があります。それは当然のことでしょう。銀行は顧客に対して大きな責任を背負っています。受託者としての責任です。風変わりになれることもときどきはあっていいのでしょうが、結局は、ゴールドマンはアメリカの大企業ということです。

コベル ロンドンのトレンドフォロワーのCTA（商品投資顧問業者）やロンドンのクオンツの多くはトレンドフォローの経歴を持っていますが、なぜ彼らはロンドンに拠点を移したのでしょうか。例えば、初期のパイオニア的トレンドフォロワーはアメリカ出身者が多い一方で、なぜ彼らはロンドンに行ったのでしょうか。

カーク それは良い質問です。はっきりとは分かりませんが、推測はできます。この業界の歴史を振り返った場合、本当に初期のトレンドフォロワーはタートルズです。1980年代の中ごろ、あるいは1990年代の初めですね。ロンドン、もっとよく言えばヨーロッパでトレンドフォローが始まったのはおそらくは1990年代の中ごろから後半にかけてで、口火を切ったのはAHL（アダム・ハーディング・アンド・ルエック・リミテッド）でした。私たち全員の祖父と言ってもよいでしょう。そのあとウィントン、ブルートレンド、アスペクト、そして私たち、そして、ヨーロッパの多くの大企業と続きます。

　私たちがほかの会社に比べて成功し、成長できた理由の1つは、投資に対して科学的アプローチを取ったことと、統計学を使ったからだと思います。ATR（真の値幅の平均。アベレージ・トゥルー・レンジ）やブレイクアウトについて書かれたボロボロになった本を見ると、それはまるで暗黒時代のようです。私たちはそれよりもはるかに統計学的・科学的に物事を考えています。たまたま

「今日の世界であなたの行った意思決定を人がどう思うかを心配すれば、問題が発生する。アルコールなんかに頼らざるを得なくなるような大きな問題に発展することもある。あなたはただ懸命に働き、自分を信じればよいのだ。自分は重大な結論を下したのだと。そして前進するのみである」──ジョン・グルーデン

うまくいったというだけではないのです。

　デビッド・ハーディングとAHLのおかげで科学的なアプローチが意識されるようになり、それから爆発的に広がっていったと考えてよいでしょう。「なぜアメリカのCTAはそれに従わなかったのか」という疑問がありますが、アメリカでも投資に対するもっと科学的なアプローチ、厳密な統計学的アプローチを採用すべきでした。それは過去にたまたまうまくいったルールよりももっと良い方法だったのだと思います。それが良い方法なのになぜ広まらなかったのか、私には分かりません。

　私たちがキャンタブを創設したのは2006年か2007年だったと思いますが、なぜポジションをリスクで重み付けするのかとか、なぜ常に一定量をトレードしないのかと人によく聞かれました。特にアメリカの人にね。小麦1枚が、よく分かりませんが、おそらくは2万ドル、ニッケル1枚が25万ドルの世界で、常に一定量をトレードするのは正気ではないとしか言いようがありません。

　でも、一定量でトレードするのは伝統であり、私たちの業界は非常に保守的です。新しもの好きな投資家も少数ながらいて……彼らは明日のS&Pがどうなるのか予測する素晴らしいテクニックがあるかもしれないと信じています。しかし、その一方で伝統的な方法を好む人たちもいます。彼らにとって伝統の枠から出るいかなるものも受け入れがたいのです。

「あなたは特別なんかではない。あなたは美しくて唯一無二の雪の結晶ではないのだ。あなたはほかの人と同じように、朽ち果てていく有機物質にすぎないのだ」――チャック・パラニューク（『ファイト・クラブ』）

コベル あなたは顧客にはいつも話していると思いますが、新しい顧客にも話をしなければなりませんよね。その顧客は経験豊富だけれど、あなたの戦略を知るのは初めてかもしれません。そんな顧客に、「損失は統計学的に言って絶対に免れないものです。この事実を避けて通ることはできません」といった話をしなければいけないわけです。抜け目のない人もたくさんいますし、それほど機敏ではない人もたくさんいますが、損失がゲームの一部だと想像できる人はあまりいません。

カーク そうなんです。人々は絶対に損をしないものに投資したがります。だから、バーナード・マドフなんて人物が存在したわけです。ジョン・メイナード・ケインズは偉大な言葉を残しています。「詐欺やだましが横行する世界では、需要がその供給を作り出すのだ」。絶対に損をしないものに投資したいのはだれも同じです。私だって損をしないものに投資したいですよ。絶対に損失をしない戦略を作り出せれば、どんなによいでしょう。これは人類全員の望みです。

しかし、ほぼすべての投資には厳しい現実があります。もしあなたが本当に優秀で、本当に幸運で、20年、30年の長い実績があり、その間戦略は一切変えなかったとしたら——こんなことはほとんどあり得ないことですが——、おそらくあなたのシャープレシオは0.8、0.9、あるいは1になるでしょう。でも、それよりももっと流動性の高い戦略があります。例えば、スタティスティカルアー

> 「私のアプローチがうまくいくのは、もっともな予測をするからではなく、間違った予測を正すからである」──ジョージ・ソロス

ビトラージ（スタットアーブ。統計的裁定取引）戦略です。これは長い目で見ればあなたの戦略をアウトパフォームするかもしれません。そして、2007年8月に世界的な金融危機がやってきました。しかし大まかに言えば、良い投資戦略は長期的にシャープレシオが1になる戦略です。投資家ならシャープレシオを1にしたいと思うはずです。それで、平均リターンが20％で、ボラティリティが20％であれば、まずまずということになりますが、2年おきにボラティリティが20％になると、統計学的に言ってドローダウンは15％になります。そして4年おきにボラティリティが20％だと、ドローダウンは20％になります。

これが現実なのです。たとえシステムが本当にそういったリターン特性を持っているとしても、ドローダウンは前述のようなものになり、損失を出すことになります。このことについて私が顧客に話をするとき、彼らにときどき見せる小さなスプレッドシートがあります……実際に見せるのはスプレッドシートではないのですが、これはちょっとしたツールで非常に役立ちます。これはリターンが20％で、ボラティリティが20％のときの5年分の日々のリターンをシミュレートしたものです。いわゆるモンテカルロシミュレーションです。

このスプレッドシートでF9を押すたびに、このランダムでポジティブなプロセスの現実がグラフ化されます。5年続けて損失を出す履歴を得るのにF9を何度も押す必要はありません。これのドロ

ーダウンは40％です。これは長期にわたって年間20％のリターンが保証されているものなんですよ。

　損失予測は常に投資プロセスに組み込んでおくべきものです。投資家だったらそうすべきです。私たちの顧客の大部分は機関投資家です。年金ファンド、保険会社、政府系ファンド、寄付基金などです。彼らは非常に高度な知識を持つ投資家で、損失のことは理解しています。これに対して、お金持ちの個人や小さな個人経営の会社などは、資産を保護したいという願望が機関投資家よりもはるかに強いです。彼らには将来的にあまり面白くないことが起こる可能性があることをしっかりと話しておかなければなりません。

　このほかで投資家に説明しておかなければならないことは、お金を儲けられる期間は非常に短いということです。

コベル　裁量型マクロトレーダーやヘッジファンドは、「私を信じてください。私には経験がありますし、市場の方向性を予測することもできます。複数の先物ポジションをいろいろな市場で取ることができます。私の裁量を信じてください」と言いますが、彼らに対する需要はあるのでしょうか。

カーク　だれかが私のテーブルの向かい側に座るころには、投資家はおそらくはそんなことは聞いてこないでしょう。「あなたはリスクを低減するつもりですか、それともさらにリスクをとるつもりですか？　債券ポジションは解消するつもりです

「投機バブルは短編小説や小説や芝居のように終わることはない。物語を印象的な結論に至らせる結末というものはないのだ。現実世界では、ストーリーがいつ終わるのか、われわれにはさっぱり分からない」──ロバート・シラー

か、それとも増し玉するつもりですか？」と聞かれても、私は未来を予測することはできません。私は超能力者ではありませんし、未来を予測するスキルなんてありません。私のスキルはほかのところにあります。

でも、未来を予測できるスキルを持っている人なんておそらくどこにもいないでしょう。そんなことは不可能なんですから。裁量トレードに対する需要は、たぶん彼らが何かに反応することができることに対する需要でしょう。市場のすべての最後の動きに反応できるようなモデル、あるいは1つの情報が入ってきたときにそれに反応することができるモデルを書くのは非常に難しい。不可能と言ってもよいです。

9.11は1つの情報が入ってきた良い例でしょう。午前9時2分、世界は一変しました。システマティックモデルはそれについて何も分からなかった。でも、裁量トレーダーはそれが分かった。こうしたイベントのときは、裁量トレーダーのほうがモデルをアウトパフォームする可能性は高いです。だから裁量トレーダーに対する需要があるのは理解できます。

しかし、良いマクロトレーダーになるのは非常に難しいです。高い評判を持つそういった人々のことはわれわれ全員が知っていますが、そういった人はほんの一握りです。

マクロトレードについて興味深いことは、だれもがマクロトレーダーになりたがるということで

す。証券コンサルタントが裁量的な株式のロング・ショートについての話をするのを聞いたことがあると思いますが、彼らが話していることはマクロ的なことのほうが多い。市場は上がると思う、市場は下がると思う、だからこれこれの銘柄を買う、といったようなことです。マクロ的な判断は証券分析に含まれていますが、これは証券分析に含むべきではないと思います。

　マクロ的な裁量でトレードするのは世界で最も難しいことだと思っています。これで成功した人はおそらくは運が良かっただけでしょう。私もあまりよくは分かりませんが、大変難しい仕事であることは確かです。

コベル　あなたのやっていることが、戦略の選択から資産配分、ポートフォリオの構築、ポジションサイジング、執行、リスク管理まですべてシステマティックだという話を聞けば、マクロ的な裁量トレーダーのなかには、「なるほど！　これはちょっと違ったアプローチだ」と思った人もいたのではないでしょうか。

カーク　私は自分たちが例外だとは思っていません。私は競合他社のことは表面的にはよく知っていますが、彼らが何をやっているのか、どうやって自分を売り込んだのかは知りません。でも、もしヨーロッパの大手CTAがモデルに干渉して裁量的な意思決定を行っていると知れば、私は驚くでしょう。「私たちはモデルを使っているが、ときど

き干渉することがある」。でも私に言わせれば、それはシステマティックなトレードとは言えません。

これは前にも言ったことがあるのですが、システマティックなトレードは、妊娠しているかしていないのか分からないといった状態です。ほんのちょっとだけシステマティックになることはできません。私はシステムを売り込みに来る人々によく言います。そのシステムはモデルなのですが、彼らはそれを裁量的だと言う。それで私は彼らに、「2つの方法でやってみたらどうですか？　1つはモデルを使って、もう1つは裁量を使って。そして、どちらがよりお金を儲けるか見てみればいいじゃないですか」と言うんです。

これは人々が非常に複雑な判断を隠すときに使う常套手段です。私たちがやろうとしているのは、「明日、どれが上昇して、どれが下落するか」を言い当てようとしているということです。私たち、そして私たちのような者が持っているのは、複雑な、時にはシンプルなものもありますが、複雑なモデルで、何年もかけて統計学的に検証されてきたモデルです。非常に高度な重み付けアルゴリズムやコスト管理などを使って重み付けされたモデルです。こうしたモデルは、文字どおり、何百万行というコードでプログラミングされています。それなのに私たちは、何が明日上がるのか下がるのかを予測しようとしています。

人々は、「出来高が明日は落ちるだろう」「上方修正が入るだろう」「このモデルは明日もうまくい

くとは思えない」と言って、モデルに干渉することが多い。トレンドフォローモデルはあまりうまくいっていない、明日もうまくいかないだろう、と言うためには相当量の分析が必要です……120の異なる資産で運用され、リスクの重み付けやコスト管理がしっかりと行われたモデルのような複雑なものでそんなことをやろうとすることが、私には信じられません。

コベル　あなたの思考プロセスとはどういうものなのでしょうか。戦略を証明するという考え方が好きだとあなたはおっしゃいますが、それは正しいことを証明するというよりも、何かが間違っていることを証明することのように思えるのですが。
カーク　そうですね。この考えを最初に着想したのは私ではありません。これはギリシャ人が発見して以来、人間にとって非常にうまくいってきた科学的手法です。科学というものは、何かが正しいことを証明するのではなくて、何かが間違いであることを証明するものです。あなたがやろうとしていることはあなたの戦略を壊すことです。戦略がうまくいくとか、うまくいかないとかはけっして証明することはできません。金融の世界には、専門家がいますし、新聞もありますし、テレビやポッドキャストには大勢の人が出演しますが、彼らは自分たちの言っていることは確実だと思い込んでいます。「これこれこういったことが起こる。これが最高の方法だ。私たちのシステムはほかの

第2部　トレンドフォロワーとのインタビュー

「宗教は信じる文化だが、科学は疑う文化である」
——リチャード・ファインマン

人のシステムよりも優れている。私たちの株式ポートフォリオはほかの人のポートフォリオよりも優れている。私はこれを知っている、あれを知っている」と。金融の世界にはこういったことにあふれかえっていますが、実際には金融の世界はランダムさに支配されているのです。ランダムさこそがすべてなのです。ランダムである以上、あなたは物事を確実にこうだと言うことはできません。過度な自信や独断的な考えを持ってはいけません。なぜなら、あなたは物事が間違っていることを証明できなければならないからです。

新しい戦略、新しいアイデア、新しいトレードシステムを着想したとき、私たちがやるのは、少なくともそれをシミュレートするとき、つまりすべてのシステムでそれを試してみるとき、何か問題を見つけようとします。それから何カ月も検証と再検証を繰り返し、思考を重ねて、違う環境でも試してみて、そんなことを何カ月もやって、ようやく将来的におそらくはうまくいくだろうことが分かってくるのです。

これらは非常に先の見えない不確実なものですが、こういうことをやって私たちの哲学は不確実性を乗り越えて、やっとそれに自信が持てるようになるのです。確かな手ごたえのようなものが得られるのです。もちろん、私はテクノロジーの重要性については確信していますし、リスクの重み付けや一貫したポートフォリオの設計の重要性についても確信しています。しかし、特定のテクニ

ックについては確信は持てません。あなたの考え
ていることをやるのがベストです。あなたの考え
ていることは永遠に不変なのですから。

コベル　ファンドマネジメントの世界ではつい最
近まで多くの人が確実性を求めてきました。だか
ら、「私は私のできるベストなことをやっているだ
け。でも、それが正しいことなのかどうかは分か
らない。それが分かる人なんていないと思う」と
いう話を聞くととても新鮮に聞こえます。

カーク　私たちのような金融の世界の科学者とし
てやろうとしていることは、明日の天気がどうな
るかを予測するようなものです。これは言ってみ
れば気象学のようなものなんです。気象学は不確
実性に満ちています。しかし、テクノロジーは役
に立ちます。モデルは完璧ではないし、世界最大
のコンピューターを使っても5日先の天気を予測
することはできません。でも、気象学者はテクノ
ロジーや大気循環についての理論を向上させよう
と懸命です。それに、特定の場所の明日の天気は
予測できるかもしれない。おそらくはイギリスで
はないでしょうがね。イギリスは雨が多すぎます
から。

　昔は、投資は人々が空を見上げて、「あの雲を見
てごらん。犬のように見えるね」といったような
ものでした。これがおそらくは世界の現実という
ものでしょう。投資のほかの考え方は、何かが起
こったとき、あなたが儲けたときや損をしたとき、

> 「人々は真実を嫌うが、私は好きだ。私が真実を好きなのは、真実は多くの人を動揺させるからである。彼らの議論がたわ言だということを時間をかけて示せば、彼らの1人は一度だけこういうだろう――『ちょっと待ってくれ。私が間違っていた』と。私はそれを聞くのが生きがいなのだ。こんなことを言う人がいるなんてことは保証できないがね」――レミー・キルミスター（ロックバンド「モーターヘッド」の主宰者）

あるいはモデルが何かをやったとき、何でもいい
のですが、キャンタブの内部の人か外部の人、あ
るいは私たちの投資家やジャーナリストかどうか
別にして、だれもが聞くのは、「なぜそれが起こっ
たのですか」ということです。

「なぜそれが起こったのか」。これは素晴らしい
質問です。私たちがやろうとしていることは、こ
れが起こった理由は偶然だったという観点から問
題を解決することです。それは偶然ではないこと
を証明しようとすると、非常に難しい。悪い月も
あれば、良い月もあります。「何が起こったのか」
と人々は言います。それが偶然ではないことを証
明できるでしょうか。おそらくはノーでしょう。

問題にはいろいろな方法でアプローチする必要
がありますが、「これはランダムノイズの結果かも
しれない。それがランダムノイズの結果ではない
ことが証明できるかどうか調べてみよう」という
考え方で問題にアプローチすれば、知的満足感は
あるでしょう。これは非常に強力なテクニックで
すから。

コベル　あなたが書いたその論文のことは知って
います。たしか、ニューヨーク・タイムズに掲載
されていましたね。いくつかコメントを読んだの
ですが、否定的なものもありました。否定的なコ
メントは、あなたの論文は経済に価値をもたらさ
ないというものが大半でした。あなたやあなたの
同僚が何をやっているのかを私は知っているので、

私なりに考えてみましたが、それらのコメントは
あなたの論文を誤解しているように思えました。
あなたの投資家は、たとえ機関投資家であっても、
平凡な人たちの代表です。大きな機関の口座に入
るのは、その平凡な人たちの退職金です。

　おそらくは人々はこうした見方はしないでしょ
うし、あなたは個人投資家の運用口座は引き受け
ないでしょう。それはあなたがたがやるべきこと
ではありませんからね。しかし、こういった否定
的なコメントをする人はこの点を誤解して機会を
逃していると思います。これについてあなたはど
う思いますか。

カーク　これは難しい問題ですね。「私たちは社会
的に役立つことをやっているのか。私たちは経済
に役立つことをやっているのか」という質問です
よね。逆に言えば、経済にとって役立つのは何な
のか、または社会にとって役立つのは何なのかと
いうことになります。原理的には、世界はたった
１つの自動車メーカーしか必要としていません。
多くの自動車メーカーなど必要としていません。
多くのモデルも必要としていません。すべての自
動車メーカーが経済にとって役立つことをしてい
るわけではありません。

　高価なレストランで高価な食事をしたいと本心
で思っている人などいません。したがって、高価
な食事や高価なレストランは経済にとって役立つ
ことなど何一つしていません。ポッドキャストが
必要な人もいません。そんなものなどなくても生

> 「私の好きなことの１つ
> は、世界中を旅して古代
> 遺跡巡りをすることだ。
> 古代遺跡は過去の文明を
> 調査して、成功した部分
> と失敗した部分を考える
> 機会を与えてくれるから
> だ。今の状態から昔にさ
> かのぼって、科学に『昔
> の人々が何を考えていた
> のか』を推定させるので
> ある」──ネイサン・マ
> イアーボールド

きていけますから。いったんそのなかに入れば、溺れ死んでしまいます。

　私たちは長い目で見れば投資家にとって価値のあるものを提供していると信じています。私たちは全力でそれを行っています。リターンを向上させるべく、常に少しずつ改善を図っています。毎月利益が出るわけではありませんし、毎年利益が出るわけでもありません。利益が出るときもあれば、損をするときもあります。でも、私たちは投資家のみなさんに利益をもたらすように最善を尽くしています。

　私たちの顧客には多種多様な人々がいます。年金ファンドから個人投資家までいろいろな顧客がいます。私たちがやっていることは、ガンの治療法を見つけるのとは違いますし、彗星に探査装置を打ち上げるのとも違いますが、これが私たちのやっていることです。私たちはリスクを上げたり下げたり、相関を下げたりといったことをしながら、投資家のポートフォリオのリターンをかろうじて向上させているといった状態でしょうか。

　比較的シンプルな戦略を複雑な戦略に見せかけるといった、社会的に意味のないことをやっている人々のほうがはるかに問題だと思います。例えば、S&P指数に連動させる実質的には指数に連動したロングオンリーの戦略であるにもかかわらず、2％の手数料や20％の成功報酬を取る人たちです。こんなことをやってはいけませんよね。少なくとも私たちのやっていることは、知的厳密さにのっ

とったものだと思います。これは良いことだと思います。

　もうひとつ覚えておかなければならないことは、トレンドフォローのシステマティックトレードでは、お金はどこからかやってくるということです。つまり、私たちが利益を出せば、損をする人がいるということです。

コベル　あなたが損をすれば、ほかのだれかがそれを得るというわけですね。

カーク　ほかのだれかがそれを得る——そういうことです。長期的には損をするよりも多くのお金を稼ぎたいと思っているし、私たちにはそれができると思っています。長期的にはプラスのリターンを得ることができるでしょうが、それはだれかが損をすることを意味します。これはなかなか難しい問題です。

コベル　これはだれでもプレーできるゲームですよね。だれでも参加でき、戦略を練ることができる。これはだれもが試すことができる究極のゲームです。好きじゃなくても、試してみる価値のあるゲームです。

　私はリバタリアンですから、この地球上にはそんなことをするよりももっといいことがたくさんあると思うわけです。じっくり観察すれば、良いことが見えてくる。でも、もちろん人によっては良いことが見えてこない人もいます。みんなを説

「金融危機は嘆かわしいが、近代の資本主義では必然的な結果でもある」
——アンドリュー・ロー

得することはできません。

カーク おそらくそうでしょうね。私は公開フォーラムで政治について話すときはいつもうんざりします。だってそれは私の仕事ではないからです。でも、私たちは比較的良いことをやっているのだと私は信じています。少なくともケンブリッジでは人を50人雇っています。これは私たちのやっていることのほんの小さな部分ではありますが。重要なのは、この小さなコミュニティーでは雇用主が人々にお金を払い、こういったことのすべてをやっているということです。

　私たちは小さくても良い会社を経営していると信じていますし、これは非常に良いことです。2006年に私は２台のコンピューターと触れるたびに感電するサーバーのある小さなオフィスに座っていたのですが、その後、私たちは小さな事業を立ち上げました。それは本当に小さな事業で、ほかの小さな事業同様、うまくいかなくなりダメになる可能性はありました。そして小さな事業や中規模の事業を懸命にやってきた努力が実って、気がつけばもう８〜９年もたちました。私はこのことを本当にうれしく思うのです。もし誇れることがあるとするなら、そのことですね。

コベル とてもインスピレーションを与えられる話ですね。顧客に彼らの望むことを聞くというあなたの考えをさらに発展させていってください。必ずしも顧客に物事を強いるわけではない。その考

えを発展させていけば、顧客によっては市場に関するテクニカルなノウハウを持とうとしない人もいるので、彼らはガイダンスを求めてくるでしょう。顧客からのフィードバックも求めていくつもりですか。

カーク　それはちょっと私たちの思いから外れますね。それを言うのであれば、顧客の満足度（効用関数）を理解する必要があります。顧客は何を求めているのか、顧客は投資に何を期待しているのか、こうしたことが分かれば、物事を彼らに説明するのに役立ちます。あなたのおっしゃるとおり、一般に私たちの顧客はさまざまな分野についての知識や教養があり、すべてのタイプの投資やすべてのタイプの資産配分を網羅する必要があります。でも彼らは、システマティックなマクロトレードやシステマティックなミクロトレードの分野では私たちよりも知識があるわけではありません。

　私が言いたいのは、顧客を駆り立てているものが何なのかを理解しなければならないということです。彼らがポートフォリオに求めるものは何なのか。彼らは何を期待しているのか。テーブルの一方の端に座って横柄に、「あなたの望みは何？ 私たちはそれを持っているけど。欲しいなら、与えてあげてもいいけど」というようなものではありません。それは、意思決定プロセスを促進するものが何なのか、彼らに対して利害関係を持っているのはだれなのかを理解することなのです。例

> 「現代生活の多くは科学的リサーチに依存し、体系的に適用されるよく定義されたルールによって導かれている。飛行機を飛ばすときや新しい薬を開発するとき、私たちは物理学、数学、統計学、コンピューター科学に依存している。こうした学問を投資の研究に適用するのはごく自然の流れである」——ユーアン・カーク

えば、私たちは２つの商品を持っています。１つ
は、私たちオリジナルのクオンツファンドです。そ
れはボラティリティが20％と高く、ハイオクタイ
プのファンドです。手数料も運用報酬が２％で成
功報酬が20％と高い。ハイオクタイプで分散型の
システマティックなミクロトレードとかマクロト
レードという性質のものです。

　もう１つはボラティリティが10％と低いタイプ
のファンドです。これは最初のファンドに比べる
とはるかに大きな資金を運用できます。このファ
ンドには基本的なトレンド戦略と基本的なバリュ
ー戦略が含まれています。投資家は安いコストで
投資できます。あなたの言われた投資家を理解す
るということは、つまり彼らの内なる願望が何な
のかを理解するということです。彼らは何を必要
としているのかを理解するということです。彼ら
は安いコストで機能的なものを欲しているのかも
しれません。コストは安いけれどボラティリティ
の低いものを望んでいるのかもしれません。

　ボラティリティが20％の商品に投資することは、
リスクが高すぎるということを私たちのだれもが
知っています。あなたのやるべきことは、あなた
のお金の半分をボラティリティが20％の商品に投
資し、残りは現金のままにしておくことです。こ
れで結果として、ボラティリティが10％の商品に
投資したことになります。しかし、どういうわけ
だか、これはボラティリティが10％の商品に投資
したのと同じには感じられません。理由はわたし

にはよく分かりません。私のなかの純粋な数学者は「くだらない」と言いますが、これは本当のことです。私も人間ですから、そういうふうに感じるのです。

あなたの投資家を理解すること、彼らの利害関係者がだれなのかを理解することは非常に重要なことです。それを理解し、彼らときちんとコミュニケーションを取ることです。非線形なベイズ回帰ポートフォリオアルゴリズムに含まれている統計学的な詳細を知りたい投資家などいません。だれもそんなことは気にしません。彼らはそんなことを気にする必要はないのです。

しかし、文化やテクノロジー、人々、研究プロセスといったことについては彼らは気にすべきです。私たちが説明できるのは、そして詳細に説明したいのはこういうことなのです。投資家が何を望んでいるのか、何を欲しているのかを理解すれば、こういったことをもっとうまく説明できるようになります。

私は、「もし私があなたにモデルのことを話したら、私はあなたを撃ち殺さなければならない」といったような人間ではありません。私たちの業界ではそういったことが当たり前です。「秘密なので、あなたに話すことはできない」というわけで、これはよくあることです。しかし、これは間違っています。私たちは人々のお金を運用しています。私たちが運用しているのは赤の他人のお金なのです。だから、彼らは知る権利があり、私たちはそ

のお金で何をしているかを彼らに話す義務があります。

コベル この競争の激しい世界で、あなた方が極めて短時間のうちにゼロから大きな影響を与える企業に成長できたのは、おそらくはこれが理由の1つなのでしょうね。

カーク そうです。ランダムさについて私が前に説明したことを思い出してください。もちろん、私たちが成長できたのは運もあります。私たちには幸運が続きました。去年はそれほど良い年ではありませんでしたが、今年はとても良い年です。良い年だったり悪い年だったりと、ランダムではありますがね……オープンであること、透明であること、投資家をサポートすることは必須ですが、こういったことはさておき、私たちがやっているすべてに貫かれていることは、小さな改善を重ねて大きな改善につなげていくということです。小さな改善それ自体は大したことではないかもしれません。

例えば、苦心して1日にコストを0.5ベーシスポイント下げる方法を考案したとします。0.5ベーシスポイントなんて大したことには思えないかもしれません。微々たるお金ですから。しかし、これが積み重なれば1年で1.5%近くになります。これは素晴らしいことだと思います。こうした小さな改善をどれくらい重ねることができるかが、おそらくは良いファンドとあまり良くないファンドと

を分けるものでしょう。

　人生で覚えておかなければならないことの1つは、だれもがあなたを偉大だと思うわけではないということです。このことに対しては私は割り切っています。システマティックなトレードについてはもっともな批判があり、金融業界に対してももっともな批判があります。こうした批判を理解する、なぜそんな批判をされるのかを理解することが大事です。知ってのとおり、メディアでもたたかれましたし、金融業界では悪いことも起こりました。

　人々が私たちを批判するのももっともです。批判のなかには悪くないものもありますので、私はそれほど気にしてはいません。私たちは真実を独占することはできませんから。

コベル　この特殊な空間を長い間見てきて、何十年も前にさかのぼって考えると、これを長い間やってきたシステマティックな人たちには何か高貴なものを感じます。このシステマティックな空間には、何か頼りになる一貫したものがあるように思えます。しかし、あなたもおっしゃったように、物事はいつかは壊れて粉々になります。でも、うまくいくように幸運を祈りましょう。

カーク　システマティックな空間にいる人々は、「努力します」というエイビス・レンタカーの古いコマーシャルに出てくるように、「努力している」と思います。ヨーロッパにいるCTAのことはみん

「自分の考えや信念を自分たちがすでに行ったことや決定したことに一致させるために、私たちは自分をごまかすことが時折ある」——ロバート・B・チャルディーニ

な知っています。みんな自分にできる最善のことをやることに一生懸命です。金策のためにイカサマをやったり、つまらないことを非難するような人はほとんどいません。人々は本当に懸命に努力しています。でも時には失敗することもあります。でも、業界全体として見ればうまくいっていると思います。

コベル　それが自然の成り行きというものではないでしょうか。必ずしも一貫性があるわけではない。それはいきなりやってきて、ブームになって、突然2014年の9月がやってくる。そしてだれもが、「それは一体どこからやってきたんだ」と言う。でも、それがトレンドフォローというものなんですよね。

カーク　まさにトレンドフォローとはそんなものです。人々にとってこれは興味深いことのようです。「トレンドフォローは3年間うまくいかなかった」と人々が言うと、私は次のように説明します。「シンプルなトレンドフォローモデルを使って100の資産で稼働させると、トレンドフォローが本当にうまくいくときは、60の資産でうまくいき、40の資産ではうまくいかない。トレンドフォローがうまくいかないときは、45の資産でうまくいき、55の資産でうまくいかない」とね。

　これまでの歴史を振り返ると、トレンドフォローがうまくいかなかったことはありません。ただ、そんなにうまくいかなかったというだけの話です

「みんなが同じように考えるときは、みんなが何も考えていないということだ」──ウォルター・リップマン

……私は常に言っています。「私たちはただトレンドを追いかけているだけではありません。債券、農産物、日本円、エネルギーとほかのこともたくさんやっています」と。トレンドフォローは本当にうまくいっています。私たちは今、トレンドがいろいろな市場でうまくいく黄金期のなかにいるのです。

しかし、黄金期は長くは続かないでしょう。良いときもあれば、悪いときもある。しかし、長期的に見れば、トレンドフォロー、もっと一般的に言うとシステマティックなマクロトレードは信じられないほどうまく機能してきました。そして、私のなかの小さな科学者が言うには、おそらくはある程度の確率で、トレンドフォローは将来的にもうまくいくだろう、と。

コベル　もしだれかがシステマテックなクオンツの業績を見て、すべて黒字だったら、逆に何か問題があるのでしょうね。

カーク　バーナード・マドフのようにね。

アレックス・グレイザーマン

Alex Greyserman

アレックス・グレイザーマンはISAMシステマティック・トレンド・インベストメント・コミッティーのメンバーで、1989年からラリー・ハイトと一緒に仕事をしてきた。当初はミント・インベストメント・マネジメント（ミント）のリサーチ部長として、トレード戦略の研究開発とポートフォリオのリスク管理を担当していた。『トレンド・フォローイング・ウィズ・マネージド・フューチャーズ（Trend Following with Managed Futures : The Search for Crisis Alpha）』（パンローリングより2019年に刊行予定）の共著者でもある。

グレイザーマン　あなたはまだ神のみぞ知る国に住んでいるのですか。

コベル　好きだなぁ、その言い方。そう、まだ住んでいます。まぁ、その話はひとまず置いてお

第2部　トレンドフォロワーとのインタビュー

「あなたがどの国のどの町で生まれたかには私は興味はない。子供なら、自分のいる環境のことを知りたがるだろう。彼らは岩をひっくり返し、木から葉を引きちぎり、花びらをむしって、中がどうなっているのかを知りたがる。彼らは周りの大人たちの生活の秩序を乱すようなことをやるのだ——ニール・ドグラース・タイソン

て。でもここに住んでいると、聴衆に……「神のみぞ知る国」がどんなところなのか想像させ続けることができるんです。私たちは巡り巡って最後にはそこに行き着くのかもしれませんね。

それでは本題に入りましょう。私が最後にあなたやラリー・ハイトと話をしたときは、26歳のファイナンシャル・タイムズの記者がトレンドフォローはもう死んだという記事を1週間にわたって書き続けた時期でしたね。そのパレードの途中でおかしなことが起こりました。ゼロ金利で、ボラティリティが比較的低い環境であるにもかかわらず、突如、あなたやあなたの同僚がトレンドフォローで大金を稼ぎ始めたんですよね。

こんなことを言うとテレビの通販番組のように聞こえるかもしれませんが、トレンドフォローの死亡記事を見たとき多くの人はおそらくはトレンドフォローの本当のパフォーマンスを知らなかったと思います。そういう意味では、これは彼らを教育するうえで役立ちます。でも、そうはならなかったんですよね。

グレイザーマン　私はこの業界は長いので、これまで4回か5回、いやそれ以上、トレンドフォローの死亡記事が書かれるのを見てきました。でも、私たちはいまだに生きている。800年の歴史のなかでもこういうことがありました。トレンドフォローはブードゥー教のように、どこから何かを引き出すといった魔術を使ったアービトラージ戦略ではありません。これは、市場で自然発生したもの

582

を収穫する戦略です。トレンドフォローを永遠に
葬るには、すべての市場は永遠に横ばい状態が続
くと宣言したり、どの市場も均衡状態から大きく
離れることはないと宣言するしかありませんが、市
場を長い間見てきても、そんなことが起こった試
しはありません。

　10年物Tノートの利回りを見ていると、予言者
たちはみんな、口をそろえて言いました。「それは
今の時点に戻ることはない」と。でも、今戻って
います。これがトレンドフォローの本質というも
のです。

コベル　原油についても、原油はなぜ上がるのか、
原油の価格は適正なのかと、あれこれいろんなこ
とが言われましたが、そのあと、おーっと失礼、っ
てな感じで、価格は大幅に下げました。

グレイザーマン　そうですよね。価格がどうなる
かなんてだれにも分からないはずなのに、「価格は
今の時点からそれほど離れることはないだろう」
と人は予測したがります。でも、この人たちはお
金の大部分を株式に投資して、100％上昇するのを
期待するんです。この種の戦略（トレンドフォロ
ー）が長い目で見れば価値があるのはこのためで
す。

コベル　明日何が起こるかなんて分からないとい
うことを認識するのが重要なんです。株が下がり
続けるとか、上がり続けるなんてことは言えない

「最大の誤りは、自分た
ちが物事を一番よく分
かっていると思うことで
ある。だから、物事を細
かく調べようともしない
し、質問もしようとしな
い」――スティーヴン・
ジェイ・グールド

ということです。株式のロングオンリー以外にも方法はあります。別の何かがあるのです。

あなたは長い間、その別の何かのなかにずっといました。あなたは私がこれまでに会った最も華やかな人の1人と一緒に働いてきました。そのラリー・ハイトに初めて会ったときのことを話していただけますか。あなたは何歳でしたか。彼に初めて会ったときのあなたの経歴はどんなものでしたか。あなた方はどのようにしてこの偉大なキャリアをともに築き上げてきたのですか。

グレイザーマン 今思うと、それは人生の岐路でした。「分かれ道に来たらとにかく進め」という言葉はご存知ですよね。私がハイトの面接を受けたのは1989年のことでした。私は大学を出たてで、トレンドフォローについては何も知らず、もちろんマネージド・フューチャーズについても何も知りませんでした。ただ仕事が欲しかったんです。そのときの私の年収は2万8000ドルでしたが、ハイトは3万2000ドルを提示してきました。そのオファーの紙は今でも持っています。

コベル 大学を出たてと言いましたが、22歳か26歳ですか。大学院を出たのですか、それとも学部卒だったのですか。

グレイザーマン 21歳か22歳だったと思います。

コベル 若いですねぇ。

グレイザーマン はい。実はラリー・ハイトがど

ういう人物かも知らなかったんです。会社はニュージャージー州ミルバーンにありました。彼は私を面接した1人でした。『マーケットの魔術師』（パンローリング）がちょうど出版されたか、これから出版されるというときで、棚にあったのが実際の本だったのか原稿だったのかは覚えていませんが、私が面接の順番を待っている間、だれかがラリー・ハイトの章を読んでみろと言って手渡してくれたんです。それをパラパラとめくりながら、ジャック・シュワッガーの「あなたのエッジは何ですか」という質問をあれこれ考えたり、そんなことをしていました。

　大学を出たての一介の科学者として、ミントはクオンツ的なことをやっていると聞いていたので、当然ながら私は非常に科学的なものを期待していました。ミントの人がやってることはきっとロケットサイエンス的なことなのだろうなと。ところが、ハイトの章を読んでみると、何だか心理学めいているのです。私たちが知らないということを私たちはどうやれば知ることができるのか、といったようなものでしたね。まさに、「冗談でしょ？　私は一体ここで何をやってるんだ？」って感じでした。

コベル　それはラリー・ハイトの章に書いてあったことですね。

グレイザーマン　そうです。ハイトは、自分のエッジは、自分が知らないということを知っている

585

ことだと言っていました。

コベル それをあなたは面接の直前に読んだわけですね。

グレイザーマン そうです。面接の直前にこれを読みました。「はいはい、ご苦労様でした」と言った具合に面接は終了しました。面接のあとは、「面接してくださってありがとうございました。私はこの仕事が本当に必要だということを採用責任者にお伝えください」といった手紙やメールを出すのが普通なのですが、私は混乱していたので本当にこの仕事が欲しいのかどうかさえ分かりませんでした。

私は今、コロンビア大学で教えているのですが、つい先ごろ、ハイトはコロンビア大学の私が受け持っているクラスで話をしてくれました。大学院生に話をしてくれたのですが、院生たちもひどく戸惑っていました（笑）。ハイトの話というのは、完全に理解するのにとても時間がかかるのです。

コベル 彼の話すことはシンプルなのですが、そのシンプルさのなかにある深さは侮れませんよね。

グレイザーマン そうなんです。私が彼の話した内容を理解したのはずっとあとになってからのことでした。彼の話はリスクを尊重せよといったことや、どんな戦略にも感情移入してはならないといったようなことでした。市場で何十年にもわたって生き残れる極意みたいな話でした。私のクラ

「好奇心旺盛な人で愚かな人はいない。質問をしない人たちは生涯糸口がつかめないままだ」──ニール・ドグラース・タイソン

スには80人か90人の博士課程の学生がいるのです
が、そこにマーケットの魔術師がやってきたわけ
です。彼らは、彼は魔術師なのだから、当然知っ
ているはずだと思うような質問をしました。例え
ば、金は来週はどうなるのかとか、市場はどの方
向に進むのかとか。彼は魔術師なのだから知って
いて当然だと院生たちは思ったんです。もちろん
彼は「分からない」と答えました。彼にとって重
要なのは、自分が知らないということを知ること
と、トレードを始めて誤りに気づいたらすぐに手
仕舞うということだけです。ハイトの考え方は非
常に深いのですが、とてもシンプルなのです。

　私の話に戻りましょう。彼がそのときの私の年
収よりも何千ドルか多い年収を提示したのは本当
の話です。それで私はその仕事をやることにした
のです。私には何も分からなかった。彼のオファ
ーを感謝する方法も、ミントという会社を判断す
る方法も、ハイトがやっていることを判断する方
法も……とにかく裸一貫でミントに飛び込みまし
た。そんな感じですね。

コベル　これがおそらくは生涯を通して自分が打
ち込むことになる仕事になるだろうと思ったのは、
ミントに雇われて、オフィスに入り、ハイトのす
ぐ近くにいるようになってどれくらいたってから
ですか。どれくらいたってからそのように感じ始
めたのですか。

グレイザーマン　おそらく2〜3年かかったと思

「証拠がないというだけ
では、証拠がないことの
証明にはならない」──
カール・セーガン

いeverything。システムがお金を稼いでいるのは分かったのですが、それを完全に理解するまでには数年かかりました……最初は夢中になって聖杯を探そうとしましたが、どんなに賢くてもそれは無理だと分かりました……これはすべての学生に見て取れる特徴です。私は彼らに冗談を言ったんです。いつまでも私の授業を受けていればIQが下がるぞ、とね。彼らのIQは最初は高いのですが、自分はすべてを知っているという投資IQなるものを持つようになると、最終的には彼らは落後者になります。

心が平静になるまでには少し時間がかかりましたね。ところで、この分野では適材を見つけるのは本当に苦労します。なぜなら、2つのことを兼ね備えた人材が必要だからです。非常に頭が良いことと、非常に謙虚であることです。これら2つの性質は相いれないものです。この業界で生き残るにはバランスが重要です。頭がものすごく良くてもあまり謙虚じゃなければ、感情的に執着しすぎてしまいます。

この世界には謙虚だけれども、あまり頭が良くなくて戦略の簡単な計算さえできない人がたくさんいます。戦略を本当に理解するまでには時間はしばらくかかりましたが、この世界に入って25年、トレンドフォローは死んだと言う人々に感情的になってはならないことを学びました。一方、年間で30%上昇したときに、それを奇跡だとは思いたくないはずです。

こうしたことは現れてはすぐに消える。でも、長

い目で見ればうまくいきます。人々はトレンド
フォローは分かりにくいと思っているようですが、ト
レンドフォローについて1つだけ指摘したいこと
があります。それはS&Pに注目しすぎているとい
う点です。S&Pはだれのポートフォリオにも含ま
れていますからね。でも、彼らは「トレンドフォ
ローの価値はS&Pのショートのタイミングを計れ
ることだ」と思っています。多くのアロケーター
が私に聞いてきます。「私のS&Pのポジションは
どうなってる？」。トレンドフォローに従えばロン
グなのでロングしていると言うと、「でもそれじゃ
あ分散化しているって言えないんじゃない？　な
んでトレンドフォローが必要なの？」と彼らは言
い返してきます。

　でも、ショートしていると言うと、「いいんだけ
ど、多分遅すぎるね」と彼らは言って必要以上に
考えすぎています。トレンドフォローの価値は
S&Pの正しい側をトレードするだけではありませ
ん。それはうまくいくときもあれば、うまくいか
ないときもある。システムはどの1つの市場でも
それほどうまくはいかないというのが現実です。ト
レンドフォローの価値は、これを150の市場で……
というかどれだけ多くの市場でも行うことができ、
分散化され相関のない投資が行えるということで
す。これがトレンドフォローなんです。これがト
レンドフォローが800年うまく機能してきた所以で
す。

　私が初めて株式市場をトレードしたのは……今

「漬物を手に入れるのに
総菜を賭けるな」──ラ
リー・ハイト

考えても冷や汗がでますが、1987年のことでした。その年、ミントは60％のリターンを上げました。それは、私がミントで働き始める前のことです。これは歴史に残るような成績です。でもこれは必ずしもブラックマンデーを言い当てたからではありません……でも、とにかく彼らは利益を上げた。トウモロコシやらなにやかやで。そして2001年と2002年も60％のリターンを上げて、2008年にも60％のリターンを上げました。トレンドフォローの価値は、1つの市場にこだわることではありません。150の異なる市場における人間の自然な振る舞いをとらえることができるのがトレンドフォローの価値なのです。

コベル　あなたが話しているような伝統的なトレンドフォローについての論文はたくさん見たことがありますが、この数年はモメンタムについての論文が多く、特に株式のみを扱ったものが多いようです。人々を混乱に陥れているのは学術論文ではないかと思います。学術論文ではモメンタムを株式にのみ関連付け、私たちが話しているような分散化は無視しています。

グレイザーマン　そうなんですよ。だからちょっとオタクっぽい。でもモメンタムには2種類あって、1つはいわゆるクロスセクションモメンタムと呼ばれるものです。学術論文が株式のことを言うときはほとんどがこのモメンタムで……これは一種のレラティブストレングスのようなもので、ポ

ートフォリオにおける株式の相対パフォーマンス
を検証して、過去の勝ち組を買い、負け組を売る
という戦略です。そしてもう1つが時系列モメン
タムで、これはトレンドフォローがやっているこ
とです。

　私たちはほかの市場とは無関係に、その市場が
上がろうが下がろうが付いていきます。相関とか
どれくらいのリスクをとっているかという意味で
はほかの市場と関係はありますが、シグナル上の
関係はありません。株式に関する学術論文が扱っ
ているのはクロスセクションモメンタムで、これ
は1つの株を別の株と比較するといったようなも
ので、効率的市場が存在するとかしないとかの話
になる。それで物事を必要以上に複雑にする。私
たちには800年にわたるデータとシンプルな……シ
ンプルな戦略ではなくてシンプルな概念、がある。
高く買って、それよりも高く売る、そして価格が
下がりそうだと思ったら空売りして、さらに安値
になったら買い戻す。これがうまくいくのは一目
瞭然です。学術論文のなかにはこれを時系列モメ
ンタムと呼んでいるものもありますが、それがこ
れです。

　ところで、株式はあなたがいくら相関をなくそ
うとしても、相関は程度の差こそあれ必ず存在し
ます。これに付加価値を与えてくれるのがトレン
ドフォローです。債券であろうと、コモディティ
であろうと、排出物や鉄鉱石であろうと、もちろ
ん通貨であろうと。人々は私に、「介入については

第2部　トレンドフォロワーとのインタビュー

どうなんだ？　政府があれやこれやに介入してい
るだろ」と聞いてきます。債券の利回りを見てみ
ましょう。どれだけ上がりましたか。このように
政府が介入すると物事は極端な方向に進んでいき
ます。

「難題を解いてみれば、
その解はその問題よりも
美しいことが多い」——
リチャード・ドーキンス

コベル　あなたの本のサブタイトルは「クライシ
スアルファ」となっていますが、危機のときのデ
ータを見ると、この時系列（トレンドフォロー）
が群を抜いてうまくいくことはだれの目にも明ら
かです。将来的にもうまくいくかどうかについて
は保証はありませんが、これまでうまく機能して
きました。
　しかし、面白いのは、この数カ月は危機的状態
にはありませんでしたが、ボラティリティの低い
ゼロ金利の環境で依然としてトレンドフォローが
機能しているという点です。トレンドフォローは
クライシスアルファ（またの名をブラックスワン
という）にすぎないと言う人がいたら、それは間
違いですか。
グレイザーマン　はい。事実、この業界にはさえ
ないパフォーマンスを、「テールはなかった」と言
いながら、テールヘッジだと言い訳する者もいま
す。これは大きな誤りです。トレンドフォローに
はほかの投資法には見られない大きな特徴が2つ
あります。1つは、相関がまったくないことです。
トレンドフォローの過去10年、20年、あるいは800
年の歴史を見ると、そのリターン流列はほかのア

セットクラスとの相関がゼロ、あるいは少しだけマイナスです。

これを前提として800年分のデータを見ると、それは前提に非常に近い。つまり、完全に無相関ということです。相関が負になる期間も多い。それは危機の時期に多いです。トレンドフォローはインフレショックや株式の暴落などからお金を稼ぐ傾向があります。危機の時期にはボラティリティが上昇するのが普通で、トレンドフォローはそこからお金を儲けますが、そればかりではありません。クライシスアルファの時期、つまり危機の時期以外でもトレンドフォローはお金を儲けることができます。

流動性が高い市場に投資しているという意味では、トレンドフォローは流動性投資と言えるのではないかと思います。だから401kに投資する人もいるし、ほかにもいろいろな投資が考えられます。小型株、中型株……最近では「小中型株（smid cap）」という言葉も聞かれるようになりましたね。それに大型株、国際株などいろいろな投資が可能です。このなかでロングオンリーはどれくらいあるでしょうか。ロングオンリーは80％から90％、少なくとも70％は相関があります。

もちろん、こういったものも若干の分散化は可能ですから、それはそれで結構なのですが、401kプラン、まぁ、どういった投資でも構いませんが、を考えてみてください。X、Y、Zと呼ばれるものがあったとします。それはトレンドフォローに

「過ちを笑い飛ばせるだけの余裕があれば、大丈夫だ」──オジー・オズボーン

は分類されていませんでした。そしてだれかが言います。「あぁ、トレンドフォローについて良くないことを読んだことがある」と。でもそれは別の投資です。別の投資信託、あるいは別のファンドです。あなたはそれを見て言うでしょう。「これはまったく違う。ほかのものがうまくいっていないときにうまくいく傾向がある」と。

あなたは聖杯にどれくらい近づけるでしょうか。聖杯というと強く聞こえますが、要するにどれくらい良くなるかという意味です。分散化しているので、ほかのものがうまくいかないときにうまくいく可能性は高いでしょう。もちろん保証はありませんが。最適化の基本に立ち返ってみましょう。ポートフォリオの最適化は、何々にどれくらい資産を配分しなさいという話ですね。事実、私たちは今、ポートフォリオにトレンドフォローを含まなければ、どれくらいコストの高いものにつくかについての論文を書いています。トレンドフォローを含まなければ、どれくらい利益をあきらめなければならないかということです。これは特定の年ではなくて、長期にわたってということです。トレンドフォローを含まなければ、アセットクラスの分散化を避けることになるので、非常に高いものにつきます。

コベル ベンチマーキングに話を移しましょう。特に、株式にこだわるロングオンリーの機関投資家についてですが、あなたの会社にもこの問題はあ

るでしょう。これには常に教育が必要です。CalPERS（カリフォルニア州職員退職年金基金）のようなところは、相対的に言えば、おそらくはISAM（インターナショナル・スタンダード・アセット・マネジメント）のようなところにはあまり投資はしていないでしょう。彼らがISAMに投資しているかどうかは知りませんが、これはあくまでトレンドフォローの一般論についての話です。

分散化という考えを理解している人と理解していない人がいると思いますが。

グレイザーマン　私たちはそんなことばかり１日中やっています。私たちのところには大きな年金ファンドの投資家もいますが、分散化を理解している人もいます。例えば、オーストラリア、カナダ、中東……それに日本の投資家は昔から分散化に理解がありますね。これは精神構造に関係があると思います。例えば、日本の市場はずっと直線的に上昇してきたわけではありませんよね。

日本では通貨の動きが激しい……そういった国は分散化という概念をよく理解しています。トレンドフォローはその流れのなかにありますが、まずは人々を100％株式という考えから打ち破る必要があります。

アメリカは何もかもが永遠に上昇し続けるという思い込みが強い国です。機関によってはそういった思い込みで投資しているところもあります。CalPERSの問題はマネージド・フューチャーズではなくて、ヘッジファンドにどれくらい投資する

「証拠もなく断言できることは、証拠もなく却下されかねない」──クリストファー・ヒッチェンズ

かが問題でした。彼らはマネージド・フューチャーズにそこそこ配分していましたから。機関にとって、ベンチマークに分散化を含ませるかどうかは、どれくらい分散化したいと思っているかによります。

機関のベンチマークとは何でしょうか。ベンチマークがこういった分散化を考慮しなければ、分散化を考慮しろと永遠に言い続けなければなりません。彼らとしてもキャリアを棒に振りたくはないでしょう。トレンドフォローに1％配分しても大した違いにはならないでしょう。5％、あるいは10％配分しなければ意味はありません。私たちや私たちの仲間に投資している機関にはこういった水準で投資している機関もありますが、彼らの投資委員会はそれを彼らのベンチマークの観点でしかとらえていません。つまり、分散化という概念を一般的にしかとらえていないのです。

人によっては、「分散化をやらないなんて考えられない」と思う人もいますし、「株は永遠に上がり続けるのに、なんでそんなことを気にする必要があるのか」と思う人もいます。

コベル 「変わらなければならない」と人々が思うには、株式市場が日本の株式市場のように大暴落する必要があるでしょう。株式が直線状に上がり続けるかぎり、過去15年の間に50％のドローダウンがあったとしても、説得するのが難しい人はいるでしょう。

グレイザーマン 特にアメリカ人はそうですね。彼らは「株式は上がる」ものだと思い込んでいますから。日本のように株式市場が大暴落する必要があるかどうかは分かりませんが、何らかのショックは必要でしょうね。ショックが必要かどうかはさておき、問題はほかのことがうまくいかないときにうまくいく、分散化した相関のない投資をなぜやらないのかということです。「株が100％下がっても、お金儲けできるんだよ」と人の五感に訴える必要はありません。

　人々はトレンドフォローの環境因子を考えすぎるんです。そして、その環境因子のタイミングを計ろうとします。人によっては、これはボラティリティが高いときだけうまくいくんだと思う人もいます。少し前に、最近はボラティリティは特に高くなかったけど、うまくいったとあなたは言いましたね。原油が100ドルいくらから85ドルいくらに直線状に下落することはないといった法則はありません。

　ボラティリティが高くなければならないわけではないんです。最近、赤身豚肉の価格に影響を及ぼしたのはウイルス性腹痛で、これによって価格は上昇しましたが、特にボラティリティが高くなったわけではありません。これは単にファンダメンタルズなイベントでした。この数年にわたって金利が下落しましたが、これで特にボラティリティが高くなったなんてこともなかった。「この戦略はボラティリティが高いときだけうまく機能する

「損失を個人的な問題ととらえれば、トレードなんてできなくなる」――ブルース・コフナー

んですね。だったら私はボラティリティが高くな
るまで待ちます」と言ってきた人がいましたが、そ
れほど単純なことではないんです（笑）。ボラティ
リティが高くなったら、あるいは介入されすぎて
うまくいかなくなったら、そうですね、少し待っ
たほうがいいかもしれませんね。債券ではいつも
介入によって大きなトレンドが生まれます。

コベル　人々はあなたのトレンドフォロー戦略を
……いや、あなたをトレードしたがっているんで
すよ。

グレイザーマン　そうなんです、人々は私をトレ
ードしたがっているんです。何年も前になります
が、人々は株式市場のタイミングを計って頻繁に
出たり入ったりしたものです。覚えていますか？
でもそんなに簡単なものではないんです。本来あ
なたがやるべきことは、少数の銘柄に分散投資す
ることです。こうすることでポートフォリオは約
束の地へと導かれるのです。私は人々によく言う
んです、やってはいけないことは、トレンドフォ
ロワーへのタイミングを計ることだってね。

　タイミングを計るというのは、トレンドフォロ
ーがうまくいっているときには「多くのお金を投
資」し、うまくいっていないときには「資金を引
き上げる」ということです。これは最悪の投資で
す。

コベル　あなたは教授ですから、コロンビア大学

には博士志願者はたくさんいると思います。仮に
あなたが彼らの1人を雇うとします。彼があなた
のオフィスにやってくるときは、この時代ですか
ら、ISAMやあなたのことラリー・ハイトのこと
についてはある程度の知識は持っていると思いま
す。でも、彼にはトレンドフォローの科学を教え
なければなりません。そんなときどうやるのです
か。

グレイザーマン　効率的市場仮説や行動理論やら
いろいろありますが、その日の終わりに私が彼ら
に言うのは、市場は一種のリスク移転メカニズム
だということです。あなたが賢いからと言って、市
場からお金を簡単に吸い上げることはできません。
ポーカーゲームで言えば、市場はゼロサムゲーム
のようなものです。あなたは最高のプレーヤーか
もしれませんが、あなたの利益は減ります。それ
はあなたのスキルが落ちたからではなくて、テー
ブルにいるほかの人たちがゲームを降りるからで
す。

　トレンドフォローは人々を出し抜くゼロサム的
なゲームなのでしょうか。それとも、これは保険
を提供するような市場の自然の現象なのでしょう
か。私が最後にハイトと話をしたとき、彼はトレ
ンドフォローと保険との関連付けについての話を
してくれました。トレンドフォローは市場のなか
で起こる自然な現象なのです。トレンドフォロー
以外の話から始めて、類推することにしましょう。
　そうですね、バリュー投資の話からいきましょ

「『有名な』経済学者が
『均衡』とか『正規分布』
といった言葉を使ってい
るのを聞いたら、そんな
経済学者は無視すること
だ。あるいはシャツのな
かにネズミを入れてしま
え」──ナシーム・タレ
ブ

うか。バリュー投資がうまくいくことはデータに
よって科学的に証明されています。なぜなら投資
家の多くは株価が下落しているときには、そんな
株は持ちたがらないからです。もしこんな株を持
ち続ければ、経済的レントのようなリスクプレミ
アムが得られます。また、投資家の行動が変わら
ないことで市場に価値を与えるほかの例もありま
す。アノマリーが長続きするのはそのためです。
800年間、ほかのだれもが知らないで、あなただけ
が知っていることをやってお金を儲けられるなん
てことは絶対にありません。800年間にわたってお
金を独り占めすることなんてできません。私の学
生のだれかがそのことを知れば、あなたの独り勝
ち状態は終わってしまいます。

　高頻度トレーダーの間ではこういうことはよく
起こります。私たちがやっていることは科学に基
づいています。トレンドフォローがやっているこ
とはヘッジャーに流動性を提供し、市場に均衡を
作り出します。私たちはその報酬を受け取る権利
がある。トレンドフォローが800年も続いてきたの
はそのためです。例えば、原油価格は今は下落し
ていますが、それが上昇すれば、航空会社は将来
の価格を固定させるために原油を売らなければな
りません。カウンタートレンドトレードをやって
いるからではなくて、ただ価格を固定させるため
に売る必要がある。

　その時点で私たちは原油を買います。これはテ
クニカルなものですが、私たちが原油を買うのは

自然な流れです。市場は私たちのようなプレーヤーを必要としています。私たちのようなプレーヤーがいなければ、みんなヘッジャーになってしまい、市場は存在することができないでしょう。

コベル つまり、あなたがたは投機家ということですね。

グレイザーマン そのとおりです。私たちは投機家です。ヘッジャーがいて、投機家がいて、リスクの移転があって……これは必要なことなのだと私たちは本に書いています。しかし、それはフリーランチではありません。革新的なことは無料では手に入りません。もし私がすべてのトレンドフォロートレードでお金を儲ければ、ヘッジャーはヘッジをやめるでしょう。彼らのヘッジは良いときもあれば、ヘッジしなければよかったというときもあります。原油を買えば良かったというときもあれば、買わなければよかったというときもあります。もちろん私たちはすべてのトレンドフォロートレードを行います。

　本来なら若干の痛みを伴うはずですが、過去800年を見てみると、リスク調整済みリターンはかなり良いことをデータは示しています。何年か悪い年があっても、ドローダウンがあっても、長い目で見れば、良い結果が出ています。結果があまりにも良すぎれば、どのヘッジャーも私が教えているクラスの学生からクオンツを雇い、移動平均システムを稼働させてヘッジのタイミングを計るで

第2部　トレンドフォロワーとのインタビュー

しょう。

　トレンドフォロワーたちが求めるものは1つの均衡状態から別の均衡状態へのゆっくりとした移行であり、トレンドフォローが800年もの間うまくいってきたのはそのためです。トレンドフォローは投資の世界では非常に独特な概念です。割高な株を売って、割安な株を買うようなコンバージェンスタイプの戦略の多くは能力に限界があり、彼らのできることにも限界があります。なぜなら、5人の人がコンバージェンスを発見すれば、コンバージェンスは消えてしまうからです。

　トレンドフォローは市場のなかで自然に起こる現象であり、それを実際にとらえることができるかどうかの問題にすぎません。でも、トレンドフォローは存在し、消えることはありません。一時的にうまく機能しないことはあっても、構造的に消えることはありません。そうでなければ、市場を閉鎖して共産主義に逆もどりしたほうがまだましです。

コベル　あなたは元ソビエト出身ですか。アレックス、あなたが生まれたのはどこですか。
グレイザーマン　実は、私にもよく分からないんです。パスポートは何度か変わりました。私がアメリカにやってきたのはソ連がまだ存在しているときだったので、パスポートが発行されたのはソ連です。だから、元ソ連の生まれということになるのですが、当局が私を呼び寄せてこう言いまし

「成功は永遠に続くものではなく、失敗は致命的なものではない」——マイク・ディットカ

た。「あなたのパスポートは変更する必要があります。新しく作られた国はウクライナなので、ウクライナの生まれと変更します」

でも彼らは明日私を呼び出して、「あなたのパスポートは印刷しなおさなければなりません。今はロシアの生まれということになります」と言うかもしれません。

コベル　1つお聞きしたいことがあります。これは面白半分に聞くわけではありません。あなたはいくつのときにアメリカにやってきたのですか。
グレイザーマン　12歳のときです。

コベル　ソ連出身ということで何か有利なことはありましたか。例えば、アメリカにやってきたときにほかの同僚たちよりも意欲に満ちていたとか、モチベーションが高かったとか……。
グレイザーマン　移民の意欲について長く話す時間はありませんが、私をまったく知らない分野での面接に向かわせたのはおそらくは移民のやる気だったと思います。そのときは、「私は金融界で成功したいんだ」といった大きな志というよりも、とにかく生き延びたい、お金を稼ぎたいという一心だったと思います。私の最初の仕事は皿洗いでしたが、学費を稼ぐために皿洗いやいろんなことをしました。当時、両親にはお金がありませんでしたから。移民には自らを駆り立てるという意欲が元々備わっているのだと思います。

ラリー・ハイトのところに面接にいく前、私は別の仕事をしていましたが、もっと良い仕事が欲しかった。自らを駆り立て、前進し続ける以外に特に有利な点はなかったと思います。それはだれかが与えてくれるものではありません。おそらくハイトから話は聞いたと思いますが、彼にはこの種のものを重視することがなかったので不利だったという話です。私は最初、若干不利な立場にありました。英語もろくに話せなかった。だから皿洗いの仕事をしていたわけです。仕事の仕方なんてだれも教えてくれなかった。皿の山があれば、それを洗うだけでした。

コベル ラリー・ハイトに会ったのはチャンスだったと思っています。最初にハイトに会ったときから、彼は多くの時間を割いてくれ、多くのエネルギーを与えてくれる人だと分かっていました。私たちは何度も会いました。ハイトは本当にがんばっている人を見ると、手を差し伸べて、「いいだろう、いろいろ教えてあげよう。本当にハングリー精神があるのなら、いろんなことを教えてあげよう」といったタイプの人だと思います。ハイトに会えて本当に幸運だったと思っています。ハイトのような人に会えて、人生が変わりました。

グレイザーマン 私がミントに入ったとき、専門知識はなく、プログラミングなんかをやる一介のテクニカルスタッフでした。私は本当に低レベルの人間でした。テクニカルスタッフとしてずっと

> 「自分が最も興味のあるものを、古い伝統や概念にとらわれず自由に一生懸命に勉強しなさい」
> ──リチャード・ファインマン

やっていくこともできましたが、ほかのものも見てみたいという意欲が私を突き動かしました……私はハイトのそばにぴったりとくっついて、「自分の知らないことを知る」ということがどういうことなのか、ハイトが意味するものが何なのかを彼に質問し続けました。こうして私は昇格していったのです。

私はチャンスをこの手でつかんだのです。でも、それは私がロシア人だったからではなくて、移民ゆえのやる気の賜物でした。私は自分の手でそれをつかんだ。それは向こうからやってくるものではありません。

コベル　私の曽祖父は1900年代の初期にリトアニアからアメリカにやってきました。彼はスクラントンの炭鉱で働き、子供は医者とエンジニアになりました。意欲さえあればこんなことも可能なのです。

グレイザーマン　皿洗いはお金にはなりませんでした。だから、それは損切りしました。エンジニアリングの学校を出てから1年間、電気工学の学位を生かしてRCAの高精細度テレビ部門で働きました。損をしたわけではないので、それは負けトレードではなかったのですが、将来性は感じませんでした。それでそれも損切りしました。それでトレンドフォローの世界に入ったわけです。トレンドフォローは市場だけのことではなく、人生の哲学なのです。

第2部　トレンドフォロワーとのインタビュー

人が生きるうえで必要な哲学なのです。トレンドフォローが市場でうまくいくのは、それが人の生きる道だからです。

コベル　いろいろなマネジャーのトレンドフォローの実績を見ようと思えば、自由に見ることができます。トレンドフォローのトレーダーのある月のパフォーマンスが良かったとはいえ、彼らにも良い月と悪い月があります。特定のトレーダーのリターンが2倍のときもあるでしょう。でも、トレンドフォローを採用しているCTAの間ではリターンにばらつきがあります。

グレイザーマン　そのとおりです。株式の類推で考えれば簡単に説明できます。最初は複雑です。機関投資家のような高度な投資家がなかなか参入できないのはそのためです。彼らはパフォーマンスの違いを生むものが何であるかを理解していないので、株式市場に対して間違った意思決定をするかもしれない、間違ったマネジャー、間違ったトレンドフォロワーを選んでしまうかもしれないと思ってしまうのです。そして、マネジャーの間でパフォーマンスの差があることに少し感情的になります。去年、人よりも大金を儲けたのはだれなのか。今年はさらに大金を儲けられるのか。彼らはどう参入すればよいのか分からないのです。

パフォーマンスを決定づけるいくつかのファクターがあることに気づけば、それほど複雑ではありません。例えば、1990年代終わりの株式市場で

「損切りを置いて利を伸ばし、ランダムにトレードすれば儲けられるが、損切りを置かずに目標だけ定め、ランダムにトレードすれば損をする。損切りして利を伸ばせ、という古いことわざがあるが、まさにそのとおりである」──デビッド・ハーディング

はインターネット株が毎日100％上昇し、従来型企業の株は平行線をたどるか下落していました。

つまり、バリュー株と成長株との間にはばらつきがあったわけです。ほとんどの投資家はそのことは分かっていました。だから彼らはポートフォリオにバリュー株と成長株を組み込みます。時には小型株と大型株の間にもばらつきがあります。トレンドフォロワーにも違いがあります。彼らは全員がトレンドフォロワーですが、重視するものが違います。彼らを株式マネジャーだとすると、成長株を重視するマネジャーもいれば、バリュー株を重視するマネジャーもいますし、小型株を重視するマネジャーもいれば、大型株を重視するマネジャーもいます。

彼らの間にはある程度の相関があります。なぜなら彼らはみんな株式市場をトレードしているからです。でも、彼らの間にはばらつきがあります。1999年のような年には100％のばらつきがあってもおかしくない。ロングオンリーの投資家は、「モーニングスターのマトリックスに従えば、バリュー株を少しと成長株も少し必要だ。これで分散化できる」と言います。トレンドフォローの世界も同じです。でも、私たちはバリュー株とか成長株とかではなくて、トレードのスピードといったファクターを取り入れます。

トレンドフォローをゆっくりやることもできる……自ら進んでゆっくりやることもできるし、もし大金を運用しているのであれば、少しゆっくり

「お金を儲ける最良の方法の１つは、損をしないことだ」──マイケル・ミルケン

とやる必要があります。あるいは、少し速くやることもできる。そうすると結果が違ってきます。それはトレードのスピードによるものです。また市場の選択を偏らせることも可能で、大型株だけをトレードすることもできる。これも自ら進んでやることもできれば、大型という理由でそうすることもできる。あるいは、小型株をたくさんトレードして分散化投資することもできる。

こういったこともパフォーマンスの違いを生む要因になります。しかし、2〜3銘柄からなるポートフォリオを持ちたければ、つまりトレンドフォロワーが持つような分散化ポートフォリオですね、そういったものを持ちたければ、それはそれほど難しいことではありません。これらのファクターのいくつかを見て、だれがゆっくりとトレードしているのか、だれが速くトレードしているのかといったことを見るだけでいい。バリュー株と成長株を思い浮かべてもらえればいいと思います。ちょっと努力するだけで、マネジャーの間のばらつきというものが分かってきます。

人々は、「8人の人間が同じことをしているのに、パフォーマンスは大幅に違う」ことを恐れます。その違いがどこから来るのか私には分かりません。速いマシンを持っているから？　あるいは大きなコンピューターを持っているから？　彼らは間違ったマネジャーを選んだことを恐れる。「その違いはどこから来るのか？」と。

でもそうじゃないんです。彼らは概念的には同

じことをやっているのです。ポートフォリオに違いがあるだけなんです。それがパフォーマンスの違いを生むのです。ちょっと努力すればそれは分かるはずです。

コベル　金利は上がっていますが、金利がもっと上がるのかどうかを知る必要は必ずしもありません。金利の上昇がトレンドフォローにどう影響するのかを知る必要があるでしょうか？

グレイザーマン　「金利が上がるとどうなるのか」ということは800年にわたるデータを見てきたから分かっています。でも、金利が上がったら株式もうまくいくと思いますか。私は予言者ではありませんが、おそらくはうまくいかないでしょう。債券はどうでしょうか。ほとんどはうまくいかないでしょう。なぜなら、金利が上がると債券は下落しますから。うまくいく数少ないものの1つはトレンドフォローだと思います。

　トレンドフォロワーは方向性にとらわれることはありません。利回りが上がれば、価格は下がる。だから私たちは債券を空売りする。市場が大幅に上昇するといったことは何年も起こっていませんが、データを見ると……私たちは1395年からの金利データを持っています。1395年にベネチアがベネチア債という債券を発行したときからのデータです。私たちには何世紀にもわたるデータがあります。金利が上がったら、私たちは債券を空売りしてお金を儲けるだけです。

「私は疑いや不確かさを持ったまま、そして答えを知らないまま生きられるんだ。間違ってるかもしれない答えを持つより、答えを知らないで生きるほうがよっぽど面白い。これを認めさえすれば、不確かなままでいられるし、別の答えが得られる可能性だってあるじゃないか。事実や知識や絶対的な真実を求めることなく、常に不確かさを持つべきなんだ。進歩するには、未知のものにドアを半分開いておかなければならないんだ」
──リチャード・ファインマン

第2部　トレンドフォロワーとのインタビュー

「債券を空売りすれば、キャリーを空売りすることになりますが、それでは困ったことになるのではありませんか」と人々は聞いてきますが、まったく困ったことにはなりません。インフレ圧力は常にどこかに存在します。だから、コモディティでお金を儲けられるのだと思います。キャッシュに対する関心も若干ありますが、トレンドフォロワーはTビルを証拠金として使うので、証拠金でお金を儲けるのです。先物は期先に乗り換えしなければならないので、私たちはコモディティのロールイールドと呼ばれるものでお金を儲けます。

　これらを全部やれば、かなりの確率でお金を儲けることができます。金利が上昇した環境で債券のポートフォリオよりもお金を儲けることができるのはこれしかありません。一方、マクロファンドは、特に名前は挙げませんが、かなり長い間金利の上昇に賭けてきましたが、損をしてきました。

　もちろん、いつかは金利は上がります。これは分かりきったことです。いつかは金利は上がる。でも、日本を見てみると、アメリカの10年物金利はこれ以上下がることはないと考えています。これはどうなのかは分かりませんが。一方、私たちは目の前にあるトレンドでかなりのお金を稼いでいます。これで痛みがあることが分かれば、私たちは別の方法で稼ぐでしょう。

　今起こっていることを無視して、そこからお金を稼ぐことなく、ヘッドライトに照らされた鹿のように固まった状態で金利の上昇に賭ける可能性

「考えてばかりいて何も言わない人よりも、自分の意見をはっきりと主張する人のほうが私は好きだ」──ケビン・プランク（アンダーアーマーCEO）

610

もあるので、これはタイミングが重要です。どの
ようにタイミングを計ればよいかはだれにも分か
りません。だから、トレンドフォローシステムに
タイミングを計らせるわけです。金利が下がった
らそこからお金を稼いでポケットに入れる。これ
に何か問題があるでしょうか。

キャンベル・ハーベイ

Cambell Harvey

　キャンベル・ハーベイはカナダの経済学者で、リスクおよびリスクプレミアムを変動させながらの資産配分と新興市場金融の研究で知られている。現在、ノースカロライナ州ダーラムのデューク大学フクアビジネススクールの国際ビジネス教授[1]。

コベル　あなたは自分の考え方を理解させるのに、アメリカンフットボールの例を挙げることがよくありますね。

ハーベイ　スポーツの例を挙げることはたくさんあり、フットボールはそのうちの一例です。チームがかなりの連勝をし、クオーターバックが多くのパスを連続して成功させる。問題は、これがスキルによるものなのか、運によるものなのか、両方によるものなのかということです。一方、クオーターバックがさえなくて、あまり多くのパスを成功させることができないときもあります。だか

> 「私たちはほとんど何も知らないことは分かっている。しかし、『ほとんど何も』知らないのは完全に知らないという意味ではなく、私たちはそれにかけている」——デビッド・ハーディング

らと言って、そのクオーターバックがスキルを持っていないかというと、必ずしもそうとは言えず、運が悪かっただけのこともあります。

これは資産運用者も同じです。何年にもわたって市場をアウトパフォームする資産運用者がいますが、それがスキルによるものなのか、単なる運によるものなのかは分かりません。スキルと運をどう見分ければよいのか。これは金融界における厄介な問題です。

コベル 何年にもわたって市場を打ち負かすという話が出ましたが、私はある人を思い出しました。私は彼が大好きで、彼のほうも私の研究に好意を持ってくれていて、彼には何度か会う機会がありました。それはレッグ・メイソンのビル・ミラーです。彼は確かS&Pを14年にわたって打ち負かしてきました。ところが、14年間の連勝の終わりの年は2008年の金融危機に当たり、大きなドローダウンを出してしまいました。それはスキルなのか運なのかという話になると、答えは簡単には出ないことは明らかです。

ハーベイ これはどちらの要素も含んでいると言ったほうがいいかもしれません。最高のパフォーマンスを誇るヘッジファンドや投資信託をグループ分けして、次の年もグループ分けして、それを毎年続けると面白いかもしれませんね。あなたは成績の良いファンドを買う。戦略として買う。ところが、その戦略のパフォーマンスを見てみると、

結果はあまり良くない。トップのファンドのなかには運に恵まれているだけというのもあるでしょう。

だからといって彼らにスキルがないというわけではありません。もちろんスキルはある。でも、彼らをトップの座に導いたのは、スキルと運の両方なのです。私はいつもこのように説明します。例えば、36個のサイコロを振り、そのなかから6の目のサイコロを選ぶとします。それは7個あった。テーブルからそれ以外のサイコロを除き、7個のサイコロをまた振る。すると、出た目は1、2、3だった。

サイコロの目の平均はおおむね2になります。これをパフォーマンスが良い人々に置き換えて考えましょう。6の目は最高のパフォーマンスを上げた人々です。6の目の出たサイコロを7個投げても、すべて6の目が出ることはないのが普通です。これは平均回帰と運との関係を示すものです。

コベル　私は2人のトレーダーのことを考えていました。1人はとても有名な人です。もう1人はそれほど有名ではありませんが、成功したトレーダーです。それはルネッサンス・テクノロジーズのジム・シモンズです。彼は数学の公式を作り、それに自分の名前を付けました。彼は声が大きく、はっきりと物を言う人です。「私はなんて幸運な人間なんだ」っていつも言っています。彼がいつもこう言うからといって、彼にはスキルがないわけで

「トレンドフォロー業界、つまりシステマティックな投資業界が大きく成長したのは、それが成功してきたからだ。この点を見逃してはならない」──デビッド・ハーディング

はない。アメリカで最も有名で最も裕福な投資家は、「私は卵巣のくじに当たって幸運だ」（成功は遺伝的資質で決まるという意味）とよく言います。その投資家はウォーレン・バフェットです。

生存者バイアスという概念がありますが、特殊なトレード戦略や特殊なトレーダーに注目して、ウォーレン・バフェットのような人を無視したらどうなるでしょうか。ウォーレン・バフェットのような人はほかにたくさんいるわけではありません。

ハーベイ それは確かですね。ジム・シモンズ、ウォーレン・バフェットはおそらくは……。

コベル 彼らはスターとしてそこにいるのです。

ハーベイ トップの座にいる人たちが、「私は運が良かった」と言う。それは信じがたいことです。私はジム・シモンズは知っていますが、ウォーレン・バフェットのことは知りません。彼らはやっていることがまったく違います。私の知るかぎり、シモンズはたくさんのスキルを持っていますが、それはスキルと運の両方の可能性がありますね。

コベル 例えば、予期しないことが起こったときに、利益が得られるようなポジションを取らせる戦略をあなたが持っていたとします。こんな戦略を持っている人は……スキルを持っているとみなされる。

ハーベイ まったくそのとおりですね。でも、それは常にうまくいくとは限りません……。

コベル プロセスと結果の関係ですね。プロセスが素晴らしいからといって、結果がいつも素晴らしいとは限りません。

ハーベイ 先ほど生存者バイアスの話をなさいましたが、逆バイアスというものがあります。スキルを持った資産運用者が運が悪かったために脱落するというものですが、これは言ってみれば逆生存者バイアスですね。

これは非常に重要なんです。これは資産運用者だけに当てはまるものではありません。私はCEO（最高経営責任者）の心理を研究した論文を書いたのですが、CEOは普通の人よりもリスクに対する耐性がはるかに高いことが分かりました。普通の人に比べると、10倍ほど耐性が高い。これは驚くべきことです。

例えば、リスクに対する耐性が非常に高い人が新入社員として会社に入ったとします。彼らは多くのリスクをとります。そのなかには運の強い人もいますが、運の悪い人もいて、そんな人は脱落します。多くのリスクをとり、運の強い人は会社のトップに上り詰め、やがてはCEOになるでしょう。しかし、リスクを嫌う人は多くのリスクをとろうとしないで、強運を経験することもなく、中間的な地位でとどまってしまいます。

CEOがなぜリスクに対する耐性が高いのかはこれによって説明がつきます。リスクに対する耐性が高く、運も強い。CEOの心理はこれによって説

> 「平均回帰はほとんどの場合に機能する。平均に回帰しなくなれば、あなたは廃業に追い込まれる」——ジェリー・パーカー

明がつきます。

コベル　あなたの話を聞いて、投資銀行の２人の
トップを思い出しました。彼らは2008年の秋まで
は理想の人物でした。それまでは何もかもうまく
いっていました。その２人とはベアー・スターン
ズのアラン・グリーンバーグとリーマン・ブラザ
ーズのリチャード・ファルドです。彼らはあなた
が言ったCEOの心理にぴったりとあてはまる人物
でした。しかし、彼らはあまりにリスクをとりす
ぎたために、ある日目が覚めてみると、サイコロ
が違う目を出していました。

ハーベイ　まさにそのとおりですね。リスクには
２つの面があります。つまり、長所と短所がある
ということです。そのとき、彼らにとってリスク
が裏目に出たわけです。それまでうまくいってい
ただけにこれは彼らにとっては試練でした。これ
は運が悪かったとも言えるし、スキルが足りなか
ったとも言えます。

コベル　人々はよくこう言います。「生存者バイア
スというのは、運の強い者が生き残るということ
ですが、失敗したほかの人はどうなるのでしょう
か」。失敗した人たちも成功した人と同じくらいの
スキルを持っていたし、同じテクニックを持って
いたし、同じ戦略を持っていたと考えられます。も
ちろんこれを証明することはできません。彼らは
同じスキル、同じテクニック、同じ戦略を持って

いたとあなたは思うかもしれませんが、実は彼らは必ずしも同じではなく、同じステップをたどらなかったかもしれないし、同じ戦略を持っていなかったかもしれません。

ハーベイ そうですね、まったく同感です。彼らの戦略はまったく違ったものだった可能性もあるわけです。でも、結局、それは彼らが選んだものなのです。どの投資家も少しずつ違った戦略を持っていると考えることができます。リスクプレミアムを追い求める人もいれば、リスクプレミアムを追い求めていると思っていても、実は追い求めていなかった人もいます。また、市場のつかの間のミスプライシングを追い求めている人もいます。あなたが買い始めた途端、それは過小評価されていたのではなくて、過大評価されていたこともあるわけです。

異なる戦略は星の数ほどありますが、元々うまくいくものであったためにうまくいくものもあれば、長期リスクプレミアムを運良くとらえられたためにうまくいくものもあります。

コベル つまり、ランダムということなのでしょうか？

ハーベイ そのとおりです。私たちはパフォーマンスについての質問があまり上手ではなくて、「それは運によるものなのか、それともスキルによるものなのか」とよく聞きます。私たちはスターの資産運用者は莫大なスキルを持っていると思い込

「私が株を買う唯一健全な理由は株価が上がっているからだ。株価が上がっていれば株を買うほかの理由などいらない。株価が上がっていなければ、ほかの理由など考える価値はない」──ニコラス・ダーバス

第2部　トレンドフォロワーとのインタビュー

み、そのほかの要素は考えません。つまり、どれくらいが運によるものなのかは考えません。

　前にも言ったように、どちらの要素も考える必要があります。資産運用者を雇うとき、これはどれくらいの頻度でそうなると思いますか。過去の記録を見ると素晴らしいパフォーマンスを上げています。あなたはそのパフォーマンスを見て安心してその資産運用者に投資します。しかし、1年か2年、平均以下の成績になると、すぐに彼らを解雇する。そして解雇した翌年、彼らは素晴らしい成績を上げる。

　これは前に言ったサイコロの話と同じで、実に単純です。数年業績が振るわない年がある。実績を見るとそうなっていたはずです。でも、あなたはそんなことは一顧だにしないで、そんな資産運用者はすぐに解雇する。あなたにはやがてそのツケが回ってきます。投資家は運とスキルのバランスを計るのがあまり得意ではありません。

コベル　多くの人が混乱する理由の1つは、私たちは正規分布で物事を考えたがるからです。体重と身長は確かに正規分布に従いますが、これ以外のあらゆるものも正規分布に従っていると考えてしまうのです。しかし、トレードや投資における資産管理の現実世界では、歪度というものが存在します。

ハーベイ　歪度は私の研究のなかで非常に重要な要素です。1952年にハリー・マーコウィッツがポ

「愚か者に道理を説いて聞かせれば、その愚か者はあなたのことをバカと言うだろう」——エウリピデス（紀元前484～紀元前406）

ートフォリオの最適化について画期的な論文を発表しました。彼はこの論文によって1990年にノーベル賞を受賞しました。この論文は、できるだけ低いリスクで最高の目標リターンを上げることができるポートフォリオについて書かれたものです。

要するに、期待リターンとリスクの最適なトレードオフを達成するにはどうすればいいかという話です。しかし、この論文の最後の部分には小さな字で、「これが有効なのは資産のリターンが正規分布に従い、歪度がないときに限る」と書かれています。

これがどういうことを意味するのかを説明しましょう。資産のリターンがいわゆる正規分布に従っていれば、ファットテールは存在しない。つまり、極端に大きな損失が発生することも、極端に大きな利益が発生することもなく、利益と損失は対称的であるということです。通常のボラティリティ測度を用いればこうなります。

例えば、劇的に上昇している株式があったとします。300％、400％上昇し、ボラティリティも高い。その一方で劇的に下落する株式があったとします。95％下落し、上昇する株式とボラティリティはまったく同じです。ボラティリティには方向性はありません。ボラティリティは絶対的なサプライズを測定するもので、左右対称です。ボラティリティはアップサイドもダウンサイドも同じように扱います。

一方、歪度は非対称性を表すものです。2つの

「10月は株式投機にとって特に危険な月である。そのほかで危険な月は、7月、1月、9月、4月、11月、5月、3月、6月、12月、8月、2月である」──マーク・トウェイン

ポートフォリオがあったとすると、目標リターンもボラティリティも同じで、歪度が異なる。1つのポートフォリオは大きな損失を被る確率が非常に高く、もう1つのポートフォリオは大きな利益が出る確率が非常に高い。投資家がどちらのポートフォリオを選ぶべきかは明白です。彼らは、利益の出る確率が損失の出る確率よりも高いポートフォリオを選びます。

私は長年にわたって、リスクに対する考え方を変えよう、資産管理やポートフォリオ管理を行う方法を変えようという運動を行ってきました。利益の出る確率と損失を被る確率の非対称性を見ると、資産のリターンが正規分布に従うことはまれです。この事実をポートフォリオ管理に含ませることが重要ですし、リスク管理に含ませることも同じくらい重要です。

スイスフランで起きたような20標準偏差のイベントの話は聞き飽きました。金融危機やロシアの財政危機のときもこんな例はたくさんあります。20標準偏差のイベント？ 資産のリターンが正規分布に従っていると、単純に信じるから20標準偏差のイベントになるのです。それは20標準偏差のイベントなんかではありません。そんなものは無意味です。

コベル ハリー・マーコウィッツに私のポッドキャストに出てもらったことがありますが、彼は彼の研究に対する金融業界の扱いに驚いていました。

業界は彼の研究を、現代ファイナンスの基本だと
とらえていたのです。これは公正な見方でしょう
か。

ハーベイ　彼の1952年の論文は本当に画期的なも
のでした。でも、私は、彼はこの論文で単純なフ
レームワークを提示しただけだと思っています。そ
れは特殊な前提の下でのみ機能するというもので
す。

　彼はその特殊な前提のことをよく分かっていま
したが、金融業界は彼のフレームワークがどうい
ったときにうまくいき、どういったときにうまく
いかないのかをまったく考えていません。私はデ
ューク大学でファイナンスを教えるとき、これら
のモデルを使います。でも、これらのモデルは間
違っている。だからモデルと呼ばれるのです。モ
デルは現実を単純化したものにほかなりません。

　問題は、単純化したフレームワークをいつ適用
すべきで、いつ適用すべきでないかを知ることで
す。このフレームワークはうまくいくときと、う
まくいかないときがあります。マーコウィッツは
間違いなく現代ファイナンスの父です。単純化し
たフレームワークの有用性を予見しただけでなく、
それに歪度という概念を取り入れてそのフレーム
ワークを次のレベルに押し上げようとしたことを
考えると、彼の論文は本当に素晴らしいものです。

コベル　トレード戦略を評価するあなたの論文で
1つ私の目を引いたことがありました……それは

623

論文のなかで話していたCTAのことです。この
CTAは私もよく知るAHLです。ロンドンのマン・
グループが運営するトレンドフォローをトレード
するマネージド・フューチャーズです。

ハーベイ　AHLは150億ドルの運用資産を持つマ
ネージド・フューチャーズです。AHLでは常に戦
略について考えています。運とスキルの問題につ
いても深く考えています。AHLには2004年から
2014年まで利益がほぼ右肩上がりに上昇するグラ
フを描いている戦略があります。2004年は小さな
マイナスリターンになりましたが、そのほかの年
はずっと上昇を続けるという驚くべき戦略です。
金融危機の年も大勝利を収めました。年次リター
ンが15％でボラティリティが15％だったので、シ
ャープレシオは1でした。つまり、非常に安定し
た戦略ということです。この戦略を見れば、「この
戦略こそ私たちが投資したいものだ」と、だれも
が思うはずです。

　このグラフに199の純粋にランダムな戦略を加え
てみると、驚くべきことが起こりました。それま
で右肩上がりだったグラフに、ゼロあたりをうろ
つく199の戦略が突然加えられるとどうなったか。
これは目標リターンがゼロの200のランダムな戦略
をシミュレートするものでした。だからどの戦略
にもスキルはなく、15％のボラティリティで生成
された戦略です。

　一番上を見るとベストな戦略が描かれています。
そして、一番下を見ると15％のマイナスリターン

「どんなものでも自動化
でき、マシンがそのすべ
てをやってくれるものだ
と思って、私はビジネス
の世界に入ってきた」
——ブレア・ハル

の悲惨な戦略が描かれています。そのほかのものはその中間にあります。つまり、乱数をたくさん振れば、そのなかのひとつは素晴らしいものに見えてしまうということです。社内のリサーチには注意が必要です。リサーチャーには何百という戦略をふるいにかけて、最高のものを選ぶといったことはやってほしくないはずです。なぜなら、その最高の戦略にリアルタイムでお金を投じると、悲惨な結果になるからです。

コベル AHLではそういうことを避けているのですね。

ハーベイ 彼らは運とスキルを考えるという点では最先端を行っています。バックテストの過剰最適化を防ぐ一環として彼らがやっていたことが乱数を振ってみるということです。そうでないと、ランダムな戦略に簡単にだまされてしまいます。

コベル ナシーム・タレブの研究についてはどう思いますか。

ハーベイ タレブの研究は私の歪度に関する研究とまったく同じです。彼はいわゆるブラックスワンについて述べています。それは−20標準偏差のイベントです。しかし、事象が正規分布に従わなければこれは意味をなしません。なぜなら、正規分布を仮定すると、そういったことが起こる確率は宇宙の歴史で1回しかないからです。

　彼が述べているのはヒストリカルデータのなか

「1つのことを長期にわたって継続的にやるよりも、いろいろなことをやるほうが簡単だ」──マルクス・ファビウス・クインティリアヌス（ローマの弁論家）

では見ることのないようなことですが、そういったことは実際に発生します。これは極端に負の歪度をもつイベントと考えることができます。彼の世界の見方は私の世界の見方と同じです。つまり、世界は対称的な分布には従わないと見ているわけです。正規分布ではないという考え方が重要なのです。

コベル　マネージド・フューチャーズのトレード戦略の多くは本質的にトレンドフォローで、次に何が起こるか知らないことを前提にしています。彼らのリスクプレミアムはヘッジャーから得られるものです。彼らの利益はどこから来るのかと人々はよく議論します……。

トレンドフォローという特殊な戦略の背景には長年にわたる思想があります。コンピューターの前にただ座って、その戦略がどういったものなのかを哲学的に考えることなく、目の前にあるランダムなシステムに依存しようとすれば、問題が起こります。

あなたの投資家が最初は15%のリターンと15%のボラティリティに納得して、10億ドルの資金が集まったとしても、その戦略の裏に健全な経済的思想がなければ、何が起こるかは言うまでもありませんね。

ハーベイ　そのとおりです。これがマン・グループのAHLのような会社がうまくいっている理由であることは直接体験として知っています。彼らが

うまくやってきたのは、こういったことをやって
きたからです。リサーチャーはアイデアを着想し
ます。ただし、データを見ることなく。彼らは経
済的フレームワークを考え出し、社内セミナーで
そのフレームワークを売り込みます。こういった
セミナーを私は学術セミナーと呼んでいます。

　彼らはフィードバックを得て、会社の上級役職
の人たちはその経済的なアイデアが意味をなすの
かどうか、そして彼らにデータを与えるべきかど
うかを判断します。例えば、そのアイデアが意味
をなすものであると判断された場合、次に会社は
ヒストリカルデータからランダム分割したデータ
を与えます。つまり、ヒストリカルデータを断片
的に与えるということです。リサーチャーは与え
られたデータを使ってその経済的アイデアを検証
します。いわゆるインサンプル検証です。そして
また社内セミナーを開く。

　セミナーの結果を見て、アウトオブサンプル検
証をするために残りのデータを与えるかどうかが
判断されます。データが与えられずにそれで終了
するか、データが与えられてアウトオブサンプル
検証に進むかのいずれかです。アウトオブサンプ
検証に進んで、それがうまくいったとしても、そ
の先にもさらなる段階があります。そのアイデア
に実際に投資するという段階です。ただし、投資
するのは会社内部のお金だけです。

　そのアイデアが顧客の元にたどり着くまでには、
いくつもの段階を経なければなりません。顧客の

「私は1万種類の蹴りを
1回ずつ練習した人は恐
れない。だが、1つの蹴
りを1万回練習した人は
恐れる」――ブルース・
リー

第2部　トレンドフォロワーとのインタビュー

ためのトレードでは結果が運によるものは使いたくありませんし、顧客をがっかりさせたくありませんからね。顧客に対して最善を尽くすためには、動機が正しい方向に向かっていなければいけません。

コベル　私はシンガポールで講演しました。テーマはトレンドフォローのマネージド・フューチャーズ戦略についてでした。講演が終わると若い女性が手を挙げました。彼女は、デューク大であなたの講義に出たことがあり、私はとても優秀だったのよと言いたげな様子でしたし、「今ピンチなのよ。彼女が私を殺しに来る。彼女は私を消そうとしているのよ。もうだめだわ」という様子にも見えました。

彼女は手を挙げたかと思ったら、自分で墓穴を掘ったのです。彼女は直後にこう言いました。「トレンドフォロー戦略のシャープレシオを教えてくれますか」。私はテレパシーを使って次のように言いたかった。「ちょっと待って。シャープレシオが最も重要なものだと仮定するのはやめようよ。少なくともシャープレシオの良い点と悪い点を考えてみよう」。こんな質問をするなんて、彼女は洗脳されていたに違いありません。

ハーベイ　そうですね、信じられないくらいによく分かっていない。でも、業界ではバイサイドもセルサイドもこんなものです。人は投資というとシャープレシオを見ます。シャープレシオとは、何

628

らかのベンチマークを上回る期待超過リターンを
ボラティリティで割ったものです。シャープレシ
オでは、ボラティリティ＝リスクという考え方で
すが、これが問題になるのです。スタイルの異な
る投資や、ヘッジファンドのリターンのシャープ
レシオを計算すると、シャープレシオの平均には
大きなばらつきがあります。またコンバーチブル
アービトラージのようなものはシャープレシオは
大きいが、トレンドフォローを採用しているマネ
ージド・フューチャーズのようなもののシャープ
レシオは小さい。リスクに対する考え方を拡大す
れば、理由は一目瞭然です。

　マネージド・フューチャーズは歪度は正ですが、
これはほとんどが構造によるものです。株価が上
がればあなたは買うでしょう。これはコールオプ
ションの買いと同じです。また、株価が下がると
あなたは売る。これはプットオプションの買いと
同じです。マネージド・フューチャーズは歪度が
正のストラドルの買いのようなものと考えてもい
いでしょう。マネージド・フューチャーズは市場
が暴落したときや、急上昇したときに効果を発揮
します。

　したがって、投資家にとっては好都合というこ
とになります。投資家はこういったものが大好き
ですから。つまり、ヘッジの役割をしてくれるわ
けです。一方、シャープレシオが高い戦略の歪度
は大きな負の値になります。投資家は大きな損失
は好まないので、こうした戦略ではかなり大きな

「脳は筋肉と同じように、
使っていればとても心地
良く感じる。そして何か
を理解するということは
喜びでいっぱいになる」
――カール・セーガン

第2部　トレンドフォロワーとのインタビュー

平均リターンが必要になります。

　歪度特性が異なる2つの戦略はシャープレシオで比較することはできません。シャープレシオは歪度は考慮しないからです。少し前に単純な市場のフレームワークの話が出ましたね。期待目標リターンをボラティリティで割ったものを見るというフレームワークの話です。これはそれに似ています。しかし、ボラティリティはリスクの十分な尺度にはなりません。ボラティリティはリスクの一部を物語るものにすぎませんし、ストーリー全体を物語るものでもありません。ボラティリティだけを見るという過ちを犯せば、出来上がったポートフォリオにはがっかりするでしょう。

コベル　先ほどの若い女性の話に戻りますが、あれは「私はあなたの話は聞きたくない」という意味なのか、「理解できない」という意味なのか、「もう腹は決まった」という意味なのかは分かりませんが、あれが洗脳だったことは衝撃的です。
ハーベイ　この手の議論はファイナンスの教科書にも出てきませんから、複雑ですし、ちょっとした驚きですね。こういうことを学ばなくてもトップカリキュラムに進むことはできます。

コベル　これは本当の話です。今これを読んであなたを疑っている人。そんな人々にあなたのどこが間違っているのか見つけてもらいたいものですね。

630

ハーベイ　私が講義で教科書を使わないのはそのためでもあります。私は自分のメモと研究論文を基に教えています。これは私の同僚も含め、批判対象になることでしょうね。私たちはリスクを学生たちにうまく教えられているとは思っていません。私は3つの授業を持っていますが、私の授業では、じっと座ってリスクとは何なのかをじっくり考えます。

コベル　今、素晴らしいことを言ってくれましたね。専門用語はそっちに置いておいて、人々に歪度とは何なのかをじっくり考えさせましょう。そして「歪度」という言葉さえ取り除いて、人々に座ってそのことを考えさせましょう……数学の訓練を受けていない高校1年生だって、うまく説明すれば理解してくれるはずです。

ハーベイ　私も同感です。もう1つ、マーコウィッツの論文に書かれていたことなのですが、この議論に関係することがあります。それは、彼のフレームワークでは、すべての入力量が既知で、ボラティリティ、アセット間の相関、目標リターンも既知であることを前提としているということです。つまり不確実な要素は1つもないということです。しかし、資産運用には不確実性が付き物です。リスクのもう1つの考え方として、相関があります。あなたは相関を例えば0.5と考えているかもしれない。でもよく分からない。0.2かもしれないし、0.7かもしれません。でも、0.5は明らかに違

「妄想とは、証拠がまったくないにもかかわらず何かを信じ込むことだ」
──リチャード・ドーキンス

> 「偉大で権力を持った人の笑顔が、正直さと強い信念というまっすぐな道から自分をそらす十分な誘因にはならないと思うことができれば、どんなによいだろう」——デビッド・リカード

う。

ボラティリティについても同じことが言えます。あなたは15%と思っているかもしれないが、確信は持てない。12%かもしれないし、17%かもしれない。これはリスクのまた別の側面です。ほとんどの人は、リスク＝ボラティリティと考えます。リスクのまた別の考え方は「ボラティリティが分からなかったらどうなるの？」というものです。さらに、分布が分からなかったらどうなるの？　というのもリスクの別の考え方です。正規分布でないことは確かです。そのことは分かっています。でも、どんな分布なのか。

歪度もそうです。ダウンサイドテールが実際にどうなっているのかは私たちは知りません。推測はできるかもしれないが、確実ではない。これらはすべてリスクです。この水準ではリスクと不確実性とが異なることは考慮されていません。でも、人々はこういったことをすべてリスクと呼びます。彼らはこういったことをじっくりと考えたことがないのです。

コベル　人々がなぜ基本のところで誤ってしまったのかを理解するのには時間がかかるでしょう。しかし、他人のお金を預かる多くの意思決定者はどういうわけだか、明日が完璧に予測できると思ってしまい、確率的な推測は良くないことだと思ってしまいます。確率的に推測するしかないというのに。資産運用の世界は完全であるはずだと多く

の人が考えてしまう。これはまったくナンセンスです。

ハーベイ 残念ながら、投資家はこの点を強調します。なぜなら、彼らは資産運用者を過去1四半期や過去1年で判断するからです。そして、これによって資産運用者も運用スタイルを変えます。前にも言ったように、私はトラックレコードを重視します。私は資産運用者は今後何が起こるかについて顧客を教育すべきだと思うのです。

その方法は簡単です。例えば私は20年のトラックレコードがありますが、私にできることは、これら20年の実際のデータから年をランダムにサンプリングして、実際のレコードとは違った経緯をたどったレコード、もう1つの歴史、つまりパラレルワールドを作ることです。そしてこれを繰り返し行う。すると、そのトラックレコードから物事がどのように見えるのかが分かってきます。

そして、それが実際に起こったとき、例えば、2年連続して平均以下の成績しか出せなかった場合、「そんなことはよくあることさ。トラックレコードを考えれば、そんなことは25％の確率で起こる」と言うことができます。実際のトラックレコードを信じて、もう1つの履歴を作るという分析を行えば、スキルのある資産運用者を解雇するという過ちを防ぐことができます。彼は運が悪かっただけなのですから。

コベル 月1％のパフォーマンスを何年も続けて

> 「世間が真実から遠ざかるほど、真実を口にする人は嫌われる」──作者不明

いるという数字を見れば、それはバーナード・マドフやLTCM（ロングターム・キャピタル・マネジメント）ですよ。毎月儲けることなどできません。高頻度トレードを行う人は人よりも有利かもしれませんが、それでも毎月儲けることはできません。

ハーベイ　そうですね。これについては良い例があります。例えば、基本がS&P500のポートフォリオだという人がいたとします。しかし、S&P500に加えて彼はアウト・オブ・ザ・マネーのプットオプションとコールオプションを売っています。ボラティリティがそれほど高くなければ、プレミアムを得ることができるでしょう。毎月プレミアムが入ってくるわけですから、市場を打ち負かすことができます。1％、2％、1％、2％……という具合にずっとプレミアムが入ってくるわけです。でも、これで市場を打ち負かした、アルファが得られたと思うのはバカげています。これはリスクテイクと呼びます。なぜなら、市場が大幅に下落すると、プットオプションを売らなければならないので損失になります。もちろん、S&Pそのものからの損失も出ます。また、市場が大幅に上昇すれば、今度はコールオプションを売らなければならないので利益は減ります。

　つまり、S&P500のこのポートフォリオは歪度が負に傾いているわけです。こういったリターンパターンになるのはそのためです。ちょっとばかり余分なリターンが出たとしても、いつか必ず大き

「簡単にあきらめてしまう人が多すぎる。前進しようという欲望を持ち続け、失敗してもへこたれないことが重要だ。成功とは1つの長いストリートファイトのようなものなのだ」──ミルトン・バール

な損失が出ます。この点も考慮することが重要で
す。

コベル　それはよく言われることですね。フリー
ランチはつねにタダだとは限らないということで
すね。

ラッセ・ヘジ・ペダーセン
Lasse Heji Pedersen

　ラッセ・ヘジ・ペダーセンはデンマークの金融経済学者で、流動性リスクや資産の価格付けの研究で有名だ。ニューヨーク大学スターンビジネススクールのファイナンスおよび代替投資学の教授で、AQRキャピタル・マネジメントの社長でもある。

コベル　『エフィシェントリー・イネフィシェント(Efficiently Inefficient)』はあなたの新作ですね……これであなたは新天地を切り開きましたね。でも、これはファーマとシラーがノーベル賞を同時受賞した題材です。この本のタイトルは彼らから何らかのインスピレーションを得たのではないかと思っていますが、もしそうでなければ、どこでそのインスピレーションを得たのですか。

ペダーセン　そう、この本は彼らからインスピレーションを得たものです。市場が効率的かどうかについては長い間、学者たちによって議論されて

きました。ユージン・ファーマは、市場は完全に効率的で価格はファンダメンタルズな価値を反映したものであるという立場を取り、シラーはファーマの意見とは真っ向から対立し、市場価格は非合理的なものであり、それは投資家の非合理性によって生み出されるものであり、投資家たちは価格をファンダメンタルズな価値から引き離す、という立場を取っています。

私はファーマもシラーも深く尊敬しています。私は彼らのことをよく知っていますが、私の考えは彼らとは違います。ちょうど彼らの中間の考えと言えばいいでしょうか。もっとはっきり言いますが、市場価格は完全に効率的ではなく、完全に非効率的でもないと私は考えているんです。

市場は賢明なアセットマネジャーやアクティブ投資家が市場を打ち負かし、資産価格に関する情報を得たり、トレードにかかったすべてのコストを賄えるほどには非効率的ですが、それと同時に、限界的な投資家がアクティブ投資に対して無関心でいられるほどの効率性はあり、そのメリットはパフォーマンスが向上することです。しかし、取引コストや管理手数料、良いアセットマネジャーを探すコストがかかります。市場は完全には効率的ではありませんが、完全に非効率でもないというちょうどよい均衡状態にあると私は思っています。

コベル ジョージ・ソロスやデビッド・ハーディ

「ポリティカル・コレクトネスと呼ばれる精神的な感染症はこれまでに人類を襲った知的苦痛のなかで最も危険なものの1つである。これは至るところにいるえせインテリたちの心に訴えかける。なぜなら、これは大学で権威を振りかざしている人々の間に強い臆病風を引き起こすからだ。頭の中が空っぽの学生は、これまで害を与えたことのない言葉や物や行動でも、それによって傷つく人がいるんだ、と声を大にして言うようになった。こう言えば教授たちは臆病になって学生の要求どおりのことをやってくれるだろうと彼らは思っているのだ。ほとんどの場合、ポリティカル・コレクトネスは怒りに任せた負け犬の仕返しと思って間違いはない」──ポール・ジョンソン[2]

ングは、「効率的市場仮説は……空虚で意味のない言葉の言い換えにすぎない」という自説を譲りません。それで、あなたの本に出てくるマネジャーやトレーダーは、あなたの考えである市場は完全には効率的ではないが、完全に非効率でもないという考えをどのように思っているのでしょうか。

ペダーセン　それは良い質問です。本に出てくるマネジャーたちの多くは、市場が完全に効率的だとは思っていないのは確かです。彼らは自分たちの仕事は市場を打ち負かすことだと思っています。彼らが市場を打ち負かすことができるのは、彼らがただ単に運がいいというだけではなく、市場が効率的ではないからです。デビッド・ハーディングは効率的市場仮説に強く反発していました。

　彼らの多くはハーディングの考えにシンパシーを感じているようです。エッジを持つ方法はあります。しかし、市場の非効率性を利用するには効率的である必要があります。それはこのタイトルの別の解釈です。彼らはハーディングの考えに共感していると私は思っています。だれでも簡単に市場を打ち負かすことができるとは思いません。市場を打ち負かすには、まず自分が効率的でなければなりません。

コベル　あなたはマネジャーや彼らのやり方はよく知っていると思いますが、彼らとあなたとはどういうつながりがあるのですか？

ペダーセン　彼らのことはみんな知っています。彼

> 「バブルとは、将来の合理的な結果が正当化できないような価格状態になることを言う」──クリフ・アスネス

らは有名人ですからね。そのうちの何人かは特によく知っています。クリフ・アスネスはAQRキャピタル・マネジメントで一緒に働いていた仲間です。だから、彼は私が最もよく知る人物です。またマイロン・ショールズは学会で会ったのでよく知っています。ジョン・ポールソンもよく知っています。彼は私にNYU（ニューヨーク大学）の教授の椅子を用意してくれました。

会ったことのない人も何人かいましたが、彼らに会って、彼らがどのように投資しているのか、投資の動機は何なのか、主な成功要因は何なのかを聞けたのはエキサイティングなことだったし、楽しくもありました。

コベル 彼らのスタイルやテクニックはもちろん違うと思いますが、それはさておいて、彼らに共通するものは何なのでしょうか。

ペダーセン 彼らは頭がとても良くて、非常に意欲があり、規律もあり、物事を明晰に考えることができます。彼らの投資スタイルや手法は異なりますが、共通のテーマはあります。使う言葉も違いますが、彼らの多くはバリュー投資とモメンタムトレードに関連した戦略を使っています。

クリフ・アスネスはこれらについての学術論文を何本か書いていますし、ほかの学者たちと共に株式におけるモメンタムトレードを発見した1人です。彼はバリュー・モメンタムについての話をよくします。しかし、ジョージ・ソロスはクリフ・

「外れ値を予測できないということは、歴史の流れを予測できないということを意味する」——ナシーム・タレブ

アスネスとはまったく違うことを話しました。例えば、彼は景気循環に基づくトレードについての話をよくします。しかし、ブームに乗っているときは彼はモメンタムトレーダーですが、ブームの崩壊に備えて態勢を整えれば、その時点でバリュー投資家に早変わりします。

また、リー・エインズリーはタイガー・カブの有名なヘッジファンドマネジャーで、株式のグローバルなトレードで成功しました。彼が成功したのは、バリュー投資と、これらの会社の質を考えたのが鍵となったのは明らかです。またバリューはジェームズ・チェイノスのような空売りを主体とする者にとっての重要な要素でもあります。彼は過大評価されているのはどの会社なのか、不正会計や粉飾会計をしているのがどの会社なのかを突き止めて、それらの会社を空売りします。バリュー株を空売りするとき、彼は基本的にバリュー投資家として空売りします。

コベル いろいろと専門用語が出てきましたが、ソロスが使った言葉にリフレキシビティ（再帰性）というものがありますが、これは彼の投資哲学が込められた言葉です。彼は本も何冊か書きました。そこであなたには学者として2つのタイプのモメンタムを解説していただければと思います。AQRは明らかに両方のタイプのモメンタムを使っています。アスネスと彼が発見したモメンタムについて述べられましたが、時系列モメンタム、一般的

第2部　トレンドフォロワーとのインタビュー

にはトレンドフォローと呼ばれますが、アスネス
の発見したモメンタムと時系列モメンタムの違い
は何でしょうか。

ペダーセン　株式トレードのモメンタムはクロス
セクショナルモメンタムと呼ばれるものです。こ
れは、いろいろな銘柄を見て、どの銘柄がほかの
銘柄をアウトパフォームしているかを調べ、アウ
トパフォームしている銘柄を買い、アンダーパフ
ォームしている銘柄を売るというものです。そし
て、過去6カ月から12カ月アウトパフォームした
銘柄が翌月もアウトパフォームすることを願うわ
けです。

　これに対して時系列モメンタムは、典型的には
指数を見ます。株価指数、通貨、コモディティな
どを見て、上がるか下がるか、過去1年にわたっ
て上昇トレンドを形成してきたかどうかを見るわ
けです。時系列モメンタムは絶対パフォーマンス
に基づいて売買を行うもので、クロスセクショナ
ルモメンタムは相対パフォーマンスに基づいて売
買を行うものです。

　例えば、株式市場が全体的に下落してきたとし
ます。クロスセクショナルモメンタム投資では価
値の下がった銘柄を買います。すべての銘柄が下
落したとすると、下落率の小さい銘柄は下落率が
大きい銘柄をアウトパフォームしたことになりま
すから、クロスセクショナルモメンタム投資家は
下落率が小さな銘柄を買い、下落率が大きな銘柄
を売ります。

「組織が秘密主義であっ
たり不法行為をやってい
ればいるほど、情報漏洩
は増加し、その組織の
リーダーや計画立案者の
なかには恐怖や被害妄想
が広がる。その結果、内
部の効率的なコミュニ
ケーションは最小化（認
知的「秘密税」の上昇）
し、組織全体の認知能力
は低下し、順応性が求め
られる環境で力を維持す
ることができなくなる」
——ジュリアン・アサン
ジ[4]

642

これに対して、時系列モメンタム投資家、つまりマネージド・フューチャーズ・タイプの投資家はすべての銘柄を売ります。「どの銘柄も下落トレンドにあるので、すべて売ろう」というわけです。

コベル いろいろなトレーダーやマネジャーの間には共通点があるとおっしゃいましたが、その共通点の1つがギャンブラーの破産、つまり破産リスクですね。

ペダーセン そうです。彼らはリスクマネジメントの重要性をよく認識しています。彼らのなかには負けトレードの話をしてくれた人もいます。勝てばうれしいのは当然ですが、彼らは負けトレードから多くを学んでいます。負けトレードから学ぶことは重要なことですが、負けトレードで破産することはないことも学ぶ必要があります。

コベル 特定のトレーダーやマネジャーの例や、注目すべき負けトレードの例はありますか。

ペダーセン もちろんあります。リー・エインズリーは素晴らしい投資に関する仮説に関連した負けトレードについて話してくれました。その研究における彼の分析は正しかったのですが、本来ならば約束を果たしてくれなければならない経営陣が約束を果たしてくれなかったのです。そのことから彼は経営者の重要性を学び、彼が投資する会社の経営陣に注目するようになりました。

またチェイノスは、どういうわけだか逆行し続

けるショートポジションの話をしてくれました。彼にとって幸いだったのは、彼がポジションを制限したことです。ショートポジションが逆行すると、逆行幅は大きくなりますが、これは空売りリスクの1つです。空売りしているとき、株価が上がると損をします。株価が上がったとき、株数を固定していれば、空売り金額は増え、潜在的リスクは高まります。そこで彼はポジションを調整し、ポジションが逆行したらポジションを減らしました。だから、損失を限定することができたのです。

コベル　ジュリアン・ロバートソンやタイガー・カブのことをよく知っていれば、彼らはファンダメンタルズに基づいて考え、投資していることは知っていると思います。私が面白いと思ったのは、あなたがリー・エインズリーに彼のトレード手法の定量的な側面について、特にポートフォリオの構築について質問したことです。

ペダーセン　はい、そうですね。彼は投資のプロをたくさん雇っています。彼らは経営陣に会い、さまざまな競争相手とも会い、業界のことを本当に理解しようとしています。しかし、それと同時に、彼らは自分たちのポジション、リスクイクスポージャーを評価し、ポートフォリオをできるだけ効率的に構築できるような定量的システムを持っていると彼は私に話してくれました。

「なんということだ……人間なんてみんな滅んでしまえ！」──ジョージ・テイラー（『猿の惑星』）

コベル　これらのマネジャー、トレーダー、彼ら

のトラックレコード、彼らのパフォーマンスを見てみると、「最高の戦略はないのか？」と思うのではないでしょうか。いろいろな理由によっていろいろな戦略がありますが、これらのマネジャーやトレーダーの間でもっと繰り返し可能な戦略はないのかと思うはずです。ジョージ・ソロスは１人しかいませんし、ポールソンも１人しかいません。これらのトレーダーの間でもっと繰り返し可能なスタイルはないのでしょうか。

ペダーセン　これらの戦略に共通するものは、こうした天才による魔法は含まれていないということだと思います。これらの戦略が機能するのは、経済的なロジックがあるからです。しかし、これらの戦略をうまく機能させるには、多くのスキルが必要ですし、熱心さとハードワークも必要です。

　私が話しているのは株式戦略、マクロ戦略、アービトラージ戦略で、おのおのの戦略についてこれらが機能する背景にはどういった基本的経済要素があるのか、そしてアウトパフォーマンスを生みだせる繰り返し可能なプロセスをどうすれば作れるのかを私は理解しようとしますが、それは非常に難しいですね。なぜならこういったものが理解されるようになると、これらのものは裁定取引をされて効果がなくなってしまうからです。

コベル　あなたが著書のなかで見いだそうとしていたのは特定のスタイルですか、それとも特定のマネジャーやトレーダーですか。

ペダーセン まず、「典型的なスタイルとはどんなものなのか」を考えることから始めました。そして私が特定した8つのスタイルのおのおのに対して、現在アクティブに活動している最も卓越した投資家を特定しました。私は8人の名前を書きだし、どうしたら彼らにイエスと言わせることができるだろうかと考えました。まず最もよく知っている人たちから当たって、彼らがイエスと言ったら、彼らのなかからジョージ・ソロスを知っている人に連絡を取ってもらいました。ソロスがイエスと言ったら、次の人たちに渡りを付けてもらいました。ポールソン、アスネス、ソロスといった人々がイエスと言ったら、この作業はどんどんはかどっていきました。

コベル クリフ・アスネスが取り上げたことを、あなたは本のなかで質問として挙げています。あなたは現実世界と学術界との間には違いがあると述べています。私はアスネスの出した答えが好きです。なぜなら、私たちはトラックレコードを見て、「3年間フラットな時期があった。あるいは大きなドローダウンがあった。でも、そこから抜け出すことができたのだから大丈夫だ」と言うことができますが、アスネスは、現実世界ではこのようにトラックレコードだけを見ても全体像は分からないことを指摘しています。

ペダーセン そうですね。彼は、私たちがそういったつらい時期を乗り越えるとき、時間の遅れと

> 「アクティブ運用はコスト差し引き前のゼロサムゲームであり、勝者は敗者を犠牲にして勝たなければならない」──ユージン・ファーマ

いうものが存在すると言っています。時間がものすごくゆっくりとしか経過しなくて、損失を出したあとで損失よりも大きな利益が得られたとしても、損失を出している時期は本当につらいものです。

これらの戦略がうまくいくのはハードワークを要するというのも1つの理由でしょう。でも、それは同時に精神的に疲れる作業であり、正しいことを続けていくだけでも強い規律を必要とします。損失が出始めると、パニックになったり、当初のプランにないことをいろいろとやりたくなります。何かほかのことをやらないと対応できないと思ってしまうからです。

コベル　トレーダーやファンドマネジャーは顧客に対応しなければなりません。損を出す時期もあるけれども、戦略はうまくいっていることを顧客に納得させなければなりません。これで思い出すのはウォーレン・バフェットです。ウォーレン・バフェットが50％のドローダウンを出したことが何回もあることを知っている人はあまりいません。何回ドローダウンを出したのか回数ははっきりとは知りませんが、彼が長年にわたって出してきたようなパフォーマンスを上げようと思ったら、大きなドローダウンを受け入れなければなりません。バフェットと彼のアルファだけを見て、「ちょっと待ってくれよ。バフェットがバリュー投資家なら、なぜ彼はほかの人よりもうまくいっているんだ？」

第2部　トレンドフォロワーとのインタビュー

「何もしないってことの
価値を侮ってはならない
よ」──「くまのプーさ
ん」より

と思うかもしれませんが、彼がなぜほかの人よりもうまくいっているのか分析してみる必要があります。

ペダーセン　それはそうですね。私たちはバフェットのパフォーマンスデータも、バークシャー・ハサウェイのパフォーマンスデータも持っています。バフェットはバークシャー・ハサウェイの経営者だから、彼のパフォーマンスを見るには、バークシャー・ハサウェイの株価を見るのも1つの手です。あるいは、彼が保有している公開株を見てもいい。バークシャー・ハサウェイは所有している公開株についてSEC（米証券取引委員会）に報告する義務がありますから、私たちは彼らのポートフォリオを再現して、それをシミュレートすることもできます。

　私たちが最初に注目したのは、ウォーレン・バフェットはどれくらいうまくいっているのかということです。世界で大金持ちの1人になるには、どれくらいうまくいく必要があるのかということです。彼のシャープレシオは0.7と0.8の間でした。多くの人にこの数字を示すと、驚きました。なぜなら、人々は彼のシャープレシオは1を超えている、あるいは2も超えていると思っていたからです。多くのヘッジファンドはシャープレシオが1と2の間であることを自慢します。分かったことは、彼のリターンは非常に高いけれども、彼は大きなリスクもとっているということでした。それなのに彼のシャープレシオは市場平均のおよそ2倍とい

648

第18章　ラッセ・ヘジ・ペダーセン

う高さです。

　彼のとっているリスクは大きいですが、それで
も市場平均の２倍のリターンを上げてきました。
驚くべきパフォーマンスです。私たちのリサーチ
ャーはその驚くべき実績をけなしたりはしません
が、ほかのリサーチャーがそのパフォーマンスを
見ると、彼はバリュー投資家だからとしか言いま
せん。彼はバリュー投資家だからリターンは割り
引いて考えようというわけです。これをバリュー
ファクターと言います。

　そういったバリューファクターでは彼のパフォ
ーマンスのほんの一部しか説明できません。バリ
ューファクターでは説明できないものが大きなア
ルファです。そこで、リターンをクオリティによ
るものと考えてみようということになったわけで
す。彼は割安な株だけでなく、クオリティの高い
株も買います。彼はスピーチでも書籍でも、クオ
リティ企業を手ごろな価格で買うことが好きだと
話しています。

　彼のパフォーマンスを、バリューファクターを
含む標準的なファクターだけでなく、クオリティ・
マイナス・ジャンクと呼ばれるファクター、それ
ともっと安全な株をとらえるファクター、いわゆ
るベット・アゲインスト・ベータ（ベータの低い
資産を買って、ベータの高い資産を売る）という
ファクターと考え併せてみると、彼のパフォーマ
ンスの大部分を説明できることが分かり、彼のパ
フォーマンスに近いパフォーマンスを上げる戦略

「人々にウソを信じさせ
る確実な方法は何度も繰
り返し言うことだ。何度
も繰り返せば、人はウソ
が本当だと思ってしまう
からだ。権威主義の機関
やマーケッターはこのこ
とをよく知っている」
──ダニエル・カーネマ
ン（『ファスト＆スロー』
［早川書房］より）

を作ることに成功しました。これで彼のアルファのすべてが説明できるわけです。

彼はバリュー投資家であり、クオリティ投資家であり、安定した利益の出るクオリティ企業を手ごろな価格で買う投資家でもあります。クオリティ銘柄はこれまで利益を出してきました。調べていくうちに面白いことが分かったのですが、それは彼が買ってきたのは業績が良くて良い投資になるクオリティ企業だけではなく、クオリティ企業全般を買ってきたということです。クオリティ企業は一般に業績が良い。彼は初期の段階でこれを認識して買ったことで利益を上げたのです。彼は自分の保険会社を通じてこれらに非常に賢い方法でレバレッジをかけることができました。彼はこうした投資選択とレバレッジ戦略のおかげで素晴らしいパフォーマンスを上げてきたのです。

コベル 彼は確かにある程度のレバレッジを使っています。これはおそらくは駆け出しの投資家には理解できないでしょう。彼は非常に賢くレバレッジを使っています。

ペダーセン はい、そのとおりですね。でも、彼はレバレッジについて否定的に話すことが多い。レバレッジにはリスクがありますからね。彼のポートフォリオとパフォーマンスを見れば、彼は2つの方法でレバレッジを使っていることが分かります。1つは、彼のバランスシートを見れば、彼がレバレッジを使っていることは一目瞭然です。

彼には多くの負債があり、社債を発行してレバレッジ源にしています。また、彼には保険事業関連の負債もたくさんあります。推測するに、彼のレバレッジは1.6だと思います。つまり、自己資本1ドルに対して1.6ドル投資しているということです。

もう1つは……少し前に、彼の公開株ポートフォリオのパフォーマンスを私たちはシミュレートできると言いましたが、覚えていますか。つまり、その戦略のボラティリティやリスクを知ることができ、ひいてはバークシャー・ハサウェイ株のリスクやボラティリティも知ることができるということです。時にはバークシャー・ハサウェイ株のボラティリティは彼が保有している公開株のボラティリティよりも高いことがあります。つまりこれは、バークシャーはポートフォリオにレバレッジを使っていることを意味します。ポートフォリオにレバレッジを使えば、リスクは高まります。そしてその種のリスクはレバレッジに一致します。

コベル レバレッジは単なるツールであり、彼はツールを賢く使っているだけだと思います。

ペダーセン そのとおりです。

コベル クリフ・アスネスはこんなことを言いました。「良いクオンツは、信念を繰り返し可能なプロセスに体系化した金融経済学者とみなすことができる。彼らがほかと違うのは、分散化能力と、規律を持ってプロセスに従うこと、そしてポートフ

> 「交通事故の大部分は、『ドライバーは見ていたが見ていなかった』といったたぐいのものだ。ドライバーは前をしっかり見ているのに歩行者に衝突する。すぐ目の前の車に衝突することもあれば、電車に突っ込むことさえある。そう、電車に突っ込まれるのではなくて、突っ込むのだ。周りの情報はドライバーの目に入っている。しかし、運転中のどこかでその情報が失われてしまい、ドライバーは現実との接点を失う。ドライバーは見ているのに見ていないのである」──ロナルド・A・レンシンキ

ォリオの特徴を設計する能力である」と。自分た
ちをファンダメンタルズを重視するトレーダー、つ
まりバリュートレーダーだとみなすトレーダーた
ちで、彼らの世界をバックテストしない人は今ど
きいるでしょうか。

ペダーセン バックテストが難しい独特の状況で、
裁量的にトレードするトレーダーはたくさんいま
す。もしあなたがイベントドリブンタイプのト
レーダーで、新しいイベントが発生したとすると、お
そらくあなたはそのイベントはバックテストでき
ないでしょう。それでもあなたはファンダメンタ
ルズの価値よりも安い価格で買っているのだと自
分に納得させることができる。なぜなら、安く物
を買うということはこれまでにもうまくいってき
たという一般的な原理を信じているからです。こ
のタイプの戦略は、あるいは新しいタイプの証券
などはより科学的な方法でバックテストできない
かもしれない。問題は、投資の大部分は依然とし
て裁量的に行われていることです。

コベル こうした定量的な考えやバックテストの
考え方を持ったハーディングやアムネスのような
人々は、ゆっくりと人々の意識をその方向に向け
ようとしているのでしょうか。おそらく将来の投
資家は、「裁量以上の能力が欲しい」と言うでしょ
うね。彼らは人々の意識を変えようとしているの
でしょうか。

ペダーセン 私自身はクオンツ投資家です。私は

投資戦略を評価するには科学的手法を使うべきだと思っています。でも、必ずしも科学的手法にこだわっているわけではありません。ある手法はほかの手法よりも勝っているというつもりはありません。科学的な投資手法はこの20年盛んに行われてきました。しかし、裁量的な戦略にも役割があります。裁量的トレーダーのなかで個人的に尊敬している人も何人かいます。

例えば、チェイノスは会計の数字のなかに、コンピューターにやらせることができない面白いものを発見していますし、ほかの裁量トレーダーのなかには、ソフトインフォメーションやさまざまなケースバイケースの分析に依存するために、コンピューターではコード化できないことをやっている人もいます。私は個人的にはこういったことを尊重しています。この方法で投資せよ、あの方法で投資せよ、なんてことはだれにも言えません。投資には多くの側面があり、投資は異なる手法や異なる考え方を持った人々によって行われてきたものです。これこそが買い手や売り手を作るのです。物事にはいろいろなやり方があるのです。

コベル 経済のなかでヘッジファンドが担う役割について考えてみましょう。一般的にヘッジファンドは否定的に報道をされることが多いです。特に、世の中が混沌に陥ったときはそうです。「投機」という言葉も否定的な意味で使われます。しかし、経済のなかでヘッジファンドが一定の役割

新たな情報に照らして私たちの信念をどう変えるべきなのだろうか。古い前提が支持されなくなったずっとあとでも、私たちは古い前提にこだわっていくのだろうか、それとも最初に疑いがもたれた段階で古い前提はいとも簡単に棄て去られるのだろうか。ベイズ推定は私たちの考えを現実に徐々に一致させ、この宇宙と共鳴させてくれる。この定理そのものは簡単だ。まず、世界についてある仮説を設け、仮説したことが発生する確率を設定する。これを事前確率と呼ぶ。この仮説に関連する証拠を集めたあと、ベイズの定理を使って、新たな証拠に照らして仮説したことが発生する確率を再計算する。新たな証拠の下で仮説したことが発生する確率を事後確率と呼ぶ。[5]

を担っているのは確かです。これは必ずしも特定のファンドに投資する投資家たちのことを言っているわけではありませんが、「いろいろなヘッジファンドのことをなぜ気にする必要があるのか」と言う人もいるでしょう。私はヘッジファンドには投資していませんが、ヘッジファンドの全体的な役割について話していただけませんか。

ペダーセン ヘッジファンドが経済のなかで一定の役割を果たしているのは確かです。理由はたくさんあります。まず第一に、私たちの自由市場経済は基本的に資本を価格に基づいて配分します。だれかが薬に投資すれば、彼らは特定の病気を治せるようになります。彼らにはその治療法を追求する十分なお金がないかもしれませんが、「これは他人が理解することはできないかもしれないが、非常に有望なアイデアだ」と言えば、資本市場から多くのお金を調達することができ、そのアイデアを追究する工場を建てることができます。

　一方、有用なアイデアを持っていない発明家はお金の調達には苦労するかもしれません。したがって、マシンや資本や工場はより有望なアイデアへと配分されます。すべての概念が市場価格が比較的効率的であるという考えに依存している今、より有望なアイデアを持った会社の株価は上昇します。株価が上昇すれば、時価総額も上昇し、より多くの資本を調達してより多くのマシンを製造することができます。

　市場経済とヘッジファンドにとってこれは非常

> 「交差検証とは、モデルが与えられたデータにどれくらいうまくフィットするかを調べるだけではなく、未知のデータに対してどれくらいうまく一般化できるかを調べることも含まれる」――ブライアン・クリスチャン[6]

に重要なことです。アクティブな投資家は安く買って高く売る傾向があるため、価格を正しい方向に向かわせます。その結果、市場はさらに効率的になります。これが重要なのです。彼らの提供する流動性によって、投資家たちは売買が簡単にできるようになり、退職に備えての貯金もできるようになります。年金ファンドの多くはこの種のビークルに投資をするので、ヘッジファンドやほかのアクティブな投資家は年金ファンドのパフォーマンスに貢献するというわけです。

　もちろん、彼らの手数料は高いですし、彼らは自分たちのために多くの利益を確保します。投資家は手数料のことを気にするべきですし、彼ら自身その投資戦略から利益を稼ぐことを楽しむべきでしょう。

コベル　あなたはデビッド・ハーディングに質問しましたね。「あなたの研究によれば、どの投資にも同じモデルを使ったほうがよいのでしょうか、投資ごとに異なるモデルを使ったほうがよいのでしょうか」という質問でしたが、彼はどのように答えましたか。また彼の答えをあなたはどんなふうに感じましたか。

ペダーセン　いろいろな異なる証券で機能する堅牢なモデルを持つことが重要だと彼は言いましたが、私もそう思います。どの資産でも最高に機能するように戦略を調整したい気持ちに駆られることは多いと思います。金にはマネージド・フュー

> 「時間が経過し、魔法のように見えるトレンド現象を目の当たりにするうちに、人々に愛されないこの無名の投資アプローチに対する私の好みは次第に強まっていった。統計学者はこれをベイズ推定と呼ぶ。まず偏見から始め、それを経験に照らして修正していくわけである。私の場合、トレンドフォローのことを最初はあまり信じられなかった。なぜなら、それまでトレンドフォローは機能しないと一般に言われていたからだ。しかし、年々それがうまくいくことが分かってくると、私の疑念は強い確信へと変わった」――デビッド・ハーディング[7]

チャーズ（時系列モメンタムまたはトレンドフォローを表す業界用語）を使い、小麦には別の戦略、別のコモディティにはまた別の戦略といった具合に、戦略を使い分けたい気持ちに駆られることもあるでしょう。こういったことをやれば、バックテストでは、つまり過去に起こったことをシミュレーションすれば、最高のパフォーマンスが得られるでしょう。なぜなら最高になるように調整するわけですから。しかし、そうしたモデルはノイズは多くなるし、ランダムさも多くなる。結局、将来的に実際にトレードするとき、モデルが本当に機能してほしいときにうまくいかないモデルが出来上がってしまうことになります。

こうしたデータマイニングやモデルの過剰最適化を防ぐためには、戦略をシンプルにするほうがよい。あなたの戦略が将来的にうまくいくことをどうやって確信しますか。そうですね、もし同じ戦略が過去1年や過去10年ではなくて、過去50年や過去100年で金でうまくいったら、それがすべてのコモディティだけでなく、通貨や株式や債券市場でもうまくいったら……この戦略はランダムではなく、偶然うまくいったのではないことが確信できるでしょうね。このトレンドフォロー戦略は将来的にうまくいく可能性が高いことを確信し始めるでしょうね。

コベル あなたはAQRの「センチュリー・エビデンス・オン・トレンドフォローイング・インベス

「暗闇のなかにいるとき、シンプルなプランを練るのが最も良い。予想が不確実で、データにノイズが多いとき、最善の策は広いブラシで絵を描き、ざっくりと考えることである」──ブライアン・クリスチャン[8]

ティング」の研究チームの一員でしたよね。

ペダーセン　はい。

コベル　その研究を通して何か驚くような知見は
ありましたか？

ペダーセン　あれは非常にエキサイティングなプ
ロジェクトでした。最高のトレンドフォロー戦略
は何なのかについてたくさん調査しましたからね。
この研究で分かったことは、比較的シンプルなト
レンドフォロー戦略が過去20年から30年にかけて
非常にうまくいったということでした。それは毎
年、毎日うまくいったという意味ではなくて、私
たちが調査したどの投資対象でも平均的にうまく
いったという意味です。これは珍しいことです。

　あなたはおそらくポートフォリオレベルでもう
まくいくのではないかと思ったかもしれませんが、
ポートフォリオに含まれるすべての投資対象で必
ずしもうまくいったわけではありません。しかし、
投資対象レベルでのパフォーマンスは安定してい
ました。私たちが思ったことは、「これは本当に堅
牢に見えるけれども、本当にそうなのだろうか。ど
うしたらそれを確信できるのだろうか。別のアウ
トオブサンプルテストをやってみたほうがいいの
だろうか」ということでした。

　もちろん、１つのアウトオブサンプルテストを
やるには忍耐力が必要で、将来的なライブパフォー
マンスも見なければなりません。残念ながら私
たちにはそれほどの忍耐力はありませんでした。そ

れで、「データを集めよう。私たちが見ていたものよりももっと前の価格のヒストリカルデータを集めよう。過去20年や30年だけじゃなくて、1世紀分のヒストリカルデータを集めよう」ということになったのです。過去20年や30年では堅牢な結果だったものが、過去60年から70年さかのぼるとどうなるか分からなかったので、少し不安でした。でも驚くべきことに、過去60年、70年さかのぼっても非常に良い結果が出たのです。過去60年や70年だけでなく、最近のデータでも良い結果が出ました。

コベル　つまり、高頻度トレードの軍拡競争というわけですね。トレンドフォローのマネジャーの間でも激しい競争があります。何世紀さかのぼれるかを競争するわけです（笑）。あなたの仲間はあなたの論文によってひらめきが与えられたわけですね。そのあとも論文は続きました。

ペダーセン　そうです。

コベル　あなたがジョージ・ソロスと話をしたとき……彼は当初資本をあまりリスクにさらしてはいけないと言いましたよね。でも、莫大な利益が出ていれば、当初資本以上に利益をリスクにさらすことができます。これは典型的な時系列モメンタムのトレンドフォロー的考え方であって非常にクオンツ的な考え方です。ソロスには彼の戦略を実装することについて話しましたか？

「明日の優勝決定戦で勝つためには私は選手たちに何ができるのか。私が考えるのはそのことだけだ。私は彼らに言った。「今のプレーに集中しろ」と。私は今ここにいる。だからそのことに集中するのだと。重要なのはこれなのだ。われわれが集中すべきものは今のプレーなんだ」──ニック・セイバン（アラバマ大学フットボールチームのヘッドコーチ）

ペダーセン もちろん話しました。彼の実装方法
はそれほど定量的なものではありませんが、彼は
ダウンサイドリスクとアップサイドリスクのこと
も気にかけています。彼が望んでいるのは、ダウ
ンサイドリスクが限定的で、大きなアップサイド
が期待できる戦略で、そういった戦略に、1992年
のポンド危機のときのように大金を投資したいと
思っています。

　彼は英ポンドに猛烈な売りを仕掛けたときのこ
とを話してくれました。どうしてそんな勇気が持
てたのかを。ポンドが下落すれば彼は大金を儲け
られるわけです。ポンドがレンジで動いていたこ
とを考えると、彼のポジションが大きく逆行する
というリスクはほとんどなかったと彼は言ってい
ました。この考えに影響を受けたのがジョン・ポ
ールソンです。彼はサブプライムの破綻を見抜き、
逆張りで大儲けしました。私はポールソンに、大
きく逆張りに出たのはソロスの影響かと聞きまし
た。彼はそのとおりだと言いました。

コベル だれも彼には拍手喝采を送るべきでしょ
う。なぜならあなたが話すトレーダーの多くはそ
ういった賭けを裁量で行うことはできないでしょ
うから。ソロスやポールソンのトレードには裁量
的要素が確かにあります。スポーツのたとえなん
かで説明することもできますが、ソロスがやった
ようなことをやるにはある程度の勇気が必要では
ないでしょうか。

「日々の出世競争には飽
き飽きするが、それは戦
いではなくて競争なんだ
と認識できれば、それこ
そが私たち人間がサルや
ニワトリやネズミと異な
る最大の点なんだと分か
る」──ブライアン・ク
リスチャン

ペダーセン まったくそのとおりです。彼らが大金を稼いでいるときには彼らと提灯を付けることが重要です。満足するだけではなく、可能性を最大限に引き出せるまで賭け続けることが重要です。

第3部

トレンドフォローに関する研究論文

Trend Following Research

「学者たちは便宜上、リスクの代理変数としてボラティリティを使った。彼らは客観的で、過去だけでなく将来をも確定できる計算をするのに数字を必要としていた。その条件を満たしたものがボラティリティである。ほかのタイプのリスクの多くはその条件を満たすことができない。しかし、問題は、ボラティリティが投資家たちが気にかけているリスクと同じであると私には思えないという点なのだ。人々が投資をやりたがらないのは、ボラティリティというよりも、資産を失うことや受け入れることができない低いリターンを心配してのことだと私は思っている。『価格が上下動することが怖いので、より多くの上昇の確かな証拠が必要なのだ』というよりも、『お金を失うのが怖いから、より多くの上昇の確かな証拠が必要なのだ』のほうが私にはつじつまが合っているように思える。もちろん、『リスク』がお金を失う可能性であることは間違いない」——ハワード・マークス[1]

第3部　トレンドフォローに関する研究論文

トレンドフォローを論証するにはどうすればよいのだろうかと、私はずっと考えてきた。しかし、それは偶然見つかった。ボブ・シーライトは私のポッドキャスト（エピソード＃328）に出演してくれたのだが、彼はブログに載せたメッセージを見せてくれた。私はこれを読んでとても感動した。

　　アメリカのウイルス学者であるデビッド・ボルティモアは1975年にウイルスの遺伝メカニズムの研究でノーベル賞を受賞した。彼は以前、私にこんなことを話してくれたことがある。それは、大きな科学的問題を解決したとか、既存の科学的パラダイムをひっくり返すような大理論を見つけたという原稿をたくさん受け取るという話だった（彼がカリフォルニア工科大学の学長だったころは特に多かったという）。卓越した科学者の引き出しには同じような提案書がいっぱい入っている。その多くは、科学界の外側で1人で黙々と研究を続けている人々からのものだ。残念ながら、そういった提案書は主張されたものとは似ても似つかないものばかりである。ボルティモア教授はこのことについて考えてみた。「良い科学というものは科学界全体が協力して何かを成し遂げるのがベストの姿だ。単独で研究するのは狂気じみている[2]」

　私は自分のことを狂人だとは思いたくない。だから、トレンドフォローというこの新しい分野は業界全体が協力して成し遂げたものにしたいと思っている。第3部でこれから紹介する研究論文は本書に新たな付加価値を与えてくれるものである。

「たぐいまれなこれらの人々と話をすれば、彼らはこのことをいろいろなレベルで理解していることが分かるはずだ。彼らは認知的適応性という概念は知らないかもしれないが、彼らがその分野の頂上に達したのは優れた遺

662

伝子を持っているからだ、という考えを安易に受け入れたりはしない。彼らは自分たちが持っているたぐいまれなスキルを身に付けるのに何が必要かを知っている。なぜなら、彼らはそれを自ら経験しているからだ」――アンダース・エリクソン[3]

数百年にわたる
トレンドフォローの考察

A Multicentennial View of Trend Following

アレックス・グレイザーマン
キャスリン・カミンスキー

「損切りは早く、利は伸ばせ」——デビッド・リカード（伝説の政治経済学者、『ザ・グレート・メトロポリス［The Great Metropolis］』より）

　トレンドフォローは古典的投資スタイルの1つである。本章では何百年にもわたる「トレンドフォローの話」をしていきたいと思う。このあとの章では細かい分析に入っていくが、その前にトレンドフォローの枠組みについて歴史的・定性的観点に立って議論しておきたいと思う。このアプローチはデータ集約的ではあるが、大学で行われるような完全無欠な厳格な手法とは違う。どういった歴史的研究についても同じことが言えるが、この分析もまた仮説やデータの信頼性についての疑問やバイアスをたくさん含んでいる。こうした懸念はあるものの、歴史はわれわれの大局観を形成する。つまり、歴史はほぼ間違いなく主観的なものだが、文脈上の関連性（つまり現在、過去、未来のつながり）を提供してくれるものである。

　本章ではおよそ800年分の金融データを使ってトレンドフォローのおおまかな特徴を見ていく。数百年にわたる原始的な金融データでトレンドフォローのおおざっぱな特徴を調べるものではあるが、「損切りは早く、利は伸ばせ」によるパフォーマンスは注目に値するだけの堅実性はある。本章の目的は、ヒストリカルデータに基づいてt検定を行

第3部　トレンドフォローに関する研究論文

い、明確な仮説を立てることではない。伝説的なデビッド・リカード
や有名なタートルズトレーダー、そして成功した多くのトレンドフォ
ロワーが歴史を通して誇張された伝説なのか、それとも本当に素晴ら
しいトレーダーたちなのかを検証するのが本章の目的である。

　最近になって、極端な市場状態で見事なパフォーマンスを上げてき
たトレンドフォローは大きな注目を集めるようになった。信用危機や
リーマンショックのあとの悲惨な経済状況のなかで、トレンドフォロ
ーマネジャーは15〜80％のリターンを上げてきた。このパフォーマン
スはまぐれなのか、それともリーマンショック以外の不安定な時期で
もこの戦略はうまくいったのだろうかと多くの人は疑問に思っている。
例えば、世界大恐慌、1600年代、1200年代といった過去の危機のとき、
トレンドフォローはどういったパフォーマンスを上げたのだろうか。

　本章がトレンドフォローの歴史を議論することに焦点を当てている
ことを考えると、いまだに議論の的になっている壮大な歴史的イベン
トである1600年代初期に起きたチューリップバブルにさかのぼるのが
最も良さそうだ。チューリップの球根の価格は**図19.1**に示したとおり
である。トレンドフォローで最もよく使われる戦略はチャネルブレイ
クアウト戦略だ。チャネルブレイクアウト戦略とは、価格がレンジ相
場の上や下の境界をブレイクしたら買ったり、売ったりするというも
のだ。トレンドフォロワーならば、1636年11月25日以前にシンプルな
チャネルブレイクアウトシグナルを使ってロングポジションを取り、
1637年2月9日辺りで手仕舞った（チューリップの球根を売って、も
し空売りが可能であったとするならば、最終的には空売りした）だろ
う。トレンドフォロワーは「トレンドに従い」、トレンドが消滅したら
手仕舞う（損切りする）だけである。チューリップバブルではトレン
ドフォロワーは上昇するバブルに乗り、価格が下落し始めたときに売
ったのではないだろうか。このアプローチに従えば、花の球根が下落
しても経済が破綻しても、大きなリターンが得られただろう。チュー

666

図19.1　チューリップの球根価格の標準的な物価指数（1636～1637年）

出所= Thompson（2007）

リップバブルは難しい一例ではあるが、トレンドフォローのようなダイナミックな戦略の長期にわたるパフォーマンスの堅牢性を示すものである。この例で注目すべき重要なことは、金融市場の大部分について言えることだが、仕掛けよりも手仕舞いの判断が重要だということである。「損切りは早く、利は伸ばす」ことが素晴らしいパフォーマンスを生むのである。この概念は本書を通じてたびたび登場する。

　トレンドフォロー戦略は市場の状況に応じて変化する。トレンドフォローは、ファンダメンタルズな理由、テクニカルな理由、群衆の行動によって市場価格にトレンドが形成されたとき、その機会をとらえるものだ。トレンドフォロワーは市場のダイバージェンスから利益を得る戦略だ。つまり、トレンドの勢いが強いときはトレンドに乗り、トレンドの勢いが弱まり、トレンドが転換したら手仕舞う。市場でトレンドが発生する要因にはいろいろあるが、リスクの移転（経済的レントがヘッジャーから投機家に移転する）、情報の普及、行動バイアス（高揚感、パニックなど）などが例として挙げられる。市場のダイバー

第3部　トレンドフォローに関する研究論文

ジェンスが発生する根本的な要因についてはさまざまな説があるが、そういったものはトレンドフォロワーにとっては大して重要ではない。彼らは好機が現れたときに、淡々と仕掛けるだけである。好機というものは歴史を通していつでも発生するものである。過去800年にわたるトレンドフォローの堅牢なパフォーマンスを見れば、好機をとらえることの重要性が分かってくるはずだ。

トレンドフォローの物語──その歴史の研究

　伝説の政治経済学者であるデビッド・リカードが「損切りは早く、利は伸ばせ」と言ってからおよそ200年がたつが、彼の言葉と同じトレンドフォローの中核原理が近年になって大きな注目を集めている。およそ800年分のデータを使ってトレンドフォローのパフォーマンスをさまざまな経済環境にわたって検証した結果、伝統的な資産クラスとの相関が低いこと、歪度が正であること、経済危機のときでも堅牢なパフォーマンスを示すことが判明した。

　トレンドフォローのパフォーマンスについては応用文献や学術文献で徹底した議論が行われてきた（モスコウィッツ、オオイ、ペダーセンの2012年の論文を参照）。にもかかわらず、調査されるデータ系列の大部分は数十年にわたるトラックレコードや過去100年の先物・現物データに限定されている。本章では、800年分のデータを使って以前の研究が正しいかどうかを検証する。長期にわたるトレンドフォローの検証には、84の株式、債券、FX、コモディティ市場の月次リターンを使う。これらのデータは1200年代以降から2013年までのものが入手可能だ。トレンドフォローの長期分析にはいくつかの前提や近似が使われる。前提や近似、そして含まれる市場については章末の付録を参照してもらいたい。

　この800年の間には市場の振る舞いは大きく変化してきた。それぞれ

668

図19.2　S&P500指数とS&P500トータル・リターン・インデックス（1800～2013年。対数目盛）

　の時代を表すデータを正しく構築するには、劇的な経済発展に特に注意することが重要だ。つまり、データは実際に投資可能だったと思われる投資のリターンを可能なかぎり正確に表すものでなければならないということである。例えば、17世紀初期から1930年代まで、イギリスやアメリカをはじめとする主要国は金本位制を採用し、この間、金価格は実質的に固定されていた。したがって、金市場はこの期間は投資可能な市場から除かなければならない。また別の例としては、19世紀のほとんどは、株式リターンに占めるキャピタルゲインはほんのわずかなものだった。19世紀のアメリカの投資家が受け取る年間キャピタルゲインはわずか0.7％にすぎなかったが、年間配当は5.8％だった（**図19.2**）。実際に1950年代までは、株式の配当利回りは社債の利回りよりも高かった。したがって、長期にわたる株式市場のリターンとしてはトータルリターンインデックスを使わなければならない。

　1223年からのリターンデータを使って、およそ800年にわたる期間の代表的なトレンドフォローシステムを構築する。代表的なトレンドフォローシステムとは、800年の間に存在したあらゆる市場の「トレンド

図19.3　代表的トレンドフォローポートフォリオに含まれる市場数（1300〜2013年）

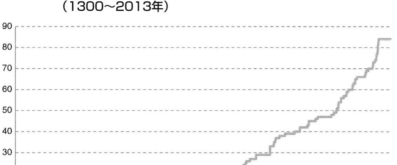

に従った」結果得られたパフォーマンスを示すシステムである。コメ市場のようなコモディティ市場は西暦1000年ごろから存在したが、分析は少なくともいくつかの市場がトレード可能になった1223年から開始する。トレンドが存在するかどうかを計算するのに、ポートフォリオは少なくとも12カ月のデータ履歴を持つ市場のみで構成されることもある。トレンドフォローポートフォリオは買いと売りのいずれも行うことができるものとする。この分析では月次データを使う。流動性の制約に基づきポートフォリオはアクセス可能な市場で構成される。**図19.3**はポートフォリオに含まれる市場数を示している。先物市場が増えてきたおかげでトレンドフォロワーがトレードできる市場の数は増え、彼らにとってトレードしやすい環境になった。

数世紀にわたるリターンの特徴

　トレンドフォローは長期トレンドと短期トレンドで、長期にわたっ

図19.4 代表的トレンドフォローポートフォリオの累積パフォーマンス（1300～2013年。対数目盛）

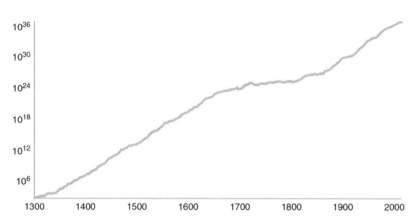

てさまざまな資産間でダイナミックに資本を配分する必要がある。**図19.4**はおよそ800年にわたるトレンドフォローのパフォーマンスを対数目盛でグラフ化したものだ。1300年代から2013年までの800年間における代表的トレンドフォローシステムの年次リターンは13％、年次ボラティリティは11％、シャープレシオは1.16である。

金融専門家の多くは、長期にわたってリスクを低減するか、ただ単にバイ・アンド・ホールドするかのいずれかを推奨してきた。しかし、トレンドフォロー戦略はトレンドに基づいてポジションをダイナミックに調整するため、バイ・アンド・ホールドのロングオンリーの戦略とは対極的である。トレンドフォロー戦略とバイ・アンド・ホールド戦略との違いは、資産クラス間のアクティブ運用の付加価値についての洞察を与えてくれる。トレンドフォロー戦略もバイ・アンド・ホールド戦略も、リスクを等しくするためにポジションサイズは毎月リバランスする。しかし、トレンドフォローシステムは買いだけでなく売りも行える。これに対して、バイ・アンド・ホールド・ポートフォリ

第3部　トレンドフォローに関する研究論文

表19.1　バイ・アンド・ホールド・ポートフォリオとトレンドフォロー ポートフォリオのパフォーマンス統計量（1223～2013年）

	バイ・アンド・ホールド・ポートフォリオ	トレンドフォローポートフォリオ
年平均リターン	4.8%	13.0%
年次標準偏差	10.3%	11.2%
シャープレシオ	0.47	1.16

オは株式、債券、コモディティ間で分散化した買いオンリーのポートフォリオである。**表19.1**は買いオンリーのバイ・アンド・ホールド・ポートフォリオと代表的トレンドフォローポートフォリオのパフォーマンス統計量を示したものだ。シャープレシオを見ると、この800年ではトレンドフォローのほうがはるかに良い。つまり、トレンドフォローは売りポジションを持てるので、アクティブ運用と方向の柔軟性が有利に働いたと思われる。トレンドフォローが買いオンリーのバイ・アンド・ホールドを上回るパフォーマンスを上げた要因は何なのだろうか。パフォーマンスに影響を及ぼしたと思われるさまざまなファクターを見てみることにしよう。このあとのセクションでは、金利、インフレ、市場ダイバージェンス、金融バブルと金融危機について詳しく見ていく。

金利政策への依存

金利は市場参加者のお金の貸し借りに影響を及ぼすだけでなく、お金の時間的価値にも影響を及ぼすため、ダイナミック戦略では重要な調査対象になる。金利政策が変更されると、ダイナミックな戦略にいろいろな影響を与える。今、金利は歴史的な低水準にあるが、金利政策は歴史を通じて大きく変化してきた。**図19.5**は過去700年にわたる

672

図19.5　長期国債の利回り（1300～2013年）

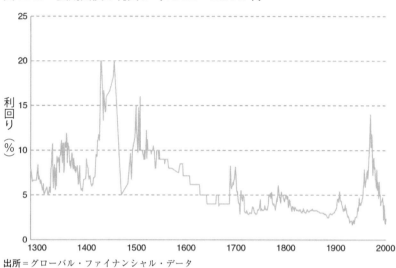

出所＝グローバル・ファイナンシャル・データ

国債の利回りを示したものだ。本セクションでは金利政策を過去700年にわたって議論する。

1300年ごろの長期国債利回りのメジアンはおよそ5.8％だった。金利政策は直感的にもファンダメンタルズ的にも重要だが、金利水準とトレンドフォローのリターンの間の相関はわずか0.14だ。異なる金利政策がトレンドフォローに影響を及ぼすかどうかを見るために、金利水準を高金利と低金利に分けて考える。高金利政策は平均利回りがメジアンを超えた年と定義し、低金利政策は平均利回りがメジアンを下回った年と定義する。高金利政策と低金利政策とでは平均的に見ると、高金利政策のときのほうがトレンドフォローのパフォーマンスは良い。これを示したものが**表19.2**である。

実際には市場に影響を及ぼすのは金利水準だけではなく、金利の相対的な動きも市場に影響を及ぼす。金利変動の影響を調べるために、年末における利回りの差を計算してみた。その年の金利変動がプラスで

第3部　トレンドフォローに関する研究論文

表19.2　異なる金利政策におけるトレンドフォローのパフォーマンス（1300〜2013年）

	高金利	低金利	上昇金利	下落金利
年平均リターン	15.5%	10.6%	11.9%	14.4%
年次標準偏差	9.9%	12.2%	11.2%	11.1%
シャープレシオ	1.56	0.86	1.06	1.30

あればその年は上昇した金利の年、その年の金利変動がマイナスであれば下落した金利の年と定義される。利回り変動とトレンドフォローのリターンとの間の相関はほとんどゼロに近い。つまり、金利が上昇しようが、下落しようが、トレンドフォローのパフォーマンスに大きな違いはないことを意味する。

インフレ環境

前のセクションでは金利環境がトレンドフォローのリターンに及ぼす影響を見てきたが、本セクションではインフレについて見ていく。バイ・アンド・ホールドもトレンドフォローも資産を、コモディティや通貨（バイ・アンド・ホールドはコモディティのみ）などの資産クラス間で配分するので、インフレ環境は長期的には重要な役割を持っているはずだ。新たな高インフレ環境による脅威は、この長期的な研究期間以外の現在においてもかなり顕著だ。2008年の金融危機以降に世界中で取り入れられた現在の「金融刺激策（量的緩和）」に照らせば、この政策は結果的には世界中をインフレに導こうとしていると考えるのが妥当だろう。

異なるインフレ環境の影響を調べるにあたり、1720年以降のアメリカとイギリスの消費者物価指数と生産者物価指数を使って複合インフ

674

図19.6 アメリカとイギリスの年次複合インフレ率（1720〜2013年）

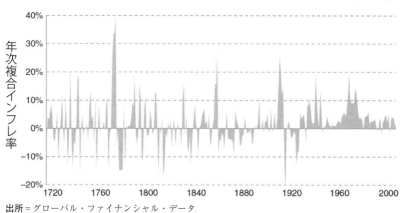

出所＝グローバル・ファイナンシャル・データ

レ指数を作成した。これを示したものが**図19.6**である。

1720年から2013年までの複合インフレ指数は、25％以上の期間で5％を超え、13％以上の期間で10％を超えているのが分かる。インフレを低インフレ（5％を下回る）、中程度のインフレ（5％〜10％）、高インフレ（10％を超える）に分類し、これら3つのインフレ環境でパフォーマンスを調べてみる。これら3つのインフレ環境におけるトレンドフォローのパフォーマンスはほとんど同じである。**表19.3**は3つのインフレ環境におけるトレンドフォローのパフォーマンスをまとめたものだ。異なるインフレ環境でもパフォーマンスが安定しているということは、トレンドフォローは異なるインフレ政策に適応することができることを示している。

金融バブルと金融危機

本章の冒頭では実例として1600年代のチューリップバブルについて簡単に話をした。この何世紀にもわたる期間では、金融市場ではさま

第3部　トレンドフォローに関する研究論文

表19.3　異なるインフレ環境におけるトレンドフォローのパフォーマンス（1720～2013年）

	インフレ率が5％を 下回る	インフレ率が5％を 上回り10％を下回る	インフレ率が10％を 上回る
年平均リターン	10.4%	10.1%	14.9%
年次標準偏差	12.0%	9.90%	14.6%
シャープレシオ	0.87	1.02	1.02

ざまな金融危機（市場バブル）が発生した。世界的な影響と厳しさを考えるうえでは、1929年のウォール街の大暴落（1929年10月29日に発生した暗黒の月曜日）はもう1つの好例だ。**図19.7**はこの期間をはさんだ前後の市場指数を示したものだ。暗黒の月曜日にはダウ平均は13％も下落した。

　図19.8は**図19.7**と同じ時期の代表的トレンドフォローシステムの累積リターンを示したものだ。ダウ平均がおよそ50％下落した1929年10月、代表的トレンドフォローシステムのリターンは若干プラスだった。もっと驚くべきことは、このイベントの前後の年でトレンドフォローはおよそ90％のリターンを上げていることである。このリターンの大部分は、大恐慌が始まったあとの大暴落後のリターンによるものだ。

　トレンドフォローが危機の時期に正のパフォーマンスを上げたのは、1929年の大暴落やチューリップバブルのときだけではない。この戦略は歴史を通じてほとんどの危機の時期に好パフォーマンスを上げているように思える。債券市場と株式市場が下落した時期のトレンドフォローの平均リターンを示したものが**図19.9**である。これを見ると、株価指数のリターンがマイナスのとき、トレンドフォローの条件付き平均リターンはプラスを示している。例えば、**図19.9**の上のグラフを見

676

図19.7 1929年のウォール街大暴落（暗黒の月曜日）のときのダウ平均

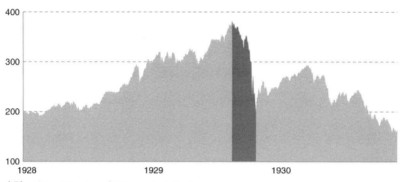

出所＝グローバル・ファイナンシャル・データ

図19.8 1929年の暗黒の月曜日前後の代表的トレンドフォローシステムの累積リターン（1928/10～1930/10）

てみると、株式ポートフォリオのリターンが－4～－6％だった98カ月の間、トレンドフォローの平均リターンは0.2％である。**図19.9**の下のグラフは、債券指数とトレンドフォローのリターンを示したものだ。上のグラフに比べるとトレンドフォローはやや安定性に欠けるが、債券のリターンがマイナスだったときのトレンドフォローの平均リタ

図19.9　株式ポートフォリオや債券ポートフォリオのリターンがマイナスのときの代表的トレンドフォローの平均月次リターン

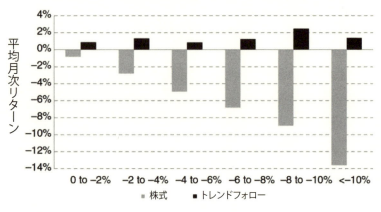

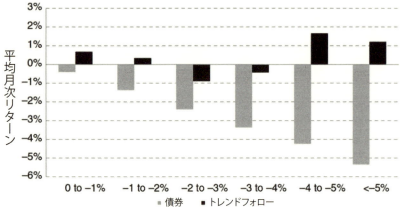

ーンはプラスである。株式や債券が最悪のときでもトレンドフォローのパフォーマンスは良いようだ。

　トレンドフォローのパフォーマンスは、株式市場以外でのトレンドをとらえることによってもたらされるだけでなく、市場が下落しているときの空売りによってももたらされる。ここで、株式の空売りが制限されているとき、トレンドフォローは株式のロングバイアス戦略を

図19.10 株価指数が下落しているときのトレンドフォローの平均月次リターン（株式セクターへのロングバイアスを採用したときとしないときの条件付きリターン）

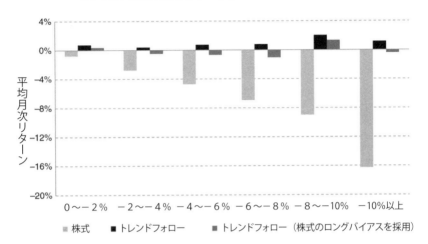

取ることになる。株式市場が下落しているときのロングバイアスを採用したときと採用しないときのパフォーマンスは、過去300年にわたるものが入手可能だ。**図19.10**は株式市場が下落しているときに、ロングバイアスを採用したときと採用しないときのトレンドフォローのリターンを示したものだ。株式が下落しているときのロングバイアス戦略はパフォーマンスの下落につながることが分かる。具体的な例としては、株価指数が10％以上下落していた時期、標準的なバランスの取れたトレンドフォローシステムの平均リターンは1.2％だが、買いに限定されたときの平均リターンはややマイナスだった。少しだけマイナスでもがっかりするかもしれないが、およそ14％も下落した買いオンリーのポートフォリオに比べると、これくらいのマイナスは大したことはないだろう。

図19.11　CTAスマイル——1913～1962年と1963～2013年におけるトレンドフォローの五分位分析（リターンは五分位数によって1の最悪から5の最良に分類）

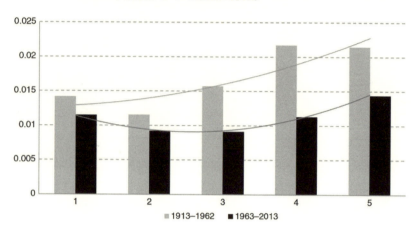

市場ダイバージェンス

　市場は状況の変化に応じて変化する。市場が大きく動くとき（市場ダイバージェンスが大きいとき）は、トレンドフォローにとって有利な「トレンド」が発生する。月次レベルでこれを示す最も簡単な方法は、パフォーマンスを五分位数（5つの等しいバケツ）に分けてみることである。これらのバケツは最悪のリターン1から最高のリターン5を示す。**図19.11**と**図19.12**は5つの五分位数のそれぞれにおけるトレンドフォローの条件付きリターンを示したものである。**図19.11**は過去100年を2つの期間（1913～1962年と1963～2013年）に分けて5つの五分位数を示したもので、**図19.12**は過去100年を25年ずつ（1913～1937年、1938～1962年、1963～1987年、1988～2013年）に分けて示したものである。これらのグラフには実践家たちが「CTA（商品投資顧問業者）スマイル」（株式市場が最良のときと最悪のときにパフォー

第19章 数百年にわたるトレンドフォローの考察

図19.12 CTAスマイル ——1913～1937年、1938～1962年、1963～1987年、1988～2013年の各25年におけるトレンドフォローの五分位分析（リターンは五分位数によって1の最悪から5の最良に分類）

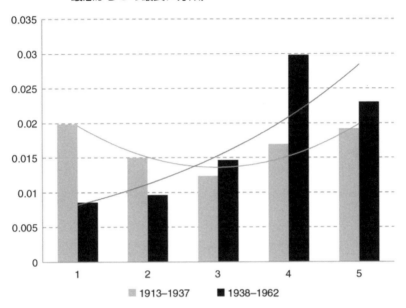

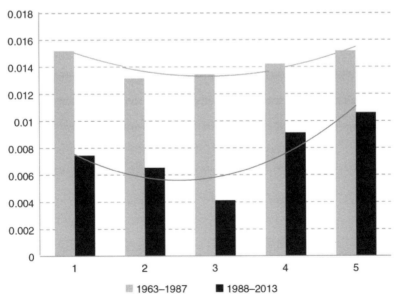

681

第3部　トレンドフォローに関する研究論文

マンスが良くなる）と呼ぶ現象が現れている。トレンドフォローのリターンは市場ダイバージェンスが最大になったときに良くなる傾向がある。例えば、25年ずつに分けた最初の期間には大恐慌と1929年のウォール街の大暴落が含まれるが、「CTAスマイル」が現れている。大恐慌のあとの2番目の期間は、株式にとって最高の時期がトレンドフォローにとっても最高の時期になったときである。3番目の期間にもCTAスマイルは現れている。最後の期間には信用危機やハイテクバブルやそのほかの危機が含まれるが、株式市場にとって最悪の時期に最大の機会が訪れた。トレンドフォローのパフォーマンスは株式市場が最悪なときと最良のときに良いが、この両極端なパフォーマンスはダイバージェンスや市場の転調が、善きにせよ悪しきにせよ、一定の役割を果たしていることを示すものだ。

　CTAスマイルは、株式市場が最良のときと最悪のときにパフォーマンスが良くなることを示しているので、投資家の多くがトレンドフォローを「ロングボラティリティ戦略」（ボラティリティを買う戦略）と見ているのも驚くには当たらない。トレンドフォロワーは極端な市場状態のときに高いリターンを上げるが、すべてのボラティリティが等しく作られているわけではない。ボラティリティが上昇してトレンドが現れると、トレンドフォロワーはボラティリティをロングする。ボラティリティが上昇してもトレンドが現れなければ、トレンドフォロワーはポジションを取らないか、ボラティリティをショートする。簡単に言えば、トレンドフォロワーは市場ダイバージェンスをロングするということである。市場ダイバージェンスとボラティリティの間には関係があるが、まったく同じものというわけではない。

数世紀にわたるリスクの特徴

　トレンドフォローが、小さな損失を受け入れて望むようなリスク特

図19.13　トレンドフォローの最大ドローダウンとトレンドフォローの5つの大きなドローダウンの平均をバイ・アンド・ホールドのドローダウンの比率として表したもの（トレンドフォローの最大ドローダウンはバイ・アンド・ホールド・ポートフォリオの最大ドローダウンの75％）

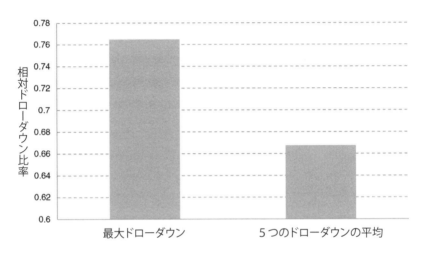

　性を達成できるのは、まさに「損切りは早く、利は伸ばせ」の原則のおかげによるものだ。トレンドフォローのリターンは統計用語で言うところの正の歪度を持っている。およそ800年間にわたる月次リターンの歪度は0.30である。正の歪度とは、左のテールリスク、つまり大きなドローダウンが発生する確率が比較的小さいことを意味する。ほとんどの資産クラスや戦略が負の歪度を示すことを考えると、この特徴はトレンドフォロー独特のものと言えるだろう。

　800年の歴史のなかで、トレンドフォローは正の歪度を持つだけでなく、伝統的な資産クラスとの相関も低い。トレンドフォローと伝統的な資産クラスとの関係を数値化するために、いくつかのグローバルな株価指数と債券指数の月次リターンを平均して簡単な株価指数と債券指数を作成してみた。代表的トレンドフォローシステムと株価指数の

図19.14 トレンドフォローの最も長いドローダウンとトレンドフォローの最も長い5つのドローダウンの平均をバイ・アンド・ホールド・ポートフォリオの最も長い5つのドローダウンの比率として表したもの（トレンドフォローのドローダウンの最大の長さは、バイ・アンド・ホールド・ポートフォリオのドローダウンの最大の長さの10％を下回る）

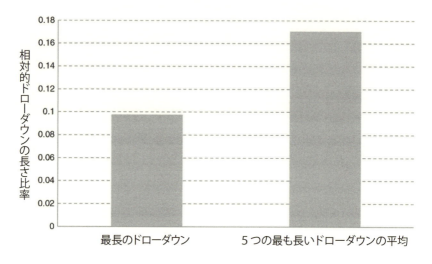

月次リターンの相関は0.05で、債券指数との相関は0.09である。この相関をトレンドフォローと債券および株式市場との関係を表す代理とみなすと、トレンドフォローの株式および債券とのベータは極端に低いが、これは驚くには当たらない。

歪度と相関以外では、トレンドフォロワーにとって別の懸念対象となるのはドローダウンである。**図19.13**は代表的トレンドフォローシステムの最大ドローダウンと、5つの大きなドローダウンの平均をバイ・アンド・ホールドのドローダウンに対する比率として示したものだ。トレンドフォローのドローダウンはバイ・アンド・ホールドに比べるとかなり低い。トレンドフォローの最大ドローダウンは、バイ・アンド・ホールド・ポートフォリオの最大ドローダウンよりも25％低

い。また、トレンドフォローの５つの大きなドローダウンの平均は、バイ・アンド・ホールドの平均に比べるとおよそ34％低い。

図19.14に示したように、トレンドフォローのドローダウンの長さはバイ・アンド・ホールドのドローダウンよりも大幅に短い。過去700年における最長ドローダウンの長さはトレンドフォローのほうがバイ・アンド・ホールドよりも90％短く、５つの長いドローダウンの平均でもトレンドフォローのほうがバイ・アンド・ホールドよりもおよそ80％短い。トレンドフォローの卓越したドローダウン特性は、リターンの正の歪度と負の系列相関によるものである。

数世紀にわたるポートフォリオのメリット

上では、数世紀にわたるトレンドフォローのリターンとリスク特性について見てきた。800年にわたってトレンドフォローはシャープレシオが1.16という堅牢なパフォーマンスを見せてきた。また、トレンドフォローは伝統的な資産クラスとの相関も低く、金利政策やインフレにもあまり影響されない。さらに危機の時期のパフォーマンスは全サンプルにおいてプラスだ。株式市場の五分位数におけるパフォーマンスもざっと見てきたが、トレンドフォローのパフォーマンスの良さは市場ダイバージェンスによるものであることが分かった。またトレンドフォローは正の歪度を持ち、バイ・アンド・ホールドよりもドローダウンは小さい。こうした特徴を考え併せると、トレンドフォローは伝統的ポートフォリオを分散化させるための良い候補になることが分かる。

1690年代から2013年の期間においては、株価指数のシャープレシオは0.7とかなり高い。1300年代から2013年というもっと長い期間では、債券のシャープレシオも正である。株価指数も債券指数もシャープレシオは正だが、トレンドフォローのシャープレシオはバイ・アンド・

第3部　トレンドフォローに関する研究論文

表19.4　株価指数、債券指数、トレンドフォローポートフォリオ、組み合わせポートフォリオのパフォーマンス（サンプル期間は株価指数は1695〜2013年、債券指数は1300〜2013年）

	株式とトレンドフォロー（TF）			債券とトレンドフォロー（TF）		
	1695〜2013年			1300〜2013年		
	株式	TF	株式＋TF	債券	TF	債券＋TF
年平均リターン	7.85%	10.74%	9.68%	6.57%	12.97%	7.74%
年次標準偏差	11.28%	12.91%	8.81%	7.31%	11.21%	5.44%
シャープレシオ	0.7	0.83	1.1	0.9	1.16	1.42

ホールドよりもはるかに高い。つまり、トレンドフォローを加えれば、バイ・アンド・ホールドのリターンは向上するかもしれないということである。**表19.4**はバイ・アンド・ホールド（株価指数または債券指数のいずれかを組み込む）とトレンドフォローに半々ずつ資産配分してポートフォリオを構築するメリットを示したものだ。この分析は、株式と債券のデータが初めて入手可能になった日が開始日である。リスクを均等に配分したポートフォリオのパフォーマンスは、伝統的な株式ポートフォリオや債券ポートフォリオに比べると、大幅に改善された。

　トレンドフォローを伝統的な株式ポートフォリオや債券ポートフォリオに加えると、指数単独のときよりもシャープレシオは向上する。伝統的な投資ポートフォリオの観点で調べるにあたり、トレンドフォローを典型的な株式60％・債券40％のポートフォリオ（60／40ポートフォリオ）に加えた。例えば、組み合わせポートフォリオを、伝統的な60／40ポートフォリオが80％、トレンドフォローが20％になるように構築するといった具合だ。このように構築すると、株式48％、債券32％、トレンドフォロー20％のポートフォリオになる。**図19.15**は株式

686

図19.15 株式、債券、トレンドフォロー、60/40、60/40＋トレンドフォローのシャープレシオ（1695〜2013年）

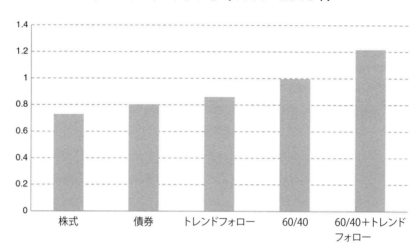

ポートフォリオ、債券ポートフォリオ、トレンドフォローポートフォリオ、60／40ポートフォリオ、60／40＋トレンドフォローのパフォーマンスを示したものだ。1695年から2013年までの期間では、60／40ポートフォリオにトレンドフォローを20％加えることで、シャープレシオは1.0から1.2に上昇する。

まとめ

　トレンドフォローを代替投資戦略として使う戦略はこの30年で大きく成長してきた。本論文は、およそ800年の市場データを使って、トレンドフォローを長期的視野に立って検証したものである。数世紀にわたるデータを使って検証した結果、トレンドフォローは正のリターン、高いシャープレシオを持ち、伝統的な資産クラスとの相関は低く、インフレや金利政策にもほとんど影響を受けないことが分かった。また、

第3部　トレンドフォローに関する研究論文

危機の時期でも一貫して正のパフォーマンスを示している。このパフォーマンスは市場ダイバージェンスによってもたらされたものであると思われる。さらに、ポートフォリオの観点からは、トレンドフォローを60／40ポートフォリオと組み合わせることでリスク調整済みリターンは向上する。

付録——含まれる市場と関連する前提

セクター	市場	
コモディティ	アルミニウム	ウール
	ブレント原油	亜鉛ホップ
	バター	鉄鉱石
	チーズ	豚赤身肉
	石炭	生牛
	ココア（NY）	麦芽
	ココア（ロンドン）	製造鉄
	コーヒー	天然ガス
	銅	ニッケル
	トウモロコシ	オート麦
	綿花	オレンジジュース
	原油	プラチナ
	フィーダーキャトル	コメ
	フランス金硬貨鋳造（昔のリーブル貨幣）	ライ麦
	フランス銀硬貨鋳造（昔のリーブル貨幣）	銀
	天然ガス・石油を使った石油製品	大豆
	金	大豆かす
	灯油	大豆油
	小麦	粗糖
	ハード・レッド・ウインター小麦	白砂糖
	木材	タバコ
債券	カナダの銀行引受手形	オランダ10年物債
	カナダ10年物債	ショートスターリング
	ユーロブンズ	英コンソル公債
	ユーロドル	米10年物Tボンド
	フランス10年物債	米2年物Tノート
	英国債	米30年物Tボンド
	日本債	米5年物Tノート
	長期国債	ベニス融資
通貨	カナダドル/英ポンド	ハンブルグマルク（ウイーンの王冠用）
	CHF/USD	JPY/USD
	オランダギルダー/英ポンド	ポルトガル・エスクード/米ドル
	EUR/USD（DEM/USD）	スウェーデン・クローナ/英ポンド
	GBP/USD	AUD/USD
	ハンブルグマルク（パリのフラン用）	CAD/USD
株式	オーストラリアSPI200指数	ハンセン
	CAC 40	イタリアオール指数
	DAX指数	日経
	Eミニナスダック100指数	シンガポールMSCI指数
	Eミニラッセル2000指数	台湾MSCI指数
	EミニS&P500指数	東証株価指数
	FTSE100指数	

前提と近似

トレンドフォローの長期分析を可能にするためにいくつかの前提を設け、近似を使った。詳細は以下のとおりである。

1. **先物価格ファースト**　可能なかぎり、先物市場のリターンを使った。
2. **株式と債券**　先物データが入手可能になる以前は、株式と債券のデータには指数のリターンを使った。トータルリターンは適切な短期金利を使って構築。
3. **FX**　通貨市場については、スポット価格のリターンを2つの関連する通貨の金利差で調整した。金利データが入手不可能なときは、通貨のスポットリターンを調整せずに使った。
4. **コモディティ**　先物価格データがないときは、コモディティは現物市場のリターンを使った。
5. **超過キャッシュリターン**　担保およびキャッシュリターンから得た金利はこの分析には含めていない。

200年にわたる
トレンドフォロー

Two Centuries of Trend Following

> キャピタル・ファンド・マネジメント
> イブ・ランペリエール
> シリル・テレンブル
> フィリップ・シーガー
> マーク・ポッターズ
> ジャン・フィリップ・ブショー

　本研究論文はキャピタル・ファンド・マネジメント（CFM）の長年にわたる研究の成果を提示するものである。多くの同僚たちに感謝の意を述べる。特に、P・アリフェリス、N・ベルコット、A・バード、D・シャレット、L・ダオ、B・ドゥーリン、P・ホーバイ、L・ラルー、A・ランディエ、A・マタックス、D・テスマー、T・ツー、M・ワイヤートに感謝する。

　私たちは4つの資産クラス（コモディティ、通貨、株価指数、債券）の長年にわたるトレンドフォロー戦略を調査することで、特異な超過リターンが存在することを突き止めた。私たちがこの調査で使ったのは、1960年からの先物時系列データおよびコモディティと指数の1800年以降の現物時系列データである。超過リターンの全体的なt統計量は1960年以降はおよそ5で、1800年以降はおよそ10である（これらの市場は全体的に上昇傾向にあった）。超過リターンは時間的にも資産クラス全体においても非常に安定的に存在する。これはトレンドの存在が、金融市場において統計的に最も有意なアノマリーであることを示

第3部　トレンドフォローに関する研究論文

すものである。さらにトレンドフォローシグナルを分析した結果、大きなシグナルに関しては明確な飽和効果があることを発見した。つまり、ファンダメンタルズトレーダーは「弱いトレンド」に逆らおうとはしないが、彼ら自身のシグナルが十分に強くなったときには介入するということである。最後に、近年におけるトレンドフォローのパフォーマンスを調査した。その結果、長期トレンドが消滅するという統計学的な兆候はないが、短期トレンドは大幅に弱まっていることが分かった。

序論

すべての公開情報が現在価格に織り込まれていれば、市場は効率的と言えるのだろうか。もしそうなら、公開情報に基づくシステマティックな超過リターンが得られないという意味では、価格変動はまったく予測不可能であると言えるだろう。経済学部は何十年にもわたって陶酔感に酔ってきたが[1]、資産の価格付けに関する一連のアノマリーが存在することを発見した（シュバート［2003年］）行動経済学者によって、深刻な問題が提起された。これらのアノマリーのなかで最も有名なもの（そして、最もうやむやにできないもの）がいわゆる超過ボラティリティで、これはシラーらによって明らかにされた（ルロワとポーター［1981年］、シラー［1981年］）。不思議なことに（賢明にと言ったほうがよいかもしれないが）、2013年のノーベル委員会はどちらの側が正しいというような明言は避けたが、ノーベル賞を受賞したユージン・ファーマによって主張されたように、市場は効率的であるという意見に同調した。しかし、この理論はほとんど意味をなさない（2013年にノーベル経済学賞を同時受賞したロバート・シラーはユージン・ファーマの理論に真っ向から反対している[2]。この議論に関しては、ボントとセイラー［1985年］、ブラック［1986年］、サマーズ［1986年］

692

を参照のこと）。長い間知られてきたアノマリーのなかでも、トレンド
の存在は特別な役割を担っている。

　まず第一に、トレンドは市場は効率的であるとするメカニズムの対
極にあるもの、つまり、価格をファンダメンタルズな価値に回帰させ
る力とは真逆のものであるということである。第二に、リターンの持
続性は、価格が上昇したら買い、下落したら売るという非常にシンプ
ルな戦略である「トレンドフォロー」の正当性を実証するものである。
トレンドフォロー戦略はシンプル（コベル［2009年］）ではあるが、2013
年の第4四半期現在において3250億ドルを運用するCTA（商品投資顧
問業者。バルタスとコソウスキー［2012年］）の活動の中核をなすもの
である。3250億ドルという金額はヘッジファンド業界の全資産のおよ
そ16％に相当し、先物市場の日々の活動の数％を説明するものである
（ムント［2014年[3]]）。これらの数字はけっして小さいものではなく、効
率的市場仮説の擁護者がこのアノマリーを経済的に無意味なものとし
て無視することができないほどの数字である[4]。さらにトレンドフォロ
ー戦略はさまざまな商品（指数、債券、コモディティ、通貨など）で
展開されており、長期にわたって正のパフォーマンスを記録している。
つまり、このアノマリーは時代的にも資産クラス全体においても広範
にわたって存在するということである[5]。これによって明らかになるの
は、さまざまな学術文献（例えば、ブショーとコント［1998年］、デロ
ングほか［1990年］、グリーンウッドとシュライファー［2014年］、ハ
ーシュライファーとユー［2012年］、オムズほか［2008年］、ホンとシ
ュタイン［1999年］、ケントほか［1998年］、カーマン［1991年、1993
年］、スミスほか［1988年］とこれらの論文の参考文献を参照）で発表
された多くの論文にもあるように、「外挿的期待」を持っていると思わ
れる投資家の振る舞いには非常に根強いバイアスが偏在するというこ
とである。

　このトレンドアノマリーについては幅広い資産にわたってすでに多

くの学術研究が行われ、過去数十年における統計学的有意性が確認されている（クレアほか［2012年］、ザクマリーほか［2010年］）。最近、ハーストほか（2012年）が、この期間を100年に拡大して検証してみたところ、この効果が弱まることはなかった。本論文ではこの期間を過去200年まで拡大して検証したが、この効果は200年の間ほぼ変化のないことが分かった。しかし、この効果は最近弱まりつつあるように見えるが（その証拠にCTAの過去5年にわたるパフォーマンスが良くない）、最近のパフォーマンスは統計変動によるものと思われる。最近のパフォーマンスを見ると「トレンドの終焉」の前触れであるようにも思われるが、理論的にはそれはあり得ない。本論文では、これらのトレンドが歴史を通して存在・持続することを説明できるようなメカニズムをいくつか提示していく。

　トレンドは指数、債券、通貨といった市場ファクターのためだけに存在するのではなく、株式市場でも横断的に存在することに注目してもらいたい。いわゆるモメンタムアノマリーはマーケットニュートラルな方法で過去の勝者を買い、過去の敗者を売ることで発生するものだが、これもまた何十年にもわたってさまざまな地域で高い統計学的有意性を示している（バロッソとサンタ・クララ［2013年］、ケントとモスコウィッツ［2013年］、ナラシムハンとティトマン［1993年］を参照。最近の研究については、ナラシムハンとティトマン［2011年］およびジェジーとサモノフ［2016年］を参照）。これ自体は興味深いものの、本論文ではこの点については言及しない。

　本論文の概要は以下のとおりである。まず、本論文に用いるトレンドフォローインディケーターを定義し、入手可能な先物データでその統計学的有意性を検証する。先物はトレンドフォローにとって打ってつけの投資対象であるため、まずは先物から始める。また、先物価格は独自計算によるものではなく、透明な市場取引によって明確に定義されたものであるとする。次に、各資産クラスに対して入手できた時

系列データをできるだけ過去にさかのぼって検証する。200年にわたる
結果を見ると、長期トレンドが並外れて安定していることが分かる。さ
らにシグナルの線形性についてもっと深く調べてみると、トレンドの
予測可能性はシグナルの大きな値に対して飽和することが分かった。こ
れは市場が長期にわたって安定するために必要なことである。最後に、
トレンドの最近のパフォーマンスの重要性を長期シミュレーションに
照らして議論する。

先物のトレンドフォロー──1960年以降

トレンドの測定

　トレンドインディケーターは、リスク一定のトレード戦略のシミュ
レーションに似た方法で定義する（ただし、コストは含めない）。まず
最初に時間tにおける基準価格$\langle p \rangle_{n,t}$を定義する。これは減衰率をnカ
月とする過去の価格の指数移動平均である（$p(t)$は含めない）。長期シ
ミュレーションは月次データで行われることが多いため、本論文では
毎月の終値を使う。月tの月初のシグナル$s_n(t)$は次のように表すことが
できる。

$$s_n(t) = \frac{p(t-1) - \langle p \rangle_{n,t-1}}{\sigma_n(t-1)}, \tag{2.1}$$

　ただし、ボラティリティσ_nは、減衰率をnカ月としたときの月々の
絶対価格変動の指数移動平均である。

　したがって、トレンドの平均的強弱は、原資産aを$\pm\sigma_n^{-1}$の量だけ買
うまたは売る（s_nの符号による）リスク管理された戦略の架空の損益

第3部　トレンドフォローに関する研究論文

$(P\&L)^6$ の統計学的有意性として測定される。

$$Q_n^{\alpha}(t) = \sum_{t'<t} \mathrm{sgn}\left[s_n(t')\right] \frac{p(t'+1)-p(t')}{\sigma_n(t'-1)}. \tag{2.2}$$

　n 依存度についても議論するが、これ以降は $n = 5$ とする。もちろん、異なる実装方法も可能だが、統計的テストや実行する戦略が変わっても結果の堅牢性は変わらない（例えば、バータスとコソウスキー［2012年］、クレアほか［2012年］、ザクマリーほか［2010年］を参照）。

　P&Lのシャープレシオは年次平均リターンを年次ボラティリティで割った値として定義する。P&Lには利息は含まれず、先物は自己資金による商品なので、シャープレシオを計算するのにリターンから無リスク金利を差し引く必要はない。したがって、P&Lの t 統計量（平均リターンはゼロとは大きく異なる）はシャープレシオに $\sqrt{N}$ を掛けたものとして与えられる。ただし、N は戦略が用いられた年数を表す。また、対応する商品の日次平均リターンとして時系列のドリフト μ も定義する。日次平均リターンは資金調達コストを無視すれば買いオンリー戦略のP&Lである。

資産プール

　トレンドフォローは1つの資産だけに限定された効果ではなく、普遍的な効果であることを証明することが本論文の1つの目的なので、これをできるだけ大きなプールで検証したいと思っている。分散化はCTAのパフォーマンスを大きく左右するので、これは実践でも重要なことである。本論文の目的は長い歴史を通じてトレンドが存在するかどうかを検証することなので、長いデータが入手可能な投資対象のみに限定した。したがって、当然ながら新興市場は含まれない。指数、債

696

券、通貨については次の７カ国のみを含むものとする——オーストラリア、カナダ、ドイツ、日本、スイス、イギリス、アメリカ。本セクションの結果はもっと大きなプールで検証すれば改善されるものと思っている。

またコモディティプールを選ぶ必要もある。バランスの良いプールにするために次の７つのコモディティを選んだ——原油、天然ガス、トウモロコシ、小麦、砂糖、生牛、銅。

まとめると、私たちが選んだプールは７つのコモディティ、７つの10年物債、７つの株価指数、６つの通貨である。本論文で用いるすべてのデータはグローバル・ファイナンシャル・データ（GFD）から入手したものである。[7]

結果

先物データは1960年からのものを使っているが、ほとんどがコモディティデータである。**図20.1**を見ると総パフォーマンス$\sum_{\alpha} Q_n^{\alpha}(t)$は時間的に均等に分布し、$t$統計量も5.9と非常に有意な値を示している。シャープレシオとt統計量のnへの依存度はきわめて限定的である（**表20.1**）。

しかし、この結果はこれらの時系列のほとんどにおいてドリフトμが存在する（例えば、株価市場は長期的には上昇する傾向がある）というささいな事実によるものではないのかという指摘もあるだろう。したがって、買いオンリー戦略のβを考慮し、トレンドフォローP&Lの残余に注目することでこのロングバイアスは取り除くのが望ましい。実際、トレンドフォローP&Lと買いオンリー戦略の相関はわずか＋15％と低いため、それほど修正する必要はない。しかし、低いとはいえこの相関によってトレンドフォローパフォーマンスのt統計量は5.9から5.0に低下する。

697

第3部　トレンドフォローに関する研究論文

図20.1　さまざまな先物における5カ月トレンドフォロー戦略の架空P&L（式2.2の算出結果）

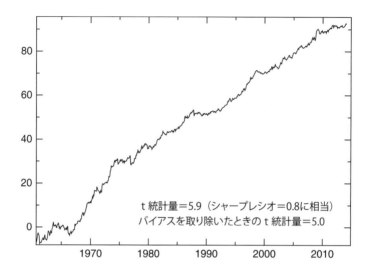

この結果の有意性を評価するために、異なるセクターに分けて10年単位で見ていくことにする。**表20.2**と**表20.3**に示したように、トレンドフォロー戦略のt統計量はすべてのセクター、およびすべての10年において2.1を上回り、ドリフト要素μを取り除いたときのt統計量も1.6を上回っている。したがって、**図20.1**に示したパフォーマンスはすべてのセクターおよびすべての期間でよく分散されている。つまり、トレンドは金融市場に普遍的に存在することを示している。ただし、問題が1つある。それは、先物データがわずか50年分しかなく、最初の10年はコモディティのデータしかないことである。この効果の安定性と普遍性を検証するためには、時系列をもっと過去にさかのぼって、さまざまな景気循環やさまざまなマクロ環境を含むようにするのが望ましい。これについては次のセクションでさらに詳しく検証することにする。

第20章　200年にわたるトレンドフォロー

表20.1　1960年以降のさまざまな期間（nカ月）におけるトレンド（T）のシャープレシオとt統計量およびバイアスを取り除いたトレンド（T*）のt統計量

期間（nカ月）	シャープレシオ（T）	t統計量（T）	t統計量（T*）
2	0.8	5.9	5.5
3	0.83	6.1	5.5
5	0.78	5.7	5.0
7	0.8	5.9	5.0
10	0.76	5.6	5.1
15	0.65	4.8	4.5
20	0.57	4.2	3.3

表20.2　異なるセクターのトレンド（T）（ただし、n＝5）、バイアスを取り除いたトレンド（T*）、ドリフト要素 μ のシャープレシオとt統計量、および各セクターの開始日

セクター	SR（T）	t統計量（T）	t統計量（T*）	SR（μ）	t統計量（μ）	開始日
通貨	0.57	3.6	3.4	0.05	0.32	May 1973
コモディティ	0.8	5.9	5.0	0.33	2.45	Jan 1960
債券	0.49	2.8	1.6	0.58	3.3	May 1982
指数	0.41	2.3	2.1	0.4	2.3	Jan 1982

表20.3　10年ごとのトレンド（T）（n＝5）、バイアスを取り除いたトレンド（T*）、ドリフト要素 μ のシャープレシオとt統計量

期間	SR（T）	t統計量（T）	t統計量（T*）	SR（μ）	t統計量（μ）
1960〜1970	0.66	2.1	1.8	0.17	0.5
1970〜1980	1.15	3.64	2.5	0.78	2.5
1980〜1990	1.05	3.3	2.85	−0.03	−0.1
1990〜2000	1.12	3.5	3.03	0.79	2.5
2000〜	0.75	2.8	1.9	0.68	2.15

699

第3部　トレンドフォローに関する研究論文

時系列の拡張──各商品の時系列データ

　最近の実際の先物価格と相関性があり、しかもできるだけ過去にさかのぼることができる時系列データの代替候補としては、通貨、株価指数、コモディティ、金利（国債）の現物価格が挙げられる。ここでは、通貨、株価指数、コモディティ、国債のそれぞれを別々に検証する。しかし、その前に、ヒストリカルデータを用いるにあたっての重要な制約について述べておかなければならない。まず、トレンドは自由にトレードされる（つまり、価格の動きが政府の介入を受けない）商品においてのみ発生すると仮定する。また、意味のある価格であるためには、ある程度の流動性が必要である。これら2つの条件──自由で流動性のある資産──によって、遠い過去のヒストリカルデータの使用については制約がある。

通貨

　通貨の先物時系列データについては1973年からのものを使用する。1944～1971年の期間においては金融制度はブレトン・ウッズ協定の下に運営されていた。この国際協定によって、金との交換が保証された米ドルを基軸（変動幅±1％）として、各国の通貨の価値を決める固定相場制が敷かれた。したがって、この時期は価格は基準値を中心とした小さな帯域に限定されたため、トレンドの発生を期待することはできない。

　これ以前の金融制度は金本位制を中心とするもので、各国の貨幣価値は金を基準に表示された。国際決済にも金が使われた。この体制下では通貨価値は金との交換比率によって決められたため、トレンドの発生を期待することはできない。1930年代に入ると、大恐慌の影響を和らげようと多くの国がこの制度から脱退し、通貨切り下げ競争が進

700

んだ（「近隣窮乏化政策」）。したがって、この期間もトレンドの発生は期待できない。

したがって、1973年以前は通貨においては自由で流動性のある先物時系列データに代わるデータを見つけることはできないので、1973年以降のデータを使う。

金利

国債（そしてデフォルト）の歴史は古く、何世紀にもわたって存在してきた（ラインハルトとロゴフ［2009年］）。しかし、金利のトレンドを見るためには、債券が常に転売可能である流動性のある流通市場が必要である。これはこの市場において極めて重要である。これまでの歴史を振り返ると、国債はほとんどの場合、戦費捻出といった特別債務に対する資金調達のために使われてきた。戦争のない時期には、元本が償還されたり、経済成長率（債務水準は対GDP［国内総生産］債務比率によって示される）が上昇したため、債務水準は徐々に低下していった。

この典型例としては**図20.2**に示すように、独立戦争の戦費のために発行されたアメリカ国債はジャクソン大統領の就任中の1835年から1836年には実質的にゼロになっている。1860〜1865年には再び国債発行率が上昇しているが、これは南北戦争によるもので、これもその後の経済成長によってほぼゼロになっている。次に国債が大量発行されたのは第一次世界大戦のときで、これ以降は残高がゼロになることはなく、今でも残っている。負債成長率がほぼ一定のオーストラリアと1905年の日露戦争が転機となった日本を除き、そのほかの国の状況はアメリカとほぼ同じである。このとき以来、私たちが調べたどの国においても国債元本が完全に償還された例はなく、国債は次々とロールオーバーされていった。

701

図20.2　アメリカの対外債務

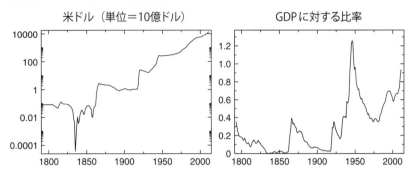

表20.4　紙幣発行を中央銀行が独占的に始めた年

国	開始年
アメリカ	1913
オーストラリア	1911
カナダ	1935
ドイツ	1914
スイス	1907
日本	1904
イギリス	1844

イングランド銀行はスコットランドとアイルランドではこの独占権を有していないが、この特権を有する商業銀行はイングランド銀行の規制下にある

　安定した債券市場が登場した裏にはもう1つの要因がある。それは、20世紀の初めになって、金融政策（最も単純な意味では、貨幣の発行）を政治とは独立した中央銀行が行うようになったことである（**表20.4**）。そうした国では国債の信用度が上昇し、国債を大量に発行できるようになった（債務水準が上昇）。

　こうしたことから1918年以前の債券市場は「自由に取引され流動性の高い」市場とはみなすことができないため、金利の時系列データに

表20.5 各国の現物指数月次時系列の開始年

国	開始年
アメリカ	1791
オーストラリア	1875
カナダ	1914
ドイツ	1870
スイス	1914
日本	1914
イギリス	1693

表20.6 各コモディティの現物価格の開始年

コモディティ	開始年
原油	1859
天然ガス	1986
トウモロコシ	1858
小麦	1841
砂糖	1784
生牛	1858
銅	1800

ついては1918年以降のデータを使う。また、日本とドイツの第二次世界大戦中のデータと、経済統制が敷かれ価格に歪みが生じた終戦直後のデータは含めていない。

指数とコモディティ

これらのセクターは通貨や債券に比べると分かりやすい。株式とコモディティは19世紀に活発に価格付けされていたので、明確に定義された価格データを得るのは比較的簡単だ。**表20.5**と**表20.6**を見ると分かるように、これらの時系列データの一部では200年以上にわたってトレンドフォロー戦略の特徴を明らかにすることが可能だ。株式市場が閉鎖された第二次世界大戦中のドイツと日本や、原油価格が固定化された20世紀後半の時期以外は、時系列データの質はかなり良い。つまり、価格は窓を空けずにスムーズに動いており、大きな外れ値はない。

703

図20.3　現物価格と先物価格のトレンド

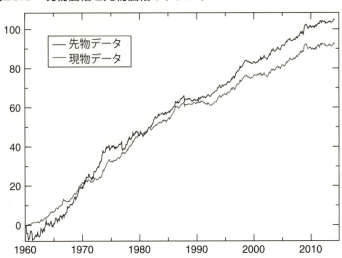

先物の取引量が増えた1960年代後半から現物価格と先物価格のトレンドはほぼ一致している。ただし、現物のトレンドの傾きは予想どおり先物のトレンドよりは小さい

代理データの有効性

　10年物国債、指数、およびコモディティの現物価格に基づく時系列データで得られた結果が、先物で得られた結果と同ようなものになるかどうかを確認してみることにしよう。これが確認できれば代理データの有効性が証明されたことになり、次のセクションで行うシミュレーションを1960年以前にも拡張することができる。**図20.3**は先物価格のトレンドと現物価格のトレンドとを、2つのデータセットが重なる期間において比較したものである。1982年以降は4つのセクターすべての先物価格が入手可能で、先物価格と現物価格の相関を測定すると91％だった。これは許容範囲内で、かなり高い。**表20.7**は1960年以降の各セクターにおける先物価格と現物価格の相関を示したものだ。指数と債券では相関は高いが、コモディティでは65％と低い。現物価格

第20章　200年にわたるトレンドフォロー

表20.7　現物および先物トレンドフォロー戦略の相関

セクター	現物・先物間の相関
コモディティ	0.65
債券	0.91
指数	0.92

コモディティにおいてはキャリーコストが重要になるが、それでもトレンドは高い相関を示している

と先物価格の差は「キャリーコスト」(保管コストのこと。したがって、現物には存在しない) と呼ばれ、これはコモディティでは特に重要で、ボラティリティも高い。しかし、相関水準が十分に高いので結果は意味のあるものとみなすことができる。どんな場合もキャリーコストを加えると先物のトレンドのパフォーマンスのみ改善され、現物データのトレンドの結果は先物データを使って確認することができる。

　したがって、長期にわたる統計量を算出するのに現物データを使うのは理にかなっているように思える。**図20.3**を見ると分かるように、現物のパフォーマンスは先物のパフォーマンスにほぼ等しい。これは特に平均調達コストが小さいからである。

200年にわたるトレンド

シミュレーションの結果

　図20.4は式 (2.2) で示したトレンドフォローのパフォーマンスを全期間 (200年) にわたって示したものだ。パフォーマンスが有意であることはこの図から明らかだ。これはt統計量の値からも明らかである。t統計量は10を上回り、買いオンリーのバイアスを取り除いたとき (つまり、超過リターンのt統計量) も9.8と高い。ちなみに、同じ時系

705

図20.4　すべてのセクターを合わせたときのトレンドのパフォーマンス

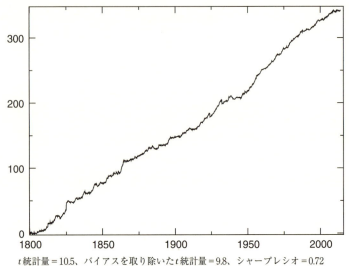

t統計量＝10.5、バイアスを取り除いたt統計量＝9.8、シャープレシオ＝0.72

表20.8　各セクターのトレンド（T）、バイアスを取り除いたトレンド（T*）、ドリフト要素μのt統計量とシャープレシオ、および各セクターの開始年

セクター	SR（T）	t統計量（T）	t統計量（T*）	SR（μ）	t統計量（μ）	開始年
通貨	0.47	2.9	2.9	0.1	0.63	1973
コモディティ	0.28	4.1	3.1	0.3	4.5	1800
債券	0.4	3.9	2.7	-0.1	-1	1918
指数	0.7	10.2	6.3	0.4	5.7	1800

列のドリフト要素μを含めたときのt統計量は4.6である。また、**表20.8**に示したように、各セクターのパフォーマンスも有意で、t統計量は2.9を上回り、ロングバイアスを取り除いたときも2.7を上回る。コモディティを除き、バイアスを取り除いたときのt統計量は買いオンリーの戦略のt統計量よりも高いことに注目しよう。コモディティだけはバイアスを取り除いたときのt統計量よりも買いオンリーの戦略のほう

第20章　200年にわたるトレンドフォロー

表20.9　50年ごとのトレンドとドリフトμのシャープレシオとt統計量

期間	SR（T）	t統計量（T）	SR（μ）	t統計量（μ）
1800〜1850	0.6	4.2	0.06	0.4
1850〜1900	0.57	3.7	0.43	3.0
1900〜1950	0.81	5.7	0.34	2.4
1950〜	0.99	7.9	0.41	2.9

が高い（3.1対4.5）。

　パフォーマンスは200年にわたって非常に安定している。これは**図20.4**からも明らかだ。**表20.9**は異なる期間の*t*統計量を示したものだ。サンプルの各10年のパフォーマンスはプラスだ（**図20.7**）。シミュレーションの後半でパフォーマンスが向上しているのはおそらくは時間の経過に伴って商品の銘柄数が増えたからだと思われる（金利と通貨の先物は20世紀に入ってしばらくしてから取引が開始された）。

シグナルの再考

　式（2.1）で定義されたトレンドフォローシグナル$S_n(t)$の予測可能性をもっとよく調べてみることにしよう。式（2.2）で与えられたP&Lを計算する代わりに、関数$S_n(t)$としての$\Delta(t)=P(t+1)-p(t)$の散布図を見てみよう。これは見た目は構造のないノイズの塊のように見えるが、回帰線は統計学的有意な傾きを示している。回帰線は$\Delta(t) = a + bsn(t) + \xi(t)$で表される（ただし、$a = 0.018 \pm 0.003$、$b = 0.038 \pm 0.002$、$\xi$はノイズ）。$a > 0$は買いオンリーの戦略は平均的に利益が出ることを意味し、$b > 0$はトレンドが存在することを意味する。しかし、ΔとS_nの間に線形関係があるとは必ずしも言えない。重回帰分析を試してみると、S_n^2の項の係数は非常に小さく、S_n^3の項の係数は負数

707

になる。これは**図20.5**に示されたシグナルの移動平均によって示されているように、強いシグナルは丸められる傾向があることを意味する。S_n^3の項の係数が負数になるということはS_nが大きな値になることを示唆するわけだが、そういった強い平均回帰があるとは思えない。したがって、私たちは双曲正接関数による非線形飽和モデルを試してみた（**図20.5**）。

$$\Delta(t) = a + bs^* \tanh\left(\frac{s_n(t)}{s^*}\right) + \xi(t), \qquad (4.1)$$

図20.5 $S_n(t)$の関数として描いた$\Delta(t) = p(t+1) - p(t)$の散布図（ただし、n＝5カ月、先物データのみを使用）

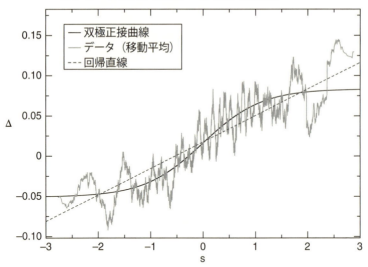

このグラフでは適合度を調べるための2万4000点ではなくて、x軸に沿った5000の連続点の移動平均を示している。また、回帰直線と双極正接曲線も示している。切片aがおよそ0.02と正値であることは、買いオンリーバイアスが全体的に正であることを示している。データ点に最もよく当てはまるのは双極正接曲線である。これは、シグナルが大きな値に対して飽和していることを示している

この式は、$|s_n| \ll s^*$のときは回帰直線になるが、$|s_n| > s^*$のときは飽和曲線になる。この場合、$s^* \approx 0.89$、$b \approx 0.075$という有限値を好むた

図20.6　トレンドの最近のパフォーマンス

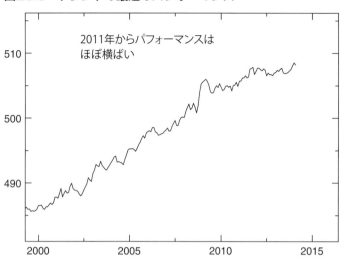

め、3次関数近似や線形近似よりも非線形近似のほうがよく当てはまるようだ（$s^* \to \infty$のときは線形近似がよく当てはまる）。興味深いのは、nの値が2.5カ月から10カ月に増えてもa、b、s^*の値はほとんど変わらないという点だ。

最近のパフォーマンスの再考

　トレンドの直近過去数年にわたるパフォーマンスが頭打ちになっていることは、CTAマネジャーや投資家の大きな注目を集めてきた（**図20.6**）。この戦略を使う人が増えすぎたことがこの成績不振の原因として説明されてきた。ここでは長期的なシミュレーションに照らしてこれをもう一度見直してみたいと思う。

　まず第一に、ヒストリカルなシャープレシオが0.8を下回る戦略が比較的長期のドローダウンを示すことは驚くには当たらない。シャープ

レシオがSの戦略のドローダウンの平均期間は、$1/n=s^2$（nは年）と表される。例えば、シャープレシオが0.7の場合、ドローダウンの平均期間は２年ということになる。ドローダウンが４年でもけっして珍しいことではない（これについては詳しくはブショートとポッターズ［2003年］とシーガーほか［2014年］を参照）。

　最近のパフォーマンスの有意性を調べるために、時間$t-10Y$からtまでの平均P&Lをプロットした（**図20.7**）。今はヒストリカル平均を若干下回っているが、これはけっして例外的ではないことが分かった。最悪のパフォーマンスが観測されたのは1940年代である。**図20.7**からは、10年ごとのパフォーマンスは過去200年においてはマイナスにはなっていないことも分かる。これはトレンドフォローが長年にわたる価格変動のなかに深く根付いていることを示している。

　しかし、上記の結論は数カ月といった長期トレンドの場合にのみ当てはまる。これよりも短いトレンド（例えば、３日のトレンド）は1990年以降、その効果は大幅に減少してきた（**図20.8**）。これはウィントングループ（デュークほか［2013年］）の最近の研究に完全に一致する。これらの観測は暫定的に解釈するのがよいと思う。

観測の解釈方法

　上記の結果は、長期トレンドがすべての資産クラスで存在し、時間的に安定していることを示している。序論で述べたように、トレンドは個々の株式の特異な要素のなかにも見られる（バロッソとサンタ・クララ［2013年］、ケントとモスコウィッツ［2013年］、ナラシムハンとティトマン［1993年、2011年］、ジェジーとサモノフ［2016年］）。価格のこうした持続する普遍的な振る舞いを説明してくれるものは何なのだろうか。私たちは文献のなかに２つの（おそらくは補完的な）解釈を見つけることができた。１つは、エージェントはニュースに過小

図20.7　トレンドの10年ごとの累積パフォーマンス（単位は任意）

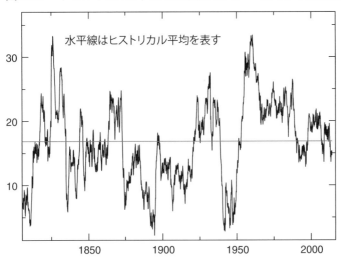

図20.8　1970年以降の先物の3日トレンドのパフォーマンス

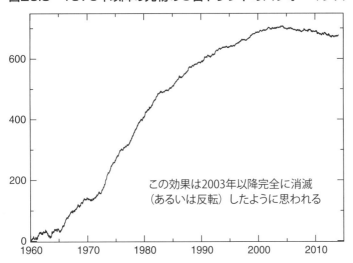

反応し、入手可能な価格情報のみを漸進的に取り入れるということを前提とするものだ（ホンとシュタイン［1999年］、ケントほか［1998年］）。この一例としては、例えば中央銀行が数カ月にわたって金利を相次いで上げるとする。しかし、これは債券価格にはすぐには反映されない。なぜなら、市場参加者は自分たちの見たものしか信じず、前の見解や予想を変更したがらないからだ（保守性バイアス）。一般に、政府や中央銀行や企業の政策はゆっくりと徐々に変更される。正しく予測すれば、価格は政策の変更の終点をすぐに反映するはずである。でなければ価格は発表された変更に徐々に従い、この惰性によってトレンドが生まれるからである。

　もう1つのメカニズムは、市場参加者の予測は過去のトレンドに影響されるというものである。リターンがプラスであれば将来的に価格が上昇するものと思い込み、リターンがマイナスであれば将来的に価格は下落すると思い込む。こうした「外挿的期待」は、人工的市場における実験を「予測する習慣」によって培われるものである（オムズほか［2008年］、スミスほか［1988年］）。これは線形的な外挿は強力な基本戦略であることを示している。情報の解読が難しい複雑な世界では、トレンドフォローと群れ行動は、ほとんどの人が使いたがる（ブショー［2013年］）「高速で節約的な」ヒューリスティクスの1つである（ギーゲレンツァーとゴールドシュタイン［1996年］）。調査データもこれを示している（グリーンウッドとシュライファー［2014年］、メンクホフ［2011年］、シラー［2000年]）。エージェントベースのモデルを調べてみると、トレンドフォローとファンダメンタルズに基づく価格付けの不均衡は、ファットテールやボラティリティクラスタリングといった定型化した市場現象を説明するうえで不可欠であることが分かる（バーベリスほか［2013年］、ギアーディナとブショー［2003年］、オムズ［2006年］、ラックスとマルケーシ［2000年]）。トレンドの認識はポジティブフィードバックトレード（市場が上昇すれば買い、下落

すれば売る）へとつながるのは明らかだ。ポジティブフィードバックトレードは、トレンドの存在をより一層強化するものである（ブショーとコント［1998年］、デロングほか［1990年］、ワイヤートとブショー［2007年］）。

この最後の点に関しては、トレンドはCTAが運用する資産が急増するずっと以前から存在するという点に注目してもらいたい。上記のデータによれば、CTAは主要な金融市場における長期トレンドを大幅に強めても弱めてもいないことが分かる。統計学的有意性はないが、最近のパフォーマンスの低下はトレンド戦略が多くの人によって使われ始めたことが原因かもしれないが、これが自己強化的な「外挿的期待」シナリオのなかでどのように起こるのかははっきりとは分からない（明確なモデルについてはワイヤートとブショー［2007年］を参照）。一方、金融市場でトレンドを生みだす主な要因が過小反応であるとするならば、市場参加者が長期的な政策の変更をうまく予測できるようになれば（あるいは、政策立案者がもっと簡単に予測できるようになれば）、トレンドは消滅するかもしれない。しかし、トレンドフォローの性向を裏付ける経験的証拠によれば、トレンドを生みだす要因は過小評価ではなくて、外挿的期待であるように思える。トレンドシグナルが、**図20.5**に示されたように高い値の領域で丸められる理由を説明する詳細な行動モデルを構築してみると面白いかもしれない。考えられる1つの解釈は、価格が大幅にずれると、ファンダメンタルズトレーダーが介入し始め、これによって強いトレンドに引き付けられるトレンドフォロワーの影響力が軽減されるというものだ（似たような話については、ブショーとコント［1998年］、ラックスとマルケーシ［2000年］、グリーンウッドとシュライファー［2014年］を参照）。

結論

　本研究の結論は、トレンドフォロー戦略に基づく異常な超過リターンはすべての資産クラスにおいて長期にわたって存在するということである。私たちは定石どおりにまず先物データについて調べ、そのあと、先物よりもはるかに過去にさかのぼることができる現物データについて調べた。最近の現物データの結果は先物と強い相関を示したが、これをドリフトと比較した。FXについては変動相場制になったのは最近のことなので、昔のデータにまでさかのぼることはできなかった。トレンドは私たちが調べたすべての金融市場で持続的に存在することが分かった。1800年以降のロングバイアスを含めた超過リターンのt統計量はおよそ10だった。さらに、トレンドによる超過リターンはリスクプレミアムとは無関係であることも分かった（ランペリエールほか[2014年]、ナラシムハンとティトマン[2011年]）。この効果は時間的にも資産クラス的にも非常に安定している。これはトレンドの存在が金融市場において、最も統計学的に有意なアノマリーの1つであることを示すものである。トレンドフォローシグナルをもっと詳しく分析すると、大きなシグナルに対して飽和効果があることが分かった。つまり、ファンダメンタルズトレーダーは「弱いトレンド」に抵抗しようとはしないが、彼らのシグナルが十分に強くなれば市場に参入してくるということである。

　トレンドの最近の月並みなパフォーマンスの統計学的有意性を調べたが、これは長期的なバックテストに一致することが分かった。したがって、長期トレンドフォロー戦略は多くの人に使われすぎているという事実は私たちの分析では実証されなかったが、これはCTAが取引高のほんの数％にしか貢献していないという事実に一致する。しかし、トレンドの行動的な原因、特に「過小反応」や「保守性バイアス」に対する「外挿的期待」の相対的な役割を理解することで、トレンドフ

ォロー戦略の長期的有効性に対して情報に基づいた意見を形成することができるだろう。多くの人がトレンドフォロー戦略を使うことでトレンドフォロー戦略がどれくらい劣化するかは明らかではない。なぜなら、マネジャーたちが競争の先頭に立とうとすればトレンドフォローは増加し、そのためトレンドのスピードはアップするからだ。しかし、**図20.8**を見ると、速いトレンドは近年徐々に減少し、速いトレンドが強まる中間的な期間がないため、これはますます困難な問題になりつつある。速いトレンドが消滅してきたことを説明するメカニズムを解明することは、金融市場におけるトレンドの運命を理解するうえで重要になってくるだろう。

トレンドフォローは量ではなくて質が重要

Trend Following -- Quality, Not Quality

> アスペクト・キャピタル
> アンソニー・トッド
> マーティン・ルエック

要旨

通常、投資家は分散化の力を利用しようとする。なぜなら、似たようなリスクとリターンを持つ異なる戦略を組み合わせるだけで、リスク調整済みリターンを向上させることができるからである。本論文では、このアプローチをトレンドフォローモデルに適用すべきかどうかについて検証する。トレンドフォローモデルの構築にはさまざまな方法があり、こうしたモデルを複数組み合わせることがパフォーマンスの向上につながるかどうかや、トレンドフォローシステムを構築するもっと良い方法があるかどうかを、よく使われるさまざまなアプローチを使って調べていく。

本論文では、異なるトレンドフォローモデルを同じポートフォリオに適応して同じスピードで稼働すると、高い相関性を示すのが一般的であり、したがってモデルの分散効果は極めて限定的であることを示していく。また、トレンドフォローの優れたアプローチはホリスティックな手法を使うことであることも示していく。ホリスティックな手法とは、異なるさまざまなテクニックの最も効果的な特徴を取り入れ、それらを1つの高品質なモデルにまとめることを意味する。こうした

第3部　トレンドフォローに関する研究論文

モデルの一例が、アスペクトのトレンドフォローモデルであることも示していく。このモデルは革新的な研究を通じて長年にわたって開発したものであり、多くの異なるアプローチの利点を組み合わせたものである。

さまざまなトレンドフォローモデル

　本論文で検証するのは13の異なるトレンドフォローモデルである。これらのモデルを146市場からなる同じポートフォリオに適用する。また、各モデルのパラメーターはおよそ2〜3カ月の中期トレンドをとらえ、年次リターンのボラティリティが同じになるように設定する。この分析はさまざまなトレンドフォローアプローチの違いに焦点を当てるため、トレードコストは含まない。トレードコストは同じタイムスケールのモデルでは大体同じである。

　これら13のモデルの起源は異なるが、だれもが使えるものばかりだ。例えば、1980年代の「タートルズトレーダー」によって広められたモデル、最近の学術文献によく引き合いに出されるモデル、ルックバックウィンドウ、ルックフォワードウィンドウ、移動平均アプローチ、テクニカルインディケーター、統計学的手法といったトレンドをとらえるよく知られたテクニックなどが含まれる。

　図21.1は1999年1月から2016年6月までのこれら13のモデルのパフォーマンスを比較したものだ。また、**図21.2**は各モデルのインフォメーションレシオ（任意のリスクに対して得られたベンチマークからの超過リターンを測定したもの）を示したものだ。13のモデルのパフォーマンスはほぼ同じで、シミュレーションで得られた13のモデルの平均インフォメーションレシオは0.95である（最大は1.10。略語については、本章末の付録を参照）。

第21章 トレンドフォローは量ではなくて質が重要

図21.1　シミュレーションによるトレンドフォローモデルのパフォーマンス（1999/01～2016/06）

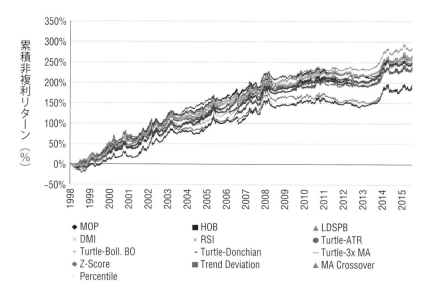

図21.2　シミュレーションによるトレンドフォローモデルのリスク調整済みリターン（1999/01～2016/06）

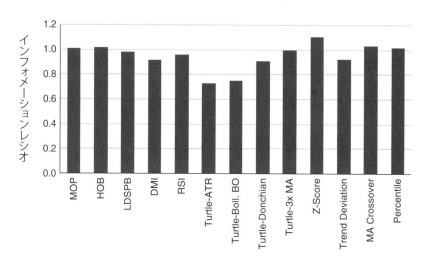

第3部　トレンドフォローに関する研究論文

異なるトレンドフォローモデル間での分散化

　同じようなリスクとリターン特性を持つ異なる戦略を組み合わせれば、分散化の結果としてボラティリティが低くなるため、高いリスク調整済みリターンが期待できることが予想される。本セクションでは、異なるトレンドフォローモデルの組み合わせによってパフォーマンスが向上するかどうかを検証する。

　これら13のモデルは中期トレンドをシステマティックにとらえるいろいろなアプローチからなるが、相関は高い。**図21.3**は1999年1月から2016年6月までの期間における13のモデル間の相関を示したものだ。最も低い相関は67％（MLPとTurtle-ATR）で、13のモデルの平均相関は89％である。

　これらのモデルを組み合わせることでパフォーマンスの向上を図れるかどうかを調べるにあたっての第一ステップとして、13のモデルの単純平均（各モデルの日々のリターンを足し合わせたものの平均をとって、ボラティリティを少し減少させた）のパフォーマンスを調べてみた。**図21.4**はそのパフォーマンスを示したものだ。

　図21.4を見ると分かるように、平均戦略のパフォーマンスは個々のモデルのパフォーマンスに非常に近い。さらに、平均戦略のインフォメーションレシオは1.0で、個々のモデルの平均インフォメーションレシオ（0.95）よりも若干良い。個々のモデルの相関が非常に高いので、モデルを組み合わせることによる分散化効果は極めて限定的である。

　この分析をさらに進めて、組み合わせるモデルの数を変化させながら（モデル1個から始めて、2個、3個、4個……13個と組み合わせていった）均等加重平均をとって、平均リスク調整済みリターンを算出した。**図21.5**を見ると分かるように、平均リスク調整済みパフォーマンスの影響は少なく、モデルの組み合わせによる分散化効果はほとんどないことが分かった。

720

図21.3 シミュレーションによるトレンドフォローモデル間の相関（1999/01～2016/06）

	MOP	HOB	LDSPB	DMI	RSI	Turtle-ATR	Turtle-Boll. BO	Turtle-Donchian	Turtle-3x MA	Z-Score	Trend Deviation	MA Crossover	Percentile
MOP	100%	86%	90%	67%	75%	67%	71%	67%	81%	86%	80%	83%	85%
HOB		100%	95%	88%	94%	90%	89%	90%	94%	95%	93%	97%	95%
LDSPB			100%	81%	88%	81%	83%	82%	90%	92%	87%	94%	91%
DMI				100%	94%	90%	92%	90%	86%	88%	87%	89%	88%
RSI					100%	92%	92%	93%	92%	92%	91%	94%	94%
Turtle-ATR						100%	91%	92%	89%	88%	89%	91%	89%
Turtle-Boll. BO							100%	88%	88%	89%	88%	90%	88%
Turtle-Donchian								100%	85%	91%	83%	92%	90%
Turtle-3x MA									100%	90%	96%	94%	93%
Z-Score										100%	89%	97%	96%
Trend Deviation											100%	93%	92%
MA Crossover												100%	95%
Percentile													100%

図21.4 シミュレーションによる13のトレンドフォローモデルと13のモデルの平均のパフォーマンス（1999/01～2016/06）

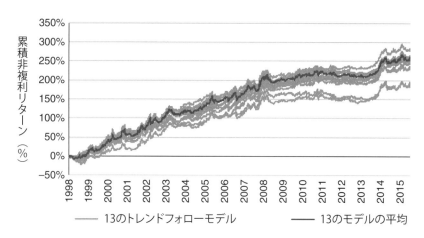

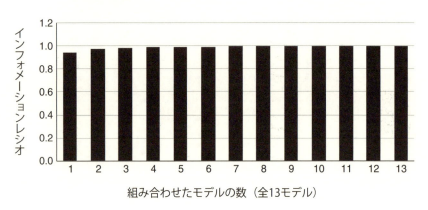

図21.5 シミュレーションによる異なるトレンドフォローモデルを組み合わせた場合の平均インフォメーションレシオ（1999/01～2016/06）

アスペクトのトレンドフォローアプローチ

　前のセクションの結果は、高い相関水準が示すように、異なるトレンドフォローモデル間の分散効果は幻想でしかないことを示唆している。これに対して、アスペクトはホリスティックな考えを取り入れている。これは、トレンドフォローのパフォーマンスを最大化するためには、いろいろな異なるアプローチの際立った特徴を統合させて、できるかぎりベストな1つのトレンドフォローモデルを作ったほうが良いという考えである。

　アスペクトのトレンドフォローモデルは、長年にわたる厳格で科学的な仮説ベースの研究を通じて、複数の異なるアプローチの特徴を、慎重に検討し首尾一貫したフレームワークを使って統合させたものである（本論文で言及するアスペクトのトレンドフォローモデルは、80％がアスペクト分散プログラムで構成され、残りの20％はトレンドフォローポジションを調整するように設計されたほかの補完的なシステマ

ティックなモデルによって構成されている）。アスペクトでは大きなリサーチイノベーションの一環として、2005年にトレンドフォローのマルチモデルアプローチからホリスティックアプローチに移行した。

1つのモデルファミリーの特徴を利用するイノベーションの一例として、アスペクトではいくつかのブレイクアウトモデルはレンジの上と下の値を使ってチャネルを算出するが、これはおおまかな二値信号を使って行う。これを観察することによって、チャネルデータを「データ処理」段階の一環として考えることの有用性を徹底して調査することができ、トレンドフォローモデルによる市場の特定の動きの扱い方法を改善することができた。このアプローチによってブレイクアウトモデルの分散化機能をフルに利用することができると同時に、あまり好ましくない限定的な特徴（つまり、おおまかな二値信号の構築）を防ぐこともできた。

何年にもわたる研究の結果、鍵となるトレンドフォローの数々の新機軸を打ち立てることができた。ホリスティックモデルでは次の3つの主要段階がこれに当たる。

- **データ処理**　トレンド測定に向けて最も適切なデータ系列を作り出すために市場データを処理する方法。
- **トレンド測定**　トレンドの強さと方向性を測定するために、処理したデータをフィルターにかける。
- **ポジションマッピング**　トレンドを適切に測定し、これらを適切なサイズのポジションにマッピングする。

図21.6はアスペクトが構築したベースとなるトレンドフォローモデルのパフォーマンスを示したものだ。このモデルはアスペクトのポートフォリオ構築、ポジションサイジング、リスク管理の恩恵を受けてはいるが、使っているのは1つのシンプルなトレンドフォローアプロ

図21.6　シミュレーションによるアスペクトのトレンドフォローモデルのパフォーマンスの向上（1999/01〜2016/06）

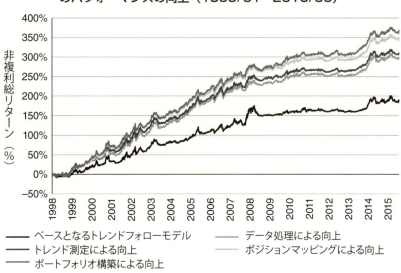

ーチである。パフォーマンスは13の戦略のいくつかに似ている。このチャートを見るとパフォーマンスが改善されていることが分かる。これはこのベースとなるトレンドフォローモデルの研究が向上したことによる。上記の3つの段階が改善されたことでアスペクトのトレンドフォローモデルは少しずつではあるが着実に付加価値が与えられている。シミュレーションによるインフォメーションレシオもベースとなるトレンドフォローモデルが0.76だったのに対して、アスペクトのフルトレンドフォローモデルでは1.41と向上している。

アスペクトのモデルとほかのトレンドフォローモデルの比較

われわれの原理に基づいたアプローチでは、トレンドフォローのさ

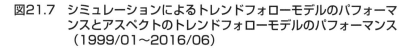

図21.7 シミュレーションによるトレンドフォローモデルのパフォーマンスとアスペクトのトレンドフォローモデルのパフォーマンス（1999/01～2016/06）

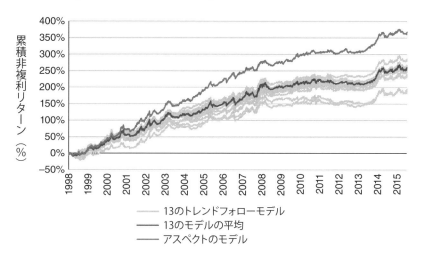

まざまな特徴を観察し、それらから学び、そうした研究に基づいてイノベーションをモデルに統合する。このアプローチはアスペクトのシステマティックな投資プロセスのかなめとなる部分だ。このアプローチは多くの異なるトレンドフォローモデルを組み合わせたものよりも優れていると、われわれは思っている。

図21.7は13のモデルと、およそ20年に及ぶ研究によって構築されたアスペクトのトレンドフォローモデルを比較したものだ。図を見ると分かるように、アスペクトのホリスティックなトレンドフォローモデルは考察した期間において13のモデルのすべてをアウトパフォームしている。アスペクトのインフォメーションレシオ（1.41）も13のモデルを上回っている。

つまり、トレンドフォローのパフォーマンスを最大化するのが目的ならば、いろいろなモデルの分散化に頼るよりも、さまざまなアプロ

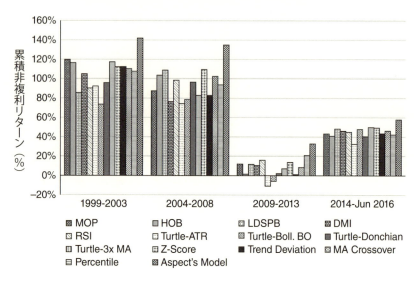

図21.8 シミュレーションによるトレンドフォローモデルのパフォーマンスとアスペクトのトレンドフォローモデルのパフォーマンス（5年ウィンドウ。1999/01〜2016/06）

ーチの特徴を採り入れたできるかぎりベストな1つのトレンドフォローモデルを構築するほうがよいということである。

さらに、全期間を5年ごとのウィンドウに分割すると、アスペクトの統合アプローチは**図21.8**に示すように各ウィンドウでほかのモデルをアウトパフォームしていることが分かる。これに対して、ほかの13のモデルは各ウィンドウでパフォーマンスに一貫性がない。

アスペクトのモデルは13のモデルのどれを加えてもパフォーマンスは改善できない。**図21.9**はアスペクトのモデルに13のモデルのいずれかを加えたときのリスク調整済みリターンに対する影響を調べたものだ。

この場合も最良の選択肢はアスペクトのホリスティックモデルを選ぶことである。ほかのモデルとの組み合わせはパフォーマンスの低下

図21.9　ほかのトレンドフォローモデルを加えたときのアスペクトモデルのインフォメーションレシオに対する影響（1999/01～2016/06）

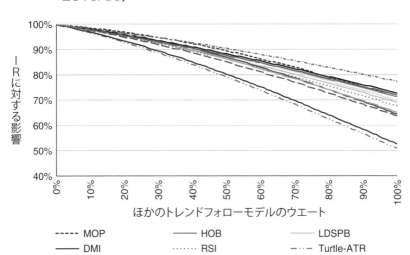

につながる。

結論

　本論文では最良のトレンドフォローシステムをどう構築すべきかについて考察した。複数のトレンドフォローアプローチの最良の特徴を組み込んで、1つの高品質のモデルを構築するのがよいのだろうか。それとも、全体的なリスク・リターン特性の向上を図るためにモデル間の分散化に頼ったマルチモデルアプローチを採用するのがよいのだろうか。

　中期トレンドをとらえるさまざまなシステマティックモデルを組み合わせることで最高の結果が得られるかどうかを調べてみた。これら

第3部　トレンドフォローに関する研究論文

の戦略は相関が高いことを考えると、分散化効果はあまり期待できないことが分かった。

　まとめると、トレンドフォローポートフォリオを構築するモデルの数は優れたポートフォリオの尺度にはならない。最良のアプローチは、さまざまな異なるトレンドフォローモデルの重要な特徴を優れた一貫したフレームワークで統合した1つのトレンドフォローモデルを構築することである。アスペクトではこの方法でトレンドフォローモデルをさらに改善するために研究を続けていくつもりだ。

チャートの免責条項

　13のトレンドフォローモデルとアスペクトの分散化の結果はシミュレーションによる結果（仮想的な結果）によるものなので一定の限界がある。実際のパフォーマンス記録に示された結果とは違って、これらの結果は実際のトレードによる結果ではない。また、過去の結果は必ずしも将来の結果を示すものではない。

付録

本論文で使われた13のトレンドフォローモデルは以下のとおり。

1. **MOP**　過去12カ月のリターンの符号に基づいて各市場を買いまたは売って、1カ月間保有する。モスコウィッツ、オオイ、ペダーセンの論文「Time Series Momentum」に基づく戦略。

2. **HOB**　MOPに似た手法だが、この戦略ではルックバック期間は平均（1カ月から12カ月）を使う。ハッチンソンとオブライアンの論文「イズ・ディス・タイム・ディファレント？　トレ

ンドフォロー・アンド・ファイナンシャル・クライシス（Is This Time Different? Trend Following and Financial Crises）」に基づく戦略。

3. **LDSPB** 長期の指数加重移動平均からの価格の逸脱の方向をとらえる。キャピタル・ファンド・マネジメントのランペリエほかの論文「トゥ・センチュリーズ・オブ・トレンドフォロー（Two Centuries of Trend Following）」に基づく戦略。

4. **DMI** ディレクショナル・モーブメント・インディケーター。トレンドの有無、強弱を見つけるための指標。

5. **RSI** 相対力指数。一定期間の上げ幅や下げ幅から売られ過ぎや買われ過ぎを判断するテクニカルモメンタムインディケーター。

6. **Turtle-ATR** 価格ボラティリティを測るのに標準偏差の代わりに真の値幅の平均（ATR）を使ったチャネルブレイクアウト戦略。

7. **Turtle-Boll.BO** ボリンジャーバンド（移動平均とその上下に引かれる、移動平均から１シグマ、２シグマ……離れた線からなる指標）を使ってブレイクアウトを見つけるブレイクアウト戦略。

8. **Turtle-Donchian** 長い指数移動平均と短い指数移動平均を比較してトレードの方向を決めるブレイクアウト戦略。

9. **Tutle-3xMA** 短期、中間、長期という３つの移動平均を使って仕掛けと手仕舞いを決める戦略。

10. **Z-Score** リターンのボラティリティに対する価格ドリフトを推定する統計学的モデル。

11. **Trend Deviation** ２本の指数加重移動平均を使った戦略。

12. **MA Crossover** 短期の移動平均と長期の移動平均の差を使った戦略。

第3部　トレンドフォローに関する研究論文

13. Percentile　長期分布における短いウィンドウで平均した最近の価格のパーセンタイルを使った戦略。

トレード戦略の評価

Evaluating Trading Strategies

キャンベル・R・ハーベイ
ヤン・リュー

図22.1に示したトレード戦略を見てみよう[1]。1年目は小さなドローダウンがあるものの、この戦略は2014年までほぼ一貫して利益を出している。実際、全期間を見てみるとドローダウンは非常に小さい。注目すべき点は、この戦略は金融危機のときも利益を出している点だ。この戦略は全体的に非常に魅力的で、多くの資産運用者が追随したくなるようなものだ。

本論文では、図22.1に示したような戦略を評価するためのツールを提示する（ハーベイとリュー［2014年］、ハーベイ、リュー、チュー［2014年］）。分かったことは、平均収益性、一貫性、ドローダウンの大きさを見ただけでは戦略に合格点を与えるには十分ではないということである。

科学のほかの分野における検証

私たちの手法を提示する前に、ほかの科学分野から学ぶことがないかどうかを調べてみることにしよう。資産運用の世界では機械学習は比較的新しい概念だが、多くの検証が必要な状況はほかの科学分野では随分前から存在する。こうしたことを考えると、金融に関連する洞

図22.1 候補となるトレード戦略

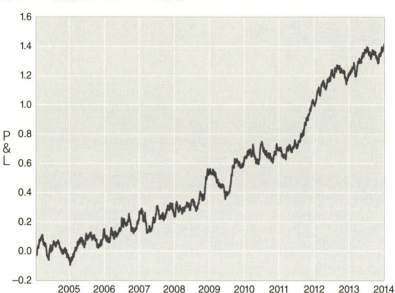

察が金融以外の分野で得られるのは当然のことのように思える。

　最初の例は、大々的に報じられたヒッグス粒子の発見である。この粒子の存在が最初に提唱されたのは1964年のことだった。これはウィリアム・シャープの資本資産価格付けモデル（CAPM）が発表されたのと同じ年である[2]。それから8年後、資本資産価格付けモデルの最初の検証が発表され[3]、シャープは1990年にノーベル賞を受賞した。一方、ピーター・ヒッグスにとってそれは長い道のりだった。大型ハドロン衝突型加速器（LHC）の完成には長年を要し、かかったコストはおよそ50億ドルだった[4]。そして、2012年7月4日、ついにヒッグス粒子が「発見された」ことが宣言され、2013年、ピーター・ヒッグスはノーベル賞を受賞した[5]。

　これがファイナンスとどんな関係があるのだろうか。それは検定方法である。科学者たちは、この粒子はめったにない粒子で、急速に減

衰することを知っていた。大型ハドロン衝突型加速器は、粒子ビームを加速して正面衝突させることで衝突エネルギーを得るのが目的だ。理論上、大型ハドロン衝突型加速器のなかではヒッグス粒子は100億回衝突すると1回の確率で見ることができる[6]。ヒッグス粒子は急速に減衰するので、減衰の痕跡を測定することが鍵となる。そこで粒子ビームを1000兆回以上衝突させ、大量のデータを収集した。問題は、減衰の痕跡は既知のプロセスからの通常のイベントによっても生成されることである。

　発見を宣言するために、科学者たちは厳しい基準と思えるものを設定することで合意した。候補となる粒子（ヒッグス粒子）を発見したと言えるには、新しい粒子が存在しないと仮定する世界から5シグマ離れている必要がある。5シグマは一般に厳しい標準とみなされる。しかし、ファイナンスではt統計量が5ではなく2を超えたら発見されたとみなされる。事実、ツー・シグマと呼ばれるヘッジファンドも存在する。

　厳しいハードルがあるのは素粒子物理学だけではない。生物遺伝学の研究を考えてみよう。遺伝子に関連する研究では、研究者は病気と遺伝子の因果的効果を検定して、一定の病気を人間の遺伝子に関連付けようとする。人間の遺伝子数が2万個以上あることを考えると、多重検定が必要になる。さらに、病気は1つの遺伝子が原因ではなく、いくつかの遺伝子の相互作用によって引き起こされる。すべての可能性を考えると、全検定数は軽く100万をこえる。このように莫大な数の検定を行わなければならないことを考えると、厳しい基準を設ける必要がある。従来の基準では、重大な関連を実証する研究の大部分は複製できない[7]。

　例えば、ネイチャーに掲載された最近の研究ではパーキンソン病の2つの原因遺伝子を発見したことが発表された[8]。パーキンソン病との関連性を調べるためにおよそ50万の遺伝子配列が検定された。これだ

け莫大な数の検定が行われたのだから、従来の基準に照らせば何万という遺伝子配列がこの病気に影響を与えることになる。偽発見率を下げるためには基準をもっと厳しくする必要がある。こうした厳しい基準の下で検定を行った結果、確認された遺伝子座のt統計量は5.3を超えた。

太陽系外惑星の探索などほかにも例はたくさんある。しかし、これらの例には共通するテーマがある。検定数が多いため、厳しい基準が必要ということである。ヒッグス粒子の場合、何兆という検定が行われた。生物遺伝学の場合、組み合わせの数は何百万にも上った。しかし多重検定では、まぐれ当たりの可能性がある。

候補となる戦略の再評価

図22.1に示した候補となるトレード戦略に話を戻そう。この戦略のシャープレシオは0.92である。シャープレシオをt統計量に変換する式は以下のとおりである。[9]

$$t統計量＝シャープレシオ×\sqrt{年数}$$

この戦略の場合、t統計量は2.91になる。これは、観測された収益性が発生するのは、収益性がゼロという帰無仮説からおよそ３シグマのイベントであることを意味する。正規分布を想定すると、３シグマのイベントが発生する確率はわずか１％である。つまり、私たちのトレード戦略が偽発見である確率は１％を下回るということである。

しかし、私たちは統計分析で基本的な間違いを犯している。それは、偽発見率が独立した検定では条件付きであるという陳述である。これは検定が１回しか行われないことを意味する。これは私たちのトレード戦略ではあり得ないことだし、何兆という検定が行われる大型ハド

図22.2 200のランダムに生成したトレード戦略

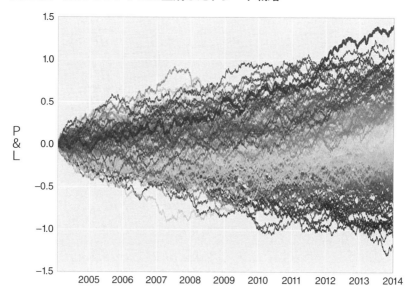

ロン衝突型加速器の研究でもあり得ない。多重検定では、統計学的有意性を確立するためのハードルを調整する必要がある。大型ハドロン衝突型加速器の研究者が5シグマルールを使ったのはこのためであり、生物遺伝学の研究者が常に4シグマのイベントを見つけようとするのはこのためなのである。

多重検定もファイナンスの世界ではよく行われる。しかし、検定方法が調整されたことはほとんどない。**図22.2**を見てみよう。これはトレード戦略の例の全貌を示したものだ。[10]

図22.2に示した各トレード戦略は毎日ランダムに生成したものである。ここでは、年次ボラティリティは15％（S&P500とほぼ同じ）、平均リターンはゼロと想定した。**図22.1**に示した候補となるトレード戦略は**図22.2**のなかのベストな戦略（チャートの右端の値が一番大きい濃いグレーの曲線）だ。

第3部　トレンドフォローに関する研究論文

　図22.2のすべての戦略は実際のリターンではなく、乱数に基づくものだ。**図22.1**の候補となるトレード戦略は非常に魅力的に見えたが、これは単なるまぐれにすぎなかった。しかし、統計分析の通常のツールはこの戦略は「有意」であると言っただろう。本論文で提示するテクニックは、シャープレシオが0.92のこの戦略は有意ではないという判断を下すだろう。

　多重検定の補正は非常に重要だ。上記の例に似た簡単な例を考えてみよう。Yの値を予測するとする。候補となる変数はXだ。回帰分析をした結果、t統計量は2.0になった。以前にYを予測しようとした人はいなかったと想定すると、これは独立検定であり、Xは5％水準で有意と判断されるだろう。ここで問題を変えてみよう。Yの値を予測しようとしていることは変わらないが、今度はXの変数が20個あるものとする（$X_1, X_2, \ldots, X_{20}$）。これらの変数の1つでt統計量が2.0になったとする。このXは本当に正しい値なのだろうか。おそらくは違うだろう。多くの変数を試せば、1つくらいは偶然うまくいくものもある。

　多重検定の典型例がもう1つある。ある資産運用者から売り込みのメールが届く。メールには推奨記録を今すぐ評価してほしいと書かれていた。推奨は1銘柄で、買いか売りかのいずれかだ。毎週、10週間にわたってメールが届く。その資産運用者の推奨は毎週正しかった。推奨が毎週正しいなんてことは確率的には非常に低い（$0.5^{10} = 0.000976$％）ので、彼の推奨は驚くべきものだ。従来の統計学によれば、偽発見率が0.000976％ということになる。つまり、資産運用者が間違う確率は0.000976％ということである。あなたはこの資産運用者を雇うことにした。

　それからしばらくすると、その資産運用者の使っている戦略が明らかになる。資産運用者は銘柄をランダムに選んでいたのだ。そして、50％が買い推奨、50％が売り推奨というメールを10万通送っていた。株価が上昇すると、翌週には先週に買い推奨をした5万人だけに送る。こ

736

うしてメーリングリストは毎週50％ずつ減少する。10週目には97人が、10週連続して正しい推奨を出したという「驚くべき」実績が書かれたメールを受け取ることになる。

97人が彼の売り込みの手口を見抜くことができたならば、10週連続して正しい推奨を出してくることは予測できたはずだ（10万×0.5^{10}＝97^{10}）。ここにスキルはない。すべてランダムだ。

多重検定の応用方法はたくさんある。例えば、ファンドマネジャーの評価だ。1万人を超えるマネジャーがいれば、そのうちの何人かは毎年市場をアウトパフォームすることが予想される[11]。マネジャーがランダムに戦略を選ぶとすると、少なくとも300人は5年連続して市場をアウトパフォームするだろう。

次のセクションでは多重検定のこうした問題に対処するための方法を見ていくことにしよう。

多重検定の2つの考え方

多重検定の問題に対処するには主として2つの方法がある。ファミリーワイズエラー率（FWER）と偽発見率（FDR）である。これら2つの違いは直感的なものだ。

ファミリーワイズエラー率では1回の偽発見も認められない。非常に厳しいルールではあるが、これがぴったりと合う状況もある。ファミリーワイズエラー率では100回の検定でも、100万回の検定でも同じように、ただの1回の偽発見も認められない。一方、偽発見率は「認められない」回数を比率で考える。例えば、100回の検定で1回の偽発見が認められないとすると、1000回の検定では偽発見は10回までなら認められるといった具合だ。このように、偽発見率はファミリーワイズエラー率ほど厳しくない。

どちらのほうが良い方法なのだろうか。それは応用によって異なる。

737

例えば、マーズワンは2024年に火星に人類初の永住地を作ることを計画しており、それ以降も永住者を増やしていくことを計画している[12]。ミッションの間は１つのパーツの失敗も許されない。致命的な失敗とは例えば偽発見のことを言う（そのパーツは良いと思っていたのに、実際には悪かった。その資産運用者は優れていると思っていたのに、実際には優れていなかった）。

最もよく知られたファミリーワイズエラー率検定はボンフェローニ法と呼ばれるものだ。これは最も簡単に実行できる検定でもある。独立検定を２シグマルールから始めると仮定する。つまり、t統計量が2.0ということである。これは１回の偽発見率がわずか５％であることを意味する（ただの１回の偽発見も認められないことを思い出そう）。逆に言えば、偽発見しない信頼度は95％ということである。

ここで検定総数を10に増やす。ボンフェローニ法は多重検定の補正を行うものだ。１回の検定がたまたま有意であると判断されることがあることを考えると、ボンフェローニ法ではすべての検定において、有意水準は５％ではなくて、それを検定数で割った値（５％÷10＝0.5％）に変更しなければならない。したがって、偽発見が１つも出ないという信頼度は10回の検定では99.5％にする必要がある。ボンフェローニ法ではt統計量は10回の検定では少なくとも2.8は必要だ。1000回の検定では4.1を超える必要がある。

しかし、ボンフェローニ法には３つの問題点がある。１つ目の問題は、ファミリーワイズエラー率と偽発見率の一般的な問題である。トレード戦略を評価するのは火星へのミッションとは異なる。間違っていれば仕事とお金を失う可能性はあるが、生死の問題とはならない。しかし、理性的な人々はこの意見には反対するかもしれない。

２つ目の問題は、検定間の相関の問題である。高い相関性を持つ10個の変数を試すのと、無関係の10個の変数を試すのとでは大きな違いがある。極端な話、10個の検定が完全相関の関係にあれば、これは１

つの独立検定を行うのと同じである。

3つ目の問題は、ボンフェローニ法が重要な情報を削除していることである。ホルムの研究（1979年）以後、検定統計量を個々に収集するときに重要な情報があり、この情報によって検定をさらに向上させることができることが分かってきた。[13]ボンフェローニ法ではこの情報をすべて無視し、最初の有意水準を検定の総数で割った有意水準からハードルレートを導き出す。

最後の問題の解決策を見てみることにしよう。ホルム（1979年）はこの情報に対する対処方法を提示した。例えば、検定を10回行うものとする。ボンフェローニ法ではハードルレートは0.005（0.5%）になる。

ホルムの方法は、まず最初に検定をp値の小さい（有意性が最も高い）ものから大きい（有意性が最も低い）ものの順に並べる。すると、有意水準がk番目のp値は次式によって表される。

$$pk = a \div (M + 1 - k)$$

ただし、aは有意水準（0.05）、Mは検定の総数を表す。

最も有意な検定のp値を0.001とする。ホルム関数を計算すると、0.05÷（10＋1－1）＝0.005となる。これがハードルレートになる（観測されたp値はハードルレートを下回っていなければならない）。最初の検定のp値は0.001なので、これは検定にパスする。最初の検定のハードルレートはボンフェローニ法と一致することに注意しよう。しかし、ボンフェローニ法ではすべての検定のハードルレートが同じなのに対して、ホルム法では検定ごとにハードルレートが違う。例えば、2番目の検定のハードルレートは0.05÷（10＋1－2）＝0.0055になる。

最初の検定から順にp値をそれぞれのハードルレートと比較していく。p値がハードルレートを上回る最初の検定に出くわしたら、その検定とほかのp値がハードルレートを上回る検定をすべて棄却する。

ホルム法では検定統計量の分布が考慮されている。ホルム法ではハードルレートが徐々に緩くなるので、ボンフェローニ法ほどは厳しくはない。しかし、ホルム法は依然としてファミリーワイズエラー率のカテゴリーに入る。次にほかの方法を見てみることにしよう。

前にも述べたように、偽発見率では検定回数に比例した偽発見が認められる（ベンジャミンとホッチバーグ［1995年］、ベンジャミンとイエグティエリ［2001年］）。したがって、BHY法（偽発見率を調整する方法）はボンフェローニ法やホルム法に比べるとハードルが緩く、また簡単な手法でもある。BHY法を提唱したのがベンジャミン、ホッチバーグ、イエグティエリである。BHY法でも検定を有意水準の順に並べる。公式は以下のとおりである。

$$Pk = (k \times a) \div (M \times c(M))$$

ただし、$c(M)$ はM が増えていくという単純な関数で、$M = 10$ のとき2.93である。[14]ホルム法とは逆に、最後の有意性が最も低い検定からBHYの値を計算していく。

最後の検定は$k = M = 10$なので、BHYハードルの値は（10×0.05）÷（$10 \times c(10)$）＝$0.05 \div 2.93 = 0.0171$になる。最後から2番目の検定は、$k = M - 1 = 9$なので、BHYハードルの値は（9×0.05）÷（10×2.93）＝0.0154になる。これらのハードルはボンフェリーニ法のハードル（0.0050）よりも大きく、したがって基準的には緩い。

最後の検定から始めて、p値を閾値と比較していく。p値が初めて閾値を下回ったとき、その検定とそれよりも低いp値を持つ検定が有意となる。

ホルム法と同じく、BHY法も検定統計量の分布に依存する。しかし、ホルム法との違いは、ホルム法が有意性が最も高い検定から始めるのに対して、BHY法は有意性が最も低い検定から始める点である。[15]通常、

BHY法のほうが発見率は高い。なぜなら、BHY法では検定数に応じた偽発見が許されるからである。検定回数によらず1回の偽発見も許されないファミリーワイズエラー率に比べると、BHY法ではそれほど条件は厳しくない。私たちは、トレード戦略を評価するのに最も良い方法はBHY法だと考えている。

第一種過誤と第二種過誤

あるトレード戦略が利益を出すように見えても、実際には利益を出せないという過誤についてはこれまでにも議論してきた。多重検定では有意水準のハードルを調整する。なぜなら、偶然有意に見えてしまう検定もあるからである。これの欠点は、厳しいハードルをパスしなかったために、本当に有意な戦略が見逃されてしまうことがあることである。

第一種過誤と第二種過誤との間には常に葛藤がある。第一種過誤とは利益が出るように見えて実際には利益が出ない戦略に投資してしまうことである。第二種過誤とは本当に利益が出る戦略を見逃してしまうことである。利益が出そうで出ない戦略に投資するのと、本当に利益が出る戦略を見逃してしまうのは紙一重の違いしかない。また多重検定では、これら2つの過誤を同時にどのように最適化するかは明らかにされていない。

私たちの考え方は以下のとおりである。多重検定で1つの基準しか使わなければ、偽発見（第一種過誤）が非常に多く発生する。ハードルを上げると、第一種過誤は大幅に減少する。しかも、良い戦略の見逃し（第二種過誤）の可能性は最小限にとどめられる。

図22.3の上のグラフは単一検定を用いるという過ちを示したものだ。グラフには2つの分布が描かれている。1つは利益の出ない戦略の分布で、平均リターンはゼロである。もう1つは利益の出る戦略の分布

図22.3　第一種過誤と第二種過誤

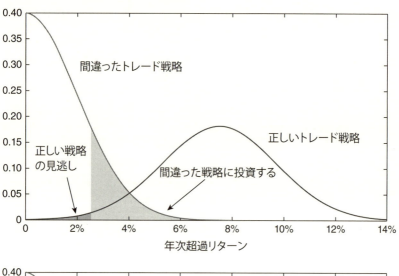

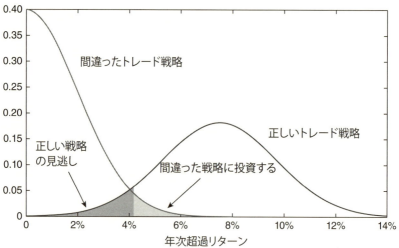

で、平均リターンはゼロを上回る。グラフには、多くの第一種過誤が見られる。

　下のグラフは基準を上げたときにどうなるかを示したものだ。偽発

見の数は劇的に減少している一方で、利益の出る戦略の見過ごしは最小限にとどめられている。

シャープレシオの低減

ハーベイとリュー（2014年）は多重検定を考慮したシャープレシオの調整方法を提唱している。ヒストリカルなバックテストに基づくシャープレシオは多重検定を行うと過大評価が明らかになるのが一般的だ。リサーチャーは多くの戦略を検討し、シャープレシオの一番大きな戦略を選ぶことが多いが、選んだ戦略のシャープレシオはもはや真の期待収益性を表してはいない。多くの検定を行うと、収益性の高い戦略が偶然選ばれる可能性も高い。この点を考慮して、報告されたシャープレシオの値を下げる必要がある。検定数が多いほど、シャープレシオの低減率は大きくする必要がある。

例として、再び**図22.1**に示した候補となる戦略を考えてみよう。この戦略のシャープレシオは0.92で、対応するt統計量は2.91である。p値は0.4％なので、1回しか検定を行わなければ、まぐれ当たりの確率はわずか0.4％となり、この戦略は非常に魅力的に見える。しかし、検定を200回行うと話はまったく違ってくる。多重検定ではボンフェローニ法を使ってp値を$0.05 \div 200 = 0.00025$に補正する必要がある。したがって、この戦略が本当に利益の出る戦略であることを95％の信頼度で宣言するためには、t統計量は最低3.66でなければならない。観測されたt統計量は2.92で、3.66よりも低いので、この戦略は見送ることになる。

ボンフェローニ法に代わる方法としては、p値があらかじめ設定した基準値（例えば、5％。またはその戦略が利益の出ない戦略ではないという信頼度が95％）を下回っているかどうかを見るという方法がある。下回っていれば本物の戦略だと宣言することができる。

第3部　トレンドフォローに関する研究論文

p値＜基準値

ボンフェローニ法では基準値を検定数で割る（この場合は、200）。

p値＜0.05÷200

あるいは、各検定のp値に検定数を掛けて、どの検定が0.05を下回るのかを見てもよい。

p値×200＜0.05

私たちのケースの場合、基準となるp値は0.004なので、p値に200を掛けたp値は0.80で、対応するt統計量は0.25である。0.80は基準値0.05よりもはるかに大きい。t統計量が0.25であるためには、シャープレシオはどれくらいの大きさでなければならないだろうか。答えは0.08である。したがって、200回の検定をボンフェローニ法の下で行った結果、元のシャープレシオが0.92の候補となる戦略は有意ではないという結果になる。なぜなら、多重検定に対して補正されたシャープレシオはわずか0.08だからである。低減率は91％（＝（0.92－0.08）÷0.92）と大きい。

ホルム法とBHY法を見てみると、候補となる戦略のt統計量は200戦略のなかで最も小さいので、ホルム法の調整はボンフェローニ法の調整と同じになる。BHY法も候補となる戦略を棄却するが、これも予想どおりだ。

これら200の戦略が乱数にすぎないことを考えると、各多重検定が候補となる戦略を棄却したことは良い結果と言える。前にも述べたように、厳密な検定もまた検定統計量の相関に依存する。確率変数の間の相関は設定していないので、これはこれら200戦略では問題とはならな

い。ハーベイとリュー（2014年）は検定間の相関を設定していたのは
明らかだ。彼らはさまざまな手法を使って多重検定調整済みシャープ
レシオの値を提示している。

S&PのキャピタルIQ

　私たちの方法が戦略リターンという実際のデータセットでうまくい
くかどうかを調べるために、S&PキャピタルIQデータベースを使う。
このデータベースには、米株式市場向けの484の戦略の時系列データが
含まれている。さらに、これらの戦略はさらされているリスクの種類
に基づいて8つのグループに分けられている。そのうちの3つのカテ
ゴリー——価格モメンタム、アナリスト予測、資本の効率性——のそ
れぞれから最も利益の出る戦略を選んだ。これらの戦略のリターンは
コスト差し引き前の数値なので、シャープレシオは誇張されている可
能性が高い。

　3つのカテゴリーにおけるトップパフォーマーのシャープレシオは
それぞれ0.83、0.37、0.67である。対応するt統計量はそれぞれ3.93、1.14、
3.17で、p値（独立検定下）は0.00008、0.2543、0.0015である[16]。484戦略
のp値に基づく3つの戦略のp値の調整にはBHY私たちが推奨する
BHY法を使った（試した戦略の総数は484とする。つまり、すべての
戦略を検定したということ）。3つの戦略のBHY法で調整したp値は
それぞれ0.0134、0.9995、0.1093である。対応するt統計量は2.47、0.00、
1.60である。また、調整済みシャープレシオは0.52、0.00、0.34である。
つまり、BHY法によるシャープレシオの低減率は37%（＝（0.83－
0.52）÷0.83）、100%（＝（0.42－0）÷0.42）、49%（＝（0.67－0.34）
÷0.67）となる[17]。

745

インサンプルとアウトオブサンプル

これまではインサンプル（IS）を使ってトレード戦略を評価してきた。つまり、すべてのリターン履歴データを使って判断してきたということである（IS法）。もう１つの方法として、リターン履歴を２つのサンプル——インサンプル期間とアウトオブサンプル（OOS）期間——に分割して、IS期間に基づいて行われた意思決定をOOS期間における観察を使って評価する（OOS法）。

しかし、後者の方法には多くの問題点がある。まず第一に、リサーチャーはOOS期間に起こったことを知っているため、OOS期間は実際にはアウトオブサンプルではない。第二に、データを分割すると、インサンプル期間に観測データがほとんどない場合は、真の戦略を見極めることができない可能性がある。つまり、利益の出る戦略のなかにはOOSステージまでたどり着かせることができないものもあるということである。最後に、OOS期間に観測データがほとんどないため、ISステージで利益が出ると評価された真の戦略がOOS期間の検証にパスせずに誤って捨てられる。

キャピタルIQデータのなかの３つの戦略のOOS期間を直近５年とすると、シャープレシオはそれぞれ0.64、−0.30、0.18になる。３番目の戦略はシャープレシオの絶対値が小さいため、フルサンプル（p値＝0.11）では多重検定調整をしたあとでも有意ぎりぎりだが、直近５年のOOS期間では有意ではない（p値＝0.53）ことが分かる。問題は、OOS期間には月次観測数はわずか60しかないため、真の戦略がOOS検証をパスしない可能性が高いことである。

ロペス・デ・プラドとその共著者による最近の研究では、アウトオブサンプルの方法を追究して、バックテストのオーバーフィットの度合いを測るバックテストオーバーフィット確率（PBO）という概念が提唱されている（ベイリーほか［2013年ａ、ｂ］、ロペス・デ・プラド

［2013年］）。バックテストオーバーフィット確率は具体的には、ISでは優れた戦略とみなされたものが、OOSではアンダーパフォームする確率を測定したものである。これはバックテストのオーバーフィットの度合いを確率で簡潔に測定したものであり、さまざまな状況で役立つはずだ。

IS法とOOS法の違いを調べるために、再び**図22.2**の200の戦略のリターンを例にとる。OOS検証の1つの方法は、全サンプルを二等分し、最初の半分の5年分のデータのサンプル（IS）を使ってこれら200戦略のパフォーマンスを評価して、この評価を残りの半分のサンプル（OOS）に基づいてさらに詳しく調べるというものだ。これは、インサンプル期間では有意に見えても実際には有意ではない戦略は、アウトオブサンプル期間におけるパフォーマンスが悪いはずだという考えに基づくものである。一方、IS法では全10年分のデータを使って、サンプルの終わりに意思決定する。ロペス・デ・プラドとその共著者による方法を使ってバックテストオーバーフィット確率を計算してみたところ、0.45だった[18]。したがって、ISのベストパフォーマーがOOSではメジアン以下のパフォーマンスしか示さない可能性が高い（確率は0.45）ということになる。これは、全サンプルに基づくベストパフォーマーは多重検定を考慮すると有意ではないという結果に一致する。しかし、特定の戦略の選定プロセスを評価するバックテストオーバーフィット確率法とは違って、私たちの方法では各戦略のシャープレシオ低減率を求める。

原理的にはバックテストオーバーフィット確率にも多重検定にも利点はあると思っている。これらのアプローチを融合させれば、もしかすると資産運用者がトレード戦略をうまく評価できるようなパワフルなツールが生まれるかもしれない。

トレード戦略と金融商品

　多重検定問題は本当に利益の出る戦略を見つけにくくする。同じ問題はさまざまな科学分野でも見られる。医薬分野には「ホワイ・モスト・パブリッシュド・リサーチ・ファインディングス・アー・ファルス（Why Most Published Research Findings are False）」というタイトルのヨアニディスによる影響力の大きな論文（2005年）がある。315の異なる金融ファクターを調査したハーベイ、リュー、チョー（2014年）は、ほとんどのファクターは多重検定を考慮すれば偽りである可能性が高いと結論づけた。

　医薬分野では新たな研究結果を初めて発表する研究者は「勝者の呪い」と呼ばれるものの影響を受ける。多重検定を前提とすれば、そのあとの論文は最初の論文ほどの影響力がないか、影響力がまったくない可能性が高い（つまり、そういった研究論文は撤回しなければならないことになる）。金融分野でも似たような効果がある。シュワート（2003年）およびマクリーンとポンティフ（2014年）は、有名な金融アノマリーの影響はアウトオブサンプルでは大幅に軽減する、あるいは最初から存在しなかったことを発見した。

　さて、今後はどうなるのだろうか。まず第一に、物理科学と金融とが異なると考える理由はない。金融における実証研究は、学術雑誌に発表されたものであろうと、資産運用者によってアクティブなトレード戦略として製品化されたものであろうと、間違いである可能性が高い。第二に、企業が顧客に売っている金融商品（アウトパフォーマンスが売り文句）の半分は間違いである可能性が高いということである。

　誤解のないように言っておくが、私たちは間違った商品だと知っていながら売る資産運用者を責めているわけではない。私たちは、トレード戦略を評価するのに統計学的ツールを使うのは適切ではないことを指摘したいだけである。これは本論文の著者の1人であるハーベイ

によって書かれた多くの論文を含む金融の学術的実証文献のほとんどに当てはまる。

　また、資産運用者は将来的にアウトパフォームする可能性の最も高い商品を売りたいと思っていることも確かだ。つまり、検定を成功させるという強い動機があるということである。顧客をがっかりさせたい人などいないし、ボーナスや仕事をふいにしたいと思っている人もいない。トレード戦略の評価に多重検定という統計学的ツールを用いることで、利益が出るように見えて実際には利益の出ない戦略に投資する確率は減る。

限界と結論

　本論文には２つの重大な限界がある。１つは、戦略リターンが正規分布に従わないためシャープレシオが不適切な多くのケースがあるという点だ。例えば、シャープレシオが同じ２つの戦略があったとしても、一方のほうがダウンサイドリスクが少ないために好まれることもある。

　もう１つは、本論文は個々の戦略に焦点を当てているが、資産運用者は実際には提案された戦略が今のいろいろな戦略とどう相互作用するかを調べる必要がある。例えば、その戦略が今の戦略と比較的無相関であれば、シャープレシオが低くてもその戦略のほうが好まれるかもしれない。シャープレシオの式の分母はその戦略のボラティリティであって、ポートフォリオボラティリティに対するその戦略の貢献度ではない。今のポートフォリオに新たな戦略を加えるというポートフォリオ問題はハーベイとリュー（2014年）の論文のテーマである。

　まとめると、私たちの研究が伝えるメッセージはシンプルだ。金融における研究者は、実践家であれ学者であれ、成功するように見えるトレード戦略を偶然見つけることもあることを認識する必要がある。デ

第3部　トレンドフォローに関する研究論文

ータを今までだれも見たことがなく、試される戦略がただ１つしかないことを想定する従来の統計学的分析ツールはもはや使えない。多重検定のフレームワークは、利益が出るように見えて実際には利益が出ない戦略に投資する危険性を低減するのに役立つ。トレード戦略の評価では２シグマはもはや適切なベンチマークではない。

キャンベル・R・ハーベイはデューク大学教授で、全米経済研究所、マングループに所属。ヤン・リューは、デューク大学、テキサスA&M大学の教授。論文のバージョンは2014年8月25日版。最初、2014年7月31日にSSRNに投稿。本論文にはAHLのセミナー参加者やマルコ・バックマンからコメントをいただいた。

750

ブラックボックス化された トレンドフォロー──ベールをはがす

Black Box Trend Following -- Lifting the Veil

> **クエスト・パートナーズLLC**
> ニゴル・コウラジアン
> ポール・チウィアニアンク

本論文の目的はブラックボックス化したトレンドフォロー戦略の神秘のベールを取り除き、単一の製品としての性質、またポートフォリオ内における性質を分析することである。

概説

本論文は、ブラックボックス化したCTA（商品投資顧問業者）のトレンドフォロー戦略を理解する一助になることを目的とするものだ。本論文では、実行可能ないくつかの最適化に対するリターンの感度に焦点を当てる。具体的な分析内容は以下のとおりである。

1. 特定のパラメーター、トレード対象となる市場、リスク管理戦略を含むブラックボックス化したトレンドフォロー戦略を透明化する。
2. そういった戦略のリターンの源泉を分析し、そのリターンをバークレイズBTOP50マネージド・フューチャーズ・インデックス（BTOP50）およびS&P500指数（S&P500）と比較する。

第3部　トレンドフォローに関する研究論文

3．パフォーマンスをセクターごと、トレードの方向（買いか売りか）ごとに分析する。

4．使われたパラメーターの安定度を調べる。

5．そういった戦略の株式市場リスクのヘッジ能力を調べる。

分析の結果、分かったことは以下のとおりである。

1．BTOP50のリターンのほとんどは移動平均の交差やチャネルブレイクアウトといったシンプルで流動性があり、透明性の高いCTA戦略によってもたらされたものである。

2．これらのシンプルな戦略のパフォーマンスは、リターンにおいてもリスク調整済みリターンにおいてもBTOP50とS&P500を上回る。

3．これらの戦略は正の歪度を持つ。これらの戦略はボラティリティが上昇したときやS&P500が下落したときに利益を出す傾向がある。

4．過去20年におけるこれらの戦略のリターンのほとんどは、買いトレードと金利、そして売買頻度の低さによってもたらされたものである。こうしたデータポイント周辺での最適化には注意が必要。

5．過去20年における大きな4回のドローダウンでS&P500は、合計でおよそ130%の損失を出した。私たちが提案する2つの戦略は同じ時期に140%を超える利益を上げた。

第23章　ブラックボックス化されたトレンドフォロー

私たちが提案する戦略

戦略の構造

　トレンドフォローフィルターとして最もよく用いられる２つのテクニカルインディケーターは、チャネルブレイクアウトと単純移動平均の交差である。これらのインディケーターは1970年代初期、あるいはそれ以前から使われてきた。これらのインディケーターはCTAインデックスおよび伝統的CTAと高い相関を持つ。したがって、これらの戦略はCTAがポートフォリオのなかで用いる戦略に代わる戦略として用いることができる。CTAのパフォーマンスを調べるのにこれらの戦略のパフォーマンスが便利に使えるのはこのためだ。これらの戦略はいずれも純粋なドテン戦略である。つまり、市場には常に買いポジションか、売りポジションが保有状態にあるということである。いずれの戦略も計算には日々のデータを使う。これから見ていくと分かるように、これらの戦略はパラメーターが変わっても安定している。本論文では、50日チャネルブレイクアウト（CB50）と10×100単純移動平均の交差（MA10×100）戦略を使う。これらの戦略のトレードルールは以下のとおりである。

CB50

　　C＝今日の終値

　HC（50）＝今日を含む過去50日の最高値の終値

　LC（50）＝今日を含む過去50日の最安値の終値

　買いシグナル　C＝HC（50）なら、明日の寄り付きで成り行きで買う

　売りシグナル　C＝LC（50）なら、明日の寄り付きで成り行きで

753

第3部　トレンドフォローに関する研究論文

表23.1

FX	債券	株価指数	コモディティ
EUR/USD	Tボンド	S&P500	軽質原油
GBP/USD	Tノート	ナスダック100	灯油
EUR/GBP	ブンズ	ユーロ・ストックス50	天然ガス
EUR/JPY	日本国債	Dax	金
USD/JPY	ユーロドル（3カ月物）	日経225	銀
GBP/JPY	ユーリボー（3カ月物）	ハンセン	トウモロコシ

売る

MA10×100

MA10＝今日を含む過去10日の終値の平均

MA100＝今日を含む過去100日の終値の平均

買いシグナル　MA10＞MA100なら、明日の寄り付きで成り行きで買う

売りシグナル　MA10＜MA100なら、明日の寄り付きで成り行きで売る

トレード対象となる市場

　これら2つのトレンドフォローモデルをトータルで24のFX市場と先物市場からなる分散化ポートフォリオに適用する。これらの市場は4つのセクターからなる——FX、債券、株価指数、コモディティ。リスクはすべてのセクターに均等に配分される。また各セクターにはそれぞれ6つの市場が含まれる。

第23章　ブラックボックス化されたトレンドフォロー

用いたデータ

　日々の抽出データを使った。先物のつなぎ足データは、取組高をロールトリガーとして用いる標準的なバックアジャスト方式で作成した。FXの現物ヒストリカルデータはブルームバーグから入手。簡単にするため、通貨間の金利差は無視した（結果に対する影響はほとんどない）。

トレードサイズ

　すべての市場においてはトレードを仕掛ける段階でリスクは均等に配分した。ポジションサイズは口座サイズに比例し、市場ボラティリティに反比例する。用いたボラティリティ測度は日々の価格変動の標準偏差である（日々の変動率の標準偏差ではないので注意）。ボラティリティは各トレードに先立つ100日間にわたって測定した。24市場はすべて同じように扱うものとする。ポジションサイズはトレードを仕掛けるときに決め、手仕舞うまで変わらないものとする。

$$TS \ = 0.001 \times AS \div （VOL \times PV）$$

TS 　＝トレードサイズ（枚数）。トレードを仕掛けるときに決める
AS 　＝毎月の初めの口座サイズ（米ドル）
VOL＝ボラティリティ（トレードに先立つ100日間にわたって測定した日々の価格変動の標準偏差）
PV 　＝ポイントバリュー（価格が1.0ポイント変化したときの変化額を米ドルで表したもの）

このトレードサイジングの方法はシンプルだが堅牢だ。トレードご

755

第3部　トレンドフォローに関する研究論文

とに固定枚数トレードしたり、トレードごとに固定額を割り当てたりといったほかの方法とは違って、名目価格とは無関係で、複数のマーケットセクターで同じように適用することができる。

セクターのウエート

選んだ市場は流動性が非常に高い。各セクターの流動性の大部分はこれらの市場によるもので、今日の典型的なCTAはおおよそこういった市場を選ぶ。1980年代の終わりから1990年代の初めにかけてCTAのリスクイクスポージャーは、コモディティおよびFXセクターから金融および株価指数セクターへと大幅にシフトした。シミュレーションではセクターの配分は期間によらず一定とする。

期間

私たちの分析期間は1990年1月から2010年6月までの20年以上に及ぶ。検証で使った市場には、1990年にはまだ存在していなかった市場もある。そのような場合は、市場が開始してからのデータを使った。私たちが使った24市場のうち、1990年12月現在存在したのは22市場で、1998年12月には24市場すべてが存在した。1つ注意すべき点がある。それはユーロ通貨が導入されたのは1999年1月1日という点である。したがって、それ以前の通貨ペアではユーロの代わりにドイツマルクを使った。

手数料とスリッページ

手数料とスリッページは控えめな数値を想定した。手数料は先物の場合は往復で24ドルとし、スリッページは先物によって異なるが、平

756

図23.1　各戦略のパフォーマンス

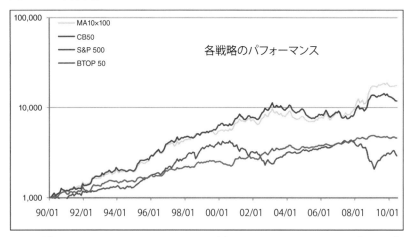

上記の対数グラフに示した２つのトレンドフォロー戦略、SP500、BTOP50については累積NAV（純資産の総額）を示している

均で往復で87ドルとした。CB50とMA10×100戦略の手数料とスリッページは年間それぞれ２％と2.58％に相当する。電子市場が導入される以前の1980年代と1990年代は過去10年に比べるとそれほど流動的ではなかった。執行コストは、過去10年のクエスト・パートナーズでのライブトレードでの値よりもかなり高い値を想定したが、全分析期間においては妥当である。

利息

借入金のないトレード口座を想定して、パフォーマンスのシミュレーション結果には全利息を含めた。トレード口座にある現金に対する利息の計算には１カ月米ドルライボーを使った。

第3部　トレンドフォローに関する研究論文

表23.2　各戦略のパフォーマンス

	MA10×100	MA10×100 (報酬を含む)	CB50	CB50 (報酬を含む)	SP500	BTOP50
年次複利リターン	15.1%	11.2%	12.8%	9.5%	5.4%	7.7%
最大ドローダウン	−28.2%	−24.3%	−33.7%	−29.9%	−52.6%	−13.3%
年次標準偏差	15.8%	12.6%	15.3%	12.2%	15.0%	9.5%
年次リターン・最大ドローダウン比率	0.53	0.46	0.38	0.32	0.10	0.58
シャープレシオ（平均無リスク金利＝4.26%）	0.68	0.55	0.56	0.43	0.07	0.37
歪度	0.25	0.25	0.29	0.29	−0.65	0.43
SP500との相関	−14.3%	−14.3%	−12.4%	−12.4%	NA	−11.9%
SP500に対するアルファ	11.0%	7.1%	8.7%	5.3%	NA	3.6%
BTOP50との相関	70.2%	70.2%	68.2%	68.2%	−11.9%	NA
BTOP50に対するアルファ	6.7%	3.7%	4.8%	2.2%	1.8%	NA
BTOP50に対するベータ	1.16	0.93	1.09	0.88	−0.19	NA
1市場の年間平均トレード数	4.0	4.0	3.0	3.0	NA	NA
1トレードの平均保有日数	60	60	81	81	NA	NA

報酬

　特に記載がないかぎり、1％の運用報酬と20％の成功報酬が戦略口座に課せられる。

パフォーマンス結果とグラフ

　2つのシンプルなトレンドフォロー戦略のリターンは非常に魅力的

だ。報酬を含んだ場合も含まない場合も、トレンドフォロー戦略は S&P500とBTOP50をアウトパフォームしている。2つのトレンドフォロー戦略であるMA10×100とCB50の20年の分析期間における年次リターンはそれぞれ15.1％と12.8％である。

　リターン・最大ドローダウン比率を見ると、2つのトレンドフォロー戦略はS&P500の3倍以上だが、BTOP50と比べると若干低い。BTOP50のほうがリターンが大きいのは、そのリターンのかなりの部分は実際のトレードというよりも利息によるものとして説明できる。BTOP50の7.7％のリターンのうちおよそ4.26％は利息だと私たちは推測する。

　2つのトレンドフォロー戦略のシャープレシオはS&P500とBTOP50のシャープレシオを上回っている。リターンから報酬を差し引いたあとでも依然として2つのトレンドフォロー戦略のシャープレシオはS&P500とBTOP50を上回っている。

　2つのトレンドフォロー戦略のリターンの歪度は0.25と0.29で、BTOP50の歪度を若干下回っているが、S&P500の負の歪度よりもはるかに大きい。つまり、2つのトレンドフォロー戦略はサプライズやボラティリティの上昇に対する良いヘッジになることを示している。これはポートフォリオを構築するうえでは重要な性質だ。リスク測定とポートフォリオ構築における歪度とその重要性については別の論文で言及する。S&P500の歪度が負であるということは、株式市場においてはサプライズは損失につながる可能性が高いことを意味する。

　これら2つの戦略のS&P500との相関は負であるが、これはこれらの戦略はS&P500に対して分散効果があることを意味する。また、2つのトレンドフォロー戦略のS&P500に対するアルファは年間5％〜11％とかなり大きい。これら2つの戦略のS&P500に対するヘッジ能力については本論文のまとめで議論し、別の論文でさらに深く分析する。

第3部 トレンドフォローに関する研究論文

図23.2 MA10×100のセクターパフォーマンス

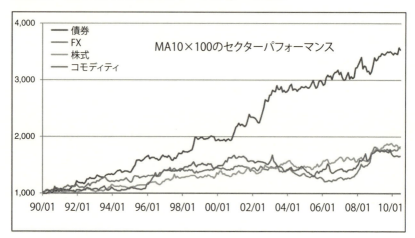

図23.3 CB50のセクターパフォーマンス

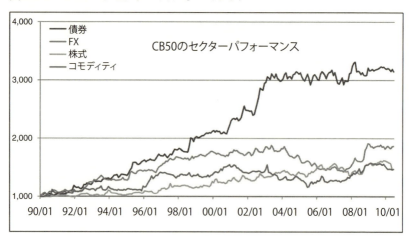

　BTOP50との相関は70％と高い。またBTOP50に対するベータはおよそ1だ。したがって、これらの戦略はCTAおよびCTA指数全般の良い代替手段になる。これらの戦略のBTOP50に対するアルファは2.2％〜6.7％だ。このアルファの大部分はこの分析の最初の10年において

表23.3 MA10×100のセクターパフォーマンスとCB50のセクターパフォーマンス

	MA10×100 (FX)	CB50 (FX)	MA10×100 (債券)	CB50 (債券)	MA10×100 (株式)	CB50 (株式)	MA10×100 (コモディティ)	CB50 (コモディティ)
年次複利リターン	3.0%	3.1%	6.3%	5.7%	2.9%	1.9%	2.5%	1.9%
最大ドローダウン	−19.2%	−24.0%	−8.8%	−7.9%	−9.9%	−13.2%	−22.7%	−24.8%
年次標準偏差	6.5%	6.2%	6.6%	6.6%	6.0%	6.1%	7.4%	7.0%
年次リターン・最大ドローダウン比率	0.15	0.13	0.72	0.73	0.29	0.15	0.11	0.08
シャープレシオ（平均無リスク金利=4.26%）	0.29	0.33	0.80	0.71	0.31	0.14	0.20	0.12
歪度	0.65	0.73	0.41	0.51	0.18	0.14	0.15	0.18
SP500との相関	−11.2%	−8.1%	−11.2%	−6.5%	−2.0%	−1.9%	−9.1%	−12.0%
SP500に対するアルファ	2.0%	2.1%	5.3%	4.7%	1.9%	0.9%	1.5%	0.9%
BTOP50との相関	53.3%	50.1%	53.2%	51.4%	33.9%	32.2%	27.9%	27.3%
BTOP50に対するアルファ	0.6%	0.9%	4.0%	3.4%	1.1%	0.1%	0.7%	0.1%
BTOP50に対するベータ	0.36	0.33	0.37	0.36	0.21	0.21	0.22	0.20
1市場の年間平均トレード数	4.7	3.2	3.7	3.0	4.0	3.0	4.2	3.2
1トレードの平均保有日数	55	79	65	81	61	78	59	77

各セクターポートフォリオの資金調達率は25%とする。もし100%資金調達（借入金がない）されれば、年次複利リターンは3.19%上昇すると思われる。

CTAで支配的だった高い報酬と手数料によるものだ。

これらの戦略のリターンは、ポートフォリオに含む市場を今の24からもっと増やすことで改善することができる。あるいは、パラメーターを今の固定値ではなくていろいろに変えて、これらの戦略の分散化ポートフォリオをトレードしてもリターンは向上する。

セクターパフォーマンス

特定のセクターにおけるこれらの戦略のパフォーマンスを見てみよう。

過去20年で最もパフォーマンスが高かったセクターは債券で、そのあとFX、株式、コモディティと続く。2つのトレンドフォロー戦略のリターンの45％以上は債券セクターからのリターンである。これはポートフォリオにおける債券のウエートの高いCTAを比較するときに重要だ。なぜなら、CTAのアウトパフォームは用いる手法と混同されることがあるからだ。大規模なCTAが債券の配分を大きくする傾向があるのは、債券市場は流動性が高いためだ。過去20年は債券のトレードにとって素晴らしい環境だったが、30年物のTボンドの利回りは1990年1月には8％だったのが2010年7月には4％に下落した。しかし、利回りがこれからもこのように下落し続けるとは思えない。債券市場は下落トレンドよりも上昇トレンド（利回りは下落）のほうが望ましい。なぜなら、傾きが正の利回り曲線で債券を買うことで正のキャリーが得られるからだ。

買いと売りのパフォーマンス

2つのトレンドフォロー戦略はトレードの観点からすれば買いサイドと売りサイドは対称的なので、買いトレードのほうが売りトレード

図23.4　買いトレードと売りトレードのパフォーマンス

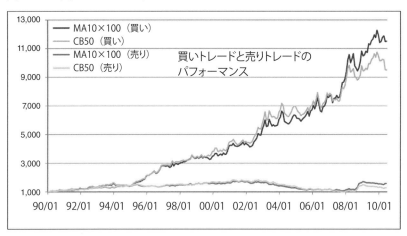

よりも利益が出るのは驚きだ。

リターンとリスク調整済みリターンはどちらの戦略も売りサイドよりも買いサイドのほうが高い。どちらの戦略も利益の85％以上を買いトレードから得ている。ポジション保有期間で見ると、売りサイドの比率はおよそ45％だ。

S&P500との相関は売りサイドよりも買いサイドのほうがはるかに高いため、ポートフォリオに加えるのはあまり得策とは言えない。

歪度は売りサイドよりも買いサイドのほうがはるかに低い（MA10×100の場合は0対1.66、CB50の場合は0.09対1.56）。したがって、ボラティリティの高い環境ではあまり安定しているとは言えない。これらの戦略の買いサイドはコンベクシティがニュートラルだが、売りサイドはコンベクシティが正である。CTA戦略にとっては正のコンベクシティが非常に重視される。なぜなら、正のコンベクシティはボラティリティが高く、下落する株式市場環境では通常、ヘッジや分散化要素として使われるからだ。歪度は投資のヘッジ可能性を予測するうえで

第3部　トレンドフォローに関する研究論文

表23.4　買いトレードと売りトレードのパフォーマンス

	MA10×100	MA10×100 （買い）	MA10×100 （売り）	CB50	CB50 （買い）	CB50 （売り）
年次複利リターン	15.1%	12.7%	2.3%	12.8%	11.6%	1.2%
最大ドローダウン	−28.2%	−13.7%	−39.9%	−33.7%	−13.6%	−46.1%
年次標準偏差	15.8%	12.2%	8.9%	15.3%	12.0%	8.7%
年次リターン・ 最大ドローダウン比率	0.53	0.92	0.06	0.38	0.85	0.03
シャープレシオ （平均無リスク金利＝ 　4.26%）	0.68	0.87	0.02	0.56	0.79	−0.11
歪度	0.25	0.00	1.66	0.29	0.09	1.56
SP500との相関	−14.3%	12.7%	−42.9%	−12.4%	14.1%	−41.3%
SP500に対するアル ファ	11.0%	10.4%	0.4%	8.7%	9.4%	−0.7%
BTOP50との相関	70.2%	65.7%	34.7%	68.2%	64.0%	31.5%
BTOP50に対するアル ファ	6.7%	7.6%	−1.0%	4.8%	6.7%	−1.9%
BTOP50に対するベータ	1.16	0.84	0.32	1.09	0.81	0.29
１市場の年間平均ト レード数	4.0	2.0	2.0	3.0	1.5	1.5
１トレードの平均保有 日数	60	67	54	81	74	88

買いのポートフォリオと売りのポートフォリオはそれぞれ資金調達率が50%であると想定する。
もし100%資金調達されれば年次複利リターンは2.13%上昇すると思われる

非常に重要だ。

　リターンやリスク調整済みリターンを買いオンリーのトレードで向
上させてきたCTAに投資するときには、彼らが取る最適化リスクに注
意することが重要だ。このアノマリーについては将来の論文でもっと
詳しく議論するつもりだ。また、CTAがリターンを向上させるのにこ
の特徴を生かしているかどうかを明確にするリターン分析の方法も併

図23.5 移動平均モデルのパラメーターの安定度

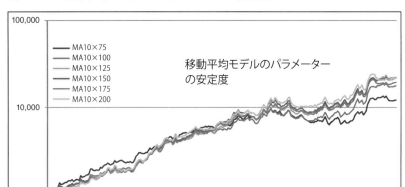

表23.5 移動平均モデルのパラメーターの安定度

	MA10x75	MA10x100	MA10x125	MA10x150	MA10x175	MA10x200
年次複利リターン	13.0%	15.1%	16.3%	16.2%	15.6%	16.2%
最大ドローダウン	−35.4%	−28.2%	−27.8%	−30.1%	−26.8%	−23.4%
年次標準偏差	15.1%	15.8%	16.1%	15.9%	15.7%	16.1%
年次リターン・最大ドローダウン比率	0.37	0.53	0.59	0.54	0.58	0.69
シャープレシオ（平均無リスク金利＝4.26％）	0.58	0.68	0.75	0.75	0.72	0.74
歪度	0.27	0.25	0.25	0.10	0.19	0.07
SP500との相関	−14.8%	−14.3%	−14.6%	−13.3%	−13.4%	−12.9%
SP500に対するアルファ	8.9%	11.0%	12.2%	12.1%	11.5%	12.1%
BTOP50との相関	68.8%	70.2%	68.8%	68.3%	65.2%	63.2%
BTOP50に対するアルファ	4.9%	6.7%	8.0%	8.0%	7.6%	8.2%
BTOP50に対するベータ	1.09	1.16	1.17	1.14	1.08	1.07
1市場の年間平均トレード数	4.7	4.0	3.5	3.1	2.8	2.5
1トレードの平均保有日数	51	60	68	78	86	95

図23.6　チャネルブレイクアウトモデルのパラメーターの安定度

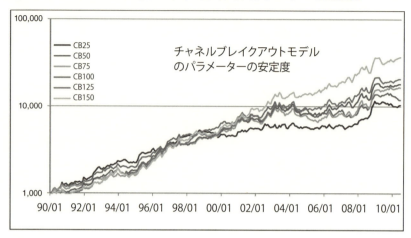

表23.6　チャネルブレイクアウトモデルのパラメーターの安定度

	CB25	CB50	CB75	CB100	CB125	CB150
年次複利リターン	12.1%	12.8%	14.7%	15.2%	15.9%	19.2%
最大ドローダウン	−17.4%	−33.7%	−31.3%	−25.1%	−24.1%	−22.6%
年次標準偏差	13.8%	15.3%	15.9%	15.8%	16.1%	16.8%
年次リターン・最大ドローダウン比率	0.70	0.38	0.47	0.60	0.66	0.85
シャープレシオ（平均無リスク金利＝4.26％）	0.57	0.56	0.65	0.69	0.72	0.89
歪度	0.71	0.29	0.46	0.11	0.02	0.05
SP500との相関	−14.7%	−12.4%	−15.7%	−13.5%	−9.6%	−4.0%
SP500に対するアルファ	8.0%	8.7%	10.6%	11.1%	11.8%	15.0%
BTOP50との相関	63.2%	68.2%	66.9%	62.2%	58.1%	53.0%
BTOP50に対するアルファ	4.7%	4.8%	6.5%	7.3%	8.2%	11.7%
BTOP50に対するベータ	0.91	1.09	1.12	1.04	0.99	0.94
1市場の年間平均トレード数	6.0	3.0	1.9	1.4	1.1	0.8
1トレードの平均保有日数	40	81	126	171	222	292

せて提供していきたいと思っている。

パラメーターの安定度

　分析のパラメーター依存度を調べるためにMA10×100とCB50モデルのパラメーターを変化させて統計量を調べてみた。

　いずれのモデルもパラメータを変えても安定していることが分かった。いずれのモデルも時間枠が長いほうがリターンもリスク調整済みリターンも良いようだ。例えば、150日CBモデルは年次複利リターンが19％を上回っているのに対して、50日CBモデルは13％を下回っている。またシャープレシオはCB150が0.89であるのに対して、CB50は0.56である。

　正の歪度が低くなければ長い時間枠の戦略をトレードしたほうがよいだろう。長期戦略は短期戦略に比べると劇的な反転の影響を受けやすいという特徴がある。例えば、2007年8月に大きなトレンド転換が発生したが、このときCB50は＋0.5％だったが、CB150は－5.79％だった。同様に、MA10×100は＋0.95％だったが、MA10×200は－3.45％だった。

　注意すべき点は、大規模なCTAはスリッページが大きいためトレード頻度が低い傾向があるという点だ。これでは正の歪度を得ることはできない（正の歪度は強いヘッジ能力を意味し、ポートフォリオでは極めて重要）。

　CTAは2007年8月のような劇的な市場の反転のときに大きな利益を出すことが期待されるが、長期モデルにはそういった期待に応えられるほどの反応性はない。

図23.7　CTA戦略のS&P500に対する相関

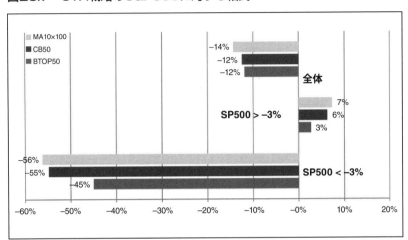

図23.8　S&P500の大きな4回のドローダウンの時期のリターン

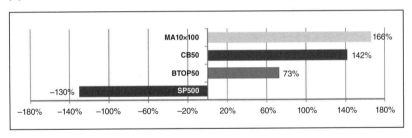

CTAはS&P500に対する分散効果やヘッジ能力を持つのか

　CTAはS&P500とはほんの少しだけ負の相関を持つため、株式市場や株式投資関連の投資のヘッジにはならないことがよく知られている。CTAは通常は、株式市場リスクに対して分散効果があるとみなされ、したがって通常の金融ポートフォリオの配分は小さい。

　しかし、相関をもっと詳しく分析すると、S&P500が3％以上下落し

図23.9 S&P500の大きな4回のドローダウンの時期のリターン

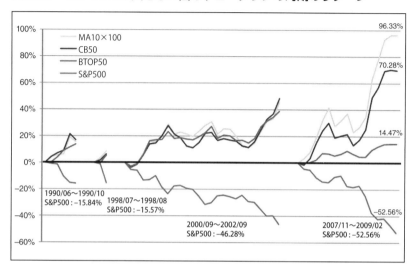

図23.10 S&P500の10の最悪の四半期におけるリターン

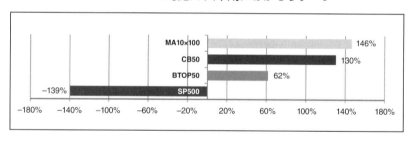

た月は、S&P500に対するCB50、MA10×100、BTOP50の相関は－45％～－56％になる。つまり、S&P500が上昇した月は、CTAはリターンを市場に戻すことなく株式市場のヘッジになる傾向があるということである。実はCTAは認識された事実とは違って株式市場関連の投資の良いヘッジになるのである。私たちのモデルやBTOP50がS&P500に対して＋4％～＋7％の年次アルファを生みだし、それ自身のリターンも大きいという事実によってこの強みはさらに増幅される。実際、

図23.11　S&P500の20の最悪の月におけるリターン

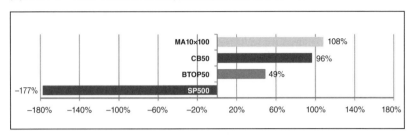

　CTAは長期的に正のリターンを持ち、強力な保険の特徴も持っている。この2つの特徴を組み合わせれば極めて効果的で、これはポートフォリオにぜひとも利用すべきである。

　次にS&P500の4つの最大ドローダウンの時期のCTA戦略の絶対リターンを見てみることにしよう。S&P500が合計で130％以上下落したとき、CTA戦略は＋142％と＋166％の利益を上げた。過去20年を振り返ると、S&P500が大きなドローダウンを喫した時期、正のリターンを上げたヘッジファンド戦略はほとんどなかった。将来的にさらに分析を進めるつもりだが、これらのリターンはCTA戦略の正の歪度の副産物だ。実際、CTA戦略はトレンド相場だけでなく、S&P500のドローダウンの時期に確実に発生するボラティリティの上昇からも利益を得ることができる。さらに驚くべきことは、この特徴はオプションのガンマエクスポージャーの副産物ではなくて、流動性が高く透明な先物トレードによるものだ。

　念のため、S&P500の10の最悪の四半期および20の最悪の月における2つのCTA戦略とBTOP50のリターンも示しておく。

まとめ

1．CTA戦略やCTA指数は移動平均やチャネルブレイクアウトとい

ったシンプルでよく知られたトレンドフォローフィルターを使って簡単に複製することができる。

2. これらのトレンドフィルターに基づくモデルは独立した投資として素晴らしいパフォーマンスを上げてきた。

3. S&P500が1カ月に3％以上下落したときのこれらのモデルのS&P500との相関はおよそ−50％である。これらのモデルのヘッジ特性は、株式市場が強い時期、同一水準のダウンサイドリスクを伴うことなく得ることができる。

4. 過去20年にわたってこれらのモデルは3回変更されたが、それによってベンチマークに対するパフォーマンスは大幅に向上した。3回の変更内容は以下のとおりである——①債券セクターのウエートを上昇させた（典型的なCTAポートフォリオの50％を超えるパフォーマンスを占める）、②ロングサイドのみをトレードした（典型的なCTAポートフォリオの85％を超えるパフォーマンスを占める）、③通常のポートフォリオよりもトレード頻度を下げた。これら3つの変更は株式市場の低下をヘッジする能力に悪影響を及ぼすが、過去20年に経験したような低ボラティリティの時期にはリスク調整済みリターンを向上させることができる。これらのスタイルドリフトはCTA指数ではよく見られる（これについては将来的な論文で議論するつもりだ）。CTAのアウトパフォーマンスを評価するときには投資家はこれら3つの変数に特に注意する必要がある。

本論文の著者はクエスト・パートナーズLLCの経営陣である。本論文は取引を行うことを推奨したり提言したりするものではなく、教育と情報提供のみを目的とするものである。

リスクマネジメント

Risk Management

24

エド・スィコータ

リスク

　「リスク」とは損失を出す可能性のことを言う。したがって、何らかの株式を持っていて、その株価が下落する可能性があれば、リスクがあるということになる。株式を持つことがリスクではなく、損失もリスクではない。損失を出す可能性がリスクなのである。したがって株式を保有しているかぎり、リスクにさらされていることになる。リスクをコントロールする唯一の方法は、株式を売ったり、買い戻したりすることである。株式を保有して利益を目指す以上、リスクは基本的に避けることができない。私たちにできる最善のことは、リスクを管理することである。

リスクマネジメント

　マネジメントとは管理してコントロールすることを意味する。したがって、リスクマネジメントとは損失を出す可能性を管理し、コントロールすることである。リスクマネジャーの仕事はリスクを測定し、株式を売買することでリスクを増やしたり減らしたりすることである。

第3部　トレンドフォローに関する研究論文

コイン投げの例

　ここに１つのコインがある。表が出る確率と裏が出る確率は同じだ。コイン投げの例を使ってリスクマネジメントの概念を見てみることにしよう。

　「確率」とは、その事象が起こり得る可能性のことを言い、起こり得る全体の場合の数に対して、その事象が実際に起こる場合の数の比として表される。したがって、100回コインを投げて50回表が出れば、表が出る確率は50％ということになる。確率はゼロ（0.0＝0％＝まったく起こらない）と1（1.0＝100％＝確実に起こる）の間の値を取ることに注意しよう。

　このゲームのルールは以下のとおりである──①当初資金は1000ドル、②常に表が出ることに賭ける、③残ったお金のいくらでも賭けることができる、④裏が出たら、賭け金を失う、⑤表が出たら、賭け金の2倍のお金をもらえる、⑥コインは偏りがないので、表が出る確率は50％。このゲームはトレード手法に似ている部分もある。

　このゲームでは、「運」とは勝つ確率（50％）を意味する。つまり、私たちは50％で運が良いということになる。勝てば賭けたお金の2倍のお金をもらえるので、「ペイオフ」は2：1である。「リスク」は賭ける金額で、次のコイン投げのときにリスクにさらされる金額である。このゲームでは運もペイオフも一定で、変えられるのは賭け金のみである。

　実際の株式トレードのようなもっと複雑なゲームでは、運もペイオフも市場の状態が変化すると変わる。トレーダーは莫大な時間を使って運やペイオフを変えようとするがムダに終わることが多い。なぜなら、彼らの力では運やペイオフは変えられないからである。リスクマネジャーがリスクをコントロールするのに唯一変えることができるパラメーターはリスクである。

774

第24章　リスクマネジメント

図24.1　6つの結果を示す運とペイオフのマトリックスの例

運	ペイオフ
10％	1：2
20％	1：1
30％	ブレイクイーブン
20％	1：1
10％	2：1
10％	3：1

基本的なコイン投げの例でもリスクマネジメントの概念は十分に説明できるので、ここではコイン投げの例を使う。もっと複雑な例については後述

　運とペイオフのマトリックスを使ってもっと複雑なゲームをモデル化することもできる。このマトリックスを使えば、6角コマを使ったコマ回しゲームをモデル化することもできるし、トレードさえもモデル化することができる（**図24.1**）。

最適な賭け

　コイン投げの例では、運は50％、ペイオフは2：1で一定で、常に表が出るほうに賭けるものとする。リスクマネジメント戦略を見つけるには、賭け金を管理する方法を見つける必要がある。これは株式をトレードするリスクマネジャーが直面する問題に似ている。良いマネジャーは運やペイオフについてできることはそれほど多くはないことを理解しており、問題は株式にいくら賭けるかを決めることであることも理解している。このゲームの当初資金は1000ドルである。

直感とシステム

　賭け金を決める1つの方法は直感を使うというものだ。直感によって100ドル賭けるといった具合だ。

775

第3部　トレンドフォローに関する研究論文

　直感による賭けは人気があり、現実世界の賭けではよく使われるが、いくつか問題点がある。直感を得るには、常に注意していなければならず、直感を賭け金に換算する必要があり、賭け金は雰囲気や感情に左右されやすい。

　直感による賭けを改善するために、賭けのシステムというものを使うこともできる。システムは一連の賭けを定義する論理的な方法だ。賭けのシステムが直感よりも優れている点は、①賭けをする人を必要としない、②賭けは規則正しく行われ、予測可能で一貫性がある、③コンピューターでヒストリカルシミュレーションを行って賭けのシステムを「最適化」することができる——というもので、特に③が重要だ。

　システムは明らかに直感よりも優れていることで意見はほぼ一致しているが、コンピューターにバックテストをさせられるほどリスク管理システムをしっかりと定義しているリスクマネジャーはほとんどいない。

　しかし、私たちのコイン投げゲームは非常にシンプルなので、コイン投げ用の賭けのシステムを作成することができる。さらに、これらのシステムを検証することでシステムパラメーターを最適化して、しっかりとリスク管理することができる。

「一定額を賭ける」と「一定比率を賭ける」

　この賭けのシステムでは賭けを定義する必要がある。賭けを定義する1つの方法は、どれくらい勝とうが負けようが、常に一定額（例えば、1回につき10ドル）を賭けるというものだ。これを「定額法」という。一般的な定額法の賭けのシステムと同じように、このシステムでは当初資産1000ドルが増えたり減ったりして、もはや10ドルの定額の賭け金が正当性を持たなくなることもある。

　この方法に代わるものが資産の「一定比率」を賭けるというもので

ある（固定比率法）。例えば、１％の比率で賭ければ、最初の賭け金は10ドルになる。勝ち負けによって資産は増減するが、常に資産の一定比率を賭ける。

一定比率で賭けた場合、興味深い特徴がある。賭け率は資産に対して常に一定なので破産することはないため、破産リスクはゼロである。しかし実際には、心理的な「アンクルポイント」（後述）というものが存在する。

シミュレーション

賭けのシステムを検証するには、ヒストリカルな結果のシミュレーションを行う。例えば、コインを10回投げて、表が５回、裏が５回出たとする。**図24.2**は定額法と固定比率法のシミュレーション結果を示したものだ。

ピラミッディングとマルチンゲール

コイン投げのような確率過程では、表と裏が交互に出ることはほとんどなく、表が連続して出たり裏が連続して出たりする。しかし、この現象はそれ自体がランダムであるため利用できない。株価の長期的トレンドのような非確率過程では、ピラミッディングなどのトレンドトレードテクニックが効果的かもしれない。

ピラミッディングとは値上がりした株を買い増していく手法だ。このテクニックは最適ポジションまで株を買い増ししたいトレーダーにとっては便利な方法かもしれないが、すでに最適ポジションになっている株を買い増しすればオーバートレードを招くことになる。一般に、ポジションをこのようにこまごまといじり回すのはあまりよくないことで、それよりもシステムに一貫して従うことのほうが重要だ。ポジ

第3部　トレンドフォローに関する研究論文

図24.2　定額法と固定比率法による賭けシステムのシミュレーション

	10ドル賭ける	１％賭ける
スタート	1000	1000
表	1020	1020
裏	1010	1009.80
表	1030	1030
裏	1020	1019.70
表	1040	1040.09
裏	1030	1029.69
表	1050	1050.28
裏	1040	1039.78
表	1060	1060.58
裏	1050	1049.97

どちらのシステムも最初のコイン投げでは表が出たので20ドル（賭け金の倍）儲かっている。２回目のコイン投げでは、定額法は10.00ドル損をしているが、固定比率法の損失は1020.00ドルの１％（10.20ドル）なので、残りの資金は1009.80ドルになる。２つのシステムの結果はほぼ同じだが、長期的には固定比率法は利益が指数関数的に増えるので、利益が線形に増える定額法よりも勝つ。また、結果は表と裏の出た数に依存するが、表と裏が出る順序は無関係であることに注意しよう。各自、スプレッドシートを使って確認してみよう

ションをいじり回すことでトレードシグナルのさらなる解釈の窓が広がれば、それは直感によるトレードにつながり、システムに従うという基本を弱めることになる。

　一方、マルチンゲール法とは負けたら賭け金を倍に増やす方法だ。賭け金を倍にした賭けで負けると、賭け金をさらに倍にする。これはロードローラーの前で５セント硬貨を拾うようなものである。連敗が１回でもあれば、賭け金が莫大な額になるためすぐに破産する。

最適化——シミュレーションを使用

　賭けのシステムを選んだら（固定比率法を選んだとする）、最良の

778

図24.3　固定比率賭けシステムの資産シミュレーション

賭ける比率	スタート	表	裏	表	裏	表	裏	表	裏	表	裏
0%	1000.00	1000.00	1000.00	1000.00	1000.00	1000.00	1000.00	1000.00	1000.00	1000.00	1000.00
5%	1000.00	1100.00	1045.00	1149.50	1092.03	1201.23	1141.17	1255.28	1192.52	1311.77	1246.18
10%	1000.00	1200.00	1080.00	1296.00	1166.40	1399.68	1259.71	1511.65	1360.49	1632.59	1469.33
15%	1000.00	1300.00	1105.00	1436.50	1221.03	1587.33	1349.23	1754.00	1490.90	1938.17	1647.45
20%	1000.00	1400.00	1120.00	1568.00	1254.40	1756.16	1404.93	1966.90	1573.52	2202.93	1762.34
25%	1000.00	1500.00	1125.00	1687.50	1265.63	1898.44	1423.83	2135.74	1601.81	2402.71	1802.03
30%	1000.00	1600.00	1120.00	1792.00	1254.40	2007.04	1404.93	2247.88	1573.52	2517.63	1762.34
35%	1000.00	1700.00	1105.00	1878.50	1221.03	2075.74	1349.23	2293.70	1490.90	2534.53	1647.45
40%	1000.00	1800.00	1080.00	1944.00	1166.40	2099.52	1259.71	2267.48	1360.49	2448.88	1469.33
45%	1000.00	1900.00	1045.00	1985.50	1092.03	2074.85	1141.17	2168.22	1192.52	2265.79	1246.18
50%	1000.00	2000.00	1000.00	2000.00	1000.00	2000.00	1000.00	2000.00	1000.00	2000.00	1000.00
55%	1000.00	2100.00	945.00	1984.50	893.03	1875.35	843.91	1772.21	797.49	1674.74	753.63
60%	1000.00	2200.00	880.00	1936.00	774.40	1703.68	681.47	1499.24	599.70	1319.33	527.73
65%	1000.00	2300.00	805.00	1851.50	648.03	1490.46	521.66	1199.82	419.94	965.85	338.05
70%	1000.00	2400.00	720.00	1728.00	518.40	1244.16	373.25	895.80	268.74	644.97	193.49
75%	1000.00	2500.00	625.00	1562.50	390.63	976.56	244.14	610.35	152.59	381.47	95.37

固定比率が0％のときは資産の変動はない。固定比率が5％のとき、1000.00ドルの5％（50ドル）
賭ける。最初のコイン投げでは表が出たので、賭け金の2倍儲かる。したがって期待値は1100.00
ドルになる。2番目の賭け金は1100.00ドルの5％（55ドル）で、裏が出たので55.00ドル損をして
資産が1045.00ドルになる。固定比率が25％のときが利益が最大になることに注目しよう。これは
たった1回の表・裏のサイクルを見れば明らかだ。つまり、1回の表・裏のサイクルを調べれば
最適パラメーター（25％）は判明するということである

「期待値」を生みだす「パラメーター」を見つけることでシステムを最
適化することができる。コイン投げの場合、唯一のパラメーターは固
定比率の値である。この場合もシミュレーションによってパラメータ
ーを選ぶことができる。**図24.3**と**図24.4**を参照。

　注　コイン投げの例からは、いくつかのリスクの要素とそれらの相
互関係を知ることができる。このコイン投げでは、ペイオフが2：1
で、表が出る確率と裏が出る確率はそれぞれ50％と仮定する。したが
って、表の出る回数と裏の出る回数は同じということになる。表が出
る回数と裏が出る回数が異なるケースや、表や裏が連続して出るケー
スは想定していない。また、トレードにおける特定のリスクパラメー

図24.4　固定比率賭けシステムにおける10回のコイン投げの期待値（最終資産）と固定比率との関係（ペイオフは2：1。図24.3の最後の列の数値がプロットされている）

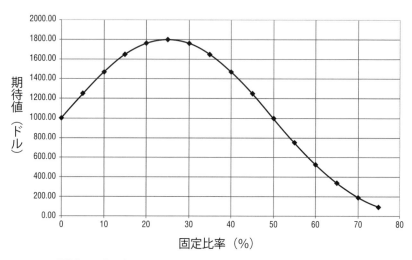

システムの期待値は固定比率を上げていくと1000.00ドルから徐々に上昇して、25％で最大の1800ドルになる。それ以降は、固定比率を増やすと利益は減少する。この曲線はリスクマネジメントの2つの基本原理を示している——①臆病なトレーダーのルール——お金をあまり賭けなければ、あまり儲からない、②大胆なトレーダーのルール——あまりに大金を賭けすぎると破産する。複数のポジションを取るポートフォリオでは、トータルリスクをポートフォリオヒートと呼ぶ。このグラフは期待値対固定比率の関係（ペイオフは2：1）を示したものだが、異なるペイオフにおけるこの関係については図24.8を参照のこと

ターを推奨するものでもない。

最適化——計算を使用

　コイン投げの例は比較的単純なので、最適な固定比率は計算によっても求めることができる。表・裏の1回のサイクルで最良のシステムが明らかになるので、最適な固定比率は表・裏の1回のサイクルのみで計算することが可能だ。

$$S = (1 + b \times P) \times (1 - b) \times S_0$$

ただし、

　S ＝表と裏がそれぞれ1回ずつ出たあとの資産

　b ＝固定比率

　P ＝表が出たときのペイオフ（2：1）

　S_0＝表と裏が1回ずつ出る前の資産

　$(1 + b \times P)$ ＝表が出たときの効果

　$(1 - b)$ ＝裏が出たときの効果

表と裏がそれぞれ1回ずつ出たあとのリターンRは次式で表される。

$$R = S \div S_0$$
$$= (1 + bP) \times (1 - b)$$
$$= 1 - b + bP - b^2P$$
$$= 1 + b(P - 1) - b^2P$$

bの値が小さいと、Rは$b(P-1)$とともに大きくなり、bの値が大きいと、Rはb^2Pの値とともに小さくなる。これらは臆病なトレーダーと大胆なトレーダーのルールを数学的に言ったものだ。

　Rとbの関係をプロットすると、上記のシミュレーションで得たグラフに似たグラフを得ることができ、そのグラフからRが最大になる点を視覚的に見つけだすことができる。また、Rが最大のとき、傾きは0になるので、傾きを計算してそれをゼロとして最大値を求めてもよい。

　傾き ＝ $dR/db = (P - 1) - 2bP = 0$

第3部　トレンドフォローに関する研究論文

したがって、

b ＝（P － 1）÷2P

Pが2：1なので、

b ＝（2 － 1）÷（2 × 2）＝0.25

したがって、最適比率は**図24.3**と同じく資産の25％ということになる。

最適化──ケリーの公式を使用

1956年に発表されたL・ケリーの論文「ア・ニュー・インタープリテーション・オブ・インフォメーション・レート（A New Interpretation of Information Rate）」は電話線を使ってデータを転送する方法を調べたものだ。彼の論文のなかに出てくるケリーの公式はトレード（賭け

図24.5　ケリーの公式

ケリーの公式
K ＝ W －（1 － W）÷ R

K ＝次のトレードに賭ける資産の比率
W ＝勝率（勝ちトレード数÷全トレード数）
R ＝ペイオフレシオ

例えば、コイン投げのペイオフレシオが2：1で、表が出る確率が50％、裏が出る確率が50％だとすると、

K ＝0.5 －（1－0.5）÷ 2 ＝0.5－0.25＝0.25

したがって、最適固定比率は25％ということになる。

ただし、WとRの値は長期的な平均値。したがって、時間がたつとKの値は少しだけ変わる

第24章　リスクマネジメント

のサイズの最適化）にも応用できる。

運、ペイオフ、最適固定比率の関係

図24.6　最適固定比率は運が大きくなると線形的に大きくなり、ペイオフが大きくなると漸近的に大きくなる

Y（運）とX（ペイオフ）に対する最適固定比率のグラフ

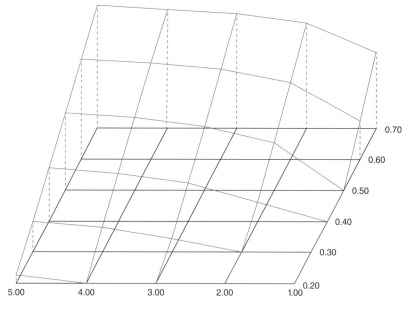

最適固定比率は運とペイオフの値が大きくなると大きくなる
このグラフは運（Y）とペイオフ（X）の値をいろいろに変えたときの最適固定比率を示したものだ。最適固定比率はペイオフが大きくなると大きくなる。ペイオフが非常に大きいとき、最適固定比率は運に等しくなる。例えば、表が出る確率と裏が出る確率がそれぞれ50％でペイオフレシオが5：1のコインの場合、最適固定比率は50％に近づく

バランスの悪い分布と高いペイオフ

　これまでは、表と裏が出る確率がそれぞれ50％のとき、表と裏の出る回数は同じであるという前提の下でリスクマネジメントを考えてき

783

図24.7　最適期待値はペイオフと運が大きくなると大きくなる

Y（運）とX（ペイオフ）に対する最適固定比率のグラフ

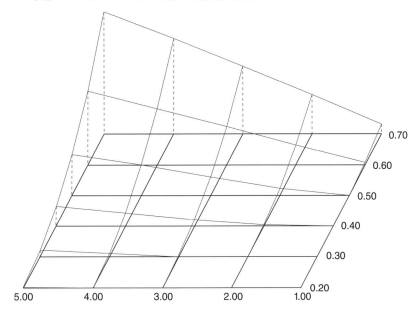

最適固定比率のときの期待値
このグラフは運とペイオフの値をいろいろに変えたときの最適期待値の値を示している（ただし、最適固定比率で賭けるものとする）。ペイオフ（X。1：1：～5：1）と運（Y。0.20～0.70）の値が大きくなると、期待値も大きくなる。例えば、最も期待値が高いのは運が70％でペイオフが5：1のときで、最も期待値が低いのはペイオフが1：1のときである

た。しかし、時には表が出続けることもある。偏りのないコインのペイオフが2：1より高いとき、表が出続けることを許容すれば、期待値はすべてを賭ける戦略の場合に最大になる。

　例えば、ペイオフが3：1の場合、各コイン投げの期待値はペイオフ×確率で1.0になる。したがって、コイン投げを10回行った場合の期待値は、当初資金を1000ドルとすると、1000ドル×（1＋1）^{10}＝1,024,000ドルになる。これはペイオフが3：1、固定比率が35％で、表が出る確率と裏が出る確率が一様分布のときの期待値4200ドルを大幅

図24.8　ペイオフが大きいとき、最適固定比率は運に近づく

運が50％のときの期待値のY（賭けサイズ）とX（ペイオフ）に対するグラフ

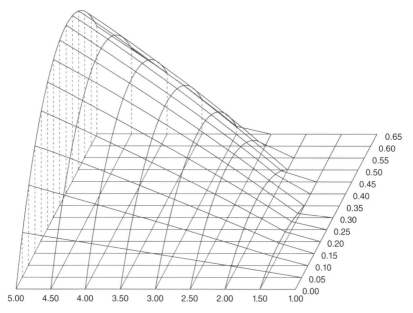

賭けサイズとペイオフから最適固定比率を見つける
このグラフは、賭けサイズとペイオフをいろいろに変えたときの運が50％（バランスの良い）コインの期待値を示したものだ。それぞれのペイオフ水準に対して最適固定比率が存在する。このケースの場合、ペイオフが1.5：1のときの最適固定比率は15％で、ペイオフが2：1のときは25％で、ペイオフが5：1のときはおよそ45％である

注＝図24.4はペイオフが2：1のときの図24.8の断面図を示したもの

に上回る。

「ほぼ確実な死」戦略

　「すべてを賭ける」戦略は「ほぼ確実な死」を意味する戦略だ。表と裏が出る確率がそれぞれ50％のコインが生き残れる確率は$(0.5)^N$である。ただし、Nはコインを投げる回数を意味する。したがって、コイ

ン投げを10回行うと、生き残れる確率は（0.5）^{10}で、1000回に1回しか生き残れない。どんなトレーダーも破産したい人はいないので、彼らはこういった戦略は避けるはずだ。しかし、この戦略の期待値は魅力的で、死が資産の損失以外のペナルティーを与えないシステムの利用例を見つけることができる。

　例えば、将軍は、各兵卒の個人的な安全など無視して、兵卒を丘の上に進軍させることで戦略を最適化しようとする。この戦略では多くの兵士を失うかもしれないが、彼らのうちの1人か2人は目標地点に到達できる可能性があり、そうなればこのミッションの期待値は最大化できる。

　これと同じように、ポートフォリオマネジャーは資産を複数のサブ口座に分け、各サブ口座の100％のリスクをとる。サブ口座の多くを失うかもしれないが、いくつかは生き残り、全体的な期待値を最大化することができることを願っているのだ。この「分散」という考え方は個々のペイオフが高いときにうまくいく。

分散

　分散とは、投資をいろいろな証券間で分散させて、特定の証券が下落したときの損失を限定しようという戦略だ。この戦略は利益の出る期待値を持つ平均的な証券（運とペイオフ商品）に依存するものだ。また、1つの商品の短期的な変動によってほかの商品の変動を補えることもあり、その結果、ポートフォリオの短期的なボラティリティは平滑化されるため、分散は1つの商品をトレードするよりも心理的な効果がある。

アンクルポイント

　分散ポートフォリオの観点から言えば、ポートフォリオを構成する個々の商品はポートフォリオの全体的なパフォーマンスのなかに組み込まれる。したがって、リスクマネジャーにとってもファンドの顧客にとっても、注目の対象はファンドのパフォーマンスということになる。つまり、ファンドのパフォーマンスは、投資家が個々の株式を考えるときに抱く感情や姿勢や運用方法に支配されるようになるということである。

　ファンドマネジメントにとって最も重要ではあるが、おそらくはあまりよく認識されていないものの１つは「アンクルポイント」と呼ばれるものである。アンクルポイントとは、投資家やファンドマネジャーがあるところまでドローダウンを喫すれば自信を喪失するドローダウンのことを言う。投資家やファンドマネジャーがやる気を失い、ファンドから撤退すれば、ファンドは消滅する。アンクルポイントは一般に投資家やファンドマネジャーを失望させるものであるため、残念ながら文献ではあまり注目されることはない。

　特に、ファンドを売る最初の段階では、アンクルポイントについては、法定書類のなかで必要条件として漠然と言及される以外はあまり言及されないことが多い。投資家とファンドマネジャーの間でアンクルポイントに対する理解が一致しないため、ファンドを続けることに対する安心感や心理的な強化が必要なときに、いずれかがあきらめてしまうことが多いのは不幸なことだ。

　ストレスを感じているとき、投資家もファンドマネジャーも漠然とした法的取り決めに従うことはなく、彼らが頼るのは直感だ。これはドローダウンが頻繁に発生する高パフォーマンス、高ボラティリティのトレード環境では特に重大だ。

　アンクルポイントについて投資家との意識的な合意がなければ、リ

スクマネジャーはアンクルポイントが近いことを推測する以外になく、したがってボラティリティを低く保つ方法を模索する。これまでに見てきたように、ボラティリティの低い安全なシステムは高いリターンを提供してくれることはほとんどない。低ボラティリティのパフォーマンスを最初は期待していたにもかかわらず、それから生まれるプレッシャーや緊張によって、ボラティリティを検出してそれにペナルティーを与えるためにボラティリティの測定が要求されるようになるのである。

ポートフォリオボラティリティの測定――シャープレシオ、VaR、レイクレシオ、ストレステスト

　分散ポートフォリオの観点から言えば、ポートフォリオを構成する個々の要素は融合されて全体的なポートフォリオの一部になる。ポートフォリオマネジャーは総合的なファンドのパフォーマンスを見るのに、シャープレシオ、VaR、レイクレシオ、ストレステストといった測定システムを用いる。

　1996年、ウィリアム・シャープは「リワード・ボラティリティ・レシオ」を開発した。やがてそれは「シャープレシオ」として知られるようになる。シャープレシオは、ボラティリティに対するパフォーマンスを調整することで異なるパフォーマンス、異なるボラティリティを持つ商品の比較に使われる。シャープレシオ（S）は次式で表される。

　　S ＝（ファンドのリターンの平均−ベンチマークの

　　　　　　　リターンの平均）÷ファンドのリターンの標準偏差

　時を経て、シャープレシオにはさまざまな変化形が登場する。ベン

図24.9　レイクレシオ＝湖（濃いアミ）÷山（薄いアミ）

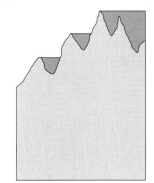

これはボラティリティの大きさのおおよその感触を視覚的につかむのに使われる。シャープレシオについては、http://www.stanford.edu/~wfsharpe/art/sr/sr.htm を参照のこと。

チマークの項をゼロにする変化形もあれば、標準偏差の代わりにリターンの分散を使ってシャープレシオを二乗するものなどいろいろだ。シャープレシオを使うときに注意しなければならないのは、ファンドが上昇したときも下落したときも同じようにリターンの振れ幅としてボラティリティが計算される点である。したがって、ファンドが上昇したときの大きな振れ幅を求める高レバレッジ・高パフォーマンスのシステムが有利とは言えない。

　ポートフォリオリスクを測定する今人気の測度がVaR（バリュー・アット・リスク）だ。これは任意の期間に95％の確率で発生することが予想される最大ドローダウンの額を測定するものだ。VaRの欠点は、①過去のデータからは将来のボラティリティのおおよその値しか得られない、②ドローダウン率が予想を超える確率が依然として５％ある。最も深刻な問題（投資家やマネジャーの自信の喪失）はこういった「外れ値」イベントのときに起こるので、VaRはそれが救済しようとするシナリオを予測することはできない。

　高ボラティリティの口座を見る大ざっぱな方法がレイクレシオだ。長

期にわたるパフォーマンスグラフを描くと、グラフには山と谷がある。山地に雨が降ると、谷は雨でいっぱいになる。したがって、山と山の間に湖ができる。ポートフォリオは常に最高値を更新するわけではないので、そんなときはダムを作って前の最高値からの水を集めて人工湖を作る（グラフの右端）。水の総量はドローダウンの総量と期間を表す。

レイクレシオは水の総量を山の総量で割ったものだ。リターンをレイクレシオで割ったものがレイク調整済みリターンだ。ドローダウンのない普通預金口座や商品はレイクがないので、レイク調整済みリターンは無限大になる。

ストレステスト

ストレステストとは、トレードモデルやリスク管理システムを過去のデータにさらして、特にドローダウンに注目しながらヒストリカルなパフォーマンスを調べる手法のことを言う。この手法の問題点は、システムを意識的にモデル化するリスクマネジャーはほとんどいないため、実際のシステムをコンピューターコードに置き換えることができない点である。しかし、システムをコンピューターコードに変換できれば、３つの利点がある――①最適賭けサイズを決定するためのフレームワークが手に入る、②システムが論理的で安定し有効であるという大きな自信が持てる、③ファンドマネジャーと投資家のリスク・リワード予測を一致させることができる。

テストに用いるヒストリカルデータの長さは、その長さを３分の１以上短くしても結果に影響を及ぼさなければ十分な長さと言える。

ポートフォリオの選択

　市場サイクルの間には個々の株式はさまざまな振る舞いを見せる。100倍に上昇する株式もあれば、天井の価格から1％にまで落ち込む株式もある。ダウ平均、S&P指数、ナスダック、ラッセルなどの指数も性格がそれぞれ異なっている。そこで重要になるのがポートフォリオの選択である。最良パフォーマンスの銘柄からなるポートフォリオは最悪パフォーマンスの銘柄からなるポートフォリオをアウトパフォームするのは当然だ。そういった意味では、ポートフォリオの選択方法はポートフォリオの全体的なパフォーマンスに影響を及ぼす。ポートフォリオに含める商品を正しく選ぶにはバックテストが必要になる。

　ポートフォリオに含まれる商品の数もパフォーマンスに影響を及ぼす。ポートフォリオに含まれる商品の数が少ないと、パフォーマンスのボラティリティは高くなるが、時として非常に大きな利益を生みだすことがある。逆にポートフォリオに含まれる商品の数が多いと、パフォーマンスのボラティリティは低く安定したパフォーマンスが得られるが、リターンは低くなる。

ポジションサイジング

　ポジションサイジング戦略には評価額をベースにするものもあれば、リスクをベースにするものもある。例えば、100万ドルの口座で20の商品をトレードしようとする投資家もいれば、口座の10％のリスクをとろうとする投資家もいる。

　評価額ベースのポジションサイジングでは口座を20の均等なサブ口座に分割する。したがって、各サブ口座は5万ドルになり、1つのサブ口座で1つの株式をトレードする。株価はそれぞれに異なるので、トレードする各株式の株数は違ってくる。

第3部　トレンドフォローに関する研究論文

図24.10　評価額ベースのポジションサイジング（例えばAの場合、5万ドルを1株50ドルで割ると、トレードする株数は1000株）

銘柄	1株当たりの株価	株数	価値
A	50ドル	1000株	5万ドル
B	100ドル	500株	5万ドル
C	200ドル	250株	5万ドル

図24.11　リスクベースのポジションサイジング（例えばAの場合、5000ドルを1株当たりのリスク5ドルで割ると、株数は1000株）

銘柄	1株当たりの株価	1株当たりのリスク	株数	リスク	価値
A	50ドル	5ドル	1000株	5000ドル	5万ドル
B	100ドル	10ドル	500株	5000ドル	5万ドル
C	200ドル	5ドル	1000株	5000ドル	20万ドル

　一方、リスクベースのポジションサイジングでは各株式のリスクを考慮する。この場合、リスクとは仕掛け価格から損切り価格を差し引いたものだ。トータルリスク許容量、例えば10%または10万ドルを20のサブ口座で割ると、各口座のリスクは5000ドルになる。このリスク許容量（5000ドル）を1株当たりのリスクで割ると、株数が求まる。

　1株当たりのリスクは1株当たりの株価に比例していない場合もある（銘柄BとCを比較してみよう）ので、これら2つの方法では株数は同じにはならないかもしれない。損切りが仕掛け価格に近く、リスク許容量が高い場合、リスクベースのポジションサイジングでの株数は口座の購買力を上回ることもある。

心理面の考察

　実際にトレードするとき、心理面で最も重要なことはシステムに従

うことができることである。システムに従うことができるようにする
ために、①システムのルールを十分に理解すること、②システムが
どのように機能するのかを理解すること、③システムに従うことにす
べての当事者が合意すること――が重要である。

例えば、前にも述べたように、利益と損失は交互に発生するわけで
はない。連勝したり連敗したりするのが普通だ。投資家とファンドマ
ネジャーのチームがこれを自然な現象であることを認識すれば、ドロ
ーダウンの間も冷静でいられ、連勝中も高揚することはない。

さらに、セミナーやサポートグループといった態度を維持する活動
は組織内で基本的な合意を維持するのに役立つ。

リスクマネジメント――まとめ

一般に、良いリスクマネジメントにはいくつかの要素がある。

1. トレードシステムやリスクマネジメントシステムをコンピュー
   ターコードに変換できるようになるまで明確に定義する。
2. バックテストに分散と銘柄選択を含める。
3. バックテストとストレステストを使ってトレードパラメーター
   の感度や最適値を求める。
4. 全当事者間でボラティリティやリターン予測を合意させる。
5. 投資家とマネジャーとの間の支援関係を維持する。
6. 特に重要なのは、システムに従うこと。
7. 繰り返すが、最も重要なのはシステムに従うこと（上の6）。

先物トレードで
掘り出し物をつかむ方法

How to GRAB a Bargain Trading Futures...Maybe

マーク・スリーマン

序論

　私の名前はマーク・スリーマン。ニュージーランドのオークランドに在住し、M・S・キャピタル・マネジメントの社長を務めている。

　本論文は、元々はエド・スィコータの「トレーディングトライブ」というウェブサイト（http://www.seykota.com/）の研究を行うために2009年にエド・スィコータと始めた研究プロジェクトであり、これはその研究のアップデートバージョン（2016年9月）だ。結果はオリジナルバージョンとそれほど変わらないが、このアップデートバージョンではマーケットアクションの最新例を使っている。

　このプロジェクトは、押し目で買い、戻りで売る——通常のトレンドフォローシステムのメカニズムとは正反対——、コンピューター化したトレードシステムを作成・検証するのがその目的である。安く買って高く売るのは多くのトレーダーにとって心地良いものであることは知っているが、その戦略が厳密な検証をしたときにも利益を出すものであるかどうかを検証していきたいと思っている。

第3部　トレンドフォローに関する研究論文

先物トレードで掘り出し物をつかむ方法

　私は掘り出し物を見つけるのが大好きだ。問題は、ほかのトレンドフォローシステム同様、私のトレンドフォローシステムが掘り出し物を見つけるのが好きではないことである。私のシステムは新しいトレンドを見つけるまでじっと待ち、新しいトレンドを見つけたらようやく買う。しかし、買いシグナルが点灯するのは、決まって底からはるか上昇したあとである。これにはイライラさせられる。底で買い、天井で売るシステムを作ることはできないものだろうか。

トレンドを追いかけるのは大変な仕事

　それは2016年1月初期のことだった。EミニS&P500先物は原油価格の下落と中国の景気低迷の懸念から大きく下落。価格はどんどん下がっていく。1月20日には価格は2015年8〜9月の支持線水準にまで下落した。「これは安い。ここで仕掛ければこれは掘り出し物になるぞ」と私は思った。私は買いたいと思っているのに、私の古くて退屈なトレンドフォローシステムは「買うな」と言う。価格は数週間横ばい状態を続けたあと、急に上昇した。市場は毎日上昇し、私のみぞおちの痛みは日に日に増していった。こんな状況を幾度経験したことだろうか。サイドラインから見ているよりも、買っていたほうがハッピーになれたのに。価格が上昇するたびに、私の怒りとイライラは募るばかりだ。でも、私はシステムにじっくり耳を傾けて何もしないことにした。価格は上昇し続ける。4月初めにはもはや掘り出し物ではなくなり、抵抗線水準まで上昇し、高すぎるように思えてきた。今や買いではなくて売りだ。ところが私のシステムは買いシグナルを出してきたのだ。私はしぶしぶ買う。

　買ったあとの数日間、市場は上昇した。しかし、そのあと下落に転

796

図25.1　トレンドフォローシステム（ＥミニS&P500。つなぎ足修正済み）

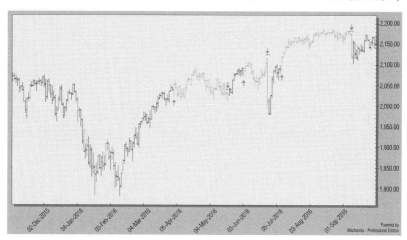

じた。どんどん下げていく。私が買ったことをまるで知っているかのように。損失はかさんでいく。数日前のみぞおちの痛みは、今の痛みに比べるとかわいいものだ。私は天井で買った自分を、そしてそれを指示してきたシステムを呪った。最終的には価格は再び割安と思えるまで下落した。システムは買うのか。いや、売りだ。このトレードは損切りに引っかかって手仕舞いした。

　もちろん、価格はそのあとすぐに再び上昇して高値を更新した。私のシステムはまた買いシグナルを出してきた。6月24日、イギリスのEU（欧州連合）脱退が国民投票で可決されたあと、価格は急落した。これは願ってもない買いのチャンスだ。私のシステムはというと、売りシグナルを出してきた。まただ。そしてシステムは9月9日の大きく下げた日に手仕舞った。私は自分が間抜けのように感じた。いつも高値で買って安値で売っているように思える。これはゼロサムゲームだ。私が損をしたお金をだれかが儲けているのだ。でも、一体だれが儲けているんだ？　市場からお金をかっさらっているのは、一体だれ

第3部 トレンドフォローに関する研究論文

なんだ。今にして思えば、それは「プロ」と呼ばれる連中だった。お金を捨てるのにはもううんざりだ。プロはどのようにトレードしているのだろうか。これを知ることが重要だと思った。そして、彼らのようにトレードしたい！

プロはどのようにトレードしているのか

プロはどのようにトレードしているのだろうか。そこで考えたのが、ほかのビジネスで賢い人はどのようにして成功しているのかということだった。正しく売るにはまずは正しく買わなければならないという古いことわざを思い出す。これだ！　これがプロのやり方に違いない。彼らは高値で買うなんてバカなことはしないはずだ。彼らは辛抱強く待って、割安になってから市場に飛びかかるのだ。仕掛けてからやるべきことは、上昇するのを待って売るだけだ。彼らは常にこれをやっているのだ。彼らはだれに天井で売りつけ、だれから底で買っているのか。それは私のようなだまされやすいトレンドフォロワーである。

プロのコンピューターモデル

私の考えるプロのトレード方法をモデル化するコンピューターシステムを作成することで私の理論を証明してみたいと思う。システムは価格が安いときに買って、高いときに売るように設計する。これをGRAB（掘り出し物をつかむ）システムと呼ぶことにする。市場には必ずトレンドが形成される。だからトレンドには逆らいたくない。そこで、支配的なメジャートレンドの方向にのみトレードするという規律を含むことにした。つまり、メジャートレンドが上昇トレンドのときは、買いサイドのみからトレードする。市場が短期的に弱まったときに買い、強くなったら売る。そして、メジャートレンドが下降トレ

798

図25.2　EミニS&P500（つなぎ足修正済み）

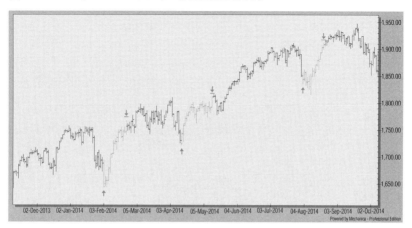

ンドのときは、売りサイドのみからトレードする。市場が短期的に上昇したときに売って、弱まったら買い戻す。

　成功するトレードのコツは分かったので、システムを構築することにしよう。儲かったら何を買おうかと想像するだけでバラ色の夢を感じる。このシステムは掘り出し物を定期的につかむはずだ。そして、トレンドフォロワーが参入したら売る。常に私を悩ませるちゃぶつきはもう問題ではない。それはむしろ利益を運んできてくれるものなのだ。

　いよいよGRABシステムの完成だ。これを稼働するには2つの値（パラメーター）が必要だ。それは支持線水準と抵抗線水準を決めるためのルックバックウィンドウ（何日さかのぼってデータを見るか）である（「GRABトレードシステムの詳細」を参照）。これらのパラメーターを最適化する。システムが私の望む高値と安値を選べるような値を実験を使って決定する。

　適切なパラメーターの値が選べたので、次はバックテストだ。このシステムがどんな素晴らしいパフォーマンスを上げるかと思うと待ちきれない思いでいっぱいだ。40の先物市場からなる分散ポートフォリ

図25.3　GRABシステム（パラメーター値は40と80）

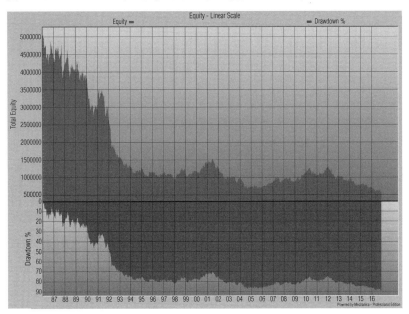

オと、30年分の過去の価格データを使ってバックテストを行う。コンピューターでテストを行い結果を待つ。

血も凍るような事実

システムは期待どおり押し目で買って、戻りで売っているが、背筋が凍りつくような事実に気づく。

「プロ」のトレード戦略であるにもかかわらず、このシステムは利益を出さずに、損失ばかり出すのである。

私は愕然とする。私が想像したマネーマシンどころか、このシステムは私を文無しに導いているかに見える。最初の結果を確認するために、さらに検証を続ける。

第25章　先物トレードで掘り出し物をつかむ方法

検証の結果、GRABシステムは負けるシステムであることが判明する。これは謎だ。あれほどよく見えたシステムなのに、なぜ損失しか出さないのか。

謎を解く──なぜGRABシステムは負けるシステムなのか

分かってきたのは、GRABシステムは私が望む高値と安値を常に拾うわけではないということだった。さらに調べていくと、このシステムではパラメーターの設定を値動きに一致させなければならないことも分かってきた。

市場との呼吸が合わない

パラメーターの設定が少しでも値動きから外れると、システムは私が望むような動きはしない。早く仕掛けすぎるか、まったく仕掛けないかのいずれかだ。早く仕掛けすぎると、押しに乗ってしまうので損を出し、目先底に到達する直前に手仕舞うことが多く、そのあとの上昇の動きを完全に取り逃してしまう。これは連続的に起こることが多い。ちょうどトレンドフォローシステムがちゃぶつきによる損失を続けざまに出すのと同じように。

さらに悪いことに、最高の動きを見逃す

しかし、パフォーマンスが本当に悪くなるのはまったく仕掛けないときだ。

GRABシステムは動きに乗って仕掛けるときにトレンドに逆らう押しや戻りに依存する。しかし、最も強いトレンドは押しや戻りが最も

801

図25.4　GRABシステム（パラメーター値は40と80。大豆油。つなぎ足修正済み）

小さいことが多い。押しや戻りが小さすぎれば、GRABシステムは仕掛けることができない。1回か2回なんとか動きに乗って仕掛けたとしても、市場が上昇すればすぐに手仕舞ってしまう。したがって、GRABシステムが大きな動きの大部分をとらえるためには、一連の大きな押しや戻りがなければならない。強い動きは十分な押しや戻りがないことが多く、したがってこのシステムは仕掛けることができず、このシステムを置き去りにして価格は急上昇する。2014年に債券価格が大きく上昇したとき、GRABシステムはブンズの上昇を完全に取り逃がしてしまった。このトレードで逃した大きな利益やこれと同じようなケースで逃した利益によって、システムのパフォーマンスは散々だった。

　GRABシステムがうまくいくのは、パラメーターの設定が市場の動きと一致しているときだけだが、こういったことはほとんどない。そのほかの期間ではシステムは押しや戻りのタイミングを誤るか、大きな動きに乗り損なう。サイドラインにいる間に大きな利益を取り逃し

図25.5 GRABシステム(パラメーター値は40と80。ブンズ先物。つなぎ足修正済み)

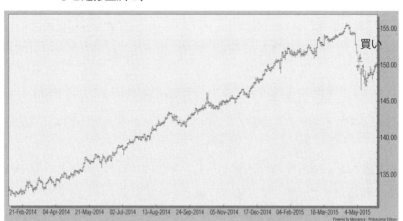

てしまうのだ。

利益が出ることは心地が悪い?

　先物市場でシステマティックに掘り出し物をつかもうとする私の夢は、この結果によって打ち砕かれてしまった。安く買って、価格が高くなったら売るという戦略は私にとってもほかの人にとっても素晴らしい戦略のように見えるが、この戦略をコンピューターで検証すると、負ける戦略であることがはっきりした。一方、高値で買い、安値で売る私のトレンドフォローシステムには心地悪さを感じる。大きな違いは、後者は利益を出すということである。ほかの試みと同様、先物トレードでは利益は簡単には手に入らないように思える。なぜなら、時には従うのが難しいシステムに完全に従わなければならないからだ。

第3部　トレンドフォローに関する研究論文

GRABトレードシステムの詳細

　このシステムの目指すものは、メジャートレンドの方向にのみトレードするという規律に従い、弱きを買って、強きを売ることである。

　GRABシステムでは2ボックスルックバック戦略を使っている。支持線水準と抵抗線水準は過去N日の最安値および最高値で、ニアボックスとファーボックスの両方を設定する（「ニアボックス」は日数が少なく、「ファーボックス」は日数が多い）。価格がファーボックスの抵抗線水準を上回ったら、メジャートレンドは上昇トレンドとみなされる。価格がファーボックスの支持線水準を下回ったら、メジャートレンドは下降トレンドとみなされる。メジャートレンドが上昇トレンドのときは、システムは買いのトレードだけを行い、メジャートレンドが下降トレンドのときは、システムは売りのトレードだけを行う。

支持線のブレイクで買い、抵抗線のブレイクで売る

　ここまでは、システムは支持線と抵抗線のブレイクで売買するトレンドフォローシステムとほぼ同じである。違いは、メジャーな上昇トレンドでは、GRABは市場が弱まったら買い、強まったら売る（下降トレンドではこの逆）という点だ。メジャートレンドが上昇トレンドのとき、GRABシステムは指値注文で、押しや戻りの間にニアボックスの支持線のブレイクで買い、上昇している間にニアボックスの抵抗線のブレイクで売る。価格がニアボックスの抵抗線まで上昇するのではなくて、ファーボックスの支持線を下にブレイクするまでこれは続く。価格がファーボックスの支持線を下にブレイクするとメジャートレンドは下降トレンドに変わり、ポジションを損切り水準で手仕舞う。そのあと、システムはニアボックスの抵抗線のブレイクで売る。

　GRABシステムの裏で何が行われているのかは、論文の最後にある

804

第25章 先物トレードで掘り出し物をつかむ方法

図25.6　トウモロコシ――ニアボックスのルックバック20日とファーボックスのルックバック100日

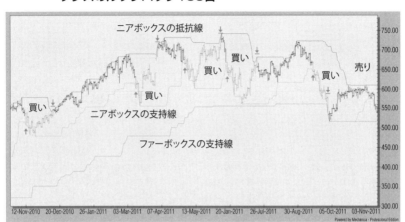

「GRABトレードシステムのコード」を参照してもらいたい。

GRABシステムは、標準的なトレンドフォローシステムとは本質的に異なる（トレンドフォローシステムは高値で買い、安値で売る）。一見したところ、GRABシステムはトレンド内のトレードでは多くの小さな利益しか得られず、トレンドが反転すると大きな損失を被るように思える。したがって、トレンドフォローシステムよりも勝率は高いが、ペイオフレシオは小さくなる傾向がある。また、逆指値を使うトレンドフォローシステムとは違って、指値を使うため、スリッページも小さい。

検証を行うことで予期しなかった振る舞いが明らかになる

バックテストでは予期しなかったことが発生した（以下に書かれていることは上昇トレンドを想定）。

第3部　トレンドフォローに関する研究論文

1. 時としてニアボックスの支持線水準とファーボックスの支持線水準が同じになることがある。これは2つのパラメーターの値が近いときによく起こる。その場合、システムの仕掛け（買い）価格と手仕舞い（売り）価格は同じ価格になる。バックテストではこういったトレードは行わない。トレーダーは2つの注文をブローカーに出す代わりに取り消すことができるので、これは実際のトレードの近似としては妥当だ。

2. メジャートレンドが反転しても必ずしも負けトレードが発生するわけではない。なぜなら、トレンドの反転で必ずトレードするわけではないからだ（上記の1を参照）。

3. メジャートレンド中に行ったトレードはすべて利益が出るわけではない。トレードの保有期間の間には、手仕舞い水準（ニアボックスの抵抗線）が仕掛けの水準を下回ることもある。これはニアボックスのパラメーターとファーボックスのパラメーターが大きく異なるときに起こることが多い。

4. メジャートレンドの反転（ファーボックスの支持線のブレイク）で手仕舞った場合、利益が出ることはあまりないが、絶対にないとは言えない。これはトレードの保有期間中にファーボックスの支持線が仕掛け価格を上回ったときに発生する。これが最も起こりやすいのは、パラメーターが似たような値のときである。

GRABシステムの性質はパラメーター値の違いによって決まる

GRABシステムの性質はパラメーター値の違いによって決まる。パラメーターの値が大きく異なるとき、メジャートレンドに対する小さな押しや戻りによってニアボックスの支持線がブレイクされ、仕掛け

806

図25.7 コーヒー——パラメーターの値が大きく異なる（ニアボックスのルックバックは20日、ファーボックスのルックバックは200日）

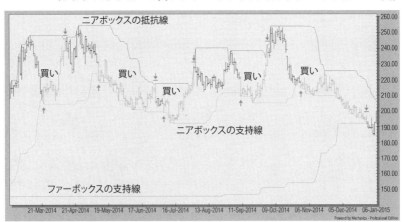

が発動する。同様に、利益の出るわずかな動きによってニアボックスの抵抗線がブレイクされると、手仕舞いが発動する。逆に、価格が大きく下落してファーボックスの支持線をブレイクすると、メジャートレンドは上昇トレンドから下降トレンドに変わる。これによってトレード頻度は上がり、たくさんの小さな利益といくつかの大きな損失がもたらされる。これは「正しく」ありたいと願うトレーダーには魅力的に映るかもしれない。

　パラメーターの値に大差がないとき、GRABシステムが仕掛けるにはメジャートレンドとは逆方向の大きな押しや戻りが必要になる。したがって、トレード頻度は少なくなる。仕掛けたら、今度は利益の出る方向に大きな動きが必要になり、ニアボックスの抵抗線に達したら手仕舞う。逆に、ファーボックスの支持線をブレイクしてトレンドの転換で手仕舞うには、損をする方向に小さな動きがあればよい。これによって、上記の1のようにトレンドの転換でのトレードの多くをスキップする。これによってトレード頻度は少なくなり、利益の出るト

図25.8　天然ガス——パラメーターの値に大差がない（ニアボックスのルックバックは110日、ファーボックスのルックバックは140日）

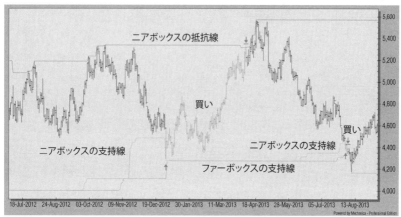

レードはほとんど発生しない。しかし、利益の出るトレードは押しや戻りの底近くで仕掛け、支配的な動きの天井近くで手仕舞う。これは「賢く」ありたいと願うトレーダーにとっては魅力的に映るかもしれない。

GRABトレードシステムのコード

次に示すのはGRABシステムのコードを英語に近いフォーマットで書いたものだ。各ラインの先頭にあるアポストロフィ（'）はその行がコメントであることを示している。

インディケーターのセットアップ

```
'GRAB System.
'Two-box system. Far box defines major trend; system
```

第25章 先物トレードで掘り出し物をつかむ方法

trades only in same direction as major trend,
'meanwhile fading the signals of near box.
'Last trade in each trend exits at break of far box
- at the same time as the trend reverses.
'All trades, except the last in the trend, use a
limit order, as they are fading the near box.
'The last trade exits on a stop, as the trend
changes.
'Assign entry and exit break out parameters using
integers "X" and "Y".
'Set X = Far box lookback
X = 80
'Set Y = Near box lookback
Y = 40
'Create the far and near box support/resist levels.
FAR_BOX_RESISTANCE = MAX[H,X,0]
FAR_BOX_SUPPORT = MIN[L,X,0]
NEAR_BOX_RESISTANCE = MAX[H,Y,0]
NEAR_BOX_SUPPORT = MIN[L,Y,0]
'Initialize long term trend value to 0 so that it
does not set until indicators up to speed.
'See if high TODAY breaks yesterday's look back
high, or if low breaks yesterday's look back low.
IF FAR_BOX_RESISTANCE = 0 THEN
TREND = 0
ELSE IF HIGH >= FAR_BOX_RESISTANCE[1] THEN
TREND = 1
ELSE IF LOW <= FAR_BOX_SUPPORT[1] THEN

809

第3部　トレンドフォローに関する研究論文

```
TREND = -1
ELSE
TREND = TREND[1]
```

仕掛け

```
'If the trend is up buy on a break of near box
support.
IF TREND[1] = 1 THEN BUYLIMIT = NEAR_BOX_SUPPORT[1]
'If the trend is down sell on a break of near box
resistance.
IF  TREND[1]  =  -1  THEN  SELLIMIT  =  NEAR_BOX_
RESISTANCE[1]
```

手仕舞い

```
IF LONG = 0 THEN JUMPTO[1]
'If long either, sell (at a limit) on a break up
from
the near box or, sell (on a stop) on a break down
from
the far box - a change in trend from up to down.
SELLIMIT = NEAR_BOX_RESISTANCE[1]
SELLSTOP = FAR_BOX_SUPPORT[1]
JUMPTO[2]
[1]
' Vice-versa if short.
BUYLIMIT = NEAR_BOX_SUPPORT[1]
```

```
BUYSTOP = FAR_BOX_RESISTANCE[1]
[2]
```

ポジションサイジング

```
'Use Fixed Fractional Position sizing. Positions
size inversely to the risk they present at entry.
'Set the risk budget.
RISK_BUDGET = .01
STARTDATE = 19860101
ENDATE = 20161010
STARTUPCASH = 1000000
NEWCONTRACTS = TOTALEQUITY * RISK_BUDGET / NEWRISK
```

免責条項　ここに示した「GRAB・ア・バーゲン（GRAB a Bargain)」研究プロジェクトはマーク・スリーマンが書いた白書で、プロジェクトの最中に彼が従ったプロセスとその成果を示すものである。これは情報提供のためのみに提示するものであり、いかなる投資商品やトレード戦略の売買を推奨するものではない。

戦略的マクロ投資は
なぜ今も有効なのか

Why Tactical Macro Investing Still Makes Sense

> サンライズ・キャピタル・パートナーズ
> ジェイソン・ガーラック
> リック・スローター
> クリス・スタントン

序論

　2002年11月、カス・ビジネス・スクールのハリー・M・カット教授（博士）は「マネージド・フューチャーズ・アンド・ヘッジファンド（Managed Futures and Hedge Funds : A Match Made in Heaven）」というタイトルのワーキングペーパーの配布を始めた。そして2004年第1四半期にジャーナル・オブ・インベストメント・マネジメント誌はそれを論文として発表した。私たちはカット博士の論文を戦術的マクロ投資、つまりマネージド・フューチャーズ業界において影響力の大きな論文と位置づけている。この論文で、カット博士は次のように述べている——「株式と債券で構成された従来のポートフォリオにヘッジファンドイクスポージャーを組み込むことで、リターンは上昇しボラティリティは低下するが、テールリスクの上昇（歪度は低くなり、尖度は高くなる）という好ましくない副次的効果も生みだす」。彼は従来のポートフォリオにマネージド・フューチャーズを組み込んだときの効果、ヘッジファンドとマネージド・フューチャーズを組み合わせたときの効果、従来のポートフォリオにヘッジファンドとマネージド・フューチャーズを組み込んだときの効果を分析した。その結果、マネ

第3部　トレンドフォローに関する研究論文

ージド・フューチャーズはヘッジファンドよりも分散効果があり、さらにマネージド・フューチャーズはヘッジファンドよりもポートフォリオのボラティリティを大幅に素早く低下させ、しかもマネージド・フューチャーズはこれをテールリスクを上昇させるという負の副次効果を伴うことなく達成することができることを見いだした。カット博士は、マネージド・フューチャーズとヘッジファンドを従来のポートフォリオに組み込むことで最も望ましい結果を得ることができると結論づけた。[1]

　カット博士の分析期間は1994年6月から2001年5月までである。本論文はカット博士の書いた論文を見直して、改訂したものである。したがって、私たちの分析期間はそれ以降の「アウトオブサンプル」期間となる2001年1月から2015年12月までである。2つの付録にはほかの2つの期間にわたる私たちの結果が含まれている（付録Aはデータが入手可能だったこともあり、1990年から2015年までの私たちの結果を示している）。

　全期間にはカット博士の研究期間以前の4年半、カット博士の研究期間、およびそれ以降のアウトオブサンプル期間が含まれる。付録Bはカット博士の分析期間（1994年6月〜2001年5月）とまったく同じ期間のわれわれの結果を示したものだ。ただし、本論文および付録Bはカット博士の研究の複製を意図したものではないことに注意してもらいたい。

マネージド・フューチャーズ

　マネージド・フューチャーズとは、先物取引、先渡し取引、オプション、FX市場に投資する流動性のある透明な戦略的マクロヘッジファンド戦略の集合体と見ることができるかもしれない。マネージド・フューチャーズ・プログラムは実物コモディティ、債券、株価指数、通

814

貨など、グローバルに分散された400の市場で買いポジションと売りポジションを取る。これらの市場に日々参入する人々は、ヘッジャー、トレーダー、投資家などで、彼らの多くはポジションを頻繁に変更し、出来高や流動性に貢献する。マネージド・フューチャーズ・プログラムには大きな可能性があり、私たちにさまざまな市場、セクター、期間で分散する機会を与えてくれる[2]。

マーケットセクター間での分散、アクティブ運用、そして買いと売りの両方のポジションを取ることができることが、マネージド・フューチャーズがパッシブな買いオンリーのコモディティ指数や伝統的な投資と異なる点だ[3]。マネージド・フューチャーズ・プログラムがトレードするのは株価指数、債券、FX先物だが、それらのリターンはこうしたアセットクラスのリターンとはこれまで相関はなかった[3]。その理由は、ほとんどのマネジャーがただ単にシステマティックなベータイクスポージャーを取るだけではなくて、アクティブで戦略的な運用を通じてアルファを加え、さらに売りやスプレッドポジションを仕掛けることができるため、買いオンリーのパッシブインデックスとはリターン特性がまったく異なるからである[3]。

初期の先物トレードは1600年代後半の日本にさかのぼることができる[4]。公的な先物ファンドが始まったのは1948年だが、CTA（商品投資顧問業者）業界は1970年代までは弾みがつかなかった。バークレイズ（2012年）によれば、「10年以上前は、これらのファンドや彼らの商品はヘッジファンドとは違うものだと思われていたが、今ではヘッジファンドの1分野と認識されている。事実、マネージド・フューチャーズは代替投資の分野で重要な役割を果たしている」。マネージド・フューチャーズはヘッジファンド全体の資産のおよそ12％を占め、金額で言えば3334億ドル（2015年第3四半期末現在）に上る[5]。

マネージド・フューチャーズは主としてグローバルな先物市場やFX市場に投資するグローバルマクロ戦略の1つと考えることができ、非

815

第3部　トレンドフォローに関する研究論文

常に戦略的でシステマティックなトレード手法やリスク管理法を使うことが多い。トレードされる商品は上場先物や流動性の高い現物先渡し市場だ。先物は価格付けや評価が容易で、日々決済を行うため信用リスクを最小化することができるため、ヘッジファンドの投資家は代替投資に投資することによる有害リスクを緩和したり取り除いたりすることができる。流動性の高さと価格付けの容易さによって、リスクの測定やモデル化が簡単にできるため、リスク管理も楽に行える[3]。バドゥリとアート（2008年）は2007年の世界金融危機の前に行った研究で、流動性の価値は過小評価されることが多く、その結果、流動性の低い商品をトレードするヘッジファンドは、流動性の高い商品をトレードするヘッジファンドをアンダーパフォームしてきたことを見いだした[6]。

　マネージド・フューチャーズ戦略はクオンツ的性質が強いため、無頓着な観測者たちはこれらの戦略を「ブラックボックス」トレードシステムと間違って分類してしまいがちだ[3]。ラムジーとキンス（2004年）によれば、「皮肉なのは、ほとんどのCTAはほかの代替投資戦略に比べると並外れて高い透明性を提供するということである[7]」。一般にCTAは自分たちのトレードモデルやリスクマネジメントをデューデリジェンスの流れのなかで細かく説明するが、「実際のアルゴルズムは公開しない」と、彼らは指摘する。またCTAはポジションについても投資家に明確に説明する。投資家は一任口座（マネージドアカウント）を通じてポジションについてリアルタイムで知ることができるため、ファンド投資の管理上のリスクを避けることができる。ラムジーとキンスは、「CTAは彼らの手法を公開し、ポジションについても完全に情報開示し、投資家たちはCTAがその手法に従っているかどうかを評価することができるので、CTAはブラックボックスとは言えない」と結論づけている。

　マネージド・フューチャーズの投資家はラップアカウントを持つの

が一般的だが、これによってすべてが透明になり、極端なケースでは、投資家自らがポジションを解消することでマネジメントに介入することもできるため、リスクマネジメントは大幅に向上する。[3] さらに、CTAにラップアカウントを持つ機関投資家は、資産を監視することで、オペレーショナルリスクや不正行為を大幅に減らすことができる。ほかのヘッジファンド戦略でトレードされている商品とは違って、CTAがトレードする商品では「ノーショナルな資産」を使ってリスク目標を特定の水準に設定することで資産配分をカスタマイズすることができる。先物やFXは委託証拠金が低いためキャッシュ効率が高く、そのため投資家はマネジャーと連携して特定の年次ボラティリティ水準やほかのリスク水準に合わせて一任口座にレバレッジをかけたり、レバレッジを解消したりすることができる。CTAによっては異なるリスク水準の株式クラスを含むファンドを提供することもある。イクスポージャーを追加するためには金利を支払わなければならない従来のレバレッジとは異なり、先物口座の証拠金として使われる資産は投資家に利息をもたらす。

　先物トレードのもう1つの魅力は、空売りすることができることである。空売りにおいては、アップティックルールはなく、株を借りる必要もなく、配当を支払う必要もなく、ほかのコストも発生しない。このように、先物は株式トレードよりもロング・ショート戦略を簡単に実行することができる。[3]

マネージド・フューチャーズとCTAの定義

　「マネージド・フューチャーズ」は意味が極めて広いので、もう少し定義を具体化する必要がある。マネージド・フューチャーズ・トレーダーは通常「CTA」と呼ばれる。CTAは商品先物取引委員会と全米先物協会に登録するときの名称だ。CTAは金融先物やFX先物をトレ

第3部　トレンドフォローに関する研究論文

ードすることもあり、彼らのトレードはコモディティ先物だけに限定されているわけではないので、CTAという名前は誤解を招くかもしれない[3]。

機関投資家はマネージド・フューチャーズやCTAをどう見ているのか

2012年2月のバークレイズによる「ヘッジファンドパルス」リポートによれば、機関投資家はCTAに投資する大きなメリットを3つ挙げている。

1．従来のリターン源との相関が低い
2．戦略がリスクを軽減し、ポートフォリオを分散する特徴を持つ
3．戦略の絶対リターンとそれがアルファ源になること

また、調査した投資家の50％はヘッジファンドポートフォリオの0％から10％をCTA戦略に投資し、次の6カ月の間にCTA戦略への投資を増やす計画をしている者が50％いる[5]。

歪度と尖度

近代ポートフォリオ理論（MPT）の枠組みを使ってポートフォリオを構築するとき、投資家は分布の1次と2次のモーメント——平均と分散——のみを重視する。アセットクラス間のヒストリカルな相関が安定しているかぎり、現代ポートフォリオ理論によるポートフォリオの構築はうまくいくように思える[8]。しかし、金融危機のときには多くのアセットクラスは同調して動くため、分散していると思っていた投資家は深刻な「テールリスク」イベントを経験することになる。平均

818

リターンとリターンの分散のみを重視する投資家は、重要で測定可能でヒストリカル的に堅牢な情報を取り込んでいないことになる。

アセットクラスや投資戦略の現実世界のリターン特性についての貴重な情報を提供してくれるのが、分布の3次と4次のモーメントである歪度と尖度である。本論文にとって歪度と尖度という概念は極めて重要だ。

● 歪度とは分布の対称性を測定したもので、分布曲線の両側の「テール」の長さを比較する。
● 尖度とは分布のとんがり具合を測定したものだ。つまり、尖度が大きければ鋭いピークと長く太い裾を持った分布を持ち、尖度が小さければより丸みがかったピークと短く細い尾を持った分布ということである。言い換えれば、ボラティリティリスクが分布の裾に位置するのか、それとも真ん中辺りに集中しているのかということである。

これらの概念が本論文にとっていかに重要であるかを理解するために、カットの論文を見直してみることにしよう。過去のリターンを外挿し、リターンの標準偏差をリスクと定義すれば、ヘッジファンドは最良のリターン（株式のリターンに近い期待リターン）とリスク（債券のリスクに近いリスク）を提供してくれる、とカットは述べている。しかし、アミンとカット（2003年）によれば、従来の投資ポートフォリオにヘッジファンドを含むことでポートフォリオの平均・分散特性は大幅に改善されるが、金融危機のときには、ヘッジファンドは負の歪度を持った分布を生みだすことが予想される。[9] カット（2004年）はさらに次のように述べている——「ヘッジファンドが株式や債券のポートフォリオに組み込まれることで負の歪度が増加すれば大きなリスクが発生する可能性がある。なぜなら、大きな負のリターンが1回発

819

第3部　トレンドフォローに関する研究論文

生すれば、何年にもわたって慎重に複利運用してきたものが一気に崩
壊するからである」[1]。

　カットの出した結果は、さまざまなヘッジファンド戦略においてボ
ラティリティに対して不釣り合いな損失を出すリスクを調査したコウ
カジアンとチウィアニアンク（2011年）によって立証されているよう
に思える[10]。

　「負の歪度を持つ戦略が魅力的なのは市場が安定しているときだけで
ある。マーケットショック（例えば、過去17年においてS&P500は3
回大きなドローダウンを喫した）のときには、歪度の低い戦略は、

● −41％という大きな損失を出した（歪度が高い戦略は＋39％の利益
　を出した）
● S&P500との相関が高まる
● 戦略間の相関が高まる」

　このように歪度と尖度はポートフォリオのリスクとリターン特性に
ついての重要な情報を提供してくれるものだ。本論文を読むときには
このことに留意してもらいたい（歪度と尖度については詳しくは付録
Cを参照のこと）。

データ

　カット同様、私たちの分析でも4つのアセットクラス——株式、債
券、ヘッジファンド、マネージド・フューチャーズ——に焦点を当て
る。

株式

　S&P500トータルリターン指数。S&P500指数は1957年の導入以来、

820

アメリカの大型株の動向を表す指数とみなされてきた。この指数をベンチマークとする運用資産の総額は8兆8000億米ドルを超え、そのうちのおよそ2兆2000億米ドルがこの指数を複製する戦略だ。この指数はアメリカの主要産業を代表する500社によって構成されており、米株式市場の時価総額の約80％をカバーしている。S&P500トータルリターン指数は株価の変動だけでなく、原資産の配当の再投資も反映している。

債券

バークレイズ米国総合インデックス（元リーマン総合インデックス）。1986年に公表を開始したが、その歴史は1976年にさかのぼる。このインデックスはアメリカの債券投資家にとって重要なインデックスであり、アメリカのインデックスファンドはこのインデックスをベンチマークとして資産運用している。これは4つの主要な米国債券指数を合成したインデックスで、アメリカ政府インデックス、アメリカクレジットインデックス、アメリカ不動産担保証券インデックス（1986年）、アメリカ資産担保証券インデックス（1992年から）で構成されている。このインデックスは投資適格債をS&P、ムーディー、フィッチ債券格付けに基づいてトラッキングしている。このインデックスには高利回り債、地方債、インフレ連動Tボンド、外貨債は含まれない。2015年末現在、このインデックスに含まれる債券の発行数はおよそ8200である。

ヘッジファンド

2300を超えるヘッジファンドを含むHFRIファンド加重複合指数。国内および国外ファンドを均等加重したもの（ただし、ファンド・オブ・

第3部　トレンドフォローに関する研究論文

ファンズは含まれない）。含まれるすべてのファンドは毎月、運用成績（米ドル）と手数料差し引き後の運用成績をこの指数に報告する。この指数に含まれるファンドの条件は、運用資産が5000万ドル以上であるか、過去12カ月以上にわたってアクティブに運用していたこと。

マネージド・フューチャーズ

バークレイ・システマティック・トレーダーズ・インデックス。手法が95％以上システマティックなマネージド・フューチャーズを均等加重した複合指数。2015年末現在で、このインデックスに含まれるシステマティックなプログラムの数は454である。

基本的な統計量

4つのアセットクラスの基本的なパフォーマンス統計量は**表26.1**に示したとおりである。カットの結果ほどではないにしろ、カットの結果と同じように、私たちの結果でもマネージド・フューチャーズはヘッジファンドよりもリターンの平均が低いことを示している。マネージド・フューチャーズはヘッジファンドよりも標準偏差も高い。しかし、ヘッジファンドの歪度が負であるのに対して、マネージド・フューチャーズの歪度は正で、マネージド・フューチャーズの尖度はヘッジファンドよりもはるかに低い。ここが重要なのだが、尖度が低いということは、裾が短くて細い（テールリスクが少ない）ことを意味し、歪度が正ということは、マイナスのサプライズよりもプラスのサプライズが発生する傾向のほうが高いことを意味する。また相関マトリックスを見てみると、ヘッジファンドは株式との相関が高い（0.80）が、マネージド・フューチャーズは株式とは負の相関（－0.17）を持ち、マネージド・フューチャーズとヘッジファンドの相関は低い（0.07）。

822

表26.1　株式、債券、ヘッジファンド、マネージド・フューチャーズの
月次統計量（2011/06～2015/12）

	株式	債券	ヘッジファンド	マネージド・ フューチャーズ
平均（％）	0.50	0.42	0.45	0.33
標準偏差（％）	4.32	1.01	1.72	2.25
歪度	−0.63	−0.33	−0.84	0.22
超過尖度	1.17	1.37	2.06	0.43
相関				
株式	1.00			
債券	−0.11	1.00		
ヘッジファンド	0.80	−0.03	1.00	
マネージド・ フューチャーズ	−0.17	0.24	0.07	1.00

株式・債券ポートフォリオにヘッジファンドを加えるべきか、それともマネージド・フューチャーズを加えるべきか

　ヘッジファンドやマネージド・フューチャーズを組み込んだときの効果を調べるために、まずは株式50％、債券50％からなる基本となる「伝統的な」ポートフォリオ（「50/50」）を作成する。そして、このポートフォリオにヘッジファンドやマネージド・フューチャーズを５％ずつ増やしながら組み込んでいく。カットの論文にもあるように、ヘッジファンドやマネージド・フューチャーズを加えるときは、50/50ポートフォリオの株式と債券の保有率は均等に減少するものとする。例えば、ヘッジファンドを20％加えたときは株式と債券の保有率はそれぞれ40％になり、マネージド・フューチャーズを30％加えたときは株

第3部　トレンドフォローに関する研究論文

式と債券の保有率はそれぞれ35％になるといった具合だ（ただし、本論文を通じてポートフォリオは毎月リバランスするものとする）。カットと同様、私たちもヘッジファンドとマネージド・フューチャーズをポートフォリオにどう加えればよいのかを調べてみた。カットによれば、50/50ポートフォリオにヘッジファンドを加えると望みどおりに標準偏差は減少した。しかし、残念ながら、分布の歪度は負になった。これに加え、リターン分布の尖度は上昇した。つまり、「裾が長くて太く」なったということである。しかし、マネージド・フューチャーズを加えると、標準偏差はヘッジファンドのときよりも早く減少し、尖度は低下した。そして最も印象的だったのは、歪度が正の方向にシフトしていったことである（**表26.2**）。カット（2004年）は研究結果を次のようにまとめた——「ヘッジファンドのほうが期待を上回るリターンを上げることを想定していたものの、リスクの観点から言えば、マネージド・フューチャーズのほうがヘッジファンドよりも優れた分散効果を示すように思える[1]」。

　カットの研究期間以降の期間においてもカットの観察結果は有効であることを、私たちの研究結果は示している。ヘッジファンドの配分比率を上げると、ポートフォリオのリターンは変わらないが、標準偏差は減少した。しかし、前にも述べたように、ヘッジファンドを加えることの「負の副作用」は依然として残ったままだった。それは、ポートフォリオの歪度は低下するが、尖度は上昇するというものである。一方、マネージド・フューチャーズを加えると分散化効果が増した。事実、マネージド・フューチャーズを加えると、カットの研究期間よりも私たちの研究期間でのほうがパフォーマンス特性は向上したように思える。マネージド・フューチャーズを加えると、平均リターンは減少しているものの、歪度はマネージド・フューチャーズを加えないときの-0.78から45％の配分では-0.04に上昇した。また、標準偏差はヘッジファンドを加えたときよりも素早く減少し、尖度はマネージド・

824

表26.2 50/50ポートフォリオにヘッジファンドまたはマネージド・フューチャーズを加えたポートフォリオの月次リターン統計量 (2001/01～2015/12)

	ヘッジファンド					マネージド・フューチャーズ			
HF (%)	平均(%)	標準偏差(%)	歪度	尖度	MF (%)	平均(%)	標準偏差(%)	歪度	尖度
0	0.46	2.17	−0.78	2.27	0	0.46	2.17	−0.78	2.27
5	0.46	2.13	−0.80	2.28	5	0.45	2.05	−0.74	2.05
10	0.46	2.09	−0.81	2.30	10	0.45	1.94	−0.69	1.79
15	0.46	2.05	−0.82	2.31	15	0.44	1.83	−0.63	1.49
20	0.46	2.02	−0.84	2.32	20	0.43	1.74	−0.55	1.16
25	0.46	1.98	−0.85	2.33	25	0.43	1.66	−0.45	0.82
30	0.46	1.95	−0.86	2.34	30	0.42	1.59	−0.35	0.49
35	0.46	1.92	−0.87	2.35	35	0.41	1.53	−0.24	0.19
40	0.46	1.89	−0.88	2.35	40	0.41	1.49	−0.13	−0.03
45	0.46	1.87	−0.89	2.35	45	0.40	1.47	−0.04	−0.18
50	0.46	1.84	−0.90	2.35	50	0.39	1.47	0.04	−0.23

注＝HF（%）はヘッジファンドの比率、MF（%）はマネージド・フューチャーズの比率。

第3部　トレンドフォローに関する研究論文

フューチャーズを加えないときの2.27から45％の配分では−0.18に低下している。

ヘッジファンドとマネージド・フューチャーズのポートフォリオ

　表26.3はヘッジファンドとマネージド・フューチャーズのみで構成されたポートフォリオの統計量を示したものだ。マネージド・フューチャーズの平均月次リターンはヘッジファンドよりも低いため、マネージド・フューチャーズを加えるとポートフォリオの期待リターンは減少することが予想される。また、マネージド・フューチャーズの標準偏差はヘッジファンドよりも高いため、マネージド・フューチャーズを加えるとボラティリティは上昇すると思われる。しかし、マネージド・フューチャーズとヘッジファンドを組み合わせると、歪度は正になり尖度が非常に低くなるため、全体的なリスク特性は改善されるように思える。マネージド・フューチャーズに40％投資すると、標準偏差はマネージド・フューチャーズをまったく加えないときの1.72％から1.42％に減少するが、期待リターンはわずか５ベーシスポイントしか低下しない。また歪度は−0.84から0.10に上昇し、尖度は2.06から−0.18に大幅に低下する。ヘッジファンドだけでも十分に印象的だが、マネージド・フューチャーズを加えるとポートフォリオ全体のリターン特性が向上するため、ヘッジファンドとマネージド・フューチャーズは最高のチームメートだ。

株式、債券、ヘッジファンド、マネージド・フューチャーズをすべてポートフォリオに組み込む

　最後の分析では、これら４つのアセットクラスをすべてポートフォ

826

第26章　戦略的マクロ投資はなぜ今も有効なのか

表26.3　ヘッジファンドとマネージド・フューチャーズを組み合わせたポートフォリオの月次リターン統計量（2001/01〜2015/12）

MF（%）	平均（%）	標準偏差（%）	歪度	尖度
0	0.45	1.72	−0.84	2.06
5	0.45	1.64	−0.73	1.73
10	0.44	1.58	−0.61	1.37
15	0.43	1.52	−0.48	1.00
20	0.43	1.48	−0.34	0.65
25	0.42	1.44	−0.21	0.33
30	0.42	1.42	−0.09	0.09
35	0.41	1.41	0.02	−0.08
40	0.40	1.42	0.10	−0.18
45	0.40	1.44	0.16	−0.20
50	0.39	1.47	0.19	−0.17

注＝MF（%）はマネージド・フューチャーズの比率

　リオに組み込んだときの効果を調べる。カット同様、私たちはこれを２段階で行う。まず、ヘッジファンドとマネージド・フューチャーズを組み合わせて「代替ポートフォリオ」を作成する。次に、株式と債券からなる50/50の「伝統的ポートフォリオ」に代替ポートフォリオを比率を増やしながら加えていく。この分析では、２つの問題を同時に解決していく。１つは「伝統的投資と代替投資の最良の配分」（**図26.1**の代替％軸を参照）、もう１つは「代替ポートフォリオのなかのヘッジファンドとマネージド・フューチャーズの最良の配分」（**図26.2**のマネージド・フューチャーズ％軸を参照）。

　図26.1を見ると分かるように、マネージド・フューチャーズを含まないときが平均リターンが最も高い。マネージド・フューチャーズはリターンが低い（ヘッジファンドが0.45％、株式・債券が0.46％に対し、

図26.1 伝統的ポートフォリオと代替ポートフォリオの配分をいろいろに変え、代替ポートフォリオのなかのマネージド・フューチャーズとヘッジファンドの配分もいろいろに変えたときの平均リターン（2001/01～2015/12）

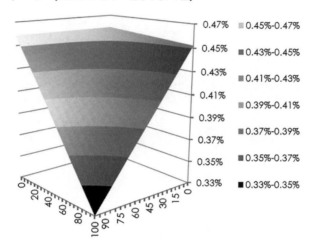

0.33%）ため、マネージド・フューチャーズを含めると平均リターンにマイナス効果を及ぼすからだ。CTAはリターンの最大化と同じくらい標準偏差とドローダウンの最小化を図ろうとするため、これは予想できる。

図26.2はさらに興味深い。カットの結果と同様、伝統的ポートフォリオに代替ポートフォリオを加えるとポートフォリオのリターンの標準偏差は大幅に減少する（**注意** 軸に関しては、情報が最も伝わりやすい視野角を選んだ。したがって、**図26.2**以降の図においては軸水準はほかの図と必ずしも一致しない）。この効果は代替ポートフォリオに100％配分し、代替ポートフォリオのなかのマネージド・フューチャーズの配分を35％にしたときに最大になる。

図26.2　伝統的ポートフォリオと代替ポートフォリオの配分をいろいろに変え、代替ポートフォリオのなかのマネージド・フューチャーズとヘッジファンドの配分もいろいろに変えたときの標準偏差（2001/01〜2015/12）

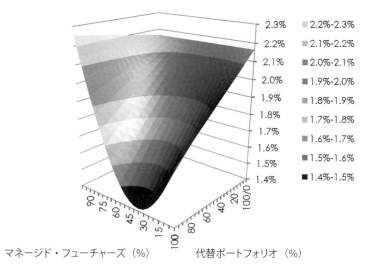

　図26.3はリスク調整済みリターン（リターン÷標準偏差）を示したものだ。投資家のリターンの一貫性は平均リターンと同じくらい重要であると言える。つまり、1リスク単位に対する利益が最大になることが重要だということである。代替ポートフォリオに100％投資して、代替ポートフォリオのなかのマネージド・フューチャーズの配分が30％のときがリスク調整済みリターンは最大になる。

　図26.4は伝統的ポートフォリオと代替ポートフォリオを組み合わせたときの歪度を示したものだ。代替ポートフォリオを加えると歪度が上昇するという好ましい効果が得られることが分かる。次にマネージド・フューチャーズの配分を増やしていくと、歪度は上昇していく。代替投資の配分がおよそ80％のときから、ポートフォリオの歪度はプラ

図26.3　伝統的ポートフォリオと代替ポートフォリオを組み合わせたときのリスク調整済みリターン（2001/01～2015/12）

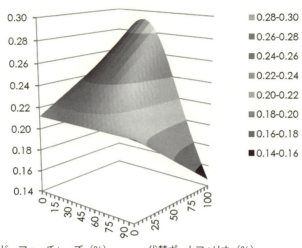

図26.4　伝統的ポートフォリオと代替ポートフォリオを組み合わせたときの歪度（2001/01～2015/12）

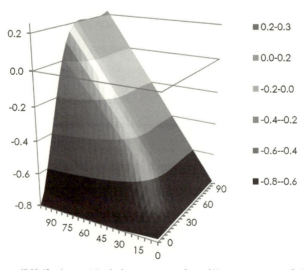

図26.5　伝統的ポートフォリオと代替ポートフォリオを組み合わせたときの尖度（2001/01～2015/12）

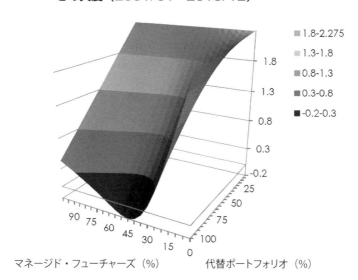

スになる。歪度が最大になるのは、代替ポートフォリオへの配分を100％にして、そのうちの半分以上をマネージド・フューチャーズに配分したときである。

最後に**図26.5**を見てみよう。これは尖度の結果を示したものだ。カットと同様、マネージド・フューチャーズを加えると尖度が減少することが分かった。代替ポートフォリオの配分を95％から100％にして、代替ポートフォリオのなかのマネージド・フューチャーズの配分を40％から55％にしたときの尖度は－0.19と極めて低い。

この分析をほかのいくつかのCTA指数でも行ったが、結果は１つの指数特有のものではないことが分かった。どのCTA指数の結果もここで示した結果にほぼ一致した。つまり、私たちの結果は選んだCTA指数にかかわらず堅牢であるということである。

第3部　トレンドフォローに関する研究論文

結論

　本論文では、ハリー・M・カット博士の論文「マネージド・フューチャーズ・アンド・ヘッジファンド（Managed Futures and Hedge Funds : A Match Made in Heaven）」で紹介されたフレームワークを使って、株式、債券、ヘッジファンドのポートフォリオにおけるマネージド・フューチャーズの役割を分析した。本論文の目的は、カットの結果が彼の分析期間以降も有効であるかどうかを調べることだった。

　その結果、マネージド・フューチャーズは効果的な分散化効果を維持してきたことが分かった。カットの結果同様、私たちの分析においても、株式と債券の伝統的ポートフォリオにマネージド・フューチャーズを加えることで、ヘッジファンドだけを加えたときよりもポートフォリオの標準偏差は大幅にしかも素早く減少し、しかも歪度や尖度といった好ましくない副作用もないことが分かった。

　最も良い結果が得られたのは、伝統的ポートフォリオにヘッジファンドとマネージド・フューチャーズの両方を加えたときである。**図26.1～図26.5**を見ると分かるように、代替ポートフォリオの配分を90％から100％にして、代替ポートフォリオのなかのマネージド・フューチャーズの配分を40％から55％にしたとき、最も良い平均リターン、標準偏差、歪度、尖度の値を得ることができた。

　最後に、4つの資産——株式、債券、ヘッジファンド、マネージド・フューチャーズ——をすべて組み込んだときのポートフォリオのパフォーマンス統計量について見ていくことにしよう。**表26.4**は100％伝統的なポートフォリオ（株式が50％、債券が50％）から100％代替ポートフォリオ（ヘッジファンドが50％、マネージド・フューチャーズが50％）まで配分を10％ずつ変えたときのポートフォリオのパフォーマンス統計量を示したものだ。

　表26.4と**図26.6**（**表26.4**のデータを基に算出した効率的フロン

832

第26章　戦略的マクロ投資はなぜ今も有効なのか

表26.4　100%伝統的ポートフォリオから100%代替ポートフォリオま
で配分を10%ずつ変えたときのポートフォリオのパフォーマン
ス統計量（2001/01〜2015/12）

株式（%）	債券（%）	HF（%）	MF（%）	平均リターン（%）	標準偏差（%）	歪度	尖度	リターン÷リスク
50	50	0	0	0.46	2.66	−0.47	1.29	0.17
45	45	5	5	0.45	2.59	−0.46	1.28	0.17
40	40	10	10	0.45	2.53	−0.44	1.28	0.18
35	35	15	15	0.44	2.46	−0.42	1.28	0.18
30	30	20	20	0.43	2.39	−0.41	1.27	0.18
25	25	25	25	0.42	2.32	−0.39	1.27	0.18
20	20	30	30	0.42	2.26	−0.37	1.26	0.19
15	15	35	35	0.41	2.19	−0.36	1.26	0.19
10	10	40	40	0.40	2.12	−0.34	1.25	0.19
5	5	45	45	0.40	2.05	−0.32	1.25	0.19
0	0	50	50	0.39	1.99	−0.31	1.25	0.20

注＝リターン÷リスクは年平均リターンおよび年次標準偏差を使って算出。HF（%）はヘッジファンドの比率、MF（%）はマネージド・フューチャーズの比率

ティア）は、代替ポートフォリオを加え、代替ポートフォリオのなかのマネージド・フューチャーズの配分比率を大きくしたとき、素晴らしい結果が得られることを示したものだ。代替ポートフォリオの配分比率を増やすと、すべての統計量は向上する。

1．リスク調整済みリターンは上昇

2．標準偏差は減少

3．歪度は上昇

4．尖度は減少

　私たちの分析はカット博士の次の言葉に集約することができる（こ

833

図26.6　100伝統的ポートフォリオから100%代替ポートフォリオまで配分を10%ずつ変えたときの効率的フロンティア（2001/01～2015/02）

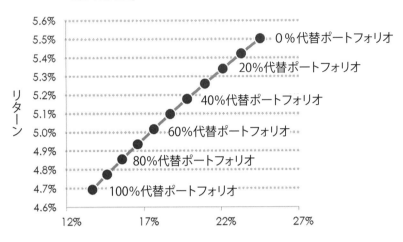

れは10年前の彼自身の研究結果について述べたもの）。「マネージド・フューチャーズに投資することで、ヘッジファンドだけに投資したときよりもポートフォリオの全体的なリスク特性は向上する。マネージド・フューチャーズへの投資は、ヘッジファンドの望ましくない副作用を中和するだけでなく、リスクの低減にもつながる。マネージド・フューチャーズの期待リターンは確かにそれほど大きくはないが、ポートフォリオの全体的な期待リターンが多少減少しても、マネージド・フューチャーズを加える利益のほうが大きい」[1]

付録A

本付録では分析結果を論文本体と同じ形式の表やグラフで提示するが、分析期間は論文本体とは異なる1990年1月から2015年12月までである。本論文で使ったデータ、特にヘッジファンドとCTA指数に関す

第26章　戦略的マクロ投資はなぜ今も有効なのか

るデータは1990年からのデータが入手可能だ。これはカットが分析を
始めたときよりもおよそ4年半前にさかのぼる。私たちはカットの分
析期間以降のアウトオブサンプル期間だけでなく、1990年から2015年
にかけての全期間について分析を行うことはためになるだけでなく、興
味深い結果が得られると考えた（**表A.1**）。

　表A.2を見ると分かるように、伝統的ポートフォリオにマネージド・
フューチャーズを加えると、この期間における尖度は1つのデータポ
イントによって上昇している（1991年12月のマネージド・フューチャ
ーズのリターンは14.49％だったため、この月の歪度と尖度は大幅に上
昇した）。これは歪度と尖度は別々に分析すべきではないことを示す良
い例である。この場合、尖度が大幅に上昇しているが、これは1991年
12月に発生した1つのプラスの外れ値（株価が上昇したときの上方の
振れ幅がとてつもなく大きかった）によって歪度が大幅に上昇したた
めだ。

　この1つのデータポイントの効果を測定するために、この期間の統
計量を1991年12月のデータポイントを除いて再計算してみた。その結
果、マネージド・フューチャーズへの配分比率が50％のとき、ポート
フォリオの歪度は0.78から0.5に低下し、尖度も1.54から1.16に低下した。
つまり、1991年12月のデータポイントの効果がなければ、統計量は本
論文のほかの2つの期間の統計量に一致するということである。

835

第3部　トレンドフォローに関する研究論文

表A.1　株式、債券、ヘッジファンド、マネージド・フューチャーズの月次統計量（1990/01～2015/12）

	株式	債券	HF	MF
平均リターン（％）	0.83	0.52	0.83	0.54
標準偏差（％）	4.2	1.05	1.94	2.86
歪度	−0.58	−0.22	−0.62	0.75
尖度	1.19	0.74	2.54	2.11
相関				
株式	1.00			
債券	0.11	1.00		
HF	0.74	0.09	1.00	
MF	−0.11	0.21	0.02	1.00

表A.2　伝統的ポートフォリオにヘッジファンドまたはマネージド・フューチャーズを加えたときの月次リターン統計量

HF（％）	平均リターン（％）	標準偏差（％）	歪度	尖度	MF（％）	平均リターン（％）	標準偏差（％）	歪度	尖度
0	0.67	2.32	4	1.46	0	0.67	2.32	−0.54	1.46
5	0.68	2.18	−0.57	1.50	5	0.67	2.11	−0.46	1.33
10	0.69	2.15	−0.60	1.55	10	0.66	2.01	−0.37	1.24
15	0.70	2.11	−0.64	1.60	15	0.65	1.92	−0.25	1.22
20	0.70	2.08	−0.67	1.65	20	0.65	1.84	−0.10	1.30
25	0.71	2.04	−0.71	1.70	25	0.64	1.78	0.06	1.50
30	0.72	2.02	−0.74	1.75	30	0.63	1.74	0.23	1.83
35	0.73	1.99	−0.76	1.81	35	0.63	1.72	0.40	2.25
40	0.74	1.97	−0.79	1.87	40	0.62	1.71	0.56	2.71
45	0.74	1.95	−0.81	1.93	45	0.61	1.73	0.70	3.12
50	0.75	1.93	−0.82	1.99	50	0.61	1.77	0.79	3.42

第26章 戦略的マクロ投資はなぜ今も有効なのか

表A.3 代替ポートフォリオの月次リターン統計量（1990/01〜2015/12）

MF（%）	平均リターン（%）	標準偏差（%）	歪度	尖度
0	0.83	1.94	−0.62	2.54
5	0.81	1.85	−0.51	2.14
10	0.80	1.78	−0.38	1.72
15	0.78	1.71	−0.22	1.32
20	0.77	1.67	−0.05	0.99
25	0.76	1.63	0.14	0.79
30	0.74	1.62	0.32	0.73
35	0.73	1.63	0.48	0.82
40	0.71	1.65	0.61	1.02
45	0.70	1.69	0.71	1.28
50	0.68	1.74	0.78	1.54

837

図A.1 伝統的ポートフォリオとヘッジファンドおよびマネージド・フューチャーズの配分をいろいろに変えたときの平均リターン（1990/01～2015/12）

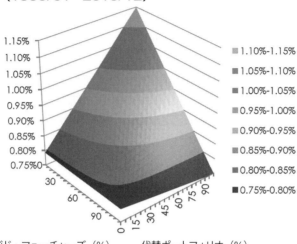

図A.2 伝統的ポートフォリオとヘッジファンドおよびマネージド・フューチャーズの配分をいろいろに変えたときの標準偏差（1990/01～2015/12）

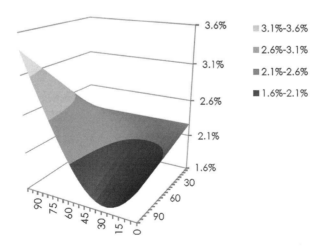

第26章 戦略的マクロ投資はなぜ今も有効なのか

図A.3 伝統的ポートフォリオとヘッジファンドおよびマネージド・フューチャーズの配分をいろいろに変えたときの歪度（1990/01〜2015/12）

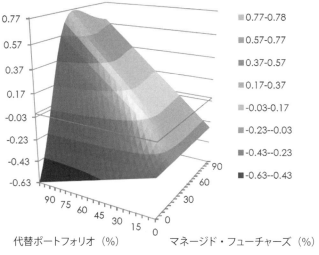

図A.4 伝統的ポートフォリオとヘッジファンドおよびマネージド・フューチャーズの配分をいろいろに変えたときの尖度（1990/01〜2015/12）

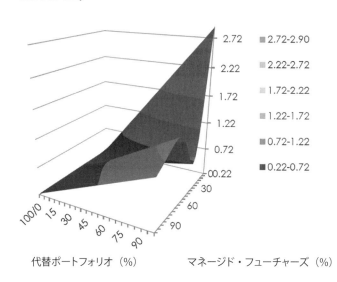

第3部　トレンドフォローに関する研究論文

付録B

　本付録では分析結果を論文本体と同じ形式の表やグラフで提示するが、分析期間はカット博士の論文と同じ1994年6月から2001年5月までである。ただし、カット博士とは異なるデータを使ったことに注意してもらいたい。

1. 債券については、カット博士は10年物国債インデックスを使ったが、私たちはバークレイズ米総合インデックスを使った（元リーマン総合インデックス）。
2. ヘッジファンドについては、カット博士はトレモントTASSのデータを使って独自のヘッジファンド・ポートフォリオを構築したが、私たちはHFRIファンド加重複合インデックスを使った。
3. 株式については、カット博士も私たちもS&P500トータルリターンインデックスを使ったが、カット博士は平均リターンに1カ月1%という上限を設けたが、私たちはそのままの数値を使った。
4. マネージド・フューチャーズについては、カット博士はスターク300インデックスを使ったが、私たちはバークレイ・システマティック・トレーダーズ・インデックスを使った。

こうした相違点があるにもかかわらず、私たちの結果とカット博士の10年以上も前の結果がほとんど変わらないことには驚いた。

840

表B.1 株式、債券、ヘッジファンド、マネージド・フューチャーズの月次統計量（1994/06〜2001/05。カットの分析期間）

	株式	債券	HF	MF
平均リターン（％）	1.46	0.63	1.16	0.65
標準偏差（％）	4.39	1.03	2.36	2.89
歪度	−0.81	0.12	−0.67	0.34
尖度	1.05	0.38	2.95	0.31
相関				
株式	1.00			
債券	0.22	1.00		
HF	0.70	0.01	1.00	
MF	−0.05	0.32	−0.02	1.00

表B.2 伝統的ポートフォリオにヘッジファンドまたはマネージド・フューチャーズを加えたときの月次リターン統計量（1994/06〜2001/05。カットの分析期間）

HF（％）	平均リターン（％）	標準偏差（％）	歪度	尖度	MF（％）	平均リターン（％）	標準偏差（％）	歪度	尖度
0	1.04	2.36	−0.59	0.04	0	1.04	2.36	−0.59	0.04
5	1.05	2.32	−0.64	0.17	5	1.02	2.25	−0.53	−0.14
10	1.06	2.30	−0.70	0.32	10	1.01	2.20	−0.46	−0.29
15	1.06	2.25	−0.75	0.48	15	0.99	2.06	−0.38	−0.40
20	1.07	2.23	−0.81	0.52	20	0.97	1.99	−0.30	−0.45
25	1.07	2.20	−0.85	0.85	25	0.95	1.93	−0.22	−0.43
30	1.08	2.18	−0.90	1.05	30	0.93	1.88	−0.13	−0.34
35	1.09	2.17	−0.94	1.26	35	0.91	1.86	−0.06	−0.21
40	1.09	2.15	−0.97	1.47	40	0.89	1.85	0.02	−0.05
45	1.10	2.15	−0.99	1.68	45	0.87	1.86	0.07	0.10
50	1.10	2.14	−1.01	1.88	50	0.85	1.89	0.12	0.21

第3部　トレンドフォローに関する研究論文

表B.3　ヘッジファンドとマネージド・フューチャーズの配分をいろいろ
　　　　に変えたときの月次リターン統計量（1994/06〜2001/05。
　　　　カットの分析期間）

MF（%）	平均リターン（%）	標準偏差（%）	歪度	尖度
0	1.16	2.36	−0.67	2.95
5	1.14	2.24	−0.56	2.41
10	1.11	2.13	−0.44	1.82
15	1.09	2.04	−0.31	1.20
20	1.06	1.96	−0.18	0.60
25	1.04	1.89	−0.05	0.07
30	1.01	1.85	0.07	−0.34
35	0.99	1.82	0.18	−0.60
40	0.96	1.81	0.25	−0.70
45	0.93	1.82	0.29	−0.67
50	0.91	1.84	0.31	−0.55

注＝MF（%）はマネージド・フューチャーズの比率

842

第26章　戦略的マクロ投資はなぜ今も有効なのか

図B.1　伝統的ポートフォリオとヘッジファンドおよびマネージド・フューチャーズの配分をいろいろに変えたときの平均リターン（1994/06〜2001/05。カットの分析期間）――上のグラフはカット博士の結果、下のグラフは私たちの結果

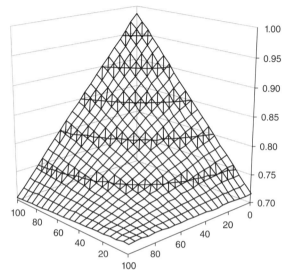

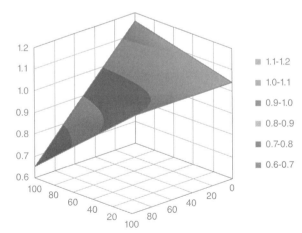

注＝私たちのグラフはカット博士のグラフとは異なるが、これはカット博士がリターンの上限を設けたのに対し、私たちは設けなかったことによる

図B.2 伝統的ポートフォリオとヘッジファンドおよびマネージド・フューチャーズの配分をいろいろに変えたときの標準偏差（1994/06～2001/05。カットの分析期間）――上のグラフはカット博士の結果、下のグラフは私たちの結果

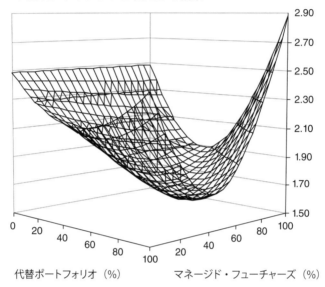

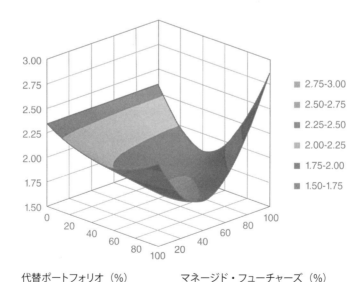

図B.3 伝統的ポートフォリオとヘッジファンドおよびマネージド・フューチャーズの配分をいろいろに変えたときの歪度（1994/06〜2001/05。カットの分析期間）——上のグラフはカット博士の結果、下のグラフは私たちの結果

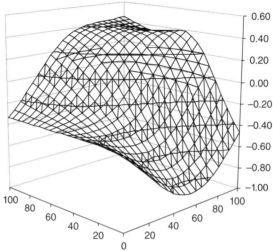

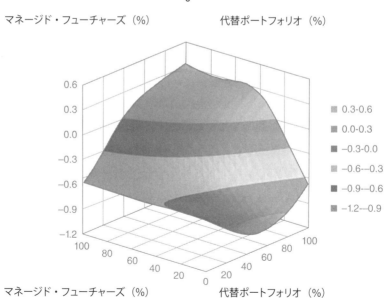

図B.4 伝統的ポートフォリオとヘッジファンドおよびマネージド・フューチャーズの配分をいろいろに変えたときの尖度（1994/06～2001/05。カットの分析期間）――上のグラフはカット博士の結果、下のグラフは私たちの結果

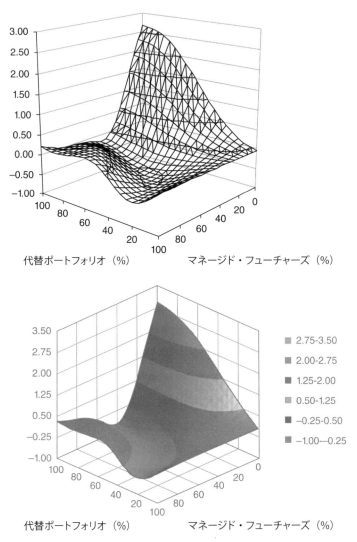

付録C —— 歪度と尖度の再考

どのように分布しているかを表すモーメント（１次モーメントから４次モーメント）は次のとおりである。

1．平均
2．分散
3．歪度
4．尖度

投資のプロのほとんどは最初の２つのモーメントのみを重視する。リターンが正規分布に従うことを想定する理論的な世界では、リターンとボラティリティの関係のみに注意を払えば事足りる[8]。しかし、市場リターン、そしてこのケースにおいてもっと重要なのは、代替投資リターンは正規分布に従うことはほとんどないということだ。ドットコムバブルの崩壊や世界金融危機のあと投資家たちが疑問に思ったのは、「100年に一度の嵐」は実際にはどれくらいの頻度で起こるのだろうかということだった。リスクの標準的な測度では、投資家たちに2000年代の最初の10年に起きた２つの極端なベア相場を予期させることはできなかったようだ。ヘッジファンドやほかの代替投資の急成長によって、正規分布によって記述されるリターンとリスクの標準的な定義に当てはまらないリターン特性を持つ商品が増えてきた[8]。

歪度と尖度は統計理論では確立された概念ではあるが、パフォーマンス分析では無視されたり誤解されることが多い。しかし、これは驚くには当たらない。なぜなら、歪度や尖度は理解するのが難しいからである。ぜひとも理解しておいてもらいたいのは、歪度と尖度は一緒に分析すべきであって、それぞれ別々にあるいはほかのパフォーマンス統計量と切り離して分析すべきではないということである。

歪度

歪度とは対称性、もっと正確に言えば、平均値まわりの確率変数のリターンの確率分布の非対称性を表す尺度のことを言う。別の言い方をすれば、歪度とは分布曲線の両側の「裾」の長さを比較するものである。分布が正の外れ値よりも負の外れ値の影響を受ければ（あるいは、負の外れ値よりも正の外れ値の影響を受ければ）、分布は対称的ではなくなる。つまり、歪度とは外れ値イベントが分布の形状にどんな影響を与えるかを教えてくれるものである。

● 歪度が正の場合、右裾が長く、ほとんどの値は平均以下（予想外の利益が出る可能性がある）
● 歪度が負の場合、左裾が長く、ほとんどの値は平均以上（大きな損をすることがある）

尖度

尖度とは、確率変数の確率分布が同じ分散を持つ正規分布に比べて「鋭いピークと長く太い裾を持つ」か、「なだらかなピークと短く細い裾を持つ」かを示す指標である。つまり、分布がどれだけ外れ値イベント——平均から離れた極端なイベント——に支配されているかを示すものだ。

尖度にはいろいろな測定方法がある。ピアソンの計算では正規分布の場合、尖度は3.0になる。したがって、通常はピアソンの値から3.0を差し引いて、正規分布のときを0.0にする「超過」尖度を使う（マイクロソフトエクセルの尖度関数「KURT()」は超過尖度の値を返してくる）。

●超過尖度が正のとき、ピークが鋭く中間が細く、裾の厚い急尖的な分布形状を示す。これは極端なイベントの発生する確率が高いことを示している。

●超過尖度が負のとき、ピークがなだらかで、両側で中間が太い緩尖的な分布形状を示す。

●超過尖度がゼロのとき、正規分布を示す。

「ボラティリティのボラティリティ」と呼ばれることもある尖度は、標準偏差の全体的な水準ではなくて、分布のなかで標準偏差がどのあたりに位置するかを教えてくれるものである。[8]

　この付録Cについては、ゼファー・アソシエーツのCFA、CAIA、CHPであるマルク・オドにご協力いただいた。ここに感謝する。

注　この第26章はカットの論文「マネージド・フューチャーズ・アンド・ヘッジファンド（Managed Futures and Hedge Funds : A Match Made in Heaven）」をさらに深く研究したもの。この論文ではM・オド、M・ショーベン、T・ロリンガーの協力を得た。

あらゆるところに存在するキャリーとトレンド

Carry and Trend in Lots of Places

ビニア・バンサリ
ジョッシュ・デービス
マット・ドーステン
グレアム・レニソン

(投資家は投資の2つの基本原理を本能的に知っている——①トレンドに逆らうな、②過剰な資金を投資に回すな。しかし、こうしたシンプルな原理は本当に卓越したリターンに結びつくのだろうか。本論文では、1960～2014年までの長いサンプル期間にわたる4つの資産クラスの20の主要な市場についての実証的研究結果を示したものだ。トレンドとキャリーを有利に使うことで、絶対リターンベースでもリスク調整ベースでも、かなり良いリターンが得られることが研究から分かった。さらにこの結果は、金利が上昇した1960～1982年の期間を含むサンプル期間全体に当てはまる。キャリーのリターンは市場環境に依存しない一方で、トレンドフォローはキャリーと同調するときにはるかにうまくいくことも分かった。このシンプルな2スタイルのアプローチは、優れた投資ポートフォリオを構築するうえで重要な洞察を与え続けてくれるものと私たちは思っている)

　さまざまな資産クラスの将来的なリターンを予測する基準として、これまで長い間、利回りが使われてきた。例えば、コクランは、利回りで将来のリターンを予測するという習慣はさまざまな市場で普及していることを指摘(コクラン［2011年］)しているし、レイボウィッツ

（2014年）はこれをさまざまな債券ポートフォリオでシステマティックに応用している。「キャリー」は実践家の間では利回りを表すものとして使われている。特に、先物のようなデリバティブ市場ではキャリーは利回りの代わりに使われることが多く、キャリーは投資の資金調達コストを含んでいるという点で利回りよりもより一般的だ。しかし債券投資では、利回りとキャリーを区別することが重要である。特に、イールドカーブ（利回り曲線）が反転するときはより一層重要だ。

投資のトータルリターンを、価格付けの基本的要素の変動によるリターンと時間の経過によるリターンに分けて考えると、キャリーは後者によるリターンと考えるのが妥当だ。つまり、時間の経過による期待リターンということである。コイジェン（2007年）はキャリーを次のように定義している──「価格を含む市場状態が一定と仮定したときの期待リターン」。このようにキャリーは任意の資産クラスのリスクプレミアムをモデルがどういったものであれ、素朴かつ堅牢に測定したものであると考えることができるかもしれない。そういった意味では、キャリーが正であれば平均的に高いリターンが期待できるが、価格が一定という前提は実際にはあり得ないので、より大きなリスクを容認しなければならない。

昔から文献では通貨市場のキャリーのみを重視してきた。ブレトン・ウッズ体制が崩壊したあとの1980年代や1990年代には、市場参加者は通貨キャリートレード戦略を追究し始めた。学界もこれに従い、通貨キャリーが将来のリターンを予測する手段として有効であることに対してあらゆる説明がなされてきた。裁定を行わない場合、通貨キャリーがリターンを予測するためには、通貨キャリーは分散化できない「マーケット」リスクを補うものでなければならない。ファイナンス学の学者たちは通貨リスクプレミアムは確率的割り引きファクターを持つリターンの共分散から直接的に発生したものであると考えている。ラスティグ（2007年）は、通貨キャリーが実証的にうまくいくのは、キ

ャリートレードのペイオフと消費成長率との共分散によるものである
と言う。通貨キャリーを局所的にヘッジされたオプション価格のレン
ズを通して見れば、このキャリーリスクプレミアムはボラティリティ
リスクイクスポージャーを補うものであることが直感的に分かると、バ
ンサリ（2007年）とメンクホフ（2012年）は述べている。

　ケインズは大きな影響力を持つ論文「貨幣論（Treatise on Money）」
（1930年）のなかで、「コモディティの逆ザヤ、つまり先物が現物より
も価格が安い傾向があるのはごく普通で、これは将来の価格を固定し
てヘッジしようとするコモディティの生産者と関係がある。これによ
って保険を提供してくれる投機家が稼ぐことができるプレミアムが発
生する」と述べている。ゴートン（2012年）はこうしたリスクプレミ
アム（現在および将来の在庫を含む）を生みだす源泉について徹底分
析した結果、先物ベーシス（キャリーの測度）といった価格測度には
将来のリターンを予測する情報が含まれていることを発見した。

　債券市場では、アメリカＴボンドの名目リスクプレミアムはターム
プレミアムと関係のあるイールドカーブの傾きによって直接測定され
ることが多い。ファーマとブリス（1987年）は債券の期待リターンは
時間とともに変化し、タームプレミアムの変動量は景気循環と密接な
関係があることを示している。コクランとピアゼッシ（2005年）とキ
ャンベルとサンデラムとビシエラ（2013年）は債券のリスクプレミア
ムはイールドカーブのコンキャビティと関係があると述べている。イ
ールドカーブのコンキャビティとはおおまかに言えば、短期および長
期の平均債券利回りに対する中間金利水準のことを言う。ギーゼッケ
とロングスタッフとシェーファーとストレブリーブ（2011年）は150年
にわたる実験データセットを使って調査した結果、社債とデュレーシ
ョンマッチのＴボンドとの利回りの差に相当するクレジットスプレッ
ドによって与えられる社債のキャリーの少なくとも半分はリスクプレ
ミアムであるという結論に達した。さらに彼らは、デフォルトは株式

リターンとボラティリティと密接な関係があることを示している。

株式のキャリーの計算は通貨とは違うが、株式先物ではインプライ
ド配当利回りから対象国の無リスク金利を差し引いたものがキャリー
を決める１つの決定要素になる。ファーマとフレンチ（1988年）は配
当利回りは株式リターンの予測に役立つことを立証している。特に、期
間が長いときの予測力は優れている。株式市場ではキャリーという概
念はあまり馴染みがない。したがって、以下に用いる近似はほかの資
産で用いる近似に近づけるための１つの試みであり、さらなる改善の
余地はある。

リスク移転を補うものという直感的な説明のあるキャリーとは対照
的に、何十年にもわたってリターン（ジェジー［2013年］、ランペリエ
ール［2014年］、モスコウィッツ［2012年］といった最近の研究によれ
ば、何世紀にもわたってリターンを生みだしてきた）を生みだしてき
たトレンドフォロー（または、モメンタム）のリターンの説明は困難
を極めてきた。トレンドフォローのリターンについては行動経済学の
面から多くの説明がなされているが、古典的なファイナンス理論と一
致する説明を見つけるのは難しいため、トレンドフォローは古典的な
ファイナンス理論ではアノマリーとみなされてきた。

トレンドフォローを説明する納得のいくモデルはないが、ポートフ
ォリオの構築においては、キャリーとトレンドは特に極端な状態では
互いに分散効果があるという多くの証拠がある。したがって、キャリ
ーとトレンドを組み合わせるのが良いことは直感的に分かる。概念的
には、キャリーはリスクプレミアムを生みだすポジションと考えるこ
とができ、したがって、価格があまり変動しないときにパフォーマン
スは最も高い。一方、トレンドフォローは長い裾を持つオプション複
製戦略（ファン［2002年］）で、金融危機に経験したようなファットテ
ールイベントの結果として価格が大きく動くときに有利な戦略だ。し
たがって、これら２つの戦略を組み合わせればいろいろな状態におけ

第27章　あらゆるところに存在するキャリーとトレンド

るパフォーマンスの向上を望めることが直感的に分かる。

　この論文は、アスネスとモスコウィッツとペダーセン（2013年）の論文に対して補完的な役割を果たすと私たちは思っている。アスネスらの論文は、さまざまな市場や資産クラスにおけるバリューシグナルとモメンタムシグナルのリターンの予測能力を調査したものだ。彼らは「簿価」、つまり時価に対する長期的な価値尺度の観点からのバリューに注目している。したがって、彼らの論文は暗黙的に何らかの評価モデルに依存している。ほとんどの資産クラスでは、モデルに依存しないキャリーと資産価格の時系列特性（基本的に算術演算）に焦点を当てることは、基本的にポートフォリオ構築と同じ効果を持つと私たちは思っている。キャリーとトレンドを組み込んだポートフォリオはプレーンバニラ先物を用いれば簡単に構築できるため、私たちの論文は幅広い投資家にとって魅力的なものであると思っている。

キャリーとトレンド──定義、データ、実証研究

　キャリーとトレンドの先物リターンに対する関係を評価するために、4つの主要資産クラス──株式、債券、通貨、コモディティ──の広範にわたるデータセットを使った。各資産クラスでは、現在や過去にも存在した最も流動性の高い主要な5市場を選んだ。株価指数については、S&P500、ユーロストックス50、日経225、FTSE100、S&P ASX200[1]を使う。債券市場については、10年物米国債、10年物ドイツ国債、10年物日本国債、10年物イギリス国債、10年物オーストラリア国債を使う。通貨については、ユーロ（1999年以前はドイツマルク）、日本円、英ポンド、豪ドル、スイスフランを使う。最後にコモディティについては、トウモロコシ、WTI原油、金、銅、天然ガスを使う。

　実際の実行と関連付けるため、また私たちの興味のあるのは無リスク金利を上回る超過リターンだけなので、本論文では可能なかぎり先

855

第3部　トレンドフォローに関する研究論文

物データを用いた。スワップを用いればもっと効率的な実行が可能なので、将来的にはこういった研究も視野に入れるべきだと思っている。近年低金利が長く続いているが、これに関連するバイアスを防ぐために、1970年代や1980年代の高金利の時期もできるかぎり含めた。そのためにデータセットによっては先物データが入手可能になる以前にまでさかのぼる必要があり、その場合、現物データで代用した。**表27.1**はデータ源と統計量を示したものだ。

　各市場ではできるかぎり実際の先物データを使い、先物データが入手可能になる以前については代理先物リターン（S&P500、債券、通貨のみ）を使った。代理先物リターンは次に示す現物データを使って算出した。

● **S&P500**　配当の再投資を含めたトータルリターンから3カ月物Tビルのリターンを差し引いたもの。
● **債券先物**　利回りデータを使って短期金利で調達した10年物債のリターンを算出（ロールダウンを含む）。
● **通貨**　現物為替レートを使ってリターンを算出し、それにキャリーとして国内預金金利と外貨預金金利との差を加算。

　上記の定義に合わせて、キャリーを年次超過リターンと定義する（ただし、現物価格は変わらないものとする）。これは各市場で毎日算出する[2]。キャリーの市場別の定義は以下のとおりである。

● **コモディティ**　季節性を防ぐために、納会が1年以上の限月と期近との間のロールイールド。
● **通貨**　期近と2番限との間のロールイールド（季節性がないため）、または先物データが入手可能以前は短期預金金利の差。
● **株式**　トレールした12カ月の配当の合計を今の現物指数で割って、そ

856

第27章　あらゆるところに存在するキャリーとトレンド

表27.1　データ源と統計量

市場	データ開始年	データ源	平均年次超過リターン	年次ボラティリティ	平均事前予測
コモディティ					
トウモロコシ	60/06	Bloomberg	−2.2%	22.0%	−4.7%
原油	87/04	Bloomberg	9.7%	34.8%	4.1%
金	76/01	Bloomberg	2.2%	19.6%	−5.1%
銅	89/12	Bloomberg	8.7%	26.5%	3.6%
天然ガス	91/03	Bloomberg	−7.1%	49.7%	−6.9%
株価指数					
日経225	93/05	Bloomberg	2.4%	24.4%	0.5%
S&P500	60/01	Bloomberg, Haver	5.5%	16.9%	−2.0%
ユーロストックス50	99/06	Bloomberg	3.1%	25.0%	1.0%
S&P ASX 200	01/04	Bloomberg	5.6%	16.4%	−0.7%
FTSE 100	93/05	Bloomberg	5.9%	18.6%	−1.0%
通貨					
AUD	77/12	Bloomberg, R.B.A.	2.5%	11.2%	2.7%
GBP	72/12	Bloomberg, IMF, DMS*	1.6%	9.7%	2.1%
EUR	72/12	Bloomberg, IMF, DMS*	1.2%	10.3%	−0.9%
JPY	72/12	Bloomberg, IMF, DMS*	0.1%	10.6%	−2.6%
CHF	72/12	Bloomberg, IMF, DMS*	1.3%	11.8%	−2.6%
債券先物					
英ギルト債	83/11	Bloomberg	2.8%	7.4%	1.1%
JGB	75/08	Bloomberg, B.O.J.	2.9%	4.6%	1.3%
ブンズ	92/07	Bloomberg	4.6%	5.5%	1.6%
米国10年物Tノート	72/08	Bloomberg, GSW**	2.9%	7.1%	1.4%
10年物オーストラリア債	02/06	Bloomberg	2.4%	7.6%	0.5%

*　DMS＝ディムソン・マーシュ・スタウトン・データベース
**　GSW＝ガーケイナック・サック・ライト・データベース

857

第3部　トレンドフォローに関する研究論文

れから対象となる国の短期金利を差し引いたもの（先物のロールイールドは使わない。納会まで１年を超える先物はなく、したがって配当支払いにおいて季節性を調整する方法はないからだ）。

●**債券先物**　先物価格ではなく、イールドカーブから直接算出。利回りにロールダウンを足して、短期金利を差し引いたもの。

トレンドは最も簡単な方法で定義する。もし今日の先物価格がロールを調整した先物価格の１年のトレーリング移動平均を上回っていれば上昇トレンドで、先物価格がそれを下回っていれば下降トレンドと定義する。もっと高度な方法を使えばトレンドフォロー戦略のパフォーマンスは向上するが、この方法を使うのは、データマイニングを伴うことなくそういった戦略のベータをとらえることができるからである。

各市場では各日を次の４つのグループに分ける──①キャリーもトレンドも正、②キャリーが正、トレンドが負、③キャリーが負、トレンドが正、④キャリーもトレンドも負。最後に、各グループごとに各市場の平均超過リターンを算出し、それを年次換算する。前にも述べたように、この計算は直感的に正しいだけでなく、投資家たちがモデルに依存しない方法として長年使ってきた尺度とほぼ同じものである。

金利先物のキャリーとトレンド

ここでは、まず最初に米10年物Ｔノート先物について考える。この先物取引が始まったのは1982年６月だが、利回りデータに基づく先物リターンの代理を使うことで1972年までさかのぼる。**図27.1**は1972年８月現在を１とするローリング先物ポジションの超過リターン指数を示したものだ。このチャートには予想キャリーも描いている（右側の軸）。平均キャリーは＋1.4％だが、時期によって大きく変化し、1970

858

図27.1 米10年物Tノート先物のローリング超過リターン指数と予想キャリー

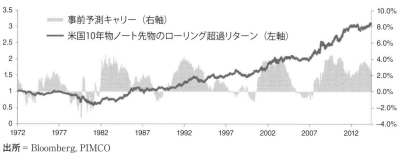

出所 = Bloomberg, PIMCO

図27.2 米10年物Tノートのリターンのキャリーとトレンドによる分類

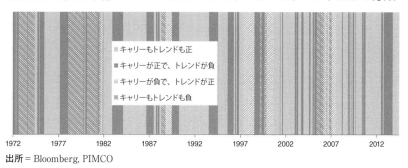

出所 = Bloomberg, PIMCO

年代と1980年代と1990年代後半と2006年にはマイナスに転じている。これらの時期はイールドカーブが反転した時期に一致する。

図27.2は米10年物Tノート先物のヒストリカルリターンを示したもので、リターンが上記の４つのグループのどれに該当するかを示している。最も多い（サンプルの53％）のはキャリーもトレンドも正の時期で、これは1982年から現在まで続く債券のブル相場に一致する。しかし、サンプルの24％はキャリーが正で、トレンドが負（金利が上昇して、債券価格が下落）の時期に当てはまる。キャリーが負の時期（サンプルの残りの23％）はトレンドが正の時期と負の時期がおよそ半々

表27.2 米10年物Tノートのカテゴリー別の平均リターンとリスク調整済みリターン（1972〜2014年）

市場	開始年	サンプル全体の平均リターン	カテゴリー別年次リターン				カテゴリー別年次リターン÷ボラティリティ			
			キャリー＞0		キャリー＜0		キャリー＞0		キャリー＞0	
			トレンド＞0	トレンド＜0	トレンド＞0	トレンド＜0	トレンド＞0	トレンド＜0	トレンド＞0	トレンド＜0
Tノート	72/08	2.9%	5.2%	1.6%	3.0%	-4.2%	0.8	0.2	0.5	-0.5

だ。

　表27.2は各グループの平均超過リターン（年次）とサンプル全体の平均超過リターンを示したものだ。サンプル全体の平均超過リターンは年2.9％だが、キャリーもトレンドも正のときは平均年次超過リターンはサンプル全体のほぼ２倍の5.2％である。逆に、キャリーもトレンドも負の時の平均リターンは−4.2％である。キャリーが正でトレンドが負のときとキャリーが負でトレンドが正のときのリターンはそれぞれ1.6％と3.0％である。**表27.2**にはリスク調整済みリターンを比較するためにリターンをボラティリティで正規化した値（リターン÷ボラティリティ）も示している。これはパターンは同じだが、キャリーもトレンドも正の時期のリターンが最大であるだけでなく、ボラティリティも低下しているため、実際には向上している。

さまざまな資産クラスのキャリーとトレンド

　本論文では残りの紙面を使ってほかの資産クラスのトレンドとキャリーを見ていく。果たして同じパターンは成り立つのだろうか。つまり、トレンドもキャリーも正のときにリターンが最大で、トレンドが正でキャリーが負、またはトレンドが負でキャリーが正のときにリターンが最小になるのだろうか。さらに、異なる金利体制の下でも同じパターンが成り立つかどうかについても検証する（金利が上昇していても、トレンドもキャリーも正のときにリターンが最大になるかどうか）。

　表27.3はコモディティ、株式、通貨、債券別のリターンを４つのグループの比率として示したもので、**表27.4**は各資産クラスのリターンを４つのグループごとに示したものだ。

　結果は驚くべきものだが、直感的に納得のいくものである。１つのケース（ブンズ先物）を除いて、キャリーもトレンドも正のときがキ

第3部　トレンドフォローに関する研究論文

表27.3　市場ごとのリターンの４つのカテゴリーの比率

市場	開始年	カテゴリー別比率			
		キャリー＞0		キャリー＜0	
		トレンド＞0	トレンド＜0	トレンド＞0	トレンド＜0
コモディティ					
トウモロコシ	60/06	17.5%	8.6%	19.5%	54.4%
原油	87/04	47.7%	11.4%	11.1%	29.7%
金	76/01	0.0%	0.0%	48.4%	51.6%
銅	89/12	37.6%	11.7%	17.3%	33.4%
天然ガス	91/03	26.0%	10.2%	7.5%	56.4%
セクター平均		**25.8%**	**8.4%**	**20.8%**	**45.1%**
株式					
日経225	93/05	41.4%	35.2%	10.8%	12.5%
S&P500	60/01	17.9%	7.2%	48.1%	26.8%
ユーロストックス50	99/06	44.9%	18.8%	18.0%	18.3%
S&P ASX 200	01/04	21.5%	12.6%	44.2%	21.7%
FTSE 100	93/05	21.9%	7.7%	44.6%	25.9%
セクター平均		**29.5%**	**16.3%**	**33.1%**	**21.0%**
通貨					
AUD	77/12	51.9%	31.7%	6.0%	10.5%
GBP	72/12	54.0%	35.8%	3.2%	7.1%
EUR	72/12	19.8%	10.7%	33.3%	36.1%
JPY	72/12	8.1%	3.4%	43.3%	45.2%
CHF	72/12	6.1%	4.1%	44.9%	44.9%
セクター平均		**28.0%**	**17.1%**	**26.1%**	**28.8%**
債券先物					
英ギルト債	83/11	38.1%	15.5%	25.8%	20.6%
JGB	75/08	68.0%	16.1%	6.7%	9.1%
ブンズ	92/07	65.5%	22.4%	9.5%	2.6%
米国10年物Ｔノート	72/08	52.9%	23.6%	10.0%	13.5%
10年物オーストラリア債	02/06	34.9%	27.4%	17.5%	20.2%
セクター平均		**51.9%**	**21.0%**	**13.9%**	**13.2%**

ャリーもトレンドも負のときを大幅にアウトパフォームしている。ブンズ先物はサンプル期間が短く（1992年7月～2014年12月）、キャリーもトレンドも負のときの観測期間は6カ月未満で、ほかの市場に比べるとはるかに短い。すべての資産クラスが同じパターンになるとは言えず、キャリーもトレンドも正のときのリターンが最大ではない資産クラスもあるかもしれないが、そういったことはまれだと思う。

　さらに、トレンドだけを見れば、トレンドが正のときのトレードはキャリーが正でも負でもはるかに収益性が高い。セクター別に見ると、コモディティはこのパターン傾向が非常に強く、米10年物Tノートのパターンに非常によく似ている。これは特異な特徴なので注目に値する。注目すべきなのはトウモロコシ先物で、これはデータ期間が1960年6月までさかのぼれるが、それでも結果はこのパターンを示していることである。天然ガスはキャリーが正でトレンドが負のときのリターンは大きなマイナスになっている（ただし、観測数は比較的少ない）。金は常に順ザヤ状態にあるため、キャリーが正のときのデータはない。重要なのは、リスク調整済みリターンは5つのすべてのコモディティ市場で同じパターンを示していることである。

　株式市場は、データが1960年1月にさかのぼるS&P500を含めすべての市場で同じパターンが見られる。いくつかの市場ではキャリーが正でトレンドが負のときのリターンがキャリーもトレンドも正のときのリターンに比べると大きいが、キャリーもトレンドも負のときのリターンはすべての市場でマイナスになっている。これは、ポートフォリオ構築においては市場に逆らうことは良い戦略でないことを示している。興味深いのは、株式市場ではトレンドが負の時期のボラティリティが高い（株式市場の大暴落を含む）ため、平均リスク調整済みリターンはキャリーもトレンドも正のときに最大で、キャリーもトレンドも負のときが最小になっている点だ。

　通貨はいずれもサンプル期間が1970年代初期・中期から現在までで、

表27.4　市場ごとのリターン——期間は各市場のデータが入手可能な期間（1960～2014年）

市場	開始年	サンプル全体の平均リターン	カテゴリー別年次リターン				カテゴリー別リスク調整済みリターン（リターン÷ボラティリティ）			
			キャリー＞0		キャリー＜0		キャリー＞0		キャリー＜0	
			トレンド＞0	トレンド＜0	トレンド＞0	トレンド＜0	トレンド＞0	トレンド＜0	トレンド＞0	トレンド＜0
コモディティ										
トウモロコシ	60/06	-2.2%	21.2%	-8.9%	-5.7%	-7.4%	0.8	-0.4	-0.2	-0.4
原油	87/04	9.7%	27.6%	29.6%	-15.4%	-17.1%	0.8	0.9	-0.5	-0.4
金	76/01	2.2%	—	—	7.1%	-2.4%	—	—	0.3	-0.1
銅	89/12	8.7%	20.6%	8.1%	1.9%	-0.9%	0.8	0.3	0.1	0.0
天然ガス	91/03	-7.1%	10.5%	-46.8%	32.4%	-13.3%	0.2	-1.1	0.9	-0.3
セクター平均		**2.3%**	**20.0%**	**-4.5%**	**4.1%**	**-8.2%**	**0.6**	**-0.1**	**0.1**	**-0.3**
株式										
日経225	93/05	2.4%	9.1%	1.9%	-15.6%	-2.5%	0.5	0.1	-1.0	-0.1
S&P500	60/01	5.5%	13.4%	21.4%	6.0%	-4.9%	1.1	0.8	0.5	-0.2
ユーロストックス50	99/06	3.1%	6.7%	27.4%	7.3%	-35.2%	0.4	0.8	0.4	-1.1
S&P ASX 200	01/04	5.6%	14.9%	10.4%	5.7%	-6.7%	1.2	0.4	0.5	-0.3
FTSE 100	93/05	5.9%	8.4%	29.2%	5.8%	-3.2%	0.6	1.0	0.4	-0.1
セクター平均		**4.5%**	**10.5%**	**18.1%**	**1.9%**	**-10.5%**	**0.8**	**0.6**	**0.1**	**-0.4**

第27章　あらゆるところに存在するキャリーとトレンド

通貨

AUD	77/12	2.5%	5.2%	2.1%	-6.5%	-4.6%	0.5	0.2	-0.9	-0.4
GBP	72/12	1.6%	4.7%	-2.1%	-1.5%	-2.0%	0.5	-0.2	-0.2	-0.2
EUR	72/12	1.2%	5.8%	3.2%	6.2%	-6.6%	0.6	0.3	0.6	-0.6
JPY	72/12	0.1%	5.1%	11.7%	4.7%	-6.1%	0.6	2.3	0.4	-0.6
CHF	72/12	1.3%	0.8%	7.4%	4.9%	-2.9%	0.1	0.6	0.4	-0.3
セクター平均		**1.3%**	**4.3%**	**4.5%**	**1.6%**	**-4.4%**	**0.4**	**0.6**	**0.1**	**-0.4**

債券先物

英ギルト債	83/11	2.8%	2.8%	4.9%	2.2%	2.0%	0.4	0.6	0.3	0.3
JGB	75/08	2.9%	3.7%	5.3%	-2.1%	-3.4%	0.9	0.9	-0.4	-0.6
ブンズ	92/07	4.6%	4.7%	2.6%	6.6%	11.8%	0.9	0.5	1.2	2.1
米国10年物Tノート	72/08	2.9%	5.2%	1.6%	3.0%	-4.2%	0.8	0.2	0.5	-0.5
10年物オーストラリア債	02/06	2.4%	7.3%	1.6%	-6.8%	3.1%	0.9	0.2	-0.8	0.5
セクター平均		**3.1%**	**4.7%**	**3.2%**	**0.6%**	**1.8%**	**0.8**	**0.5**	**0.2**	**0.4**

結果も分かりやすい。日本円も同じパターンを示しているが、キャリーが正でトレンドが負のときは外れ値になっている。これもまた観測数が少ないことによるもので、さらに日本銀行が積極的に介入したことも原因と考えられる。

　最後に債券先物だが、これは結果はまちまちだが、ブンズを除いて、キャリーもトレンドも正のときのリターンがキャリーもトレンドも負のときのリターンを上回っている。サンプル期間の大部分は30年間にわたる低金利の時期に含まれるため、平均リターンは当然ながら高い。最も長いデータが入手可能だったのはアメリカ、日本、イギリスの3カ国だ。アメリカと日本は一定のパターンを示しているが、イギリスは若干弱い。これは英ギルト長期債に対するテクニカルな需要ファクターによるものと思われる。

さまざまな金利制度におけるキャリーとトレンド

　しかし、この分析からは当然ながら1つの重大な疑問が生じる。この結果は、低金利によってどれくらい影響を受けるものなのかということだ。高金利の期間のトレンドフォロー戦略の一般的なパフォーマンスについては別の論文で述べた（レニソンほか［2014年］）。サンプルの初期の時期におけるデータ入手には制約があるため、統計学的分析は極めて難しいのは認めざるを得ない。しかし、およそ半分の市場については十分なデータがあるため、1960年から1982年12月までの金利が上昇した期間については分析は可能だ。**表27.5**は**表27.4**と同じフォーマットでその結果を示したものだ。

　サンプル期間が短く、一般的にボラティリティが高いため数値が非常に大きなケースもあるが、パターンは同じだ。豪ドル（この検証ではデータ期間はわずか5年）を除いて、キャリーもトレンドも正のときがキャリーもトレンドも負のときをアウトパフォームするというパ

表27.5　市場ごとの結果――期間は各市場のデータが最大限入手可能な期間（1960〜1982年）

市場	開始年	サンプル全体の平均リターン	カテゴリー別年次リターン				カテゴリー別シャープレシオ			
			キャリー>0		キャリー<0		キャリー>0		キャリー<0	
			トレンド>0	トレンド<0	トレンド>0	トレンド<0	トレンド>0	トレンド<0	トレンド>0	トレンド<0
コモディティ										
トウモロコシ	60/06	-0.9%	42.6%	-0.9%	-7.6%	-11.4%	1.6	0.0	-0.4	-0.8
金	76/01	6.0%			30.8%	-20.6%			1.0	-0.8
セクター平均		**2.6%**	**42.6%**	**-0.9%**	**11.6%**	**-16.0%**	**1.6**	**0.0**	**0.3**	**-0.8**
株式										
S&P500	60/01	1.8%	16.0%	12.9%	5.2%	-11.6%	1.9	0.7	0.5	-0.8
セクター平均		**1.8%**	**16.0%**	**12.9%**	**5.2%**	**-11.6%**	**1.9**	**0.7**	**0.5**	**-0.8**
通貨										
AUD	77/12	-0.3%	1.2%	-5.2%	-0.5%	1.9%	0.3	-1.3	-0.1	0.6
GBP	72/12	-0.5%	7.9%	-6.9%	-15.5%	-39.1%	1.1	-0.7	-1.8	-3.3
EUR	72/12	1.4%	13.9%	3.0%	5.4%	-6.4%	3.3	0.6	0.5	-0.6
JPY	72/12	0.4%	1.9%	4.8%	9.8%	-10.6%	0.5	1.4	0.9	-1.0
CHF	72/12	2.0%			5.8%	-1.8%			0.4	-0.2
セクター平均		**0.6%**	**6.2%**	**-1.1%**	**1.0%**	**-11.2%**	**1.3**	**0.0**	**0.0**	**-0.9**
債券先物										
JGB	75/08	0.1%	6.0%	-1.9%	-2.9%	-2.2%	2.7	-0.6	-0.9	-0.5
米国10年物Tノート	72/08	-1.9%	4.7%	-3.8%	-5.6%	-6.6%	0.7	-0.6	-0.8	-0.7
セクター平均		**-2.4%**	**5.4%**	**-2.9%**	**-4.2%**	**-4.4%**	**1.7**	**-0.6**	**-0.8**	**-0.6**

第3部　トレンドフォローに関する研究論文

ターンは同じだ。この分析は、ほかの金利体制でもキャリーもトレンドも正のときが優れた戦略になるという十分な証拠を提供してくれるものであると私たちは思っている。

結論

　本論文で最初に分かったことは、キャリーとトレンドに対するリターンは期間が変わっても、資産クラスが変わっても堅牢だということである。特に、どのヒストリカル期間においても、どの資産クラス（若干の例外はあるが）においても、どんな金利状態のときでも、キャリーもトレンドも正のときがキャリーもトレンドも負のときよりもリターンが高い。さらに、キャリーそのものは期待リターンが正の戦略だが、トレンドが正の戦略もそれに劣らず優秀で、キャリーが正の戦略を上回るときもあるが、最良の戦略はベストなトレンドとベストなキャリーを取り入れてポートフォリオを構築することである。

　これを投資に利用するのは簡単だ。キャリーもトレンドも正の戦略はリスク調整済み期待リターンの高い戦略になる。もしキャリーが正のポジションが見つからなければ、ここで示した結果の延長として、負のキャリーを最小化するトレンドが正のポジションを建てることで高い期待リターンが期待できる。これは高レベルのポートフォリオ構築に大きな影響を与える。まとめると、長期的なポートフォリオ構築にとってベストな戦略は、「トレンドの正しい側にいること。そして、トレンドの正しい側にいるときは細かいことを気にするな」ということになる。

868

究極の偽善
The Graet Hypocrisy

ホーキング・アルファLLC
ジョッシュ・ハウズ
ポール・キング

　アルベルト・アインシュタインは仕事をするうえで3つのルールを持っていたと言われている。その1は、乱雑さからシンプルなものを見つける。その2は、不和から調和を見つける。その3は、困難さのなかに好機がある。私は金融業界にいることに対して、フラストレーションがどんどんと募っていった時期がある。本論文では、金融界という乱雑な世界で物事を明快にする3つのポイントを紹介していきたいと思う。人々は「シンプル」に売ることを学ぶが、悲しいことに、シンプルに利益を得ることは必ずしも簡単だとは限らない。

　ファンドのパフォーマンスや内国歳入局（IRS）に課される巨額のキャピタルゲイン税に不満をもらす投資家は多い。小さな個人投資家から巨額の純益を手にする投資家に至るまでどの投資家も、自分たちがどんな銘柄に投資しているのかが分かるようにファンドの透明性を求める人が多い。ほとんどの投資家が感じていることは、投資に関しては意思決定プロセス権がないということである。私は、投資家たちには、自分たちの資産を守り満足できる幸福を得るために富を構築するもっと良い機会があるのではないかと思っている。

　投資信託からヘッジファンドにいたるまで、金融投資コミュニティは慢心し無気力になってきたのではないだろうか。2008年以降、大部

第3部　トレンドフォローに関する研究論文

分の投資家たちは投資信託やヘッジファンドで長期にわたって徐々に富を失ってきた。「市場を打ち負かす」ための追究のなかで、手数料や巨額のコストが重くのしかかっているのである。1990年代のブル相場では2桁のリターンはざらで、投資家と投資信託は甘い蜜月のときを過ごしていたように思える。ところが、21世紀の初めになると、危険信号が赤々と灯り、投資家たちには警鐘が鳴らされている。

　投資信託は記録的なアンダーパフォーマンスを喫し、隠れた手数料が課され、所得税は上昇し、投資家たちはコントロールを失った。ヘッジファンドに至っては投資信託の比ではない。情報通の投資家たちは今ようやく、自分たちが時間を無駄にし、こうした「仕組み」商品で富を失っていることに気づき始めた。

　誤解のないように言っておくが、投資信託は最初から悪い投資だったわけではない。実際、投資信託はSEC（証券取引委員会）が複数の株式や債券を別々のファンドに投資するという概念を設けた投資会社法を施行した1940年代以降、多くのアメリカ人に働いている間に年金口座で財を築く機会を与えた。投資信託は創設以来何十年にもわたってアメリカ人にとっては良い投資であり続けた。投資信託は平均的な中産階級のアメリカ人たちに多くの資金を持つ人々と同じように投資する機会を与え、多くの資産を持つ人々はヘッジファンドを使ってヘッジすることができた。これらのファンドは投資家にとって新たな親友となり、プロによる資産管理、多くの選択肢、そして長い間、ストレスフリーの投資を提供してきた。こうしたファンドは市場においては絶大なパワーを誇っていた。

　こうした株式プールは投資家たちに手ごろな値段で個々の証券よりも分散と安全性を提供するようになったため、ゼネラルモーターズといった1つの会社に投資して、それを一生涯持ち続けてきたブランドネーム投資から、幅広いバスケット投資へとシフトしていった。

　このシフトを先導したのが、1990年代にファンドに関する情報を「ス

870

タイルボックス」で提供したモーニングスターだった。スタイルボックスとは、資本資産価格付けモデルといった学術的なものを単純化し、視覚的に分かりやすい情報に変えて提供しようというものである。スタイルボックスによって、人々はファンドがほかの「スタイル」に比べてどのように運用されているのかを一目で見ることができるようになった。この業界には商品に対する顧客の要求を記述する言葉がないため、スタイルボックスは簡単に理解できるグラフィックとして業界にとってお金を印刷するショップのようなものだった。しかし、ユージン・ファーマとケネス・フレンチが指摘したように、「スタイル」に対する賭けはスキルと勘違いされることが多く、マネジャーのおかげだと思わせてしまうところがある。[1]

　やがて、政府が提供する年金プランによって投資信託の人気はますます高まっていった。こうしたプランは401k、SEP（中小企業者向け年金口座）、IRA（個人退職口座）として知られている。事実、今日では投資信託の資産の40％以上はこうした年金プランによるものだ。莫大なお金が年金ファンドに流れ込んだのである。こうして中産階級は手ごろな投資先を手に入れた。しかし、ある有名な本のタイトルにあるように、「投資家のヨットはどこにある？[2]」（銀行家やブローカーのお客にはヨットを買えるほど儲けた人がいるの？）ということなのだ。

　時代は変わった。ベールははがされ、業界の真の顔があらわになった。本論文を最後まで読めば、私の言っていることが理解できるはずだ。初期のころのファンドは顧客のためにお金を儲けることに主眼が置かれていたが、今やお金を儲けることよりも「ベンチマーク」を打ち負かせという命令の下、できるだけ多くの資産を集めることだけに集中しているように思える。今、彼らは1940年代に生まれた精神から外れ、アルフレッド・ウィンズロウ・ジョーンズがロングポートフォリオの損失をヘッジするために始めたヘッジファンド業界と何ら変わらない業界に成り下がってしまった。また、投資信託業界はできるか

871

第3部　トレンドフォローに関する研究論文

ぎりマーケットシェアを広げようと躍起になっている。たとえ、おきて破りを犯しても。

　ここで統計学的事実に目を転じてみよう。1980年には500の投資信託が存在し、総投資額は1000億ドルだった。2014年6月には投資信託は8300に増え、投資会社法によれば総投資額は26兆8000億ドルに上る。また、ヘッジファンド業界は1990年には運用資産は400億ドルだったのが、いまや8000を超えるヘッジファンドが存在し、運用資産は2兆4000億ドル[3]を超える。この数字はけっして印刷ミスではない。このモンスター業界は日々成長しているのだ。この概念に基づく投資パターンは最初はゆっくりと形成されていった。

　1970年代と1980年代の間、アメリカ人は自由に裁量できる富のおよそ20％を投資信託に投資した。1990年代になると、投資率は25％に上昇し、1996年には60％に上昇した。20世紀の終わりには、アメリカ人の投資信託への投資率は何と82％にまで上昇した。今日のリーダー的企業が1980〜2000年までのブームのときに株価がいち早く上昇したことを考えるとこれは驚くには当たらない。

　投資信託の選択肢が増えると、当然ながらもっと高いパフォーマンスが期待されるようになった。しかし、今日の心理学が示すように、選択肢が増えるということは、私たちにとっては最終的には選択肢が減ることを意味する。シーナ・アイエンガーが指摘するように、満足感はコントロールしているという認識から生まれるものである[4]。しかし、うまく選択する能力は私たちにとって最もパワフルなツールの1つではあるが、選択に対する望みは選択そのものではない。したがって、ほとんどの人々はプロセスの手段、つまり真の測定手段がなく、選択肢の数だけに圧倒され、始める前にすでに自滅しているのである。

　2003年以前は、投資信託について言える最悪のことと言えば、彼らのほとんどは損失を出しているということだけであり、ヘッジファンドはLTCM（ロング・ターム・キャピタル・マネジメント）が与えた

872

悪印象のため、レバレッジを掛けた恐ろしい投資ビークルということだけだった。しかし、2003年以降、彼らについて言えることはさらに悪化している。多くの投資信託は今、損失を粉飾している。2003年、ニューヨーク州司法長官のエリオット・ローレンス・スピッツァーは、大手金融会社による投資信託の株の不正取引に歯止めをかけようと改革に乗り出したが効果はなかった。スピッツァーによれば、バンク・オブ・アメリカ、ストロング・キャピタル・マネジメント、バンク・ワンといった優良企業もヘッジファンドのキャナリー・キャピタル・パートナーズと共謀して投資家から大金を巻き上げるスキームに手を染めた。2008年、バーナード・マドフがポンジスキームを使った巨大金融詐欺で逮捕された。それから数年後、スティーブン・コーエンのSACキャピタルがインサイダー取引で有罪になった。こうした事件を受けて、人々は正しい選択肢を選ぶことに不安を感じるようになった。

　アメリカ市民から8兆1000億ドルのお金を受託する投資信託は、アメリカ人にとって、郊外に家を持つ、子供に素晴らしい教育を受けさせる、そして定年後を安心して暮らすというアメリカンドリームをかなえるための頼みの綱だった。ヘッジファンドは本来は裕福な個人が破産することなく、資産を失うことなく自分たちを保護するためのツールのはずだった。ファミリーオフィスのナンバー1のルールは、元本を守ることである。

　今、アメリカの9300万人の投資信託の投資家は8000を超える投資信託の売り込み合戦に圧倒されているというのが現状だ。業界の大手2社を考えてみよう。バンガードとフィデリティだ。彼らはそれぞれに異なるコアメッセージを持っている。バンガードは低コストを重視し、市場を打ち負かすなんてことはバカげていると考えている。したがって、コストをどれくらい低減できるかが鍵となる。一方、フィデリティは「スター銘柄」の分散能力に焦点を当てる。これら2社は独自のセールスポイントを売ることにかけてはお手の物だ。

873

第3部 トレンドフォローに関する研究論文

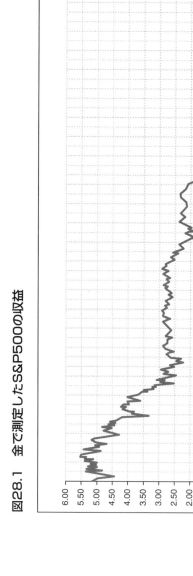

図28.1 金で測定したS&P500の収益

874

投資家たちのほとんどは投資信託を使ってどのように富を増やせば
よいのかがまるで分かっていない。平均的な株式ファンドは2000年、
2001年、2002年には12％も下落した。そのとき以来、パフォーマンス
はそれほど向上していない。大半の投資信託やヘッジファンドさえも
が連動している過去10年の市場を見てみると、あなたの資産が安定的
に成長してあなたの購買力が増す可能性はかなり低いと言わざるを得
ない。

図28.1を見ると、S&P500の年平均成長率（CAGR）は実質的にマ
イナスであることが分かる。経済学者が「資産効果」という言葉を使
うときには注意が必要だ。購買力に対するリターンのこの測度は驚く
ほど悪い。人が投資するのはスター銘柄でもコストでもなく、マネジ
ャーのプロセスなのである。ウォーレン・バフェットがかつて言った
ように、「ポーカーゲームでカモがだれなのか分からないときは、あな
たがカモなのだ」。私はなにもフィデリティやバンガードを責めている
わけではない。彼らは、会社のために儲ける、という仕事をやっただ
けである。責任は投資家自身にあるのだ。彼らは投資先を選ぶことよ
りも、今度買おうとしている冷蔵庫選びに多くの時間を費やしている。
これほど情けないことはない。投資信託の投資家からヘッジファンド
の投資家まですべての投資家にぜひお勧めしたいのは、アンドリュー・
ワイズマンの書いた「インフォメーションレス・インベスティング・
アンド・ヘッジファンド・パフォーマンス・バイアス（Informationless
Investing and Hedge Fund Performance Bias)[6]」という論文だ。これ
は特に、ヘッジファンドに対してシャープレシオを良さの尺度に使う
ことは当てにならないことについて書いたもので、非常によく書かれ
た論文だ。ロナルド・レーガンはかつて次のように言った――「信頼
せよ、しかし検証せよ（Trust and verify)」。つまり、投資信託やヘ
ッジファンドは少なくとも正しいツールを使って検証する必要がある
ということである。

875

第3部　トレンドフォローに関する研究論文

　しかし、それはリターンについてのことであって、隠れたキラーは含まれていない。それではこの業界の本当の問題点について見ていくことにしよう。それはリスクに関連する手数料の問題だ。リターンを殺すのは費用である。平均的な投資家はどういった費用を払っているのか皆目見当もつかない。また、多くの純資産を持つ投資家は不当な取引を進んで受け入れる。ほとんどのアクティブ運用ファンドは販売会社によって販売手数料が上乗せされ、それは通常6％前後だ。ファンドは口座から最低でも平均0.5％のサービス料を差し引く。現金の引き出し、つまり機会コスト（償還に応じるためのコスト）を支払うための準備金としてさらに0.6％の費用が上乗せされる。ヘッジファンドに投資する金持ちの人々も例外ではない。ファンド・オブ・ファンズのことを思い出そう。ヘッジファンドの投資家の3分の1がこうした外部委託された運用商品に投資しているため、追加コストが上乗せされている。私が人々によく質問するのは、「リターンに対していくら払うかではなく、ドローダウンに対していくら払うかが重要なのではないか」ということである。

　投資家は毎年何億ドルというコストと手数料を支払っている。それに対する見返りは？　彼らが受け取るのは月並みなパフォーマンスで、しかもすべてのリスクは自分持ちだ。税金は自分持ちだし、実際に損失を被っている投資家は多い。安定した債券ファンドや不動産、個々の株式、そしてＴビルでさえも株式で運用している平均的な投資信託と同程度のパフォーマンスを上げるかもしれない。残念ながら過去数年においては、ヘッジファンドも同じようなものだった。彼らの中身を調べれてみれば、見えてくるのは彼らが「クローゼット・インデックス・ファンド」と呼ばれる疑似インデックスファンドであるという現実だ。クローゼット・インデックス・ファンドとは、アクティブ運用ファンドでありながら、ファンドの中身がベンチマークに酷似していて、運用成績もほとんどベンチマークに連動しているファンドのこ

876

とを言う。ポール・チューダー・ジョーンズは、「敗者はナンピンする」と言った。

　これらの取引コストはファンドマネジャーが年中行っている株式の回転売買によるものだ。株式の平均回転率は年80％以上と非常に高く、ほぼすべての株式ポートフォリオや投資信託ポートフォリオで行われている[7]。控えめに推定しても、これには0.7％の費用が含まれている。もちろん、あなたの利益をむしばむキャピタルゲイン税はこれには含まれていない。これに加えて、1.5％の運用報酬と12b-1手数料（代行手数料）が上乗せされる。12b-1手数料は業界外部では非常に評判が悪い。業界内の人々は自分たちにはこんな価値があると思えば、そのすべてに対してコストを上乗せし続けると思ったほうがよい。ヘッジファンドは合同運用ビークルであるがために取引コストは共同負担となっていて見えにくい。そのため純資産価値に対するコストを測定するのは極めて難しい。

　例を見てみよう。あなたのファンドは今の市場で高いリターンを上げている。平均成長率は推定で12％（長期のバイ・アンド・ホールドの場合）だ。しかし、手数料、コスト、現金引き出しに対する準備、報酬などを差し引くと12％は8.7％に低下する。つまり、ファンドマネジャーのトータルコストは3.3％ということになる。そのためファンドは市場を少なくとも3.3％アンダーパフォームすることになる。これから税金（私の推定では控えめに見積もってもおよそ0.7％）を差し引くと、あなたのリターンは8％になる。あなたが家に持ち帰れるのはファンドのリターンのわずか3分の2ということである。しかし、実際にはこれよりもおそらくは少ない。「もし」マネジャーがリスクを管理することができて、ドローダウンが得られたリターンに対して市場リスクを下回れば、このパフォーマンスはけっして悪いとは言えない。しかし残念ながら、歴史が示すように、投資信託のコストはとったリスクに対するリターンに比べて大きすぎるし、ヘッジファンドは彼らの義

877

第3部　トレンドフォローに関する研究論文

務であるヘッジさえやっていない。

　一般的な投資家にかかるコストは平均で3.5％だ。私がいつも驚くのは、ほとんどの人がヘッジファンドの「2－20」構造（固定手数料が2％で、成功報酬が利益の20％）にためらうということである。ヘッジファンドの平均リターンが12％だとすると、トータルコストはわずか4.4％である。これは「手数料の安い」ファンドよりも1％弱高いだけである。多くの人は、「その1％の価値はどこにあるのか？」と聞いてくる。それに対して私は、「それは簡単だ。ファンドのMARレシオ（リスク調整済みリターン＝平均成長率÷最大ドローダウン）と、市場のMARレシオを比べてみるとよい」と答える。チャートを見ると分かるように、市場のMARレシオはおよそ0.1だ。われわれホーキングでは受容可能なMARレシオは0.5である。つまり、私たちはわずか1％のコストの上昇に対して、400倍の価値を提供しているということである。少なくともヘッジファンドは投資家に利益をもたらさなければ20％の成功報酬はもらえない。人々が手数料を課されることに抵抗するのは、複数の手数料や収入の流れが存在し、それらが明確にされないからである。

　しかし残念ながら、投資信託はコストを氷山の下に隠す天才だ。氷山のほとんどは水面下にあって見えない。投資信託会社は標準的な手数料に加え、隠れた収入源をファンドのなかに見つけることにますます熟達してきた。しかも、そうした収入源は時間とともに上昇している。2000年以降、リターンが低下すると、投資信託会社は手数料を上げてきた。投資信託の平均的な投資家は、彼らが支払っている手数料を公開・非公開を問わず、気にもとめない。株主は12b-1手数料を通じて投資信託の販売促進や宣伝のためのお金を支払っている。少なくともヘッジファンドはマーケティング代金を自分たちのキャッシュフローから支払わなければならない。ところが前にも述べたように、ほとんどの投資家は、手数料に関する重要な情報がたくさん書かれている

投資信託の目論見書なんか読まない。9300万人の投資信託の投資家たちは投資信託会社に年間およそ700億ドルの運営費を支払っているにもかかわらず、ほとんどの投資家は支払っていることさえ気づいていない[8]。

ファンドに投資すれば、実際のコストはいくらかかるのだろうか。ロードファンド（証券会社が販売するので手数料が必要）の場合、年間のトータルコスト（初期費用または解約手数料）はあなたのファンド資産の3％から4％で、ノーロードファンド（ファンドを設定する投資会社が直販するため、販売手数料は不要だがアドバイスもない）の場合も3〜3.5％だ。これらのコストを真剣に調べれば、お金が投資信託会社の金庫に何度も流れているのが分かるはずだ。

ガス代や電気代のように定期的に請求書が送られてくるのとは違って、投資信託会社からはコストの請求書を受け取ることはほとんどない。ブローカーがトレードを執行したら、コストはいの一番にポートフォリオのリターンから差し引かれる。あなたの娘さんが無断でクレジットカードで買い物をしたら、あなたは叫ぶだろう。しかし、2万5000ドルの投資信託への投資に5％の手数料を支払うとき、あなたはどこにいるのだろうか。投資信託のリターンが上昇した1990年代、大金が舞い込み、内部経費が低減したファンド会社は株主の手数料を下げると思ったのではないだろうか。そんなことを当てにしてはならない。結果は、と言うと、低コストのファンドやETF（上場投信）が台頭し、パッシブ投資の価値について解説するための研究が行われるようになった。困難をいかにして「乗り越えるか」が健全な戦略である。パッシブ何とかがあなたの人生でうまくいったことがあるだろうか。あなたは汗水たらし懸命に働いてここにたどり着いたのだ。問題は、「パッシブ」は独自の強みや魅力ではなくて、手数料に対する解決法にすぎないということである。それは投資家たちの「見逃す」かもしれないという恐怖心を餌食にするものなのである。賢明なマネジャーがか

第3部　トレンドフォローに関する研究論文

つて私に言ったことがある——「リスクイクスポージャーがそこにあるからと言って、必ずしもあなたがそれを必要とするとは限らない」。

　実際には、低コストのブローカーによってトレードコストが下げられたように、ファンド会社の固定コスト（人件費、会計費用、研究費など）がテクノロジーのおかげで下がったのだから、手数料も下がってもよいはずだ。運用資産残高が1984年の3710億ドルから2000年には大幅に上昇したとき、ファンド会社が収益を何倍にも伸ばしたのを覚えているだろうか。ジョン・ボーグルは次のように言っている——「他人（ファンドの株主）のためにお金を稼ぐときの意欲は、運用会社にオーナーシップ参加することで自分のためにお金を稼ぐ意欲ほど強くはない。投資信託会社には反対方向に引っぱり合う２つの当事者がいる——株主（投資信託への投資家）とストックホルダー（投資信託会社への投資家）である」。ヘッジファンド業界とその構造について、あなたのマネジャーに聞くべき重要な質問は、戦略的パートナーのなかに何を求めているのかということではないだろうか。なぜなら、ほとんどのファンドはパートナーシップの形態をとっているからである。100ドルから10億ドルまで他人のお金を扱うとき、パートナーシップというものが信任され、またそういったものとしてみなされ保護されなければならない。対立する目標を掲げるのではなくて、目標を一致させることが重要だ。だれもの意見が一致すれば、だれもが得をする。これによって最も重要な要素が確立される。それが信頼関係だ。信頼関係があるかどうかを確認する１つの方法は、ファンドマネジャーに自社のファンドに投資させるか、少なくともファンドマネジャーと投資家の間でパフォーマンスの利害構造を一致させることである。

　「今や投資家たちにはウソや真実を歪曲した説明が伝えられ、彼らは搾取され無視されるばかりだ。過去10年、多くの家庭が投資に殺到した。またウォール街は短期パフォーマンスにばかりこだわってきた。企業経営者、金融アナリスト、ブローカー、投資信託運用会社の間で駆

880

け引きの文化が醸成されたのはそのためであり、幻想と現実との区別も、セールストークと本当のアドバイスとの区別もつかなくなった」とアーサー・レビット元SEC会長は言う。ドレマンとベリーの研究によれば、ウォール街のアナリスト予測と実際の会社の利益との間には大きな乖離があった。[11]さらに驚くべきことは、これらの乖離が時間とテクノロジーが進化するにつれて増大し、複雑化していることである。悲しいことに、われわれはマネジャーがリスク調整済みリターンではなくて、運用資産残高を誇る時代に生きている。

15年前までは詳細な市場情報を提供するテレビ番組が１つもなかったことをご存じだろうか。ロバート・Ｂ・ジョーゲンセン[12]によれば、今では、

●金融ニュースを伝えるラジオ局が何百も存在し、

●金融を専門とする新聞や雑誌があり、

●金融ニュースを専門とする３大ケーブルチャンネルが存在し、

●ほとんどの大手新聞、また小さな新聞さえファイナンス欄を持ち、

●金融トピックを扱うニュースレターは何千と存在し、

●金融投資関連のウェブサイトは何十万と存在し、

●金融セールスマンは人々に電話をかけ、

●広告、おしゃれなパンフレット、郵便物は金融商品の紹介であふれている。

文字どおり、数千ドルから数百万ドル、数億ドルに至るまですべてのレベルの投資家に対して最新の投資機会を提供するウェブサイトも何百とある。あなたを投資へと引き込もうとする人々は、魔法のランプのひとこすりで、イライラすることも、投資について何も理解することもなく、あなたを大金持ちにするのだとあなたに信じさせたいのだ。しかし、心理学の専門家が示したように、「専門家」を使うほど期待は高まり、品質を測定する方法を持たないわれわれは最終的にはが

第3部　トレンドフォローに関する研究論文

っかりさせられる可能性が高い。

　今こそ目を見開いて業界の実態を見るべきときである。その実態を
「標準」として受け入れてはならない。さもなければ次のような厳しい
現実があなたを待つことになる。

●**税金**　ファンドマネジャーがある株を売って利益が出ると、たとえ
　あなたのファンドが全体で損を出しても、あなたはキャピタルゲイ
　ン税を支払わなければならない。

●**戦略の変更**　あなたは特定の投資戦略を取るファンドに投資する。
　しかし、マネジャーが戦略を変えることもあるから注意が必要だ。

●**分散化されない**　ファンド間で分散化しなければ、異なるファンド
　で同じ株式を所有することになる。

●**名前にだまされる**　株式ファンドの名前はその投資の意図を必ずも
　反映しているわけではない。

●**ファンドマネジャーの移動**　ファンドマネジャーは出入りが激しい
　ものだ。もしあなたの資金を担当するファンドマネジャーが去った
　とき、チームがリーダーシップを引き継ぐ体制になければ、あなた
　の口座は被害を被ることになる。

●**巨大化するファンド**　ファンドが預かる資産が増えれば、パフォー
　マンスは低下する可能性が高い。

●**手数料**　無数の手数料や報酬を支払うことになる。

　結論を言えば、ほとんどのファンド運用会社は、投資家の株式ファ
ンドのパフォーマンスやリターンの期待に達しないということである。
そればかりか、彼らは手数料や追加料金をこっそりと盗み取る天才だ。
つまり、ほとんどのファンドはマーケティングでは成功しているが、投
資では成功しておらず、成功者にちゃっかり便乗しているということ
である。成功者にとって彼らなんて知ったことではない。彼らはエッ

882

ジを持っているのだから。

アーサー・レビット元SEC会長は次のように言っている——「投資家は投資信託を買うとき、支払ったものに見合うものを得ていない。ほとんどの投資家は何に対して払っているのかさえ知らない。業界は投資家にファンドを過去のパフォーマンスに基づいて買わせてきた。手数料や年次費用効果、販売手数料、トレードコストは投資家にはすべて内密にされている。ファンド運用会社の重役たちは運用に関する監督義務を果たしていない。これは、トレードの遅れ、マーケットタイミング、インサイダー取引、優遇措置といった悪習を生み出し、投資家たちの信頼を失う元凶になっている。ファンドがどのように売られ運用されているのかを見れば、人をだます文化が醸成され、短期売買を促進し、重要な情報を公表しないといった悪行がまかりとおっていると言わざるを得ない」。

無謀に思える行動の裏にも理性はあるものだ。投資による満足感は素晴らしいパフォーマンスから生まれるものではない。期待が満たされれば、どんな手数料や報酬を請求されようと構わないと思えるものだ。私が信頼関係について話したのはこのためだ。信頼関係は人を信用することで成り立つものであり、ウォール街はこれを目指すべきである。正しい期待を設定することで信頼を取り戻すことが重要だ。

額に汗して稼いだお金を投資信託やヘッジファンドに投資した投資家としてのあなたにとって、これは何を意味するだろうか。あなたは大事な財産を運用会社にゆだねた。しかし、まず第一にリスクを管理するという最も重要な仕事を彼らはしていない。あなたは貧乏くじを引かされたに等しい。私たちは株式市場は家族のための財産、そして退職後の財産を築くための唯一最良の場所だと教えられてきた。リスク調整済みリターンを重視するマネジャーからあなたが投資したお金に対して最大の価値が得られればこれは正しい。もしそうでないのであれば、あなたのポートフォリオはハムスターの回し車のようにまっ

883

第3部　トレンドフォローに関する研究論文

たく前進がなく、ほかの投資信託やヘッジファンドの投資家たちの何百万ドルという資産とともに途方に暮れるだけである。ここでの私の目的は、あなたを回し車から降ろし、リターンだけを考えることをやめさせることである。そして、ほかのみんなが「良好なパフォーマンス」を得ているからといって、あなたもそれができると思ってはならないことを認識させることである。

　何がこの業界を狂わせたのだろうか。2013年、投資信託の総運用資産は13兆ドルを超えた。[13]当然ながら、運用資産の増加によって会社が考える優先順位は変化した。投資信託業界は個人投資家を最優先しなくなったのは明らかだ。ヘッジファンド業界も同じである。バンガード・ファイナンシャルの創業者であるジョン・ボーグルは投資信託を一刀両断する――「投資信託に対する私の最大の不満は、いまや投資信託はリターンよりも手数料からのキャッシュフローを優先する会社のように運営されていることだ」。ボーグルは業界が崩壊したのは、1956年に米連邦裁判所法によって投資信託会社が上場企業になることができるようになったためだと見ている。これによって投資信託は戦う場所が変わった。ボーグルによれば、この法律によってこのビジネスはストックホルダーのためにお金を儲けることが重視される企業ビジネスに変貌した。「投資を専門にしていたビジネスがマーケティングサービスビジネスになれば、マーケティングが前面に出て、運営は後退する」とボーグルは言う。

　2008年に投資信託から人々が大移動し、その後の運用資産の低下を見ても分かるように人々はようやくこの事実に気づき始めたようだ。といっても、投資信託や投資信託を作って売る会社が消滅するわけではない。実際にはこの逆である。本論文を書いている時点では投資信託会社はますます進化している。彼らは従来の顧客をつなぎとめると同時に、新しい顧客を確保するために低コストのETFやレプリケーションといった新たな代替投資戦略を開発している。しかし、投資信託は

884

やがては新興の金持ち投資家たちのための新しい投資形態に対して二番手に甘んじることになるだろう。これを最もよく言い当てているのがブライアン・ポートノイで、彼は次のように言っている――「今、収束に向かって進みつつある。[14]かつては明確に区別できた伝統的投資と代替投資の世界は今急速にぶつかり合っている。伝統的な資産運用会社は中核ビジネスの収益の減少を受けて、パッケージングしてプレミアムマージンで売ることができる新たな形態の投資リスクを開発中だ。これに対して一般に規模の小さいヘッジファンドは、もっと投資家にやさしい構造を提供することでアクセス可能と思われる手つかずの巨大市場を狙っている。いま代替投資は主流になりつつある、しかも急速に」。

　不当な手数料、不必要な税金、投資家のコントロールの欠如を初めとするさまざまな理由によって、投資信託は元々の形とは変わりつつある。手数料が２％から平均で1.5％に減少したヘッジファンド業界も例外ではない。投資家たちはこれまでこうしたことを理解できなかった。しかし、過去５年に起きた出来事によって多くの投資家たちは投資信託の欠点を理解するようになった。投資家たちは不必要なリスクを冒すのに何百万ドルという余分な手数料を支払っていたことにようやく気づいたのだ。リスクを正しく考えもせずにリターンだけに基づいて市場をアウトパフォームすることを願っても何にもならないことにようやく気づいたのだ。

　政府にはこの難局にうまく対処してもらいたいところだが、それはないだろう。たとえ投資信託の運用方針をより批判的に調査したとしても。物事はゆっくりとしか変わらないのだ。国や州の調査が進めば、おそらくは議会でも「投資信託の公正性および手数料の透明性に関する法案」を可決したように投資信託の改革が始まるだろう。しかし、投資信託業界はこういった法案に対してロビー活動を展開しうまくすり抜けてきた。

885

第3部　トレンドフォローに関する研究論文

　運用成績のアンダーパフォームは投資信託にとってはごく普通のことであり、ヘッジファンドマネジャーの95％がこの部類に入る。近年、投資信託会社は巨額のマーケティング費用が認められ、商品が広告どおりに運用されればスターマネジャーの報酬を上げることも認められてきたが、これはもはや当てはまらない。今やアンダーパフォームは例外ではなく標準になってしまった。これは事実だ。1980年代、1990年代とがんばってはきたものの、投資信託のリターンは毎年市場を2％下回り、おまけに今でも市場は下落相場にある。[15]シャープ、トレイナー、ジェンセンが示したように、1940～1960年代にかけて投資信託はバイ・アンド・ホールドをアウトパフォームすることはできなかった。ランダムに生成したポートフォリオでさえアウトパフォームすることはできなかった。[16]しかし、これは投資信託業界に限ったことではない。ある調査によれば、ファンド・オブ・ファンズのマネジャーのなかで手数料差し引き後にアルファを生みだせたのはわずか21.2％で、そのうちアルファを上回る付加価値を生みだせたのはわずか5.6％だった。最低でもマネジャーの総合的な損益を調べて、マネジャーが本当に利益を出すことができたのかどうかをチェックしたほうがよい。

　「投資信託はそもそもは長期投資の世界だったのが、今では短期投機の世界になってしまった」とボーグルは言う。S&P500に対するアンダーパフォームは1年だけに限らず、何年も続き、しかも規模も増大した。ファンドマネジャーたちは今、スターマネジャーとして売り込まれているが、市場をアウトパフォーマンスしているのはほとんどがヘッジファンドで、そのなかでも顧客に利益をもたらしているのはジョージ・ソロス、ジョン・ポールソン、デビッド・ハーディング、ジェリー・パーカー、ブルース・コフナー、デビッド・テッパー、ルイス・ベーコンといった一握りの人たちだけである。驚くべきことは、業界全体のリターンのほとんどを稼いでいるのはこの一握りの人たちであるということである。さらに驚くべきことは、16パーセンタイルを上

886

回るファンドのなかで毎年アウトパフォームしているのはわずか7％でしかないことである。つまり、常にアウトパフォームするベストなファンドを見つけるのはムダだということである。なぜなら、それが可能だという証拠はないからだ。しかし、特定の目的を果たすマネジャーを見つけることは可能だ。ブライアン・ポートノイが指摘しているように、重要なのは、信頼、リスク、スキル、そしてふさわしいかどうかである[17]。

　投資家や潜在的投資家は、彼らのお金を扱うスキルがあるとされるファンドや投資信託マネジャーの価値を宣伝する山のような宣伝にさらされている。ヘッジファンドはマーケティングにますます力を入れている。新しい税制改革が施行された今、将来的にもこれは変わることはないだろう。投資信託のリサーチャーによれば、ファンドマネジャーが市場を打ち負かすことができる可能性は非常に低い。平均的な投資信託は5回のうち2回しか市場をアウトパフォームしていない。まだ信じられなければ、次の事実を見てみるとよい[18]。

●2001年末現在、5年の実績を持つアクティブ運用株式ファンドは、1226あった。彼らの平均年次パフォーマンスはS&P500を1.9％下回っていた（ファンドが8.8％、S&P500指数が10.7％）。
●2001年末現在、10年の実績を持つアクティブ運用株式ファンドは、623あった。彼らの平均年次パフォーマンスはS&P500を1.7％下回っていた（ファンドが11.2％、S&P500指数が12.9％）。
●上の数字には多くのファンドが投資家に課す販売手数料が含まれている。販売手数料はブローカーの手数料のようなもので、これは直接あなたのリターンから差し引かれる。これはファンドの株を売買したときに課されるものだ。これらの手数料を差し引いても5年平均はS&P500を年間1.4％下回り、10年平均もS&P500を同じく年間1.4％下回る。

887

第3部　トレンドフォローに関する研究論文

●これらの数字にはパフォーマンスが悪く平均を大幅に押し下げる可能性のある投資信託は含まれていない。これを「生存者バイアス」と言う。こうした投資信託も含めると、アクティブ運用ファンドの平均は市場を年間およそ3％下回る。2009年にディーチェフが指摘したように、この自己選択バイアスは投資信託業界だけでなく、ヘッジファンド業界にも見られる[19]。ファンドが消滅すると、最後の数カ月分のアンダーパフォーマンスは削除され、報告されない。この効果が真のリターンに及ぼす効果は推定でおよそ3％から5％である。

パフォーマンスはコストによって引き下げられる。ファンドマネジャーのなかには本当に優れたマネジャーもいるが、だれが優れたマネジャーなのかは結果が分かるまで分からない。残念ながら、ほとんどのマネジャーはコスト差し引き前でかろうじて市場とトントンというのが実情だ。有名なファンドマネジャーのポール・チューダー・ジョーンズが言ったように、「敗者はナンピンする」。運用報酬、トレードコスト、販売手数料、ほかの雑費もまたパフォーマンスを引き下げる要因だ。このように、参加する前にすでに直接的・間接的コストがほとんどのファンドのパフォーマンスを引き下げているのである。

投資信託は過去の業績は将来の結果を約束するものではないとはっきりと言うべきである。投資家や金融メディアのほとんどは過去のパフォーマンスを主な選択基準として使っている。昔、ある機関投資家が電話で「私にとって将来を示す唯一のものは過去の結果です」と言っているのを聞いてショックを受けたことがある。こういったことを言うのは社内規定のようなもので決められているのだと知って、私はまたもやショックを受けた。しかし悲しいことに、ほとんどの人々は「良い」ということがどんなものなのか正しく教えられずに、過去の実績を「良い」ものを測る尺度に使っているのである。

888

現実は、ほとんどの投資信託は長期にわたって市場をアウトパフォームすることはほとんどないということである。10年連続してS&P500をアウトパフォームした投資信託はこれまでに8つしかない。[20]

次に投資信託に関連する税金について見てみよう。投資信託に税の優遇措置はない。あるのは不利な税制だけである。ポートフォリオのなかであなたの持っている銘柄が売られると税金を支払わなければならないし、さらにあなたの株式ファンドが損失を出しても税金を支払わなければならない。投資信託会社は課税年度の間にキャピタルゲインと配当を投資家に支払わなければならない。非課税の投資信託（地方債投資信託や年金口座など）でも持っていないかぎり、あなたはキャピタルゲインを手にする。

投資信託会社は税金に関しては面倒を見てくれない。株主はキャピタルゲイン税を支払うが、投資信託会社は支払わない。例えば2013年の場合、キャピタルゲインの標準税率は、収益にもよるが、1年未満の株の保有に対しては28～36％である。[21]ファンドを1年以上持っていれば、税率は15％である。

統計によれば、2000年にアメリカの家庭が投資信託のキャピタルゲインに対して支払った税金は3450億ドルである。[22]これらのキャピタルゲインは1990年代の間に蓄積されたものだ。ハイテクバブルが崩壊すると、ポートフォリオマネジャーはハイテク株を手放し始めた。しかし、株式が元々の価値を失っても、キャピタルゲインは依然として蓄積され続けた。たとえあなたのファンドが損失を出しても、ファンドは通算すれば利益を出してキャピタルゲインを得たわけだから、あなたにはキャピタルゲイン税を支払う義務がある。配当についてはまだ話していない。配当をファンドに再投資しても、IRSによれば、配当に対して税金を支払う義務がある。[23]

投資信託会社に責任感があれば、税金を低減する方法はある。ファンド会社はやろうと思えばキャピタルゲインを減らすことができると、

評論家は言う。1つの方法は高度な会計技術を使うものだ。ファンド会社が株式を売るとき、最も取得価格の高いものを先に売れば、投資家は節税することができる。低コストの指数ファンド会社であるバンガードによれば、これはHIFO（最高価格先出し法）と言う。これによって毎年資産の1％もコストを下げることができる。こうしたトレードによってキャピタルゲインの増加は防ぐことができるかもしれないが、平均的な投資信託は1年に1回は銘柄の組み換え（株式が売買されるたびに1銘柄につき平均で5セントの手数料がかかる）を行うため、これは無理かもしれない。

　投資信託では「タックス・ロス・ハーベスティング」（アメリカの税制は総合課税なので、個人が株式投資を行って損失が出た場合、その年の収入等から損失分を引くことができる。したがって、含み損が出ているポジションで損失確定の売りを出すことによって税額を圧縮することができる）は使えない。投資信託を買った時期とは無関係に、頭金を支払う前からあなたは課される義務に対する誇りある遂行者になるのである。

　例えば、1万ドルのファンドを1株10ドルで12月12日に買ったとする。その年が終わる直前、投資信託会社は年間キャピタルゲインを算出する（1株につき2ドル）。あなたは1000株持っているわけだから、2000ドルのキャピタルゲインを手にする。これはすべて課税される。たとえファンドを数週間しか保有していなくても、1年間保有していた人と同じ額の税金を支払わなくてはならない。最初の投資額である1万ドルに対しては課税されないが、2000ドルには課税される。投資信託会社がパフォーマンスを算出する12月にファンドを買うべきではないのはこのためだ（ついでに言えば、そもそも投資信託なんて買うべきではないのだ）。しかし、税金ばかりを気にしていてはリスク調整済みリターンから目をそらすことになる。

　ファンドは常に税引き前のリターンではなく、税引き後のリターン

を見なければならない。その場合でも、ベーシスリスクやグロスイクスポージャー（ネットだけで見てはダメ）といったこまごまとしたことがあり、分析は複雑になるばかりだ。こういった数字はファンドの広告やカラフルなパンフレットのなかには書かれていない。こういった数字はファンドの目論見書に書かれている。ただし、非常に小さな文字で。SECの2003年2月の法改正によって投資信託会社は税引き前と税引き後の情報を目論見書に書かなければならなくなったため、会社はこの情報を隠すことはできない。[24]問題は、ほとんどの投資家が目論見書を読まないことである。例えば、その年に人気のファンドを買った多くの投資家は、多くの投資家がキャピタルゲインを得ていることを知った。これを知った多くの投資家はそのファンドの解約に走り、ファンドマネジャーはその償還に応じるための資金を調達するためにできるだけ多くの株式を売る以外になかったため、市場は下落した。残ったストックホルダーには大きな資本配分が残された。ファンドに数千ドルを投資した投資家が、のちにアメリカ政府によって巨額の税金を課せられるという例もある。

　投資信託の運用会社が納税者のジレンマを予見して、売り戦略を変更する可能性はなかったのだろうか。それはない。投資信託の運用会社は税効率を最大化するために雇われているのではなく、リターンを生みだすために雇われているのである。税法の大きさを考えると税効率を最大化するなんてことは不可能だ。つまり、彼らは動機に合った構造に集中する必要があるということである。その構造とはどういったものかと言うと、ブライアン・ポートノイが言う5つの鍵にファンドマネジャーがいかに自分を合わせられるかということである。5つの鍵とは、集中力、レバレッジ、方向性、流動性、単純さである。[25]あなたがファンドマネジャーに求める「完璧さ」とは、①分散化していること、②マーケットニュートラルであること、③レバレッジをかけていないこと、④流動性があること、⑤シンプルであること——であ

第3部　トレンドフォローに関する研究論文

る。

　投資信託業界は、上に述べたような問題を目立たないようにすることで利益を得ているのだ。ファンド運用会社があなたを無関心でいさせるかぎり、投資信託の負の要素が明るみに出ることはない。ほとんどの投資家は昔から最低限の情報でやりくりするしかなかった。それは、SECが定めた最低限の情報だ。年に２回、投資信託会社からは報告書が送られてくる。投資家たちは情報を週７日、１日24時間欲しいと言ってきた。インターネットによって投資のトラッキングが素早くできるようになったとは言え、大手ファンド会社が投資家たちに最新情報を与えるスピードは恐ろしく遅い。ウェブサイトでポートフォリオの保有株をチェックしても、それらの数字はすでに古い。あるいは間違っていたり欠落していたりする。なぜなら、ファンドマネジャーがポートフォリオを変更するスピードのほうが速いからだ。すべてのポートフォリオのすべてのポジションを私たち自身の厳密なリスクコントロールによって監視する独自のリスク管理ソフトが必要なのはこのためだ。リスク管理ソフトではリスク管理情報はリスクリポートに集積され、たとえ買いと売りで完璧にヘッジされて素晴らしいリターンを上げていたとしても、それがウソの分散化でもたらされたものでないかどうかを確認することができる。

　投資家と運用会社とのコミュニケーションが重要なのはこのためだ。私たちの会社では、顧客は「ポジティブアルファ」と呼ばれる最前線にいるスタッフを介してポートフォリオにいつでもアクセスでき、トレードごとのリスクからポートフォリオレベルのリスクまで確認することができる。こうして顧客は、担当ファンドマネジャーが何をしているのか、彼らは自分にぴったりの人なのかを知るための会話ができる。余談だが、これは互いの信頼関係を築くための基本であって、リターンとは無関係だ。ファンドマネジャーがこういったことをするのは、それがファンドマネジャーの仕事だからである。パフォーマンス

892

を追いかけることは無意味だ。したがって、ファンドマネジャーも投資家も同じように、とっているリスクに対してどれくらいのリターンを達成したいと思っているのかに答えられなければならない。

金持ちは投資信託のことを素晴らしいと言う。私たちはそれを無視するわけではない。年配で金持ちのアメリカ人の多くは投資信託を所有し、60年前から存在する投資信託の投資プロセスに満足している。しかし、こうした考えはすたれつつある。今日の投資家は変化を好む傾向がある。新興の金持ちたちは、リテール投資——大衆市場への投資。今ではこれはコモディティへの投資とみなされている——のままでよいのかと自らに問いかける。投資信託の運用会社は投資家は区別しない。彼らの仕事は口座からファンドへの投資を増やすことであり、だれがファンドに投資しているかとは無関係に数字を獲得することである。つまり、投資信託の投資家に対する扱いは古き良き時代とはまったく違ってきているということである。

世界からまったく孤立しないかぎり、人は人と常につながっている。家族や友人がいるのは当たり前で、人は人間とのかかわりが好きで、人々に対して善意を示す。大衆とのかかわりは避けられない。しかし、混みあったエレベーターに乗っていて身動きができないとき、人との触れ合いは不愉快になり、ストレスを感じ、脅威にすらなる。投資信託にもまったく同じことが言える。

投資信託の顧客に対処するとき、混みあったエレベーターに乗っているような感覚を覚える。つまり、ストレスと脅威を感じるのだ。ファンドを買ったり売ったりは人間の本質であり、これは投資信託にとってはささいなことかもしれない。投資家は市場が下落するとパニックに陥り、市場が上昇すると貪欲になる。安く買って高く売るという投資の格言には従わずに逆のことをやって破滅する。

どの投資家も運用資金が大きく増えたファンドの悪影響を感じている。こうしたファンドは大きすぎて手に負えず、良い運用管理など不

第3部　トレンドフォローに関する研究論文

可能だ。運用資金が大きく増えたファンドは急激に成長しすぎたため、毎年パフォーマンスは不安定で、良い年もあれば悪い年もある。買いオンリーのマネジャーについて行われたある研究によれば、年金プランはファンドをコロコロと変えるが、最初に選んだものを持っていたほうが良かったという結果が出ている[26]。これはギャンブラーの誤謬の典型例だ。人間はパターンや理由など存在しないのにそういったものを見つけようとする生き物だ。ここでお勧めの本を2冊紹介しよう。クリストファー・チャブリスとダニエル・シモンズ著『錯覚の科学[27]』（文藝春秋）とナシーム・タレブ著『まぐれ』（ダイヤモンド社）である。この2冊はいずれも、私たちの心は物事をどのように見ているのかと、天才から普通の人まであらゆる人を悩ます多くの過ちについて書かれたものだ。

　そもそもうまくいくようには思えないシステムでなぜ「ゲーム」をしようとするのだろうか？

　「投資信託の利点は、実はこれは欠点でもあるのだが、出入りが簡単なことである。そのため投資家は市場が下落するとすぐに電話で注文を出す。結果的には、ポートフォリオを頻繁に売買することでパフォーマンスは悪化することになる」。こう言うのはブラウン・アンド・テドストロムのピーター・F・テドストロムだ。マネジャーのポートフォリオの回転率が非常に高いことはすでに述べたが、投資家たちの回転率はその比ではない。これはヘッジファンドでも見られる。2008年、ファンド・オブ・ファンズがヘッジファンドから資金を引き上げたが、こうした大手顧客の償還はリターンにも大きな影響を及ぼした。最も長い実績を持つ伝説の投資家であるポール・チューダー・ジョーンズも、ファンドのリターンに悪影響を及ぼさないように顧客の払い戻しに制限を設けなければなかった[28]。これは金融業界のあらゆる側面に狂気が忍び込んでいることを示す良い例である。ポール・チューダー・ジョーンズの話は、ヘッジファンドへの投資家である世界のエリート

894

といえどもパフォーマンスを追いかけるモメンタム投資家に変わりは
ないことを示している。

　私が常に人々に言い続けていることは、ヘッジファンドも投資信託
もアセットクラスではないということである。人々はこのことを頭に
叩き込んでおく必要がある。株式投資は超過キャッシュに対する代替
なのである。このことに世界のほとんどはまだ気づいていない。要す
るに、流動性のある資産への投資はキャッシュの代替ということなの
である。人々は物事が少しでも悪く感じられるようになると、額に汗
して稼いだ現金をできるだけ早く取り戻そうとする。私は人によく言
うのだが、人間は線形に考え、感情で反応し、お金と感情が結びつい
ているとは考えない。これは利点のようにも思えるが、実は欠点なの
である。なぜならこれは私たちの意思決定に影響を及ぼすからだ。フ
ロアの元トレーダーは私に次のように言った——「入るのは簡単だけ
ど、出るのはそれほど簡単ではない」。

　ファンド、運用スタイル、ファンドマネジャーの名前とは関係なく、
問うべき厄介な問題がある。

　マーケットリスク、流動性リスク、オペレーショナルリスクとは何
なのか。スタイルドリフトはあるのか。上で述べたことに加え、これ
らについても慎重に考える必要がある。私は個人的にはポートノイの
ファンだ。彼はその著書『ザ・インベスターズ・パラドクス（The
Investor's Paradox)[29]』のなかで5つのPについて述べている——
Portfolio（ポートフォリオ）、People（人々）、Process（プロセス）、
Performance（パフォーマンス）、Price（価格）。彼が言うように、重
要なのは物語（この業界が好むもの）ではなくて手法なのである。人々
にとって重要なのは、繰り返し可能な首尾一貫したしたプロセスを持
つ人を見つけることである。スタイルボックスやアロケーションの数
をチェックするのはもちろんだが、バンガードやフィデリティが示し
たように、重要なのは手数料や血統ではなく正しい選択である。

第3部　トレンドフォローに関する研究論文

　これは非常に難しい質問かもしれないが、なぜ顧客のリターンはそれほど悪いのだろうか。どういったことを透明化すべきなのか。どういった手数料体系なら私とマネジャーの目的が一致するのか。

　これは投資銀行や証券会社の支配の終焉を意味するのだろうか。私はそうは思わない。投資信託はアメリカ人にとって崇拝の対象であることを理解する必要がある。投資信託は最初の投資信託が作られて以来アメリカの投資戦略の基本的要素であり、今日ではおよそ9300万人のアメリカ人のねぐらなのである。たとえ上に述べたような事実に直面しても、習慣というものはなかなか消えないものである。こうした話を読んでも、実際に行動に移す読者は半分くらいしかいないだろうと私は思っている。

　しかし、事実に正面から向き合ってもらいたい。何百万人というアメリカ人は額に汗して稼いだお金を魔法のリターンを期待して投資信託に投資し続けるだろう。金持ちはヘッジファンドを使って資産を守ろうとするだろう。彼らは聞く耳を持たないのだ。「だれもが橋から飛び下りているからといって、あなたも同じことをするか？」と両親はあなたに聞いたことがあるだろうか。ほかのだれもが怠け者で宿題をやらないからと言って、あなたもそうでなければならないことはないはずだ。将来的な富を築く手段にはほかにも良い選択肢があるのだ。目標と期待に応えるスキルが一致すれば、実りある結果がもたらされるはずだ。401kではヘッジファンドへの投資がオファーされ始め、人々はなすべき質問をし始めている。しかし、マネジャーの誠実さや安定性、投資プロセスについては自分で判断しなければならない。

　最高のリスク調整済みリターンを求めるときには古いことわざを思い出してほしい――「シャープレシオを食べることはできない」（リターンが低ければ、シャープレシオが高くても無意味）。順応性が高く、エッジを持ちながらもデータマイニングできる能力のあるマネジャーを見つけよう。一貫したリスクイクスポージャーを提供してくれるマ

896

ネジャーを見つけよう。もちろん、リスクなくしてリターンを得ることはできない。したがって、リスクを効果的に扱う能力を持ったマネジャーを見つけよう。そんなマネジャーと協力体制を築ければ鬼に金棒だ。

あなたは遺産を残すことができる。そして、多くの投資家たちを押さえつける束縛の鎖を打ち砕くことができる。成長は当たり前のことではないことを忘れてはならない。過去200年の人間の経験から学ぶことはたくさんある。過去からの見返りはもはやなく、過去からの見返りを支える社会的および経済的牽引力ももはやない。下方リスクを見ないでリターンだけを見ることは危険なことであり、私は絶対にやろうとは思わない。

賢明な人々は、何か間違いが起こるとすればそれは何なのか、そして間違いが起こったときどうなるのかに対する答えを探そうとしている。

エピローグ

「問題を解決できるのであれば、それを理解することと、それについて
何をすべきかを知ることは同じことである。一方、理解していない問
題について何かをすることは、暗闇のなかを手探りで進みながら暗闇
を取り払おうとするのと同じである。光が照らされれば、暗闇は一瞬
のうちに消える」──アラン・ワッツ[1]

「本はけっして書き終えることはない。それは単に断念されるだけであ
る」──オスカー・ワイルド

　富を築いたり、安心できる定年後に備えるのに、自分以外のだれも
頼ることはできない。将来に備えるための最も安全で、最も儲かる方
法は、テレビなどの語り手の意見やお金についての自分の感情的な思
い付きに従うのではなく、トレンドに従うことである。トレンド以外
のものはノイズにすぎない。

　例えば、次に開かれるFRB（連邦準備制度理事会）の会議を考えて
みよう。どんなことが語られるかは分かるはずだ。今やFRBを率いる
ちょっと変わった風貌の「経済学者」の高度な話に続いて、経済イン
ディケーターの話、種々雑多な聞き取りにくいモゴモゴとしたつぶや
き、そしてまるで経済の神が登場したかのように注目されて喜ぶテレ
ビのコメンテーター集団。どんな政治家も経済学者もあなたのために
何かを解決してくれることはない。しかし、あなたは自分の問題を解
決することができるし、少なくとも自分に有利になるように動くこと
はできる。FRBの会議を見るなんて無意味なことは忘れて、前に進も
う。

トレンドフォローについての私の対話型プレゼンテーションを無料で受け取るには、本書の領収書のコピーをメールアドレス（receipt@trendfollowing.com）まで送ってください。

この世に簡単なことなど何もない。しかし、パッシブ投資の列車を降りて、目まぐるしく変わる国の約束事なんて忘れれば、心の安らぎを見つけることができて、おそらくは大金が手に入るだろう。これから先の10年を想像してみよう。金利収入は期待できるだろうか？　ノーだ。そして、好むと好まざるとにかかわらず、社会保障給付（年金）は大幅に減らされるだろう。あるいは80歳代まで働き続けなければならないだろう。あるいは80歳代まで働き続け、かつ年金も減らされる。80歳代まで生きていないって？　それは間違いなくあなたの老後に対する国の本当の計画だ。

「理論的には理論と実践は同じだが、実際には理論と実践は違う」——ヨギ・ベラ

でも私がまったく間違っていたら？　私が悲観的すぎたら？　それはもちろんあり得る。だれでも市場の将来の出来事に関しては間違える可能性がある。1995年のネットスケープのIPO（新規株式公開）の時代にさかのぼって金融エンジニアリングの状況を分析しようとするときなんかは特にそうである。これはかなりの難問だ。次に何が起こるのかが分からなければ、次に起こることにどう備えればよいのか。

「影響力を持ちたければ、10年間同じことを言い続ける覚悟を持て」——デビッド・ハイネマイヤー・ハンソン

トレンドフォローがあなどれないのはこのためだ。

エピローグ

　私は自分の主張を論理的に述べようとするとき、へまをやってしまうことがある。2016年のプレゼンテーションの最後に、締めくくりの言葉としてうっかり「トレンドのために祈ってください」と言ってしまったのだが、聴衆は私の口からこんな言葉を聞くとは思ってもいなかっただろう。

　同僚の1人はこれを面白がったが、これにはイラだった。でもそもそもは、利益を得る方法として宗教的な儀式を想起させるようなことを言ってしまった自分が一番いけないのだ。誤解のないように言わせてもらえば、トレンドフォローはそんなものではない。

　あの締めくくりの言葉は、祈りを戦略にしようと思って言ったわけではない。私の言いたかったことは、私たちのだれも市場をコントロールすることはできないということである。私の潜在意識のなかから湧き上がってきたものは「解放」という言葉だった。トレンドフォローの哲学における解放とは以下のようにまとめることができる。

●未来を予測できる者なんていない。
●「〜だったのに」「〜できたのに」「〜すべきだったのに」と言うのをやめて現実を見れば、人より有利に立てる。
●重要なものは数値化すべきである。だから、常に定量化を心がけよ。
●あることがいつ起こるのかを知る必要はない。それは必ず起こるから。
●価格は上がるが、下がるが、横ばいしかない。
●人生に損は付き物。
●あるのは今だけ[2]。

　私の祈ろうという言葉よりも、この上の7つの要点のほうがトレンドフォローの哲学をより完璧に説明してくれている。しかし、なかには混乱する人もいるかもしれない。彼らにとってこれら7つの要点は

901

古臭いのだ。

「単純すぎる」
「複雑さが足りない」
「重要なことはもっとあるはずだ」
「コベルはエル・ディアブロ（コミックのキャラクター）だ」

　本書ではたくさんの証拠を示してきたが、「秘密」を求める人は不満に感じたかもしれない。本書は神託ではない、単なるメッセージにすぎないと。私はこの仕事を13年間やってきた。混乱する人、批判する人、懐疑的な人、バカげた投稿をする人などたくさんの人に出会ってきた。それは想定ずみだ。本書のように「既存の概念を破壊」するような見方は多くの人に認知的不協和を与えてしまうだろう。自分のことを博士みたいに賢いと思っている人にとって、トレンドフォローがあなたを賢くしたと感じさせないのであれば、トレンドフォローを受け入れるのは難しいだろう。

「私の知っているアイビーリーグの連中は正しくあることに慣れているため、不確実なことに対処するとき、つまり正しい答えがないときは落ち着きを失う。うぬぼれの強い彼らは間違うことを恐れるため良い賭けはできない。彼らはリスクという考えに心地悪さを感じる。なぜなら彼らはリスクを評価する方法も、測定する方法も知らないからだ。彼らは知識を吸収することだけを教わってきた。知識を使って何かをすることは教わっていないのだ」——ラリー・ハイト

　半分信じて半分試したいと思っていても決心のつかない人もいる。しかし、優柔不断ではうまくはいかない。ダニエル・カーネマンのような行動経済学者が数学と同じようにトレンドフォローの理解に欠かせ

ないのはこのためだ。全力で学ぼうとしないかぎりうまくはいかないだろう。

「この環境に対して、私たちは規律をもって対応しなければならない。意見の違いがトレンドにつながるのなら、私たちはポジションを保持する必要がある。そして、必要なときはポジションを手仕舞うか変更しなければならない。このときに重要なのがリスク管理である。ウィル・ロジャースはこれを次のように簡潔にまとめている —— 『正しいレールに乗っていても、そこに座っているだけでは列車にひかれてしまう』」 —— マーク・S・ゼプチンスキー

　しかし、正しいアプローチを持っていても、忍耐力も必要だ。カリフォルニア州ラホーヤを拠点とする投資会社のアルテグリスは、デビッド・ハーディング、ユーアン・カーク、ウィリアム・エックハートといったトレンドフォロワーに10億ドル以上のお金を投資した。アルテグリスの創始者であるジョン・サンドは難問を投げかけてきた。

　　「スキルを持った偉大なトレーダーでもお金を儲ける機会のない人はいるのだろうか。逆に、スキルのない悪いトレーダーでもお金を儲けるたくさんの機会を得ることはあるのだろうか。答えはどちらもイエスだ。ほとんどのトレーダーにとって短期のパフォーマンスは運が左右する。1年間のリターンが素晴らしい人は必ずいるが、長期にわたって素晴らしいリターンを上げるにはエッジを持続させる必要がある」

　スキルのない悪いトレーダーが最終的に機会を見つけられなかったときはどうなるのだろうか。答えはもう分かっているはずだ。分からなければラスベガスに行くことだ。ラスベガスは本当に楽しい場所だ。

903

トレンドフォローが性分に合わなくても、残念賞は見つかるかもしれない。

黒幕のオズ

　大衆は、価格だけを信じるということを絶対に受け入れない。パッシブインデックスファンドの運用資産の大きさがこれを物語っている。トレンドフォローは、水晶玉を信じてきた投資家やブローカーのために広告を売る腹黒いメディアにとって、それほど刺激的なものではない。

　しかし、次に投資の世界で黒死病が発生したときに激痛を感じたくなければ、出血を避けたければ、そして、国が後押しする栄養補給チューブを取り外す準備ができているのであれば、価格を唯一の事実として受け入れることは合理的に考える最初のステップである。価格を唯一の事実として受け入れること。実に簡単だ。

　「そんなの無理だ。だってトレンドフォローは複雑すぎるから」とあなたは言うかもしれない。

　しかし、そんなことはない。

「私たちは進路を決めて、大きな風の方向に舵を切る。経済状況が変わると、それに合わせて進路を変えるだけだ。風がいつどこで変わるのかを予測しようとはしない」——ウィリアム・ダニガン（1954年）

　デビッド・ハーディングは初期のころ、コンピューターを信じていなかった——「トレンドフォローのトレードシステムを実行することについては十分理解していたし、私にとってセットアップは非常に簡単だった。セットアップはすべてスプレッドシートを使って行った。高度なコンピューターなんてないし、コンピューターの知識もなかった

からね」[3]。

　こんな話を聞いただけで、彼の秘密を解明しようとする人々は心筋梗塞を起こしてしまうかもしれない。しかし、彼の話はこれだけではなかった。

> 「実際、私たちはプログラマーも雇っていなかった。プログラミングの訓練を受けていない古い友人の１人がすべてのシステムを書いた。彼はたった１枚のスプレッドシートですべてをこなした。私たちの会社はたった３人でエクセルのスプレッドシートだけを使って運営されていたのだ。その後も９年か10年、そのスプレッドシートは活躍してくれたよ（笑）。いやいや、つい秘密を漏らしてしまったね。これは10年以上続いた、いや９年か10年だったかもしれないが。スプレッドシートがすべてやってくれるから、私は働く必要がなかった……でもこれで実績を上げたんだ」[4]

「トレンドは今のものではなくて、すべて過去のものだ。なぜなら今のトレンドを見極める方法はないからだ。あるいは、今のトレンドが何を意味するのかを定義する方法さえない。私たちが見極められるのは過去のトレンドだけである。今のトレンド（今この瞬間のトレンド）を測定する方法が１つあるとすれば、それは今の点を２つ取り、その差を計算することだ。動き、速度、トレンドは今存在するものではない。だから、スナップ写真を撮ることはできない。トレンドは今存在するものではない。『トレンドには固有の意味はない』という言葉が示すように」 ──エド・スィコータ

　そして彼はトレンドフォロー哲学について理論物理学者のような深い言葉を述べた──「トレンドフォローはヘッジファンドの戦略よりもはるかに深いものだ。なぜなら、それはあらゆるアセットクラスの値動きを利用するものだからだ。人々はアノマリーについて話をする。

それは小さなアノマリーではなくて、世界全体が動くメカニズムだ。それは世界全体が機能する方法について述べた理論であり、金融界の人々が考える世界が機能する方法についての理論とは違う[5]」

トレンドフォローとはまったく無縁の認知科学者であるダニエル・デネットはハーディングの洞察を裏付けるような発言をしている。

「ほぼ確信を持って言えることがある。それは、物理的に説明できないものはコンピュータープログラムでは役には立たないということである。これまで想像外の力場などなかったし、量子の世界ではごまかしはきかないし、生命の躍動もない。コンピューターには不思議な細胞組織はない。基本的なタスクがコンピューターでどのようになされるのかを私たちは知っているし、基本的なタスクがどのようにして複雑なタスクに組み立てられるかも知っている。私たちはこうして構築された能力を完璧に説明することができる。今日のコンピューターの高度な技術は私たちを驚かせ続けるかもしれないが、コンピューターそのものはマシンでしかなく、缶切りと同じくらい平凡なものだ。たくさんの手品を繰り出すが、それはマジックではない[6]」

マジックではない……まさにそのとおり。

私はトレンドフォローに幻想は抱いていない。常に批判にさらされているし、もち上げる者もいる。代替戦略については論争は付き物だ。宗教家と無神論者、ハットフィールド派とマッコイ派、民主党と共和党の論争のように、議論は尽きない。もちろん、単なる嫉妬や妬みもあるだろう。

しかし、私は何十年あるいは何百年にもわたるトレンドフォローのパフォーマンスの数字は、見せかけや偽りではなく本物の数字だと信じて疑わない。これがウォール街が信じたがらない、対抗できない、葬

りたいと思っている真実なのである。あなたが利益を得ようが損をしようが一向に構わない彼らのコミッションビジネスに、トレンドフォローは大きな疑問を投げかけるものなのだ。

「この戦争が終わって諸君が国に戻ったならば、やがて語れる事が1つある。諸君はそれについて神に感謝するだろう。今から30年後、炉辺で膝に孫を抱いて座っているとき、孫が『2回の世界大戦のときに何をしていたの？』と聞いたなら、こう答えたくはあるまい。『ええと、お前の爺さんはルイジアナで糞掘りをしていたんだよ』と。よし、クソッタレども。私の気持ちは分かっただろう。いつも、どこでも、諸君のような素晴らしい男たちを率いて戦えたことを私は誇りに思っている。以上」── 第3軍に対するジョージ・S・パットン将軍の演説（1944年5月31日）

どれほどの人が本書の内容に異議を唱えようが同意しようが、正のパフォーマンスの数字、特に2008年10月や2016年のブレグジットのときのような歴史的な勝利を収めた時期の数字に裏付けられた哲学とルールは、ホモサピエンスの金儲けの現実を物語っているのである。

本書は第5版だが、これからも版を重ねていくつもりだ。今後も思いがけない大きな驚きが発生することはあるだろうし、予想外の悲惨な内部崩壊が発生することもあるだろう。トレンドフォローが巨額の利益を出すのを見て、政治家はそれを不法化することを要求してくるかもしれない。彼らが私を拘留して多くの人々が光を見ることができなくなる前に大急ぎで次の版に着手する必要がある。

「みんながチャートを見なくなるような相場つきになれば、トレンドというものははっきりと現れてくるようになる」──エド・スィコータ

907

あとがき

ラリー・ハイト

「回転椅子に座っていて、良い決断を下せた試しはない」──ジョージ・S・パットン将軍

　40年以上も前に私がコモディティ先物市場でトレードを始めたとき、この業界はまだ名前もなかった。今やこのビジネスは大きく成長し、ファンドや彼らが用いる投資スタイルは無数に存在する。まだ名前もないころに私が行っていたトレードスタイルは今では「トレンドフォロー」と呼ばれている。さまざまな戦略が現れては消えていくなか、グローバルな先物市場で生き延びてきたマネジャーのほとんどはトレンドフォロワーである。トレンドフォロワーとして生きていくうえで、マイケル・コベルが書いた本書ほど説得力のある洗練された内容の本に出合ったことはない。

　私が初めてマイケル・コベルに会ったのは、彼が本書を執筆している最中だった。最初は私のトレードのシンプルな秘密を彼と共有することには少しためらいを感じたので、あまり話はしなかった。しかし、彼の投資やリスクの管理方法についてインタビューを始めると、彼はトレンドフォローを理解しているだけでなく、私と同じようにトレンドフォローに真剣に取り組んでいることがすぐに分かった。私たちはトレンドフォローのルーツや私の投資戦略についてとことん話し合った。ただ結果を認めるだけでなく、なぜトレンドフォローがうまくいくのかを徹底的に話し合った。本書を読んで思うのは、彼が自分の知

識や私の同僚たちの考え方を非常にうまく説明しているということである。

「テキサス教職員退職年金基金は2013年には9％の利益を上げたが、支払った手数料は6億ドルを超えた。これでは人を解雇せざるを得ない」──マイケル・コベル

　1970年代、私の知る連中のほとんどは個々の市場をトレードしていた。小麦をトレードする連中は砂糖をトレードする連中と話をすることはなく、株式に投資している連中は小麦をトレードする連中や砂糖をトレードする連中とも話をすることはなかった。なぜなら、コモディティに投資する者は「投機家」で、「投資家」ではなかったからだ。さらに、債券の連中は株式の連中のことをカウボーイだと思っていた。それぞれのグループは優越感を持ち、自分たちの市場の微妙な力学を理解できるのは自分たちのような専門家だけだと信じていた。私のようなトレンドフォローのことを気にする人がいなかったのはそのためだと私は推測している。私はどの市場も同じように見ていたし、どの市場も私にとってはトレード対象以外の何物でもなかった。今ではそれぞれに様相は異なるが、だれもが同じ言語を話すようになったと思っている。リスクという同じ言語を。

　私がトレードを始めた当初、私の知るかぎり良い実績を上げている人は1人しかいなかった。それがジャック・ボイドだ。私の知るかぎりたくさんの異なる市場をトレードしているのも彼だけだった。ボイドのトレードのどれか1つを追いかけても、どういうふうにトレードするのかは分からないが、私のように彼のすべてのトレードを追いかければ、年に20％の利益が上げられたはずだ。先物市場を「全市場にわたって」トレードするという考えに私は少なからぬ興味を覚えた。1つひとつの市場はリスキーに思えても、すべてをトレードすればバラ

910

ンスが取れて、低いボラティリティで高いリターンを上げることができる。

「その人の給料がその人の理解していないことに左右されているとき、その人にそのことを理解してもらうのは困難である」——アプトン・シンクレア

　ウォール街に来て、市場が人々とその感情によって動かされていることを理解するようになった。すべての市場に共通するものは人である。そして人は変わることはない。こうして、どの市場も同じように動いているのではないかと思うようになったのである。ボイドのトレードを見ていると、いくつかのビッグトレードが利益のすべてをもたらしていた。「専門家」がボイドに市場はこれ以上は上がらないよ、と言ったとき、私はその場に居合わせた。でも、市場は上昇し、ボイドにビッグトレードをもたらした。ボイドの損失を見ると、比較的小さい傾向にあった。私がこれを理解するまでには数年かかった。当時は本書のような本は存在しなかったからだ。こうした一見小さな出来事を観察することで、私は２つの関連性のある重要なトレードのテーマを知るに至った。２つのテーマとは、トレンドフォローとリスクマネジメントである。ボイドはそれほどトレンドフォロワーというわけではなかったが、トレンドフォローの最初のルールを実行していた——損切りは早く、利は伸ばせ。

　私の知っている多くの損失を出した連中のほとんどは間違っているよりも、むしろ正しいことのほうが多かった。彼らはいくつかの大きな負けトレードで多くの損失を出していた。人々は正しくあることを重視しすぎていると思う。ある意味でこれは良い学校に行き、オールＡを取るような人物の欠点の１つだ。彼らは常に正しくあることに慣れすぎているのだ。人々と感情の話に戻るが、だれもが小さくてもた

くさんの勝ちトレードに満足する。それは彼らを心地良くする。一方、ポジションが逆行してくると、間違っていることを認めたくなくて負けトレードを持ち続ける。多くの場合、負けトレードは勝ちトレードに変わり、小さな利益をもたらす。しかし、こういったトレードは私に言わせれば、ロードローラーの前で5セント硬貨を拾うようなものだ。

「無知は一種の狂気である」──グレアム・グリーン（『おとなしいアメリカ人』）

　幸いにも市場は私やあなたのことや、どの学校に行ったかなどは気にしない。背が高いか低いかも気にしない。私は学校では成績はあまり良くないうえに、運動も苦手だった。私のバックグラウンドを見ても分かるように、私は自分が間違っていてもまったく気にしなかった。私はむしろ自分のやることは間違っているという前提の下で動いていた。今、私たちはこれをリスクマネジメントと呼ぶが、私が知りたかったのは、「私に起こる最悪のこととはどんなことなのか」だった。自分を殺すようなことはしたくはなかった。私は自分がそれほど頻繁に正しいことはないことを知っていたので、正しいときは多くのお金を稼ぎ、間違っているときでも損失が少なくなるようにトレードする必要があった。

　長年にわたって苦労して調査と学習を行った結果、私は自分独自のトレンドフォローを考え出した。これは理にかなっていたし、私には従うべき良い例もいくつかあった。しかし、トレンドフォローがうまくいくことを実際のお金を賭けることなく証明したかった。そのためには過去にもしそういった方法でトレードしていれば何が起こったかを検証する必要があった。当時、コンピューターはまだ一般には普及しておらず、自分たちの理論を検証・証明するには大学のコンピュー

ターを借りなければならなかった。これは骨の折れる作業だったが、必要な安心感を与えてくれた。今、本書を読んでDIY愛好家が思うことは、こうした同じ基本原理を説明する本を持つことは何とも楽しいことだということである。

　ほかの良いトレンドフォロワーと同様、コベルは結果のみを重視したわけではない。彼は私たちに最も重要なこと——プロセス——について深く理解させてくれる。これまで私は投資に関する本をたくさん書いてきたが、そういった本とは違って、本書は結果を通り越して、卓越したトレンドフォロワーたちの旅を探求するものになっている。

「ローリー、私たちはみんな操り人形だ。私は糸が見える操り人形にすぎないのだ」——アラン・ムーア（『ウオッチメン』）

　私はスタッフたちに本書は必ず読むように勧めている。本書は私が明確に答えることができなかった私の娘たちの質問——「お父さんは何の仕事をしているの？」——への回答にもなっている。多くのトレーダーがキャリアと大きな損失と引き換えに学んできたことが、本書には明確に述べられている。私たちにとって幸運なのは、本書を理解するのにファイ、ベータ、カッパなどの知識は不要だということである。

　もう今は、小麦の連中、砂糖の連中、株式の連中が分離されていた時代とは違う。トレンドフォローはどの市場でも重要な影響力を持つため、分散化された投資ポートフォリオに含むべきものである。私にとってトレンドフォローの教えはトレードやマネーマネジメントだけのものではない。トレンドフォローは人生のさまざまな局面に応用できる思考法である——自分にとってうまくいくものは続けよ、そしてうまくいかないことはやめよ。

　あなたには2つの選択肢がある。私が30年以上やってきたのと同じ

913

ことをやって、細切れの情報をつなぎ合わせてお金儲けのできる戦略を構築するか、数日かけて本書を読んで30年に及ぶ学習過程をスキップするか。どちらを選ぶかはあなた次第だ。

「クラッシュオンリーの観点から言えば、ワゴンから降りて、そして、再びワゴンに乗ることは一番重要なことではなく、それしかないのである」——リボンファーム・ドットコム

注 私は同僚のスティーブ・バーンズにラリー・ハイトに関する情報を提供してくれるように頼んだ。バーンズは若手トレーダーに人気のトレーダーの1人で、彼は本書から抜け落ちたハイトの珠玉の言葉を教えてくれた。

- 「正直に言うと、私は市場は見ない。私が見るのはリスクとリワードとお金だけだ」
- 「実は、リワードは数値化できないが、リスクは数値化できる」
- 「市場とけんかをすれば、必ず負ける」
- 「分散化し、リスクをコントロールし、トレンドに従えば、必ずうまくいく」

ラリー・ハイトは1983年にミント・インベストメンツを設立。ミント・インベストメンツは1990年には運用資産が世界最大のCTA（商品投資顧問業者）になった。今や古典になった『マーケットの魔術師』（パンローリング）では1章を使ってハイトのトレードとリスクマネジメント哲学が語られている。

トレンドフォローのポッドキャストエピソード

「私たちは変化を起こすことを恐れなかった。私たちは失敗することを恐れなかった。私たちは物事を安く、素早くやることに注力した。それがうまくいかなければ、素早く切り捨てる。つまり、素早く決断し、壊れたものは修復し、うまくいくものを拡大させていくということである」──ジャレッド・クシュナー（ドナルド・トランプの選挙運動で）

　私のトレンドフォローのポッドキャストエピソードは500を超え、視聴者は500万人を超えた。エピソードは、iTunesや https://www.trendfollowing.com/ で視聴することができる。

- ●Ep. 002　ボブ・パルド
- ●Ep. 007　マイケル・シャノン
- ●Ep. 011　ティム・ピッカリング
- ●Ep. 017　ジェームズ・ローバック
- ●Ep. 022　マイク・アポンテ
- ●Ep. 029　マイク・デバー
- ●Ep. 033　デビッド・スタンダール
- ●Ep. 046　ラルフ・ビンス
- ●Ep. 048　マイケル・ギボンズ
- ●Ep. 049　デビッド・シュバル
- ●Ep. 056　スティーブ・ブレクテル
- ●Ep. 068　マーク・ショア
- ●Ep. 073　ピーター・L・ブラント
- ●Ep. 076　ジャック・シュワッガー

- Ep. 080　ロバート・グリーン
- Ep. 085　バリー・リソルツ
- Ep. 089　タダス・ビスカンタ
- Ep. 090　リチャード・ワイズマン
- Ep. 111　ニック・ラッジ
- Ep. 112　ラリー・テンタレッリ
- Ep. 121　ジェイソン・ラッセル
- Ep. 134　ブレンダン・モイニハン
- Ep. 139　スティーブ・バーンズ
- Ep. 140　トム・アサッカー
- Ep. 144　ジョン・ブーアマン
- Ep. 152　ダン・アンドリュース
- Ep. 160　ピーター・ボリッシュ
- Ep. 162　ティム・ダイアー
- Ep. 164　リチャード・ノーブル
- Ep. 165　トム・オコネル
- Ep. 166　ハリー・ビンスワンガー
- Ep. 168　ラリー・ウィリアムズ
- Ep. 175　ディラン・エバンス
- Ep. 177　ブラッド・ロッター
- Ep. 178　バーノン・スミス
- Ep. 183　ヤロン・ブルック
- Ep. 184　カル・ニューポート
- Ep. 185　トム・デマーク
- Ep. 193　ガード・ギゲレンザー
- Ep. 194　ダン・アリエリー
- Ep. 197　ジャック・ホーナー
- Ep. 202　バリー・シュワルツ

- Ep. 203　ボビー・ケイシー
- Ep. 205　クリス・ダッカー
- Ep. 211　ジョン・ボリンジャー
- Ep. 212　ダニエル・カーネマン
- Ep. 215　アル・アバロア
- Ep. 219　カール・リチャーズ
- Ep. 220　ビクター・スペランデオ
- Ep. 221　ハワード・リンゾドン
- Ep. 222　マーティン・バーギン
- Ep. 223　マーク・ファーバー
- Ep. 224　トム・ドーシー
- Ep. 225　トーマス・ギルオービック
- Ep. 226　ラリー・テンタリッリ
- Ep. 227　ジャスティン・フォックス
- Ep. 230　マーク・ミネルビーニ
- Ep. 234　ライアン・ホリデー
- Ep. 235　ハリー・マーコウィッツ
- Ep. 236　ロビン・ハンソン
- Ep. 237　シャロン・モエーラム
- Ep. 238　ラリー・ハイト
- Ep. 239　ブレット・スティーンバーガー
- Ep. 240　ニール・エーヤル
- Ep. 242　ジャン・フィリップ・ブショー
- Ep. 244　ウォルター・ウィリアムズ
- Ep. 245　ジェリー・パーカー
- Ep. 246　デビッド・ライアン
- Ep. 247　バン・タープ
- Ep. 248　マーク・ミラー

917

- Ep. 250　ハーシュ・シェフリン
- Ep. 252　ベン・ハント
- Ep. 253　ペリー・カウフマン
- Ep. 254　ウィリアム・パウンドストーン
- Ep. 255　タイラー・コーエン
- Ep. 256　マイク・ハリス
- Ep. 257　カレン・ロシュ
- Ep. 258　ミーガン・マッカードル
- Ep. 259　バッキー・アイザックソン
- Ep. 260　サリー・ホグスヘッド
- Ep. 261　アンディ・プディコム
- Ep. 262　テリー・バーナム
- Ep. 263　メイア・スタットマン
- Ep. 264　ジョン・H・コクラン
- Ep. 265　レオ・メラメド
- Ep. 267　デニス・ガートマン
- Ep. 268　グレゴリー・モリス
- Ep. 269　ロバート・オーマン
- Ep. 270　ローリー・サントス
- Ep. 273　ランド・ハウエル
- Ep. 274　ガイ・カワサキ
- Ep. 275　ジョエル・モキーア
- Ep. 278　ラリー・スウェードロー
- Ep. 279　マーク・ボローディー
- Ep. 281　ビニーア・バンサーリー
- Ep. 282　キャスリン・カミンスキー
- Ep. 284　ジェイソン・フリード
- Ep. 285　アンソニー・トッド

- Ep. 286　アレックス・グレイザーマン
- Ep. 287　トビー・クレイベル
- Ep. 290　マーク・ゼプチンスキー
- Ep. 291　スティーブン・コトラー
- Ep. 292　クリス・クルーデン
- Ep. 294　ニゴール・コウラジアン
- Ep. 295　ゲルト・ギーゲレンツァー
- Ep. 296　ユーアン・カーク
- Ep. 297　ガルビエーレ・エッティンゲン
- Ep. 298　エマニュエル・ダーマン
- Ep. 300　トラビス・ジェイミソン
- Ep. 301　ジム・ロジャース
- Ep. 302　Z・ヘルマシェフスキ
- Ep. 307　ブライアン・コプラン
- Ep. 309　マーク・モビウス
- Ep. 310　ダニエル・シモンズ
- Ep. 314　ピーター・ラーソン
- Ep. 315　マイケル・モーブッサン
- Ep. 316　ゲイリー・アントナッチ
- Ep. 318　クリストファー・チャブリス
- Ep. 319　セーラム・エイブラハム
- Ep. 320　マイク・シェル
- Ep. 322　ソフィア・ルース
- Ep. 324　デビッド・ストックマン
- Ep. 327　スーザン・ポルガー
- Ep. 328　ロバート・シーライト
- Ep. 329　ターランス・オーディーン
- Ep. 330　ニゴール・コウラジアン

- Ep. 331　ダグラス・エムレン
- Ep. 332　ブライアン・プロクター
- Ep. 333　ゲイリー・デイトン
- Ep. 336　コリン・キャメラー
- Ep. 337　ウィリアム・ウリー
- Ep. 338　K・D・アングル
- Ep. 339　ティム・プライス
- Ep. 340　ティム・フェリス
- Ep. 341　マイケル・デバー
- Ep. 342　ビクター・リッチアーディ
- Ep. 343　ライアン・ホリデー
- Ep. 344　マーティン・ルエック
- Ep. 345　スピロス・マクリダキス
- Ep. 347　キャスリン・カミンスキー
- Ep. 349　ドナルド・マッケンジー
- Ep. 350　マイケル・メリッシノス
- Ep. 352　ティム・ラーキン
- Ep. 353　スティーブ・バーンズ
- Ep. 355　エド・スィコータ
- Ep. 357　ジョナサン・フェーダー
- Ep. 359　キャンベル・ハービー
- Ep. 361　フランシスコ・バカ
- Ep. 363　ブレアー・ハル
- Ep. 365　クリス・クラーク
- Ep. 368　テイラー・ピアソン
- Ep. 371　アレクサンダー・イネイチェン
- Ep. 373　ラッセ・ペダーセン
- Ep. 375　マーク・スリーマン

トレンドフォローのポッドキャストエピソード

- Ep. 377　アニー・デューク
- Ep. 383　ローレンス・マクミラン
- Ep. 385　ポール・スロービック
- Ep. 391　チャールズ・ポリキン
- Ep. 395　ロブ・ウォリング
- Ep. 396　キャスリーン・アイセンハート
- Ep. 399　ブレット・スティーンバーガー
- Ep. 400　トム・バッソ
- Ep. 401　ベン・カールソン
- Ep. 402　チャールズ・フォークナー
- Ep. 403　バーバラ・フレドリクソン
- Ep. 405　ディディエ・ソネット
- Ep. 423　アンガス・ディートン
- Ep. 425　フィリップ・テトロック
- Ep. 427　マイケル・エルズバーグ
- Ep. 429　ジム・ロジャース
- Ep. 431　ビル・ボナー
- Ep. 435　スティーブン・ピンカー
- Ep. 436　トム・ビルユー
- Ep. 437　アンダース・エリクソン
- Ep. 441　ジェシー・ローラー
- Ep. 443　サイモン・ブラック
- Ep. 445　パラグ・カンナ
- Ep. 448　マイク・ロフグレン
- Ep. 449　ニール・パスリチャ
- Ep. 451　デヒ・パーク
- Ep. 453　ダニエル・シャピロ
- Ep. 455　ライアン・ホリデー

921

- Ep. 456　ジョッシュ・ハウズ
- Ep. 457　エイミー・ハーマン
- Ep. 459　タッカー・マックス
- Ep. 461　ロビン・ハンソン
- Ep. 465　サンライズ・キャピタル
- Ep. 467　デビッド・バーカス
- Ep. 471　エマ・セパーラ
- Ep. 473　クリス・ロックヘッド
- Ep. 475　チェース・ジャービス
- Ep. 477　モーガン・ライト
- Ep. 479　ゼン・デブルック
- Ep. 481　クリス・ズック
- Ep. 483　ポール・タフ
- Ep. 485　ジャレド・ディリアン
- Ep. 487　ロバート・チャルディーニ
- Ep. 489　クリス・ボス
- Ep. 491　ブライアン・クリスチャン
- Ep. 493　アダム・クー
- Ep. 495　テッド・パークヒル
- Ep. 498　ノートン・リーマー
- Ep. 499　ジェニー・ブレーク
- Ep. 503　ジョン・ミラー
- Ep. 505　ダニエル・クロスビー
- Ep. 507　ラニー・バシャム
- Ep. 516　ウェスリー・グレー

「あなた方の質問は素晴らしかった。とても楽しませてもらった」── バーノン・スミス（ノーベル経済学賞）

「マイケル・コベルのポッドキャストは市場について別の見方を探している人や、CNBCなどの情報番組でいつもの話を聞くのに飽きた人には打ってつけだ。投資についての意識を拡大したいと思っている人にはとてもお勧めだ。コベルのポッドキャストに登場する人物には信じられないような人もいる。ノーベル賞受賞者や世界的に有名な投資家もたくさん登場する」── ウォール・ストリート・ジャーナル

「人は多くの情報を欲しがっているわけではない。情報はありすぎて手に余るほどだ。彼らが欲しいのは何かを信じることなのだ。自分自身を信じ、自分の目標を信じ、自分の成功を信じ、自分の話すことを信じることこそが彼らが欲していることなのだ」── 作者不明

「投資では将来に対してどうポジションを取ればよいかを決める必要があるが、問題は将来を知ることはできないことである」── ハワード・マークス

何か良い案があったらメールで知らせてほしい（https://www.trendfollowing.com/contact）。

謝辞

「トイレのタンクのフタを開けて、なかがどうなっているのかを見たことがある人はどれくらいいるだろうか。そんな人はいない。トイレのタンクのなかも見たことがなくて、どうしてMIT（マサチューセッツ工科大学）に入れるだろうか」──ジェイ・W・フォレスター

2004年の第1版から版を重ね、本書は第5版になる。第1版から本書を読んでくださった10万を超える読者に心より感謝する。第1版から13年たった今、第5版を出版できたのはひとえに、読者のあなた方のおかげだ。

第5版のために序文を書いてくれたバリー・リソルツに感謝する。また前の版の序文を書いてくれたラリー・ハイトとチャールズ・フォークナーにも感謝する。

「市場は価格をすでに織り込んでいるため、ファンダメンタルズについて調べても役に立たないことが多い。私はファンダメンタルズを『おかしなメンタル（funny-mentals）』と呼んでいる。しかし、他人がおかしなメンタルに気づく前にこれを理解すれば、驚きのメンタルを手に入れることができるかもしれない」──エド・スィコータ

多くのトレーダー、同僚、メンター、ライター、友人たちが本書に直接的あるいは間接的に貢献してくれた。名前を一人ひとり挙げることで感謝の意を表したい。

マーク・エイブラハム、ケイト・エイブラハム、セーラム・エイブラハム、ジェームス・アルトゥーカー、ダン・アンドリュース、ウィ

ル・アンドリュース、ンゴ・ティ・アン、ジェラルド・アッペル、ジ
ャネット・アランゴ、クリスチャン・バジャ、ハンター・ボールドウ
ィン、トム・バッソ、デビッド・ビーチ、マーティン・バーギン、ロ
ーレント・バーナット、ビニア・バンサリ、ジョン・ボイク、ピータ
ー・ボリッシュ、ジャン・フィリップ・ブショー、ウェイド・ブロー
セン、ギボンズ・バーク、ホリー・バーンズ、スティーブ・バーンズ、
ジム・バイヤーズ、メリッサ・キャントレル・スプラフキン、ジェイ
ク・キャリカー、パトリック・チェオ、ミシェル・チェン、マイケル・
クラーク、アート・コリンズ、コリー・コルビン、アラン・コモ、ラ
リー・コナーズ、ジャスティン・クーク、ジェロメ・コベル、ジョハ
ンナ・コベル、メアリー・コベル、トビー・クレイベル、ジョナサン・
クラベン、リチャード・クリップス、フランク・クルツィオ、ジェー
ムズ・R・デイリー、ユルゲン・デーゼ、エドワード・ドブソン、ウ
ッディ・ドーシー、バーナード・ドラリー、デビッド・ドルーズ、ビ
ル・ダン、ダニエル・ダン、ティム・ダイアー、ウィリアム・エック
ハート、ジョナス・エルメラジ、アリステア・エバンス、マーク・フ
ァーバー、スティーブ・フラット、ネルソン・フリーバーグ、ウィリ
アム・ファン、チャールズ・ゴーデット、ジェイソン・ガーラック、ネ
ート・ギンズバーグ、デーブ・グッドボーイ、ウェスリー・グレイ、ア
レックス・グレイザーマン、デビッド・ハーディング、マイク・ハリ
ス、キャンベル・ハーベイ、ジョッシュ・ハウズ、マーク・ホーリー、
ジョン・W・ヘンリー、スコット・ヒックス、ジョン・ホエード、ジ
ョナサン・ホーニグ、ライアン・ホリデー、ジェームズ・ホルター、ゲ
イリー・ホプキソン、スコット・A・ホウデク、グレース・ハン、タ
ー・ホアン、ディーム・ホン、バージニア・ハーレイ、ブライアン・
ヘーレイ、ジョン・ハーレイ、パトリック・ハーレイ、ウィザーズ・
ハーレイ、ロバート・バッキー・アイザックソン、トラビス・ジャミ
ソン、ジョンポール・ヨンクヘール、ペリー・ヨンクヘール、ショー

ン・ジョーダン、キャサリン・カミンスキー、イーサン・カティー、キ
ャロル・カウフマン、ジョニー・ケラムズ、アダム・クー、ポール・
キング、アレハンドロ・ノフラー、ジェフ・コピウォダ、ニゴル・コ
ウラジアン、アントン・クラリー、ブランドン・ラングレー、ファビ
アン・リム、マーティン・ルエック、ディン・バン・ルー、ビル・マ
ン、ジェーン・マーティン、ルーシー・マティネン、マイケル・モー
ブッサン、ジョン・モールディン、レオ・メラメド、ジョン・メルビ
ン、トッド・ミラー、ビル・ミラー、ラリー・モルナー、ジャームズ・
モンティエ、ミスター・サン、ポール・マルベニー、ミシェル・マー
フィー、ジョージア・ナコウ、ピーター・ナバロ、ハン・グエン、オ
オン・グエン、ビンセント・グエン、グエン・ティ・キム・ナン、ウ
ィリアム・W・ノエル、ジョン・オドネル、マット・オズボーン、マ
イケル・パンズナー、ボブ・パルド、ジェリー・パーカー、テッド・
パークヒル、テイラー・ピアソン、ラッセ・ヘジ・ペダーセン、ディ
ック・フィスター、マイ・ファム、バロン・ロバートソン、ジョン・
ロビンソン、ジム・ロジャーズ、レオン・ローズ、マーク・ローゼン
バーグ、ブラッド・ロッター、マリー・ルッジェーロ、ジェイソン・
ラッセル、マーク・ゼプチンスキー、マーレーン・サリナス、イアン・
スコーエン、グレッグ・シュエット、マイケル・セネーダ、エド・ス
ィコータ、トム・シャンクス、ダウ・ショート、ハワード・シモンズ、
バリー・シムズ、リック・スローター、マーク・スリーマン、アーロ
ン・スミス、グラント・スミス、ボボ・スピア、クリス・スタントン、
ブレット・スティーンバーガー、クリント・スティーブンス、リチャ
ード・ストラウス、ジョン・サンド、ナシーム・ニコラス・タレブ、ス
ティーブン・タウブ、ラリー・テンタレーリ、ラ・ティ・タオ、アン
ソニー・トッド、ケン・タワー、アーブ・タワーズ、アダム・トレン
パー、ケン・トロピン、ジャスティン・バンダーグリフト、トーマス・
ビシアン・ジュニア、ダニー・ウォルシュ、ミシェル・ジコウ・ワン、

アントニ・ワッツ、ロバート・ウェブ、アディソン・ウィギン、ラフ
ァエル・ウィルヘルム、ガブリエル・ウィズダム、トレンス・ヤオ、パ
トリック・L・ヤング、スティーブ・チャン。

　また、2012年１月から私のポッドキャストに登場していただいたゲ
ストにも感謝する。ポッドキャストエピソードについては「Trend
Following Podcast Episodes」にてご確認いただきたい。また第19章
から28章の「トレンドフォロー──研究論文」にご協力いただいた企
業と個人に感謝したい。

**「あなたが転んでしまったことに関心はない。そこから立ち上がることに関
心がある」──エイブラハム・リンカーン**

　また、次の出版社とライターにも感謝したい──ソル・ワクスマン
とバークレー・マネージド・フューチャーズ・リポート、フューチャ
ーズ、マネージド・アカウント・リポート、グレアム・キャピタル・
マネジメント、テクニカル・アナリシス・オブ・ストックス・コモデ
ィティーズ。

　また、貴重な情報と洞察を与えてくれた次の著者にも感謝したい──
モートン・バラッツ、ピーター・バーンスタイン、クレイトン・クリ
ステンセン、ジム・コリンズ、ジェイ・フォレスター、トム・フリー
ドマン、ゲルト・ギーゲレンツァー、ダニエル・ゴールマン、スティ
ーブン・ジェイ・グールド、アラン・グリーンバーグ、ラリー・ハリ
ス、ロバート・コッペル、エドウィン・ルフェーブル、マイケル・ル
イス、ジェシー・リバモア、ロジャー・ローウェンスタイン、ルート
ヴィヒ・フォン・ミーゼス、ルイス・ペルツ、アイン・ランド、ジャ
ック・シュワッガー、デニース・シェカージアン、ロバート・シラー、
バン・タープ、エドワード・ソープ、ピーター・トッド、ブレンダ・
ウウランド、ディックソン・ワッツ。

928

また、出版社のワイリー・アンド・サンズ社に感謝する。ローラ・ガッコー、ツゥーラ・ウエイス、マイケル・ヘントン、スーザン・セラ、ステイシー・フィッシュケルタ、キャサリン・ハンコックス、ジュディ・ハワース。あなたがたの長時間にわたるご協力に感謝する。

「お金があっても幸せにはなれないが、お金がなければ確実にみじめになるだろう」——ダニエル・カーネマン

本書の初版はセリア・スウラウスとジム・ボイドの編集ガイダンスがなければ実現しなかっただろう。2003年に私が本書を提案したとき、その可能性を見いだし、編集者を紹介してくれがオックスフォード大学出版局のポール・ドネリーには本当に感謝する。鑑識眼を持っていたミシェル・マーフィーにも感謝する。

最後に、エイミー・ニードリンガーに感謝する。

2017年4月

マイケル・W・コベル

著者について

「恐怖はだれにでも訪れる。成功した人にも、ゴールデンボーイにも、手をポケットに深く突っ込んで口笛を吹いて人生を飄々と歩んでいるかに見える人にも。リスクに挑むためには、恐怖を克服する必要がある。少なくとも一時的に、少なくとも折に触れて。自分自身の外側に、立つべき強力な岩礁を見つければそれができる」——デニース・シェカージアン[1]

　マイケル・コベルは丹念に調査を行い、システムが隠そうとする心理状態を暴く天才だ。

　初心者からベテランに至るあらゆる人々に対して、簡単で再現可能なルールを使って利益を稼ぐ方法を教えてくれる本書はまさに必読書である。マイケル・コベルは直観に反し議論の的となっているトレード戦略——トレンドフォロー——を世に広めた人物として知られている。

「何かを達成することよりも、はるかに魅力的な言い訳を見つける人がたくさんいる。何かを達成することに関しては妥協してはならない。私たちは毎日自分の価値を新たに証明する必要がある。今日が昨日と同じくらい良いことを証明しなければならない。しかし、何かを達成しないことに対して良い言い訳があれば、人生はそこで永遠に終わってしまう」——エリック・ホッファー

　自らを起業家と自認するマイケル・コベルは、国を超えたベストセラーである本書や『ザ・タートル——投資家たちの士官学校』（日経BP社）などを含めこれまで5冊の本を書いてきた。70年にわたってと

てつもないリターンを黙々と生み続けてきた物言わぬトレーダーである「バイ・アンド・ホープ」という従来の投資法に反する人々に魅了された彼は、トレンドフォローシステムの正しい考え方、構築方法、実践方法についての驚くべき見識を明らかにする。

マイケル・コベルの考え方は国際的に高い評価を得て、さまざまな組織のゲストスピーカーとして招待された――チャイナ・アセット・マネジメント、GICプライベート・リミテッド（シンガポールの政府系ファンド）、BM&Fボベスパ、マネージド・ファンズ・アソシエーション、バンク・オブ・チャイナ・インベストメント・マネジメント、マーケット・テクニシャンズ・アソシエーション、さまざまなヘッジファンドや投資信託。また、ダニエル・カーネマンやハリー・マーコウィッツなど５人のノーベル経済学賞受賞者へのインタビューを行い、ウォール・ストリート・ジャーナル、ブルームバーグ、CCTV、ザ・ストレーツ・タイムズ、フォックス・ビジネスでは彼の特集も組まれた。

「リスクをとれ。勝てばハッピーになり、負ければ賢くなる」――作者不明

ツイッターへの投稿、ブログの執筆、ポッドキャストの収録と、メディアを使った活動にも積極的に取り組んでいる。彼がコンサルタントを務める顧客は70カ国以上のヘッジファンド、政府系ファンド、機関投資家、個人投資家など多岐にわたる。彼は今、アメリカとアジアを行き来する生活を送っている。

彼のサイトは「https://www.trendfollowing.com/)。気軽にアクセスしてほしい。

> **注** Covelは「Co-vell」と発音する。「Co」は「トゥ (toe)」の韻を踏み、「Vell」は「ベル (bell)」の韻を踏む。各音節のアクセントは同じ。Covel は Covalesky の短縮形で、Covalesky は Kavaliauskas の短縮形。マイケルに直接コンタクトを取るには、https://www.trendfollowing.com/contact から。

編集部注　日本でマイケル・コベルの書籍はウィザードブックを含め2冊の書籍が刊行され、いずれも著者名を「コベル」としているため、本書でも「コベル」のままとしました。

注釈

まえがき

1. アーネスト・シャックルトン、「同行者を求む」(『タイムズ』紙の求人広告、1913年)
2. ティモシー・W・マーティン著「What Does Nevada's $35 Billion Fund Mnager Do All Day? Nothing」(Wall Street Journal, October 19, 2016, https://www.wsj.com/articles/what-does-nevadas-35-billion-fund-manager-do-all-day-nothing-1476887420)
3. ジェイソン・ツバイク著「Making Billions with One Belief:The Markets Can't Be Beat」(Wall Street Journal, October 20, 2016, https://www.wsj.com/articles/making-billions-with-one-belief-the-markets-cant-be-beat-1476989975)
4. "Efficient Market Hypothesis", Wikipedia (最後に更新されたのは2016年12月11日), https://en.wikipedia.org/wiki/Efficient-maket-hypothesis.
5. ジャン・フィリップ・ブショーとダミアン・シャレット著「Why Have Asset Price Properies Changed So Little in 200 Years」(May 2, 2016)
6. ジャン・フィリップ・ブショー著「Economics Needs a Scientific Revolution」(Capital Fund Management, December 1, 2008)
7. デビッド・ハーディング著「Efficient Market Theory: When Will It Die」(Winton Capital Management, February 2016)
8. "David Harding (financier)", Wikipedia (最後に更新されたのは2016年12月11日), https://en.wikipedia.org/wiki/David_Harding.
9. デビッド・ハーディング著「Efficient Market Theory」
10. ケイティ・アレン著「Nobel Prize-Winning Economists Take Disagreement to Whole New Level」(The Guardian, December 12, 2013, https://www.theguardian.com/business/2013/dec/10/nobel-prize-economists-robert-shiller-eugene-fama)
11. デビッド・ハーディング著「Efficient Market Theory : When Will It Die」(Winton Capital Management [February 2016])
12. バン・K・タープ著『新版 魔術師たちの心理学──トレードで生計を立てる秘訣と心構え』(パンローリング)
13. リチャード・D・ドンチャン著「Trend-Following Methods in Commodity Price Analysis」(Commodity Year Book [1957], 35.)
14. アリ・レビーンとラッセ・ヘジ・ペダーセン著「Which Trend Is Your Friend」(Financial Analysts Journal 72, no.3 [May/June 2016])
15. マイルズ・キンボール著「Robert Shiller: Against the Efficient Markets Theory」(Confessions of a Supply-Side Liberal (blog), April 14, 2014, https://blog.supplysideliberal.com/post/82659078132/robert-shiller-against-the-efficient-markets)
16. ジョン・プレンダー著「A New Paradox Found in Markets Theory」(Financial Times, December 9, 2012, https://www.ft.com/content/8e-2ae5b2-3e14-11e2-91cb-00144feabdc0)
17. ユージン・F・ファーマとケネス・R・フレンチ著「"Q&A: Market Timing with Moving Averages」(Fama/French Forum, https://famafrench.dimensional.com/

935

questions-answers/qa-market-timing-with-moving-averages.aspx)

18. エリック・ジョンソン著「Benchmark's Bill Gurley Says He's Still Worries about a Bubble」(Recode, September 12, 2016, https://www.recode.net/2016/9/12/12882780/bill-gurley-benchmark-bubble-venture-capital-start-ups-uber)

第1章

1. ルートヴィヒ・フォン・ミーゼス著『ヒューマン・アクション――人間行為の経済学』(春秋社)

2. ルートヴィヒ・フォン・ミーゼス著『ヒューマン・アクション――人間行為の経済学』(春秋社)

3. ロバート・コッペル著『The Intuitive Trader』(Hoboken, NJ: John Wiley & Sons, Inc., 1996) , 88.

4. ジョージ・フランシス・トレイン著『Young America in Wall Street 』(London: Sampson Low, 1857) , 209.

5. アーサー・クランプ著『The Theory of Stock Exchange Speculation』(New York: S.A. Nelson, 1903) , 50.

6. アルバート・ウィリアムズ著『How to Win and How to Lose』(Chicago: 1883)

7. 同上

8. 『The Art of Investing』(New York: Appleton, 1888)

9. ジョン・ヒル・Jr.著『Gold Bricks of Speculation 』(Chicago: Lincoln Book Concern, 1904)

10. ルイス・グウェンザー著『Investments and Speculation』(Chicago: La Salle Extension University, 1911) , 121.

11. G・C・セルデン著『Psychology of the Stock Market 』(New York: Ticker Publishing Company, 1912) , 12.

12. 映画『ウォール・ストリート』(オリバー・ストーン監督) (Los Angeles: 20th Century Fox, 2010)

13. ジャック・シュワッガー著『マーケットの魔術師――米トップトレーダーたちが語る成功の秘密』(パンローリング)

14. ルートヴィヒ・フォン・ミーゼス著『ヒューマン・アクション――人間行為の経済学』(春秋社)

15. キース・キャンベル著「Barclay Managed Futures Report」(Barclay Manages Futures Report 3, no.3 (third quarter 1992, 3.)

16. アリソン・コルター著「Dow Jones」(July 13, 2001)

17. "Trading System Review" (Futures Industry Association Conference, November 2, 1994)

18. ジャック・シュワッガー著『シュワッガーのテクニカル分析』(パンローリング)

19. "The History of the Motley Fool", Fool.com, November 4, 2003.

20. "The State of the Industry", Managed Account Reports, Inc. (June 2000)

21. ジョン・アレン・パウロス著『天才数学者、株にハマる』(ダイヤモンド社)

注釈

22. "Quantitative Strategy: Does Techynical Analysis Work?", Equity Research, Credit Suisse First Boston（September 25, 2002）

23. ボブ・ブライアン著「RED ALERT -- Get Ready for a 'Severe Fall' in the Stock Market, HSBC says」（Business Insider, October 12, 2016, https://www.businessinsider.com/hsbc-red-alert-get-ready-for-a-severe-fall-in-the-stock-market-2016-10）

24. マーティン・エストランダー著「Presentation for the Association of Provident Fund of Thailand & Partners」（Association of Provident Fund of Thailand & Partners, Bangkok, February 26, 2015）

25. メバネ・ファーバー著「A Quantitative Approach to Tactical Asset Allocation」（The Journal of Wealth Management ,Spring 2007）

26. ダニエル・P・コリンズ著「Kevin Bruce : Improving on a Passion」（Futures ,October 2003）

27. "Disclosure Document", John W. Henry & Company, Inc.（August 22, 2003）

28. 同上

29. カーラ・カバレッティ著「Top Traders Ride 1996 Trends」（Futures ,March 1997）, 68.

30. ジャック・シュワッガー著『シュワッガーのテクニカル分析』（パンローリング）

31. ユーアン・カーク著「Ewan Kirk of Cantab on Trend Following」（Trend Following (blog), August 15, 2016, https://www.trendfollowing.com/2016/08/15/ewan-kirk-cantab-trend-following/）

32. マシュー・ブラッドバード著「Q&A with Todd Hurlbut and Ted Parkhill for Incline Investment Management」（RCM Futures--Manager's Corner, https://www.rcmalternatives.com/managed-futures/incline-investment）

33. モーニングスター, "Interview: Cliff Asness Explains Why He Started a Managed Futures Fund", Business Insider, March 5, 2010, https://www.businessinsider.com/cliff-asness-new-fund-is-for-wimps-who-cant-handle-the-market-swings-2010-3）

34. ジャック・シュワッガー著『続マーケットの魔術師——トップヘッジファンドマネジャーが明かす成功の極意』（パンローリング）

35. ジンジャー・ザラ著「Abraham Trading : Trend Following Earns Texas Sized Profits」（Futures, March 1995, 61.）

36. デズモンド・マクレー著「Valuing Trend-Followers' Returns」（Managed Account Reports, No. 242（April 1999, 12.）

37. ジョン・W・ヘンリー（2000年11月17日に金融コンサルタント向けに行われたプレゼンテーション）

38. ジョン・W・ヘンリー（1998年9月15日にスイスのジュネーブで行われたプレゼンテーション）

39. チャールズ・フォークナー, Futures 22, no.12（November 1993）, 98.

40. パトリック・ウェルトン著「Has Trend Following Changed」（AIMA Newsletter ,June 2001）

41. モートン・S・バラッツ著『The Investor's Guide to Futures Money Management』（Columbia, MD: Futures Publishing Group, 1984）

42. ゲストコラムニストによる記事, Managed Account Reports 249（November 1999）, 9.

937

43. ジョン・W・ヘンリー（2000年11月17日に金融コンサルタント向けに行われたプレゼンテーション）

44. ブライアン・ハースト、ヤオ・ホア・オオイ、ラッセ・H・ペダーセン著「A Century of Evidence on Trend-Following Investing」（AQR Capital Management, Fall 2014）

45. ピーター・ボリシュ著「Upstairs/Downstairs Seminar with Tom Baldwin」（Futures Industry Association, 1994）

46. "Performance Review", John W. Henry & Company（February 1999）

47. ウィリアム・エックハート, "Tass Twenty Traders Talk"（1996年6月29日にカナダ、モントリオールのモントリオール・リッツ・カールトン・ホテルで行われたプレゼンテーション）

48. シュワッガー著『マーケットの魔術師』（パンローリング）

49. リバ・アトラス著「Macro, Macro Man」（Institutional Investor Magazine, 1996）

50. ロバート・マリー著「Trend Following: Performacne, Risk and Correlation Characteristics」（white paper, Graham Capital Management）

51. 同上

52. クリストファー・クルーデン著「Trends in Currency Markets : Which Way the $?」（AIMA Newsletter, June 2002）

53. "The Trading Tribe"（forum response）, The Trading Tribe, http://www.seykota.com/tribe/

54. メアリー・グリーネバウム著「Funds : The New Way to Play Commodities」（Fortune, November 19, 1979）

55. キャロル・ドウェック, "What Is Mindset", Mindset, 2016年12月17日にアクセス、http://mindsetonline.com/whatisit/about/

56. ブレット・N・スティーンバーガー著『精神科医が見た投資心理学』（晃洋書房）

57. ブレンダ・ウェランド著『How to Write』, 10th ed.（New York: Graywolf Press, 1997）

58. ブルース・クリーランド著「Campbell and Company」（Futures, March 2004, 72）

59. デビッド・ウイットフォード著「Why Owning the Boston Red Sox is Like Running a Successful Hedge Fund」（Fortune Small Business, October 25, 2003）

60. "The Whizkid of Futures Trading", Businessweek, December 6, 1982, 102.

61. バン・タープ著『タープ博士のトレード学校——ポジションサイジング入門』（パンローリング）

第2章

1. ジム・ロジャーズ著『冒険投資家ジム・ロジャーズ——世界バイク紀行』（日本経済新聞社）

2. トーマス・フリードマン著『レクサスとオリーブの木——グローバリゼーションの正体』（草思社）

3. リア・マグラス・グッドマン, Trader Monthly, www.traderdaily.com/magazine/article/17115.html

4．同上
5．同上
6．デビッド・ハーディング，The Winton Papers, Winton Capital Management, https://www.winton.com/
7．ダニエル・P・コリンズ著「Seeding Tomorrow's Top Traders; Managed Money; Dunn Capital Management Provides Help to Commodity Trading Advisor Start-ups」（Futures 32, no.6, May 1, 2003, 67）
8．J・R・ニューマン（編集），『The World of Mathematics』（New York: Simon & Schuster, 1956）
9．ジム・コリンズ著『ビジョナリー・カンパニー2──飛躍の法則』（日経BP社）
10．ロバート・コッペル著『The Intuitive Trader』（Hoboken, NJ: John Wiley & Sons, Inc., 1996, 74）
11．The Reason Foundation, https://reason.org/
12．ダニエル・P・コリンズ著「Seeding Tomorrow's Top Traders」
13．ビル・ダン，"Tricycle Asset Management"（2003年5月15日にサスカチュワン州サスカトゥーンで行われたMarket Wizards Tourのプレゼンテーション）
14．同上
15．同上
16．エイミー・ローゼンバウム著「1990s Highs and Lows : Invasions, Persuasions and Volatility」（Futures 19, no. 14, December 1990, 54）
17．アンドリュー・オスターランド著「For Dommodity Funds, It Was as Good as It Gets」（Businessweek, September 14, 1998）
18．ジャック・リーリンク著「Dunn : Slow Reversal Pays Off」（Futures 25, no.3, March 1996）
19．マイク・モッサー著「Learning from Legends」（Futures 29, no.2, February 2000）
20．"How Managed Money Became a Major Area of the Industry; Futures Market"（Futures 21, no.9, July 1992, 52.）
21．映画『ノーカントリー』（イーサン・コーエン、ジョエル・コーエン監督）（Santa Monica, CA: Miramax Films, 2007）
22．デニス・G・シェカージアン著『Uncommon Genius』（New York: Penguin, 1990）
23．メアリー・アン・バーンズ著「Industry Icons Assess The Managed Futures Business」（Futures Industry Association, May/June 2003）
24．ジャック・リーリンク著「Dunn: Slow Reversal Pays Off」
25．カーラ・カバレッティ著「Comeback Kids : Managing Drawdowns According to Commodity Trading Advisors」（Futures 27, no.1, January 1998, 68）
26．"Dunn Capital Management Monthly Commentary", Dunn Capital Management（February 2003）．
27．キース・キャンベル著「Barclay Managed Futures Report」（Barclay Managed Futures Report 3, no.3, third quarter 1992, 2）
28．"Job Wanted"（広告），Dunn Capital Management, https://www.monster.com/
29．ジンジャー・ザラ著「John W. Henry: Long-Term Perspective」（Futures, 1987）
30．ジョン・W・ヘンリー（1998年9月15日にスイスのジュネーブで行われたプレゼンテーション）

31. ルイ・ペルス著『インベストメント・スーパースター——ヘッジファンドの素顔とその驚異の投資法』(パンローリング)
32. メアリー・アン・バーンズ著「Industry Icons Assess the Managed Futures Business」(Futures Industry Association, May/June 2003)
33. マーク・S・ゼプチンスキー著「John W. Henry & Co. Year in Review」(December 2000)
34. オリバー・コンウェイ、ジョン・W・ヘンリー社についてのカバーストーリー、Managed Dirivatives (May 1996)
35. W・H・オーデンとL・クローネンバーガー (編集),『The Viking Book of Aphorisms』(New York: Viking, 1966)
36. マイケル・ペルツ著「John W. Henry's Bid to Manage the Future」(Institutional Investor, August 1996)
37. ザラ著「John W. Henry」
38. ルイ・ペルス著『インベストメント・スーパースター——ヘッジファンドの素顔とその驚異の投資法』(パンローリング)
39. ジョン・W・ヘンリー (2000年11月17日に行われたプレゼンテーション)
40. ルイ・ペルス著『インベストメント・スーパースター——ヘッジファンドの素顔とその驚異の投資法』(パンローリング)
41. "2002 Year in Review", John W. Henry & Company, Inc. (2002)
42. 「Futures Industry Association Conference Seminar」(Trading System Review, November 2, 1994)
43. ジョン・W・ヘンリー (2000年11月17日にフロリダ州ネイプルズで開催されたMorgan Stanley Dean Witter Archieve Conferenceでのプレゼンテーション)
44. アジーズ・ムスタファ著「Leda Braga : A High Earning Hedge Fund Manager」(ADVFN Financial News, May 8, 2014 , http://uk.advfn.com/newspaper/azeez-mustapha/26204/leda-braga-a-high-earning-hedge-fund-manager)
45. ジョン・W・ヘンリー (1998年9月15日にスイスのジュネーブで行われたプレゼンテーション)
46. 同上
47. 同上
48. FIA Research Division dinner, New York, April 20, 1995.
49. 「The Alternative Files, History of Managed Futures」(Attain Capital Management, January 2014)
50. ジャック・シュワッガー著『マーケットの魔術師——米トップトレーダーが語る成功の秘訣』(パンローリング)
51. "The Trading Tribe" (forum response), The Trading Tribe, http://www.seykota.com/tribe/
52. E-mail, www.TurtleTrader.com.
53. ダニエル・P・コリンズ著「Long-Term Technical Trend-Following Method for Managed Futures Programs」(Futures 30, no. 14, november 2001, 22)
54. エド・スィコータ, "The Trading Tribe", http://www.seykota.com/tribe/
55. トム・ハートル (編集),「Edo Seykota of Technical Tools」(Technical Analysis of Stocks & Commodities 10, no.8, August 1992, 328-31) (www.trader.comの許可を得

て使用）

56. 同上
57. 同上
58. 同上
59. ショーン・タリー著「Princeton's Rich Commodity Scholars」（Fortune, February 9, 1981, 94）
60. "The Trading Tribe"（forum response）, The Trading Tribe, http://www.seykota.com/tribe/
61. "System Dynamics"（最後に更新されたのは1997年6月23日）, http://web.mit.edu/sysdyn/sd-intro/
62. J・L・ケリー・Jr著「A New Interpretation of Information Rate」（Bell System Technical Journal, July 1956, 917-26.）
63. "The Trading Tribe"（forum response）, The Trading Tribe, http://www.seykota.com/tribe/
64. ギボンズ・バーク著「How To Tell a Market by Its Covers: Financial Market Predications Based on Magazine Covers」（Futures 22, no. 4, April 1993, 30）
65. ジャック・リーリンク著「The Power of Leverage」（Futures 24, no. 4, April 1995, 59）
66. Your Trading Edge, www.yte.com/au
67. ジョー・ニジンスキー著「Wild Market Swings Take Toll on Commodity Trading Advisers」（Dow Jones Newswires, April 25, 2000）
68. I・ゴードンとS・ソーキン（編集）,『The Armchair Science Reader』（New York : Simon & Schuster, 1959）
69. ダレル・R・ジョブマン著「How Managed Money Became a Major Area of the Industry」（Futures 21, no. 9, July 1992, 52）
70. "Campbell & Company"（プレゼンテーションの抜粋）, Futures Industry Association Conference.
71. メアリー・アン・バーンズ著「Industry Icons Assess the Managed Futures Business」（Futures Industry Association, May/June 2003）
72. "Value of Adding Managed Futures"（マーケティング資料）, Campbell & Company.
73. "2003 Disclosure Document", Campbell & Company.
74. デズモンド・マクレー著「31-Year Track Record of 18.1%」（Managed Futures, March 2003）
75. "Barclay Managed Futures Report", Barclay Trading Group, Ltd. 2, no. 3（third quarter 1991）, 2
76. The Futures and Industry Association's Future and Options Expo '98, Sheraton Chicago Towers & Hotel, Chicago, October 14-16, 1998.
77. 同上
78. 同上
79. 同上
80. 同上
81. チャック・エプスタイン著「The World According to J. Parker」（Managed Account Reports, November 1998）

941

82. "Barclay Managed Futures Report", Barclay Trading Group, Ltd. 2, No. 3 (third quarter 1991), 7

83. 同上

84. サイモン・ロメロ著「A Homespun Hedge Fund, Tucked Away in Texas」(New York Times, December 28, 2003, 1)

85. Futures (March 1995)

86. ロメロ著「A Homespun Hedge Fund」

87. "Program Description: Trading Methods and Strategies", Abraham Trading Company, https://www.abrahamtrading.com/

88. アイン・ランド著『水源』(ビジネス社)

89. ロメロ著「A Homespun Hedge Fund」

90. ジャック・シュワッガー著『マーケットの魔術師――米トップトレーダーが語る成功の秘訣』(パンローリング)

91. スタンリー・W・アングリスト著「Commodities : Winning Commodity Traders May Be Made, Not Born」(Wall Street Journal, September 5, 1989)

92. グレッグ・バーンズ著「Rich Dennis : A Gunslinger No More」(Businessweek, April 7, 1997)

93. スーザン・アボット著「Richard Dennis : Turning a Summer Job into a Legend」(Futures, September 1983, 58)

94. 同上、59

95. 同上、57

96. 同上、58

97. ポール・レイバー著「Managed Money : Capitalizing on the Trends of 1990」(Futures 20, no. 3, March 1991)

98. シュワッガー著『マーケットの魔術師』(パンローリング)

99. バーバラ・ディクソン著「Richard Donchian : Managed Futures Innovator and Mentor」(Futures Industry Association)

100. ウィリアム・ボールドウィン著「Rugs to Riches (Section: The Money Men)」(Forbes, March 1, 1982)

101. ディクソン著「Richard Donchian」

102. 同上

103. 同上

104. ボールドウィン著「Rugs to Riches」

105. ディクソン著「Richard Donchian」

106. ボールドウィン著「Rugs to Riches」

107. "Futures Industry Association Review: Interview: Money Managers", Futures Industry Association, www.fiafii.org

108. バーバラ・S・ディクソン著「Discretionary Accounts」(Managed Account Reports, Report No.20, no. 14, 5)

109. バーバラ・S・ディクソン著「Discretionary Accounts」(Managed Account Reports, Report No.20, no. 14, 5)

110. エドウィン・ルフェーブル著『欲望と幻想の市場――伝説の投機王リバモア』(東洋経済新報社)

注釈

111. アンドリュー・レッキー著「Dabble, Don't Dive, in Futures」(Chicago Tribute, October 2, 1986, C1)

112. ディクソン・G・ワッツ著『Speculation as a Fine Art』(reprint, Flint Hill, Virginia: Fraser Publishing Co., 1997)

113. エリック・ジョンソン著「Benchmark's Bill Gurley says he's still worried about a bubble」(Recode, September 12, 2016), https://www.recode.net/2016/9/12/12882780/bill-gurley-benchmark-bubble-venture-capital-start-ups-uber

第3章

1. サー・アーサー・コナン・ドイル著『シャーロック・ホームズの冒険』(新潮社、光文社)

2. アレクサンダー・M・イネイチェン著『Absolute Returns』(New York: John Wiley & Sons, Inc., 2003, 19)

3. "Disclosure Document", John W. Henry & Company, Inc.(August 22, 2003)

4. "BMFR", Barclay Trading Group(first quarter 2003)

5. ルートヴィヒ・フォン・ミーゼス著『ヒューマン・アクション——人間行為の経済学』(春秋社)

6. "International Traders Research Star Ranking System Explanation", International Traders Research, http://managedfutures.com/

7. ラリー・ハリス著『市場と取引——実務家のためのマーケット・マイクロストラクチャー』(東洋経済新報社)

8. デビッド・グレイシング著「How Managed Funds Managed to Do So Poorly」(Businessweek, November 23, 1992, 112)

9. ダニエル・P・コリンズ著「The Returns of Long-Term Trend Following」(Futures 32, no. 4, March 2003, 68-73)

10. デズモンド・マクレー著「Top Traders」(Managed Derivatives, May 1996)

11. "Trend Following: Performance, Risk and Correlation Characteristics"(white paper), Graham Capital Management.

12. ラリー・ハリス著『市場と取引——実務家のためのマーケット・マイクロストラクチャー』(東洋経済新報社)

13. "Schroder GAIA Blue Trend", Schroders Expert, Issue 1(February 2016)

14. ベン・ワーウィック著「The Holy Grail of Managed Futures」(Managed Account Report, no. 267, May 2001, 1)

15. "The Trading Tribe"(forum response), The Trading Tribe, http://www.seykota.com/tribe/

16. "Drawdowns", Institutional Advisory Services Group, https://www.iasg.com/

17. ローリー・カプラン著「Turning Turtles into Traders」(Managed Derivatives, May 1996)

18. "Marketing Materials", Dunn Capital Management, Inc.

19. カーラ・カバレッティ著「Comeback Kids : Managing Drawdowns According to

943

Commodity Trading Advisors」（Futures 27, no. 1, January 1998, 68）

20. マイケル・ペルツ著「John W. Henry's Bid to Manage the Future」（Institutional Investor, August 1996）

21. D・ハーディング、G・ナーク、A・ネジャー著「The Pros and Cons of Drawdown as a Statistical Measure of Risk for Investments」（AIMA Journal, April 2003, 16-17）

22. カバレッティ著「Comeback Kids」

23. 同上

24. トーマス・F・バッソ著「When to Allocate to a CTA? -- Buy Them on Sale」（1997）

25. InvestorWords, http://www.investorwords.com/

26. "New Fans for Managed Futures", Euromoney Institutional Investor PLC（February 1, 2003, 45）

27. ジュリアス・A・スタニービッチ著「Learning to Love Non-Correlation. Investor Support」（John W. Henry & Company）

28. ジンジャー・ザラ著「Tom Shanks : Former 'Turtle' Winning Race the Hard Way」（Futures 20, no. 2, January 15, 1991, 78）

29. カーラ・カバレッティ著「Turtles on the Move」（Futures 27, June 1998, 79）

30. ローリー・カプラン著「Turning Turtles into Traders」（Managed Derivatives, May 1996）

31. ラリー・ハリス著『市場と取引──実務家のためのマーケット・マイクロストラクチャー』（東洋経済新報社）

32. ラリー・ハリス著「The Winners and Losers of the Zero-Sum Game : The Origins of the Trading Profits, Price Efficiency and Market Liquidity（Draft 0.911）」（Los Angeles : University of Southern California, May 7, 1993）

33. 同上

34. ダニー・アキム著「Huge Losses Move Soros to Revamp Empire」（New York Times, May 1, 2000）

35. エノク・チェン著「Of Markets and Morality...」（Cafe Bagola（blog）, August 27, 2002, https://web.archive.org/web/20041019121710/）

36. アイン・ランド著「Philosophical Detection」（『Philosophy: Who Needs It?』［Indianapolis, IN: Bobbs-Merril, 1998]）

37. ローレンス・パークス（presentation, Hearing on Hedge Funds before the Subcommittee on Capital Markets, Securities, and GSEs; House Committee on Banking and Financial Services, United States House of Representative, March 3, 1999）.

38. アキム著「Huge Losses」

39. 同上

40. "Merrill Lynch & Co., Inc. Research Reports Securities Litigation, 02 MDL 1484"（メリル・リンチと元アナリストのヘンリー・ブロジェットに対する集団訴訟を退けた連邦判事ミルトン・ポラックによる判決）

41. グレゴリー・J・ミルマン著「The Chief Executive」（January-February 2003）

42. ビル・ドライズ（Futures, August 1995, 78）

43. マーク・レプチンスキー著「The Weatherstone Approach to Hedge Fund Investing」（Disciplined Systematic Global Macro Views（blog）, October 13, 2016, http://

mrzepczynski.blogspot.com/2016/10/the-weatherstone-approach-to-hedge-fund.
html)

第4章

1. ナシーム・タレブ著『まぐれ――投資家はなぜ、運を実力と勘違いするのか』（ダイヤモンド社）
2. ハーブ・グリーンバーグ著「Answering the Question -- Who Wins from Derivatives Losers」（San Francisco Chronicle, March 20, 1995, D1）
3. 同上
4. アレクサンダー・M・イネイチェン著『Aboslute Returns』（New York : John Wiley & Sons, Inc., 2003, 416）
5. マイケル・J・モーブッサンとクリステン・バーソルドソン著「Integrating the Outliers : Two Lessons from the St. Petersburg Paradox」（The Consilient Observer 2, no. 2, January 28, 2003）
6. ジェイソン・ラッセル, www.acorn.ca/
7. "Trend Following : Performance, Risk,and Correlation Characteristics"（white paper）, Graham Capital Management（April 2013）
8. ウィリアム・パウンドストーン著『天才数学者はこう賭ける――誰も語らなかった株とギャンブルの話』（青土社）
9. トーマス・S・Y・ホーとサン・ビン・リー著『The Oxford Guide to Financial Modeling』（Oxford, UK : Oxford University Press, 2004, 559）
10. ジンジャー・ザラ著「Barings Abyss」（Futures 24, no. 5, May 1995, 68）
11. キャロリン・キュイとアン・デービス著「Some Trend-Following Funds are Winners in Rough Market」（Wall Street Journal, November 5, 2008）
12. 会社案内、John W. Henry & Company, Inc. (1998), http://www.jwh.com/
13. マーク・S・レプチンスキー, "President, John W. Henry and Co."（プレゼンテーション）, http://www.jwh.com/
14. エリン・E・アーベッドルンド著「Swinging for the Fences : John W. Henry's Managed Futures Funds are Striking Out」（Barron's, December 4, 2000）
15. 2000年11月17日にジョン・W・ヘンリー社で行われたプレゼンテーション, http://www.jwh.com/
16. エリン・E・アーベッドルンド著「Whiplash! Commodity-Trading Advisers Post Sharp Gains」（Barron's, January 15, 2001）
17. "Fast Finish Makes 2000 a Winner", Managed Account Reports, no. 263（January 2001）
18. 2000年11月17日にジョン・W・ヘンリー社で行われたプレゼンテーション, http://www.jwh.com/
19. パラビ・ゴゴイ著「Placing Bets in a Volatile World」（Businessweek, September 30, 2002）
20. "Enron Employee Feedback", TurtleTrader
21. "Barclay Managed Futures Report", Barclay Trading Group（fourth quarter 2002）

945

22. ラリー・スウェードロー著「Buckingham Asset Management」(http://www.bamstl.com/)
23. "The Trading Tribe"(forum response), The Trading Tribe, http://www.seykota.com/tribe/
24. ポール・バー著「Trending Markets Lead to Profit : September 11 Examplee Will Go in Case Studies」(Money Management World, September 25, 2001)
25. TVドラマ『Trillion Dollar Bet』, Nova, no. 2075 (February 8, 2000)
26. 同上
27. ケビン・ダウド著「Too Big To Fail? Long-Term Capital Management and the Federal Reserve」(Cato Institute Briefing Paper, no. 52, September 23, 1999)
28. ロジャー・ローウェンスタイン著『天才たちの誤算——ドキュメントLTCM破綻』(日本経済新聞社)
29. 同上, 69
30. 同上
31. クレイ・ハリスとウィリアム・ホール著「Top-Tier Department Expected at USB", Financial Times : London Edition」(October 2, 1998, 26)
32. "The LTCM Crisis and Its Consequences for Banks and Banking Supervision", Organization for Economic Cooperation and Development (June 1999)
33. ジェリー・パーカー (The Futures and Industry Associaton's Future and Options Expo '98, Sheraton Chicago Towers & Hotel, Chicago, Ill., October 14-16, 1998)
34. ジョン・W・ヘンリー (1998年9月15にスイスのジュネーブで行われたプレゼンテーション)
35. TVドラマ『Trillion Dollar Bet』
36. "Blck-Scholes Model", Wikipedia, 最後に更新されたのは2016年12月14日、https://en.wikipedia.org/wiki/Black--Scholes_model
37. ロジャー・ローウェンスタイン著『天才たちの誤算——ドキュメントLTCM破綻』(日本経済新聞社)
38. アンドリュー・オスターランド著「For Commodity Funds, It Was as Good as It Gets」(Businessweek, September 14, 1998)
39. ジョン・W・メリウェザー著「Letter to Investor」(September 1998)
40. TVドラマ『Trillion Dollar Bet』
41. ブルース・クリーランド著「Campbell and Company, The State of the Industry」(Managed Account Reports, Inc., June 2000)
42. ロバート・レンツナー著「Archimedes on Wall Street」(Forbes, October 19, 1998)
43. ケビン・ダウド著「Too Big to Fail? Long-Term Capital Management and the Federal Reserve」(Cato Institute Briefing Paper, no. 52, September 23, 1999)
44. マルコム・グラッドウェル著「Blowing Up」(The New Yorker, April 22 and 29, 2002)
45. G・K・チェスタトン著『ブラウン神父の醜聞』(東京創元社)
46. W・B・アーサー、S・N・ダーローフ、D・A・レーン (編集),『The Economy as an Evolving Complex System II』(Reading, MA : Addison-Wesley, 1997, 566)
47. ジェームズ・リッカーズ著『The Road to Ruin : The Global Elites' Secret Plan for the Next Financial Crisis』(London : Penguin, 2016)

48. マーク・エッツコーン著「Bill Dunn and Pierre Tullier : The Long Run（Trader Profile）」（Futures 26, no. 2, February 1997）

49. ダン・コラルッソ著「Gray Monday's First Casualty : Fames Soros Confidant Victor Niederhoffer」（The Street, October 29, 1997, https://www.thestreet.com/）

50. ビクター・ニーダーホッファー, Letter to shareholders

51. デビッド・ヘンリー, USA Today, October 30, 1997

52. "Niederhoffer 1997 Performance", Barclay Managed Futures Report

53. マーク・エッツコーン著 "Bill Dunn and Pierre Tullier"

54. The Stark Report（second quarter 1997）

55. グレッグ・バーンズ著「Whatever Voodoo He Uses, It works : Trader Victor Niedelhoffer Is as Eccentric as He is Contrarian」（Businessweek, February 10, 1997）

56. 同上

57. ジョージ・ソロス著『ジョージ・ソロス』（テレコムスタッフ）

58. ビクター・ニーダーホッファーとローレル・ケナー著「Why the Trend is Not Your Friend」（The Speculator : MSN Money（website）, May 2, 2002, www.moneycentral.msn.com）

59. ビクター・ニーダーホッファーとローレル・ケナー著『実践的スペキュレーション ──失敗と成功の戦略』（現代書林）

60. 同上

61. ビクター・ニーダーホッファー著『The Education of a Speculator』（New York : John Wiley & Sons, Inc., 1997）

62. グレッグ・バーンズ著「Whatever Voodoo He Uses, It Works : Trader Victor Niederhoffer Is as Eccentric as He Is Contrarian」（Businessweek, February 10, 1997）

63. グラッドウェル著「Blowing Up」

64. IFCI International Financial Risk Institute

65. マーク・ホーリー著「Dean Witter Managed Futures」（1995年4月20日にニューヨークで行われたFutures Industry Association Dinnerでのプレゼンテーション）

66. ジェームズ・シモンズ, The Greenwich Roundtable（June 17, 1999）

67. ジョン・W・ヘンリー（1998年9月15日にスイスのジュネーブで行われたプレゼンテーション）

68. シャロン・ライアー著「Easy to Beat Up, Hard to Kill」（The International Herald Tribune, March 23, 2002, www.iht.com）

69. エド・クレイペルズ著「Re-examining the Metallgesellschaft Affair and Its Implication for Oil Traders」（Oil & Gas Journal, March 26, 2001）

70. 同上

71. ジョン・ディゲナンほか著「Metallgesellschaft AG : A Case Study」（The Journal of Research and Ideas on Financial Markets and Trading）

72. ルイス・キャロル著『鏡の国のアリス』（角川書店）

73. "The Value of a JWH Investment as a Portfolio Diversifier"（マーケティング資料）, John W. Hnery and Company（September 1998）

74. "Computers Challenge the Stockmarket Gurus", The Economist, March 1987

75. アーサー・コナン・ドイル著『四つの署名』（新潮社）

76. クリストファー・L・カルプ, Media Nomics, April 1995, 4

77. "The Coming Storm", The Economist, February 17, 2004, https://www.economist.com/unknown/2004/02/17/the-coming-storm

78. エマニュエル・ダーマン, The Journal of Derivatives（Winter, 2000）, 64

79. フレデリック・タウンゼント, Futures（December 2000）, 75

80. リッカーズ著『The Road to Ruin』

81. "Another Two Bites the Dust", Derivative Strategies（May 16, 1994）, 7

82. ルーク・カワとアンドレア・ウォン著「Broken Indicators Mean It's Growing Harder to Spot Troubles in the Market」（Bloomberg, October 19, 2016, https://www.bloomberg.com/news/articles/2016-10-19/wall-street-sees-graveyard-of-broken-indicators-in-reform-s-wake

第5章

1. マイケル・J・モーブッサンとクリステン・バーソルドソン著「The Babe Ruth Effect : Frequency versus Magnitude」（The Consilient Observer 1, no. 2, January 29, 2002）

2. サム・カルデローン著「Emotions Can Lie, Numbers Don't」（The Varsity, October 17, 2016, http://thevarsity.ca/2016/10/17/emotions-can-lie-numbers-dont/）

3. マイケル・ルイス著『マネー・ボール──奇跡のチームをつくった男』（ランダムハウス講談社）

4. リー・スタインバーグ著「Changing the Game : The Rise of Sports Analytics」（Forbes, August 18, 2015, https://www.forbes.com/sites/leighsteinberg/2015/08/18/changing-the-game-the-rise-of-sports-analytics/#7c6fbf904c1f）

5. マイケル・ルイス著『マネー・ボール──奇跡のチームをつくった男』（ランダムハウス講談社）

6. 同上

7. アーンショー・クック著『Percentage Baseball』（Baltimore: Waverly Press, 1964）

8. ロブ・ネイヤー著「A New Kind of Baseball Owner」（ESPN.com, August 15, 2002）

9. "The Trading Tribe"（forum response）, The Trading Tribe, http://www.seykota.com/tribe/

10. リチャード・ドライハウス著「Unconventional Wisdom in the Investment Process」（1994年のプレゼンテーション）

11. ジョン・ドーシュナー著「Boca Raton, Fla.-Based Firm Is a Standout in Futures」（Miami Herald, January 27, 2001）

12. グレッグ・バーンズ著「Former 'Turtle' Turns Caution into an Asset」（Chicago Sun-Times, May 29, 1989, 33）

13. ロブ・ネイヤー著「Examining the Art of Evaluating : Q&A with Michael Lewis」（ESPN.com, May 13, 2003）

14. マイケル・ルイス著『マネー・ボール──奇跡のチームをつくった男』（ランダムハウス講談社）

15. スタインバーグ著「Changing the Game」

16. ジェームズ・スロウィッキー著「The Buffett of Baseball」（The New Yorker, Sep-

948

tember 23, 2002)

17. ロブ・ネイヤー著「Red Sox Hire James in Advisory Capacity」(ESPN.com, November 7, 2002)

18. ビル・ジェームズ著「Red Sox Hire. Baseball Abstract」(USA Today, November 15, 2002)

19. スロウィッキー著「The Buffett of Baseball」

20. デビッド・グラビナー著「The Sabermetric Manifesto」(SeanLahman.com, 1994, http://seanlahman.com/baseball-archive/sabermetrics/sabermetric-manifesto/)

21. カルデローン著「Emotions Can Lie」

22. ビル・ジェームズ, 1981 Baseball Abstract (Bill James, 1981)

23. 同上

24. 同上

25. ベン・マグラス著「The Professor of Baseball」(The New Yorker, July 14, 2003, 38)

26. New York Times, September 26, 2002

27. ネイヤー著「Red Sox Hire James」

28. ジョン・ビルガー著「Baseball by the Numbers」(Money, April 2003, 110)

29. 同上

30. トーマス・ボズウェル著「Evaluation by Numbers Is Beginning to Add Up」(Washington Post, May 29, 2003, D1)

31. ジョン・ビルガー著「Baseball by the Numbers」(Money, April 2003, 110)

32. ネイヤー著「Red Sox Hire James」

33. エリック・パールマター著「Little Not Big Enough for Sox」(The Brown Daily Herald, October 29, 2003)

34. マイケル・ルイス著「Out of Their Tree」(Sports Illustrated, March 1, 2004, 7)

35. スティーヴン・ジェイ・グールド著『Triumph and Tragedy in Mudville : A Lifelong Passion for Baseball』(New York: W.W. Norton, 2003, 176-7)

36. 同上

37. ジェフ・メロン著「The Worst Sports Moves of 2003」(ESPN.com)

38. サム・ミラー著「Are Statheads Responsible for the Most Exciting Postseason in Years?」(ESPN.com, October 24, 2016, http://www.espn.com/mlb/story/_/id/17870355/are-statheads-responsible-most-exciting-postseason-years)

39. スタインバーグ著「Changing the Game」

40. ベン・コーエン著「The Golden State Warriors Have Revolutionized Basketball」(Wall Street Journal, April 6, 2016, https://www.wsj.com/articles/the-golden-state-warriors-have-revolutionized-basketball-1459956975)

41. 同上

42. ロブ・アーサー著「How Baseball's New Data Is Changing Sabermetrics」(FibeThirtyEight, March 17, 2016, http://fivethirtyeight.com/features/how-baseballs-new-data-is-changing-sabermetrics/)

43. 同上

44. ビル・ベリチック, 2016年10月に行われたニューイングランド・ペイトリオッツの記者会見

45. カルデローン著「Emotions Can Lie」

46. ハワード・W・イブス著『Mathematical Circles Squared』(Boston : Prindle, Weber and Schmidt, 1972)

第6章

1. Financial Trader 1, no. 7 (Septembe/October 1994, 26.2)
2. ジェイソン・ラッセル, www.acorn.ca
3. ブライアン・ハースト、ヤオ・ホア・オオイ、ラッセ・H・ペダーセン著「Understanding Managed Futures」(AQR Capital Management, Winter 2010)
4. ジェラルド・ジャクソン, Brookesnews.com, April 21, 2003
5. ジェイソン・ツバイク著「Do You Sabotage Yourself?」(Business 2.0, May 2001)
6. デビッド・ドレマン著『Contrarian Investment Strategies』(New York : Simon & Schuster, 1998)
7. 老子著『老子道徳経』(第33章)
8. スティーブン・パールスタイン著「The New Thinking about Money Is That Your Irrationality is Predictble」(Washington Post, January 27, 2002, H1)
9. ダニエル・ゴールマン著「What Makes a Leader?」(Harvard Business Review, 1998)
10. ハリス・コリングウッド著「The Sink of Swim Economy」(New York Times, June 8, 2003)
11. ジャック・D・シュワッガー著『新マーケットの魔術師──米トップトレーダーたちが語る成功の秘密』(パンローリング)
12. アイン・ランド著『肩をすくめるアトラス』(アトランティス)
13. 映画『アニマル・ハウス』(ジョン・ランディス監督)(Universal City, CA: Universal Pictures, 1978)
14. ダニーン・スクベ著「Self Knowledge Keys」(The Seattle Times, 2002)
15. Futures 22, no. 12 (November 1993, 98)
16. アレクシ・ド・トクヴィル著『アメリカの民主政治』(講談社)
17. ダニエル・ゴールマン著『EQ　こころの知能指数』(講談社)
18. ゴールマン著「What Makes a Leader?」
19. 同上
20. アイン・ランド著『肩をすくめるアトラス』(アトランティス)
21. デニス・G・シェカージアン著『Uncommon Genius』(New York : Penguin Books, 1990)
22. ゴールマン著「What Makes a Leader?」
23. トム・ジラード著「The Wizards Cast a Spell」(Financial Trader, No.4, July 1995)
24. ギュスターヴ・ル・ボン著『群集心理』(講談社)
25. アイン・ランド著『肩をすくめるアトラス』(アトランティス)
26. トム・ジラード著「The Wizards Cast a Spell」(Financial Trader, No.4, July 1995)
27. 同上
28. ジャック・D・シュワッガー著『新マーケットの魔術師──米トップトレーダーたちが語る成功の秘密』(パンローリング)
29. "The Trading Tribe" (forum response), The Trading Tribe, http://www.seykota.

com/tribe/

30. ルートヴィヒ・フォン・ミーゼス著『ヒューマン・アクション——人間行為の経済学』（春秋社）

31. ジャック・シュワッガー著『シュワッガーのテクニカル分析』（パンローリング）

32. ロバート・コッペル著『The Intuitive Trader』（New York : John Wiley & Sons, Inc., 1996, 74）

33. デビッド・ナスバウム著「Mind Games : Trading Behavior」（Futures 23, no. 6, June 1994, 60）

34. ミシェル・コンリン, Businessweek, June 30, 2003

35. マイケル・J・モーブッサンとクリステン・バーソルドソン著「All Systems Go : Emotion and Intuition in Decision-Making」（The Consilient Observer 3, no. 2, January 27, 2004）

36. ジャック・D・シュワッガー著『新マーケットの魔術師——米トップトレーダーたちが語る成功の秘密』（パンローリング）

37. マイケル・クライトン著『ロスト・ワールド』（早川書房）

38. リー・クワン・ユー

39. アラン・グリーンバーグ著『会長からのメモ——機知とユーモアの経営』（ダイヤモンド社）

40. アンナ・ムオイオ著「All The Right Moves -- If You See a Good Idea, Look for a Better One」（Fast Company, No. 24, May 1999, 192）

41. ジェイソン・ラッセル, www. acorn.ca

42. ロバート・B・ザイアンス著「Feeling and Thinking : Preferences Need No Inferences」（American Psychologist, 1980, 151-75）

43. アントニオ・R・ダマシオ著『デカルトの誤り——情動、理性、人間の脳』（筑摩書房）

44. デビッド・ウォーシュ著「Paul Samuelson's Secret」（Economic Principals, January 23, 2011, http://www.economicprincipals.com/issues/2011.01.23/1225.html）

45. ショーン・タリー著「Princeton's Rich Commodity Scholars」（Fortune, February 9, 1981）

46. サム・カーペンター著『社長の生産力を上げるシステム思考術』

第7章

1. ルイス・キャロル著『不思議の国のアリス』（角川書店）

2. ゲルト・ギーゲレンツァーとピーター・M・トッド著『Simple Heuristics That Make Us Smart』（New York : Oxford University Press, 1999, 28）

3. ロバート・ルービン（ハーバード大学の2001年の卒業式の訓示）, https://www. treasury.gov/press-center/press-releases/Pages/rr3152.aspx

4. カーラ・フリード著「The Problem with Your Investment Approach」（Business 2.0, November 2003, 146）

5. "The Trading Tribe"（forum response）, The Trading Tribe, http://www.seykota. com/tribe/

951

6．トーマス・A・スチュワート著「How to Think with Your Gut」（Business 2.0, November 2002, http://www.marketfocusing.com/b20_5.html）

7．http://www.2think.org/

8．スティーヴン・ホーキング著『ホーキング、宇宙を語る――ビッグバンからブラックホールまで』（早川書房）

9．ゲルト・ギーゲレンツァーとピーター・M・トッド著『Simple Heuristics That Make Us Smart』（New York : Oxford University Press, 1999, 14）

10．ゲルト・ギーゲレンツァーとピーター・M・トッド著『Simple Heuristics That Make Us Smart』（New York : Oxford University Press, 1999, 358）

11．Futures 22, no. 12（November 1993）, 98

12．ゲルト・ギーゲレンツァーとピーター・M・トッド著『Simple Heuristics That Make Us Smart』（New York : Oxford University Press, 1999, 361）

13．ゲルト・ギーゲレンツァー著「Smart Heuristics」（Edge Foundation, Inc. March 31, 2003, https://www.edge.org/conversation/gerd_gigerenzer-smart-heuristics

14．ブルース・バウワー著「For Sweet Decisions, Mix a Dash of Knowledge with a Cup of Ignorance」（Science News 155, no. 22, May 29, 1999, https://www.sciencenews.org/）

15．マーク・ゼプチンスキー（ニューヨーク・マーカンタイル取引所でのプレゼンテーション）

16．アンナ・ムオイオ著「All The Right Moves--If You See a Good Idea, Look for a Better one」（Fast Company, No. 24, May 1999, 192）

17．アリ・レビーンとラッセ・ヘジ・ペダーセン, Financial Analysts Journal 72, no. 3（May/June 2016）

18．"Market Commentary", John W. Henry and Company

19．ダニエル・P・コリンズ著「Building a Stronger Fort」（Futures 21, no. 6, May 1, 2003, 82）

20．ギーゲレンツァー著「Smart Heuristics」

21．ラリー・スウェードロー著「Swedroe : A persistent Kind Of Momentum」（ETF.com, Septermber 16, 2016, https://www.etf.com/sections/index-investor-corner/swedroe-persistent-kind-momentum）

22．クレイトン・M・クリステンセン著『イノベーションのジレンマ――技術革新が巨大企業を滅ぼすとき』（翔泳社）

23．トム・ジラード著「The Wizards Cast a Spell」（Financial Trader, No. 4, July 1995）

24．マイケル・J・モーブッサンとクリステン・バーソルドソン著「Be the House : Process and Outcome in Investing」（The Consilient Observer 2, no. 19, October 7, 2003）

25．J・エドワード・ルッソとポール・J・H・ショーメーカー著『勝てる意思決定の技術――最初の決断で正しい答えを導き出すために』（ダイヤモンド社）

26．リー・ブキャナンとアンドリュー・オコネル著「A Brief History of Decision Making」（Harvard Business Review, January 2006, https://hbr.org/2006/01/a-brief-history-of-decision-making）

注釈

第8章

1. トマス・ハリス著『羊たちの沈黙』（新潮社）
2. Webster's Revised Unabridged Dictionary (Springfield, MA: G. C. Merriam, 1913)
3. "The Trading Tribe" (forum response) , The Trading Tribe, http://www.seykota. com/tribe/
4. ジェシカ・ジェームズとニール・ジョンソン著「Physics and Finance. Visions : Briefing Papers for Policy Makers」(Institute of Physics and IOP Publishing Ltd., 1999-2000)
5. リチャード・ファインマン著「Feynman on Scientific Method」(1964年のコーネル 大学でのプレゼンテーション) , https://www.youtube.com/watch?v=EYPapE-3FRw)
6. ピエール・シモン・ラプラス著『ラプラス　確率論──確率の解析的理論』（共立出 版）
7. http://www.criticalthinking.org/
8. 同上
9. ダレル・ハフ著『確率の世界──チャンスを計算する法』（講談社）
10. マヌス・J・ドナヒュー著「An Introduction to Chaos Theory and Fractal Geometry」 (1997)
11. "Daniel Patrick Moynihan"（ダニエル・パトリック・モイニハン）, Wikipedia（最 後に更新されたのは2016年12月12日）、https://en.wikipedia.org/wiki/Daniel_Patrick_Moynihan.
12. ゲルト・ギーゲレンツァー著「Smart Heuristics」(Edge Foundation, Inc., March 31, 2003, https://www.edge.org/conversation/gerd_gigerenzer-smart-heuristics)
13. "Elementary Concepts in Statistics", http://statsoftinc.com/textbook/stathome. html
14. National Institute of Standards and Technology（アメリカ国立標準技術研究所）, https://www.nist.gov/itl
15. マイケル・J・モーブッサンとクリステン・バーソルドソン著「A Tail of Two Worlds, Fat Tails and Investing」(The Consilient Observer 1, no. 7, April 9, 2002)
16. ハ・ラックス著「The Secret World of Jim Simons」(Institutional Investor 34, no. 11, November 1, 2000, 38)
17. 同上
18. ジェリー・パーカー著「The State of the Industry」(Managed Account Reports, Inc., June 2000)
19. ダニエル・P・コリンズ著「Chenier : Systematizing What Works (Trader Profile)」 (Futures 32, no. 9, July 1, 2003, 86)
20. ロジャー・ローウェンスタイン, Wall Street Journal, June 13, 2003
21. ブノワ・B・マンデルブロ著「A Multifractal Walk down Wall Street」(Scientific American 280, no. 2, February 1999, 70-73)
22. ラリー・スウェードロー, Buckingham Asset Management, www.bamstl.com/
23. 同上
24. マーク・ゼプチンスキー著「Return Distribution Properties of JWH Investment Programs, Stock and Bond Indices, and Hedge Funds」(John W. Henry and Co.,

953

No. V, June 2000)

25. National Institute of Standards and Technology（アメリカ国立標準技術研究所），
https://www.nist.gov/itl

26. 同上

27. ジム・ロジャーズ著『冒険投資家ジム・ロジャーズ──世界バイク紀行』（日本経済新聞社）

28. ラリー・S・リーボービッチ著「Two Lessons from Fractals and Chaos」（Complexity 5, no. 4, 2000, 34-43）

29. パー・バック著「Narrative Physics」（The Paula Gordon Show, February 1, 2000, www.paulagordon.com/shows/bak/）

30. ドナルド・H・ラムズフェルド著「DoD News Briefing -- Secretary Rumsfeld and Gen. Myers」（U.S. Department of Defense, February 12, 2002, http://archive.defense.gov/Transcripts/Transcript.aspx?TranscriptID=2636）

31. ビル・ボナー著「Understanding the Nature of the Fat Tail Phenomenon」（American Writers and Artists Inc.）

第9章

1. "Of Pimps, Punters and Equities", The Economist, March 24, 2001

2. "Crossfire", CNN, December 21, 1999

3. リチャード・ルディ著「Buy and Hold: A Different Perspective」（Barclay Managed Futures Research, fourth quarter 2001）

4. ジェームズ・グラスマン著「Buy It Now! For a Fine Keepsake of the Internet Boom!」（『Dow 36000』のレビュー，Amazon.com, November 7, 2001）

5. ジェリー・パーカー著「The State of the Industry」（Managed Account Reports, Inc., June 2000）

6. ルディ著「Buy and Hold」

7. ウィリアム・R・ギャラハー著『Winner Take All』（New York : McGraw-Hill, 1994）

8. デビッド・ドゥクセビッチ, Forbes（May 6, 2002）

9. ジェームズ・クレイマー, CNBC : Kudlow and Cramer（TVインタビュー，Yahoo! Chat, September 7, 2000）

10. "News Release", Berkshire Hathaway, Inc.（May 22, 2002）

11. Washington Post（March 6, 2003）:E1

12. コートニー・コムストック著「Michael Steinhardt Bashes Warren Buffett : 'He's Just The Greatest PR Person Of All Time...How He Treated John Gutfreund Was Disgusting」（Business Insider, April 5, 2011, https://www.businessinsider.com/michael-steinhardt-bashes-warren-buffett-greatest-pr-person-of-all-time-conned-everybody-2011-4

13. ジェームズ・K・グラスマン, Washington Post, December 9, 2001

14. "Moneyline", CNN, December 3, 1999

15. ジェームズ・K・グラスマン, Washington Post, February 17, 2002

16. "Street Sweep" CNN（April 4, 2000）

954

注釈

17. ジェニファー・カーチマー著「Tiger Management Closes : Julian Roberson Plans to Return Money to Shareholders after Losses in Value Stocks」(CNNfn, march 30, 2000:6:59 p.m. EST)
18. アーロン・L・タスク著「Requiem for a Heavyweight」(TheStreet.com)
19. "Larry King Live", CNN, March 2001
20. エドワード・クレンダニエル著「After the Sizzle Comes the Fizzle」(Forbes.com, March 25, 2002)
21. アラン・スローン著「Even with No Bull Market, Baby Boomers Can Thrive」(Washington Post, March 26, 2002, E1)
22. アラン・アベルソン著「Up and Down Wall Street」(Barron's, December 15, 2003)
23. B・ルーク著「WorldCom : The Accounting Scandal; JR Kuhn Jr.」(The Charlotte Observer, 2006)
24. デビッド・ロードとサトゥ・パリーク著「An Evolutionary Approach to Technical Trading and Capital Market Efficiency」(The Wharton School, University of Pennsylvania, May 1, 1995)
25. "The Trading Tribe" (forum response), The Trading Tribe, http://www.seykota. com/tribe/
26. "Harding : Master of the Markets", (video clip, CNBC, April 8, 2011), http://video. cnbc.com/gallery/?video=3000015574
27. 同上
28. 同上
29. 同上
30. 同上
31. 同上
32. 同上
33. 同上
34. 同上
35. 同上
36. "Defining Critical Thinking", The Critical Thinking Community, http://www.criti-calthinking.org/pages/defining-critical-thinking/766
37. "General Form for Registration of Securities : Persuant to Section 12 (b) or 12 (g) of the Securities Exchange Act of 1934", アメリカ証券取引委員会, https://www. sec.gov/Archives/edgar/data/1309136/000090514804005334/efc4-2070_form1012g. txt
38. "What Happened? What's Next? Merrill Lynch Review and Forecast" (マーケティングのチラシ), Merrill Lynch
39. ジェリー・ガルシアとロバート・ハンター著「Casey Jones」(グレイトフル・デッドのアルバム, Workingman's Dead, 1970)
40. デビッド・ウィットフォード著「Why Owning the Boston Red Sox Is Like Running a Successful Hedge Fund」(Fortune Small Business, October 25, 2003)
41. デイブ・バリー (February 3, 2002)
42. ジャン・フィリップ・ブショーとダミアン・シャレット著「Why Have Asset Price Properties Changed So Little in 200 Years」(May 2, 2016)

955

43. 同上

第10章

1. "The Trading Tribe"（forum response），The Trading Tribe, http://www.seykota.com/tribe/
2. "Marketing Materials", Dunn Capital Management, Inc.
3. レオン・G・クーパーマン，"CNBC Interview with Ron Insana"
4. チャールズ・サンフォード，卒業式の訓示（1989年6月17日、ジョージア大学）
5. ギボンズ・バーク著「Managing Your Money」（Active Trader, July 2000）
6. マーク・ゼプチンスキー著「Portfolio Diversification : Investors Just Don't Seem to Have Enough」（JWH Journal）
7. ジャック・リーリンク著「The Power of Leverage」（Futures 24, no. 4, April 1995）
8. エドワード・O・ソープ著『The Mathematics of Gambling』（Hollywood, CA : Gambling Times, 1984）
9. ラリー・ハリス著『市場と取引――実務家のためのマーケット・マイクロストラクチャー』（東洋経済新報社）
10. "Going Once, Going Twice", Discover, August 2002, 23
11. ジム・リトルとソル・ワクスマン著「A Perspective on Risk」（Barclay Managed Futures Report）
12. クレイグ・ポーリー著「How to Become a CTA」（June 1994）
13. トーマス・L・フリードマン著『The Lexus and The Olive Tree』（New York : Farrar, Straus & Giroux, 1999）
14. ギボンズ・バーク著「Managing Your Money」（Active Trader, July 2000）
15. クレイグ・ポーリー著「How to Become a CTA」（June 1994）
16. エド・スィコータとデーブ・ドルーズ著「Determining Optimal Risk」（Technical Analysis of Stocks and Commodities Magazine 11, no. 3, March 1993, 122-124, http://traders.com/）
17. ギボンズ・バーク著「Gain Without Pain : Money Management in Action」（Futures 21, no. 14, December 1992, 36）
18. トム・バッソ著「How to Become a CTA」（June 1994）
19. カーラ・カバレッティ著「Comeback Kids : Managing Drawdowns According to Commodity Trading Advisors」（Futures 27, no. 1, January 1998, 68）
20. マイケル・ペルツ著「John W. Henry's Bid to Manage the Future」（Institutional Investor, August 1996）
21. InterMarket, The Worldwide Futures and Options Report（Chicago : InterMarket Publishing Group, July 1984）
22. "The Trading Tribe"（forum response），The Trading Tribe, http://www.seykota.com/tribe/
23. オリバー・コンウェイ著「Cover story about John W. Henry & Comapny, Inc.」（Managed Derivatives, May 1996）
24. テッド・ウィリアムズ著『テッド・ウイリアムズのバッティングの科学』（ベースボ

956

ールマガジン社)

25. デズモンド・マクレー著「31-Year Track Record of 18.1% : Managed Account Reports : Extracting Inherent Value」(Managed Futures, March 2003)

26. ダニエル・コルトン著「Trading the Pain Threshold (Trader Profile : Mark van Stolk)」(Futures, November 2003, 98)

27. ルートヴィヒ・フォン・ミーゼス著『ヒューマン・アクション——人間行為の経済学』(春秋社)

28. エリン・E・スプラギンズ著「Gary Weiss, and Stuart Weiss, Contrarians」(Businessweek, December 29, 1986, 74)

29. Washington Post (December 9, 2001)

30. ジャック・D・シュワッガー著『新マーケットの魔術師——米トップトレーダーたちが語る成功の秘密』(パンローリング)

31. "Bruce Kovner", Wikipedia, 最後に更新されたのは2016年10月14日, https://en.wikipedia.org/wiki/Bruce_Kovner

32. "John W. Henry", Wikipedia, 最後に更新されたのは2016年12月15日, https://en.wikipedia.org/wiki/John_W_Henry

33. Hedgeable, "Lesson 4.3: Biggest Winners & Losers of 2008", https://www.hedgeable.com/education/highest-paid-investment-managers-4.3

34. "Michael Marcus", Wikipedia, 最後に更新されたのは2016年5月9日, https://en.wikipedia.org/wiki/Michael_Marcus_%28trader%29

35. "David Harding", Wikipedia, 最後に更新されたのは2016年12月11日, https://en.wikipedia.org/wiki/David_Harding_%28financier%29

36. エリン・E・アーベッドルンド著「On the Right Track」(Barron's, November 30, 2009, https://www.barrons.com/articles/SB1259355481888466969

37. ジェリー・パーカー著「The State of the Industry」(Managed Account Reports, Inc., June 2000)

38. ブルース・テリー, Managed Account Reports (September 2001)

39. モートン・バラッツ著「Do Trend Followers Distort Futures Prices?」(Managed Account Reports, No. 43, 9)

40. シャロン・シュワルツマン著「Computers Keep Funds in Mint Condition : A Major Money Manager Combines the Scientific Approach with Human Ingenuity」(Wall Street Computer Review 8, no. 6, March 1991, 13)

41. 同上

42. フリードマン著『The Lexus and the Olive Tree』

43. "Barclay Trading Group, Ltd.", Barclay Managed Futures Report 4, no. 1 (first quarter 1993) , 3

44. 同上、10

45. ジョン・W・ヘンリー (1998年9月15日にスイスのジュネーブで行われたプレゼンテーション)

46. "Trading System Review", Futures Industry Association Conference Seminar, November 2, 1994

47. トム・バッソ著「How to Become a CTA」(June 1994)

48. レオ・メラメド著『エスケープ・トゥ・ザ・フューチャーズ——ホロコーストから

シカゴ先物市場へ』（ときわ総合サービス出版調査部）

49. マイルズ・ジョンソン著「Hedge Fund Nightmare Turns ino a Dream」（Financial Times, November 5, 2014, https://www.ft.com/content/7953c1f8-64e7-11e4-bb43-00144feabdc0）

50. トニー・ロビンス著『世界のエリート投資家は何を見て動くのか──自分のお金を確実に守り、増やすために』（三笠書房）

第11章

1. "The Trading Tribe"（forum response）, The Trading Tribe, http://www.seykota.com/tribe/

2. アレクサンダー・M・イネイチェン著『Absolute Returns』（New York: John Wiley & Sons, Inc., 2003, 64）

3. キース・キャンベル著「Campbell & Comapny」（Managed Account Reports）

4. カーラ・カバレッティ著「Turtles on the Move」（Futures 27, no. 6, June 1998, 77）

5. ジェリー・パーカー著「The State of the Industry」（Managed Account Reports, Inc., June 2000）

6. "Who's to Blame Next?", Asterias Info-Invest, Asterias, Ltd.

7. パーカー著「The State of the Industry」

8. リチャード・デニス著「The State of the Industry」（Managed Account Reports, Inc., June 2000）

9. ビル・ダン（代替投資戦略についてのMAR中間会議でのプレゼンテーション, June 22-24, 1999）

10. バン・K・タープ著「Interview with Two Super Traders」

11. マックス・ガンザー著『The Zurich Axioms』（New York: New American Library, 1985）

12. W・H・オーデンとL・クローネンバーガー（編集）,『The Viking Book of Aphorisms』（New York : Viking Press, 1966）

13. ウィリアム・デレシーウィクツ著「Don't Send Your Kid to the Ivy League」（New Republic, July 21, 2014, https://newrepublic.com/article/118747/ivy-league-schools-are-overrated-send-your-kids-elsewhere）

第2部　トレンドフォロワーとのインタビュー

1. スティーブン・ミッチェル著『The Second Book of the Tao』（New York : Penguin Books, January 5, 2010）

第12章

1. "Ed Seykota", Wikipedia, 最後に更新されたのは2016年8月5日, https://en.wikipe-

dia.org/wiki/Ed_Seykota

2．トビアス・J・モスコウィッツ、ヤオ・ホワ・オオイ、ラッセ・ヘジ・ペダーセン著「Time Series Momentum」(Journal of Financial Econonmics 104, July 11, 2011, 228-250)

3．ロス・リンカーン著「Blumhouse and the Calculus of Low Budget Horror -- Produced By」(Deadline, May 30, 2015, http://deadline.com/2015/05/blumhouse-panel-produced-by-conference-1201435034/)

4．スピロス・マクリダキス著『Dance with Chance: Making Luck Work For You』(London : Oneworld Publications, 2010)

5．チャールズ・マッケイ著『狂気とバブル――なぜ人は集団になると愚行に走るのか』(パンローリング)

第13章

1．"Martin Lueck", Aspect Capital, https://www.aspectcapital.com/about-aspect/team/martin-lueck

2．フレッド・シュエッド著『投資家のヨットはどこにある？』(パンローリング)

第14章

1．"Jean-Philippe Bouchaud", Wikipedia, 最後に更新されたのは2016年10月25日, https://en.wikipedia.org/wiki/Jean-Philippe_Bouchaud

2．チャールズ・マッケイ著『狂気とバブル――なぜ人は集団になると愚行に走るのか』(パンローリング)

第15章

1．"Ewan Kirk", Wikipedia, 最後に更新されたのは2016年7月1日, https://en.wikipedia.org/wiki/Ewan_Kirk

2．ピーター・キング著「Upsetting Developments」(Sports Illustrated, December 28, 2015, http://mmqb.si.com/mmqb/2015/12/28/peyton-manning-hgh-allegations-nfl-week-16-upsets)

第16章

1．"Alex Greyserman", ISAM, https://www.isam.com/management-team/alex-greyserman

2．ナシーム・タレブ著『ブラック・スワン――不確実性とリスクの本質』(ダイヤモンド社)

959

第17章

1 ．"Campbell Harvey", Wikipedia, https://en.wikipedia.org/wiki/Campbell_Harvey

第18章

1 ．"Lasse Heje Pedersen", Wikipedia, 最後に更新されたのは2016年11月10日, https://en.wikipedia.org/wiki/Lasse_Heje_Pedersen

2 ．ポール・ジョンソン著「When Excess Is a Virtue」(Forbes, March 23, 2016, https://www.forbes.com/sites/currentevents/2016/03/23/when-excess-is-a-virtue/#-534c06a56232)

3 ．ナシーム・タレブ著『ブラック・スワン——不確実性とリスクの本質』(ダイヤモンド社)

4 ．アンディ・グリーンバーグ著「Want to Know Julian Assange's Endgame? He Told You a Decade Ago」(Wired, October 14, 2016, https://www.wired.com/2016/10/want-know-julian-assanges-endgame-told-decade-ago/)

5 ．ジョン・アレン・パウロス著「The Mathematics of Changing Your Mind」(New York Times, August 5, 2011, https://www.nytimes.com/2011/08/07/books/review/the-theory-that-would-not-die-by-sharon-bertsch-mcgrayne-book-review.html)

6 ．ブライアン・クリスチャンとトム・グリフィス著『アルゴリズム思考術——問題解決の最強ツール』(早川書房)

7 ．デビッド・ハーディング, Winton Capital Management (May 2015)

8 ．同上

9 ．同上

第3部　トレンドフォローに関する研究論文

1 ．ハワード・マークス著『投資で一番大切な20の教え——賢い投資家になるための隠れた常識』(日本経済新聞出版社)

2 ．ロバート・P・シーライト著「A Hierarchy of Advisor Value」(Above the Market, February 12, 2016, https://rpseawright.wordpress.com/2016/02/12/a-hierarchy-of-advisor-value/)

3 ．アンダース・エリクソン著『超一流になるのは才能か努力か？』(文藝春秋)

第19章

参考文献

D・ベイリーとM・プラド著「Drawdown-Based-Stop-Outs and the 'Triple Penance' Rule」(working paper, 2013)

J・グラント著『The Great Metropolis』（Philadelphia : E.L. Carey & A. Hart, 1838）

A・グレイザーマン著「The Multi-Centennial View of Trend Following」（ISAM white paper, 2012）

N・ジェガディーシュとS・ティトマン著「Return to Buying Winners and Selling Losers : Implications for Stock Market Efficiency」（Journal of Finance 48, no. 1,（1993, 65-91）

K・カミンスキー著「Managed Futures and Volatility : Decoupling a 'Convex' Relationship with Volatility Cycles」（CME Market Education Group, May 2012）

T・モスコウィッツ、T・オオイ、L・ペダーセン著「Time Series Momentum」（Journal of Financial Economics, no. 104, May 2012）

B・テイラー著「The GFD Guide to Total Returns on Stocks, Bonds, and Bills（working Document）」（Global Financial Data, https://www.globalfinancialdata.com/GFD/Article/gfd-guide-to-total-returns）

アール・トンプソン著「The Tulipmania : Fact or Artifact?」（Public Choice 130, nos. 1-2, 2007, 99-114）

第20章

1. 「経済学において効率的市場仮説ほど経験的にしっかりとした証拠を持つ定理はない」（1978年にM・ジェンセンが書いた有名な言葉）

2. 第三の科学者であるラース・ハンセンは議論には直接参加しなかった。

3. 先物市場では売りは買いと同じくらい簡単に行えるため、上昇トレンドも下降トレンドも同じように利用することができる。

4. ジェンセン（1978年）は市場の効率性を評価するうえで重要なのはトレードの収益性であることを強調した。特に特異なリターンが効率的なトレーダーが市場の効率性を利用して利益を得るのに十分なほど確実でなければ、特異なリターンは経済的に有意とは言えない。

5. トレンドの超過リターンはリスクプレミアムにも分類されないことに注意しよう（ランペリエールほか［2014］、ナラシムハンとティトマン［2011］を参照）一方、トレンドフォローは「ロングボラティリティ」戦略と相関を持つ。

6. 私たちはこれを架空のP&Lと呼ぶ。なぜなら、戦略の現実的な実行コストをモデル化するいかなる試みも行われていないからだ。

7. http://www.globalfinancialdata.com/ を参照

8. ついでながら言えば、キャピタル・ファンド・マネジメント（CFM）のファンドからの出し入れの長い歴史に基づけば、プロの投資家は「パフォーマンスを追いかける」傾向が強い。つまり、市場が上昇したときにはCFMのファンドに投資し、パフォーマンスがマイナスになったら資金を引き上げるということである。

9. ギアーディナとブショー（2003年）はモデルのなかで、トレンドフォローの要素がなければ市場はすぐに「効率的な」定常状態に達し、何も起こらないことを示している。

参考文献

C・S・アスネト、T・J・モスコウィッツ、L・H・ペダーセン著「Value and Momentum Everywhere」(Journal of Finance 58, 2013, 929-85)

N・バーベリス、R・グリーンウッド、L・ジン、A・シュライファー著「X-CAPM : An Extrapolative Capital Asset Pricing Model」(working paper, 2013)

P・バロッソとP・サンタ・クララ著「Momentum Has Its Moments」(working paper, 2013)

N・バータスとR・コソウスキー著「Momentum Strategies in Futures Markets and Trend-Folliwing Fund」(EUROFIDAI-AFFI Finance Meeting, Paris, December 2012), https://papers.ssrn.com/sol3/papers.cfm?abstract_id=1968996

F・ブラック著「Noise」(Journal of Finance 41, 1986, 529-43)

J・P・ブショー著「Crises and Collective Socio-economic Phenomena : Simple Models and Challenges」(Journal of Statistical Physics, 151, 2013, 567)

J・P・ブショーとR・コント著「A Langevin Approach to Stock Market Fluctuations and Crashes」(European Physical Journal B6, no. 4, 1998, 543-50)

J・P・ブショーとM・ポッターズ著「Theory of Financial Risk and Derivative Pricing」(Cambridge University Press, 2003)

A・クレア、J・シートン、P・N・スミス、S・トーマス著「Trend Following, Risk Parity and Momentum in Commodity Futures」(working paper), http://dx.doi.org/10.2139/ssrn.2126813

マイケル・コベル著『ザ・タートル 投資家たちの士官学校』(日経BP社)

W・デ・ボンズとR・H・ターラー著「Does the Stock Market Overreact?」(Journal of Finance, 42, 1985, 557-81)

J・デロング、A・ブラッドフォード、A・シュライファー、L・H・サマーズ、R・J・ウォルドマン著「Positive Feedback Investment Strategies and Destabilizing Rational Speculation」(Journal of Finance 45, 1990, 379-95)

J・デューク、D・ハーディング、K・ランド著「Historical Performance of Trend Following」(working paper, December 2013)

I・ギアーディナとJ・P・ブショー著「Bubbles, Crashes and Intermittency in Agent Based Market Models」(European Physics Journal B31, 2003, 421)

G・ギーゲレンツァーとD・ゴールドスタイン著「Reasoning the Fast and Frugal Way : Models of Bounded Rationality」(Phychological Review 103, 1996, 650)

R・グリーンウッドとA・シュライファー著「Expectations of Returns and Expected Returns」(Review of Financial Studies 27, no. 3, 2014, 714-46)

D・ハーシュライファーとJ・ユー著「Asset Pricing in Production Economies with Extrapolative Expectations」(working paper, 2012)

H・ホメス著「Heterogeneous Agent Models in Economics and Finance」(Handbook of Computational Economics, Vol. 2)

H・ホメス、J・ソネマンズ、J・トゥーインストラ、H・バン・デ・ベルデン著「Expectations and Bubbles in Asset Pricing Experiments」(Journal of Economic Behavior and Organization, 2008, 116-33)

H・ホンとJ・スタイン著「A Unified Theory of Underreaction, Momentum Trading, and Overreaction in Asset Markets」(Journal of Finance, 1999, 2143-84)

B・ハースト、Y・H・オオイ、L・H・ペダーセン著「A Century of Evidence on Trend-Following Investing」(working paper, AQR, 2012)

D・ケントとT・J・モスコウィッツ著「Momentum Crashes」(Swiss Finance Institute Research Paper Series, 2013, 13-61)

D・ケント、D・ハーシュライファー、A・スブラフマニアム著「Investor Psychology and Security Market Under and Overreactions」(Journal of Finance 53, 1998, 1839-85)

A・カーマン著「Ants, Rationality and Recruitment」(Quarterly Journal of Economics 108, 1991, 137-56)

A・カーマン著「Epidemics of Opinion and Speculative Bubbles in Financial Markets」(Money and Financial Markets, 1993)

Y・ランペリエール、C・デレンブル、P・シーガー、M・ポッターズ、J・P・ブショー著「Two Centuries of Trend Following」(Journal of Investment Strategies 3, 2014, 41)

Y・ランペリエール著「What Is Risk Premium and How Does It Differ from Alpha Strategies?」(working paper, 2014)

S・F・リロイとR・D・ポーター著「The Present Value Relation : Tests Based on Implied Variance Bounds」(Econometrica 49, 1981, 555)

T・ラックスとM・マルケシ著「Volatility Clustering in Financial Markets : A Microsimulation of Interacting Agents」(Internationla Journal of Thoretical and Applied Finance 3, 2000, 675-702)

L・メンコフ著「Are Momentum Traders Different? Implications for the Momentum Puzzle」(Applied Economics 43, 2011, 4415-30)

M・ムント著「Estimating the Capacity of the Managed Futures Industry」(CTA Intelligence, March 30, 2014)

J・ナラシムハンとS・ティトマン著「Returns to Buying Winners and Selling Losers : Implications for Stock Market Efficiency」(Journal of Finance 48, 1993, 65-91)

J・ナラシムハンとS・ティトマン著「Momentum」(working paper), http://ssrn.com/abstract=1919226

M・ラインハルトとK・S・ロゴフ著『国家は破綻する――金融危機の800年』(日経BP社)

G・W・シュバート著「Anomalies and Market Efficiency」(Handbook of the Economics of Finance B1, 2003, 939-74)

P・シーガー著「The Statistics of Drawdowns」(working paper, 2014)

R・J・シラー著「Do Stock Prices Move Too Much to Be Justified by Subsequent Changes in Dividents?」(American Economic Review 71, 1981, 421-36)

R・J・シラー著「Measuring Bubble Expectations and Investor Confidence」(Journal of Psychology and Financial Markets, 2000, 49-60)

V・L・スミス、G・L・サッカネック、A・W・ウィリアムズ著「Bubbles, Crashes and Endogenous Expectations in Experimental Spot Asset Markets」(Econometrica 56, 1988, 1119-51)

L・サマーズ著「Does the Stock Market Rationally Reflect Fundamental Values?」

963

（Journal of Finance 41, 1986, 591）

Ａ・Ｃ・スザクマリー、Ｑ・シェン、Ｓ・Ｃ・シャーマ著「Trend-Following Strategies in Commodity Futures : A Re-examination」（Journal of Banking and Finance 34, no. 2, 2010, 409-26）

Ｍ・ワイヤートとＪ・Ｐ・ブショー著「Self-referential Behavior, Overreaction and Conventions in Financial Markets」（Journal of Economic Behavior and Organization 63, 2007, 1）

第21章

参考文献

Ｃ・Ｍ・フェイス著『Way of the Turtle』（New York : McGraw-Hill, 2007）

モスコウィッツ、オオイ、ペダーセン著「Time Series Momentum」（Journal of Financial Economics Vol. 104, Issue 2, May 2012）

ハッチンソンとオブライアン著「Is This Time Different? Trend Following and Financial Crises」（The Journal of Alternative Investments, Vol. 17, No. 2, Fall 2014）

Ｙ・ランペリエール、Ｃ・デレンブル、Ｐ・シーガー、Ｍ・ポッターズ、Ｊ・Ｐ・ブショー著「Two Centuries of Trend Following」（Journal of Investment Strategies Vol. 3, no. 3, June 2014）

第22章

1．AHLリサーチ（2014年）を参照。

2．シャープはCAPMで、ヒッグスはヒッグス粒子でノーベル賞を受賞。

3．ブラック、ジェンセン、スコールズ（1972年）、ファーマとマクベス（1973年）を参照。

4．2009年のパンフレットには実験装置のコストはおよそ40億ドルと書かれていた。このコストにはほかのコストは含まれていない。http://cds.cern.ch/record/1165534/files/CERN-Brochure-2009-003-Eng.pdfを参照（2014年7月10日に検索）。

5．CMS（2012年）とATLAS（2012年）。

6．バグリオとジューアディ（2011年）を参照。

7．ハーディ（2002年）を参照。

8．サイモン・サンチェスほか（2009年）を参照。

9．リターンがもっと頻繁に実現化されれば、シャープレシオと対応するt統計量は簡単に計算することができる。1年間で実現化されたリターンの数がN、高頻度でのリターンの平均と標準偏差がμおよびσとすると、年次シャープレシオは $(\mu \times N) / (\sigma \times \sqrt{N}) = (\mu / \sigma) \times \sqrt{N}$ と算出することができる。これに対応するt統計量は $(\mu / \sigma) \times \sqrt{(N \times 年数)}$ と算出することができる。例えば、リターンが月次リターンの場合、1年間で実現化されるリターンの数は12なので、年次シャープレシオは $(\mu / \sigma) \times \sqrt{12}$ で、t統計量は $(\mu / \sigma) \times \sqrt{(12 \times 年数)}$ ということになる。ただし、

964

この場合のμとσはリターンの月次平均と月次標準偏差である。また、μとσがリターンの日々の平均と日々の標準偏差の場合、1年間のトレード日は252日なので、シャープレシオと対応するt統計量は（μ / σ）$\times \sqrt{252}$と（μ / σ）$\times \sqrt{(252 \times 年数)}$となる。

10. AHLリサーチ（2014年）を参照。

11. バラス、スカイレット、ワーマーズ（2010年）を参照。

12. www.mars-one.com/mission/roadmapを参照（2014年6月10日に検索）。

13. シュウェーダーとスピョットフォル（1982年）を参照。

14. より具体的には、c（M）＝ 1 + 1/2 + 1/3… +1/M = Σ MM1/ii。Mが大きいとき、これはおよそlog（M）になる。

15. p値の閾値についてはBHYがHolmよりもハードルが緩いかどうかはp値の分布による。特に検定数Mが小さいときにはそうである。Mが大きいとき、BHYの予想されるハードルはHolmよりもはるかに大きいのが普通だ。

16. 「価格モメンタム」と「資本効率」グループの戦略については月々の観測数は269で、「アナリスト予測」グループの戦略については月々の観測数は113である。したがって、t統計量は$0.83 \times \sqrt{(269 \div 12)}$ ＝3.93, $0.37 \times \sqrt{(113 \div 12)}$ ＝1.14, $0.67 \times \sqrt{(269 \div 12)}$ ＝3.17となる。

17. ボンフェローニテストを行うと、3つのp値は0.0387、1.0、0.7260に調整される。これに対応する調整済みシャープレシオは0.44、0、0.07で、カット率は47％、100％、90％になる。カット率はBHY法よりも大きい。

18. AHLリサーチ（2014）を参照。0.45という数字はデータを16個に分割したことによる。

参考文献

ATLAS collaboration, "Observation of a New Particle in the Search for the Standard Model Higgs Boson with the ATLAS Detector at the LHC", Physics Letters B 716, no. 1（2012）, 1-29

"Strategy Selection", AHL社内研究論文（2014）

D・ベイリー、J・ボーウェイン、M・ロペス・デ・プラド、Q・J・チュー著「Pseudo-Mathematics and Financial Charlatanism：The Effects of Back Test Over Fitting on Out-of-Sample」(working paper), Lawrence Berkeley National Laboratory（2013a）

D・ベイリー、J・ボーウェイン、M・ロペス・デ・プラド、Q・J・チュー著「The Probability of Backtest Overfitting」(working paper, Laurence Berkeley National Laboratory, 2013b)

L・バラス、O・スカイレット、R・ワーマーズ著「False Discoveries in Mutual Fund Performance：Measuring Luck in Estimated Alphas」(Journal of Finance 65, 2010, 179-216)

J・バグリオ、A・ジューアディ著「Higgs Production at the IHC」(Journal of High Energy Physics 1103, no. 3, 2011, 55)

Y・ベンジャミニ、Y・ホッチバーグ著「Controlling the False Discovery Rate：A Practical and Powerful Approach to Multiple Testing」(Journal of the Royal Statistical

Society Series B 57, 1995, 289-300)

Y・ベンジャミニ、D・イエクティエリ著「The Control of the False Discovery Rate in Multiple Testing under Dependency」(Annals of Statistics 29, 2001, 1165-88)

F・ブラック、M・C・ジェンセン、M・ショールズ著『Theory of Capital Markets』(New York : Praeger, 1972, 79-121)

CMS collaboration, "Observation of a New Boson at a Mass of 125 GeV with the CMS Experiment at the LHC", Physics Letters B 716, no. 1 (2012) , 30-61

E・ファーマとJ・D・マクベス著「Risk, Return, and Equilibrium : Empirical Tests」(Journal of Political Economy 81, 1973, 607-36)

M・ロペス・デ・プラド著「What to Look for in a Backtest」(working paper, Lawrence Berkeley National Laboratory, 2013)

R・D・マクリーンとJ・ポンティフ著「Does Academic Research Destroy Stock Return Predictability?」(working paper, University of Alberta, 2014)

J・P・ヨアニディス著「Why Most Published Research Findings are False」(PloS Medicine 2, e124, 2005, 694-701)

J・ハーディ著「The Real Problem in Association Studies」(American Journal of Medical Genetics 114, no. 2, 2002, 253)

C・R・ハーベイとY・リュー著「Backtesting」(working paper, Duke University, 2014, https://papers.ssrn.com/sol3/papers.cfm?abstract_id=2345489)

"Multiple Testing in Economics" (working paper) , Duke University (2014)

"Incremental Factors" (working paper) , Duke University (2014)

C・R・ハーベイ、Y・リュー、H・チュー著「...and the Cross-section of Expected Returns」(working paper, Duke University, 2014, https://papers.ssrn.com/sol3/papers.cfm?abstract_id=2249314)

P・ヒッグス著「Broken Symmetries and the Masses of Gauge Bosons」(Physical Review Letters 13, no. 16, 1964, 508-9)

T・シュウェーダーとE・スピョットフォル著「Plots of P-values to Evaluate Many Tests Simultaneously」(Biometricka 69, 1982, 439-502)

G・W・シュバート著「Anomalies and Markets Efficiency」(Economics of Finance, 2003, 937-72)

J・サイモン・サンチェス、G・シュルテ、T・ガッサー著「Genome-wide Association Study Reveals Genetic Risk Underlying Parkinson's Disease」(Nature Genetics 41, 2009, 1308-12)

第24章

参考文献

ウィリアム・F・シャープ著「The Sharpe Ratio", The Journal of Portfolio Management」(Fall 1994)

注釈

第26章

1. ハリー・M・カット著「Managed Futures and Hedge Funds : A Match Made in Heaven」(Journal of Investment Management 2, no. 1, 2004, 32-40)
2. ピーター・パーク、オグズ・タンリクル、グゥオドン・ワン著「Systematic Global Macro : Performance, Risk and Correlation Characteristics」(February 24, 2009), http://ssrn.com/abstract=1348629 または http://dx.doi.org/10.2139/ssrn.1348629
3. ライアン・エイブラムス、ランジャン・バドゥリ、エリザベス・フローレス著「Lintner Revisited -- A Quantitative Analysis of Managed Futures for Plan Sponsors, Endowments and Foundation」(CME Group, May 2012)
4. ヘンリー・H・バッケン著「Futures Trading -- Origin, Development, and Present Economic Status」(Madison, WI : Mimir Publishers, 1966, 3)
5. バークレイズ・キャピタル著「Trending Forward : CTAs/Managed Futures」(Hedge Fund Pulse, February 2012)
6. ランジャン・バドゥリとクリストファー・アート著「Liquidity Buckets, Liquidty Indices, Liquidity Duration, and their Applications to Hedge Fund」(Alternative Investment Quarterly, second quarter, 2008)
7. ニール・ラムジーとアレックス・キンズ著「Managed Futures : Capturing Liquid, Transparent, Uncorrelated Alpha」(The Capital Guide to Alternative Investment, 2004, 129-35)
8. マーク・オド著「Skewness and Kurtosis」(working paper), Zephyr Associates, Inc.(August 2011), http://www.styleadvisor.com/
9. ガウラフ・アミンとハリー・M・カット著「Stocks, Bonds and Hedge Funds : Not a Free Lunch!」(Journal of Portfolio Management, Summer 2003, 113-20)
10. ニゴル・コウラジアンとポール・チウィアニアンク著「Know Your Skew -- Using Hedge Fund Return Volatility as a Predictor of Maximum Loss」(AlphaQuest CTA Research Series #2, June 2011)
11. ハリー・M・カット著「Managed Futures and Hedge Funds : A Match Made in Heaven」(ISMA Centre Discussion Papers, November 2002, http://ssrn.com/abstract=34758)

第27章

1. 私たちが焦点を当てるのはデリバティブ市場なので、本論文では個々の株式については言及しない。
2. サンプルの最初の部分ではときとして悪いデータに遭遇することがある。これを避けるために、2つの最大の外れ値を除いた過去10日のトレーリング平均(10日のうち8日の中央平均)を使う。

参考文献

クリフォード・S・アスネス、トビアス・J・モスコウィッツ、ラッセ・ヘジ・ペダー

セン著「Value and Momentum Everywhere」(Journal of Finances 68, no. 3, 2013, 929-85)

ビニア・バンサリ著「Volatility and the Carry Trade」(Journal of Fixed Income, 17, no. 3, 2007, 72-84)

ジョン・キャンベル、アディ・サンダラム、ルイス・M・ビセイラ著「Inflation Bets or Deflation Hedges : The Changing Risks of Nominal Bonds?」(working paper, NBER, February 2009)

ジョン・H・コクラン著「Presidential Address : Discount Rate」(Journal of Finance 66, no. 4, 2011, 1047-1108)

ジョン・H・コクランとモニカ・ピアゼッシ著「Bond Risk Premia」(American Economics Review 95, 2005, 138-60)

ユージン・F・ファーマとケネス・フレンチ著「Divident Yields and Expected Stock Returns」(Journal of Financial Economics 22, no. 1, 1988, 3-25)

ユージン・F・ファーマとロバート・R・ブリス著「The Information in Long-Maturity Forward Rates」(American Economic Review 77, no. 4, 1987, 680-92)

D・ファンとD・A・シェイ著「The Risk in Hedge Fund Strategies : Theory and Evidence from Trend Followers」(The Review of Financial Studies 14, no. 2, 2002, 313)

C・ゲッツイとM・サモノフ著「212 Years of Price Momentum」(working paper, Financial Analysts Journal 72, no. 5, September/October 2016, http://ssrn.com/abstract=2292544)

ケイ・ギーゼッケ、フランシス・A・ロングスタッフ、スティーブン・シェーファー、イリヤ・A・スツゥレビュリーブ著「Macroeconomic Effects of Corporate Crisis : A Long-Term Perspective」(Journal of Financial Economics, 111, 2014, 297-310)

ゲイリー・B・ゴートン、フミオ・ハヤシ、ゲールト・K・ルーベンホルスト著「The Fundamentals of Commodity Futures Returns」(working paper, Yale ICF, No. 07-08, February 2012)

R・グルケイナック、B・サック、J・ライト著「The U.S. Treasury Yield Curve : 1961 to the Present」(Finance and Economics Discussion Series, Division of Research & Statistics and Monetary Affairs, Federal Reserve Board, 2006)

ジョン・M・ケインズ著『貨幣論』

ラルフ・S・J・コジアン、トビアス・J・モスコウィッツ、ラッセ・ヘジ・ペダーセン、エバート・B・ブラッツ著「Carry」(working paper, Fama-Miller, November 2007)

M・ライボビッツ、A・ボバ、S・コゲルマン著「Long-Term Bond Returns under Duration Targeting」(Financial Analysts Journal 70, no. 1, January/February 2014)

Y・ランペリエール、G・デレンブル、P・シーガー、M・ポッターズ、J・P・ブショー著「Two Centuries of Trend Following」(Journal of Investment Strategies, 2014, 41)

ハンノ・ラスティグとエイドリアン・バーデルハン著「The Cross Section of Foreign Currency Risk Premia and Consumption Growth Risk」(American Economic Review 97, March 2007, 89-117)

ルーカス・メンコフ、ルシオ・サルノ、マイク・シュメリング、アンドレアス・シュリンプフ著「Carry Trades and Global Foreign Exchange Volatility」(Journal of Finance 67, no. 2, April 2012, 681-718）

T・J・モスコウィッツ、Y・H・オオイ、L・H・ペダーセン著「Time Series Momentum」（Journal of Financial Economics, 2012, 228）

G・レニソン、M・ドーステン、V・バンサリ著「Trend Following and Rising Rates」（PIMCO, September 2014）

第28章

1. ユージン・F・ファーマとケネス・R・フレンチ著「Common Risk Factors in the Returns on Stocks and Bonds」（Journal of Financial Economics, 1993, 3-56）

2. サイモン・ラック著「The Hedge Fund Mirage」（Hoboken, NJ : John Wiley & Sons, Inc., 2012）

3. Investment Company Fact Book, http://www.icifactbook.org/fb_ch2.html

4. シーナ・アイエンガー著『選択の科学』（文藝春秋）

5. Investment Company Fact Book, http://www.icifactbook.org/fb_ch7.html

6. アンドレ・ワイズマン著「Informationless Investing and Hedge Fund Performance Management Bias」（The Journal of Portfolio Management 28, no. 4, Summer 2002, 80-91）

7. ジーク・アシュトン著「The Real Costs of Turnover」（Fool.com, November 21, 2003, https://www.fool.com/investing/general/2003/11/21/the-real-costs-of-turnover.aspx

8. Investment Company Fact Book, http://www.icifactbook.org/fb_ch6.html

9. Investment Company Fact Book, http://www.icifactbook.org/fb_data.html#section1

10. ジョン・C・ボーグル著「The First Index Mutual Fund : A History of Vanguard Index Trust and the Vanguard Index Strategy」（Bogle Financial Markets Research Center, 1997, https://www.vanguard.com/bogle_site/lib/sp19970401.html

11. デビッド・N・ドレマンとマイケル・A・ベリー著「Analyst Forecasting Errors and Their Implications for Security Analysis」（Financial Analysts Journal, 1995, 30-41）

12. ロバート・B・ジョーゲンセン著『Individually Managed Accounts』（Hoboken, NJ: John Wiley & Sons, Inc., 2003）

13. Investment Company Fact Book, http://www.icifactbook.org/fb_ch2.html#us

14. ブライアン・ポートノイ著『The Investor's Paradox』（New York : Palgrave McMillan, 2013）

15. ビル・バーカー著「The Performance of Mutual Funds」（The Motley Fool, https://www.fool.com/School/MutualFunds/Performance/Record.htm

16. ウィリアム・F・シャープ（1966）著「Mutual Fund Performance」（Journal of Business, supplement on Security Prices, 39, January, 119-138）；ジャック・L・トレイナー（1966）,"Hot to Rate Management Investment Funds」（Harvard Business Review, 43, January-February）；マイケル・C・ジェンセン（1967）著「Performance of Mutual Funds in the Period 1945-1964」（Journal of Finance, 23（2）, 389-416）

969

17. ブライアン・ポートノイ著『The Investor's Paradox』（New York : Palgrave Mc-Millan, 2013）
18. ドン・ウィルキンソン著『Stop Wasting Your Wealth in Mutual Funds : Separately Managed Accounts -- The Smart Alternative』（Chicago : Dearborn Trade Publishing, 2006）
19. イリア・D・ディーチェフとグエン・ユー著「Higher Risk, Lower Returns : What Hedge Fund Investors Really Earn」（Journal of Financial Economics, July 1, 2000）
20. "Only 8 Funds Have Beaten the S&P500 for 10 Years" MarketWatch, Novemver 17, 2011, http://blogs.marketwatch.com/thetell/2011/11/17/only-8-funds-have-beaten-the-sp-500-for-10-years/
21. "Topic 409--Capital Gains and Losses" （IRS, September 20, 2016, http://www.irs.gov/taxtopics/tc409.html）
22. ドン・ウィルキンソン著『Stop Wasting Your Wealth』
23. "Topic 404--Dividends" （IRS, September 20, 2016, https://www.irs.gov/taxtopics/tc404.html）
24. Investment Company Fact Book, http://www.icifactbook.org/fb_appa.html
25. ブライアン・ポートノイ著『The Investor's Paradox』
26. アミット・ゴヤルとスニル・ウォール著「The Selection and Termination of Investment Management Firms by Plan Sponsors」（Journal of Finance, August, 2008, 63）
27. クリストファー・チャブリスとダニエル・シモンズ著『錯覚の科学』（文藝春秋）
28. "Hedge Funds Extend Redemption Ban" （Financial Times, November 29, 2008）
29. ブライアン・ポートノイ著『The Investor's Paradox』

エピローグ

1．アラン・ワッツ著『The Wisdom of Insecurity』（New York: Knopf, 2011）
2．チャールズ・フォークナー著「Inside the Counterintuitive World of Trend Followers : It's Not What You Think. It's What You Know」（Stocks, Futures & Options Magazine, April 2005）
3．ケン・ダー著「Interview with David Harding」（Securities and Exchange Commission Historical Society, June 18, 2013）
4．同上
5．同上
6．ダニエル・C・デネット著『思考の技法——直観ポンプと77の思考術』（青土社）

著者について

1．デニース・G・シェカージアン著『Uncommon Genius』（New York: Penguin, 1990）

編集部注　URLがリンク切れの場合は、その論文や記事のタイトルで検索すると、見つかる場合があります。

参考文献

Abbott, Susan. "Turning a Summer Job into a Legend." *Futures* 12, no. 9 (September 1983): 57–59.

Abrams, Ryan, Ranjan Bhaduri, and Elizabeth Flores. "Lintner Revisited—A Quantitative Analysis of Managed Futures for Plan Sponsors, Endowments and Foundations." *CME Group*, May 2012.

Amin, Gaurav, and Harry M. Kat. "Stocks, Bonds and Hedge Funds: Not a Free Lunch!" *Journal of Portfolio Management* (Summer 2003): 113–20.

Amin, Gaurav S., and Harry M. Kat. "Who Should Buy Hedge Funds? The Effects of Including Hedge Funds in Portfolios of Stocks and Bonds." Working Paper Series, ISMA Centre for Education and Research in Securities Markets, 2002.

Angrist, Stanley W. *Sensible Speculation in Commodities or How to Profit in the Bellies, Bushels and Bales Markets*. New York: Simon & Schuster, 1972.

Aronson, Mark. "Learning from a Legend." *Trading Advisor Review* (June 1997).

Ashton, Zeke. "The Real Costs of Turnover." *Fool.com* (November 21, 2003). www.fool.com/investing/general/2003/11/21/the-real-costs-of-turnover.aspx.

Asness, C. S., T. J. Moskowitz, and L. H. Pedersen. "Value and Momentum Everywhere." *Journal of Finance* 58 (2013): 929–85.

ATLAS Collaboration. "Observation of a New Particle in the Search for the Standard Model Higgs Boson with the ATLAS Detector at the LHC." *Physics Letters B* 716, no. 1 (2012): 1–29.

Baglio, J., and A. Djouadi. "Higgs Production at the lHC." *Journal of High Energy Physics 1103*, no. 3 (2011): 55.

Bailey, D., J. Borwein, M. López de Prado, and Q. J. Zhu. "The Probability of Backtest Overfitting." Working paper, Lawrence Berkeley National Laboratory, 2013.

Bailey, D., J. Borwein, M. López de Prado, and Q. J. Zhu. "Pseudo-Mathematics and Financial Charlatanism: The Effects of Backtest Overfitting on Out-of-Sample." Working paper, Lawrence Berkeley National Laboratory, 2013.

Bakken, Henry H. *"Futures Trading—Origin, Development, and Present Economic Status."* Madison, WI: Mimir Publishers, 1966.

Baratz, Morton S. *The Investor's Guide to Futures Money Management*. Columbia, MD: Futures Publishing Group, 1984.

Barber, Brad, and Terrance Odean. "Trading Is Hazardous to Your Wealth: The Common Stock Investment Performance of Individual Investors." *Journal of Finance LV*, no. 2 (April 2000): 773–806.

Barberis, N., R. Greenwood, L. Jin, and A. Shleifer. "X-CAPM: An Extrapolative Capital Asset Pricing Model" Working paper, 2013.

Barclays Capital. "Trending Forward: CTAs/Managed Futures." *Hedge Fund Pulse* (February 2012).

Barker, Bill. "The Performance of Mutual Funds." *The Motley Fool.* Accessed December 18, 2016. www.fool.com/School/MutualFunds/Performance/Record.htm.

Barras, L., O. Scaillet, and R. Wermers. "False Discoveries in Mutual Fund Performance: Measuring Luck in Estimated Alphas." *Journal of Finance* 65 (2010): 179–216.

Barroso, P., and P. Santa-Clara. "Momentum Has Its Moments." Working paper, 2013.

Bartas, A. N., and R. Kosowski. "Momentum Strategies in Futures Markets and Trend-Following Funds." EUROFIDAI-AFFI Finance Meeting, Paris, December 2012. http://dx.doi.org/10.2139/ssrn.1968996.

Basso, Thomas F. "The Driving Force behind Profits in the Managed Futures Industry." Trendstat Capital Management, 1998.

Basso, Thomas F. "Some Leverage Is Good, Too Much Is Dangerous." Trendstat Capital Management, March 1999.

Basso, Thomas F. "Study of Time Spent in Trending and Sideways Markets." Trendstat Capital Management, 1999.

Basso, Thomas F. "When to Allocate to a CTA? Buy Them on Sale" (1997).

Benjamini, Y., and Y. Hochberg. "Controlling the False Discovery Rate: A Practical and Powerful Approach to Multiple Testing." *Journal of the Royal Statistical Society* Series B 57 (1995): 289–300.

Benjamini, Y., and D. Yekutieli. "The Control of the False Discovery Rate in Multiple Testing Under Dependency." *Annals of Statistics* 29 (2001): 1165–88.

ピーター・L・バーンスタイン著『リスク──神々への反逆』（日本経済新聞社）

Bhaduri, Ranjan, and Christopher Art. "Liquidity Buckets, Liquidity Indices, Liquidity Duration, and Their Applications to Hedge Funds." *Alternative Investment Quarterly* (second quarter, 2008).

Bhansali, Vineer. "Volatility and the Carry Trade." *Journal of Fixed Income* (2007): 72–84.

Black, F., M. C. Jensen, and M. Scholes. *Theory of Capital Markets.* New York: Praeger, 1972.

Black, F. "Noise." *Journal of Finance* (1986): 529–43.

ジョン・C・ボーグル著『インデックス・ファンドの時代──アメリカにおける資産運用の新潮流』（東洋経済新報社）

Bogle, John C. "The First Index Mutual Fund: A History of Vanguard Index Trust and the Vanguard Index Strategy." Bogle Financial Markets Research Center, 1997. www.vanguard.com/bogle_site/lib/sp19970401.html.

Borish, Peter. "Managed Money." *Futures* 27, no. 3 (March 1998).

Bouchaud, J. P. "Crises and Collective Socio-economic Phenomena: Simple Models and Challenges." *Journal of Statistical Physics* (2013): 567.

Bouchaud, J. P., and R. Cont. "A Langevin Approach to Stock Market Fluctuations and Crashes." *European Physical Journal* B (1998): 543–50.

Bouchaud, J. P., and M. Potters. "Theory of Financial Risk and Derivative Pricing." *Cambridge* University Press (2003).

リチャード・ブレイリーとスチュワート・C・マイヤーズ著『コーポレート・ファイナンス』（日経BP社）

Brooks, Chris, and Harry M. Kat. "The Statistical Properties of Hedge Fund Index Returns and Their Implications for Investors." *Journal of Alternative Investment* 5 (2002): 26–44.

Brorsen, B. W., and S. H. Irwin. "Futures Funds and Price Volatility." *Review of Futures Markets* 6 (1987): 119–35.

Burke, Gibbons. "Your Money." *Active Trader* (July 2002): 68–73.

Burns, Greg. "A Gunslinger No More." *Businessweek* (April 7, 1997): 64–72.

Calderini, Pablo. "Systematic Global Macro: Performance, Risk, and Correlation Characteristics." April 2013. https://papers.ssrn.com/sol3/papers .cfm?abstract_id=2271659.

Campbell, John, Adi Sunderam, and Luis M. Viceira. "Inflation Bets or Deflation Hedges: The Changing Risks of Nominal Bonds?" National Bureau of Economic Research working paper, February 2009.

Canoles, W. Bruce, Sarahelen R. Thompson, Scott H. Irwin, and Virginia G. France. "An Analysis of the Profiles and Motivations of Habitual Commodity Speculators." Working Paper 97–01, Office for Futures and Options Research, University of Illinois, Champaign-Urbana, 1997.

Cavaletti, Carla. "1997's Home Run Hitters." *Futures* 27, no. 3 (March 1998).

クリストファー・チャブリスとダニエル・シモンズ著『錯覚の科学』（文藝春秋）

Chandler, Beverly. *Managed Futures*. West Sussex, England: John Wiley & Sons, Inc., 1994.

Chang, E. C., and B. Schachter. "Interday Variations in Volume, Variance and Participation of Large Speculators." Working paper, Commodity Futures Trading Commission, 1993.

クレイトン・M・クリステンセン著『イノベーションのジレンマ——技術革新が巨大企業を滅ぼすとき』（翔泳社）

Christensen, Clayton M. and Matt Verlinden. "Disruption, Disintegration, and the Dissipation of Differentiability." Harvard Business School working paper, 2000.

Clare, A., J. Seaton, P. N. Smith, and S. Thomas. "Trend Following, Risk Parity and Momentum in Commodity Futures." Working paper. http://dx.doi.org/10.2139/ssrn.2126813.

Clendaniel, Edward. "Bubble Troubles." *Forbes* (March 25, 2002).

CMS Collaboration. "Observation of a New Boson at a Mass of 125 GeV with the CMS Experiment at the LHC." *Physics Letters B* 716, no. 1 (2012): 30–61.

Cochrane, John H. "Presidential Address: Discount Rates." *Journal of Finance* (2011): 1047–1108.

Cochrane, John H., and Monika Piazzesi. "Bond Risk Premia." *American Economic Review* (2005): 138–60.

ジェームズ・C・コリンズとジェリー・I・ポラス著『ビジョナリー・カンパニー——時代を超える生存の原則』（日経BP社）

ジム・コリンズ著『ビジョナリー・カンパニー2——飛躍の法則』（日経BP社）

Commodity Futures Trading Commission, Division of Economic Analysis. *"Survey of Pool Operators in Futures Markets with an Analysis of Interday Position Changes."* Washington, DC: Commodity Futures Trading Commission, 1991.

マイケル・コベル著『ザ・タートル——投資家たちの士官学校』（日経BP社）

de Bondt, W., and R. H. Thaler. "Does the Stock Market Overreact?" *Journal of Finance* (1985): 557–81.

DeLong, J., A. Bradford, A. Shleifer, L. H. Summers, and R. J. Waldmann. "Positive Feedback Investment Strategies and Destabilizing Rational Speculation." *Journal of Finance* 45 (1990): 379–95.

ダニエル・C・デネット著『思考の技法——直観ポンプと77の思考術』（青土社）

de Prado, M. López. "What to Look for in a Backtest." Working paper. Lawrence Berkeley National Laboratory, 2013.

アレクシス・トクヴィル著『アメリカの民主政治』（講談社）

Dicheve, Ilia D., and Gwen Yu. "Higher Risk, Lower Returns: What Hedge Fund Investors Really Earn." *Journal of Financial Economics* (July 1, 2000).

Diz, Fernando. "How Do CTAs' Return Distribution Characteristics Affect Their Likelihood of Survival?" *Journal of Alternative Investments* 2, no. 2 (Fall 1999): 37–41.

マーク・ダグラス著『規律とトレーダー――相場心理分析入門』（パン・ローリング）

Dreman, David N., and Michael A. Berry. "Anlayst Forecasting Errors and Their Implications for Security Analysis." *Financial Analysts Journal* (1995): 30–41.

Duke, J., D. Harding, and K. Land. "Historical Performance of Trend Following." Working paper, December 2013.

Durr, Ken. "Interview with David Harding" Securities and Exchange Commission Historical Society, June 18, 2013.

Eales, J. S., B. K. Engel, R. J. Hauser, and S. R. Thompson. "Grain Price Expectations of Illinois Farmers and Grain Merchandisers." *American Journal of Agricultural Economics*, 72 (1990): 701–8.

Ecke, Robert. "Allocation to Discretionary CTAs Grow as Market Stalls." *Barclay Trading Group Roundtable* 9, no. 3 (third quarter, 1998).

Eckhardt, William. "The C-Test." *Stocks and Commodities* 12, no. 5 (1994): 218–21.

Edwards, Franklin R., and Mustafa Onur Caglayan. "Hedge Fund and Commodity Fund Investment Styles in Bull and Bear Markets." *Journal of Portfolio Management*, 27 (2001): 97–108.

チャールズ・D・エリス著『敗者のゲーム』（日本経済新聞出版社）

"Energy Traders on the Verge of Extinction." *Barclay Trading Group Roundtable* 8, no. 3 (third quarter, 1997).

Epstein, Richard A. *The Theory of Gambling and Statistical Logic.* San Diego, CA: Academic Press, 1995.

Fabozzi, Frank J., Francis Gupta, and Harry M. Markowitz. "The Legacy of Modern Portfolio Theory." Institutional Investor, 2002.

Fama, Eugene, and J. D. MacBeth. "Risk, Return, and Equilibrium: Empirical Tests." *Journal of Political Economy* 81 (1973): 607–36.

Fama, Eugene F., and Kenneth R. French. "Common Risk Factors in the Returns on Stocks and Bonds." *Journal of Financial Economics* (1993): 3–56.

Fama, Eugene F., and Kenneth French. "Dividend Yields and Expected Stock Returns." *Journal of Financial Economics* 22, no. 1 (1988): 3–25.

Fama, Eugene F., and Robert R. Bliss. "The Information in Long-Maturity Forward Rates." *American Economic Review* (1987): 680–92.

Faulkner, Charles. "Inside the Counterintuitive World of Trend Followers: It's Not What You Think. It's What You Know." *Stocks, Futures & Options Magazine*, April 2005.

Feynman, Richard P., as told to Ralph Leighton. *"What Do You Care What Other People Think?" Further Adventures of a Curious Character.* New York: W. W. Norton, 1988.

Fleckenstein, Bill. "The Long and Short of Short-Selling." *MSN Money*, September 2002. http://moneycentral.msn.com.

Forrester, Jay W. *Principles of Systems*. Cambridge, MA: Wright-Allen Press, 1968.

Forrester, Jay W. "System Dynamics and the Lessons of 35 Years." In *The Systemic Basis of Policy Making in the 1990s*, edited by Kenyon B. de Greene, 1991.

Friedman, Thomas L. *The Lexus and the Olive Tree*. New York: Farrar, Straus & Giroux, 1999.

Fung, William, and David A. Hsieh. "Asset-Based Hedge-Fund Styles and Portfolio Diversification." *Financial Analyst Journal* (September 2001).

Fung, William, and David A. Hsieh. "Hedge-Fund Benchmarks: Information Content and Biases." *Financial Analyst Journal* (2002).

Fung, William, and David A. Hsieh. "Pricing Trend Following Trading Strategies: Theory and Empirical Evidence" (1998).

Fung, William, and David A. Hsieh. "The Risk in Hedge Fund Strategies: Theory and Evidence from Fixed Income Funds." *Journal of Fixed Income*, 14 (2002).

Gadsden, Stephen. "Managed the Future." *The MoneyLetter* 25, no. 20 (October 2001).

Gallacher, William R. *Winner Take All*. New York: McGraw-Hill, 1994.

W・D・ギャン著『W.D.ギャン著作集〈2〉株式トレンドを探る・商品で儲ける法』（日本経済新聞社）

Garber, Peter M. *Famous First Bubbles: The Fundamentals of Early Manias.* Cambridge, MA: MIT Press, 2000.

Gardner, B. L. "Futures Prices in Supply Analysis." *American Journal of Agricultural Economics* 58 (1976): 81–84.

Gary, Loren. "The Right Kind of Failure." *Harvard Management Update*.

Geczy, C., and M. Samonov. "212 Years of Price Momentum." *Financial Analysts Journal* 72, no. 5 (September/October 2016). http://ssrn.com/abstract=2292544.

Giardina, I., and J. P. Bouchaud. "Bubbles, Crashes and Intermittency in Agent Based Market Models." *European Physics Journal B* 31 (2003): 421.

Giesecke, Kay, Francis A. Longstaff, Stephen Schefer, and Ilya A. Strebulaev. "Macroeconomic Effects of Corporate Crisis: A Long-Term Perspective." *Journal of Financial Economics* 111, (2014): 297–310.

Gigerenzer, G., and D. Goldstein. "Reasoning the Fast and Frugal Way: Models of Bounded Rationality." *Psychological Review* (1996): 650.

Gigerenzer, Gerd, and Peter M. Todd. *Simple Heuristics That Make Us Smart.* Oxford: Oxford University Press, 1999.

Gilovich, Thomas, Robert Valone, and Amos Tversky. "The Hot Hand in Basketball: On the Misperception of Random Sequences." *Cognitive Psychology*, 17 (1985): 295–314.

Ginyard, Johan. *"Position-Sizing Effects on Trader Performance: An Experimental Analysis."* Uppsala, Sweden: Department of Psychology, Uppsala University, 2001.

Goldbaum, David. "Technical Analysis, Price Trends, and Bubbles."

Gorton, Gary B., Fumio Hayashi, and Geert K. Rouwenhorst. "The Fundamentals of Commodity Futures Returns." *Yale ICF*, Working Paper No. 07–08, February 2012.

スティーブン・ジェイ・グールド著『フルハウス　生命の全容——四割打者の絶滅と進化の逆説』（早川書房）

Gould, Stephen Jay. "The Streak of Streaks." *The New York Review of Books*, August 18, 1988. See www.nybooks.com/articles/1988/08/18/the-streak-of-streaks/.

Goyal, Amit, and Sunil Wahal. "The Selection and Termination of Investment Management Firms by Plan Sponsors." *Journal of Finance* (August 2008): 63.

Greenwood, R., and A. Shleifer. "Expectations of Returns and Expected Returns." *Review of Financial Studies* (2014): 714–46.

アレックス・グレイザーマンとキャスリン・カミンスキー著『Trend Following with Managed Futures』（パンローリングより2019年夏ごろに刊行予定）

スタニスラフ・グロフ著『ホロトロピック・セラピー（自己発見の冒険）』（春秋社）

Gurkaynak, R., B. Sack, and J. Wright. "The U.S. Treasury Yield Curve: 1961 to the Present." Finance and Economics Discussion Series, Divisions of Research & Statistics and Monetary Affairs, Federal Reserve Board, 2006.

Hakim, Danny. "Hedging Learned at the Family Farm." *New York Times*, July 26, 2002.

Hardy, J. "The Real Problem in Association Studies." *American Journal of Medical Genetics* 114, no. 2 (2002): 253.

Harlow, Charles V., and Michael D. Kinsman. "The Electronic Day Trader & Ruin." *The Graziadio Business Report* (Fall 1999).

ラリー・ハリス著『市場と取引——実務家のためのマーケット・マイクロストラクチャー』（東洋経済新報社）

Harris, Lawrence. *The Winners and Losers of the Zero-Sum Game: The Origins of Trading Profits, Price Efficiency and Market Liquidity (Draft 0.911)*. Los Angeles: University of Southern California, May 7, 1993.

Harvey, C. R., and Y. Liu. "Backtesting." Working paper, Duke University, 2014. http://papers.ssrn.com/sol3/papers.cfm?abstract_id=2345489.

Harvey, C. R., Y. Liu, and H. Zhu. ". . . and the Cross-section of Expected Returns." Working paper, Duke University, 2014. See https://papers.ssrn .com/sol3/papers.cfm?abstract_id=2249314.

Haun, Bruce. "Rebalancing Portfolios Lowers Volatility and Stabilizes Returns." B. Edward Haun & Company, June 1994.

"Hedge Funds Extend Redemption Ban." *Financial Times* (November 29, 2008).

Higgs, P. "Broken Symmetries and the Masses of Gauge Bosons." *Physical Review Letters* 13, no. 16 (1964): 508–9.

Hirshleifer, D., and J. Yu. "Asset Pricing in Production Economies with Extrapolative Expectations." Working paper, 2012.

Hommes, C. H. "Heterogeneous Agent Models in Economics and Finance." *Handbook of Computational Economics*, Vol. 2.

Hommes, C. H., J. Sonnemans, J. Tuinstra, and H. van de Velden. "Expectations and Bubbles in Asset Pricing Experiments." *Journal of Economic Behavior and Organization* (2008): 116–33.

Hong, H., and J. Stein. "A Unified Theory of Underreaction, Momentum Trading, and Overreaction in Asset Markets." *Journal of Finance* (1999): 2143–84.

Hurst, B., Y. H. Ooi, and L. H. Pedersen. "A Century of Evidence on Trend-Following Investing." Working paper, *AQR,* 2012.

Hutchinson, Mark C., and John O'Brien. "Is This Time Different? Trend-Following and Financial Crises." *The Journal of Alternative Investments* 17, no. 2 (Fall 2014).

"Incremental Factors." Working paper, Duke University, 2014.

Internal Revenue Service. "Topic 404—Dividends." September 20, 2016. www.irs.gov/taxtopics/tc404.html.

Internal Revenue Service. "Topic 409—Capital Gains and Losses." September 20, 2016. www.irs.gov/taxtopics/tc409.html.

Ioannidis, J. P. "Why Most Published Research Findings Are False." *PLoS Medicine* 2, e124 (2005): 694–701.

Irwin, Scott H., and Satoko Yoshimaru. "Managed Futures Trading and Futures Price Volatility" (1996).

シーナ・アイエンガー著『選択の科学』（文藝春秋）

ラース・イエーガー著『オルタナティブ投資のリスク管理』（東洋経済新報社）

Jakiubzak, Ken. "KmJ: Ready for Anything." *Futures* 29, no. 3 (March 2000).

Jensen, Michael C. "Performance of Mutual Funds in the Period 1945–1964." *Journal of Finance* (1967): 389–416.

Jorgensen, Robert B. *Individually Managed Accounts.* Hoboken, NJ: John Wiley & Sons, Inc., 2003.

Kahneman, Daniel, and Amos Tverksy. "Prospect Theory: An Analysis of Decision Under Risk." *Econometrica* 47 (1979): 263–91.

Kaplan, Laurie. "Turning Turtles into Traders." *Managed Derivatives* (May 1996).

Karas, Robert. "Looking behind the Non-Correlation Argument," www.aima.org/.

Kat, Harry M. "Managed Futures and Hedge Funds: A Match Made in Heaven." Working paper, November 2002.

Kaufman, Perry. *Trading Systems and Methods.* 3rd ed. New York: John Wiley & Sons, Inc., 1998.

Kent, D., D. Hirshleifer, and A. Subrahmanyam. "Investor Psychology and Security Market Under and Overreactions." *Journal of Finance* 53 (1998): 1839–85.

Kent, D., and T. J. Moskowitz. "Momentum Crashes." *Swiss Finance Institute Research Paper Series* (2013): 13–61.

ジョン・M・ケインズ著『貨幣論』

Kirman, A. "Ants, Rationality and Recruitment." *Quarterly Journal of Economics* (1991): 137–56.

Kirman, A. "Epidemics of Opinion and Speculative Bubbles in Financial Markets." *Money and Financial Markets* (1993).

Klein, Gary. *Sources of Power: How People Make Decisions*. Cambridge, MA: MIT Press, 1998.

Koijen, Ralph S. J., Tobias J. Moskowitz, Lasse Heje Pedersen, and Evert B. Vrugt. "Carry." Working paper. *Fama-Miller* (November 2007).

Koulajian, Nigol, and Paul Czkwianianc. "Know Your Skew—Using Hedge Fund Return Volatility as a Predictor of Maximum Loss." *AlphaQuest CTA Research Series #2* (June 2011).

Lack, Simon. *The Hedge Fund Mirage*. Hoboken, NJ: John Wiley & Sons, Inc., 2012.

ギュスターブ・ル・ボン著『群集心理』（講談社）

エドウィン・ルフェーブル著『欲望と幻想の市場――伝説の投機王リバモア』（東洋経済新報社）

Leibowitz, M., A. Bova, and S. Kogelman. "Long-Term Bond Returns under Duration Targeting." *Financial Analysts Journal* 70, no. 1 (January/February 2014).

Lempérière, Y. "What Is Risk Premium and How Does It Differ from Alpha Strategies?" Working paper, 2014.

Lempérière, Y., C. Deremble, P. Seager, M. Potters, and J. P. Bouchaud. "Two Centuries of Trend Following." *Journal of Investment Strategies* 3, no. 3 (June 2014).

Lerner, Robert L. "The Mechanics of the Commodity Futures Markets, What They Are and How They Function." Mount Lucas Management Corp., 2000.

Leroy, S. F., and R. D. Porter. "The Present Value Relation: Tests Based on Implied Variance Bounds." *Econometrica* (1981): 555.

Liebovitch, L. S. *Fractals and Chaos Simplified for the Life Sciences*. New York: Oxford University Press, 1998.

Liebovitch, L. S., A. T. Todorov, M. Zochowski, D. Scheurle, L. Colgin, M. A. Wood, K. A. Ellenbogen, J. M. Herre, and R. C. Bernstein. "Nonlinear Properties of Cardiac Rhythm Abnormalities." *Physical Review*, 59 (1999): 3312–19.

ジェシー・L・リバモア著『リバモアの株式投資術』（パンローリング）

Lukac, L. P., B. W. Brorsen, and S. H. Irwin. "The Similarity of Computer Guided Technical Trading Systems." *Journal of Futures Markets*, 8 (1988): 1–13.

Lungarella, Gildo. "Managed Futures: A Real Alternative." White paper.

Lustig, Hanno, and Adrien Verdelhan. "The Cross Section of Foreign Currency Risk Premia and Consumption Growth Risk." *American Economic Review* 97 (March 2007): 89–117.

Lux, T., and M. Marchesi. "Volatility Clustering in Financial Markets: A Microsimulation of Interacting Agents." *International Journal of Theoretical and Applied Finance* 3 (2000): 675–702.

チャールズ・マッケイ著『狂気とバブル――なぜ人は集団になると愚行に走るのか』（パンローリング）

MacRae, Desmond. "Dealing with Complexities." *Trading Focus* (July 1998).

Martin, George. "Making Sense of Hedge Fund Returns: What Matters and What Doesn't." *Derivatives Strategies* (2002).

Maubossin, Michael, and Kristen Bartholdson. "Whither Enron? Or Why Enron Withered." *The Consilient Observer* 1, no. 1 (January 2002).

Mauboussin, Michael J., Alexander Schay, and Stephen Kawaja. "Counting What Counts." Credit Suisse First Boston Equity Research (February 4, 2000).

Mauboussin, Michael J., and Kristen Bartholdson. "Stress and Short-Termism." *The Consilient Observer* 1, no. 9 (May 2002).

McLean, R. D., and J. Pontiff. "Does Academic Research Destroy Stock Return Predictability?" Working paper, University of Alberta, 2014.

Menkhoff, L. "Are Momentum Traders Different? Implications for the Momentum Puzzle." *Applied Economics* 43 (2011): 4415–30.

Menkhoff, Lukas, Lucio Sarno, Maik Schmeling, and Andreas Schrimpf. "Carry Trades and Global Foreign Exchange Volatility." *Journal of Finance* 67, no. 2 (April 2012): 681–718.

Moskowitz, T., T. Ooi, and L. Pedersen. "Time Series Momentum." *Journal of Financial Economics* 104, no. 2 (May 2012).

Mosser, Mike. "Learning from Legends." *Futures* 29, no. 2 (February 2000).

"Multiple Testing in Economics." Working paper, Duke University, 2014.

Mundt, M. "Estimating the Capacity of the Managed Futures Industry." *CTA Intelligence* (March 30, 2014).

Nacubo Endowment Study. Washington, DC: National Association of College and University Business Officers, 1999.

Narasimhan, J., and S. Titman. "Momentum." Working paper, August 29, 2011. https://papers.ssrn.com/sol3/papers.cfm?abstract_id=1919226.

Narasimhan, J., and S. Titman. "Returns to Buying Winners and Selling Losers: Implications for Stock Market Efficiency." *Journal of Finance* 48 (1993): 65–91.

ビクター・ニーダーホッファーとローレル・ケナー著『実践的スペキュレーション——失敗と成功の戦略』（現代書林）

Odean, Terrance. "Are Investors Reluctant to Realize Their Losses?" *Journal of Finance* 53 (October 1998): 1775–98.

Odo, Marc. "Skewness and Kurtosis." Working paper, Zephyr Associates, August 2011. www.styleadvisor.com.

O'Donoghue, Ted, and Matthew Rabin. "Choice and Procrastination." Working Paper E00–281. Berkeley: University of California Department of Economics, June 3, 2001.

"Oldest CTAs in the Industry Have Survived and Thrived." *Barclay Trading Group Roundtable* 6, no. 3 (third quarter, 1995).

"Only 8 funds Have Beaten the S&P 500 for 10 years." *MarketWatch.* November 17, 2011. http://blogs.marketwatch.com/thetell/2011/11/17/only-8-funds-have-beaten-the-sp-500-for-10-years/.

Peltz, Lois. "The Big Global Macro Debate." *Market Barometer* (April 1998): 9–13.

ルイ・ペルス著『ヘッジファンドの魔術師——スーパースターたちの素顔とその驚異の投資法』（パンローリング）

Peters, E. E. *Fractal Market Analysis.* New York: John Wiley & Sons, Inc., 1994.

Portnoy, Brian. *The Investor's Paradox.* New York: Palgrave Macmillan, 2013.

Ramsey, Neil, and Aleks Kins. "Managed Futures: Capturing Liquid, Transparent, Uncorrelated Alpha." *The Capital Guide to Alternative Investment* (2004): 129–35.

アイン・ランド著『肩をすくめるアトラス』（ビジネス社）

アイン・ランド著『水源』（ビジネス社）

Rappaport, Alfred. *Creating Shareholder Value: A Guide for Managers and Investors.* New York: Free Press, 1998.

Rappaport, Alfred, and Michael J. Mauboussin. *Expectations Investing.* Boston: Harvard Business School Publishing, 2001.

Reerink, Jack. "Seidler's Returns Fuel Comeback." *Futures* 24, no. 3 (March 1995).

C・M・ラインハートとK・S・ロゴフ著『国家は破綻する——金融危機の800年』（日経BP社）

Rennison, G., M. Dorsten, and V. Bhansali. "Trend Following and Rising Rates." *PIMCO* (September 2014).

ジム・ロジャーズ著『冒険投資家ジム・ロジャーズ　世界バイク紀行』（日本経済新聞社）

982

Russo, J. Edward, and Paul J. H. Schoemaker. "Managing Overconfidence." *Sloan Management Review* (Winter 1992).

Rzepczynski, Mark. "The End of the Benign Economy and the New Era for Managed Funds." *MFA Reporter* (John W. Henry & Company, Inc., 2001).

Rzepczynski, Mark S. "Market Vision and Investment Styles: Convergent versus Divergent Trading." *Journal of Alternative Investments* 2, no. 1 (Winter 1999): 77–82.

Schneeweis, Thomas, and Georgi Georgiev. "The Benefits of Managed Futures." CISDM and School of Management at University of Massachusetts (2002).

Schneeweis, Thomas, and Spurgin, Richard. "Quantitative Analysis of Hedge Fund and Managed Futures Return and Risk Characteristics." In *Evaluating and Implementing Hedge Fund Strategies*, edited by R. A. Lake. 2nd ed. London: Nestor House, 2002.

ジャック・D・シュワッガー著『シュワッガーのテクニカル分析』（パンローリング）

ジャック・D・シュワッガー著『マーケットの魔術師――米トップトレーダーが語る成功の秘訣』（パンローリング）

ジャック・D・シュワッガー著『新マーケットの魔術師――米トップトレーダーたちが語る成功の秘密』（パンローリング）

フレッド・シュエッド・ジュニア著『投資家のヨットはどこにある？』（パンローリング）

Schweder, T., and E. Spjotvoll. "Plots of P-values to Evaluate Many Tests Simultaneously." *Biometrika* 69 (1982): 439–502.

Schwert, G. W. "Anomalies and Market Efficiency." *Handbook of the Economics of Finance* 1, Part B. (2003): 939–74.

Seager, P. "The Statistics of Drawdowns." Working paper, 2014.

Sender, Henny. "Why Hedge Funds Are Clinging to Investors' Cash," *Financial Times* (December 13, 2008). www.ft.com/cms/s/0/66ef9630-c8b8-11dd-b86f-000077b07658.html?ft_site=falcon&desktop=true#axzz4TEKivVUk.

Seykota, Ed, and Dave Druz. "Determining Optimal Risk." *Stocks and Commodities Magazine* 11, no. 3 (March 1993): 122–4.

Shapiro, Carl, and Hal R. Varian. *Information Rules: A Strategic Guide to the Network Economy.* Boston: Harvard Business School Press, 1999.

Sharpe, William F. "Mutual Fund Performance." *Journal of Business* (January 1966): 119–38.

Sharpe, William F. "The Sharpe Ratio," *The Journal of Portfolio Management* (Fall 1994).

983

Shefrin, Hersh, and Meir Statman. "The Disposition to Sell Winners Too Early and Ride Losers Too Long: Theory and Evidence." *Journal of Finance* 40 (1985): 777–90.

Shekerjian, Denise. *Uncommon Genius.* New York: Penguin, 1990.

ロバート・J・シラー著『投機バブル　根拠なき熱狂――アメリカ株式市場、暴落の必然』（ダイヤモンド社）

Shiller, Robert J. "Do Stock Prices Move Too Much to Be Justified by Subsequent Changes in Dividends?" *American Economic Review*, 71 (1981).

Shiller, Robert J. "Measuring Bubble Expectations and Investor Confidence." *Journal of Psychology and Financial Markets* (2000): 49–60.

Simon-Sanchez, J., C. Schulte, and T. Gasser. "Genome-wide Association Study Reveals Genetic Risk Underlying Parkinson's Disease." *Nature Genetics* 41 (2009): 1308–12.

Sloan, Allan. "Even with No Bull Market, Baby Boomers Can Thrive." *Washington Post,* March 26, 2002, E1.

Slywotzky, Adrian J. *Value Migration: How to Think Several Moves Ahead of the Competition.* Boston: Harvard Business School Press, 1996.

Smith, V. L., G. L. Suchanek, and A. W. Williams. "Bubbles, Crashes and Endogenous Expectations in Experimental Spot Asset Markets." *Econometrica* 56 (1988): 1119–51.

ジョージ・ソロス著『ソロスの錬金術』（総合法令出版）

Spurgin, Richard. "Some Thoughts on the Source of Return to Managed Futures." CISDM and School of Management at University of Massachusetts, 2005.

マイケル・スタインハルト『ヘッジファンドの帝王』（パンローリング）

Stendahl, David, "Staying Afloat." *Omega Research* (1999).

"Strategy Selection." AHL internal research paper, 2014.

Summers, L. "Does the Stock Market Rationally Reflect Fundamental Values?" *Journal of Finance* 41 (1986): 591.

Szakmary, A. C., Q. Shen, and S. C. Sharma. "Trend-Following Strategies in Commodity Futures: A Re-examination." *Journal of Banking and Finance* 34, no. 2 (2010): 409–26.

Szala, Ginger. "William Eckhardt: Doing by Learning." *Futures* 21, no. 1 (January 1992).

ナシーム・タレブ著『まぐれ――投資家はなぜ、運を実力と勘違いするのか』（ダイヤモンド社）

Teweles, Richard J., and Frank J. Jones. *The Futures Game. Who Wins? Who Loses? Why?* New York: McGraw-Hill, 1987.

Thaler, Richard H. "Mental Accounting Matters." *Journal of Behavioral Decision Making*, 12 (1999): 183–206.

Thaler, Richard H. "Saving, Fungibility, and Mental Accounts." *Journal of Economic Perspectives* 4, no. 1 (Winter 1990): 193–205.

バン・K・タープ著『魔術師たちの心理学──トレードで生計を立てる秘訣と心構え』（パンローリング）

エドワード・O・ソープ著『ディーラーをやっつけろ！』（パンローリング）

アルビン・トフラー著『未来の衝撃』（中央公論新社）

Treynor, Jack L. "How to Rate Management Investment Funds." *Harvard Business Review* (January–February 1966).

Tully, Shawn. "Princeton's Rich Commodity Scholars." *Fortune*, 9 (February 1981): 94.

Tversky, Amos, and Daniel Kahneman. "Belief in the Law of Small Numbers." *Psychological Bulletin*, 76 (1971): 105–10.

孫氏著『孫氏の兵法』（産能大出版部）

Ueland, Brenda. *If You Want to Write: A Book About Art, Independence and Spirit.* Saint Paul, MN: Graywolf Press, 1937.

Vince, Ralph. *The New Money Management.* New York: John Wiley & Sons, Inc., 1995.

ラルフ・ビンス著『投資家のためのマネーマネジメント──資産を最大限に増やすオプティマルf』（パンローリング）

ルートヴィヒ・フォン・ミーゼス著『ヒューマン・アクション──人間行為の経済学』（春秋社）

Watts, Alan. *The Wisdom of Insecurity.* New York: Knopf, 2011.

Watts, Dickson G. *Speculation as a Fine Art and Thoughts on Life.* New York: Traders Press, 1965.

Weisman, Andre. "Informationless Investing and Hedge Fund Performance Measurement Bias." *Journal of Portfolio Management* 28, no. 4 (Summer 2002): 80–91.

"Where, Oh Where Are the .400 Hitters of Yesteryear." *Financial Analysts Journal* (November/December 1998): 6–14.

Wilkinson, Don. *Stop Wasting Your Wealth in Mutual Funds: Seperately Managed Accounts—The Smart Alternative.* Chicago: Dearborn Trade Publishing, 2006.

985

Williamson, Christine. "Liquidity Hunt Hits Managers." *Pensions and Investments*, November 10, 2008. See www.pionline.com/article/20081110/PRINT/311109937/liquidity-hunt-hits-managers.

Williamson, Porter B. *General Patton's Principles for Life and Leadership*. Tuscon, AZ: MSC, 1988.

Wolfram, Stephen. *A New Kind of Science*. Champaign, IL: Wolfram Media, Inc., 2002.

Wolman, William, and Anne Colamosca. *The Great 401(k) Hoax*. Cambridge, MA: Perseus Publishing, 2002.

Wyart, M., and J. P. Bouchaud. "Self-Referential Behaviour, Overreaction and Conventions in Financial Markets." *Journal of Economic Behavior and Organization* 63 (2007): 1.

Yeung, Albert, Mika Toikka, Pankaj N. Patel, and Steve S. Kim. "Quantitative Strategy. Does Technical Analysis Work?" Credit Suisse First Boston. September 25, 2002.

■著者紹介
マイケル・W・コベル（Michael W. Covel）

徹底した調査を行い、掘り下げた分析を行い、カーテンの裏側に回ってシステムが悟られたくない心理状態を暴く達人として知られる。簡単で再現性のあるルールを使って利益を上げる方法を、初心者だけでなくベテラントレーダーにも教授する。トレンドフォローと呼ばれる直観に反した賛否両論のトレード戦略を世に広めたことで有名。彼の考え方は世界的な絶賛を浴び、チャイナ・アセット・マネジメント、マネージド・ファンズ・アソシエーション、マーケット・テクニシャンズ・アソシエーションなどをはじめ、ヘッジファンドや投資信託といった数多くの団体から講演依頼を受けている。また、ダニエル・カーネマンやハリー・マーコウィッツなど5人のノーベル経済学賞受賞者に彼のトレンドフォローポッドキャスト上でインタビューしている。氏がコンサルティングをしている顧客は70カ国以上の個人トレーダー、ヘッジファンド、政府系ファンド、機関投資家と多岐にわたる。著書は本書をはじめ『ザ・タートル』（日経BP社）などを含めこれまで5冊がある。現在、アメリカとアジアを行き来する生活を送っている。ウェブサイト（https://www.trendfollowing.com/）。

■監修者紹介
長尾慎太郎（ながお・しんたろう）

東京大学工学部原子力工学科卒。北陸先端科学技術大学院大学・修士（知識科学）。日米の銀行、投資顧問会社、ヘッジファンドなどを経て、現在は大手運用会社勤務。訳書に『魔術師リンダ・ラリーの短期売買入門』『新マーケットの魔術師』など（いずれもパンローリング、共訳）、監修に『高勝率トレード学のススメ』『ラリー・ウィリアムズの短期売買法【第2版】』『コナーズの短期売買戦略』『続マーケットの魔術師』『インデックス投資は勝者のゲーム』『新訳 バブルの歴史』『株式トレード 基本と原則』『企業に何十億ドルものバリュエーションが付く理由』『ディープバリュー投資入門』『デイトレードの基本と原則』『ファクター投資入門』『ティリングハストの株式投資の原則』『経済理論の終焉』など、多数。

■訳者紹介
山下恵美子（やました・えみこ）

電気通信大学・電子工学科卒。エレクトロニクス専門商社で社内翻訳スタッフとして勤務したあと、現在はフリーランスで特許翻訳、ノンフィクションを中心に翻訳活動を展開中。主な訳書に『EXCELとVBAで学ぶ先端ファイナンスの世界』『リスクバジェッティングのためのVaR』『ロケット工学投資法』『投資家のためのマネーマネジメント』『高勝率トレード学のススメ』『勝利の売買システム』『フルタイムトレーダー完全マニュアル』『新版 魔術師たちの心理学』『資産価値測定総論1、2、3』『テイラーの場帳トレーダー入門』『ラルフ・ビンスの資金管理大全』『テクニカル分析の迷信』『タープ博士のトレード学校 ポジションサイジング入門』『アルゴリズムトレーディング入門』『クオンツトレーディング入門』『スイングトレード大学』『コナーズの短期売買実践』『ワン・グッド・トレード』『FXメタトレーダー4 MQLプログラミング』『ラリー・ウィリアムズの短期売買法【第2版】』『損切りか保有かを決める最大逆行幅入門』『株式超短期売買法』『プライスアクションとローソク足の法則』『トレードシステムはどう作ればよいのか1 2』『トレードコーチとメンタルクリニック』『トレードシステムの法則』『トレンドフォロー白書』『スーパーストック発掘法』『出来高・価格分析の完全ガイド』『アメリカ市場創世記』『ウォール街のモメンタムウォーカー』『グレアム・バフェット流投資のスクリーニングモデル』『Rとトレード』『ザ・シンプルストラテジー』『システマティックトレード』『市場ベースの経営』『世界一簡単なアルゴリズムトレードの構築方法』『システムトレード 検証と実践』『アルゴリズムトレードの道具箱』『ウォール街のモメンタムウォーカー【個別銘柄編】』『プライスアクション短期売買法』『新訳 バブルの歴史』（以上、パンローリング）、『FORBEGINNERSシリーズ90 数学』（現代書館）、『ゲーム開発のための数学・物理学入門』（ソフトバンク・パブリッシング）がある。

2019年3月3日　初版第1刷発行

ウィザードブックシリーズ (274)

トレンドフォロー大全
──上げ相場でも下げ相場でもブラックスワン相場でも利益を出す方法

著　者　マイケル・W・コベル
監修者　長尾慎太郎
訳　者　山下恵美子
発行者　後藤康徳
発行所　パンローリング株式会社
　　　　〒160-0023　東京都新宿区西新宿7-9-18　6階
　　　　TEL 03-5386-7391　FAX 03-5386-7393
　　　　http://www.panrolling.com/
　　　　E-mail　info@panrolling.com
編　集　エフ・ジー・アイ（Factory of Gnomic Three Monkeys Investment）合資会社
装　丁　パンローリング装丁室
組　版　パンローリング制作室
印刷・製本　株式会社シナノ
ISBN978-4-7759-7243-4
落丁・乱丁本はお取り替えします。
また、本書の全部、または一部を複写・複製・転訳載、および磁気・光記録媒体に
入力することなどは、著作権法上の例外を除き禁じられています。

本文　©Emiko Yamashita／図表　©Pan Rolling　2019 Printed in Japan

マーク・ダグラス

シカゴのトレーダー育成機関であるトレーディング・ビヘイビアー・ダイナミクス社の社長を務める。商品取引のブローカーでもあったダグラスは、自らの苦いトレード経験と多数のトレーダーの間接的な経験を踏まえて、トレードで成功できない原因とその克服策を提示している。最近では大手商品取引会社やブローカー向けに、本書で分析されたテーマやトレード手法に関するセミナーや勉強会を数多く主催している。

ウィザードブックシリーズ 252
ゾーン 最終章
トレーダーで成功するためのマーク・ダグラスからの最後のアドバイス

定価 本体2,800円+税　ISBN:9784775972168

トレード心理学の大家の集大成！

1980年代、トレード心理学は未知の分野であった。創始者の一人であるマーク・ダグラスは当時から、この分野に多くのトレーダーを導いてきた。本書を読めば、着実に利益を増やしていくために何をすべきか、どういう考え方をすべきかについて、すべての人の迷いを消し去ってくれるだろう。

ウィザードブックシリーズ 32
ゾーン 勝つ相場心理学入門

定価 本体2,800円+税　ISBN:9784939103575

「ゾーン」に達した者が勝つ投資家になる！
恐怖心ゼロ、悩みゼロで、結果は気にせず、淡々と直感的に行動し、反応し、ただその瞬間に「するだけ」の境地…すなわちそれが「ゾーン」である。
「ゾーン」へたどり着く方法とは？
約20年間にわたって、多くのトレーダーたちが自信、規律、そして一貫性を習得するために、必要で、勝つ姿勢を教授し、育成支援してきた著者が究極の相場心理を伝授する！

ウィザードブックシリーズ 114
規律とトレーダー

定価 本体2,800円+税　ISBN:9784775970805

トレーディングは心の問題であると悟った投資家・トレーダーたち、必携の書籍！

ウィザードブックシリーズ 257

マーケットのテクニカル分析
トレード手法と売買指標の完全総合ガイド

ジョン・J・マーフィー【著】

定価 本体5,800円+税　ISBN:9784775972267

この1冊でテクニカル分析のすべてをマスターできる！
世界的権威が著したテクニカル分析の決定版！

1980年代後半に世に出された『テクニカル・アナリシス・オブ・ザ・フューチャーズ・マーケット（Technical Analysis of the Futures Markets）』は大反響を呼んだ。そして、先物市場のテクニカル分析の考え方とその応用を記した前著は瞬く間に古典となり、今日ではテクニカル分析の「バイブル」とみなされている。そのベストセラーの古典的名著の内容を全面改定し、増補・更新したのが本書である。本書は各要点を分かりやすくするために400もの生きたチャートを付け、解説をより明快にしている。

- ● テクニカル分析とチャート作成の基礎
- ● トレンドとチャート分析の基礎として知っておかなければならないこと
- ● 価格パターン──主要な反転パターンや継続パターン
- ● 各種分析手法──移動平均、オシレーター、コントラリーオピニオン、その他の知っておくべき指標
- ● サイクル、マネーマネジメント、トレード戦略

また、前著の改定増補版である本書は高まる需要に応じて、対象を金融市場全体（株式、金利、株価指数、FX）にまで広げ、この記念碑的著作の完全なる全面改訂を行った。前著で好評だった内容の明晰性・簡潔性・論理性を保持しながら、本書は新しく登場したチャート手法やチャート作成技法、また変化の早い分野での最近の成果を盛り込んでいる。各章で内容を一新し、多くのチャートを更新し、以下のような内容を新たに追加した。

- ◆ 株式市場の指標──値上がり銘柄と値下がり銘柄の対比。新高値と新安値の対比。値上がり銘柄の出来高と値下がり銘柄の出来高の対比。その他、マーケットブレドゥスを測るためのツールとトレンドの変化を前もって知るためのツールを紹介
- ◆ ローソク足──値動きがコンピューター画面から目に飛び込んでくるようなビジュアル性に富んだ魅力的なチャートであるローソク足の最良な使用法を解説
- ◆ 市場間分析──市場分析に欠くことのできない各市場間の相互関係を明快かつ的確に解説
- ◆ コンピューターとトレードシステム、そしてトレードシステム構築の要点
- ◆ 上級テクニカル指標──DI、HPI、STARCバンドとケルトナーチャネル
- ◆ マーケットプロファイル

初心者から上級者までのあらゆるレベルのトレーダーにとって有益な本書のテクニカル分析の解説を読むことで、チャートの基本的な初級から上級までの応用から最新のコンピューター技術と分析システムの最前線までを一気に知ることができるだろう。